『十四五』安徽省重点出版物规划项目

当代徽学名家学术文库

王世华◎主编

长袖善舞
徽商活动与明清社会经济

范金民◎著

安徽师范大学出版社

·芜湖·

图书在版编目(CIP)数据

长袖善舞:徽商活动与明清社会经济 / 范金民著 .—芜湖 : 安徽师范大学出版社,
2024.6

(当代徽学名家学术文库 / 王世华主编)

ISBN 978-7-5676-5333-7

Ⅰ.①长… Ⅱ.①范… Ⅲ.①徽商—商业史—研究②中国经济史—研究—明清时代
Ⅳ.①F729②F129.48

中国国家版本馆 CIP 数据核字(2023)第 015902 号

长袖善舞:徽商活动与明清社会经济　　　　　　　　　　　　　　　　范金民◎著

CHANGXIU SHANWU HUISHANG HUODONG YU MINGQING SHEHUI JINGJI

总　策　划 : 戴兆国

责任编辑 : 盛　夏　　　　　　　　责任校对 : 陈贻云

装帧设计 : 张　玲　姚　远　　　　责任印制 : 桑国磊

出版发行 : 安徽师范大学出版社

　　　　　芜湖市北京中路 2 号安徽师范大学赭山校区　　　邮政编码 : 241000

网　　　址 : http://www.ahnupress.com/

发 行 部 : 0553-3883578　　　5910327　　　5910310(传真)

印　　　刷 : 江苏凤凰数码印务有限公司

版　　　次 : 2024 年 6 月第 1 版

印　　　次 : 2024 年 6 月第 1 次印刷

规　　　格 : 700 mm × 1000 mm　　　1/16

印　　　张 : 29.75　　　插页 : 1

字　　　数 : 453 千字

书　　　号 : ISBN 978-7-5676-5333-7

定　　　价 : 236.00 元

总　序

任何一门学科的诞生和发展都是不寻常的，无不充满了坎坷和曲折。徽学也是一样，可谓走过了百年艰辛之路。尽管徽州历史文化的研究从清末就开始了，但徽学作为一门学科，却迟迟没有被"正名"，就好像婴儿已出世，却上不了户口一样。在徽学成长的过程中，总伴随着人们的怀疑和否定，甚至在20世纪末，还有专家发出"徽学能成为一门学科吗"的疑问。其实，这并不奇怪。因为新事物总有这样那样的缺陷和不完善之处，但新事物的生命力是顽强的，任何力量也难以阻挡。难能可贵的是，前贤们前赴后继，义无反顾，孜孜不倦地研究，奉献出一批又一批的研究成果，不断刷新人们对徽学的认识。

"到得前头山脚尽，堂堂溪水出前村。"1999年，教育部拟在全国有关高校设立一批人文社会科学重点研究基地，促进有关学科的发展。安徽大学在安徽师范大学的支持、参与下，申报成立"徽学研究中心"，经过专家的评审、鉴定，获得教育部的批准。这标志着"徽学"作为一门学科，迈入一个全新阶段。

新世纪的徽学研究呈现出崭新的面貌：老一辈学者壮心不已，不用扬鞭自奋蹄；中年学者焚膏继晷，勤奋耕耘；一大批后起之秀苗壮成长，新竹万竿，昭示着徽学研究后继有人；大量徽学稀见新资料相继公之于世，丰富了研究的新资源；一大批论著相继问世，在徽学的园地里，犹如百花盛开，令人神摇目夺，应接不暇，呈现出一派勃勃生机。2015年11月29

日，由光明日报社、中国社会科学院历史研究所、中共安徽省委宣传部、中共江西省委宣传部联合举办的"徽商文化与当代价值"学术座谈会在安徽省歙县召开。2019年6月18日，由中共安徽省委宣传部、光明日报社指导，安徽大学主办的首届徽学学术大会在合肥市召开。2021年10月19日，由中共安徽省委宣传部、光明日报社联合主办，中国历史研究院学术指导，中共黄山市委、黄山市人民政府、安徽大学、安徽省社会科学界联合会承办的第二届徽学学术大会在黄山市召开。国内很多高校的学者都参加了大会。更令人欣喜的是，日本、韩国、美国、法国等很多外国学者对徽学研究也表现出越来越浓厚的兴趣，新时代的徽学正阔步走向世界。可以说，这是百年来徽学迎来的最好的发展时期。这一切都昭示：徽学的春天来了。

在这徽学的春天里，安徽师范大学出版社和我们共同策划了这套"当代徽学名家学术文库"。我们约请了长期从事徽学研究的著名学者，请他们将此前研究徽学的成果选编结集出版。我们推出这套文库，是出于以下几点考虑：

首先是感恩。徽学研究能有今天这样的大好形势，我们不能忘记徽学前辈们的筚路蓝缕之功。这些学者中有的已归道山，如我们素所景仰的傅衣凌先生、张海鹏先生、周绍泉先生、王廷元先生，但他们对徽学的开创奠基之功，将永远铭记在我们心中。这套文库就是对他们最好的纪念。文库还收录了年近耄耋的耆宿叶显恩先生、栾成显先生的研究文集，两位我们敬仰的先生，老骥伏枥，壮心不已，继续为徽学做贡献。这套文库中的作者大多是年富力强的中坚，虽然他们的年龄还不大，但他们从事徽学研究却有数十年的时间，可以说人生最宝贵的年华都贡献给了徽学，堪称资深徽学研究者。正是上述这些前辈们在非常困难的条件下，骈手胝足，荷锄带露，披荆斩棘，辛苦耕耘，才开创了这片徽学园地。对于他们的拓荒之劳、奠基之功，我们能不感恩吗？我们正是通过这套文库，向徽学研究的先驱们表达崇高的敬意！

其次是学习。这套文库基本囊括了目前国内专门从事徽学研究的大家的论著，展卷把读，我们可以从中受到很多启迪，学到前辈们的很多治学方法。他们或以世界的视野研究徽学，高屋建瓴，从而得出更新的认识；或迈进"历史现场"，走村串户，收集到很多资料，凭借这些资料探究了很多历史问题；或利用新发现的珍稀资料，在徽学研究中提出不少新见；或进行跨区域比较研究，得出的结论深化了我们对徽州历史文化的认识；或采用跨学科的方法研究问题，使我们大开眼界；或看人人可以看到的材料，说人人未说过的话。总之，只要认真阅读这些文章，我们就能感受到这些学者勤奋的治学精神、扎实的学术根柢、开阔的学术视野、严谨的治学态度、灵活的治学方法，可谓德识才学兼备，文史哲经皆通。我们为徽学有这样一批学者而庆幸，而自豪，而骄傲。这套文库，为我们后学提供了一个样板，细细品读这些文章，在选题、论证、写作、资料等方面确实能得到很多有益的启示。

最后是总结。这套文库是四十年来徽学研究主要成果的大展示、大总结。通过这套文库我们可以知道，几十年来，学者们的研究领域非常广泛，涵盖社会、村落、土地、风俗、宗族、家庭、经济、徽商、艺术、人物等等，涉及徽州的政治、经济、文化、社会等各个方面，既有宏观的鸟瞰综览，又有中观的探赜索隐，也有微观的专题研究。通过这套文库，我们能基本了解徽学研究的历史和现状、已经涉及的领域、研究的深度和广度，从而明确今后发力的方向。

总结过去，是为了把握现在，创造未来。这就是我们推出这套文库的初心。徽州历史文化是个无尽宝库，徽学有着光明的未来。如何使徽文化实现创造性转化、创新性发展，如何更生动地阐释徽学的理论价值，更深入地发掘徽学的时代价值，更充分地利用徽学的文化价值，更精彩地展示徽学的世界价值，通过文化引领，促进经济与社会发展，服务中华民族复兴伟业，这是我们每一位徽学研究者的光荣使命。"路漫漫其修远兮，吾将上下而求索。"但愿这套文库能成为新征程的起点，助推大家抒写徽学研究的新篇章。

另外要特别声明的是，由于各种原因，国内还有一些卓有建树的徽学研究名家名作没有包括进来，但这套文库是开放的，我们乐于看到更多的学者将自己的成果汇入这套文库之中。我相信，在众多"园丁"的耕耘、浇灌下，我们的徽学园地一定会更加绚丽灿烂。

王世华

二〇二三年六月

目　录

明代徽州木商经营活动述略

明代，朝廷宫殿建筑用木数量与质量空前绝后，皇木采办成为"采造"类物品中最大最重的财政负担，而民间建筑、器具多系木结构，商品用木量也十分浩大，木植长养、砍伐、采办、运销从而成为极为重要的官民生活和经济内容。以贩木为主业之一的徽州商人因而十分活跃，在从事大规模、远距离的木材砍伐运销经营活动中长袖善舞。

有关明代皇木采办、徽州山林经济和徽州木商的经营活动，学界一向较为关注，已有不少成果①。但多数论著虽号称明清通论，实则偏重在清，而就明代专论者极为少见，对于明代皇木采办方式如何运作变化，徽州等地木商如何参与皇木采办，徽州木商如何从事木植砍伐运销，徽州木商运营过程中遭受哪些干扰因素等，或者尚未涉及，或者论而不清，仍然留下较大的学术探讨空间。今主要搜集明人文集奏疏、实录志书和相关文书，专文考察明代徽州木商的经营活动，期能细化和深化明代商人商帮研究，有助于推进明代社会经济史探讨。

---

① 傅衣凌：《明清时代徽州婺商资料类辑》，氏著《明清社会经济史论文集》，人民出版社1982年版，第206—215页；张雪慧：《徽州历史上的林木经营初探》，《中国史研究》1987年第1期；唐力行：《明清徽州木商考》，《学术界》1991年第2期；王珍：《徽州木商述略》，《徽州社会科学》1991年第2期；蓝勇：《明清时期的皇木采办》，《历史研究》1994年第6期；郑俊彬：《明代四川木材的经营及其弊害》，《庆祝王恢教授九秩嵩寿论文集》，乐学书局1997年版，第123—160页；[韩] 金弘吉：《明末四川皇木采办的变化》，《中国社会经济史研究》2001年第4期。

一、从事江浙赣、川贵湖广地区的木植砍伐运销

明代徽州木商从事木材采运，就其活动范围而言，主要有两大地域，一是将浙江、南直以及接邻的江西一带所产杉、松等木采伐运销到江南等地；另一是将湖广、四川、贵州接壤地区的楠、杉等木以及板枋等材运销到长江中下游以及华北的广袤地区。这两大地域范围的木植运销，基本上涵括了明代全国范围的木植运销。

（一）徽州木商在浙江、南直以及江西一带的木植砍伐运销

南直徽州府和浙江严州府，山多田少，尤其是徽州府休宁、祁门、婺源和严州府的淳安、遂昌等县，山地遍植杉木，南宋以来即已形成一种山林经济，徽州等地商人就在那里专门从事木材运销的经营活动，官府也依靠征收税费大开利源。如曾在歙县任官的名臣范成大记载："休宁山中宜杉，土人稀作田，多以种杉为业。杉又易生之物，故取之难穷。出山时价极贱，抵郡城已抽解不赀，比及严，则所征数十倍。严之官吏方曰：'吾州无利孔，微歙杉不为州矣。'观此言，则商旅之病，何时而瘳。盖一木出山，或不直百钱，至浙江乃卖两千，皆重征与久客费使之。"宋孝宗乾道九年（1173）正月，范成大泊舟严州，又见"歙浦移排毕集桥下，要而重征之，商旅大困，有濡滞数月不得过者"①。徽州木植外销所产生的税收，成为下游浙江严州府最为重要的财政来源。徽州地方文献也载，休宁"山出美材，岁联为桴，下浙河，往者多取富。女子始生则为植杉，比嫁斩卖以供百用，女以其故，或预自蓄藏"②。

进入明代，徽商的山林经济范围扩大到徽州、严州、衢州、处州以及

---

① 范成大：《骖鸾录》，《景印文渊阁四库全书》第460册，台北商务印书馆1986年版，第837页。

② 罗愿：《新安志》卷1《州郡·风俗》，《宋元方志丛刊》，中华书局1990年版，第7604页。

邻近的江西饶州府清江县等广大地区，以供采取运销的林木种养极为普遍，相当壮观。如徽州府境，"大抵新安之木，松、杉为多，必栽植始成材，而婺源、祁门之民尤勤于栽植。凡栽杉以三十年为期乃可伐"①。婺源产木，依次为"杉木、松木、枫、株"②等树。徽人种植杉、桐等树，"凡江浙南畿之境，油漆器皿屋料木植皆资于徽，而休宁一县多产于西北乡，杉利尤大。大凡种以三十年为期，斫而贩之，谓之'杉羔'，动以数十万计"；山多田少，"其贸易大率种杂树及杉木为屋料"；"西北乡之民仰给于山，多植杉木……贸迁他郡"③。祁门县，"木多杉、松"，县人"行贾四方"④。严州府淳安、遂昌二县，"山多耸挺，奇异岚然，环峙峻立，所产皆材木，杉、楠之类，大可为栋梁榱桷，小可为薪蒸器用，各有分业，采取岁供，斯民便利之出于山者无穷"⑤。衢州府，"杉、松列第一"⑥。处州府，"大杉源山，跨丽水、云和之间，山上多出巨杉"⑦。江西清江县，盛产松、杉、樟、槐等木⑧。在浙、皖、赣三省的毗邻地区，种植杉松情形，大率如此。

至今保存下来的徽州文书中，有关栽种杉木的文书极为常见，试举其例。天顺五年（1461），休宁县人谢彦良、谢彦成等立约，将共计二十几

---

① 弘治《徽州府志》卷2《土产》，《天一阁藏明代方志选刊》第21册，上海古籍书店1981年版，第45页。

② 康熙《婺源县志》卷2《疆域·地产》，《上海辞书出版社图书馆藏稀见方志续编》第13册，上海辞书出版社2013年版，第201页。

③ 弘治《休宁志》卷1《物产》《贡赋》《风俗形胜》，《北京图书馆古籍珍本丛刊》第29册，书目文献出版社2000年版，第476、472、468页。

④ 万历《祁门县志》卷2《地理志·土产》，第8页；卷4《人事志·风俗》，第1页。

⑤ 姚鸣鸾：《重修山镇关防记》，嘉靖《淳安县志》卷2《山镇》，《天一阁藏明代方志选刊》第16册，上海古籍书店1981年版，第6页。

⑥ 弘治《衢州府志》卷3《土产·木类》，《天一阁藏明代方志选刊续编》第31册，上海书店1990年版，第89页。

⑦ 雍正《浙江通志》卷107《物产七》引崇祯《处州府志》，《中国地方志集成·省志辑·浙江》第5册，上海书店1993年版，第299页。

⑧ 崇祯《清江县志》卷3《户产·土产》，《四库全书存目丛书》史部第212册，齐鲁书社1997年版，第220页。

亩的五块山地分股栽种，合约议定："无问栈平，遍山栽种杉苗近密。其山骨议作大叁分，震安、振民共得二分，彦良、彦成合得壹分，以准工食。自议之后，彦良、彦成自行前去，用心尽力剡作，栽垒杉苗，看倅、长养、截火，并不致荒废，即不私自入山，砍斫杉木入己。……其杉木日后成材，眼同入山坎（当作"砍"——引者）斫，照依文约均分。"①这是徽州山林经营中佃户通过种植经营获得分成的典型"力分"事例。

祁门县善和里程氏仁水门东房派，拥有山场约1230亩，对林木栽种砍伐作出过详细的规定，正德十五年（1520）族众议定："凡崭拨苗木，凑买力垒等项支用，治山者务要与管理商议。……凡杉木成材拚卖，治山者告于管理，同家长家众一齐商议，务要至山亲视围径、数目，合众评品应值时价，毋背公私行，以招物议，毋低价贱售，以取众怒。……今时山场率皆荒废者，其弊由于山主朘刻山佃，捐与力垒，以故山佃惟思花利，不肯栽苗。今议各处山场杉木成材拚卖之日，务照乡例，主力相分，毋许短少，务与佃约相符。……山场长养，逐年功效不同，必须递年治山事绩萃于一册，方有稽考。……开注本年某处栽垒杉苗若干，某处崭拨杉苗若干，某处凑买力垒若干，某处大苗若干，某处小苗若干，某处拚卖砍木若干，某处拚卖柴价若干。……六都程旺、程升、程杲、程时、程暘五大分人等……原上年间自曾祖故后，各栽各业，近因人众心异，前山杉木听随伴仆乱砍，并作柴薪，有负前人创业之意。今同五大分弟侄谪议，将前山各人栽垒大小苗木并管业空山及山脚地，尽数归还，五大分均业，各人到山住歇，栽垒锄养苗木成材，开垦山脚成田，以为子孙永远之计。……其杉木并松竹杂木成材，并系五大分眼同共卖均用。"此次程氏议定山林经营细则，与议人多达37人②。该族后来于嘉靖二十六年（1547）、隆庆四年（1570）、万历三年（1575）、万历二十五年（1597）等年屡次议定合同文

① 《休宁县谢彦良卖山契》，安徽省博物馆编：《明清徽州社会经济资料丛编》（第一集），中国社会科学出版社1988年版，第325页。

② 《窦山公家议》卷5《山场议》，周绍泉、赵亚光：《窦山公家议校注》，黄山书社1993年版，第72、84、85页。

书，就山林经营作出进一步规定。万历二十五年（1597）的合同文书议定："窦山公秩下五大房子孙……向因拚木多出管理，以致怀私利己者，一遇当年为首，随即搜寻各处山苗，毋问大小老嫩，一概拚砍无遗，其价大半入私囊，而众家仅存虚名。……今集众议共立保守文约，自万历二十五年七月起，凡各处祖坟、冢林、江村等处，永远不许拚卖。其青真坞、项源、章溪等号蓄木山场，止许管理逐一照点督令栽养，依时给工崞拨，毋许管理私自拚卖。倘各号内山木果系成材，有重费莫支，当卖者，各分管理务先期告明各分家长、斯文，集众庭议，到山验明。不堪拚卖，复集家长、斯文，同家众眼同计木估价，拚卖他姓，不许秩下子孙承买。如他姓不买，许令各房子孙分砍做卖。其拚木价钱，悉听各房公议兑出，归窦山公买田公用。"[1]看来家大业大的祁门善和里程氏宗族，在山林经营方面一直存在问题，以至族众需要不断公议，作出约束性规定。

天启年间，黄山歙县吴养春大狱案，朝廷追征巨款30万两，其由头也是"山场木植银"。歙西溪南吴氏，吴养春之祖吴守礼，"资雄两淮"，看来是个大盐商。吴守礼派分五支，在万历后期捐买五个中书舍人时家业已耗，但其孙吴养春仍有黄山地2400亩。天启六年（1626），朝廷先后派工部营缮司主事吕下问、许志吉前往歙县派买木价，"派定亩数，分别上、中二号，着令具认承买，照限亲比"，数额多达30万两，追赃60万两，并坐勒土商吴献吉山价银一万两[2]。山场木植银，无疑是当地人的主要经济来源。

苗木培植成材后，用途在出卖。徽州文书中山林买卖事例甚为繁夥，试举数例。洪武二年（1369），休宁县人谢元熙立契，将三亩山"地骨大小松苗，尽数立契出卖与李仲德名下，面议价钱花银四两"。洪武十二年（1379），祁门县人徐友成将48亩"山骨并大小苗禾，尽行转卖与十一都人

① 《窦山公家议》卷5《山场议》，周绍泉、赵亚光：《窦山公家议校注》，黄山书社1993年版，第90页。

② 佘华瑞：《岩镇志草》元集《本里尸祝三大夫》，《中国地方志集成·乡镇志专辑》第27册，上海书店1992年版，第121—124页；参见许承尧著，李明回等校点：《歙事闲谭》卷13《吴养春黄山狱》，黄山书社2001年版，第431—434页。

李世率名下,面议作时值价宝钞贰拾四贯"。洪武十六年,祁门县人谢允恭将所有山地"大小杉苗尽行立契出卖与本都谢文先名下,面议宝钞贰拾贯文"。洪武二十四年(1391),祁门县人谢景春将一亩山地"并大小杉苗,尽行立契出卖与同都人李源清同李子善名下,面议价钱宝钞壹拾贯"①。永乐十一年(1413),祁门县人胡显宗将祖产山地尽数"出卖与本村胡思敬名下为业,长养杉木,面议时价宝钞六十贯"②。景泰三年(1452)祁门县人胡进因无钱开销,将"本家用工栽坒杉苗成林"的山场7亩5分,"立契出卖与同村胡思敬名下为业,面议时价银六两"③。正德二年(1507),休宁县人胡钟原,将山场7亩"浮苗木,卖与同都胡钺长养砍斫,其山骨从正德元年起栽坒苗木主分,听自胡泰照契管业"④。毫无疑问,徽商用以运销的木植,就是从山林经营者那里买来的。

随着徽、严、衢、处等地木材养植的更加兴盛和木材紧缺地区江南苏州、松江、常州、杭州、嘉州和湖州一带木材耗用量的增加,两地之间木材特别是杉松之木的大规模运销成为明代中后期重要的商品流通形式,徽州木商就发挥出不可或缺的作用。

徽商砍伐木材,徽州文书和地方文献称作"拚"或"挤"。《说文》释"拚","从手,弁声,皮变切",即作pin声;《康熙字典》谓"拚""挤"互通,并引《广韵》"普官切,音潘",即作pan声;《辞源》释"拚""挤"均作"舍弃,不顾一切"之意⑤。细详语义,"拚""挤"相通,时人小说

---

① 《休宁县谢元熙卖山赤契》《祁门县徐友成卖山赤契》《祁门县谢允恭卖山赤契》《祁门县谢景春卖山赤契》,安徽省博物馆编:《明清徽州社会经济资料丛编》(第一集),中国社会科学出版社1988年版,第297、299、300、301页。

② 《成化祁门胡氏抄契簿》,王钰欣、周绍泉主编:《徽州千年契约文书·宋元明编》卷5,花山文艺出版社1992年版,第107页。

③ 《成化祁门胡氏抄契簿》,王钰欣、周绍泉主编:《徽州千年契约文书·宋元明编》卷5,花山文艺出版社1992年版,第131页。

④ 《休宁县王思舜卖山赤契》,安徽省博物馆编:《明清徽州社会经济资料丛编》(第一集),中国社会科学出版社1988年版,第344页。

⑤ 许慎:《说文解字》,中华书局1981年版,第254页;《康熙字典》,上海书店1996年版,第473页;《辞源》,商务印书馆1998年版,第1246、1257页。

发音作"判","拚木""挤木",意为砍伐木植。故本文一般均统一作"拚"。

傅衣凌先生解释"拚本",说"徽人是以预付资本的方式,用'拚本'以经营木业"[①]。从徽州文书和地方文献所载当地木植栽种长养来看,徽商未必要预付资本才能获得木植,经营山林者也未必需要商人先期投入资本方能栽种长养木植,上述祁门善和里程氏宗族大面积栽种杉木,未见任何商人资本投入,因此,凡是收买山民养成的木植,无论先期投入资本还是出自山民自栽,均可称为"拚本""拚木"。

徽商在徽、严、衢、处四府以及近邻江西等地的木材砍伐运销,大致有两个流动方向。一个方向是南宋以来一直存在的,由徽州或衢州、处州,经严州,循新安江水系,经钱塘江,抵达杭州,转运江南各地。这个方向,就是康熙初年休宁人赵吉士所说的线路:"徽处万山中,每年木商于冬时砍倒,候至五六月梅水泛涨,出浙江者由严州,出江南者由绩溪,顺流而下,为力甚易。"[②]这个方向的木材贩运,正统八年(1443)户部侍郎焦宏说:"浙江及苏松沿海卫所修造备倭船,皆官军采木,经岁未完,诚误急用。臣闻永乐间徽、处等府商贩竹木,杭州府税课司抽分挨用,后止收钞,以故修船料物,皆官钱买用,不足,复征诸民。"[③]按照焦宏的说法,明初以来徽州、处州等地与江南地区的木植贩运一直兴盛不衰,官军所需防倭船只及相应设施的用木,如果抽分木植不敷使用,往往通过向民间征取以完事。天顺三年(1459)严州府淳安县重修大成殿,急需巨木,"适徽商贩木过县境",徽商有感于县令成礼的德政,"乐助善材百株",官员也捐俸鸠工,工程告成[④]。

① 傅衣凌:《明清时代徽州婺商资料类辑》,氏著《明清社会经济史论文集》,人民出版社1982年版,第208页。

② 赵吉士著,周晓光、刘道胜点校:《寄园寄所寄》卷11《泛叶寄》,黄山书社2008年版,第877页。

③ 《明英宗实录》卷108,正统八年九月癸丑,"中央研究院"历史语言研究所校印,中文出版社1962年版,第2182页。

④ 商辂:《重建大成殿记》,光绪《严州府志》卷31《艺文·遂安县》,《中国地方志集成·浙江府县志辑》第8册,上海书店1993年版,第743页。

徽州木商颇具实力，于此可见一斑。

这一方向的木商运销，商人在浙江衢州府开化县拚木撑运到江南贩卖的线路，为人所习知。开化地处徽州东南，杉木为全县最大产业，向下游江南地区源源提供木材，开化经济主要依赖徽商拚木运营。雍正《浙江通志》引崇祯《开化县志》载："开地田少，民间惟栽杉木为生，三四十年一伐，谓之'拚山'。邑之土产，杉为上，姜、漆次之，炭又次之，合姜、漆、炭之利，只当杉利五之一。闻诸故老，当杉利盛时，岁不下十万，以故户鲜逋赋。然必仰给于徽人之拚本盈，而吴下之行货勿滞也。"①此文论者常常喜欢引用。其实崇祯《开化县志》原文为："开田少土瘠，不足一邑之食，惟栽杉为生，姜、漆次之，炭又次之，合姜、漆、炭当杉利五之一，而惟正之供，与养生送死之需，尽在其中。曾闻诸故老，杉利盛时，岁近十万，以故户鲜逋课，莅开者颇称易治。数十年来杉利大损，缘徽商之拚本微，吴下之百货滞。"②两相对照，各有详略，"三四十年一伐，谓之'拚山'"，是雍正《浙江通志》的编纂者所加，较之原文更加明晰，而"数十年来杉利大损"一句被删，则改变了原意，不能反映明末开化杉木之利大损的实际情形。而且崇祯《开化县志》后面还有话，谓："既瓶罄而罍耻，斯襟捉而肘见，而开人耕读之外不业工商，别无俯拾仰取之途，岂有神运鬼输之术。于是输纳日艰一日，功令又日急一日，而上下交困矣。夫义不后君，财止此数，量入为出，便是催科抚字，如近例夫役征诸木牙，每百两抽一，计二十名工食，尚苦不及额，则是一岁拚木不及二万，而条鞭、辽饷逋额杂项何止二万，父母固所了然，不识主计仁人亦为之蹙然否？"③此文虽与此处所论无关宏旨，但透露了明后期徽商在开化从事拚木生意攸关地方经济的重要信息，似不宜忽略不论。

① 雍正《浙江通志》卷106《物产六》，《中国地方志集成·省志辑·浙江》第5册，上海书店1993年版，第277页。

② 崇祯《开化县志》卷3《赋役志·物产》，第5—6页，《稀见中国地方志汇刊》第17册，中国书店1992年版，第727页。

③ 崇祯《开化县志》卷3《赋役志·物产》，第5—6页，《稀见中国地方志汇刊》第17册，中国书店1992年版，第727页。

徽州木商在这一线路经营者，也颇有一些事例。《详状公案》中审案的知府说："衢州府常山县丁文、丁武，其祖曾任守珠主事，遗下家赀数万，珍珠广多。子孙亦善守善创，日多增益。且山多竹木，适有徽州戊源县（婺源县之误）客人王恒，带家丁随行十余人，往贩杉木。闻得丁宅山多，用价银一千五百两，登门买拚，凭中交银。"①这是目前所知徽州木商从事开化一带拚木生意的较早事例。徽州地方文献记，明后期婺源李坑人李永昌"一日往开化"②，虽未明言徽人在开化等地拚木，但前往开化，或活跃在这一带，当多半与此有关。明末清初小说《醉醒石》更记："此女姓程，家居衢州府开化县郭外，原籍婺源。其父程翁，是个木商，常在衢、处等府采判木植，商贩浙西、南直地方，因此住在开化。"③寥寥数语，即将徽商在衢州拚木运销江南的情形说得相当清楚，而且"采判"一词，实为我们确定"拚"字之音之意提供了佐证。开化采木，盛名在外，以致万历、天启年间朝廷采集巨大楠木，也强行要到开化王雾山勘探，但当地确实并无朝廷所需的巨大楠木，遭到地方官府的强力抵制，因而无果④。

另一个流动方向就是徽、严、衢、处四府以及邻近徽州的宁国府和江西东北部的木材，由长江经芜湖、南京，抵达镇江，转入运河，分销运河南北各地。这一方向又分短途和长途两种。短途是徽州府黟县、祁门，池州府石埭，宁国府

① 《详状公案》卷2《断强盗掳劫（阮大尹审）》，转引自［日］藤井宏《新安商人的研究》，《江淮论坛》编辑部编：《徽商研究论文集》，安徽人民出版社1985年版，第257页。

② 道光《徽州府志》卷12《人物志·义行》，《中国地方志集成·安徽府县志辑》第50册，江苏古籍出版社1998年版，第76页。

③ 东鲁古狂生：《醉醒石》第4回《秉松筠烈女流芳　图丽质痴儿受祸》，上海古籍出版社1992年版，第27页。

④ 崇祯《开化县志》卷3《赋役志·物产》，《稀见中国地方志汇刊》第17册，中国书店1992年版，第743—744页；王家彦：《勘云雾山申文》，顺治《开化县志》卷7《艺文志》，《南京图书馆藏稀见方志丛刊》第87册，国家图书馆出版社2012年版，第246—248页。

太平、泾县诸河的竹木，经簰湾，抵达芜湖，入长江①。长途是徽州府祁门、婺源和浙江与江西交界地区的木材，由婺水、乐安江或昌江，漂至饶河扎排，通过鄱阳湖，出至江西湖口，进入长江，顺江而下，分销各地②。徽州木商从事较大规模的拚木运销，多走此长途。

万历《江西省大志》记，玉山县造纸的槽房，不下五百余座，永丰、铅山、上饶三县不下百余座，"皆系民间自备竹木砖瓦材料构结房厂，可容百数十人"。槽房所需"构皮出自湖广，竹丝产于福建，帘产于徽州、浙江，自昔皆属吉安、徽州二府商贩装运本府地方货卖"③。从清代的材料来看，大多数从事木业贩运的婺源人，主要活跃在这一线路。其实不独江西，其时江南所需木植，也有相当部分来自这一线。如李氏宗谱所记，徽商李迪，生于正统十二年（1447），卒于嘉靖五年（1526），"其贻谋甚远，出囊借贷，共集不赀，抵广信，广买山材，木尽还山，自谓子孙无穷之利，工佣无虑数十人，货成无限数"④。

明代徽商在当地或周邻地区砍伐木植运销他地，特别是由饶河、长江一路放排，至今未见人叙述具体事例，今拾得一例，似较典型。万历四十一年（1613），祁门县十五都郑氏议立合同文约，文约载：

> 奇峰郑元祐、逢旸、逢春、师尹、大前，原三十九年合伙拚买杉木，至饶造捆，往瓜发卖。不期节遇风潮，漂散捆木。又遇行情迟钝，耽误利息，以致蚀本。今托中鸣誓，将原流买木并在瓜卖木各名下支银，逐一查算明白。除在瓜还过三关钱粮并移借瓜、饶本利银外，仍家各有各经手揭借本银，俱算至本月止，共计该九佰有余。照原合伙议定分股，以作十二股均赔开派。

① 刘洪谟著，王廷元点校：《芜关榷志》卷上《大明律·管辖事宜考》按语，黄山书社2006年版，第9页。

② 同治《饶州府志》卷2《地舆志·山川》载：鄱阳湖在饶州府城西40里，"会江、饶、衢、徽之流，汇于大江"。见《中国地方志集成·江西府县志辑》第29册，江苏古籍出版社1996年版，第33页。

③ 万历《江西省大志》卷8《楮书》，《南京图书馆藏稀见方志丛刊》第108册（万历二十五年刻本），第397页。

④ 婺源《三田李氏统宗谱·明故处士兰田质斋李公墓志铭》，万历刻本。

各照单坐还各名下，再无异言。立此清单伍纸为照。（再批：仍有湖广本银并瓜、饶回银共贰佰六十二两四钱八分四厘，坐还万顺店本利转算逢旸原店本银。）逢旸名下赔十二股之五，该认银三佰八十两零三钱一分，又代尹还银七十一两三钱零三厘，共该四佰五十一两六钱三分，内大前认四两六钱五厘，实四佰四十七两零八厘，除自本利银一佰九十二两三钱九分，坐还承前本利银六两五钱……大前名下赔十二股之四，该认银三佰零四两二钱五分，又认伍（？）银四两六钱零五厘，共该银三佰零八两八钱五分……元祐名下赔十二股之一，该认银七十六两零六分……逢春名下赔十二股之一，该认银七十六两零六分……师尹名下赔十二股之一，该认银七十六两零六分。……因往湖广，系旸代还。

万历四十一年八月二十八日　立清单合同文约人　郑元祐（押）

郑逢旸（押）郑逢春（押）

郑师尹　郑大前兄弟（押）

中见人　郑维忠（押）郑长生（押）

郑胤科（押）郑善庆（押）[1]

此件文书所述相当具体，但基本内容就是经营亏本后的清算。郑元祐与其族人集资分股经营木材买卖，五人十二股，郑元祐占一股，大前占四股，逢旸占五股，逢春占一股，师尹占一股。经营两年左右时间，亏蚀银913两，合股各人按股分摊清账。

此奇峰郑氏，合股拚买杉木自然并不始于这一年。万历二十七年（1599）的文约中已提到，参与郑元祐合股拚木的郑逢旸，即与其弟逢旦、侄在前，因逢旸之"兄晋做捆，不幸在瓜身故，被族叔地牙荣锡一概吞克，以致讦告按院"[2]。"饶"即江西饶河，"瓜"即镇江对岸的瓜洲，参看这件文书，可知奇峰郑氏至少几代人长期在家乡祁门拚买杉木，运到河

① 《万历四十一年祁门郑元祐等立清单合同文约》，王钰欣、周绍泉主编：《徽州千年契约文书·宋元明编》卷3，花山文艺出版社1992年版，第438页。

② "万历二十七年八月二十六日文约"，中国社会科学院历史研究所藏徽州文契，转引自张雪慧：《徽州历史上的林木经营初探》，《中国史研究》1987年第1期。

面开阔的江西饶河扎排，通过鄱阳湖、长江放排到木材中转地江苏瓜洲发卖。该族在湖广也有本银，因此同时可能还有家族人员在湖广经营木业。

这个祁门奇峰郑氏家族，本身就拥有大片山林，栽植杉木。在合伙拚买杉木前7年的万历三十二年（1604），郑公佑与其侄可继、可成、可嘉四大房人等，分析祖、父遗下的山场，四房均分，立有合同阄单，载明："奇峰郑公佑全侄可继、可成、可嘉四大房人等，原承祖父并续置山场，因人心不一，致山荒芜。今同商议，除先存留祀山外，其余山场作天、地、人、和品搭均分，以便各人栽养，庶山无遗利，子孙有赖。先年四房因造坟等项，少安、佑、立、行银两，将旧宅坑等处山一契扒还安等为业，今与侄等商议，所接花利仅敷还本利，念至亲将此山骨退还众共凑分，倘分外仍有遗漏土名，仍系众共。自立文之后，上山订界粘阄，永远遵守，毋许悔异，如悔者，罚银拾两公用，仍依此文为准。"① 而早在嘉靖五年（1526），同宗的郑建同弟郑肇即将继承自其父的本都六保山场"并苗木尽数立契卖与同业人郑谅凑便为业"②。说明徽商拚买的木植也有本家族内的。

徽商拚买木植，在获得山场木植主人的允许时，应出具承拚契约。幸运得很，徽州文书中保留了这类契约。此类文约，尚未见人引述过，故移录如次：

> 在城立承约人方梓茂，今有五都洪名下黄岗塘坞经理水字号山木一备，东至洪地，西至降，南至方山，北至洪山、合湾、南北二培，在山松杉浮木，洪合得壹半。今身承去拚砍，三面议定时值价纹银壹两壹钱整，其木听方前去砍伐，其价银约在本月内一并交还洪众，不致违误。今恐无凭，立此为照。
>
> 天启七年二月初三日 立承约人 方梓茂（押）
>
> 奉书男 方成象（押）

① 《万历三十二年祁门郑公佑等立分山阄单》，王钰欣、周绍泉主编：《徽州千年契约文书·宋元明编》卷8，花山文艺出版社1992年版，第28页。

② 《万历三十二年祁门郑公佑等立分山阄单》，王钰欣、周绍泉主编：《徽州千年契约文书·宋元明编》卷8，花山文艺出版社1992年版，第25页。

中见人　洪大科（押）①

有意思的是，大概为了以示慎重，承约人方梓茂的儿子、书写此承拚约的方成象，因同时承拚此块山场的木柴，也出具了承拚约。其文大致相同，惟改为"在山松杉浮木并柴槎……其木柴听方前去砍伐，其价银约至二月内一并交还洪众"②。

揆诸事理，出产人也要具立允许他人拚木的约据，这类文书也有保留。崇祯十年（1637）的拚约如次：

> 立拚约人洪时耀，今因缺少使用，自情愿将古楼山松木一根杉木一根凭中出拚与清明会内，得价纹银伍钱壹分陆厘整。其树并无内外人拦占，听从砍断。今恐无凭，立此拚约存照。
>
> 　　　　崇祯十年叁月十二日　立拚约人　洪时耀（押）
> 　　　　　　　　中见人　　洪天性（押）　洪时正（押）③

徽商重视契约，体现在经营活动的各个方面，其木业经营也很明显。

(二)徽州木商在湖广、四川、贵州一带的木植运销

明代这一线的木植运销，殊少实例，但万历时人王士性的《广志绎》，较为清晰地勾勒了材木生长、采伐和运销的情形，弥足珍贵。文载：

> 楚中与川中均有采木之役，实非楚、蜀产也，皆产于贵竹深山大堎中耳。贵竹乏有司开采，故其役峕委楚蜀两省。木非难而采难，伐非难而出难，木值百金，采之亦费百金，值千金，采之亦费千金。上下山版，大涧深坑，根株既长，转动不易，遇坑坎处，必假他木抓搭

---

① 《天启七年方梓茂拚木承约》，王钰欣、周绍泉主编：《徽州千年契约文书·宋元明编》卷4，花山文艺出版社影印1992年版，第207页。

② 《天启七年方成象拚木承约》，王钰欣、周绍泉主编：《徽州千年契约文书·宋元明编》卷4，花山文艺出版社影印1992年版，第208页。

③ 《崇祯十年洪时耀拚木契》，王钰欣、周绍泉主编：《徽州千年契约文书·宋元明编》卷4，花山文艺出版社影印1992年版，第418页。

鹰架，使与山平，然后可出，一木下山，常损数命，直至水滨，方了山中之事。而采取之官，风餐露宿，日夕山中，或至一岁半年。及其水行，大木有神，浮沉迟速，多有影响，非寻常所可测。天生楠木，似耑供殿庭楹栋之用。凡木多围轮盘屈，枝叶扶疏，非杉、楠不能树树皆直，虽美杉亦皆下丰上锐，顶踵殊科，惟楠木十数丈余既高且直。又其木下不生枝，止到木巅方散干布叶，如撑伞然，根大二丈则顶亦二丈之亚，上下相齐，不甚大小，故生时躯貌虽恶，最中大厦尺度之用，非殿庭真不足以尽其材也。大者既备官家之采，其小者土商用以开板造船，载负至吴中则拆船板，吴中拆取以为他物料。力坚理腻，质轻性爽，不涩斧斤，最宜磨琢，故近日吴中器具皆用之，此名香楠。又一种名斗柏楠，亦名豆瓣楠，剖削而水磨之，片片花纹，美者如画。其香特甚，蒸之，亦沉速之次。又一种名瘿木，遍地皆花，如织锦然，多圆纹，浓淡可挹，香又过之。此皆聚于辰州。或云，此一楠也，树高根深，入地丈余，其老根旋花则为瘿木，其入地一节则为豆瓣楠，其在地上者则为香楠。①

又记四川：

板出建昌，其花纹多者名抬山，谓可抬而过山也，此分两稍轻，尺寸较薄，然人以其多纹反爱之。有名双连者，老节无文，似今土杉，然厚阔更优，多千百年古木。此非放水不可出，而水路反出云南，即今丽江，亦即泸水，亦即金沙江，道东川、乌蒙而下马湖，其水矶洑礁汇，奔驶如飞，两岸青山夹行，旁无村落。其下有所谓万人嵌者，舟过之辄碎溺，商人携板过此，则刻姓号木上，放于下流取之，若陷入嵌则不得出矣。嵌中材既满，或十数年为大水所冲激则尽起，下流者竞取之以为横材，不入嵌者，亦多为夹岸夷贼所句留，仍放姓号于下流，邀财帛入取之。深山大林，千百年斫伐不尽。商贩入者每住十数星霜……穷荒成市，沙碛如春，大商缘以忘年，小贩因之

---

① 王士性：《广志绎》卷4《江南诸省》，中华书局1981年版，第95—96页。

度日。至于建人补板，其技精绝，随理接缝，瞠目爪之，莫辨形踪。……四川官民之役惟用兵、采木最为累人。西北、西南州县多用兵，东南多采木，惟川北保、顺二郡两役不及，颇号乐土。①

两处大段文字，虽然重在讲述官方采木之难，但也透露了诸多重要信息。一是其说反映出随着明初以来朝廷为营建北京宫殿在全国范围内的大规模采伐木植，有木之地特别是有巨大楠木的地区，已收缩到了边远的贵州深山老林，能开出宽阔板材的巨杉也收缩在四川建昌等地。二是介绍了民间商人砍伐放排运销木材的具体做法及其所冒生命财产风险。三是说明明后期江南苏州地区兴起的小木器家具制造，料精质优形式雅洁，所用木料特别是楠木就来自贵州僻远之地，商品产地与原料供应地互补，江南依赖边地贵州的木材，才崛起名闻天下的木器制造业②。

王士性所介绍的民间木商经营木材砍伐运销的做法，同时人朱国祯也有记载，谓："凡楠木最巨者，商人采之，凿字号，结筏而下。既至芜湖，每年清江主事必来选择，买供运舟之用。南部又来争。商人甚以为苦，剔巨者沉江干，俟其去，没水取之，常失去一二。"③说明民间商人采到木植后，并不能自由地投放市场等价交换，而往往被官府以需要名义低价攘夺。

明代徽州等地木商在这一线的活动，殊少事例说明。有材料记，正德、嘉靖时的苏州木牙殷福，每当"新安大贾浮巨木于吴者，必主君。君

---

① 王士性：《广志绎》卷5《西南诸省》，中华书局1981年版，第107—108页。

② 万历时松江人范濂就说："细木家伙，如书椟禅椅之类，余少年曾不一见，民间止用银杏金漆方椟。自莫廷韩与顾宋两公子，用细木数件，亦从吴门购之，隆、万以来，虽奴隶快甲之家，皆用细器，而徽之小木匠，争列肆于郡治中，即嫁装杂器，俱属之矣。纨绔豪奢，又以椐木不足贵，凡床厨几椟，皆用花梨、瘿木、乌木、相思木与黄杨木，极其贵巧，动费万钱。亦俗之一靡也。尤可怪者，如皂快偶得居止，即整一小憩，以木板装铺，庭畜盆鱼杂卉，内列细椟拂尘，号称书房。"（《云间据目抄》卷2《纪风俗》，《笔记小说大观》第13册，江苏广陵古籍刻印社1983年版，第111页）苏州人崇尚的细木家具，迅速风行全国，社会上对木材提出了新的要求。

③ 朱国祯：《涌幢小品》卷4"神木"条，文化艺术出版社1998年版，第82页。

敏断有信义，持筹立水滨，凡梗、楠豫章之材，围径小大价高下，一言立决，贾人咸帖伏"①。这个木牙，看来非常精于此道，熟悉行情，深得徽州木商信任，而浮泊在苏州的巨木，当来自长江上游。李维桢也记，婺源江湾人江国邠，"家人为木客，贾吴楚，或数千章"②，大约是从事长江上下游之间木材营销的徽商。婺源人程日宁，"稍长，商楚数千里，致菽水以承母欢"③，当也从事木植运销。

其他事例，如早在明前期，徽州人程实"少客江湖间，尝以木易粟至姑苏贷人"④。汪氏家谱记，弘治至嘉靖时期人汪堰，曾"货木淮泗"⑤。李氏宗谱记，嘉靖时婺源江湾江氏"以贩木起家"，李祖玘弃儒经商，"业以日起，而家遂饶"⑥。谢肇淛也记，隆庆五年（1571）湖州发生龙卷风，"有徽商积大木数千茎在岸侧，皆为所卷，无复孑遗"⑦。祁门倪氏家谱载，明末人倪道昭，最初贫困，后"以殖木始饶蓄积"⑧。这些虽不能断言从事何地或何种方向的业木，但不出上述两大方向的经营，殆无疑义。

① 袁褧：《衡藩重刻胥台先生集》卷16《殷君同妻姚硕人合葬墓志铭》，《四库全书存目丛书》集部第86册，第618页。

② 李维桢：《大泌山房集》卷72《江先生家传》，《四库全书存目丛书》集部第152册，第242页。

③ 康熙《婺源县志》卷10《人物·质行》，《上海辞书出版社图书馆藏稀见方志续编》第15册，第74页。

④ 《新安文献志》卷90《百岁程君实墓表》，转引自张海鹏、王廷元主编：《明清徽商资料选编》，黄山书社1985年版，第189—190页。

⑤ 《汪氏统宗谱》卷85《钦赐号竹墩墓志铭》，转引自张海鹏、王廷元主编：《明清徽商资料选编》，黄山书社1985年版，第192页。

⑥ 婺源《三田李氏统宗谱·长皋钟三十二两源公行实》，转引自张海鹏、王廷元主编：《明清徽商资料选编》，黄山书社1985年版，第192页。

⑦ 谢肇淛：《西吴枝乘》，陶珽编：《说郛续》卷26，清顺治宛委山堂刊本。

⑧ 《祁门倪氏族谱》卷下《辉宇公纪略》，转引自张海鹏、王廷元主编：《明清徽商资料选编》，黄山书社1985年版，第193页。

二、参与全国范围的"皇木"采办

《明史·食货六》开宗明义，谓："采造之事……最巨且难者，曰采木。"①明廷迁都北京，自永乐初年起，直到万历后期，宫殿营造重建类大型工程一直不断，需要的各种巨大珍贵楠木及日常用木杉木等，数量十分庞大，采木成为负担最重、难度最大的苦事，也是极为沉重的财政负担。

明廷采木，最初由朝廷委派专门的督木大吏到地方，督令地方官组织夫役采办，所需经费通常由地方官筹措，耗用木材的漕船则由各地派料打造，四川、湖广、江西出产杉楠之木的省份就地取材，浙江、直隶不出木之地买办成造。后来因为采办数量过多，而经费往往没有着落，漕船打造数量大增，民间负担过重，所需木植得不到有效保障，成化七年（1471）在湖广荆州府、浙江杭州府、直隶太平府各关增设抽分司，"将客商兴贩竹木簰筏每十取一，拣选堪中者起解本色，不堪者变卖银两，成造粮船应用，余剩之数方才解部，以备年例修理天地山川等坛、京通二处仓廒、成造军器、光禄寺供应器皿、内府各监局板箱潘桶、各王府诰匣木柜、赏赐夷人靴袜、各处陵寝冥器等项支用"②。竹木抽分，主管部门视为利数，利国而病民，川贵湖广竹木，荆州既抽，下至芜湖、南京，又连续抽取；浙直之木，杭州关抽收数量也成倍增加。这样一来，商贩视为畏途，官方用木仍然得不到保障。有关官员为此纷纷呼吁，减少派采量，减少抽征额，改变采木办法③。到明中后期，专官采办木植，改为同时采用招商采办形式，所谓采办"皇木"。

明廷何时正式招商采办皇木？至今未见相关研究有明确说法。弘治九

① 《明史》卷82《食货六》，中华书局1974年版，第1989页。

② 佚名：《荆州抽分议》，万表辑：《皇明经济文录》卷22《湖广》，《四库禁毁书丛刊》集部第19册，北京出版社1999年版，第153页。

③ 《明宪宗实录》卷263，成化二十一年三月己丑，"中央研究院"历史语言研究所校印，中文出版社1962年版，第4455页；《明宪宗实录》卷264，"中央研究院"历史语言研究所校印，中文出版社1962年版，成化二十一年四月癸酉，第4481页。

年（1496）十二月，盖造寿安、万春两宫库房及太仓廒库皇亲第宅之类，并兴于一时，工部右侍郎彭礼奏称："若再添人夫，则各处地方艰难，民不聊生，若欲召商上纳，则工部银两有限，日用造作无穷。今后凡有造作，乞敕该监量为减省。"①可见是否招商采木，因为财力匮乏，工部还在犹豫，尚未实行。正德十三年（1518），采办乾清、坤宁两宫工程所需大木，工部尚书李鐩回覆万余根大木有无"出水脚价"的质询，称"已借别项银两雇觅人力"，并移咨负责督木的工部侍郎刘丙②，其时还未曾采用招商采木。依据现在掌握的材料，直到正德末年，担当采木重任的工部右侍郎陈雍提出："今愿以两法行之，中材，仍故事募商自致，但微增其直；巨材，官为采之，以庸法征金，募愿往者，谨给直，宁富役夫，毋饱宿猾。"获得朝廷许可："诏勉留公，即下工部博议，皆如公策。公遍历三省……于事三年，木数万至京师。……初，公议直稍宽，众谓额大逾，虑或不给于费。及竟役，顾更余万金。"③这是如今所知最早的招商采办皇木的事例。但可以明确的是，商人承应的木材，只是"中材"，而"巨材"大约为了有充分保证，仍由官府采办，而且以"故事募商"，或许前此已有中材以下之木通过招商采办之举。

嘉靖七年（1528），吏部尚书桂萼针对乾清宫、仁寿宫建筑工程不断，百姓负担过重，疏言："今采木已到水次者，云已足用，合无听派木商，沿途顺带，免其抽税，而尽放天下运木丁夫归农。……待三号等项木植到齐，一切物料，俱就京招商和买，计料完足，而后为之。"④朝廷批准实

① 《明孝宗实录》卷120，弘治九年十二月乙未，"中央研究院"历史语言研究所校印，中文出版社1962年版，第2157页。

② 《明武宗实录》卷158，正德十三年正月辛酉，"中央研究院"历史语言研究所校印，中文出版社1962年版，第3041页。

③ 张萱：《西园闻见录》卷92《工部六·工作》，《续修四库全书》第1170册，上海古籍出版社2003年版，第153页。

④ 桂萼：《修省十二事疏》，陈子龙等选辑：《明经世文编》卷180，中华书局1962年版，第1838页。

行①。次年，以督木官身份到四川的工部郎中龚辉说："四川僻处一隅，非若他省商贩凑集，今名虽召商，实皆土民给领官银，入山拖运。"②如此看来，直到嘉靖初年，招商采木尚未完全定型，是否招商还未成一定之规，即使招商，也可能因为应募者不多，往往由地方士民承领官价，入山采伐拖运。然而从嘉靖中后期起，因皇木采办量过多，且有些木植往往不能符合要求，而只得通过招商。由时人奏疏可知，大批量的皇木采办，基本上均以招商形式进行。万历初年的《四川总志》载："每一采木，必报大户，而大户入山，靡费百端，劳苦万状，折数百金，仅得一木，因致倾家，贻累子孙者，比比然也。"③万历九年（1581），工部主事杨成追述嘉靖末年的木植采办说，原来由龙江、芜湖二厂抽解的司礼、御用、内官三监各板枋竹木，"因板木数多，未能合式，不得不召商贾办"④。万历三十五年（1607），传奉川贵湖广采取杉楠大木及枋板万计，郧阳巡抚黄纪贤奏请，采木、征榷万难并行，"采木则必招商，招商则必罢税，采木而不招商，即府库之金钱填壑，百姓之肝脑涂地，木不可得而采"⑤。凡此说明，随着明廷采木量的持续大增，虽然采木实施过程中带有一定的强迫性，但招商的方式却无疑固定下来了。

木材贸易从采伐到运销，路程远，历时久，所需资本巨大，动用人力众多，木商需有相当实力⑥，皇木采办更是责任重大，头绪繁多，与官府

① 《明世宗实录》卷87，嘉靖七年四月庚午，"中央研究院"历史语言研究所校印，中文出版社1962年版，第1984页。

② 龚辉：《星变陈言疏》，黄训编：《名臣经济录》卷48《工部·营缮》，《景印文渊阁四库全书》第444册，第394页。

③ 万历《四川总志》卷20《经略志二·木政》，万历四十七年刻本，第42—43页。

④ 杨成：《厘正起运板木疏》，《明经世文编》卷361，第3896页。

⑤ 《明神宗实录》卷436，万历三十五年七月己亥，"中央研究院"历史语言研究所校印，中文出版社1962年版，第8246页。

⑥ 嘉靖时人董榖《碧里鸣存》"皇木谣"形容皇木运输道："巨木由来出马湖，纵长十丈径寻余。风霜万里逾三载，水陆千金致一株。人人尽道黑龙精，十驷重轮载入京。寄语匠人休研小，大家须此栋慈宁。"（《原国立北平图书馆甲库善本丛书》第751册，国家图书馆出版社2013年版，第880页）

官员的关系复杂，商人周旋其间，极为不易。在全国范围内从事木材贸易取得支配地位的徽商，最为人多势众，资力雄厚，乐于且善于与官府打交道，自然顺理成章地参与到当时最为浩繁、最为重要的远距离木材运输工程中。

徽商参与明廷皇木的采办，既有研究殊少提及，今试作钩稽。前引佚名《荆州抽分议》曾提到，荆州"上通川广云贵，出杉、楠等木，商贩数多"①，作为明代势力最大的徽州木商，当有其人。嘉靖三十六年（1557），营建朝门午楼，令于四川、贵州和湖广三省采楠、杉之木，于山西和真定采松木，于"浙江、徽州采鹰架木"②。当年重修三殿，川贵湖广采楠、杉等木，由工部郎中刘伯跃和副都御史李宪卿总理其事，动用各省地丁银100万两；采浙直鹰架、平头等木，工部"以银二万两发江南，而鹰、平至"③。万历年间采木更为经常。在历次采木过程中，当有徽州木商的身影。

万历二十四年（1596）三月，坤宁宫、乾清宫火灾，明廷由工部营缮司郎中贺盛瑞主持重修。工程初兴，社会各界"钻刺请托，蚁聚蜂屯"，希望揽得工程项目。徽州木商王天俊、吴云卿等"千人"，"广挟金钱，依托势要，钻求札付"，通过"捐万金之资"的重金贿托势要之人，企图获得采运皇木的许可证"札付"，而乘机夹带大量私木，逃漏税款。此次徽商指望获得札付的皇木多达16万根，约该价银30万两，其中虚报价银可能在10万两以上。如果成功，不但可以逃税32000余根，税关少收税银将多达五六万两，而且可以夹带不交税的"私木不知其几千万根"。如此作弊请求，遭到贺盛瑞的拒绝。王天俊等人心有不甘，仍然"极力钻求，内倚东厂，外倚政府，先捏洛金源安奏，奉旨工部知道"。工科给事中徐观

①佚名：《荆州抽分议》，万表辑：《皇明经济文录》卷22《湖广》，《四库禁毁书丛刊》集部第19册，北京出版社1999年版，第153页。

②万历《明会典》卷190《工部十·物料·木植》，广陵书社2007年版，第2592页。

③项梦原：《冬官纪事》，《丛书集成初编》第1500册，商务印书馆1937年版，第1页。

澜将奏文抄录，贺盛瑞得以呈堂立案不行。王天俊又令吴云卿出名再奏，终于获得准其买木的特旨。贺无任何退路，乃呼"徽商数十人跪于庭"，对其说："尔自谓能难我耶？我如不能制尔，尔则笑我矣！今买木既奉特旨，我何敢违，然须有五事，明载札付中。今明告尔，勿谓我做暗事也。"所谓五事："一、不许指称皇木，希免各关之税。盖买木官给平价，即是交易，自应行抽分，各主事木到照常抽分；一、不许指称皇木，磕撞官民舡只，如违照常赔补；一、不许指称皇木，骚扰州县，派夫拽筏；一、不许指称皇木，搀越过闸；一、木到张家湾，部官同科道逐根丈明具题给价。见今不给预支。"一听"不准指称皇木"的五条禁令，据说"各商失色"，齐说："必如此，则札付直一幅空纸，领之何用。"贺说："尔欲札，我但知奉旨给札耳。札中事，尔安得禁我不行开载！"徽商知道贺意不可夺，又担心此事一行，后日路绝，就皆不愿领札，而转向东厂倒索赃款①。徽商未能如愿争取到从工部包揽所有皇木采办的机会，而两宫鼎建之木仍按通常的做法由川贵湖广地方抚按招商采买。

事虽未行，但透露出诸多信息。一是经营木业的徽商人数之多，达到"千人"；二是徽商人多势众，金钱开路，贿送万金，神通广大，交结东厂，居然通过层层关节，获得皇帝特旨；三是胃口很大，意图包揽鼎建两宫的巨大工程之全部用木。

徽州木商未能从工部层面包揽到皇木采办的全部业务，但仍活跃地参与了各地抚按实施的皇木采办。万历二十五年（1597）六月，三大殿全区火灾，重新鼎建，需要采办的大木数量空前，明廷在全国范围内采办木材，而重点仍在川贵湖广和浙、直交界之区，总价值达白银930余万两②。此对国人来说，是极为沉重的财政负担，但对木商来说，则是一次重要的商业机遇，徽州木商极为活跃。

① 项梦原：《冬官纪事》，《丛书集成初编》第1500册，商务印书馆1937年版，第3、4、23、27页。

② 《明神宗实录》卷462，万历三十七年九月己卯，"中央研究院"历史语言研究所校印，中文出版社1962年版，第8713页。

万历二十五六年间，四川左布政使程正谊论及当地采办皇极、中极、建极三殿重建木材时说："至于采木，或议招商。商人之力能办常材，不能办此合式之木。且川省无商，商皆楚人"①，"诸商所采之木，工本累数十万"②。后来人也将活跃在四川的木商称为"楚商"。如万历三十七年（1609），工部侍郎王汝训言及采木大工采办难支时提到，"或有楚商，所买山场，楚木过重庆、涪、万等处，不得拦阻"，而工部覆言，"向者采榷之使，本以助工，今采木费及千万，皇上不亟发金钱数百万，非所以信明纶也"③。但时人述及的"楚人""楚商"，实往往指徽州、江西等地商人。程正谊在解释"楚商"时即说："查得蜀中各州县近日所报大木，皆买于楚商许国威、冯廷渭二人之手。许国威系徽州人，有大木二千余根；冯廷渭系江西人，有大木一千余根，二人皆寄居沙市，其实受命于荆州府，采办以备楚材。"④由此观之，名为"楚人"的徽州等地木商，实力相当雄厚。四川的楚商，实为徽州、江西商人，徽商无论，明代江西商人实多为清江人。清江地方志书称，该地"俗多习贾，或弃妻子，徒步数千里，甚有家于外者，粤、吴、滇、黔无不至焉，其客楚尤多"⑤。两相印证，毫无疑问，当时活动在四川的木商，就是徽州商人和清江商人。

正是在万历中后期的巨量皇木采办中，不少徽州木商参与其事。明末张大复作传记道："光禄公讳拱明，姓陈氏，别号凤宇。尝入赀为鸿胪序班，转光禄寺丞。……乃贷赀游淮扬，因走荆襄间。……又北走郑，南走

① 程正谊著，程朱昌、程育全编：《程正谊集》卷6《答李旭山中丞问蜀事机宜书》，上海古籍出版社2012年版，第184页。按，引文中"能办""不能办"之"办"字，原文作"辨"，疑误，故改。

② 程正谊著，程朱昌、程育全编：《程正谊集》卷8《禁谕播酋争木议》，上海古籍出版社2012年版，第233页。

③ 《明神宗实录》卷457，万历三十七年四月癸酉，"中央研究院"历史语言研究所校印，中文出版社1962年版，第8627—8628页。

④ 程正谊著，程朱昌、程育全编：《程正谊集》卷8《禁谕播酋争木议》，上海古籍出版社2012年版，第233页。

⑤ 崇祯《清江县志》卷1《舆地·风俗》，《四库全书存目丛书》史部第212册，第185页。

越，西入巴庸僰道。十年，卜居荆之沙市，结纳豪杰，谋通万货。会朝廷诏起三殿，购木荆楚川贵间，富民怖匿。公独挺见荆守，赍二百金，发彭水，抵清江，买山砍之，得数十巨木以归。守屈指往反不半岁，喜曰：'公真奇人也。'于是发库金二万，令公独肩其任。而公提二万金，过洞庭，至辰沅界，招集流亡数千人，积谷万石，直趋清江。又溯江而上，住巴州万县，西达黔中，连亘三镇，而荆、岳、辰、常、叙、马、重、夔、思、石、镇、黎、永宁、赤山之木簰筏相接以万万计。公曰：'嘻，为者常成，行者常至，此不由人事哉！'亡何，省司征木于楚，公亟驰归。会峡水陡涨，万山之木顺流东注，触崖间石，星离瓦解。公闻，呕血数升，仓皇西走，收拾余桴，仅偿库给。公曰：'嗟，幸不负官缗，犹未辱命。'谓须卷土重来，肯令天道长为政耶。亟驰东下，养疴三年，仍复之楚。双流杨某者，公故人也，时秉木政，公就杨，谘所便。杨尽取藏金与公，令入万山中相视。公又提金走万山中，转荆岳，至东南川，西达岷峨，抵永顺、卯峒、梭梭江，北折儒溪、黎州、天全、建昌，各为图记，具载垂山刊木之宜，与一时顺流倒泻之势，不遗余力。既数年，木蔽江下，贸赀万万。"①这个木商陈拱明，当朝廷为重建三殿巨量采木时，受督木官的委任，领受官府帑金，三次深入川贵湖广广袤地域，不畏生死，数年间采办了大量木植。这个木商可能是苏州人，但其领受官府银两大量采办皇木，同样情节徽州木商当也存在，可以参考。

万历后期，又有徽州府歙县人程之藩参与皇木采办。其传记载："年少时随其父行贾于四川，至建昌，主雅州宣慰司董仆家。土司所属，深谷峻岭多巨木，伐之以为利，役夫尝数百人，必刚猛有膂力者始胜是役。之藩遂为之长，结以恩信，役夫无不悦服，悉听其部署。"②这个歙县木商程之藩，雇佣数百人，深入夷人居住的四川雅州宣慰司，采伐大木获利而归。

---

① 张大复：《梅花草堂集》卷6《光禄陈公传》，《续修四库全书》第1380册，上海古籍出版社2003年版，第424—425页。
② 戴名世：《戴名世集》卷7《程之藩传》，中华书局1986年版，第211—212页。

以上所述，展示了活跃在明代皇木采办最重之地川贵湖广一带的徽州等地木商的一些侧面。而同时期在其经营事业最先兴起的浙江、南直地区，徽州木商也依然活跃。

万历后期三大殿重建，采木浙江，酿成一宗木商拖欠木植价银大案。朝廷差官前往浙江收买鹰、平等木，万历三十五年（1607），皇木商人运木至张家湾，"遭当事者留难，不与验收。守候数载，遂至资本折阅，复遇洪水漂失，责以赔补"。此次商人采运木植，数量巨大，这批木植不收，就欠少皇木价值银133400两。工部责令补交，朝廷委任南新关员外郎宋姓督催，发下敕书谓，所欠皇木"节经移文督催，久不完解。今特命尔不妨原务，带管督征浙江未完木植。尔便移文会同抚按，行所属有司，一面将各商名下通欠木植责比买补，已到水次者差官验实，选委府佐廉能官就便兑领，押同本商起运，酌量木植多寡，给发委官水脚银两，以资实用"。工部札付则直接明言："行委召商，自备资本，买办鹰、平七分，条、槁三分，共计六万，俟验有木植，各径差官押令起解，各关免其商税。凡遇木到地方，或起夫接运，或动解部税银，量为接济脚价，速催前进，到京验收，照依会估，算给价值。"该员外郎即通行各县，提追欠木，一面招商承买新木。一番覆查，宋员外郎勘清，以前商人已运木62557根，俱泊饶河水次，已经报部，后来续到54717根，现在所谓补运，"实属波及"无辜。与此同时，该员外郎奔赴芜湖之渔港，躬自验阅鹰架、平木、条木、槁木共85691根，该付水脚银38981两。浙江藩司正拟筹款支付，但因有科臣上疏，工部认定"浙木脚价不应重给"，此近4万两水脚银系重复给付，不予报销，要求追还补库。直到万历四十五年（1617），经过十年，浙江巡抚刘一焜认为，商人前后已报完木植117000根，欠木13万根，除去题请蠲免洪水漂失及李七所买3万根，实际只追10万根。现在先完85691根，该价75005两，续报31309根，实价27404两。商人所欠及预先领过水脚银共138981两，现在补完木数及应给水脚共银141339两，"今所补之木与所给之银亦通融总算，不得谓之重给"。工部坚持"决不复给"，而浙江坚持前发敕书中补办之木"酌量多寡，给发水脚银两"之文，一再申明新补的85691根木植的近4万两水脚银必须另行给发，方能清算浙江通欠的木植银①。

从浙江巡抚刘一焜的奏文，看不出此案最终是如何了断的。但此案提供了诸多新的内容。一是，此次采木南直隶和浙江等地，与《明史》记载颇有出入。《明史·食货志》"采木之役"条载："万历中，三殿工兴……而采鹰、平、条、桥诸木于南直、浙江者，商人通直至二十五万。科臣劾督运官迟延侵冒，不报。虚糜乾没，公私交困焉。"②由所引奏文可知，此次在江浙所采木植是鹰架木、平木、条木和槁木四种，《明史》所载"桥木"，实为"槁木"，今人不察，一直误用。《明史》所谓"商人通直至二十五万"，大概只是当时科臣的一面之词，实际通欠顶多只是《明史》所述的一半，而且后来补交完足，根本不是"不报"，因而"虚糜乾没"。《明史》此处所述，寥寥一句，存在两处出入。二是清楚地交代了承办皇木商人的地域来源。这次皇木通欠案，拖欠木植的商人共56人，其中来自南直隶徽州、池州、应天、扬州四府属者共51人，浙江3人，江西与福建各1人，徽州木商占了绝大部分，而且向官府禀报运木之苦的领头商人汪崇学，从姓名看，恐怕即是徽州人。这56家商人，仅拖欠的木植银就达13万余两，可见以徽商为主体的各地木商具有一定的资本实力。三是印证了文书中徽州木商在浙江、南直地区抔木，运到河面开阔的江西饶河扎排，通过鄱阳湖、长江放排到木材中转地江苏瓜洲而后分运北上的全过程。四是交代了徽州等地木商承领帑银采买皇木的具体情形。刘一焜奏称，因欠木而被关押者与买木补完者"非族属则姻党也"，可知这些徽州木商是以家族集团的组织形式为朝廷从事皇木运交的。其预先支领的银两，"各商抔山伐木，费已不赀，所有水脚，一经领出，半偿前费，即有余存，亦且留为前途之用，似难追回"，"夫以五十余人之身家，数千里之采办，穷山越壑，浮江达淮"，"产木地方皆闽、粤交界，上紧攒运，非两年不达通湾"，资本大约一半用于抔山伐木，一半用于浮江达淮的运送，前后需要

① 刘一焜：《抚浙疏草》卷6《题请酌议补运皇木水脚疏》，明刻本，第2—7页。
② 《明史》卷82《食货六》，第1996页。

整整两年时间。对于招商采木，官府的验收赔罚极为严格。验收官员有意留难，不予验收，就将商人收监关押，而且责令赔补已领银两，责令其族属姻党补交木植，一旦不能如期运交符合要求的木植，"各商或毙狱底，或殒道途。见追木植，均属代赔"，"今领银各商或已物故，或方缧系，见在追补，皆系代赔"，极为惨酷①。

徽州木商采办皇木必须获得工部所颁"札付"，也即工部的委任证明，然则其何以如此热衷于皇木采办呢？承办皇差可能可以享有各种特权性好处，具体说来，约有如下数端。

一是高估木植价值。万历九年（1581），工部主事杨成疏论芜湖、龙江两关收买板木情形说："彼时因各商籍（当为"藉"——引者）口供亿等费，议价颇浮，相沿至今，得利惯习，故每遇召辨，则有夤缘钻刺之弊，阄认则有买窝顶名之弊，印烙则有那移更换之弊，减价则有结党阻挠之弊，临发则有火光诈骗之弊。诸弊猬集。……本部召买之举，适为奸宄媒利之端，积弊相仍，已非一日。"②前述万历二十四年（1596）徽商王天俊等谋求获得采买皇木札付，虚估的木价银，高达三分之一。时人总结："凡木商运到木植，部例会估给价，乃弊端最甚。如一二三为一号，后复以三四五为二号，连手到底，历年以来，漏帑金不知几千百万，具题改正。"③可见皇木采办，自事先估价，经长途运输，到完解之日，均存在高估虚抬价值或夸大成本的可能。

二是采办皇木，一般总会预支价银，可以减少商人资本的前期投入。明代招商采木，预支价银多少，如何支给？并不清楚，但一些事例，可作参考。早在嘉靖八年（1529），以督木官身份到四川的工部郎中龚辉论到各商采木山场履历事宜时说："四川僻处一隅，非若他省商贩凑集，今名虽召商，实皆土民给领官银，入山拖运。……前项已解大木，因无接济钱粮，尚未得领前价，商人日夜悬望，以需补给。又有已领价银三分之一，

---

① 刘一焜：《抚浙疏草》卷6《题请酌议补运皇木水脚疏》，第3—19页，明刻本。

② 杨成：《厘正起运板木疏》，《明经世文编》卷361，第3896—3897页。

③ 项梦：《冬官纪事》，《丛书集成初编》第1500册，第21页。

见在追并砍伐在山将至水次者，若一概追银还官，弃其木则可惜，转相卖则无主，往年拖欠木银至今未完可监，仍将前项料银、赃罚，准其照例借支补给，以全民信。"①预支比例在三分之一。万历十二年（1584），贵州采办大木板枋，巡抚舒应龙、巡按毛在奏准，价银"召商访估，按数给买。……除先给一分外，未领者以三分查给，一给于初到水次，一给于运至楚省大河，一给于到京完解，备行该司。每木一株，给发印信木价单纸一张，将木号长径丈尺、出产地方、监采何官、采运工匠，四次分给价银，逐一开填于内，给商为照，以便届期给领"。②此次预领价银也是三分之一，余剩三分之二，则分三分，分次给发，直到木材解运到京。万历中期蔡守愚在川南采木，主张从藩库"先给三分之一"③。可见，明代招商采木的预发价银比例一般在三分之一。预领价银，对于那些资金周转一时困难的商人，或可稍作缓冲，渡过难关。如万历十七年（1589）工科都给事中张养蒙提到，"商民领银在手，采买自由，有责办于一年之内者，有责办于二三年之内者，虽一时估给未必尽足所费，而目前之利，人犹乐趋之也，虽殷实人户未必乐于就役，而惯商豪民犹攘臂争来也。"④商人为获得预领价银，往往不择手段，不计后果，尽力竞争。

三是指称皇木名义骚扰地方，或转由地方提供夫役，从而降低运营成本。前述工部营缮司郎中贺盛瑞为了徽商包揽皇木采办事，约法五条中有一条即是"不许指称皇木，骚扰州县，派夫拽筏"，说明此种情事或许常有。康熙初年四川巡抚张德地总结明代招商采木，"于采木地方动以皇商为名，索取人夫，种种扰害，以致里民惊逃，银归乌有，究竟并无一木得

① 龚辉：《星变陈言疏》，黄训编：《名臣经济录》卷48《工部·营缮》，《景印文渊阁四库全书》第444册，第394—395页。

② 舒应龙、毛在：《大木疏》，万历《贵州通志》卷19《经略志上·兴利》，《日本藏中国罕见地方志丛刊》，书目文献出版社1991年版，第429—431页。

③ 蔡献臣：《清白堂稿》卷14《云南左布政使发吾蔡公墓志铭》，厦门大学出版社2012年版，第717页。

④ 张养蒙：《为川民采木乞酌收余材以宽比累事》，《明经世文编》卷427，第4661页；《明神宗实录》卷211，万历十七年五月己酉，第3948页。

济实用"①。话虽说得绝对，但商人买运皇木，虚张声势，转移运营负担，当也惯常存在。

四是乘机夹带私木逃漏税款。皇木采运，不但皇木本身可以一路免交各种商税，或不需按则抽分，还有可能夹带私木逃避税款。这可能是潜在的最大好处。前述万历二十四年（1596）徽商王天俊试图包揽皇木事例，具体说明了这一点。崇祯二年（1629）十月，木商江旭运木抵达龙江关，应天府衙役张林向其需索未满所欲，张林禀控其"夹带大木三千余根，漏报国税并盗木一十八根"，勘问得实，大木18根没收以作正供，并惩以杖责②。可见木商采办皇木时夹带私木逃税现象相当严重。

既有可能虚抬木价，又能夹带私木隐漏应交税款，还能转嫁运营成本，一举数得，获取高额利润的空间较大，吸引着徽商竭尽心力参与到皇木采办这种高额回报的工程中。徽商参与皇木采运，也反映出其财大气粗与官府关系相当紧密的一面。

但是，承应皇差，牵涉面广，商人不仅要与工部、地方官员打交道，还要承受沿途关卡官员的要挟勒索，甚至还要应付地方势力的滋扰。至于价银能否预先发放，发放比例多大，木植验收能否照规，木植完交后木价能否如数如额领收等，均存在变数。这些因素，在在说明商人参与皇木采办，有可能获得厚利，也冒着各种严重的风险，难以预测。万历十二年（1584），贵州巡抚舒应龙和巡按毛在就曾说，"先次商人已解，木价闻有未尽给领，或以往事为戒，疑畏自阻"，"先年木已完解，价未全给，奏告纷纭，竟罹倾费流移之苦"③，以致后来的商人不敢承采皇木。时人黄克缵也说，蜀中采木一役，"惟正官之贤者，或以木价付商人，而责其运至

---

① 张德地：《采木条议疏》，民国《桐梓县志》卷43《文征·上集》，《中国地方志集成·贵州府县志辑》第37册，书目文献出版社1990年版，第489页。

② 毕自严：《度支奏议·新饷司》卷8《覆南操江纤道租银疏》，《续修四库全书》第484册，第560—561页。

③ 舒应龙、毛在：《大木疏》，万历《贵州通志》卷19《经略志上·兴利类》，《日本藏中国罕见地方志丛刊》，第429、431页。

水次，方全给之"①。官员在发放价银时，大多会克减数目，或拖延时日。万历十七年（1589），工科都给事中张养蒙说，四川采木，新旧派额同时并比，"商民原领价银还官，民不堪扰"②。当采木时，有些督木大吏往往立意克剥商人。据说，明末三殿重建采木，采木使者抵达徽州，因"徽多木商，将以巨木若干额赋之"，试图直接分派采木任务予徽商，地方官府代为捐输了一千两银子，方才了事③。可见徽商因有富厚盛名，社会各界多在寻找机会向其索取。张养蒙甚至细述商民惨苦形状道："惟兹皇木，禁用极严，既不收之于官，又不敢售之于市。以为有木也，则尺寸之材何曾属己，以为有银也，则分毫之费尽令还官，始之以监追，继之以捶楚，于是有倾赀者矣，有破产者矣，有鬻妻子者矣。"④一旦定为皇木，若官方不收，民间也不得收买，商人的所有投资就会全部落空，其结局自然极为悲惨。

这是一种情形，但也存在另一种情形，就是商人预领木价后，由于各种意想不到的原因，未能如期如额解交木植，造成亏空宕欠，被官府逼令退赔惩处。前述万历后期木商拖欠木植价银大案堪为典型。此次采木，历经十年，木商交木只有117000根，欠木13万根，所交木材不及一半。明后期婺源坑口人汪汝和，当休宁县故人"以皇木负逋八百余缗系狱"时，为之竭尽资产保释其出狱⑤。天启间，驻扎涪州的贵州督木道，"招采木商

---

① 黄克缵：《数马集》卷41《柬李实轩方伯》，《四库禁毁书丛刊》集部第180册，第496页。

② 《明神宗实录》卷211，万历十七年五月己酉，"中央研究院"历史语言研究所校印，中文出版社1962年版，第3948页。

③ 孙鑛：《南京礼部尚书进阶资善大夫赠太子少保泗桥陶公承学墓志铭》，焦竑编：《国朝献征录》卷34，上海书店1986年版，第1406页。

④ 张养蒙：《为川民采木乞酌收余材以宽比累事》，《明经世文编》卷427，第4661页。

⑤ 康熙《婺源县志》卷10《人物·质行》，《上海辞书出版社图书馆藏稀见方志续编》第15册，第58—59页。

人任文鼎等领银入遵义属，采办无成，拘任文鼎等下涪州狱追银"[①]。商人未能按时足额采办皇木，大概相当常见，所以崇祯《清江县志》载："簰木商豪富甲诸贾，先年多领部银，采买皇木，期会略如中卤，近时多以破家徙业矣。"[②]清代康熙初年的四川巡抚张德地也说，明朝末年"信用木商，领银采办，一经入手，任意花销"[③]。诚然，徽州等地木商采办皇木既享其利又受其害的情形，自然并不始于万历中期，而只是其时更为突出而已。编于嘉靖末年的《徽州府志》即曾说，徽商在外经营，"媒贷高赀，甚至契领官货，诸见者喋喋就目，徽多富贾，不知其既也不能偿责，坐是蒙罪戾者比比皆是。汪京兆循曰：'徽之贾售虚名而受实祸'，其不信哉！"[④]明末，国家财政日益拮据，社会秩序日益恶化，营商环境每况愈下，徽州木商在此背景下参与皇木的采办，结局必定是凶多吉少，破产败家的风险很高。此外，如嘉靖末年杭州南新关主事杨时乔所说，"尔来取材益远，挤山益费，转运益艰，获利益小"[⑤]，在明末，采木日益向深山老林进发，路程愈远，难度愈大，官方给出的木价可能没有增加，成本日涨，而定价未增，可能也是木商趋于衰败的原因。

需要指出的是，从事长江一线木植运销的商人，徽州商人、江西商人、浙江商人以外，还有福建等地商人。明朝覆亡前夕，入不敷出，重税搜刮，为减轻税额负担，崇祯十五年（1642），江西清江木商周汝瀛等向芜湖关控告，福建木商贩运的木植是产于闽汀清流县的青柳木，而非杉木，理应加税。福建商人张振、余亨等16人随之应诉，辩称"青柳出自楚

---

① 道光《遵义府志》卷18《木政》，《中国地方志集成·贵州府县志辑》第32册，第400页。

② 崇祯《清江县志》卷1《舆地·风俗》，《四库全书存目丛书》史部第212册，第185页。

③ 张德地：《采木条议疏》，民国《桐梓县志》卷43《文征·上集》，《中国地方志集成·贵州府县志辑》第37册，书目文献出版社1990年版，第489页。

④ 嘉靖《徽州府志》卷2《风俗》，《北京图书馆古籍珍本丛刊》第29册，书目文献出版社1998年版，第66页。

⑤ 杨时乔：《两浙南关榷事书·额书》，《北京图书馆古籍珍本丛刊》第47册，书目文献出版社1998年版，第801页。

辰软口地方，蛇头滑皮，色泽长秀；杉木出自江西石城、福建宁化联界地方，大小不一，尖短不齐，圆头花斧，色泽易见"，而闽汀清流县虽然出产青柳，但其地高山隔断，采伐极为困难，他们采伐的，实是闽、赣交界的杉木①。案件反映出，江西清江商人和福建商人，从事木材贩运者，人数皆多，较具实力。

三、徽州木商的内部竞争及与牙人、地方势力的纠纷诉讼

时人认为，明代榷木三关，荆州和芜湖两关因为木材来路广袤，流量庞大，木商实力较为雄厚，而杭州的南新关，木材主要来自婺、衢、睦三州，贩往两浙数府之地，流量有限，木商财力较小②。利源有限，内部竞争就更为激烈。徽州木商在两浙地区的较大规模远距离经营活动，牵涉方方面面，与社会各阶层存在着各种复杂的利益纠葛，充满着无数商业经营风险和矛盾争斗，因而涉讼公庭并不少见。

1.卖木商人与买木商人之间的矛盾诉讼。浙江南新关的木业运销，同其时的其他各业一样，木材交易通过牙行，牙用定有标准。但稍有例外的是，浙江木材运销，松木、杂木、板木行中，俱有买卖上下两牙，但买卖杉木却只有买牙18家估价，而无卖牙。交易时，买牙往往"估价以贵作贱，兑银添搭低假，或强赊拖负，或朋计不买，以致卖商往往受亏"③，存在严重的偏枯不均情形，从而酿成经营诉讼。嘉靖三年（1524），卖木商人曹文修等具呈南新关查主事，要求买卖杉木也设卖木上牙。该关拘集木牙劳政先、俞钺、姜鸾以及曹文修等人到官，审理问结，设立卖木上牙，定以永昌、会安二坝为限，木牙劳政先住临安下坝，仍旧为商买木，卖商买商与上牙下牙，四面估价，各有相倚。卖牙既立，作弊偏累卖商的

① 刘洪谟著，王廷元点校：《芜关榷志》附，第43—45页。
② 陶望龄：《歇庵集》卷6《南关榷使潘公德政碑记》，《原国立北平图书馆甲库善本丛书》第855册，国家图书馆出版社2013年版，第232页。
③ 杨时乔：《两浙南关榷事书·牙书》，《北京图书馆古籍珍本丛刊》第47册，书目文献出版社1998年版，第803页。

可能祛除，买商心有不甘，起意控告。常年"各带本来杭投牙收卖汪德威等各商抽过木植，撑往湖市、苏、松等处开场货卖"的买商休宁人俞凤与徐耀、江小盛、黄元、黄菊阳等，嘉靖三年（1524）十月向官府呈控，试图革除卖木上牙。呈控时，俞凤等人并不直接出面，而是由程楚英出名捏告。浙江按察司提牙到官审查，认为买卖二牙俱设有便两商，将程楚英定为诬告罪，减等杖责，罚谷赎罪发落。俞凤等人并不死心，次年，又让朱文冒名控诉。经南新关主事陈审得，"卖牙通商益税，难以裁革"，复立戚相等十人充当卖牙。朱文又因别事代人奏本，官府将其拿问口外为民。嘉靖九年（1530），汪主事到厂接管，有卖商叶叔霖等，因长期被买商等扰害，向榷关汪主事呈控。汪主事审得，"劳政先因本厂量木行人革役，不系牙行被革"，准令保举谙识木行的儿子劳瑞等15名充当卖商上牙，朱兴等15名为买商下牙，通发杭州府给帖存照。嘉靖十一年（1532），俞凤等再次贿通程楚英，由程出名控诉。经按察司审问得，"木行如无卖牙，委的亏损卖商"，又审查证实，劳瑞是顶父身役所革，而非牙行所革，"仍将程楚英问拟奏事诈不以实徒罪赎谷解充发落"。"各带资本在于徽、严、衢、处等府地方挤山买木，赴厂告报抽分，输纳国课"，与俞凤等同府的歙县商人汪德威等、浙江商人蒋大璋等，因被俞凤、程楚英等"妄词扰害，不得安生"而联名具本，奏行南新关问理。同时，徽、严等府商人李文瑞、朱元夫等23人也联合呈词证明，其"贩到木植向投劳瑞家发卖"，劳瑞"况有身家，不侵客钱"，联名具保劳瑞仍充卖牙。按察司连日再三研审后判决："上下二牙俱不可缺"，将胡伟等15名改为卖木中牙，朱兴等15名改为买木中牙，"如遇买卖，务要商对商，中对中，四面公平，时估交易，不许偏上偏下。每木价银一两，照例用银三分，卖商出与两中均分，两商火食各仍自备"①。一宗买卖木植牙人案，由于牵涉木业买卖双方和牙人三方利益，经过数轮控诉，历经十年左右方告定局，诉讼结果，先是增设杉木买卖的卖方牙人，后来更将木业卖木上牙、买木下牙改为卖

① 杨时乔：《两浙南关榷事书·牙书》，《北京图书馆古籍珍本丛刊》第47册，书目文献出版社1998年版，第802—803页。

木中牙和买木中牙，以示更为明晰。

2.木商与木牙之间的矛盾诉讼。明后期，安徽、浙江木材经过杭州南郊永昌、会安等坝发卖时，定制该有官卖中间牙人15人，以及小牙行人等，为木商估价交易。每木价银一两，扣除纳官税银一钱不算牙用，其余九钱，每一钱付牙用三厘，共二分七厘，由卖木商人付与大小两牙均分，如遇各衙门修理需用木植，即由大小牙行出办，从此笔牙用中支出，作为"当官"费用，卖商并不另外再出费用。嘉靖二十三年（1544），木商曹文广、吴满、凌□□、汪德威等告称，其"各带资本在于徽、严、衢、处等府挤山买木，告报抽分，给纳国课"，却有牙行王杰、俞其、胡伟等人，"见得工程浩大，捏告差官，对商号买，亏陷资本，实为阻绝商路"，请求处豁。南新关主事为此审断，交易牙用征收方法和银两数额不变，仍是纳官税银扣除一分后征收二分七厘，但卖商只交二分，其余七厘退还商人，由其"自行当官"，以免告扰。对此裁决，卖木各商及大小牙行人等两相称便，取具认结。南新关同时制定条约，开列六条：一、定商买办以苏众困；二、照单围篾以服众心；三、预除用银以防牙欺；四、时给官价以济商本；五、照旧借办以均长设；六、严禁告扰以杜后患。在第一条中明确，由牙行商人保荐，商人吴诞、程本祥、汪吉、戴里"素有行止，堪以收管前项用银当官"，今后"凡修理衙门合用木植止令吴诞四人总承买办，不得仍前偏累各商，以敛众怨"。在第三条中规定，吴诞等四人，"每日轮流一名，听候本厂开关抽分时，除沙板竹篾不记外，其余不拘松杂等木、松杂等板，但抽一单，随即登记。每估价银一两，该除牙用白银七厘，总算估价若干，除用若干，有则当时秤与，如无并付歇家。纳银之日随限当官，转交吴诞等收。其两商成交之时，每价一两止除牙用二分，两牙均分，不必复提七厘之数"[1]。官府出于保证国税的目的，作出如此判断，显然卖商的诉求得到了体现。官方衙署修理等"当官"差事费用，虽然仍由卖商提供，但却是在卖商所出牙用内事先扣除，而且为了保证卖商支付

---

[1] 杨时乔：《两浙南关榷事书·牙书》，《北京图书馆古籍珍本丛刊》第47册，书目文献出版社1998年版，第804—805页。

牙用外不再另出其他费用，此次规定指定四名卖商收取专款，负责"当官"事务，费用即从此预扣款中支付。卖商与当地牙人的争执，卖商占了上风。

从这两个案件，我们不仅可以知晓明后期浙直地区木商挤木运销的大体情形，而且可以获得如下认识：一是从事挤木的商人，卖木商人汪德威等是歙县民人，买木商人俞凤是休宁县民，卖木商人李文瑞、朱元夫等23人是徽、严等府人，卖木商人蒋大璋等是浙江商人，与汪德威一起应诉的卖木商人曹文广、吴满、凌□□等人，与俞凤一起带本到杭收买木植转而贩卖的木商徐耀、江小盛、黄元、黄菊阳等人，受俞凤唆使先后出面控诉的程楚英、徐耀，由牙商保荐的商人吴诞、程本祥、汪吉、戴里等，这些人虽未能肯定是何地人，但从南新关主事所说"各商多系直隶徽州等处民人"和其姓氏来看，木商大多数是徽州人，当可确定。二是南直浙江地区的民间木植运销，形成这样一种格局："木产于徽、严、衢、处，而行于杭、嘉、湖、苏、松、常"[①]，卖商"在于徽、严、衢、处等府地方挤山买木"，运至杭州发卖，买商在杭州收买，"撑往湖市、苏、松等处开场货卖"。经济发达而木材缺乏的江南，其所需木材来自浙直相邻的几个府。三是其时的木商，并不一定完成从山场挤木到长途运销的全过程，而往往分为卖商和买商，各司其事。如歙县商人汪德威等，浙江商人蒋大璋等，"各带资本在于徽、严、衢、处等府地方挤山买木，赴厂告报抽分，输纳国课，停泊杭州地名四板桥发卖"，而休宁商人俞凤与徐耀、江小盛、黄元、黄菊阳等，"各带本来杭投牙收卖汪德威等各商抽过木植，撑往湖市、苏、松等处开场货卖"。可能受限于资本，木商内部分工相当细密，卖商在山场挤买木植后，运到第一个抽分税关，即转卖与买商，由后者接续贩运。这一点，前人研究似乎从未提及。四是据南新关主事所说，该关"牙用三分，以岁计之，不下三四千两之数"，扣除十分之一的抽分后，仍有如许之多，则每年木植通过量当值银40万两左右，相当可观。五是按照南

---

① 杨时乔：《两浙南关榷事书·牙书》，《北京图书馆古籍珍本丛刊》第47册，书目文献出版社1998年版，第800页。

新关主事在新定的牙用条约中所说，"先年取用各商木植，经年累月不得领价，而又十无六七到手"，木商运销的木植被榷关抽分后，木价常被拖欠，即使发放也常遭克扣。六是同其他商业经营领域一样，木商不仅与经营地地方势力、所经税关的牙人之间充满矛盾，而且利之所在，不同地域、不同地段的商人之间，也竞争激烈，充满矛盾，从而酿成诉讼，且缠讼不断。诚如南新关主事感慨的，在木商的卖商与买商之间，"两商奏告不已"，在卖木牙人与买木牙人之间，"视利为命，健讼成习"，竟至"遵守未久而遂相告讦，或问理方已而复行奏扰，争持动历多年，问结动经数官"①。官府为维持营商环境，常常为商人诉讼理问裁当。

3.木商与地方势力的矛盾诉讼。早在成化二十三年（1487），徽州府商人汪玺等运木至河南汝州鲁山县隆兴寺河口，徽王府让当地军校假称是当地山场之木，"用强抽分"。实际上，徽州"客商远去嵩县没大岭等处采取，背负至一二百里，才至河口编筏，遇有水涨，撑放出山，货卖以给衣食，办纳粮差"。汪玺等只得上告到官府，获得官府支持。但到弘治四年（1491），徽王府又差门副高清带领军校等40余人，仍在隆兴寺屯住。六月，汪玺之弟汪拳和江西商人李华清撑放板木到河，军校即予报复，将汪拳绑缚拷打成重伤②。前后几年之间，徽商兄弟俩在同一地经营木植，可见徽州木商是家族经营。嘉靖末年，南新关主事杨时乔也说："木之经由，必自桐、富，此中土豪，往往阻挠以渔利，甚至乘机怙势明夺窃取，吾为厉禁，时时置一二巨猾于理，庶不致陆謷水懔而道路通。木之贸易，必经牙保之手，有等奸狡反恣食其中。盖自四六立法，而商始困矣，至有负累经年绝鲜微息，券成故纸并没其本。吾为督责，究及其牙保，庶不致左支右吾东规西避而子母全。"③毫无疑问，商人从事木业，不但挤买贩运，而

---

① 杨时乔：《两浙南关榷事书·牙书》，《北京图书馆古籍珍本丛刊》第47册，书目文献出版社1998年版，第802页、803页、805页。

② 徐恪：《少司空主—徐公奏议》卷3《劾徽王违法抽分疏》，《天津图书馆孤本秘籍丛书》第2册，中华全国图书馆文献缩微复制中心，1999年，第180—181页。

③ 杨时乔：《两浙南关榷事书·牙书》，《北京图书馆古籍珍本丛刊》第47册，书目文献出版社1998年版，第801—802页。

且一路所经，既与交易牙人存在利益分配的严重矛盾，更时时充斥着与土豪地棍之间的争斗，经营成本极高，风险也大。

四、结语

以上考察表明，明代木材采伐运销，既如《明史》所言是朝廷采造中的"最巨且难"者，又是民间极为重要的建筑运输行业。从事木植砍伐运销的，主要是徽州商人，其次是江西商人，再次是浙江、福建以及南直隶徽州以外的其他地域商人。明代在四川、贵州地区从事木业经营的"楚人"，实际并非湖广之人，而指徽州、江西等地商人。而在徽州商人中，傅衣凌先生曾认为，从事拚木的徽商，"主要当为婺源商人"①。其实明代徽州木商，从上述考察来看，主要来自祁门、休宁，而不是婺源，徽州木商以婺源人为主体，恐怕是清代的事，康熙《婺源县志》总结婺源商人的行业特点谓"远服贾者率贩木"②，也不能说明婺源人就是明代徽州木商的主体。明代徽州木商主要当指徽州的祁门、休宁和婺源商人。

徽州木商以当地及周邻地区盛产杉木的地利条件，将大量杉松等木砍伐运销到木材紧缺、耗用量又大的江南地区，在南直、浙江毗邻地区和江南之间，自长养、拚木到运销，或一以贯之，或分工合作，形成较为成熟的木材砍伐运销格局；又追求利益，冒险履危，深入四川、贵州一带边徽之地的深山老林长年采伐楠柳等木，在长江上下游之间，构筑起木材远程放排运销体系，为国家财政提供了源源税额，也为江南、华北等地提供了大量木材，为江南新兴的木器制造业提供了原料，江南家具制造业得以蓬勃发展、名扬天下。

明代宫殿营建重修未曾间断，耗用各类木材尤其是珍贵的楠杉巨木不计

---

① 傅衣凌：《明清时代徽州婺商资料类辑》，氏著《明清社会经济史论文集》，人民出版社1982年版，第208页。

② 康熙《婺源县志》卷2《疆域·风俗》，《上海辞书出版社图书馆藏稀见方志续编》第13册，第196页。

其数，皇木采办数额惊人，难度罕见，成为明廷和各地的沉重财政负担。徽州木商凭其资本和人脉优势，不失时机，参与到浩大的皇木采办工程中。皇木商人或许因为从事特权性经营在早期获取过较为丰厚的经营利润，而在国家财政入不敷出、营商环境日益恶化、社会治安每况愈下的晚明时期，皇木商人的前期投资通常不能足额收回，额定皇木可能无法及时足额运交，从而往往身陷囹圄，获罪赔累。明朝行将覆亡之时，徽州木商似已遭到灭顶之灾，活跃在长江下游芜湖、南京等地的木商中，已难见徽州木商的身影。

同其他行业一样，徽州木商以家族集群或地缘组合的形式从事木业采伐运销，形成明代徽州木商经营上的一个特色。成化、弘治之际先后将木材贩运至河南鲁山县隆兴寺河口的汪玺、汪拳兄弟；《详状公案》中所记带了家丁十余人在开化贩运杉木的婺源县商人王恒；祁门县十五都郑氏，至少几代人同宗几房合股从事拚买木植在长江中下游贩卖；万历中期"广挟金钱，依托势要，钻求札付""捐万金之赀"的徽州木商王天俊、吴云卿等多达千人；万历后期在四川参与皇木采办的歙县人程之藩，子承父业；万历后期拖欠皇木案，涉案商人56人，领衔呈控的商人却始终只是汪崇学一人。这些商人或系父子兄弟，或系同宗同族，家族血缘关系明显。嘉靖初年在杭州南新关诉讼的卖木商人歙县人汪德威、买木商人休宁人俞凤，卖木商人李文瑞、朱元夫等23人，与汪德威一起应诉的卖木商人曹文广、吴满、凌□□等人，与俞凤一起经营的木商徐耀、江小盛、黄元、黄菊阳等人，受俞凤唆使先后出面控诉的程楚英、徐耀，以及由牙商保荐的商人吴诞、程本祥、汪吉、戴里等，姓氏集中在少数几个姓氏中，恐怕互相之间多有同宗关系。

徽州木商活跃在全国各地，经营线路漫长，关涉方面繁多，事务头绪极多，虽然具有资本和人力优势，但不可能垄断、包揽全部木业经营，仍需要同其他地域商人合作。因此，他们与江西、浙江、福建等地商人既有合作，又有竞争，与木材流通线上的地方势力和牙人势力，更充斥着矛盾斗争，从而常常或控诉，或应诉，缠讼不断。从本文考察的事例来看，一旦涉讼，地方官府或榷税机关从维持商业秩序、确保税款收入立场出发，往往能够满足徽州木商的合理诉求。在商业纠纷和商业诉讼中，徽州木商是稍稍占有上风的。

徽商百业皆擅，而最为突出的主干行业是盐、典、木、茶四大行业。张海鹏先生在论述总结徽商成为商帮的时代时认为，徽州商帮"是以这一大批富商大贾为其中坚而发展起来的"，成化、弘治之际"作为徽商骨干力量的徽州盐商已在两淮盐业中取得优势地位"①。这样的论述，无疑是符合徽商形成发展的实际的。只是本文的考察也表明，到明代正德、嘉靖之际，明廷采木增加招商采办一途，大批徽商应时而起，参与到皇木采办的宏大工程中，显示出雄厚的资本实力和行业优势，说明在此之前的成、弘之际，同盐商一样，徽州木商也已在全国范围的木业采伐运销中取得了优势。徽州木商的地位和实力，也是徽州商帮形成的标志性反映。

原载《安徽大学学报》2020年第2期

---

① 张海鹏、王廷元主编：《徽州商帮》，中华书局（香港）有限公司1995年版，第4、7页。

明清徽州典商述略

典当业是徽商的四大行业之一。明清时期徽州典商极为活跃，势力雄厚，经营颇多特色，与人们生活特别是贫穷大众生活关系紧密，构成徽州商帮史的重要篇章。

一

明清之际，人们动辄以徽州当或徽典来形容典当，徽州当几乎成了典当铺的代名词，徽州朝奉几乎成了典当掌柜的代名词。天启年间，户科给事中周汝谟奏称："典铺之分征有难易，盖冲都大邑，铺本多饶，即百千亦不为厉，僻壤下县，徽商裹足，数金犹难。"①典铺与徽商紧密相连，徽典与税收多少紧密相连。崇祯年间，江南水旱，地方政府发布《劝徽典分米协济贫坊贫区平粜谕》和《劝徽典邑里分米平粜乡农疏》等文告②，典铺与徽典视若一体。可以说，在明代，徽州典商的实力远在其它地域典商之上，在清代，只有活跃在北方的山西典商可以与之匹敌。

清末民初的革命党人陈去病说徽州人"质铺几遍郡国"③。苏州、杭

<hr>

① 《明熹宗实录》卷57，天启五年三月二十四日条，"中央研究院"历史语言研究所校印本。

② 陈龙正：《几亭全书》卷25，《四库禁毁书丛刊》本。

③ 陈去病：《五石脂》，江苏古籍出版社1985年版，第309页。

州、南京等大城市是徽州典商最为集中之地。嘉靖、万历年间，南京当铺之多，据说"不下数千百家"，至少也有"五百家"。这些当铺，主要由徽商和闽商所开①。南京乡绅顾起元说："典当铺在正德前皆本京人开，今与绸缎铺、盐店，皆为外郡外省富民所据矣。"他甚而愤愤不平道："诸凡出利之孔，拱手以授外土之客居者。"②在徽当和闽当中，又因前者铺本大，占有绝对优势。文学作品动辄以徽州当为例，说明徽典实力最强。《初刻拍案惊奇》就描写了一个卫姓徽州典商百般昧心取利，短短三年中将陈秀才典当的千金之产盘剥过去的形象。至清代，南京徽典仍盛。程址祥说："近来业典者最多徽人。其掌柜者，则谓之朝奉。若辈最为势利，观其形容，不啻以官长自居，言之令人痛恨。"③苏州的徽典，《二刻拍案惊奇》卷39写道："公子分付亲随家人，同了一伙人，走到徽州当内，认着锦被，正是原物。"小说中写苏州当铺直称徽州当，可见苏州徽典之多，名气之大。清代徽州当更有名气。《豆棚闲话》称，"苏州是个货物码头，市井热闹，人烟凑集，开典铺的甚多"，而且三千两银只能开个小典，至少须万两银子才能像个样子④。也有的徽商，开典特别多。如金瑞，闾门外的典铺，大约一半是他家的。在杭州，徽商"广开典铺，纵蓄少艾，遂为杭州富人"⑤。嘉靖时，杭州城乡应募御倭的数百人中有不少是"新安之贾于质库者"⑥。万历时，当地人总结道："贫者生业已尽，去为人仆，富家鬻产，十室而九。由是四境之利归于当铺。"⑦民利归于当铺，大多归于徽当。入清后，杭州的徽州典商仍很活跃。清后期新安惟善堂募款，典当行所捐紧随盐、茶、木三业之后，光绪五年（1879）有17典152人，捐款

---

① 周晖：《金陵琐事剩录》卷3，文学古籍刊行社1955年版。

② 顾起元：《客座赘语》卷2"民利"条，中华书局1987年版。

③ 程址祥：《此中人语》卷3《张先生》，《笔记小说大观》本。

④ 艾纳居士：《豆棚闲话》第三则《朝奉郎挥金倡霸》，上海古籍出版社1983年版。

⑤ 《狯园》第七回《小韩负恩报》。

⑥ 丁元荐：《西山日记》卷上，《涵芬楼秘籍》本。

⑦ 万历《杭州府志》卷19《风俗》。

176千钱；光绪六年（1880）有19典197人，捐款204千钱^①。这已是在清末，清前期徽典之盛可以想见。

江浙中小城市以及广大市镇是徽典开张兴旺之地。在常熟，"其阛阓之贾客、典商，多非土著"^②。非为土著，即多系徽商。顺治时，常熟有典商18家，多系徽人^③。康熙二十年（1681），向常熟县吁请禁饬扰累典铺的典商有37家，呈词者就是"徽籍商民"^④。在江阴，清初"质库拥资孳息，大半徽商"^⑤。直到乾隆时，典业皆由徽商把持，以后才逐渐向土著转移。在镇洋县，"行盐、质库皆徽人"^⑥。在太仓州，清代"质库及市中列肆，安徽、闽、浙人居多"^⑦，徽典与闽、浙典业争利。在上海，到典业不景气的清末时仍有69家，其中休宁、歙县人所开者有30家^⑧。在石门县，"徽人所为殖货者，典铺也"^⑨。在嘉兴县，新安大贾"每以质库居积自润，户无多田"^⑩，在嘉善县，"负重资牟利者，率多徽商"^⑪。在嘉兴、秀水二县，乾隆五年（1740）有典商40家^⑫，由姓氏推测，徽商当不少。在平湖县，"新安富人挟资权子母，盘踞其中，至数十家"^⑬。在丝绸重镇濮院镇，"典当司柜多徽州人"^⑭。在交通重镇塘栖镇，徽商开典者甚多。

① 《新安惟善堂征信全录》，光绪刻本。

② 康熙《常熟县志》卷9《风俗》。

③ 苏州历史博物馆等编：《明清苏州工商业碑刻集》，江苏人民出版社1981年版，第185页。

④ 苏州历史博物馆等编：《明清苏州工商业碑刻集》，江苏人民出版社1981年版，第187页。

⑤ 康熙《江阴县志》卷2《风俗志》。

⑥ 乾隆《镇洋县志》卷1《风俗》。

⑦ 光绪《直隶太仓州志》卷6《风俗》。

⑧ 吴仁安：《论明清时期上海地区的徽商》，《徽学》第2期。

⑨ 焦袁熹：《此木轩杂著》卷8《货殖》，《此木轩全集》本。

⑩ 崇祯《嘉兴县志》卷22《艺文志》。

⑪ 光绪《嘉善县志》卷8《风俗》引万历《嘉善县志》。

⑫ 《窃盗当勒石》，陈学文编：《嘉兴府城镇经济史料类纂》，嘉兴市图书馆自印本1985年版，第415页。

⑬ 康熙《平湖县志》卷4《风俗》。

⑭ 乾隆《濮院琐志》卷7《杂流》。

毫无疑问，徽州典商在江南有着非常雄厚的实力。在清后期的扬州府，"质库无土著人为之，多新安并四方之人，贱贸短期，穷民缓急有不堪矣"①。在泰兴县，"质库多新安人为之，邑内五城门及各镇皆有"②。道光时，向杭州新安惟善堂捐款的，就有嘉兴天元典众友，嘉邑在城八典，秀邑在城十典，海盐十典新安众友，泰邑各典新安众友，雉皋歙休绩七接典，泰州如邑歙休婺绩各典，南通州徐各典新安众友，南通州各典新安众友，海门徐通德通和太和各典新安众友，海门张万源陈泰源裕典新安众友，枫桥五典新安众友，南翔各典新安众友，德清各典新安众友，长安六典新安众友，南翔金大昌柜友等③。这些江浙地区的徽州典商，显示了徽典或徽州典商人数之众，徽州典商从而形成网络关系，从事着高利贷借贷业务。

在全国其它地区，徽州典商也很活跃。万历时，河南巡抚沈季文说："今徽商开当遍于江北，贵数千金，课无十两。见在河南者计汪充等二百十三家，量派银二千六百两。"④而山东、湖广、江西、福建、广东及京津地区也多徽州典商的活动。如明末休宁人汪海治典于山东。婺源人洪仁辅"居息八闽"⑤。汪姓徽人开当于襄阳。徽人陈得观"少时在湖北枝江县某典铺为小伙"⑥。休宁人程周治典于江西建昌。休宁人汪可钦的伯兄"以高贵行质于粤"⑦。光绪后期，日本人调查上海、汉口等地的商帮，发现

---

① 康熙《扬州府志》卷7《风俗》。

② 康熙《泰兴县志》卷1《风俗》。

③ 《新安惟善堂征信全录》，光绪七年刻本。又，捐款者中的"接典"，又称"接当"或"代涉当"，是指规模不大，当本不多的小典，收当后，即转当于城中大典，以便周转。"雉皋"即如皋。

④ 《明神宗实录》卷434，万历三十五年六月六日条，"中央研究院"历史语言研究所校印本。

⑤ 《江村洪氏家谱》卷9《明敕赠修职郎提举松山公墓志铭》，转引自张海鹏、王廷元主编：《徽商研究》，安徽人民出版社1995年版，第291页。

⑥ 郑光祖：《一斑录》附编杂述五，中国书店1990年影印本。

⑦ 《新安休宁名族志》卷1。

典当铺的掌柜几乎全是徽州人①。直到民国初年，汉口的徽州帮，仍以"典商及棉纱商为最盛"②。可见徽州典商的活动范围以长江流域为中心而广及全国广大地区。

二

徽州典商不但以其人数众、活动地域广著称于世，而且一人拥有数典数十典、一典资本雄厚的情形也较为突出。

正德、嘉靖时歙人汪通保在上海开典铺，"部署诸子弟，四面开户以居，客至则四面应之，户无留屦"。其典铺的气派可以想见。汪又"与诸子弟约：居他县，毋操利权；出母钱，毋以苦杂良，毋短少；收子钱，毋入奇羡，毋以日计取盈。于是人人归市如流，旁郡邑皆至。居有顷，乃大饶，里中富人无出处士右者"③。可知此人在各地开有众多典铺。嘉靖、万历时的休宁人孙从理，在湖州业典，"慎择掌计若干曹，分部而治"。因为经营得法，讲究信誉，不断增殖，"岁会则析数岁之赢，增置一部，递更数岁，又复递增凡百"，被汪道昆赞为"以质剂起家宜莫如处士"④。明后期休宁榆村梅轩公者，在外经营20余年，据说三吴两浙之间到处有他家的质库⑤。天启、崇祯时的休宁人程虚宇，在安庆、九江、广济、黄州、湖广其它地方以及家乡开设有八家典铺，外地七典各分授本银一万两⑥。明末徽州人汪箕，在北京经营典业，有"家赀数百万，典铺数十处"⑦。明末徽商程璧，在江阴等地开有典铺18处，清兵南下时，为支援当地军民

---

①《中国经济全书》第七辑第二编《商帮》，东亚同文会1907年发行。

② 民国《夏口县志》卷12《商团组织》。

③ 汪道昆：《太函副墨》卷4《汪处士传》，万历刻本。

④ 汪道昆：《太函集》卷52《南石孙处士墓志铭》，万历刻本。

⑤ 吴时行：《两洲集》卷5《祭梅轩公文》，《故宫珍本丛刊》本。

⑥《崇祯二年休宁程虚宇立分书》，王钰欣、周绍泉主编：《徽州千年文书·宋元明编》卷8，花山文艺出版社1991年版。

⑦ 计六奇：《明季北略》卷23《富户汪箕》，中华书局1984年版。

守城，先后捐银17万两多①，财力之雄可以想见。徽人汪己山，其家寓居清江浦200余年，"家富百万，列典肆，俗称为汪家大门"②，是以典当称富的。清代侨寓扬州的徽商吴某，"以质库名其家。家有十典，江北之富，未有出其右者，故谓之为'老典'"③。雍正十三年（1735），昆山的徽典汪正泰铺失火，烧掉贮包当楼18间，尚存旁楼12间④。这是目前所知徽商典铺单个规模最大者。乾隆时的徽商黄炽，至少在嘉兴枫泾镇等地开设有兆豫、兆隆二家典铺⑤。道光时一徽商，分家时有隆泰、恒裕、泰丰、恒隆、长隆和长兴六家典铺，典本银达115254两⑥。最著名者，恐怕莫过于清后期的歙县许氏。其家巨富，质库多达40余所，江浙间在在有之，掌计伙计等管理人员多达近2000人，资本达数百万两⑦。

徽州典商资本雄厚，与经营者地域集中、家族经营、世代承继颇多关系。就专业知识而言，可能经营典铺的要求是最高的。典物成千上万，举凡绸缎布匹、裙袄裤褂、金银首饰、古玩彝器、法书名画、日用百货等，无所不包。要把握这些林林总总物件的产地、规格、特征、时价、成色、质量，然后作出准确的判断，实非易事，非经专业训练，不是见多识广，是断难胜任的。所以业中人称为"大非容易，真如登天之难"⑧。估价失度，低则影响生意，高则蒙受损失。因此典业界对有关知识的传授特别重视。从道光到清末，仅经营当铺的经验总结《当铺》写本，就至少有四

① 黄明曦等：《江上孤忠录》补遗，《丛书集成初编》本；许重熙：《江阴城守记》，《荆驼逸史》本。

② 徐珂编：《清稗类钞·豪侈类》"典商汪己山之侈"条，中华书局1984年版。

③ 李斗：《扬州画舫录》卷13，江苏广陵古籍刻印社1984年版。

④ 《雍正朱批谕旨》卷116之5，赵弘恩折，《文渊阁四库全书》本。

⑤ 《乾隆十六年黄炽等立阄分合同》，王钰欣、周绍泉主编：《徽州千年文书·清民国编》卷8，花山文艺出版社1991年版。

⑥ 《道光十九年笃字阄》，南京大学历史系藏。

⑦ 许承尧：《歙事闲谈》卷17《唐模许翁》，黄山书社2001年版。

⑧ 《典业须知》，原抄本藏美国哈佛燕京图书馆，杨联陞辑本刊于《食货月刊》复刊第1卷第4期。

种①。衣钵相传，传授经营经验。有一本大致可以推定为徽人辑写的手抄本《典务必要》②，分为幼学须知、珠论、宝石论、论首饰、毡绒、字画书籍、布货、皮货等八个部分，后七个部分详细介绍了各种物品的产地、规格、价目以及辨别真伪的法则。如在"珠论"部分中，就列有大小珠目、病珠二十一种、珠筛、湖珠名目、湖珠论、名珠定价规则、湖光□变、明目重辉、长行采浸法、平头珠、时光珠、光白珠、挨精珠、精子珠、湖珠、衔泥珠、水伤、胎惊、嫩色、珠钉、珠价总目等目。另一本题名为《当行杂记》的光绪手抄本③，分为当行论、看衣规则、西藏土产、看金规则类、看珠规则类、看宝石规则、看铜锡类、看瓷器规则、看字画谱、各省绸缎花样别名等十个部分，中间八个部分都分别介绍了不同名称不同地方所产物品的规格、辨别真假（伪）的方法，有的还标有应当价格。另一佚名抄本《典业须知》，作者是徽州人，应邀主持杭州的新安惟善堂事务，由书中内容推测，作者似曾在南京开过典铺。这是一本有关典铺伙计、学徒行为规范的指南书，分为敦品、保名、勤务、节用、务实、远虑、虚怀、防误、练技、细心、惜福、扼要、体仁、防弊、择交、贻福、达观、知足等目以及典规择要等内容，从道德角度强调了典当从业人员的高要求。

典中物件，均是他人抵押品，银钱出入，身家性命所系，典铺从业人员的人品十分重要。因此，专业知识而外，一典掌计伙计20余人，众典就需上百人，选择忠于职守、精通业务的典铺工作人员就很不容易。这样的专业要求和择人要求，就只有那些长期业当或世代业当者才能胜任。许承尧说："典商大多休宁人，歙则杂商五，嵯商三，典仅二焉。治典者亦惟休称能。凡典肆无不有休人者，以专业易精也。"④从典商的事例来看，许承尧的说法大致可以证实。如明代休宁商山吴氏大家族，"家多素封，所

① 赵金敏点校整理：《当铺鉴别珠宝文玩秘诀》，北京燕山出版社1991年版。

② 此书由丁红整理，刊于《近代史资料》第71号。其中介绍鉴别"累丝首饰"时有"徽州，每出于旌德人之手"，可见此本成于徽州。

③ 此书由齐思整理，刊于《近代史资料》第71号。

④ 许承尧：《歙事闲谈》卷18《歙风俗礼教考》，黄山书社2001年版。

殖业皆以典质权子母"，吴中星"自其先远祖起家至今日，源远流长，几几乎殆十世不失"①。一个大家族，前后近十代人连续集中经营典业，既显示了该家族擅长经营典业，也说明了经营典业需要长期的经验积累。明末学者休宁人金声说休宁、歙县两县人，"以业贾故挈其亲戚知交而与共事，以故一家得业不独一家得食焉而已，其大者能活千家百家，下亦至数十家数家"②。商山吴氏阖族经营典业的事例说明，典业同盐业一样，也是徽商以家族经营的重要行业。再如清代汪拱乾者，在外贸易30年，无不利市三倍，诸子也都能经营，家家丰裕，传到孙、曾孙辈，"大江南北开质库，或木商、布商，汪姓最多，大半皆其后人"，被人誉为"本朝货殖之冠"③。人多，业精，典业地域广，经营也得法。又如康熙、乾隆时休宁人汪栋，有典业在吴江平望镇，"典业则择贤能者委之，因材授事，咸得其宜"，其宗旨是"祖宗创业艰难，吾惟守此不坠而已"。④遵守祖宗业典成法，选择干材任事，确保典业不失。前述在湖州业典的休宁人孙从理，慎择掌计，分部而治，"良者岁坐五秉，次者三之，又次者二之"，岁终析部，典铺发展到百数，显然也是世代家族经营。反过来，则要求那些业典者，忠于主家，长期事一主。《典业须知》的作者，就曾"屡见吃当饭者，孙曾数代，谨事一东"，要求典业人员长期忠心效力主人。长期为人经营典业者也有不少。如徽州程氏，累世巨富，有典业在无锡，"有汪氏者，世为之主会计"⑤。相反，侵亏典铺本银之事也时有发生。如康熙三十二年（1693），常熟县程姓隆兆典的管栈王文寿就屡年侵缺本银，并因管理不善被骗银两，共计500余两⑥。这就使得典铺更倾向于在家族范围

---

① 金声：《金忠节公文集》卷7《寿吴亲母金孺人序》，光绪刻本。

② 金声：《金忠节公文集》卷4《与歙令君》，光绪刻本。

③ 钱泳：《登楼杂记》，转引自谢国桢：《明代社会经济史料选编》中册，福建人民出版社1980年版，第100页。

④ 休宁《西门汪氏大公房挥金公支谱·明经栋公传》，转引自张海鹏、王廷元主编：《明清徽商资料选编》，黄山书社1985年版，第163页。

⑤ 徐珂编：《清稗类钞·婚姻类》"程汪夫妇有别"条，中华书局1984年版。

⑥ 《康熙三十二年王文寿立限议甘约》，王钰欣、周绍泉主编：《徽州千年文书·清民国编》卷1，花山文艺出版社1991年版。

内择人。可以说，徽州典商的地域和家族相对集中，形成徽商经营上的一个显著特色。

经营典业的徽商，往往还兼营其它行业，或者说其它行业的徽商也兼营典业。正德、嘉靖时歙县人黄谊，在温州、杭州、开封和扬州等地，典业与盐业并举，获利成倍①。嘉靖、隆庆时歙县人程澧，熟悉商业行情，"东吴饶木棉，则用布；维扬在天下之中，则用盐笑；吾郡瘠薄，则用子钱"②。同时同县岩镇人潘汀州，与时逐利，"或用盐盬，或用橦布，或用质剂。周游江淮吴越，务协地宜"③。都是因地因时制宜，食盐、棉布、典铺三业同时并举。顺治、康熙年间的休宁充山孙贞吉，先后在江西铅山镇开设十几处店铺，在贵溪开设永泰店，主要行业并不是典当业，但在上海莘庄居然也开设了一家大振典④。上述有典铺在无锡的程氏，"候时转物，无不得利"，也是兼营数业的。前述道光时拥有泰隆等六家典铺的徽商，还拥有润元衣庄，在渔镇有恒源油店、义和面店、日泰腐店、义泰米店、怡丰酒店，在休宁城中有义生布店、鲍广丰店、光大仁记，在屯溪有德有杂货店、叶义聚钱店、汪泰源布店、公元油米店、程德和水果店、宏顺布店、长顺烟店、公裕杂货店、肇丰钱店、立成皮量店、李新成茶行，各种店业种类杂、数量多、分布广。不拘守一地，不拘泥一业，与时逐利，数业并举，以追求最大的商业利润，成为徽州典商行业经营上的一个显著特征。

徽州典商，追其原始，通常是在商业活动中积累起一定的货币财富后才改营典业的。如明后期歙人汪銇，最初就近贾休宁，三致千金，号称良贾，"复以质剂出入徙宛陵，居数载，一再倍之"⑤。歙人江世俊，"初于

① 歙县《潭渡黄氏族谱》卷9《黄东泉处士行状》，转引自张海鹏、王廷元主编：《明清徽商资料选编》，黄山书社1985年版，第75—76页。

② 汪道昆：《太函集》卷52《明故明威将军新安卫指挥金事衡山程季公墓志铭》，万历刻本。

③ 汪道昆：《太函集》卷34《潘汀州传》，万历刻本。

④ 《康熙孙氏文契簿》，南京大学历史系藏。

⑤ 汪道昆：《太函集》卷40《共程传》，万历刻本。

北关溪上列廛，旋治典于家"①。清初小说《豆棚闲话》第三则，描写绩溪人汪彦贩卖起家，积资至20余万两，后令儿子兴哥携银万两到苏州开典铺。康熙间姚姓徽商，"初贩茶于西口关东，续创典于杭州新城"②。凡此都表明，徽典的资本多由商业资本转移而来。

三

徽典同其它典铺一样，具有高利贷资本寄生、落后的本质和残忍的一面。明朝规定：凡私放钱债及典当财物，每月取利不得过三分，年月虽多，不过一本一利。违者治罪③。典利月息三分为上限，民间通常为二分。但是，徽典取息通常超过了这个标准。弘治时的嘉兴石门县，徽典统一行动，"倍取民息"，知县汤沐逮捕这些刻剥者，徽商"皆散去，阖境称快"。当地人是这样论徽典的："徽人挟丹圭之术，析秋豪之利，使人甘其饵而不知。日以朘，月以削，客日益富，土著者日益贫。岂惟石门一邑而已，盖所至皆然也。"④徽典残酷剥削贫民，致使地方政府出面摧抑典商。在万历时的杭州，当地人有徽典"坐享厚利，杭民屡受剥肤之灾"之叹⑤。前述《初刻拍案惊奇》中的卫朝奉，就是三分起息。康熙时的平湖县，县令景贞运奉檄行查典铺违禁重利，徽州典商贿以银两，又借他案讦讼，景贞运因而遭弹劾罢官，"由是典利三分，视京师及他郡邑为独重"，当地人慨叹："商横民凋，湖人之髓，其足供徽人之嗜吸耶！"⑥徽典凭借群体力量，重利取息，又不择手段，抗衡官府，维持暴利。这些例子足以说明，徽典

① 歙县《济阳江氏族谱》卷9《明处士世俊公传》，转引自张海鹏、王廷元主编：《徽商研究》，安徽人民出版社1995年版，第295页。

② 乾隆姚氏《分家阄书》，转引自杨国桢：《明清土地契约文书研究》，人民出版社1988年版，第230页。

③ 万历《明会典》卷164，台北新文汇出版社1976年影印本。

④ 焦袁熹：《此木轩杂著》卷8《货殖》，《此木轩全集》本。

⑤ 万历《杭州府志》卷19《风俗》。

⑥ 康熙《平湖县志》卷4《风俗》。

与经营地的矛盾是极为突出的。

徽州典商廉贾的形象是月息一分甚至年息百分之十。如正德、嘉靖时人休宁程锁，在溧水经营，当地风俗，春天贷出的钱款，到秋天收一倍的利息，程锁却"居息市中，终岁不过什一，细民称便"①，贫民多向他贷款，他也扩大了业务。程锁如此向贫民春贷子钱、秋收薄息，实际是资本发挥了借贷资本的功能，已不能视为高利贷资本了。前述开典至百处的休宁人孙从理，也是"什一取赢，矜取予必以道。以质及门者踵相及，趋之也如流"。"什一取赢"，已经低于当时一般商业的平均利润率，已经等于社会资本的存典生息利率，一般典铺是难以经营的。实际上，明代中后期民间当铺，通常"自认周年起息二分"②。嘉靖、万历时歙人许氏，"鬻财取什二。有急者愿多出子钱，公曰：'吾什二足矣。'"③。典利年息百分之二十，大概是社会可以接受的标准。

徽典广泛存在于城乡，又为社会现实所需要，有其合理的一面。这是因为，除了典当本身的特点，如典押手续简便，赎当不问姓名，不问押物原因，无须另找中证见人，无须知会亲房人等，仍然存在如期赎回原物的可能等，关键在于它为民生所必需。典铺接受典押物，"衡子母之微利，实以通民须之缓急。原系便民，非厉民也"④。民间"凡遇钱粮急迫，一时无措，惟向典铺质银，下而肩挑负贩之徒，鳏寡孤独之辈，等钱一百、五十，以图糊口，取之最便"⑤。由于典铺的存在，民间在需用匮乏和青黄不接之时，将零星花布米麦之类质当，以解燃眉之急。在江浙丝、棉产区，典铺资本也因而常常起到了借贷资本的作用，为贫民所必需。所以清前期的焦袁熹在对弘治年间石门县令捕捉倍取民息的徽商高度评价的同

---

① 汪道昆：《太函集》卷61《明处士休宁程长公墓表》，万历刻本。
② 艾南英：《天佣子全集》卷6《三上蔡太尊论战守事宜书》，光绪刻本。
③ 许国：《许文穆公集》卷13《世积公行状》，万历刻本。
④ 苏州历史博物馆等编：《明清苏州工商业碑刻集》，江苏人民出版社1981年版，第185页。
⑤ 苏州历史博物馆等编：《明清苏州工商业碑刻集》，江苏人民出版社1981年版，第188页。

时，又认为时代不同，情形有别，"土著之人既贫甚矣，无典铺则称贷之路穷，而沟壑之患不在异日而在目前。孰与彼之取什一二之息者，犹有所济而不至于大困乎"①。清前期，江南各地政府明察暗访，或加干预，大体上典铺按规定三分起息，低则二分，通常仅在一分五厘左右。这较之放私债的印子钱、鞭子钱或江南农村的"一粒半"（借一石还一石半）、"转斗米"（耕时贷一石至冬还二石）等翻倍利息要低得多，也要比同时期北方各地的典铺利率低得多。典押物品成了贫民最后的也是唯一的手段。只要利息不重，对于小生产者渡过难关，维持简单再生产是有一定好处的。在江南的蚕桑棉织地区，农家往往将新丝、新米存入典铺，以免贱时卖出，贵时买进，成为减低损失的一个途径。因此，农家商品生产特别发达的桑棉区，典当业也就特别发达②。徽典与农家经济有着如此十分紧密的关系，这也就是徽典在江南特别发达的一个重要原因。

在经营过程中，徽典因其数量多、铺本大，取利较其它商帮要低。明后期南京的500家当铺，"福建铺本少，取利三分四分。徽州铺本大，取利仅一分二分三分。均之有益于贫民。人情最不喜福建，亦无可奈何也"③。南京如此，其他地区当也有类似情形。嘉庆年间，有一家徽商典铺，自嘉庆七年（1802）到嘉庆十八年（1813），一直以年息一分五厘起息，存本银由100千钱增加到1177千钱730文④。清代前期，山西商人放债，利息之重是出了名的。乾隆五年（1740），河南巡抚奏报，山西人"专以放债为事。春间以八折借给，逐月滚算，每至秋收之时，准折粮食，其利竟至加倍有奇"⑤。纪昀的《阅微草堂笔记》有多则涉及山西商人，几乎没有一个不是刻薄形象。康熙、雍正年间，外官向山西商人借债，已有"以八当十"之事。乾隆五十年（1785），山西商人在北京重利放债，竟至三扣四

① 焦袁熹：《此木轩杂著》卷8《货殖》，《此木轩全集》本。
② 参见范金民：《明清江南商业的发展》，南京大学出版社1998年版，第172—178页。
③ 周晖：《金陵琐事剩录》卷3，文学古籍刊行社1955年版。
④ 嘉庆《孙晋轩记》，南京大学历史系藏。
⑤ 《清高宗实录》卷113，乾隆五年三月二十九日条，中华书局1985年影印本。

扣，借银一百两只给30或40两，而还本时本钱照一百两算，以致屡屡逼死借债官员①。徽典利息低，自然较其它商帮有竞争力。

徽典较之当地典铺，除了资本和数量优势外，经营上似乎也要灵活些。万历《扬州府志》比较当地典铺与徽典的区别："质库，无土著人。土著人为之，即十年不赎，不许易质物。乃令新安诸贾擅其利，坐得子钱，诚不可解。"②较之扬州当地典铺十年以上不许回赎质物，徽典似乎赎物时限要宽，押典者始终存在回赎典押物的希望。徽典规定较当地典铺宽松，这是徽典能够在客地立足兴盛的又一个原因。

然而到清中期（乾隆年间），徽州典铺在总体上已呈衰落趋势，活动地域上有所收缩，且有让位于当地典商的迹象。明代"徽商开当，遍于江北"，而清中期典铺"江以北皆晋人"③。山东临清本是徽商活跃的场所，原有典当百余家，"皆徽人为之，后不及其半，多参土著。到乾隆时，城乡仅存十六七家，而皆西人"④。徽典已完全让位于西商。在江南的江阴，"典业在乾隆以前皆徽商，今则大半皆土著也"⑤。在扬州府的泰兴县，嘉庆县志称，质库"曩多新安贾人为之，近则半出靖邑，亦有土著开设者"⑥。靖邑就是常州府的靖江县，为泰兴邻县，靖江人对泰兴人来说实际也是土著。徽典从华北退出，在江淮地区势力式微，表明在徽商收缩活动地域的过程中，徽州典商是较早的。目前还不清楚其原因何在，或许与清中期典息下降、典税增加以及客商更不堪地方势力骚扰有关，或许更与各地土著商人的兴起有关。

原载安徽大学徽学研究中心编《徽学》（第二卷），安徽大学出版社，2002年12月，署名范金民、夏维中

---

① 参见《有关乾隆后期北京高利贷的几件史料》，《历史档案》1996年第4期。
② 万历《扬州府志》卷20《风俗志》。
③ 李燧：《晋游日记》卷3。
④ 乾隆《临清直隶州志》卷11《市廛志》。
⑤ 道光《江阴县志》卷9《风俗》。
⑥ 嘉庆《泰兴县志》卷6《风俗》。

明清时期徽商在江南的活动

　　明清时期，江南经济发展迅速，商品交易十分繁忙。富庶的江南，吸引了全国各地商人前来淘金牟利。在众多的商人集团中，尤以徽商的人数最众，势力最大，活动最为频繁。徽商在江南的活动，构成了明清商业史的重要篇章。

一

　　明清江南是徽商最为活跃的地区。无论苏、杭、宁等称为都会之地的大城市，还是镇江、无锡、松江、嘉兴、湖州等中等城市，以及星罗棋布的广大城镇，乃至穷乡僻壤，无不留下了他们奔走经营的足迹。

　　明初，江南已见徽商踪迹。婺源人朱基，"贸易江湖，常客于常郡（州）。因元季世乱，家遭兵燹，不得归，迁居（无锡）让乡之许买布桥"①。永乐时，徽商程实"尝以木易粟至姑苏贷人"②。永乐宣德间，王福奴"善生殖，商游吴浙"③。

---

　　① 张海鹏、王廷元主编：《明清徽商资料选编》，黄山书社1985年版，第231页。（后文注释相同处，不再详细标注。）

　　② 《明清徽商资料选编》，第190页。

　　③ 《明清徽商资料选编》，第163页。

明中期，随着徽人四出经商，江南各地已多徽商利来利往。歙县许竹逸已"挟资商吴、越、金陵间十余年"①。同县汪沅、江佩、黄明芳、许海，休宁程镶等辈，挟资往来吴越间，家业日起。这是当时徽商活跃于整个江南地区的例证。歙县商人郑崇学、许明大皆在南京经商。这是明中期南京徽商的代表。弘治时桑悦说南都"斗门、淮清之桥，三山、大中之街，乌倮、白圭之俦，骈背项夯交加，日中贸易，哄哄咤咤"②。在这些乌倮、白圭之俦中，自然不乏徽商。成化、正德时，休宁人查岩振在吴头楚尾从事贸易，频历风波之险。弘治、正德之际，婺源商人李贤，在江南以勤苦起家，曾"奏除镇江沿河之积棍，立苏州上下之两牙，以振客纪，且使国课日增"，颇得地方士民好评。在苏松，歙县郑富伟，与兄及郑庸辈皆经商其地。成化末，松江老人云："松民之财，多被徽商搬去……"③由此可见徽商在苏松人数之众。在杭州，有歙县王友权、黄谊、汪终慕，休宁汪当等在经营。在嘉兴，弘治间，因徽商刻剥贫民，崇德知县"捕之皆散去，阖境称快"④。

明后期，伴随着江南经济走向明清时期发展的第一个高峰，徽商在这个地区更为活跃。汪道昆《太函集》中的不少篇幅就述及了徽商在江南各地的活动。其余散见的例子更俯拾皆是。嘉靖时，阮弼、黄钟、潘汀州、江五公、汪季公、许尚质、吴用良、潘寿州父子、程澧、程次公等人，皆在江南等地从事过大规模贩运贸易。万历时，婺源李火暑在南京、松江等地经营得利。万历时，早年随父兄经商全国各地的黄汴，侨居苏州，"与二京十三省暨边方商贾贸易"，编成《天下水陆路程》⑤，嘉惠商界。休宁胡正言、汪以振，歙县蒋振民，婺源李延芳等，纷纷杂沓南京。明末，徽商以其人多力大，合梨园中的兴化部和华林部为大会，"遍征金陵之贵客

---

① 《新安歙北许氏东支世谱》卷8《竹逸许公行状》。
② 桑悦：《南都赋》，《明文海》卷1《赋一》。
③ 《明清徽商资料选编》，第223页。
④ 《明清徽商资料选编》，第155页。
⑤ 黄汴《天下水陆路程》自序。此序不见于杨正泰标点本（山西古籍出版社1992年版），今引自北京图书馆藏本。

文人，与夫妖姬静女，莫不毕集"①。其声势之壮，徽商之能耐，可以想见。在苏州有歙县洪什、许尚质、许海、程氏、潘汀州、潘仕，休宁汪社生、汪镗，祁门张元涣等经营逐利。明后期苏州盛称徽州当，因年荒米贵被捣毁的米店，往往系徽州人所开，说明徽商是苏州城中占据主导地位的商人。在杭州，歙县吴汝拙、吴介甫、钟鼎卿、汪才生，婺源李廷玑，绩溪章献钰、汪道昆的叔父等，都营运其地。万历时，杭州的徽商纷纷在南北二山卜地营葬，"或毁人之护沙，或断人之来脉。致于涉讼，群起助金，恃富凌人，必胜斯已"。结果"山川被其破碎，秀气致于分离"，湖光山色大受玷污，被讲究风水的杭州人视为"罪同杀人而恶深掘冢"②。自万历三十三年起，仅在杭州业盐的徽商子弟被允准附籍应试杭州者，岁科两试就各有50名。这两例足以说明，明后期的杭州，从事商业活动最突出的就是徽商，所谓"新安之富家，行贾多在武林"③是也。在苏、杭、宁三大城市间的广大城镇，徽商的活动也极为频繁。休宁詹仰之、汪铉、孙从理、程锁，歙县张翰、方文箴、吴荣让、方勉柔、吴良儒、程正奎、吴午庆、孙文郁、许德炬、许国之父许铁、黄海山等，或在镇江、常州、宜兴、无锡、昆山，或在松江、嘉兴、湖州从事商业活动。万历时，方文箴因看到常熟"居江海之会，有湖山膏腴之产，凡鱼鳖米盐布缕之属，羡衍充斥，间阎富乐，可以逐什一之利，乃占市籍，程督其诸子，岁转闽粤之货，以与时逐，业骎骎起"④。仅嘉定县南的南翔镇，就"多徽商侨寓"，罗店镇"徽商凑集"⑤。为湖州、嘉兴两府共辖的乌青镇，据报告，嘉靖年间徽州等处商人因事斗殴仇杀致命者，就不下百数人⑥。杭州近郊的塘栖镇，据说"徽、杭大贾，视为利之渊薮"⑦。可以说，随着明后期江南

① 侯方域：《马伶传》，《虞初新志》卷3。
② 万历《杭州府志》卷19《风俗》。
③ 钱谦益：《牧斋初学集》卷59《汤孺人墓志铭》。
④ 程嘉燧：《松园偈庵集》下《明处士方君墓志铭》。
⑤ 万历《嘉定县志》卷1《市镇》。
⑥ 施儒：《请分立县治疏》，光绪《桐乡县志》卷24《撰述志》。
⑦ 胡元敬：《栖溪风土记》，光绪《塘栖志》卷18。

市镇的大量兴起，徽商也就以市镇为据点，开展商业活动。

入清以后，江南经济在一度衰落后，迅速走向复苏，并达到封建经济的鼎盛阶段，徽商在江南也数此时最为活跃。会馆等公共设施的创建是其明显标志。徽商在江南所建会馆之多，其他任何商帮不敢望其项背。南京马府街有新安会馆，太平街栏杆桥、上新河各有徽州会馆，钞库街有新歙会馆。后徽商联合同省宁国府泾县、太平、旌德等县商人在油市街姚氏园建成安徽会馆，此馆鸦片战争后改为皖省公所①。同治年间，光歙县商人就曾以12300余两的巨资，创建了歙县试馆，作为士子乡试住宿之所。看来，清代南京的徽商主要以歙县和婺源两县人为众。苏州：清初，歙县方中茂先经商于常州，数年后移居苏州，僦居阊门。歙人鲍登明，经商苏州致富②。道光八年（1828），聚集在苏州的徽商费银1300余两购地，"创设善堂"，"为访亲族，凭信邮量远近给以资，俾还故土"③。乾隆二十三年（1758），大兴人曹旗在苏州诓骗银两，徽商受骗的达50余家④，徽商之多可见一斑。乾隆三十五年（1770），徽商在南显子巷创建徽郡会馆。乾隆三十八年（1773）修建时，涝油帮、蜜枣帮、皮纸帮以及不入帮的94人分别捐了款，显示出雄厚的实力⑤。同治初年，徽商联合宁国府商人，扩建成安徽会馆，"以敦睦其乡党"⑥。光绪初，徽商与同省商人一起在北壕城根建有安徽码头，专供安徽商人装卸货物之用⑦。上海：上海是鸦片战争后的最大商埠，"五方贸易所最，宣歙人尤多"⑧。早在乾隆十九年

---

① 以上合见同治《上江两县志》卷5《城厢》；甘熙《白下琐言》；陈作霖《运渎桥道小志》；光绪《续纂江宁府志》卷7《建置》。

② 民国《常昭合志》卷8《善举志》。

③ 《徽郡新立诚善堂碑记》，民国《吴县志》卷30《公署三》。

④ 《清高宗实录》卷571。

⑤ 苏州历史博物馆等编：《明清苏州工商业碑刻集》，江苏人民出版社1981年版，第377—379页。（后文注释相同处，不再详细标注。）

⑥ 江苏省博物馆编：《江苏省明清以来碑刻资料选集》，生活·读书·新知三联书店1959年版，第381页。（后文注释相同处，不再详细标注。）

⑦ 《江苏省明清以来碑刻资料选集》，第251页。

⑧ 上海博物馆编：《上海碑刻资料选辑》，上海人民出版社1980年版，第232页。

（1754），徽商联合宁国商人置买民田30余亩，建立徽宁思恭堂，栖棺停枢，设立义冢，掩埋无力盘回棺骨。嘉庆二十二年（1817），又添建房舍30余间①。善后公堂如此规模，会馆当早已建立。杭州：清代杭州的外地商人仍以徽商为多。乾隆时，据说黟县人"宏村名望族为贾于浙之杭、绍间者尤多"②。钱塘江滨，有登岸之所，因上下多系徽商，故号称"徽州塘"③。由于众人麇集，徽商在乾隆年间建立了徽商公所。

除了上述大城市，其他中小城市和大量市镇中也多徽商的组织及公共设施。嘉兴府平湖县有徽商建的会馆④。在丹徒，道光年间徽商筹款修筑江口二闸，"比工告竣，水波不兴，如涉平地"，看来人数不在少数。寓居常熟的徽商洪瑞峰等置田，"以葬客死无归者"，汪之蕙、汪大道等延僧看守，到乾隆末年扩建成存仁堂，嘉庆初年扩建成梅园公所，以为议事恤贫之所⑤。苏州城西北的长洲县黄埭镇，地势较偏，乾隆年间徽商居然也公建了旅亨堂，势力不小⑥。吴江县的盛泽镇，早在康熙三十八年（1699），新安人张佩兰因"念新安居斯土者不下数十家，力不能尽延师"，乃在东肠圩建起新安义学，以课徽人读书。以后经乾隆三年（1738）拓建，到嘉庆十四年（1809）扩充为徽宁会馆。道光十二年（1832），徽商与宁国商人共有55人为会馆捐了费用⑦。在苏州府昆山县和长洲县共辖的甪直镇，徽商先后于乾隆年间建有旅亨堂和嘉庆年间建有敬梓堂，以葬其无力归葬乡里者。他如乌程县南浔镇有新安会馆，秀水县濮院镇有徽州会馆、新安义园，归安县菱湖镇、德清县新市镇有新安会馆，长兴县四安镇有新安公所，归安县双林镇有新安义园，德清与仁和共辖的塘栖市有新安义所，桐

---

① 上海博物馆编：《上海碑刻资料选辑》，上海人民出版社1980年版，第230—231页。

② 道光《黟县续志》卷15《艺文·汪文学传》。

③ 乾隆《杭州府志》卷5《市镇》。

④ 光绪《婺源县志》卷35《人物·义行》。

⑤ 《明清苏州工商业碑刻集》，第349页。

⑥ 民国《黄埭志》卷3《公署》。

⑦ 同治《盛湖志》卷4《公署》《学舍》；《明清苏州工商业碑刻集》，第357页。

乡县石门镇有婺源商人的义园，嘉定县南翔镇有漏泽园①。会馆等公共设施的完善，不仅表明徽商人数在不断增加，而且标志徽商已经用商人集团的力量来从事活动了。

其他地方虽无会馆、公益设施，但徽商同样人多势众。嘉善县，"负重资牟厚利者，率多徽商"②。常熟县城，康熙二十年（1681）光徽州典商就有38家③。无锡，清初有婺源人江正迎，康熙时有歙县许德炬等经商。清后期有鲍氏在北门内开设鲍义盛漆店。此外，溧水、溧阳、镇江、丹徒、常州、江阴、镇洋、余杭、崇明、嘉定、桐乡、石门等府县城，以及南翔、罗店、外冈、马陆、周庄、甫里、平望、木渎、唯亭等市镇，都有徽商在活动。

综上所述，遍地徽商之语用之于明清江南是最符其实的。

诚然，明清时期的徽商大多并不固守一地，而是随时而逐，因地而迁。如正德、嘉靖年间歙县许海，"挟资往来吴越燕赵间"④；程辅以松江为基地，而"往来三吴二越之间"⑤；江希贤"挟资游二浙三吴"⑥；汪佩，既贾吴越，再贾淮扬，后又徙梁、徙楚、徙南京⑦；郑石陵，"南游楚，东入吴，北涉淮泗、陈豫，几半天下"⑧。嘉靖、万历时休宁人查杰，经商"往来吴越扬楚间三十余年"⑨；汪弘，"北跨淮扬，南游吴越"⑩。乾隆时婺源人洪德佛，先商吴楚，后贾金陵⑪。清代黟县人杨春元"遍历

---

① 散见各地光绪、民国年间镇志。
② 嘉庆《嘉善县志》卷6《风俗》。
③ 《明清苏州工商业碑刻集》，第186—187页。
④ 《许文穆公集》卷13《良源公行状》。
⑤ 《明清徽商资料选编》，第142页。
⑥ 《明清徽商资料选编》，第101页。
⑦ 《明清徽商资料选编》，第218页。
⑧ 《明清徽商资料选编》，第220页。
⑨ 《明清徽商资料选编》，第92页。
⑩ 《明清徽商资料选编》，第440页。
⑪ 《明清徽商资料选编》，第66页。

吴越闽楚关陕间"①；孙遴"贾于苏浙江湖间，所如操胜算"②。这些徽商不但逐利于江南各地，而且或以江南为中心，或以江南为一端，远涉全国各地。活动区域如此之广，对于转输的行商来说是必不可少的，而对那些坐贾也多适用。如休宁商人王礼元就极具典型性，他一生"创有宜兴福德桥一店、小东门一店，武进洛阳桥一店、虞桥一店，镇江紫院一店共五处，营运资本"③。汪道昆描写黄氏"贾婺、贾台、贾甄（瓯）、贾括、贾姑孰、贾淮海、贾金陵，卜地利则与地迁，相时宜则与时逐"④。徽商汪叔先对其胞弟则言，"良贾务转毂四方，吾侪墨守一隅，非策也"⑤。因此，"卜地利则与地迁，相时宜则与时逐""转毂四方"，可以视为徽商在活动区域上的一个特征。

二

明清时期徽商在江南活动的足迹遍及各地，经营行业极为广泛，尤其集中在形成江南拳头产品的几个行业中。

（一）棉布业及其加工业

江南除了湖州全府，苏州府的西部，嘉兴、杭州的部分生产丝绸的地区外，几乎都产棉布，而主要集中在松江一府、苏州府和常州府的大部分地区。光松江一府，每当秋季棉布上市，每天交易达15万匹，号称"衣被天下"。运销途径，"溯淮而北走齐鲁之郊，仰给京师，达于九边，以清源为绾毂；出长江之口，经楚、蜀而散于闽、粤、秦、晋、滇、黔诸郡国，

---

① 嘉庆《黟县志》卷7《人物·尚义》。
② 同治《黟县三志》卷6《人物·孝友》。
③ 《休宁巴氏置产簿》，转引自李文治《论清代前期的土地占有关系》，《历史研究》1963年第2期。
④ 汪道昆：《太函集》卷56《明故新安卫镇抚黄季公配孺人汪氏合葬墓志铭》。
⑤ 汪道昆：《太函集》卷50《江叔先藁葬墓志铭》。

以芜关为绾毂"①。这样庞大的商品贸易量，为徽商活动提供了极为有利的先决条件。棉布主要产自广大乡村，市镇是其集散地。坯布织成后，需要染整加工，因此徽州布商主要集中在苏、松、锡城市和棉布业市镇中。

南翔是江南首屈一指的棉布业市镇。明时即"多歙贾"②。任良祐、汪应选、许应蛟和许德等就曾在这里经商。清初更"多徽商侨寓，百货填集，甲于诸镇"③。乾隆四十年（1775），镇上布商字号至少有10家，其中主要为徽商所开④。歙人罗采开张踹坊，坊中"各匠逋金无偿者，当众悉焚其券，感泣者载道"⑤。同县罗店镇，是又一著名的布业市镇，"徽商亦凑集，贸易之盛几埒南翔"⑥。外冈镇，"因徽商僦居钱鸣塘收买，遂名钱鸣塘市"⑦。清代徽人王某、江南金之父、全贯三之父，皆曾业布该镇⑧。钱门塘市，"明时有徽商僦居里中，收买出贩，自是外冈各镇多仿之，遂俱称钱门塘市"⑨。诸翟镇，清中叶时徽商与"各省布商先发银于庄，而徐收其布，故布价贵"⑩。其他如布商之多仅次于南翔的娄塘、纪王庙市，阊门字号多去收买布匹的唯亭镇，明代有数十家布店字号乐业的松江枫泾、朱泾等镇，当也多徽商出没。

苏州是棉布业加工中心，染整技术高超，徽州布商业于该地者甚众。嘉靖时，歙县程氏、潘汀州和潘仕皆曾在苏州经营布业。休宁汪社生，因贫困"肩布市卖"于苏州⑪。肩布市卖的小本经商的徽商只是少数，按照

① 陈继儒：《陈眉公全集》卷59《布税议》。

② 归有光：《震川先生集》卷18《例授昭勇将军成山指挥使李君墓志铭》。

③ 康熙《嘉定县志》卷1《疆域·市镇》。

④ 上海博物馆编：《上海碑刻资料选辑》，上海人民出版社1980年版，第99—100页。

⑤ 乾隆《南翔镇志》卷7《人物·流寓》。

⑥ 康熙《嘉定县志》卷1《疆域·市镇》。

⑦ 崇祯《外冈志》卷1《市镇》。

⑧ 乾隆《续外冈志》卷3《流寓》，卷4《物产》。

⑨ 民国《钱门塘乡土志》卷1《乡域志·土产》。

⑩ 咸丰《紫堤村志》卷2《风俗》。

⑪ 嘉庆《休宁县志》卷14《人物·尚义》。

汪道昆的说法，徽商财力依其行业，首为鱼盐，次为布帛，再次为丝绸，可见从事布业财力不厚不办。如徽州富翁某，携千钱到苏州，最初只能作个小经纪，"后家日泰，抱布贸丝，积资巨万"①。入清以后，布店字号多由松江转苏州，苏州布业更形兴旺，徽商业布者也更众。康熙九年（1670），有字号21家，三十二年（1693）76家，四十年（1701）69家，五十四年（1715）72家，五十九年（1720）43家；乾隆四年（1739）45家；光绪三十三年（1907）仍有44家②。这些字号即使不是全部，也至少是绝大部分系徽商所开，甚至主要系休宁人所开。乾隆十三年（1748），重建渡僧桥捐款的8个布商，就有6个是休宁人③。更有程氏，开益美字号，"密嘱衣工，有以本号机头缴者，给银二分"，年销布百万匹，每匹赢利100文，获利20万两。十年后即"富甲诸商，而布更遍行天下"，其后"二百年间，滇南漠北，无地不以益美为美"④。这个益美字号，在康熙和道光年间的碑刻中曾多次出现过，是徽州布商的典型代表。无锡是又一个棉布集散地。当地所出之布，城中"坐贾收之，捆载而贸于淮扬、高、宝等处，一岁所交易不下数百万"，号为"布马头"⑤。"布马头"之称既然出于徽商之口，徽州布商又在江南十分活跃，则无锡当有徽州布商。

（二）丝绸业

湖州一府，杭州、嘉兴府的大部，苏州西部及沿太湖一带方圆千里间盛产丝绸。丝绸贩运又可获取高额商业利润，徽商经营丝和丝绸业也就显得十分活跃。如许谷，"贩缯航海，而贾岛中，赢得百倍"⑥。嘉靖时，徽商王直等屡屡逾禁贩海，所载货物最主要的就是丝绸，据说一时"兴贩之

① 《明清徽商资料选编》，第290页。
② 《明清苏州工商业碑刻集》，第54—55、64、71、75、87页。
③ 《明清苏州工商业碑刻集》，第302页。
④ 许仲元：《三异笔谈》卷3《布利》。
⑤ 黄卬：《锡金识小录》卷1。
⑥ 《明清徽商资料选编》，第432页。

徒，纷错于苏杭"①。以徽商为主的贩运商甚至勾引倭寇，大举骚扰江南城镇。徽商经营丝绸虽无系统材料，但不乏记载。冯梦龙《石点头》第八回中有王某在苏杭买了几千两银子的绫罗绸缎前往四川发卖的描述。《龙图公案》卷3中有宁龙带了仆人到苏州收买价值千余两的缎绢到南京发卖的故事。祁门张元涣，"筐厥绮纨，通于豫章"②，将江南丝绸贩运到江西。歙县胡梧贩运湖绢，也获利甚丰③。前述徽商建有会馆等同乡同族善举机构的盛泽镇、南浔镇、濮院镇、菱湖镇、新市镇、双林镇，都是江南的湖丝或丝绸名镇，徽商在这些市镇相对集中，则丝绸当为其首业。如盛泽镇，到康熙年间，"善生理"的仲氏已居住数世，可见他家经营丝绸业已历有年所④。《徽宁会馆碑记》载，该镇"凡江、浙两省之以蚕织为业者，俱萃于是。商贾辐辏，虽弹丸地，而繁华过他郡邑。皖省徽州、宁国二郡之人服贾于外者，所在多有，而盛镇尤汇集之处也"⑤。这说明徽商云集盛泽，是志在从事丝绸业。太平天国以后，盛泽绸业更为重要，浙江南浔、王江泾等镇的丝织工匠络绎迁徙于此，"以丝绸为大宗，所入尤巨"⑥。徽商在这里经营丝绸的规模当更为可观。绩溪人程树槐，于咸丰年间在镇上专事贩绸⑦。在临近盛泽的黄溪镇，万历末年就"有徽商某贩缯"⑧。

（三）粮食业

明清江南地区人多地少，经济作物种植又较为普遍，工业用粮、居民食用量大，因而成了严重的缺粮区。苏杭嘉湖一带，明时如遇歉收，粮食

① 顾炎武：《天下郡国利病书》卷84《浙江二》。
② 《明清徽商资料选编》，第91—92页。
③ 俞正燮：《癸巳存稿》卷15。
④ 汪琬：《尧峰文钞》卷15《仲翁墓志铭》。
⑤ 《明清苏州工商业碑刻集》，第356—357页。
⑥ 光绪《吴江县续志》卷38《杂志》。
⑦ 同治《盛湖志》卷10《列女》。
⑧ 道光《黄溪志》卷8《丛记》。

不敷食用,需从外地调入一定量的米粮,清代则即使正常年景也远远满足不了需要,每年要从江西、湖广,甚至四川等地输入数百万乃至上千万石米粮。南京、无锡、苏州、杭州等城市以及浒墅、枫桥、黄埭、平望、周庄、盛泽、塘栖等镇形成了大大小小的众多米市。徽商就在这些米市中扮演了重要的角色。

苏州是米粮转输中心,徽商丛集。前述永乐时即有程实者从事米粮贩运。这是偶一为之的米商。万历时,有"新安商人自楚贩米至吴,值岁大旱,斗米百五十钱,计利已四倍,而意犹未惬"[1]。崇祯时,也有的徽商就近在家乡雇舟载米,到苏州出售,价值腾贵,二三日间,获利近倍,迅速返回,再装粮食粜于镇江[2]。这是利用灾歉米贵发横财的米商。《古今小说》中的陈商,"凑了二三千本钱,来走襄阳贩籴米豆之类,每年常走一遍",是专做米粮生意的徽商。万历四十八年(1620),因遏籴米价昂贵,曾发生饥民强借徽商之米,官府镇压,万人屯聚府门,毁牌殴役的骚乱。崇祯十三年(1640),监生姚天倪以低价售米予徽商,被邻人闻知,一抢而光[3],说明苏州城中的米商主要是徽商。入清以后,徽州米商势力更大,他们与浙江米商共建了仓王阁,以供奉香火,光绪三年(1877)更扩建成米业公所,每月捐资"济帮伙中失业贫乏孤独无依一切丧葬之费"[4]。

松嘉湖是徽州米商在江南的又一活动中心。松江遍种棉花,粮食奇缺,徽州米商不时出没。崇祯十三年(1640),歙县米商吴民仰载麦千石路经松江,见饿殍载道,"尽以舟麦散饥人,人各给一斗",救活饥民无数。歙县胡仁,"贾嘉禾,年饥,斗米千钱,同人请杂以苦恶,持不可。俄而诸市米家群蚁聚食,仁独免"[5]。休宁刘淮,"客于嘉、湖。岁饥,有困廪出,或言可乘时获利,淮不可,曰:'孰若使斯土之民得苏之为利大

① 褚人获:《坚瓠五集》卷1《火焚米商》。
② 吴曾祺:《旧小说己集·诸皋广志》。
③ 叶绍袁:《启祯记闻录》卷2。
④ 《江苏省明清以来碑刻资料选集》,第192页。
⑤ 李维桢:《大泌山房集》卷73《胡仁家传》。

也'。乃减价以贸。又为粥以食饥者"①。这些都是讲究商业道德的徽州米商。自然，以次充好、乘时射利之徒当大有人在。

广大市镇是徽州米商丛集的基点。盛泽镇，米市盛于清前期，"自乾、嘉至道光年间，米市之集，犹不亚于平望诸镇"。经太平天国兵火，规模远不如前，但在极其萧条的光绪初年，米业号家仍有44家，其中光汪姓字号就有11家②，当主要属徽商。平望镇是仅次于枫桥的米粮市镇，"米商所集，人争趋之，廛市几无隙地"③。康熙时，徽商多往来其地。前述徽商建有旅亨堂的黄埭镇，生产稻米，米商当也不少。塘栖镇，徽杭贾人"开典顿米"者辐辏。

（四）盐业

明清江南除江宁（明为应天）一府行淮盐外，其余皆行浙盐。杭州是两浙盐的批验所所在地，因此盐商主要集中在杭州，目前所知杭州徽商也以盐商为最多。汪道昆的曾祖、祖父始徙武林，营盐业，自此而"业骎骎起"④。他如明代歙县汪才生、王福凤，休宁汪当，清代歙县鲍立然兄弟、鲍直润父子、鲍简锡、鲍雯，绩溪章氏家族，黟县汪廷俊、汪玉琦等，都在杭州或附近苏松嘉湖地区从事盐业。前述万历年间被允准附试杭州者，皆系盐业子弟⑤。由此可知，浙盐由徽商主销，盐商之多于此也可见一斑。

（五）木业

江南平原，殊少木材，建筑、生产工具、木器制造等所需的大量木材主要靠外地输入。徽商又在江南大力经营木业。江南木业几为徽商垄断。徽商经营木业，由长江来者，主要集中在南京、镇江和苏州一线，而尤以南京为最。苏州的木商主要活动区域在齐门西汇和枫桥等地。康熙九年

① 《明清徽商资料选编》，第198页。
② 《明清苏州工商业碑刻集》，第234—235页。
③ 光绪《平望镇志》卷10《集文》。
④ 汪道昆：《太函集》卷39《世叔十一府君传》。
⑤ 《明清徽商资料选编》，第485页。

（1670），苏州有木商9人，木牙9人；十九年（1680）有木商42家，木牙6人；二十二年（1683）木商38人，木牙11人；二十七年（1688）木商增到132家，木牙9人。乾隆三年（1738）木商94家，木牙5人；后木商、木牙稍稍减为80余家。经太平天国时兵燹，同治四年（1865）木商尚有51家，同治九年（1870）木商40家①。至迟于道光年间，木商已在齐门西汇建有大兴会馆，同治四年（1865）加以重建②。苏州木商如此之多，但较之南京、镇江仍相形逊色。据康熙年间木商言："皇木、架木、椿木等项，向来凡奉文采办，首责省滩承值，而镇江次之，其余苏、常各属，不过零星小贩。且四季粮船拥塞，木少运艰"，而"江宁数省所聚，四时常足"，"京口地处滨江，排筏亦多"③，则南京、镇江木商远比苏州为多。南京城西郊的上新河，是木材集散和徽州木商麋集之处。来自上游赣、川、湘、黔的木材，在此编队，转输到江南苏常和苏北淮扬一带。明时上新河，即是有名的大码头。大胜关和龙江关"数里之间，木商辐辏"④。清代上新河仍"为木商所萃"⑤，建有徽商会馆，表明木商势力更雄于昔日。上新河木商徽州灯会，天下咸称为徽州灯。每年四月初旬都天会，徽州木商遍张徽州灯，其"旗帜、伞盖、人物、花卉、鲜花之属，五色十光，备极奇巧。阖城士庶往观，车马填阗"⑥。杭州是徽商经新安江贩运木材而至的中心。乾隆间，婺源人江扬言即在候潮门外创建徽商木业公所。其子来喜，为购自闸口至秋涛宫间堆贮木竹之地3690余亩，曾与当地人涉讼公庭。结果有司不敢得罪人多财雄的徽州木商，将这数千亩沿江之地划归木商⑦。婺源人叶明绣和歙县凌日荣等，都曾在杭州等地经营过木业。

　　南京徽州木商的灿烁灯火和杭州徽州木商的打赢官司，显示出了木商

① 《明清苏州工商业碑刻集》，第103、109、110页。

② 《明清苏州工商业碑刻集》，第123页。

③ 《明清苏州工商业碑刻集》，第113—114页。

④ 《南船纪》卷4《收料之例》。

⑤ 程先甲：《金陵赋》。

⑥ 甘熙：《白下琐言》卷4。

⑦ 《明清徽商资料选编》，第183页。

群体的强大力量，而木商个体的财力也甚雄厚。业木自采伐到运输，资本要巨，劳动力要多，因而木商资本十分可观。隆庆时，"有徽商积木数千茎在岸侧，皆为所卷，无复子遗"[①]。这个木商一次连运木头至少有数千根。王天俊等更是"广挟金钱，依托势要，钻求札付，买木十六万根，勿论夹带私木不知几千万根，即此十六万根木，税三万二千余根，亏国课五六万两"[②]。采买官木16万根，夹带私木更不知底数，则非百万资本不办。清代仍是如此，"徽多木商，贩自川广，集于江宁之上河，资本非巨万不可。因有移家上河者，服食华侈，仿佛淮阳，居然巨室"[③]。有巨万资本之木商，点燃千百盏彩灯，自然小事一桩。

木商又多为婺源人，所谓"婺远服贾者，率贩木"[④]。如查尚庆、施应谦、俞起元、俞烈、吴山南、俞木逸、叶昌瑗、胡国兴兄弟、毕兴、程鸣谦、俞树炽、张庸、金照、李方钰、黄有贞、吴泰康、戴振坤、齐彦钱、黄振甲、程肇基、汪伦祖、汪光球、方钟美、吴宗融、董桂照、俞盛、汪光璠、戴旺、朱球、潘有章、王建贤、方肇基、洪致晖兄弟、齐学模、胡大汎、李振魁、俞云灿、孙德鸿、潘起榜、胡士星、汪如炜、戴振僖、齐廷献、李世铉、李承簠辈，皆曾分别在南京、镇江、丹徒、丹阳、常州、无锡、苏州、上海、杭州等地经营木业。其他不知名姓而业木者更不知凡几。

（六）典当业

江南商品经济发达，商业资本显得十分重要，高利贷资本也就无时无地不体现出它的功能。可以说，典业是徽商在江南所从事的一个面广量大的行业。

苏、杭、宁大城市是徽州典商最为集中之地。嘉靖、万历年间，南京

---

① 谢肇淛：《西吴枝乘》卷下。
② 陈继儒：《冬官纪事》。
③ 《明清徽商资料选编》，第179页。
④ 康熙《婺源县志》卷2《疆域·风俗》。

当铺之多实在惊人，据说"不下数千百家"，至少也有"五百家"①。这些当铺主要由徽商和闽商所开。因此，乡绅顾起元说，南京"典当铺在正德前皆本京人开，今与绸缎铺、盐店，皆为外郡外省富民所据矣"，他甚而愤愤不平道："诸凡出利之孔，拱手以授外土之客居者。"②在徽当和闽当中，又因前者铺本大，占有绝对优势。徽人程北溪、洪仁铺、潘惟信、黄国宾、鲍秋、李大祈、吴逸公等皆曾主剂南都。人们动辄以徽州当为例，如在《拍案惊奇》中，凌濛初就描写了一个徽州卫姓典商百般昧心取利，短短三年将陈秀才典当的价值千金之产盘剥过来的形象。至清代，南京徽典仍盛。程址祥说："近来业典者最多徽人。其掌柜者，则谓之朝奉。若辈最为势利，观其形容，不啻以官长自居，言之令人痛恨。"③嘉庆年间，南京还有典当121家。苏州的徽典，《二刻拍案惊奇》卷39写道："公子分付亲随家人，同了一伙人，走到徽州当内，认着锦被，正是元物。"小说中写苏州当铺直称徽州当，可见苏州徽典之多，名气之大。清代徽州当更有名气。《豆棚闲话》称，苏州"是个货物码头，市井热闹，人烟凑集，开典铺的甚多"，而且三千两银只能开个小典，至少须万两银子才能像个样子④。也有的徽商，开典数量特别多。如金瑞，阊门外的典铺，大约一半是他家的。在杭州，徽商"广开典铺，纵畜少艾，遂为杭州富人"⑤。以至万历时地方文献总结道："贫者生业已尽去为人仆，富家鬻产十室而九，由是四境之利归于当铺。"⑥入清后，徽州典商在杭州仍很活跃。

　　江南中小城市是徽典开张兴旺之处。在江阴，明末徽商程璧一人，就开有典铺18处⑦。据说该县在清初"质库拥资孳息，大半徽商"⑧，直到乾

---

① 周晖：《金陵琐事剩录》卷3。

② 顾起元：《客座赘语》卷2《民利》。

③ 程趾祥：《此中人语》卷3《张先生》。

④ 艾纳居士：《豆棚闲话》第三则《朝奉郎挥金倡霸》。

⑤ 钱希言：《狯园》第七回《小韩负恩报》。

⑥ 万历《杭州府志》卷19《风俗》。

⑦ 赵曦明：《江上孤忠录》补遗。

⑧ 康熙《江阴县志》卷2《风俗志》。

隆时，典业皆由徽商把持①。在常熟，"其阛阓之贾客、典商，多非土著"②。非为土著，即多系徽商。早在顺治时，常熟即有典商18家，多系徽人③。康熙二十年（1681），向常熟县吁请禁饬扰累典铺的徽籍典商则有37家④。在镇洋县，"行盐、质库皆徽人"⑤。在上海，婺源人汪学贤兄弟，设典铺于彼。歙县汪通保，在上海开质库，"与诸子弟约：居他县，毋操利权，出母钱，毋以苦杂良，毋短少；收子钱，毋入奇羡，毋以日计取盈"⑥。在崇明，程发皓"典业甚谨，诚实居停"⑦。在昆山，雍正十三年（1735），江南总督赵弘恩奏：典商汪正泰铺内失火，烧去贮包当楼18间，尚有旁楼12间未烧⑧。这个当铺规模大至30间房屋，是目前所见江南当铺最为气派者。在无锡，程氏有质店，汪氏为其主会计⑨。在太仓州，清代"质库及市中列肆，安徽、闽、浙人居多"⑩。徽典与闽浙典业争利。在嘉兴县，新安大贾"每以质库居积自润，产无多田"⑪。在平湖县，"新安富人，挟资权子母，盘踞其中，至数十家"⑫。在石门，明代"徽人至邑货殖，倍取民息"⑬。在吴江县城，沈瓒《近事丛残》刘公筑塘条中记有徽州典铺的故事。在湖州府城，明孙从理"修故业而息之，什一取赢，矜取予必以道，以质及门者踵相及，趋之也如从流"⑭。孙文郁则举宗在那里

---

① 光绪《江阴县志》卷9《风俗》。
② 康熙《常熟县志》卷9《风俗》。
③ 《明清苏州工商业碑刻集》，第185页。
④ 《明清苏州工商业碑刻集》，第187页。
⑤ 乾隆《镇洋县志》卷1《风俗》。
⑥ 汪道昆：《太函集》卷28《汪处士传》。
⑦ 光绪《婺源县志》卷30《人物九·孝友》。
⑧ 《雍正朱批谕旨》卷116之五。
⑨ 徐珂：《清稗类钞·婚姻类》。
⑩ 光绪《太仓直隶州志》卷6《风俗》。
⑪ 崇祯《嘉兴县志》卷22《艺文志》。
⑫ 康熙《平湖县志》卷4《风俗》。
⑬ 焦袁熹：《此木轩杂著》卷8。
⑭ 汪道昆：《太函集》卷52《南石处士墓志铭》。

以质剂为业①。在溧水等地，正嘉时休宁人程锁"居息市中"，以年息一分吸引贫民②。在乌程县，明代程珽开典铺，为当地人信赖，某日"与诸客饮，或报倭奴焚质库且尽，一座惊愕，公从容问伤人否，恬不为动"③，资财之雄似可推见。

几百个市镇是城市与农村的纽结，徽州典商也充分活动。清代太仓州璜泾镇，休宁人陆远湖开宏亨典，有汪镛者为其主计④。清代嘉定外冈，有徽商姚南青"启质库于镇之北街"。镇上又有永昌典，徽州王某为总管⑤。平望镇，康熙时休宁人汪匡汉开张典业⑥。常熟绿溪镇，徽人程文翊、吴赞皇业典致富⑦。昭文支塘镇，也有徽商踪迹⑧。在塘栖，开典的徽商甚多。清代濮院镇，"典当司柜多徽州人"⑨。

综上所述，明清时期活跃于江南的徽州典商几乎随处随时可见。而歙县许氏质库之多堪称典商中之佼佼者。据载，其家巨富，质库多达40余所，江浙间在在有之，掌计伙计等管理人员近2000人，资本达数百万两⑩。然而，"典商大多休宁人，歙则杂商五，盐商三，典仅二焉。治典者亦惟休称能。凡典肆无不有休人者，以专业易精也"⑪。而且休宁典商尤以汪姓居多。清代钱泳有言，"今大江南北开质库，或木商、布商，汪姓最多，大半皆其后人，当为本朝货殖之冠"⑫，则休宁典商超过或等同于许氏者当不乏其人。典业如此之盛，反映了江南贫民受高利贷资本摆布的程度。

① 汪道昆：《太函集》卷50《明故礼部儒士孙长君墓志铭》。

② 汪道昆：《太函集》卷61《明处士休宁程长公墓表》。

③ 《明清徽商资料选编》，第278页。

④ 道光《璜泾志稿》。

⑤ 乾隆《续外冈志》卷4《杂记》。

⑥ 《明清徽商资料选编》，第163页。

⑦ 乾隆《绿溪志》卷4。

⑧ 《明清苏州工商业碑刻集》，第190页。

⑨ 《濮院琐志》卷7《杂流》。

⑩ 《明清徽商资料选编》，第166—167页。

⑪ 《明清徽商资料选编》，第155页。

⑫ 钱泳：《登楼杂记》，转自谢国桢《明代社会经济史料选编》中册，第100页。

（七）其他行业

在江南地区，徽商除了上述几种主要行业，几乎无业不营。

墨业。徽墨为新安四宝之一，名扬天下。江南文人辈出，经营墨业有着良好的市场。如婺源人詹若鲁，"自幼讲易水制法，业墨姑苏，名驰京省"①；余国镇，"年未成童，之吴治墨业"②。

书籍业。江南是全国有名的藏书中心，书肆林立，册籍充栋，徽商不乏经营其业者。明末休宁人胡正言，弃官后，在南京辟十竹斋，用五彩套印《十竹斋画谱》《笺谱》，不论花卉羽虫，色彩逼真，栩栩如生，走销大江南北，时人宝爱。胡氏是个书商兼出版商③。明时杭州盛行雕版画，据说"殆无不出歙人手"④。刻书与鬻书联系紧密，书坊多即书肆，徽人善刻，杭州书画几乎尽出其手，徽州书商在杭州当为数甚众。徽人郭次父，住镇江焦山，"所蓄器玩书画甚精宝，不啻拱璧，欲待价而沽，以射高利"⑤。这些是乘时射利的书商。清婺源施棋，"客游佣书，积微利"，在苏经营⑥。程光煦"往姑苏鬻法帖，私镌楷书，充柳永部，人多不能辨"⑦。这是个以假乱真、牟取暴利的书商。

茶叶。徽州产茶，其名颇著。江南虽非徽商业茶中心，徽州茶商足迹却也不少。程泰仁，"咸丰间，业茶上海，独捐巨资修广福寺"⑧，资财雄厚。他如章志乾、程广富等皆为茶商，在江南活动。

药业。新安保和堂丸散名闻几百年，清时保和堂后裔"辙迹几遍天下，而江浙闽广间，全活不可胜记"⑨。婺源人俞伟"尝设药肆于

① 道光《婺源县志》卷33《人物·义行》。
② 光绪《婺源县志》卷35《人物·义行》。
③ 参见李日恭《十竹斋画谱》序。
④ 《明清徽商资料选编》，第206页。
⑤ 谢肇淛：《塵余》卷3。
⑥ 道光《婺源县志》卷23《人物·孝友》。
⑦ 光绪《婺源县志》卷40《人物·质行》。
⑧ 光绪《婺源县志》卷34《人物·义行》。
⑨ 《明清徽商资料选编》，第210页。

金陵"①。

颜料业。附属于染业的颜料业也多徽人经营。乾隆年间，因官府无偿取用银朱颜料，苏州徽籍颜料铺户33家联名呈请督抚勒石示禁②。南京、杭州和镇江等地皆为染业中心，徽商经营颜料业者理应有之。

漆业。苏州漆器同扬州漆器独居鳌头，徽商多有经营漆业者。道光十六年（1836），徽人吕松年买房13间，设立"性善局"，以备漆业贫苦孤独病残无依者生养死葬等事。次年，捐款的伙友达559人，这其中多数应为徽商③。

此外，徽商在江南还经营瓷业、油业、干果业、纸业、铁业、酱业、南北货业、航运业、麻业和绳业等。

同经营地域并不固守一地一样，徽商在经营行业上也不拘守一业，而大多兼营数业。如明歙县黄谊，"转毂于温、于杭及汴、扬都会之区，盐与子钱并举"④，是兼业盐与典当的商人。郑澧，"东吴饶木棉，则用布；维扬在天下之中，则用盐笑；吾郡瘠薄，则用子钱"⑤；潘汀州，"家世用陶，公独与时逐，或用盐盬，或用幢布，或用质剂，周游江淮吴越，务协地宜"⑥。他们是兼业布、盐、典的商人。婺源人李大皓，"贾于云间、白下，又醢贾于皖城，又质贾于姑孰。传教于受承者曰：'财自道生，利缘义取'"⑦，看来是个兼业布、木、酒、典的商人。又如大约正德嘉靖时的徽商张家，先在南京陡门桥开锁铺，后又到山东贩药材，再在三山街开药铺，因锁铺折本，又借银往嘉兴收布，赊他人铜货，又开铜店⑧。张家以开店铺为主，也兼做贩运生意。这些徽商在江南区域内因时制宜，不断

① 光绪《婺源县志》卷34《人物·义行》。
② 《江苏省明清以来碑刻资料选集》，第271—273页。
③ 《明清苏州工商业碑刻集》，第147—148页。
④ 《明清徽商资料选编》，第75页。
⑤ 汪道昆：《太函集》卷52《明故明威将军新安卫指挥佥事衡山程季公墓志铭》。
⑥ 汪道昆：《太函集》卷34《潘汀州传》。
⑦ 《明清徽商资料选编》，第273页。
⑧ 张明方：《南京生意始末根由》，张明廉：《自叹》，转引自杨国桢《明清土地契约文书研究》，人民出版社1988年版。

改业，而且将眼光放到全国广大地域，兼顾几业。"务协地宜"，数业并举，可以说是徽商在经营行业上的一个特征。

三

徽商在江南的活动地域如此之广，经营的行业又如此之多，他们又是如何开展活动的？

从总体情况看，明清时期江南的徽商可分为坐贾和行商两类。在宜兴、武进、镇江三地有5处店铺的王礼元，开当铺、木铺、米铺以及其他大小各色店铺的徽商，自然属坐贾一类。从闽粤贩运洋货、南货，从赣湘楚川贩运米粮、竹、木，从江西贩运瓷、漆、纸，从沿海地区贩运海货到江南，投行发卖，又从江南贩运丝绸、布匹、书籍、漆器、木器、金银玉器，以及其他各种手工制品到全国各地的徽商，自然属于行商一类。

一般来说，在牙行制盛行，牙人势力特别强大、渗透商业各个领域的江南，这两者是有一定界限的。但实际上这两者又并无截然的区别。在很多情况下，店铺零售和长途贩运的职能往往由同一个商人完成。当商人只是厮守店面进货销售，那他就只是坐贾；当商人只是从事贩运抵达江南后投行发卖，那他就只是行商。但如果商人只将店铺作为商业活动的起点，或贩运到江南还不是他活动的终点的时候，他就将行商、坐贾兼于一身了。众多的徽州布商在苏州、南翔、朱泾、枫泾等城镇开设字号，而又设布庄于邻近市镇，收布于产地，经加工后或转卖他商，或继续由自己贩卖到各地，很清楚，他们既是坐贾又是行商。这种坐贾、行商合而为一的商人又是因某些商品从收购到销售需要经过再加工等中间环节而产生的。坐贾兼行商的另一种形式并不反映在同一行业本身，而是某个商人因时因地、经营不同行业自然形成的。前述盐与子钱并举的黄谊，布、盐、典兼业的郑澧，以及布、木、酒、典兼营的李大皓等人，都是如此。而坐贾兼行商的商人类型多半又是因徽商本身的经营方式决定的。

徽商在江南的经营活动主要有独立经营、商伙制和合资合营三种方式。

独立经营是指单个资本的独立经营活动，其资本构成和所有制属性都是独立的。这是较为初级、在徽商中较为常见的一种形式。那些小本经营者通常都采用这种形式。前述那个肩布市卖于苏州的汪社生，在黄溪贩绸的黄某，在盛泽贩绸的程树槐，囤积居奇的粮食商等，都是独立的小本经营者。前述那个以常熟为基地、转输闽粤之货的方文篆，"不三数年，凡致千余金"[①]，是一个活动范围较广的独立经营者。那个经营丝业成功的徽商曾传授成功之道是不行一善、见利忘义、占人便宜、各啬奸诈，是一个没有商业道德的独立经营者。可以说，独立经营者是随处可见的。明徽商李魁，依靠出卖卧室的10两银子，在南京"赁一乡肆，朝夕拮据，不惮烦劳。无几何，稍饶裕矣；无几何，买田宅矣"，他艰难经商致富靠的是自有资本独自经营的[②]。前述那个在南京开设锁店、药店的张家，用"本银陆两置家伙，捌两买药材"，"兄弟六人，同气连枝，集公艺之家风"，使生意茂盛，后因店徒变故涉讼公庭、完婚、买田等费，逐渐拮据，至借银5两5钱买布，赊人铜货开铜店，每次年终"捉帐"计算收入和投资经营，都是独立经营的。即使是那些资本多、经营规模大的商人也多采用这种方式。《肇域志》描写徽商情形，"大贾辄数十万，则有副手，而助耳目者数人。其人皆铢两不私，故能以身得幸于大贾而无疑。他日计子母息，大羡，副者始分身而自为贾，故大贾非一人手足之力"[③]。这里的"副手""助耳目者"，不是一般的伙计，而是为大贾所信任的商业活动中的决策者、管理者。嘉靖时在湖州开典业的孙氏，"慎择掌计若干曹，分部而治，良者岁受五秉，次者三之，又次者二之。岁会则析数岁之赢，增置一部，迭更数岁，又复迭增，凡百，以质剂起家……诸徒服属要束各起千金，亡不人人德处士"[④]。孙氏选择的"掌计"应该就是上述副手或助耳目者之

① 程嘉燧：《松圆偈庵集》卷下《明处士方君墓志铭》。

② 婺源《三田李氏统宗谱·休江潭东市魁公夫妇逸绩》。

③ 顾炎武：《肇域志》江南十一《徽州府》。

④ 汪道昆：《太函集》卷52《南石孙处士墓志铭》。

类。由于徽商盛行僮仆制,宗族纽带又特别紧密,因此,充当这种掌计的首先就是同族同宗之人和僮奴仆从辈。嘉靖时歙县黄氏业盐,"属宗人国宾掌计";业典,"遣仆鲍秋掌计金陵"①。由宗人僮仆掌管业务,要比由一般伙计掌管来得可靠,因为宗人和仆奴更忠实于自己的主人。如休宁程事心,"课僮奴数十人,行贾四方,指画意授,各尽其材,橐中装赢于曩时矣"②。但也不尽然,上述黄国宾、鲍秋都曾因犯法而挟资逃走,不知去向。

日人寺田隆信认为,"一般来说,中国的商业资本不是个人独资,而是多数人共同出资"③。对照上述徽商的独资经营,毋庸赘言,这个观点是值得商榷的,至少是不准确的。独资或合资都是普遍存在的,只是它们的发生领域各有侧重,独资多发生在小本营运者中间,而合资似乎更多地发生在大规模或大批量的长途贩运商业中间。当然也无一定,很难一概而论。

商伙制是一种较为复杂的制度。归庄解释伙计说:"凡商贾之家贫者,受富者金而助之经营,谓之伙计。"④归庄没有说明伙计从富商那里得到的是佣金还是贷款。徽商在江南的活动,也殊少这方面的记载。万历时王士性描述晋商时说:"平阳、泽、潞豪商大贾甲天下,非数十万不称富,其居室之法善也。其人以行止相高,其合伙而商者名曰伙计,一人出本,众伙共而商之,虽不誓而无私藏。祖、父或以子母息匀贷于人而道亡,贷者业舍之数十年矣,子孙生而有知,更焦劳强作以还其贷,则他大有居积者,争欲得斯人以为伙计,谓其不忘死肯背生也,则斯人输小息于前而获大利于后。故有本无本者咸得以为生。且富者蓄藏不于家,而尽散之于伙计。"⑤王士性的描述是符合山陕商人实际的。明代陕西三原人师从政"自

① 汪道昆:《太函集》卷56《明故新安卫镇抚黄季公配孺人汪氏合葬墓志铭》,卷58《明故国子生黄彦修墓志铭》。

② 《明清徽商资料选编》,第267—268页。

③ [日]寺田隆信:《山西商人研究》,山西人民出版社1986年版,第255页。

④ 归庄:《归庄集》卷7《洞庭三烈妇传》。

⑤ 王士性:《广志绎》卷3《江北四省》。

舞象之年操钱千市布崛起。人以君椎也，争赍子钱，贾吴越，往来无宁日，其息倍已。又出捐子钱贷人，其息亦倍。久之，用盐筴贾淮扬三十年，累数万金"①。又如名友槐者，"祖计然猗顿之术，以子钱择人及戚属贫者，使贾吴越燕晋而宽其力，不能偿者厚归，且赙其枢在外者。人以此益德，争尽力，贾伙至百数十人。家大起，子钱巨万而因有施予声"②。在这里，商伙之间虽然经济地位不同，但身份地位较为平等。伙主与伙计是双向选择的。师从政作为伙主，因为朴实，人们争相向他借钱以为伙计。而另一个伙主友槐，则选择较为贫困者贷予资本。伙主利用伙计之力，而伙计利用伙主之资合作经营，自然伙主获利较多，而伙计也往往因以致富，所谓"有本无本者咸得以为生"。《金瓶梅》第六十回有商伙参与分配的实例，"当下就与甘伙计批了合同，就立伯爵作保。譬如得利十分为率，西门庆（业主）分五分，齐大户分二分，其余韩道国、甘出身与崔本（伙计）三分均分"。综合上述内容，商伙制是富商贷钱贫商，一人出资而众人经营，获利后按成分红的一种经商形式。

这种形式徽商间也采用之。如程氏"门下受计出子钱者恒数千人。君为相度土宜，趣物候，人人受计不爽也……以故人乐为程君用"③。又如汪玄仪，"诸昆子弟姓十余曹，皆受贾，凡出入必公决策然后行。及公既饶，或者且加公数倍，公意甚得，未尝自功"④。但徽商采用这种形式似乎并不普遍，而更多的是前述独立经营。

合资合营是指商人共同出资共同经营，最后按成分红的经营方式。合伙经营出资有相同者，有多少者。嘉靖时休宁程锁，"结举宗贤豪者得十人，俱人持三百缗为合从，贾吴兴新市……久之，业骎骎起，十人者皆致不资"⑤。清婺源人王悠炽的"房叔、房某合伙经商，各移五百金为资

---

① 温纯：《温恭毅公文集》卷11《明寿官师君墓志铭》。
② 温纯：《温恭毅公文集》卷11《明永寿府辅国中尉友槐公墓志铭》。
③ 王世贞：《弇州山人四部稿》卷61《赠程君五十叙》。
④ 汪道昆：《太函副墨》卷1《先大父状》。
⑤ 汪道昆：《太函集》卷61《明处士休宁程公墓表》。

本"①，这是平均出资的合伙经营。黄应鹏，"不遑为儒，从伯弟合钱为
千，乃受贾"②。《留仙外史·一文钱》载："徽商甲、乙二人合伙挟资数
万，遂于阊门开设布店……经营不数年，财雄一方。"这些合资者，各自
出资多少情况不详。商人共同出资，可以更快更大地扩大商业资本，开展
较大规模的商业活动，也克服了商伙制因资金的有无和身份的主从造成的
种种不合理现象，应该说是较为进步合理的一种经营方式。在这种形式
中，即使是同宗同族，也以资本的多少来体现商人在活动中的作用，金钱
的力量超过了宗族的影响力。

　　徽商在江南活动的上述内在经营形式又是与其外在的结帮成派的形式
相伴而行的。徽商无论坐贾行商，大多结成商帮。这种商帮又分成地域帮
和行业帮两种。地域帮如安徽帮、徽州帮、歙县帮、婺源帮等。安徽帮又
称徽宁帮，是徽商联合同省宁国府商人联合结成的商帮。行业帮如经营油
业的涝油帮，经营干果的蜜枣帮，经营纸业的皮纸帮，经营酱醋的酱帮。
徽州的酱帮与苏、宁、绍三帮垄断了苏州城中的酱醋业。但这些行业帮同
地域帮一样，都是以地域为特色的。当徽商体现为行业帮时，也往往是以
地缘为基础的。徽商是极其注重乡邦精神的，"商贾在外，遇乡里之讼，
不啻身尝之，酿金出死力，则又以众帮众，无非亦为已身地也"③。徽商
业布业木者势力很大，却偏偏没有帮。这恰恰说明徽商的地域色彩浓于行
业色彩，乡邦互助高于同业合作。

　　徽商在江南不但通过商业资本本身牟取利润，而且有的还将商业资本
转化成工业资本，形成商业资本与产业资本的结合，从而既获取商业利
润，又获取产业利润。最典型的就是由徽商开设的布号。光苏州一地，康
雍之际就有布号数十家，包头340余人，设立踹坊450余处，每坊工匠数
十人，合计有1万余人，加上染匠等2万余人。表面上包头是作坊主，置
备菱角样式巨石、木滚、家伙、房屋，招集踹匠居住，垫发柴米银钱，约

① 光绪《婺源县志》卷33《人物·义行》。
② 汪道昆：《太函集》卷47《明故征士郎判忻州事高季公墓志铭》。
③ 王士性：《广志绎》卷2《两都》。

束工匠，"日则做工，夜则关闭在坊"。实际上，加工的布匹系字号所有，踹匠的工资由字号支付，包头由于置备了住房、生产设备和垫支了柴米银钱，踹匠才须在工资中按名逐月给包头银三钱六分，"以偿房租、家伙之费"，包头得到的不是利润，而只是垫支资本以及由此而来的好处，利润归布号商人所有。包头也不是真正所有主，真正开办踹坊、掌握踹匠经济命运的是布号商人，包头只是包工头，充其量只是踹匠的监工、管理者。因此，这里的关系是相当清楚的，真正形成主雇关系的是字号与踹布工匠，所谓漂布、染布、看布、行布，各有其人，一字号赖以举火者数十家，不能因为包头横隔其间，就否认布号与踹匠之间的劳资关系。包头借助封建官府淫威，对踹匠实行落后的保甲管理法①，只是说明了封建政府对工匠的野蛮控制，而并不说明工匠对字号有封建人身隶属关系。徽商运用字号这种商业资本与工业资本结合的形式，这在全国各地商人从事的其他行业中还是很少见的。这是徽商根据行业的特点和当地的实际情况而从事的有利于商品生产和交流的行业。通过字号这一加工生产形式，徽商可以扩大商业活动的规模，而且由于更直接地控制了商品生产者，在商业活动中他们就处于更加有利的主动地位。

徽商又有从事造船业者。康熙二十三年（1684）开海通商后，先"有安徽商人金姓者，赍资本至刘河，始创造海船。又有通州刘姓者，继起而为海商。吕四有赵姓者，亦起而为之。自此……诸大户、其余小户与奉东各口商贩如云矣"②。这是商业资本与航业资本结合的事例。徽商率先起而为之，联系明末徽商在塘栖镇"贸丝开车"，说明徽商在江南投资于产业的情形较其他商人更为突出。

徽商的经营手法也较为巧妙。前述益美字号，店主汪氏利用加工者的心理，付以蝇头小利，而让他们缝上"益美"字号的标记，加工者为保持此利，自然交誉布美，充当了广告媒介的作用，而销路由此大增。由加工者、消费者宣传产品，比生产者自己吹嘘产品效果要好得多。这种巧妙地

---

① 《雍正朱批谕旨》，雍正八年七月二十五日浙江巡抚李卫奏。
② 金端表辑：《刘河镇记略》卷5《盛衰》。

利用广告的手段，在当时的商业活动中是很难见到的。它反映了徽商经营水平的高超和商品生产者、销售者之间的激烈竞争。

徽商不但在经营上尽施其能，而且还通过种种非经济活动来为其经营服务。

首先是仰仗官府，以求庇护。徽商既痛恨官府的抑勒，如派办铺户，采办木植等各种无偿或低偿应值活动，以及大小关卡的盘剥榨取等。但商人又必须获得官府的允准，依靠官府的权威，才能有效地开展商业活动。苏松城镇徽商设立的布店字号中，踹坊工人经常因工资待遇等问题以齐行罢工的形式反对压榨，徽商就曾一再地依靠官府弹压工人，勒石街头，拒绝雇工的合理要求。当遭到地方势力的骚扰时，商人也要依靠官府来打击地痞、恶棍，维护他们的商业利益。甚至如前述徽商在杭州与当地人涉讼公庭，更表明徽商借助政权淫威为其商业活动服务。凡此种种，决定了徽商与封建官府既矛盾又勾结利用的特点。

其次是兴办义举善事，参与地方公益活动。我们能够知道的有名姓的徽商，主要是地方文献的义行、孝友、懿行门中发现的。徽商不是将经商所得资财浪掷于豪奢生活和风月场中，就是在桑梓善举或经商地域的赈饥恤贫、公益事业中一显身手。清初婺源江正迎经商无锡，"人有贫乏者，尝不惜倒囊以济"①。清中期婺源俞铨经商南京，"见义冢倾颓七十余所，雇工掩埋。上新河俞家茶亭，亦输资修整"②。同县孙有曦，"其侨金陵，捐助江南北诸会馆，独造万福庵河桥，时有孙善人之号"③；金荣先在南京，以500两银设下关救生局，在上新河建义济堂，又逢水灾，散给衣食，"全活以万计"④。明末清初歙县人吴民仰，松江岁俭，散麦饥民；常州水灾，煮粥哺饥。乾隆时歙县陈启元，服贾湖州，修桥砌路，出谷平粜。婺源金缉熙，"尝在苏郡，独修齐门吊桥，靡费千金，及造德邑坑口渡船，

---

① 光绪《婺源县志》卷31《人物·义行》。
② 光绪《婺源县志》卷35《人物·义行》。
③ 光绪《婺源县志》卷35《人物·义行》。
④ 光绪《婺源县志》卷34《人物·义行》。

又输五百金为善后计，尤便于行旅云"①。同县俞俊锦，经商丹徒，"遇岁饥，输数百金以赈，全活多人，复施棺瘗殍"②。洪德税，"客京口，见江流风飚，折楫摧舟，慨然捐数百金，买田三十亩，糈渡口拯溺者，名救生渡"③。俞焕，于苏州、南京输建会馆，在南京施棺置义冢，捐修城工，费皆不赀。江可烈"于杭之南关倡建徽商公所，挥千余金"④。乾隆十三年（1748），苏州重建渡僧桥，徽商连同其他地域商人首批捐了款。诸如此类，不胜枚举。

长期以来，论者在探讨商业资本的出路时，多认为这类活动不利于商业活动的展开，有碍于商业资本的积累。事实上，修建会馆公所主旨在开展商业活动，减价平粜，是为了商业信誉；修桥铺路，建造渡口，原与商人经商有关，码头不备，河道失修，自然不利于商人的货物运输；即或那些赈灾恤贫、救死扶孤的善举，也多半是为了博取好名声，为日后的商务打基础，或为商人的禄衔之愿化缘。为富便有不仁之嫌，要在异地经商站稳脚跟，就要有义声、良贾之誉，如果遏籴居奇，米铺便会遭到抢劫。中国商业资本的这种出路是可悲的，却是很自然的。至于那些因好名贪誉而至倾家荡产者，则另当别论。

再次是交结文人。文人是舆论的重要制造者和传播媒介，毁誉之间，较一般民众具有更大的影响力。商人因其地位，风雅之外，也多攀附；而文人因商人多金，利之所在，故趋之若鹜。歙县黄明芳，以资雄懋迁，"一时人望如沈石田、王太宰、唐子畏、文徵明、祝允明辈皆纳交无间"⑤。休宁程莹在双林镇，"凡浙之名流达士，骚人墨客，皆内交往来"⑥。歙县鲍简锡，"结纳四方名流，缟纻往还，几无虚日"⑦。歙县潘

① 光绪《婺源县志》卷34《人物·义行》。
② 光绪《婺源县志》卷34《人物·义行》。
③ 光绪《婺源县志》卷31《人物·义行》。
④ 光绪《婺源县志》卷32《人物·义行》。
⑤ 《明清徽商资料选编》，第86页。
⑥ 《明清徽商资料选编》，第275页。
⑦ 《明清徽商资料选编》，第144页。

之恒，经商苏州，"以文名交天下士"①。婺源李贤，"乐与士大夫亲，故随所在吴士大夫咸愿与之游"②。歙县方迁曦，"商于吴梁间，所至交纳豪杰，为江湖望，家业益以丕振"③。婺源李廷芳，"与留都诸缙绅游，皆以行谊相推重"④。名士笔下的诸如此类商人传，动辄称某商"乐与士大夫游、乐与士人游"。这是站在文人、士人角度，羞羞答答，硬撑面子。在商人看来，文人只是以应酬篇什、涂鸦画作为结纳资。清初湖州商人濮淙，所交"皆拔俗名流，清风高节，皎皎出群之彦，咸藉诗篇为结纳资"⑤。濮氏虽非徽商，但名士结交徽商当唯恐不及。对这一点，文人偶尔也供认一二。万历年间的汤显祖就曾吐露过这种心迹，赋诗道："欲识金银气，须为黄白游。一生痴绝处，无梦到徽州。"归有光也承认吴之士大夫皆喜欢与徽商游。浸淫于金钱世界、以货利为急的江南名流更是与商人频繁往来，视之为资助对象。文史大家归有光、王世贞、归庄辈都为徽商撰写过充斥褒美之词的墓志铭，聂慎行更曾应邀与一帮文士通过赋诗为徽商胡某夺回戏子。可见这商人与文士，原是相互攀结，互相利用，各得其所的关系。周晖在《二续金陵琐事》中记了这样一则轶闻："凤洲公同詹东图在瓦官寺中。凤洲公偶云：'新安贾人见苏州文人如蝇聚一膻'。东图曰：'苏州文人见新安贾人亦如蝇聚一膻。'凤洲公笑而不语"。苏州文人蝇聚徽商，才名之大者如王世贞也难避其嫌。而徽商蝇聚文人，则"家业益以丕振"。一文一商，相得益彰，两人对话可为徽商与文人关系的写照。

四

徽商在江南的活动，对江南经济及徽商自身都产生了深远的影响。

① 汤显祖：《汤显祖集》卷41《有明处士潘仲公暨吴孺人合葬志铭》。
② 《明清徽商资料选编》，第168页。
③ 《明清徽商资料选编》，第439页。
④ 《明清徽商资料选编》，第346页。
⑤ 释本黄：《濮澹轩先生传》，乾隆《濮镇纪闻》卷3《记传》。

徽商在江南的活动，加速了江南与全国各区域之间的商品流通。徽商立足江南，从事吴楚贸易、吴越贸易、吴越齐鲁及江南与其他地区间的贸易，将江南出产的棉布、丝及丝织品、书籍及其他手工产品输往全国各地，又将长江上中游的米、木、竹，江淮华北的棉花、麦，东北的豆、杂粮、瓜子，新疆的玉石，塞北的皮毛，岭南瓯越的糖、锅、海鲜时果，江西的纸、瓷、漆、炭等商品源源不断输入江南，造成了各个区域之间的、不同经济之间的交换。这就推动了各地社会经济，特别是商品经济的发展。各地市场因而更为活跃，江南与全国各地之间的商品交流更为频繁。人称"燕赵、秦晋、齐梁、江淮之货，日夜商贩而南；蛮海、闽广、豫章、楚、瓯越、新安之货，日夜商贩而北"①。富庶的江南正好成了各地经济交流的纽结，而徽商同其他外地商人一起，促使这种纽结作用得以充分发挥。

徽商在江南的活动，更直接地促进了江南经济的发展。繁盛的江南吸引了徽商前去谋生淘金，而徽商在江南经济的发展中起了推波助澜的作用，清人龚炜说得好："吴中繁华气象迥胜于昔，其实多藉外方生色"②。此话足以说明徽商等外地商人在江南经济发展中的作用。

丝及丝织品，同是江南的两大主要产品之一。苏州丝织品，"转贸四方，吴之大资"③，要通过商人转贩四方，才有利于当地经济。万历二十九年（1601），由于税使的广派税额，导致商贩稀少，机户生活无着，才发生了织工暴动。嘉兴濮院镇是丝织名镇，号称"日生万金""机业十室而九，终岁生计，于五月新丝时为尤，亟富者居积，仰京省镪至，陆续发卖而收买机产"④，要依赖徽商通贩。徽商极为活跃的盛泽镇的情形更证明这一点。清初，"唯在镇之丰歉，固视乎田之荒熟，尤视乎商客之盛衰。盖机户仰食于绸行，绸行仰食于商客，而开张店肆者即胥仰食于此焉。倘或商客稀少，机户利薄而怨咨者多矣"⑤。因利薄而怨咨还不要紧，到清

① 李鼎：《李长卿集》卷19。
② 龚炜：《巢林笔谈续编》卷上"晋民富吴民贫"条。
③ 嘉靖《吴邑志》卷14《物货》。
④ 嘉庆《濮川所闻记》卷2《风俗》。
⑤ 顺治纂，康熙、乾隆增纂：《盛湖志》卷下《风俗》。

中期更是"倘商贩稀少，机户利薄则凋弊立形，生计萧索，市肆亦为之减色矣"①。咸丰时兵燹，"商旅裹足，机户失业，麇集于市"②。丝织业越来越发展，而商贩的作用越来越重要，徽商的活动直接影响到了小商品生产者的生产。日本学者宫崎市定进而认为："苏州商业之所以兴盛，可以说是由于徽州商人将该地的丝绸作为大宗商品向外输出，同时把外国商品输入而聚集于苏州之故。"③

棉布及其加工业，是江南的又一主要行业。如前所述，开张字号者多系徽商。这种字号在刺激棉布生产，促进城镇经济繁荣，扩大城镇劳动力就业方面都起了重要作用。诚如《长洲县志》言："苏布名称四方，习是业者在阊门外上下塘，谓之字号，漂布、染布、看布、行布各有其人，一字号常数十家赖以举火。"④字号成了棉布加工业工人的生计所在。广大产布地区更有赖于徽商的收购贩运。常熟，"至于货布，用之邑者有限，而捆载舟输，行贾于齐鲁之境常什六，彼氓之衣缕，往往为邑工也"⑤。南翔镇曾因徽商麇集，呈现过甲于诸镇的繁荣景象，到万历年间，又因徽商"稍稍徙避，而镇遂衰落"⑥。南翔之盛衰，直接取决于徽商的活动。黄渡镇，布"价之高下，听客所为"⑦。马陆，"贸易财派赖市商"⑧。一凭布商定价，利源在人，生产者已经深深陷入了商品经济的旋涡。叶梦珠形象地描写了徽商等布商在棉布产地人们心目中的地位："牙行奉布商如王侯，而争布商如对垒。"⑨

江南缺米，米粮贩运关系民食甚大。方观承在考察后得出结论道："江南之镇江、苏州，浙江之杭、嘉等，地属四通，米船丛集，皆来自江

① 同治《盛湖志》卷3《风俗》。
② 同治《盛湖志》卷3《灾变》。
③ 《宫崎市定论文选集》上。
④ 乾隆《长洲县志》卷11《风俗》。
⑤ 嘉靖《常熟县志》卷4《食货志》。
⑥ 万历《嘉定县志》卷1《市镇》。
⑦ 宣统《黄渡续志》卷5《人物·商业》。
⑧ 《马陆里志》卷7《杂类志》。
⑨ 叶梦珠：《阅世编》卷7《食货六》。

西、湖广上江一带。市价之贵贱，悉视船到之多寡。水次数日无船，则市价顿长。"①南京更是三日米船不至，市中便有挨饿之虞，而群情嗷嗷。即或嘉定边隅，"自商运不通，米价骤长"②。由于商客不时至，米价暴涨，苏、杭、宁等城市便屡屡发生米铺被劫之事。这说明，徽州等地粮商的米粮贩运，不但于民生最要，而且影响到社会秩序和环境的安定。

典商是江南徽商的重要组成部分，与江南人民的生产、生活息息相关。一般来说，多数徽典的利息较低，为贫民所能够忍受。明代南京的当铺，"福建铺本少，取利三分四分。徽州铺本大，取利仅一分二分三分。均之有益于贫民。人情最不喜福建，亦无可奈何也"③。徽典平均二分起息，较之闽典三分半起息要低得多，因此周晖称其"有益于贫民"。徽商一分起息者，更复不少。如明王氏"岁息不逮什一"④。郑氏"自什一轻之，于是质者阗门，即境外子钱家亦争来售"⑤。前述休宁程锁业典溧水，"其俗春出母钱贷下户，秋倍收子钱，长公居息市中，终岁不过什一，细民称便，争赴长公"⑥。清代的南京，雍正八年（1730）两江总督史贻直奉旨密查典铺利息轻重，结果发现"甚轻"⑦。乾隆十三年（1748）有人提出禁止当米当丝，方观承据实际情形认为，"蚕丝之新出者价必贱，故亦以典当为待价缓售之计"，主张"嗣后定限米在十石以下，丝在十斤以下，仍准民间典当"⑧。这样的低息典当自然有其存在的合理性，它解脱了贫民的一时困境，对维持小生产者的简单再生产是有利的。当然也有不少徽商重利盘剥，吮人骨髓。明后期的杭州，徽商"坐享厚利，杭民屡受剥肤之灾"⑨，看来典息不轻。崇德，"徽人挟丹圭之术，析秋豪之利，使

① 方观承：《方恪敏公奏议》卷2《请分别示禁民间当米当丝》。
② 《南翔镇志》卷12《杂志·纪事》。
③ 周晖：《金陵琐事剩录》卷3。
④ 汪道昆：《太函集》卷17《为长者王封君寿》。
⑤ 汪道昆：《太函集》卷59《明故洪桥郑次公墓志铭》。
⑥ 汪道昆：《太函集》卷61《明处士休宁程长公墓表》。
⑦ 《雍正朱批谕旨》，雍正八年十一月十五日史贻直奏。
⑧ 方观承：《方恪敏公奏议》卷2《请分别示禁民间当米当丝》。
⑨ 万历《杭州府志》卷19《风俗》。

人甘其饵而不知。日以朘，月以削，客日益富，土著者日益贫"①。康熙年间，常熟城徽典重入轻出，"名曰二分起息，而实倍利矣"②。昭文县支塘镇徽典，乡民赎取麦花豆原物时，典息之外，还索要出栈钱每两20文，引得贫民环衙吁请③。康熙时的平湖县，徽商违禁取利，"由是典利三分，视京师及他郡邑为独重。商横民凋，湖人之髓，其足供徽人之嗜吸耶"④。这些徽商或重利盘剥，或额外诛求，贫困小户日益跌入高利贷剥削的陷阱而至于破家荡产，这又充分显示了高利贷资本的寄生落后的一面。但这种重利取盈典铺的存在，恰恰又从反面说明小生产者在高利贷资本面前显得多么无能为力，在商品经济的激荡下，终于沦落为无产者的可悲境地。

徽商在江南的活动，有力地推动了江南经济的发展，同时也深深地影响了商人本身。

徽商效法江南士民，收藏彝典册籍，法帖名画，风雅成风，引起物价暴涨。万历时人沈德符说，北京城隍庙开市，"书画骨董真伪错陈，北人不能鉴别，往往为吴侬以贱值收之。其他剔红填漆旧物，自内庭阑出者，尤为精好。往时所索甚微，今其价十倍矣。至于窑器最贵成化，次则宣德。杯琖之属，初不过数金，余儿时尚不知珍重。顷来京师，则成窑酒杯，每对至博银百金，予为吐舌不能下。宣铜香炉所酬亦略如之。盖皆吴中儇薄倡为雅谈。戚里与大贾辈，浮慕效尤，澜倒至此"⑤。"吴侬"之能四出搜罗，古玩之价格能迅速飙升，是因为有徽商这等大贾出得起令人咋舌的高价。徽商以其财雄，在收藏各类名贵珍品中捷足先登，显得十分活跃。如明代在南京开质店的陈某，"自六经以及百氏无所不窥，凡金石古文、名家法帖，手摹指画，务得其真，无所不习，绘事则自皇唐以迄胡元，名品则自宗器以迄玩物，无论百金之价，什袭之珍，无所不购"⑥。

① 焦袁熹：《此木轩杂著》卷8。
② 《明清苏州工商业碑刻集》，第188页。
③ 《明清苏州工商业碑刻集》，第190页。
④ 康熙《平湖县志》卷4《风俗》。
⑤ 沈德符：《万历野获编》卷24"庙市日期"条。
⑥ 汪道昆：《太函集》卷59《明封征仕郎莆田陈长者墓志铭》。

又如明代休宁商吴用良，"至其出入吴会，游诸名家，购古图画尊彝，一当意而贾什倍。自言出百金而内千古，直将与古为徒，何不用也"①。有这些人大肆收藏，书画古董行情自然只会看涨。所以王世贞论道："书当重宋，而三十年来忽重元人，乃至倪元镇以逮明沈周，价骤增十倍；窑器当重哥、汝，而十五年来忽重宣德，以至永乐，成化价亦骤增十倍。大抵吴人滥觞而徽人导之。"②收藏之风起于江南，使其愈刮愈烈，日甚一日者，却是徽商。

徽商以江南为重要的活动中心，江南的风尚也波及了徽商的家乡。江南既是一个"风俗奢靡为天下最"的地方，又是一个远近仿效、影响及于全国的地方。明人王士性说："苏人以为雅者，则四方随而雅之；俗者，则随而俗之。"③同时期人张瀚也说："吴制服而华，以为非是弗文也；吴制器而美，以为非是弗珍也。四方重吴服，而吴益工于服，四方贵吴器，而吴益工于器。是吴俗之侈者愈侈，而四方之观赴于吴者，又安能挽而之俭也。"④清代观光苏州的法国人也认为它"是高级趣味工艺和风靡全国的风尚的源泉地"⑤。徽商集中在这样的地方长期活动，必定会不断受到影响。徽州休宁，因近苏松，而俗尚较侈，但"数十年前，虽富贵家妇人，衣裳者绝少，今则比比皆是，而珠翠之饰，亦颇奢矣。大抵由商于苏扬者启其渐也"⑥。

更有甚者，渐渐被吴文化所同化，爱其山川清冽，市肆繁盛，纷纷迁徙落籍于江南。明末歙县曹广之祖行贾崇德，乐其土风，将卜居，至其父，遂定居。同县李文邦也经商移居嘉定⑦。休宁汪尚贤，"操奇赢于弱

---

① 汪道昆：《太函集》卷52《明故太学生吴用良墓志铭》。

② 王世贞：《觚不觚录》。

③ 王士性：《广志绎》卷2《两都》。

④ 张瀚：《松窗梦语》卷4《百工纪》。

⑤ 转引自《宫崎市定论文选集》上。

⑥ 《明清徽商资料选编》，第56页。

⑦ 钱谦益：《牧斋初学集》卷53《曹府君墓志铭》，卷54《李长蘅墓志铭》。

冠，往来吴会。因爱苏人物之薮，遂卜居吴趋"①。歙县许德煜，康熙时迁至无锡经商，后子孙繁衍，成为许氏一宗②。人称"休宁巨族大姓，今多挈家存匿各省，如上元、淮安、维扬、松江、浙江杭州、绍兴，江西饶州、许湾等处"③。苏松文人甲天下，而其中不少是徽商的后裔。上述曹氏、李氏，皆有科举功名显于后代者。即如以文章婉约名天下的状元汪琬，以建立义庄义声卓著的程廷玙，以位至极品的大学士潘世恩，考其先世，皆为徽人经商于江南者。江南以其独特的风貌，给予徽商以潜移默化的影响。

原载黄山市徽州学研究会编《徽学》第2期，1990年7月；后载中国商业史学会编《货殖》第2辑，中国财政经济出版社，1996年10月

① 《吴趋汪氏支谱》。
② 《迁锡以来许氏宗谱》。
③ 廖庭烺：《海阳纪录》卷下。

明清时代的徽商与江南棉布业

明中期起，江南成为全国最大的棉布商品生产基地，与此同时，以休宁和歙县商人为主体的徽州商人充斥于江南各地。明代成化末年，松江老人云："松民之财，多被徽商搬去。"[1]嘉靖《常熟县志》称："常熟虽僻远，其食与货常给乎外境，每岁杭、越、徽、衢之贾皆问籴于邑，其人弗至则食之价平矣。"[2]嘉靖、隆庆时昆山人归有光说："天下都会所在，连屋列肆，乘坚策肥，被绮縠，拥赵女，鸣琴跕屣，多新安之人也。"[3]同时人唐时升说："新安人善贾，游行江湖，天下都会处处有新安人，而三吴之地则在嘉定者最多。"[4]明代人几乎一致认为，江南棉布产地松江府和嘉定县等地徽州商人极为活跃。歙县人汪道昆说："吾乡贾者，首鱼盐，次布帛，贩缯则中贾耳。"[5]可见在明代，最为出名的徽州歙县商人，盐商实力最巨，其次即为棉布，盐、布二业，均是"上贾"。汪道昆又说，其乡人在外经

---

① 《云间杂识》，转引自张海鹏、王廷元主编：《明清徽商资料选编》，黄山书社1985年版，第223页。

② 嘉靖《常熟县志》卷4《食货志》，《北京图书馆古籍珍本丛刊》第27册，北京图书馆出版社2000年版，第1053页。

③ 归有光：《震川先生集》卷13《白庵程翁八十寿序》，上海古籍出版社2007年版，第319页。

④ 唐时升：《三易集》卷19《商山吴隐君七十寿序》，《四库禁毁书丛刊》集部第178册，北京出版社1997年版，第248页。

⑤ 汪道昆：《太函集》卷54《明故处士溪阳吴长公墓志铭》，《四库全书存目丛书》集部第117册，齐鲁书社1997年版，第650页。

营，"东吴饶木棉则用布，维扬在天下之中则用盐筴，吾郡瘠薄则用子钱。"①歙县等徽州商人充分利用各地的地理优势和自然资源选择经营行业，在江南活动者，最为突出的就是棉布商。徽商在江南从事棉布的贩运活动，值得予以重视。

一、江南各地的徽州布商

明中期起，徽州商人在江南经营棉布业极为突出。正德、嘉靖时，徽商程楷兄弟，东贾吴，北贾鲁，"乃吴、鲁人皆乐与少君兄弟游"②。嘉靖时，歙县程氏、潘汀州和潘仕等皆曾在苏州经营布业。嘉靖、隆庆时人潘次君者，在江淮业盐，南京业典当，浙江业粮食，而在吴地经营棉布③。又如吴良儒，即在吴淞江一带，"以泉布起"，经商的同时，时时奉母起居，"捆载相及，月计者月至，岁计者岁输"④，以尽孝道。

万历时，歙县人方文箴刚娶妇，即遵母嘱出外经商，"往来贩易于嘉、湖之间十余年，贾辄不利，赀亡耗过半……晚乃贾于常熟，卒用以饶。常熟于苏为大邑，居江海水陆之会，有湖山膏腴之产，凡鱼虾米盐布缕之属，羡衍充斥，闾阎富乐，可以逐什一之利。君乃占市籍，程督其诸子，岁转闽、粤之货以与时逐，业骎骎起，不三数年，凡致千余金"⑤。方文箴在盛产棉布之地常熟经营布缕等行业起家，并转输闽粤之货，专门从事江南与闽广之间的远距离贸易，获得成功。

休宁县商人，更是经营江南棉布最为突出的地域商人。如休宁县孙

---

①　汪道昆：《太函集》卷52《明故明威将军新安卫指挥金事衡山程季公墓志铭》，《四库全书存目丛书》集部第117册，齐鲁书社1997年版，第628页。

②　唐顺之：《荆川先生文集补遗》卷5《程少君行状》，清光绪三十年刻本。

③　汪道昆：《太函集》卷51《明故太学生潘次君暨配王氏合葬墓志铭》，《四库全书存目丛书》集部第117册，齐鲁书社1997年版，第618页。

④　汪道昆：《太函集》卷54《明故处士溪阳吴长公墓志铭》，《四库全书存目丛书》集部第117册，齐鲁书社1997年版，第650页。

⑤　程嘉燧：《松圆偈庵集》卷下《明处士方君墓志铭》，《四库禁毁书丛刊补编》第67册，北京出版社2005年版，第45页。

氏,"散而处于吴于齐于楚于越间,皆代有闻人"①。孙士长者,就在常州一带活动。万历十一年(1583),上海县有"新安布商,持银六百两,寄载于田庄船,将往周浦,其银为舟子所窥"②。反映万历后期经商情形的张应俞的《杜骗新书》曾记:"吴胜理,徽州府休宁县人,在苏州府开铺,收买各色布,揭行生意最大,四方买者极多,每日有几十两银交易,外开铺面,里藏各货。"③小说描写布商,竟然就是在苏州开店的休宁商人,可见休宁布商在当地的名头。

明末,经常发生徽州布商贩运布匹被抢劫之恶性事件。一起是:徽商黄洵,"布客生理,标本三万",在松江府地方开张万元字号。其长子黄自富,又名黄自芳,以父遗资财接续开店,总号万元之下,有细号贞丁、利丁、利才、定长、定丁、永栋、细栋、衣著八号。天启六年(1626)八月内,黄自富将万元字号标布12000匹,运往临清发卖,开明布单,交与押运布匹人吴国元,要其交与在临清开铺的南屏、鸣玉等人。布单开明:"本家青布一千二百筒,每筒介付该银七十二两,付折色七两二钱,付朱行一两二钱,找文六十三两六钱,计开字号于后,贞丁十七,利丁二百,银袱十九筒,利才五十六,定长一,定丁三百八十八,定栋四百,细栋一百二十五,衣著十三,八月十三日黄万元押。"又开出帐:"该布每筒应七厘告军饷,今不付信知会,应现免多少,或何规则,付信知会。信至清源,付南屏、鸣玉收。"同时又有其家人黄廷辅,领出万有字号的布匹708筒,由余祖隆押运随同前往临清。其弟黄自儒,嫖赌成性,荡尽资产,与兄搆讼,索财不遂,探知其兄运布细节,就在长洲县沉湖地方,截住布船,将黄自富名下的布匹悉数搬抢,运到湖州典当铺当银九百两。黄自富为将其弟置之死地,乃诬称自儒抢劫之布是另一徽商胡高所有。最后酿成

① 钱陆灿:《调运斋文钞·处士孙孝子士长君传》,《四库未收书辑刊》第7辑第23册,北京出版社1997年版,第689页。

② 褚华:《沪城备考》卷6《杂记》"神救布商"条,《上海掌故丛书》第1集,上海通社1935年铅印本,第13页。

③ 张应俞:《杜骗新书》一类《脱剥骗·乘闹明窃店中布》,中国文联出版公司1997年版,第25页。

冤死十命的大案，直到崇祯七年（1634）五月才由苏松巡按祁彪佳定案[①]。另一起是：崇祯年间，嘉善人沈三在秀水县行窃，为该县捕役所擒，羁押在狱。沈三之妻乃约徐三，试图以行劫所得作营救沈三之资。乃纠合24人，在吴江县劫得标客程日新等银一万余两，铜钱数十万文。程日新先后呈告至吴江和嘉善县衙。嘉善知县李陈玉严令捕役于三日内破案[②]。两起事件特别是前一起人命大案，一定程度上显示出其时徽州布商的实力、店铺实况及在江南与临清之间贩运布匹的情形。

崇祯年间，苏松巡按祁彪佳描述："吴中嘉定、上海地多种棉，本折钱粮皆藉布为贸易，自来镖行自临清以达北都，边商自蔚朔以及宣大，无不贸易此中。其上海一邑，每岁布货镖商流通者不下百万金，即染青匠役亦有万人。今南北道梗，商贩不通，民间有布莫能贸银，闭铺停匠，有坐以待毙之势。"[③]结合上述二案，可知从事江南与临清之间棉布贸易的商人，当主要是徽州商人，销往北方边地的江南布匹，是由他们转输到临清后，再由山西布商续运的。徽商贩布情节，正与其时江南棉布销向华北的情形吻合。

入清以后，徽州布商尤其是休宁布商在江南的实力未曾减弱，而且在各地布商中的地位似乎更加显赫突出。徽州富翁某，携千钱到苏州，最初只能做个小经纪，"后家日泰，抱布贸丝，积资巨万"[④]。据抄本同治《新安篁墩程氏世谱》载，其迁吴始祖程镧，"顺治初年避难来吴，布业起家"。此位始迁祖，据王振忠考证，即《新安篁墩程氏世谱》的作者程熙所说的五世祖逸亭公，自"康熙间从新安休宁斗山来吴，布业起家，居金

① 祁彪佳：《祁彪佳文稿·宜焚全稿》卷8《题为阅墙酿祸株杀九命事》，书目文献出版社影印1991年版，第297、307、311、322页。

② 李陈玉：《退思堂集》卷3《述职言·释诸冤民始末》，明崇祯刻本，第54—60页。

③ 祁彪佳：《祁彪佳文稿·督抚疏稿·题为请折官布以苏民生以裕国用以通商贾事》，书目文献出版社1991年版，第843页。

④ 沈起凤：《谐铎》卷7《鄙夫训世》，《笔记小说大观》第1辑，江苏广陵古籍刻印社1983年版。

阊南城下，后因子孙渐增，迁至城中"。迁苏后的三世祖程樁，乾隆时"往来日本国贸易，家财巨富"①，苏州在清前期又崛起了一个程姓家族。再如清前期休宁汪社生，"以贫困奔驰吴越，肩布市卖……嗣后家日隆起，输金于宗祊，以供烝尝。输田以备粢盛，天寒施粥，于路无衣者赠以棉衣，敦善不怠"②。《留仙外史·一文钱》载："徽商甲、乙二人合伙挟资数万，遂于阊门开设布店……经营不数年，财雄一方。"康熙时，歙人洪瑞峰等人就在常熟镇江门外建立新安义冢③。休宁汪有方者，也于康熙时期迁至苏州，其子汪伯仁，成为有名的"仁而好施者"，所以乾隆时苏州人彭启丰说："吾苏汪氏自休宁来者多饶于财"④。

康熙中期，原在南翔、朱泾和枫泾等市镇的棉布加工字号，几乎全部转移到了苏州城阊门外，数量多达数十家。康熙九年（1670）有21家，三十二年（1693）有76家，牌记81家，四十年（1701）有69家，五十四年（1715）有72家，五十九年（1720）有43家，乾隆四年（1739）有45家，道光十二年（1832）有28家，光绪三十三年（1907）仍有44家⑤。雍正时期字号数量无任何记载，但据浙江总督李卫雍正七年（1729）奏报，苏州踹匠"从前数有七八千余"，目前"又增出二千多人"⑥，由踹匠增加可知字号数只会增加不会减少。看来，康熙中后期至雍正时期是苏州乃至整个江南棉布字号的最为兴盛时期。连同其时松江、嘉定等地的字号，以苏州为主要集中地的江南棉布字号最多时大约多达近百家。

---

① 转引自王振忠：《徽州社会文化史探微——新发现的16—20世纪民间档案文书研究》，上海社会科学院出版社2002年版，第534—535页。

② 道光《休宁县志》卷15《人物·尚义》，清道光三年刻本。

③ 民国《常昭合志》卷8《善举志》，1948年铅印本。

④ 彭启丰：《芝庭文稿》卷6《封奉直大夫待次州同汪君墓志铭》，《四库未收书辑刊》第9辑第23册，北京出版社1997年版，第545页。

⑤ 据苏州历史博物馆等编《明清苏州工商业碑刻集》与江苏省博物馆编《江苏省明清以来碑刻资料选集》，所载碑文统计，前书江苏人民出版社1981年出版，后书生活·读书·新知三联书店1959年出版。

⑥ 浙江总督李卫奏，雍正七年十二月初二日，《雍正朱批谕旨》第42册，清光绪十三年上海点石斋影印本。

　　这数十家乃至近百家字号，是由何地商人开设的，未曾见人提及。顺治十六年（1659），《苏松两府为禁布牙假冒布号告示碑》中列名的37家布商，排名最前的席时、席行，是苏州近郊著名的洞庭东山的席氏棉布商人。另有程益高、吴元震两家字号，后来在可以认定为徽商字号的康熙年间碑文中屡屡出现，显然系徽商所开。其余程、朱、吴等姓中当也有不少徽商。康熙九年（1670），苏州府应字号呈请立碑，"为此饬谕徽商布店、踹布工匠人等知悉"[①]，直接将字号与徽商布店视为一体。道光十二年（1832）和十四年（1834）的两块禁止踹坊垄断把持碑，均"发新安会馆竖立"，显然应新安商人请求而立，字号与籍隶新安的商人等同为一，字号的地域性不言而喻。乾隆元年（1736），松江府的布商呈请官府禁止苏州府的布商冒立字号，列名的字号布商6家，领衔的吴舆璠自称，"切璠原籍新安，投治西外开张富有字号"。其余5家中的朱左宜店、朱汝高店、李元士店分别以"紫阳辅记""紫阳甫记""紫阳□记"为招牌[②]。可知其时的松江字号，大部分已由徽商所开。乾隆十三年（1748），苏州城重建横跨运河的渡僧桥，捐款建桥的8个布商，6个是安徽休宁人，董理建桥工料的2人，也是休宁人[③]，捐款者中的金双隆字号，在康熙五十四年（1715）的碑文中就曾出现过。凡此种种，说明清初江南的棉布字号，徽商开设者不少，但其他地域商人如洞庭商人等也很活跃，与徽商竞争，而进入康熙年间，徽州布商已居于主导地位，以致官府发布告示直接"饬谕徽商布店"，碑文直接竖立在新安会馆。可以认定，在清前期经营棉布字号者，绝大部分是徽州商人，甚至主要系休宁商人。

　　数十家棉布字号的业主姓氏也相当集中。今据留存下来的苏州的相关碑刻统计，自康熙九年（1670）到道光十二年（1832）前后163年间，共

　　① 《苏州府为核定踹匠工价严禁恃强生事碑》，康熙九年十月，《明清苏州工商业碑刻集》，江苏人民出版社1981年，第54页。
　　② 《松江府为禁苏郡布商冒立字号招牌告示碑》，乾隆元年，《上海碑刻资料选辑》，上海人民出版社1980年版，第87页。
　　③ 《重建渡僧桥碑记》，乾隆十三年，《明清苏州工商业碑刻集》，江苏人民出版社1981年，第302页。

有字号 354 人次，其中程姓最多，31 家，89 人次；其次吴姓，28 家，37 人次；再次金姓，25 家，36 人次；其下依次为汪姓 18 家，19 人次；朱姓 15 家，22 人次；张姓 11 家，15 人次；吕姓 9 家，18 人次。7 姓共 236 人次，占全部字号人次的 66.67%，也就是说，有 2/3 字号集中在这 7 姓商人手中。特别是程、吴、金 3 姓，就有 162 人次，占全部字号的 45.76%，接近一半字号系这 3 姓商人所开。最为突出的是程姓，占了整整四分之一。可见字号仅仅集中在少数几个姓氏的商人手中。程、汪、吴、李属"徽州八大姓"之列，在经营棉布字号方面也很突出，从姓氏方面可以推定，开设棉布字号的商人即系徽州人。

徽商开设棉布字号，也有实例可证。康熙三十八年（1699），休宁人陈士策在苏州上津桥开设万孚布店，后发展成万孚、京祥、惇裕、万森、广孚 5 号，字号招牌无形资产"计值万金"[①]。这个陈万孚字号，在康熙五十四年（1715）和五十九年（1720）的两块碑石中均曾出现过，直到乾隆二十一年（1756）仍然开设，至少存在了五六十年。笔记所载著名的益美字号的事例是人们喜欢引用的："新安汪氏，设'益美'字号于吴阊，巧为居奇，密嘱衣工，有以本号机头缴者，给银二分。缝人贪得小利，遂群誉布美，用者竞市，计一年销布，约以百万匹。论匹赢利百文，如派机头多二万两，而增息二十万贯矣。十年富甲诸商，而布更遍行天下。嗣汪以宦游辍业，属其戚程，程后复归于汪。二百年间，滇南漠北，无地不以'益美'为美也。"[②]这个在笔记中被描写为先由汪氏，后改程氏，复归汪氏，以字号垄断居奇的"益美"字号，人们常常引用，但多省略其前后归属的一段文字。而细读数件碑文，恰恰反映了这一情节。这个字号，在康熙三十二年（1693）、四十年（1701）和五十九年（1720）的碑文中，以"程益美"字样出现，在道光十二年（1832）的碑文中又以"汪益美"字

① 《康熙五十九年休宁陈姓阄书》，章有义编著：《明清及近代农业史论集》，中国农业出版社 1997 年版，第 313 页。

② 许仲元：《三异笔谈》卷 3 《布利》，重庆出版社 1996 年版，第 81 页。

样出现①。碑文印证了笔记内容，可见作者所言确有所据。由作者许仲元笔记时的道光初年前推二百年，则益美字号当开设于明末，由"汪以宦游辍业，属其戚程"，则清初大概已改属汪氏的亲戚程氏，程氏至少经营了五六十年，又复归汪氏。一个字号能够前后至少维持二百年，这在徽商布业甚至整个商业行业中是很难见到的。

苏州如此，其他产布地区也多类此。如歙县许氏，康熙十八年（1679）六世祖号文之者始迁无锡，以业布兴起，世代祭祀棉花神。许氏宗谱载："徽州山多田少，地狭人稠，以货殖为恒产，故许氏族人往往服贾外郡，久之遂著籍其地。相传公营棉业，吾家曩昔，岁时祭祀，必供团花之神以此，公为进于公"；"府君起贫窭，以善贾手致万金"②。清乾隆时无锡人黄印称：无锡不出棉，但"棉布之利独盛"，所出"布有三等，一以三丈为匹，曰'长头'；一以二丈为匹，曰'短头'，皆以换花；一以二丈四尺为匹，曰'放长'，则以易米及钱庄坐贾收之，捆载而贸于淮、扬、高、宝等处，一岁所交易，不下数十百万。尝有徽人言，'汉口为船马头，镇江为银马头，无锡为布马头。'言虽鄙俗，当不妄也。坐贾之开花布行者，不数年即可致富。盖邑布轻细不如松江，而坚致耐久则过之，故通行最广。"③无锡为"布码头"，出于徽人之口，无锡盛产棉布而缺少棉花，显然徽州商人在将棉花贩往无锡又从无锡输出棉布过程中发挥着重要作用。

综合上述所论，如果说从事棉布长途贩运的除了徽商，还有山陕商人、洞庭商人、闽粤商人等地域商人，那么开设字号从事棉布踹染加工业的在清代则几乎全是徽州商人，讨论棉布加工业不能无视徽州棉布字号商。

---

① 散见《江苏省明清以来碑刻资料选集》和《明清苏州工商业碑刻集》的相关碑文。

② 光绪《迁锡许氏宗谱》卷3《丛述》、卷6《迁锡以来事略传状·家世事略》，1920年无锡许氏石印本。

③ 黄印：《锡金识小录》卷1《备参上》，清光绪二十二年刻本。

二、江南市镇的徽州布商

清中后期，江湖上习称"无徽不成镇"，其实早在明中后期的江南，此类描摹的现象即已存在。江南除了湖州全府，苏州府的西部，嘉兴、杭州的部分生产丝绸的地区外，几乎都产棉布，而主要集中在松江一府、苏州府和常州府的大部分地区。万历时商人说，"至于布匹，真正松江，天下去得"，意思是说只要是松江布，可以畅销于各地；"山东、河南二省只作松江野路"，临清、河西、北京等地，都是正道，"济宁一带，松江邪正都行"①。嘉定县所产布匹，"商贾贩鬻，近自杭歙清济，远至蓟辽山陕"②。常熟县的棉布，"捆载舟输，行贾于齐鲁之境常十六，彼氓之衣缕往往为邑工也"③。在清前期，光松江一府，每当秋季棉布上市兴盛时，"冀北巨商，挟资千亿，岱陇东西，海关内外，券驴市马，日夜奔驰，驱车冻河，泛舸长江，风餐水宿，达于苏常，标号监庄，非松不办，断垄坦途，旁郡相间"。布商曾估计，"松之为郡，售布于秋，日十五万匹焉"④，号称"衣被天下"。无锡棉布，如前所述，"一岁所交易，不下数十百万"，徽商将其形容为"布马头"。江南棉布主要是销向华北、华中广大地区的。这样庞大的商品贸易量，为徽商活动提供了极为有利的先决条件。

明代江南棉布销往全国各地，主要有两大通道，一条经运河，过江涉淮而北走齐鲁大地，供应京师，达于边塞九镇，以山东临清为转输中心；一条出长江，经湖广、四川而沿途分销于闽、粤、秦、晋、滇、黔广大地域，以安徽芜湖为绾毂之地⑤。

---

① 余象斗：《三台万用正宗》卷21《商旅门》，明万历刻本。

② 万历《嘉定县志》卷6《田赋·物产》，明万历三十三年刻本。

③ 嘉靖《常熟县志》卷4《食货志》，《北京图书馆古籍珍本丛刊》第27册，北京图书馆出版社2000年版，第1053页。

④ 钦善：《松问》，《清经世文编》，中华书局1992年影印本，第694页。

⑤ 陈继儒：《陈眉公全集》卷59《布税议》，日本内阁文库藏范景文序刻本，第21页。

　　临清古称清源，明清时期的清源驿就在临清城商业中心的中州，是运河沿线十分重要的商品转输地。15世纪中叶以后，随着交通日益繁忙，临清人口逐渐增加，商业繁荣日盛一日。最为繁盛的中州，举凡南方的丝织品、米粮，西北的毛皮，华北平原的麦豆，长芦的盐，都集中在那里。一条长街贯穿南北，长达三里有余，长街以西有白布巷，店铺以布店为主，绸缎店则集中在与其相交的果子巷。徽州布商与洞庭等地布商分别建有"会"，三会合而为行，布行在隆、万时生意达到鼎盛，多达72家。其中号为"一左元"的布店，据说出银"每锭必点一朱"，每年需用朱粉达二三十斤①。徽商还集资在临清的卫河两岸购地30亩，设为东、西义冢，作为客死其地的徽商寄棺或埋葬之地。"世习临清布业"的歙县人王道济，就于万历四十五年（1617）捐资建造了临清舍利宝塔的第六层塔身②。徽商汪保，捐资在鳌头矶之东建桥，官府命名为通济善桥，工部郎中张大器撰记③。由万历时谢肇淛所谓"山东临清，十九皆徽商占籍"④来看，明后期徽商在临清是人数最多的地域商人，其中徽州布商当是最有实力的商人。结合各种文献记载，可知临清的徽商，与活跃在江南棉布产地南翔等镇的徽商实际上就是同地域商人。由临清转输华北各地以至北方边地的大量棉布，即来自江南。

　　另一江南棉布的转输地芜湖，也多徽州商人。嘉靖年间，歙县岩镇人阮弼，从事棉布贩运，先以南京为初级转输地，"就诸捆载者悉居之留都转运，而分给其曹，利且数倍"。因更多的利润归于染人，阮弼就在芜湖设染局，"召染人曹治之，无庸灌输，费省而利兹倍。五方购者益集，其所转榖遍于吴越荆梁燕豫齐鲁之间"。家大业大，"则又分局而贾要津……

　　① 乾隆《临清州志》卷11《市廛志》，清乾隆十四年刻本。又载：布"店在白布巷，自明成化三年，苏州、南翔、信义三会合而为行，隆、万间寝盛"。

　　② 王道济：《舍利宝塔第六层修造记》。此碑文由聊城大学王云教授抄录示知，于此深致谢意。

　　③ 张大器：《通济善桥记》，康熙《临清州志》卷4《艺文》，清康熙十二年刻本。

　　④ 谢肇淛：《五杂俎》卷14《事部二》，上海书店出版社2001年版，第289页。

伸降赢缩莫不受成"，在各地设立分局，覆盖更大的市场①。后来又有徽商黄礼等在芜湖经营布匹②。很显然，江西等地消费的棉布，是由徽商从江南转输的。

江南所属各镇，盛产各种布匹，徽商贩运的棉布，即来自江南广大的乡镇。因而明中期江南崛起的数量繁多的市镇，便是徽商的活动据点和布匹收集地。

松江府所产布匹，清初上海人叶梦珠描述，府城有飞花、尤墩、眉织等，上海县则主要有三等，上阔尖细者，名标布，出于三林塘者为最精，周浦次之，县城最下，"俱走秦、晋、京边诸路"；较标布稍狭而长者，名中机，"走湖广、江西、两广诸路，价与标布等"；最狭而短者，名小布，阔不过尺余，长不过十六尺，"单行于江西之饶州等处"③。清中期人褚华描述，"凡布密而狭短者为小布，松江谓之扣布，疏而阔长者为稀布，产邑中。极细者为飞花布，即丁娘子布，产邑之三林塘。文侧理者为斜文，文方胜者为整文，文棱起者为高丽，皆邑产，他处亦间有之。"④两人描述，大体可以概括松江一府所产代表性棉布。

苏州府嘉定一县，种棉多于种稻，征输的漕粮明代起即以售布收入折银征收。所出布匹，万历县志载：斜纹布，"间织为水浪胜子，精者每匹值至一两，匀细坚洁，望之如绒"；药斑布，"以药涂布，染青，干即拂去，青白成文，作楼台花鸟山水人物之象，可为茵为衾为幕"；棋花布，"以青白杂组如棋枰，用作帨帐。近时民间多衣紫花布，无间老幼，民风虽称淳朴，而频见巧思，一草结凉鞋，有值百钱以上者"⑤。康熙县志载：

---

① 汪道昆：《太函集》卷35《明赐级阮长公传》，《四库全书存目丛书》集部第117册，齐鲁书社1997年版，第451—452页。

② 嘉庆《芜湖县志》卷1《地里志·风俗·商》，1913年木活字本。

③ 叶梦珠：《阅世编》卷7《食货五》，上海古籍出版社1981年版，第157—158页。

④ 褚华：《木棉谱》，《丛书集成初编》第1469册，商务印书馆1935年版，第10页。

⑤ 万历《嘉定县志》卷6《田赋·物产》，明万历三十三年刻本。

布"有浆纱、刷线二种，工有粗细，色有黑白，织有厚薄，家有传习，客有拣择，用有染素，产有路数，而价因以低昂"；紫花布，以紫花棉织成，"纱必细匀，工必良手，成机待市，价倍寻常"；粉青生布，出宝山城，"佳者胜太仓徐王庙"①。明人汪价《斜纹布赋》谓："嘉邑布缕，行于京省。斜织花纹，则又机女巧思……比户缉纺缕之具，连村札机杼之声。浆纱行于本境，刷线达于京师。蚤夜投梭而不歇，奇寒盛暑之莫知……积锱铢以完课，易升斗以疗饥……它如药斑一种，青白文稠，花鸟人物，错采纠缪，虽非佳品，辄得贵酬。"②这两段话皆描述了嘉定县所产代表性名布匹浆纱布、刷线布、药斑布和紫花布及其畅达的销路。

嘉定县南翔镇，"民居稠密，百货骈阗，市声浩浩，有如通都大邑"③。该镇是江南首屈一指的棉布业市镇，出产刷线布，又名扣布，"光洁而厚，制衣被耐久，远方珍之。布商各字号俱在镇，鉴择尤精，故里中所织甲一邑"④。该镇"四方商贾辐辏，廛市蝉联"，但自明至清，"多徽商侨寓，百货填集，甲于诸镇"⑤，客商显然主要是徽商。归有光记，"嘉定南翔镇，大聚也，多歙贾"，歙县李姓商人居住其地，"亦时时贾临清，往来江淮间。间岁还歙，然卒以嘉定为其家"，直到嘉靖末年，死后葬于嘉定⑥。歙县人李汝节的父亲，也以南翔镇和临清为南北基地，从事棉布贸易，而且捐金朝廷，赈恤地方，十分活跃。歙县人任良祐，也侨居其地，"性嗜义"，在镇上云翔寺前建金龙四大王庙。万历中，当地士绅倡议将漕粮折银征解，他"慨然首捐千金，为诸公入都资斧，又捐二千金重新

① 康熙《嘉定县志》卷4《物产》，清康熙十二年刻本。

② 汪价：《斜纹布赋并序》，乾隆《娄塘志》卷8《杂类志·物产》。

③ 乾隆纂、嘉庆续订《南翔镇志》，吴桓嘉庆十四年序，1924年铅印本。

④ 乾隆纂、嘉庆续订《南翔镇志》卷1《疆里·物产》，1924年铅印本。

⑤ 乾隆纂、嘉庆续订《南翔镇志》卷2《营建·书院》，1924年铅印本；康熙《嘉定县志》卷1《疆域·市镇》，清康熙十二年刻本。

⑥ 归有光：《震川先生集》卷18《例授昭勇将军成山指挥使李君墓志铭》，上海古籍出版社2007年版，第457页。

白鹤寺,以余力建玉皇阁藏经楼,罄其赀勿恤"①。江应选,在江南经商,迁居南翔,"足迹历蓟门、辽左……以贸易起家,意度豁如,好行其德"②。徽商程应蛟和汪德等也曾在那里经商。

入清以后,南翔镇上的徽商势力似乎更盛,"布商辏集,富甲诸镇","布商莫盛于南翔,娄塘、纪王庙次之"③。朱嘉禄,从父文彬由徽州侨寓南翔,后占籍其地,"凡里中庙宇桥梁、育婴、赈济、咸领袖为之"。姚鼎闻,休宁人,由平湖转徙该镇④。康熙三十三年(1694),僧人募修云翔寺,徽人方鲤倡捐银百余两⑤。歙人罗采,由扬州迁往南翔,置漏泽院,瘗无主尸骨,并在曹家浜南置义冢。雍正十一年(1733)岁荒,棉布商人奉文公捐钱米煮赈,罗采独力设厂广福禅院,赈饥至三个多月。平时因"踹坊各匠逋金无偿,当众悉焚其券,感泣者载道",罗采"虽手散万金而无骄色"⑥。乾隆三十九年(1774),镇上布商字号至少有10家,从列名首位的程怡亭、罗豫记等名号来看,当主要为徽商所开。同苏州城一样,为布店字号加工布匹的踹坊工匠为工价与之发生冲突,字号呈请嘉定县衙核定银钱比价,每银一两给钱820文,将此标准立碑公布⑦。

嘉定县罗店镇(雍正时起属宝山县),民间有"金罗店,银南翔"之名,是又一著名的棉布业巨镇。当地七分植棉,三分种稻,盛产棉花,"惟以纱布为事"⑧。所产棉花,有金底者,每斤收纯棉六七两。棉布有紫

---

① 乾隆纂、嘉庆续订《南翔镇志》卷7《人物·流寓》、卷10《杂志·寺观》,1924年铅印本。

② 乾隆纂、嘉庆续订《南翔镇志》卷7《人物·流寓》,1924年铅印本。

③ 光绪《嘉定县志》卷1《疆域志·市镇》、卷8《风土志·风俗》,清光绪八年刻本。

④ 乾隆纂、嘉庆续订《南翔镇志》卷7《人物·耆德》,1924年铅印本。

⑤ 乾隆纂、嘉庆续订《南翔镇志》卷10《杂志·寺观》,1924年铅印本。

⑥ 乾隆纂、嘉庆续订《南翔镇志》卷7《人物·流寓》、卷11《杂志·祠》,1924年铅印本。

⑦ 《嘉定县为禁南翔镇踹匠恃众告增规定踹匠工价钱串告示碑》,乾隆四十八年,《上海碑刻资料选辑》,上海人民出版社1980年版,第99—100页。

⑧ 光绪《罗店镇志》卷1《疆里志上·风俗》,清光绪十五年铅印本。

花布、套布、泗泾布、斜纹布、棋花布之名，每匹一丈三尺至一丈五六尺不等，"精粗不一，价亦不同"①。万历时，"徽商凑集，贸易之盛几埒南翔"②。镇上有漏泽园，"系徽商捐置，埋徽商之死于镇而无可归者"③。崇祯初年，有徽商蒋姓者，"富而横"④。有金集，原籍新安，与弟尚东寓居嘉定，俱以才名著，后金集迁居罗店，"轻财好施，人以薛田文目之"。雍正十年（1732）潮灾，民庐漂没，金集出资掩埋，复买东山之田作为义冢。乾隆二十年（1755）岁饥，发仓粟减价平粜，"活人无算"⑤。

黄渡镇，地属嘉定县和青浦县，跨吴淞江两岸。所产棉布，有刷纱而无浆纱，长短阔狭，分纪王庄、泗泾庄两种。俗呼买布店曰"庄"。北乡布似纪王庙，南乡间有仿泗泾者。后来还出套布、顶成布⑥。该镇所出织布机徐家布机，特别有名，其"坚致而利于用，价亦稍昂，机之横木必书其年月某房造"⑦。镇中多徽商足迹。清代有姚熙者，其先人就是从休宁迁来⑧。汪永安，世居休宁，康熙时其父由黄渡迁往诸翟镇。休宁人黄承志，习贾耽吟，侨寓黄渡20年⑨。程宝潞，先世由徽州迁居黄渡⑩。

枫泾镇，为松江府娄县和嘉兴府嘉善县所共辖，是江浙交界处的巨镇，"市廛辐辏，烟户繁盛"⑪。所出棉布，"阔曰大布，狭曰小布，农妇藉以为业"⑫。该镇更是有名的棉布踹染加工业巨镇，乾隆中期的苏州人顾公燮说："前明数百家布号，皆在松江枫泾、洙泾乐业，而染坊、踹坊

① 光绪《罗店镇志》卷1《疆里志上·物产》，清光绪十五年铅印本。
② 万历《嘉定县志》卷1《疆域考·市镇》，明万历三十三年刻本。
③ 光绪《罗店镇志》卷2《疆里志下·祠墓》，清光绪十五年铅印本。
④ 光绪《罗店镇志》卷8《杂类志·轶事》，清光绪十五年铅印本。
⑤ 光绪《罗店镇志》卷6《人物志·德义》，清光绪十五年铅印本。
⑥ 咸丰《黄渡镇志》卷2《疆域·物产》，清咸丰三年刻本；宣统《黄渡续志》卷2《疆域·物产》，1923年铅印本。
⑦ 咸丰《黄渡镇志》卷2《物产》，清咸丰三年刻本。
⑧ 咸丰《黄渡镇志》卷6《人物·文学》，清咸丰三年刻本。
⑨ 咸丰《黄渡镇志》卷7《人物·游寓》，清咸丰三年刻本。
⑩ 宣统《黄渡续志》卷5《人物·艺术》，1923年铅印本。
⑪ 光绪《枫泾小志》，江峰青序，清光绪十七年铅印本。
⑫ 光绪《枫泾小志》卷1《区域志·食货》，清光绪十七年铅印本。

商贾悉从之。"①直到康熙时，镇中仍然开设众多布店字号，当地称"布局"。局中雇佣的染匠砑匠等工人，都是江宁等外地人，往来成群。康熙初年，因工匠不受约束，纠众收敛巨资，与当地人形成严重冲突。当地人"闭里门水栅，设计愤杀，死者数百人"，酿成重大的人命要案。济美字号主黄翁出面料理诉讼事务，钱多势大，凶手未曾抵命。死者家属数百人，乃各以白布缠头，持械复仇，黄姓商人再次出面，支付了巨额抚恤金，才将事态平息②。镇上活动的外地商人，常见徽商的身影。顺治十一年（1654），重修圆明桥，即由"徽籍诸商分葺之"③。嘉庆时闻人程廷玙、廷瑚、廷连兄弟，即是歙县人。其先人双石府君迁到该镇，经商成功，转成科第起家，为里中望族，到光绪时历经五世，"累有清德"，建立起程氏宗祠，光绪初又重建祠堂，置办义田一千余亩，为本族救恤之资。又有休宁人许氏，名德俊者，始迁其地，后来建起祠堂，置有义田八百余亩，周济族内贫乏④。如此看来，枫泾镇也是徽州布商活跃之地。

朱家角镇，在青浦县西十里。该镇"商贾凑聚，贸易花布，京省标客往来不绝"，明后期成为棉布业巨镇⑤。所出棉布有刷经、拍浆两种，"刷经缜密，拍浆细软，市价相若"。这些布匹又有大号、小号之别，"小号门面阔八寸三分，长十八尺；大号门面阔九寸五分，长十九尺"。凡是"本色布，南翔、苏州两处庄客收买，青蓝布，估客贩至崇明、南北二沙"。还有杜织布，"门面阔一尺三四五寸不等，每匹长至二十二尺，乡人多自服"，也即朱彝尊所谓"裁作轻衫春更宜"所描写者⑥。该镇康熙时"商贾贸易骈阗"，"商贾云集，贸贩甲于他镇"，"商贩交通亦甲他镇"，"茶场酒

---

① 顾公燮:《消夏闲记摘抄》中卷"芙蓉塘"条，《涵芬楼秘笈》第2集，民国五至十年商务印书馆影印本，第13页。顾公燮《丹午笔记》本同条少"洙泾"二字。

② 吴遇坤:《天愍录》，光绪《枫泾小志》卷10《拾遗》引，清光绪十七年铅印本。

③ 光绪《枫泾小志》卷1《区域志·桥梁》，清光绪十七年铅印本。

④ 钱楷:《义田记》；崧骏:《祠堂义田记》，均载光绪《枫泾小志》卷2《建置志·祠庙》，清光绪十七年铅印本。

⑤ 崇祯《松江府志》卷3《镇市》，明崇祯四年刻本。

⑥ 嘉庆《珠里小志》卷4《物产·布之属》，清嘉庆二十年刻本。

肆为京洛标客居停之所"，棉布贸易更加兴盛①。镇中最为活跃的是洞庭商人席、许、翁、万四大家族，但既称南翔、苏州庄客常时收买布匹，自然也有徽商踪迹。清前期休宁人程大任，"任侠好义，里人贫，将鬻妻，大任罄橐金周之，得完聚。有富豪速仇于狱，又力雪之。其他隐德多类此。"②观其所为，恐系商人。又乾隆二十八年（1763），徽商程履吉就曾捐银千两，将原在雪葭浜的城隍庙迁移至平安桥北，成为镇中十二景之一③。

雍正时起金山县署所在地朱泾镇，处于江、浙交通要道，明中期即有居民数千家，商贾辐辏。所出棉布，号称尤精。更以出产纺纱铁锭出名，号称"最良"，有"朱泾锭子吕巷车"之谚。清中期尤家、骆家锭子也闻名于时，"远近争购"④。从其出产优质铁锭来看，该镇棉布纺织水平相当高超。明后期起，即与枫泾镇一起，麇集了众多棉布加工业字号，自然多属徽商开设者。清人说明时朱泾与枫泾集中了数百家棉布加工字号，以及染坊、踹坊等，赵慎徽诗称其"估客往来多满载，至今人号小临清"，并注称"明季多标行，有'小临清'之目"⑤，比作运河沿线的著名商业城市临清。

嘉定县南六里的石冈市和东南二十四里的广福镇，以及广福镇内的戬滨桥等地，跨冈身南北，地处水陆要冲，均以种植棉花为主，纱布为业。清前期，石冈市"布商辐辏"，戬滨桥"客商咸集"，广福镇也已成市⑥。地方文献描述，嘉庆时，"布商始萃南翔，近则黎明至广福、石冈、戬滨，迁徙不常，非抱布者厌故喜新也，祇争锱铢尔"⑦。所产棉布有刷线布，又名泗泾扣布、纪镇扣布，长套段、短套段，"总以长短阔狭之数为别，

① 嘉庆《珠里小志》卷1《界域》，卷5《里巷》，清嘉庆二十年刻本。
② 嘉庆《珠里小志》卷11《人物》，清嘉庆二十年刻本。
③ 嘉庆《珠里小志》卷6《寺庙》，清嘉庆二十年刻本。
④ 嘉庆《朱泾志》卷1《疆域志·物产》，1916年铅印本。
⑤ 嘉庆《朱泾志》卷1《疆域志·因革》，1916年铅印本。
⑥ 嘉庆《石冈广福合志》卷1《疆域考·市镇》，清嘉庆十二年刻本。
⑦ 嘉庆《石冈广福合志》卷1《疆域考·风俗》，清嘉庆十二年刻本。

而工有粗细,织有厚薄,价有低昂,妇女昼夜纺织,公私诸费皆赖之"①。

娄县和青浦共辖的七宝镇,"居民繁庶,商贾骈集",也是当地的巨镇②。自蒲汇塘桥南堍栅楼起至南尽处为南大街,"商贾贸易,悉开店肆",长二百多步;东街,又名纺车街,街中人多制纺车售卖,长三百余步;北大街,"悉开店铺,生意贸易之处",约长二百步,商业均相兴盛③。当地种棉花者十居六七,种有早晚,色有紫白,"以供纺织,且资远贩,公私赖之";所出棉布,有标布、扣布、稀布三种,"比户织作,昼夜不辍,乡镇皆为之"。该镇有一手捻三纱者,以足运轮,"人不劳而工自敏"④。当地专制纺车出名,纺纱水平也高,可见该镇纺织业水平大概极为高超。

界于昆山、嘉定二县之交的安亭镇,田土高仰,多种棉花,出产浆布、黄布、棋花布、药斑布等⑤。布商活动殊少记载,但道光《昆新两县志》载《安亭志》的编纂者孙岱的先世,即"自歙徙昆之安亭",可以推知徽州布商一定在那里经营过。

嘉定县外冈镇,地处娄江流经要道的冈身上,因名外冈。明朝成化、弘治间,生齿日繁,但嘉靖后期受倭寇骚扰人户逃亡殆尽,万历初年,"民益稠密,俗称繁庶,四方之巨商富驵,贸易花布者,皆集于此,遂称雄镇焉"⑥,是一个因棉布而兴起的名镇。后来人称:"外冈虽小,而以镇名。因地产花布,远商云集,居斯镇者,未必皆土著。"⑦方志所谓"四方之巨商富驵",其实主要是徽州布商。方志又载:"惟外冈因徽商傢居钱鸣塘收买,遂名'钱鸣塘布'"。布因徽商经营而名,可见徽商在镇上的势

---

① 嘉庆《石冈广福合志》卷4《杂考类·物产》,清嘉庆十二年刻本。

② 道光《七宝镇小志》卷1《名义》,《中国地方志集成·乡镇志专辑》第1册,上海书店1992年版,第345页。

③ 道光《七宝镇小志》卷1《街弄》,《中国地方志集成·乡镇志专辑》第1册,上海书店1992年版,第347页。

④ 道光《七宝镇小志》卷1《物产》,《中国地方志集成·乡镇志专辑》第1册,上海书店1992年版,第353—354页。

⑤ 嘉庆《安亭志》卷3《风俗、土产》,清嘉庆十三年刻本。

⑥ 崇祯《外冈志》卷1《沿革》,1961年《上海史料丛编》铅印本。

⑦ 乾隆《续外冈志》卷1《时序》,1961年《上海史料丛编》铅印本。

力及其影响。外冈土地瘠薄，"必资纺织以供衣食"，即使号称大户，也不废纺织。明时出产紫花布，"价倍于常布"；茶花布，用青白缕间织成文，如棋枰；又有阔大者，为官布，"不常织"①。清代出产浆纱和刷纱布两种，而主要是浆纱布。原来只有太仓织造的飞花布，当地人称小布，乾隆时也多织造，"纱必匀细，工必精良，价逾常布"。据商人说，外冈之布，名曰冈尖，"以染浅色，鲜妍可爱，他处不及"，"故苏郡布商在镇开庄收买"②。收买时间每天甚早，所谓"我镇卖纱卖布者必以黎明"③。徽商在镇上活动不绝。外冈镇至嘉定县城十余里，其间村墟辽远，东西来往者苦无弛担歇息处，万历时歙商任良祐新筑井亭④，提供道路设施之便。吴兴寺之东房崇福房，岁久倾圮，康熙年间徽商姚氏捐资重修。三官堂，清前期徽商姚氏重新装金⑤。又有歙人江南金，自幼侍父，以布业寓居外冈，顺治二年（1645）中乡试⑥。又有徽商姚南青，在镇之北街开质库。徽州王某，年少时客镇中，经营布业，不久转为永昌典夥，积资数十金，归家娶妇，后为典中总管，每年有赢余，复娶南翔镇儒女为妻，遂以外冈为家⑦。

钱门塘市，地处嘉定西北，与太仓、昆山交界。宋元时兴盛一时，明代转衰，但犹有徽商收买布匹，棉花种植和棉布织造较有地位。镇志称，"居民向以花布为生"，该镇顾浦东岸，势稍高，种植棉花尤多。所产"丁纯布，纱细工良，明时有徽商僦居里中，收买出贩，自是外冈各镇多仿为之，遂俱称'钱门塘布'"⑧。其实直到清中期，镇中徽州布商仍较活跃。

① 崇祯《外冈志》卷1《风俗》、卷2《物产》，1961年《上海史料丛编》铅印本，第10、30页。

② 乾隆《续外冈志》卷4《物产》，1961年《上海史料丛编》铅印本。

③ 乾隆《续外冈志》卷1《风俗》，1961年《上海史料丛编》铅印本。

④ 乾隆《续外冈志》卷1《古迹》，1961年《上海史料丛编》铅印本。

⑤ 乾隆《续外冈志》卷2《寺观》，1961年《上海史料丛编》铅印本。

⑥ 乾隆《续外冈志》卷3《游寓》，1961年《上海史料丛编》铅印本。

⑦ 乾隆《续外冈志》卷4《杂记》，1961年《上海史料丛编》铅印本。

⑧ 民国《钱门塘乡志》卷1《乡域志·风俗、土产》，1921年抄本。

太平天国前，有歙县人许立勋，"少就贾业来里中"①，当即从事棉布经营。

诸翟镇，以村西多紫薇花，也名紫堤村。其地跨盘龙镇，东属上海县，北属嘉定县。地方志书载，遍地种植棉花，"色有紫白之分，然惟白者尚，紫者间或种之"，乡民"多藉纺织谋生"。所产棉布有扣布、标布之分，扣布坚致细白，卖于纪王庙、盘龙镇，标布卖于本镇②。镇上多徽商，"本村流寓，以休宁汪氏为最。自明嘉靖间汪文明始，至国朝起及印凡五世，后则入籍本乡，为土著。"③汪文明，休宁石田村人，从事举业不售，乃弃而从商，至盘龙镇，租房经商。越数年，移居紫堤村。与村中耆旧诗酒言欢，订道义交，后世子嗣踵至，遂世居其地④。其子世仁、世美、世儒。世美为县学生，世儒始习举业，后随父寓居紫堤村，"经理商业，延师课子日澄"，使日澄早早入学，走的是其父的老路。世仁之子日省，随父由盘龙镇迁居紫堤村，"理商业，闲居吟咏，教子之补，由徽郡庠中式崇祯三年举人"⑤。世儒之子、日省之堂弟日濬，在盘龙镇经商。日濬之子之鲲，时当明清鼎革之际，放弃举业，"行贾于江村，垂四十年"，周给贫士，为人排难解纷，里中多信服⑥。其弟之蛟，随兄留贾盘龙，"理旧店业，值兵燹，资产萧然"。之蛟与兄之子起特，"协力同心服贾"，家业稍起。中年以后"以贸布寄迹吴门"，晚归紫堤村⑦。之鲲之子起，顺治初

---

① 民国《钱门塘乡志》卷8《人物志·耆德》，1921年抄本。

② 康熙初修、咸丰增修：《紫堤村志》卷2《土产》，清咸丰元年稿本。

③ 康熙初修、咸丰增修：《紫堤村志》卷7《流寓》，清咸丰元年稿本。

④ 汪永安：《紫堤村小志》卷上《上海乡镇旧志丛书》第13册，上海社会科学院出版社2006年版，第55页。

⑤ 康熙初修、咸丰增修：《紫堤村志》卷7《流寓》，清咸丰元年稿本。

⑥ 汪永安：《紫堤村小志》卷中《上海乡镇旧志丛书》第13册，上海社会科学院出版社2006年版，第69页。

⑦ 汪永安：《紫堤村小志》卷中《上海乡镇旧志丛书》第13册，上海社会科学院出版社2006年版，第70页。

年，因父店乏人，遂学任事，贸易之暇仍留心学业。中年营布业[1]。之桢之子印，贾盘龙，经营质库，于"生理赢息，丝毫不苟"。汪起因"世寓江村，奉五世祖遗像作旅荐仪，合族人祭之"，其子五人，四人为县学生员，从此"入本村籍"[2]。休宁石田村汪氏，自汪文明于嘉靖年间起到清朝初年，前后五代人，一直经商盘龙镇、诸翟镇。每一代人又多贾而好儒，亦商亦儒，以经营所得为儒业科举之资，与村中缙绅大族侯氏诗文往还，走了一条商人向儒士的角色转换之路。汪文明开始的四代人，均归葬休宁故里，而自汪起起，开始入籍紫堤村，完成了经商客寓，到占籍入籍的商人转移地望的全过程，极为典型。此外，康熙末年纂修《紫堤村小志》的汪永安，他的父亲就是从黄渡镇迁到该镇的休宁商人[3]。从此，诸翟镇的大族也在侯氏、沈氏、秦氏以外增加了汪氏，镇上的望族势力在明清之际有所增强。汪氏在诸翟镇经营之时，正是当地棉布贸易最为兴旺之时。清初青浦举人袁锡载描述："吾乡土产，惟细白扣布，坚致耐久，为中人所宜。向年各省大商辈重赍来购，一时不能齐集，有发现镪于各户以徐收其货者，故布价不贱，而贫民业在纺织，竭一日之力，赡八口而无虞。今商人需布，有现货而无现银，价遂从此日落。更数十年，吾郡之生计尤不知若何矣。"[4]由此可见，休宁汪姓徽商在布业巨镇诸翟兴衰中的作用极为明显。

马陆镇，嘉定门外十二里，元明时由村成镇。所产棉布有刷线布、泗泾布、标布、长套等。该镇"贸易财源赖布商，铺街老圃业成行"[5]，当有徽州布商。

方泰镇，在昆山县东境。清康熙间，陈、严两家来，"自两家以猗顿

---

① 汪永安：《紫堤村小志》卷中《上海乡镇旧志丛书》第13册，上海社会科学院出版社2006年版，第72—73页。

② 康熙初修、咸丰增修：《紫堤村志》卷7《流寓》，清咸丰元年稿本。

③ 咸丰《黄渡镇志》卷7《人物下·游寓》，清咸丰三年稿本。

④ 袁载锡：《见闻庞纪》，《紫堤小志》卷上《风俗》，清咸丰元年稿本，第31—32页。

⑤ 嘉庆《马陆里志》卷7《杂类志·物产、马陆竹枝》，1948年铅印本。

之术起家，为一镇领袖，一镇化之，习于勤俭，各铺户皆日长炎炎，由是房屋陆续增添，街衢渐次改观，布庄开张，典商望风而至，百货骈集，遂成闹市，而镇中始有殷实巨户矣……日新月盛……方泰镇之称，实始于此。"①由此可见，该镇是一个因棉布业兴盛而起的市镇。镇上即有徽商活动。康熙三年（1664），徽商汪皆泰捐资建方泰寺山门②。

里睦镇，本名李墓市，清前期称老徐市，在昭文县治东北40里。明时"商贾骈集，居民万灶"。"地属高乡，花布为重，花即棉花，布即棉布"。"里睦则以日出为市，亦与他处同。惟从前布市甚早，五更则庄列风灯，抱布者已联络不绝。至晓庄收，然后以货物交易。今则收布亦在日出后矣。惟新花出时，牙行为客收买零花，为时独早。乡间牙行且高悬标灯，其早可知。平时亦不甚早也。"③可以想象徽州布商的经营景象。

唐市镇，在常熟县东30里，旧名尤泾市，明中期起称唐市。该地出产罗纹布、苎布，镇上开设的"典商、布贾多非土著"④。非土著，即多为徽商。明末，有徽州人王魁在镇上活动⑤。

常熟县梅李镇，在县东36里，以出产花米为大宗。"小布，东乡杜布厚重耐久，荟萃之区，实在梅李，消路闽、浙最广"⑥。清代有休宁人方春熙，其曾祖方兆即迁至该镇，其父恒益，"性好善，岁饥，施粥施衣，以赈贫者"⑦，数代人在梅李活动。

菉溪镇，位于吴淞江东岸，属嘉定县与昭文县。该镇"田土高仰，物产瘠薄，不宜五谷，多种木棉，与安亭一路专事纺绩"；"惟机户所织飞花布长一丈六尺，宽九寸三分，虽不及石浦扣扪、兵墟村袍段，而郡亦有

---

① 嘉庆《方泰志》卷1《发凡》，1915年嘉定陈氏铅印本。

② 嘉庆《方泰志》卷1《寺院》，1915年嘉定陈氏铅印本。

③ 道光《里睦小志》卷上《地理志·方域、杂志》，《中国地方志集成·乡镇志专辑》第11册，上海书店1992年版，第1、52页。

④ 乾隆《唐市志》卷上《风俗》，清道光二年顾维顺抄本。

⑤ 龚文洵:《唐市志补遗》，《中国地方志集成·乡镇志专辑》第9册，上海书店1992年版，第591页。

⑥ 光绪《新续梅李小志·物产》，1901年抄本。

⑦ 同治《梅李文献小志稿》，1869年抄本。

标，直达北五省，可充衫裤之需"。东乡泗桥，"向推巨镇，商贾辐辏"。该镇也多徽商。镇属在吴淞江入口处有木瓜桥，原为木桥，乾隆时徽商易以石；典商程文翊又一再修葺通济桥①。

元和县唯亭镇，出夏布。镇中布庄集中在东市，"各处客贩及阊门字号店皆坐庄买收，漂染俱精"②。常有山东客商坐庄收布，但收布者既云是"各处客贩及阊门市号店"，徽商也当在那里坐庄收布。

宝山县大场镇，出产棉花棉布。方志记载："明末清初两朝，安徽省徽州商人俗称徽州帮来到大场经营商业者颇众，于是有徽州会馆之设立。地址在镇西市梢文昌阁门前，土地堂东隔壁。迨至清末，馆屋年久失修，遂即坍毁，而一般徽籍商人后裔，亦以年事久远，不思故乡，就在大场生根立业。现今居民中，起始祖先来自徽州者不少。目下徽州会馆名字且无人谈及矣。"③

徽州布商在各地市镇的活动，在刺激棉布生产、促进城镇经济繁荣、扩大城镇劳动力就业等方面都起了重要作用。诚如乾隆《元和县志》言："苏布名称四方，习是业者阊门外上下塘居多，谓之字号，自漂布、染布、看布、行布各有其人，一字号常数十家赖以举火，惟富人乃能办此。"④徽州布商实力雄厚，在各地市镇和苏州城开设棉布加工字号，不但收集了棉布生产者的产品，而且成了棉布加工业工人的生计所在。广大棉布产区，其棉布更有赖于徽商的收购贩运。明末，松江有些地方试图向布商金派徭役，有识之士即条议道："商非土著，既难托银，又无田土，势难金役。役一及之，则客商之布标散，而各镇之布庄亦散，匹妇洗手而坐，染工攘臂而呼，其流祸可胜道哉！"⑤布商星散，直接影响镇人生计。布商在镇上开设布庄，更直接影响到市镇的兴衰。南翔镇曾因徽商麋集，呈现过甲于

① 乾隆《菉溪志》卷1，清乾隆三十九年纂，稿本。

② 道光《元和唯亭志》卷3《物产》，清道光二十八年刻本。

③ 《大场里志》卷1《会馆》，《上海乡镇旧志丛书》第11册，上海社会科学院出版社2006年版，第45页。

④ 乾隆《元和县志》卷10《风俗》，清乾隆五年刻本。

⑤ 陈继儒：《陈眉公先生全集》卷59《布税议》，明刻本。

诸镇的繁荣景象，到万历年间又因徽商"稍稍徙避，而镇遂衰落"①。黄渡镇，棉布"价之高下，听客所为"②。上海三林塘，"布庄收布，或名长梢，或名平梢，皆有限定尺寸，违者不收"③。嘉定马陆镇，如前所述，"贸易财派赖市商"，一凭布商定价，利源在人，生产者已经深深陷入了商品经济的旋涡。清初上海人叶梦珠记载，上阔尖细者，名标布，"俱走秦晋京边诸路"；较标布稍狭而长者，名中机布，"走湖广、江西、两广诸路"。明朝"标布盛行，富商巨贾操重资而来市者，白银动以数万计，多或数十万两，少亦以万计"。入清后，中机布转盛，昔日从事标布生意的商人改作中机布，松江人将这种布称为新改布。明末清初更有一种小布，单行于江西饶州等处，康熙八年（1669）后"饶商不至，此种小布遂绝"。因而他形象地形容徽州等布商在棉布产地人们心目中的地位："牙行奉布商如王侯，而争布商如对垒。"④清中期的太仓人黄与坚也说："昔时尚可因沿者，以土产木棉，凡南北大商岁赍白镪辐辏而至，小民得擅木棉之利，可以枝梧，今则齐豫皆捆载而南，货多用寡，日贱其值，祗恃闽、广之贸布，少资织作，而又百无一至，尽田亩之获，朝夕且不支，其必不能清理赋役之事也审矣。"⑤同时的嘉定人瞿中溶形容："织布闲时即纺纱，穷家妇女托生涯。近来利薄难衣食，全仗夫男养一家。趋巧偶然短尺梢，渐教布匹远难销。吴门字号皆停歇，徒叹零星贩卖劳。"⑥在生产者和商业资本之间，后者往往处于较为主动的地位，影响着广大小生产者的生计。

如果说，洞庭商人主要以朱家角镇为经营布匹的大本营，山东商人常到元和县唯亭镇等地收购夏布，秦、晋商主要在上海收布，福建商人主

① 万历《嘉定县志》卷1《疆域考上·市镇》，明万历三十三年刻本。

② 宣统《黄渡续志》卷5《人物·商业》，1923年铅印本。

③ 民国《三林乡志残稿》卷2《岁时》，《上海乡镇旧志丛书》第14册，上海社会科学院出版社2006年版，第87页。

④ 叶梦珠：《阅世编》卷7《食货六》，上海古籍出版社1981年版，第157—158页。

⑤ 黄与坚：《忍庵集》文稿一《太仓田赋议》。

⑥ 瞿中溶：《古泉山馆诗集·归田园居钞·续练川竹枝词》，顾炳权编著：《上海历代竹枝词》，上海书店出版社2001年版，第440—441页。

要在上海、太仓等地收购棉花和棉布[1]，广东商人主要在宝山县江湾镇等地收购棉布，则其余地区市镇的布商，当主要是徽州的休宁和歙县二县商人，徽州布商在活动地域上是江南棉布贩运的主力。清中后期盛传的"无徽不成镇"谚语，正是徽商活动与江南市镇兴衰关系的生动写照。徽州布商采购商品甚至组织商品生产，通过市场影响生产，从而推动了江南棉布市镇的兴起，或者促进了江南棉布市镇的兴盛发展，其活动地点的转移，也导致了江南棉布市镇的盛衰嬗替，江南棉布市镇的兴衰，直观地反映了徽州布商的活动情形。不少徽商更完成了从客居到占籍到入籍的过程，江南大地增加了诸多来自歙县和休宁县的商人家族和仕宦家族。

三、徽州布商字号的经营方式

棉布织成后，需要经过染色、踹光等后整理，才能作为商品进入市场，棉布的染踹加工成为棉布商品流通的必不可少的一环。徽州布商在苏松等地开设的众多棉布字号，是集收布、发布委托加工、再回收布匹批销外地的大型商业资本[2]。布商字号不但通过商业资本本身谋取利润，而且还将商业资本转化成工业资本，形成商业资本与产业资本的结合，从而既谋取商业利润，又获取产业利润。乾隆《盛世滋生图》中出现的"本店自制布匹"，就是指的这种加工布匹的字号。

字号加工布匹，先要收布。收布主要有两种途径。一种是间接在字号开设地收购。如上海张曼园之父"五更篝灯，收布千匹，运售阊门，每匹可赢五十文。计一晨得五十金，所谓鸡鸣布也。"[3]这是设在苏州的字号，在清初由产地之人送布上门收购。如前所述，棉业巨镇南翔镇，盛产浆纱、刷线布，"布商各字号俱在镇，鉴择尤精，故里中所织甲一邑"[4]。这

---

① 宣统《黄渡续志》称："道光之季，里中所产土布衣被七闽者，皆由闽商在上海收买"。

② 张研《清代经济简史》谓："染布有作坊，叫作'字号'。"恐不确切。

③ 许仲元：《三异笔谈》卷3《布利》，重庆出版社1996年版，第80页。

④ 嘉庆《南翔镇志》卷1《疆里·物产》，1924年铅印本。

是设在棉布业市镇的字号就近收布。另一种是苏州的字号直接到产布地收购。为了增加竞争力，降低坯布收购成本，字号通常通过后一种途径，到产地收布，或者是通过布庄或牙人（实际上有的布庄即系牙人所开）代为收购。或者是字号自设布庄采购，所谓"乃自募会计之徒出银米采择"①，直接从生产者手中购买布匹。如元和县唯亭镇产布，"各处客贩及阊门字号店皆坐庄买收，漂染俱精"②。而且随着字号由各地市镇向苏州城集中，这种字号的直接收购形式日益占据重要地位。为确保布匹质量，字号更直接向棉织户发银定织。嘉庆间人缪元英诗，"秋间刚得拈针线，贾客肩钱定布机"，作者自注"吴门布客每认机定织"③，说的就是这种情形。大体而言，除了南翔、朱泾、枫泾等特别重要的市镇本身开设有字号外，棉布字号在棉织业市镇如外冈、娄塘、诸翟、周庄和唯亭等地直接开庄收买布匹，在其他市镇乡村则由当地牙行布庄代为收购布匹。

徽商从事棉布加工销售的数十家字号，又是如何经营的呢？有人主张有设局雇工染造和通过包头雇工经营两种形式④；也有人依据踹匠"俱系店家雇佣之人"，系"局中所雇"等记载，认为字号直接经营整染作坊⑤。但上述记载是否就是字号直接经营或自行设局下的雇用，还颇值得推敲。被人举为直接经营踹坊例子的益美字号，并无设局雇用踹匠的任何迹象，倒是如前所说在康熙三十二年（1693）、四十年（1701）、五十九年（1720）和道光十二年（1832）的碑文中均曾具名，但都是以委托踹坊加工棉布的形象出现的。实际上，如果我们细读苏州康熙九年（1670）、三十二年（1693）、四十年（1701）、五十四年（1715）、五十九年（1720）和乾隆四年（1739）、四十四年（1779）、六十年（1795）的8块核定踹匠

---

① 褚华：《木棉谱》，《丛书集成初编》第1469册，商务印书馆1935年版，第10页。

② 道光《元和唯亭志》卷3《物产》，清道光二十八年刻本。

③ 许灿：《梅里诗辑》卷23，清道光三十年刻本。

④ 刘秀生：《清代商品经济与商业资本》，中国商业出版社1993年版，第143页；陈学文：《明清时期太湖流域的商品市场》，浙江人民出版社2000年版，第200页。

⑤ 段本洛、张圻福：《苏州手工业史》，江苏古籍出版社1986年版，第64—65页。

工价的碑文，道光十二年（1832）、十四年（1834）和同治十一年（1872）的3块禁止踹坊垄断的碑刻，以及嘉定县康熙和乾隆年间的2块踹匠工价碑，娄县康熙年间的1块禁止踹匠抄抢碑，对照康熙中期江苏巡抚汤斌的告示和雍正年间浙江总督李卫、苏州织造胡凤翚、署江苏巡抚何天培的几件相关奏折，可以发现它们所涉及的字号踹匠关系与地方文献所述并无根本不同，反映的都是同一种生产或加工形式，从而也可以明了真正的字号与踹匠的雇佣关系。康熙九年（1670），苏州府核定踹匠工价，为此示谕字号、踹布工匠，"嗣后一切踹工人等，应听作头稽查，作头应听商家约束"[①]。这里的作头是否就是字号雇用的管理人员呢？康熙五十九年（1720），踹坊包头邢庆生等呈称，"身等同为包头，约有三百余户，或有两作，或有三坊，不能分身稽察。每作用管帐一人，专责稽查，名曰坊长。"[②]所谓作头，原来就是坊长，责在稽查踹匠，如果一个包头有二作以上，作头就是包头聘请之人，如果包头只有一作，作头就是包头自身，是踹坊主。明了了作头的身份，我们再来探讨字号与踹坊、踹匠的关系。

雍正八年（1730），浙江总督兼管江苏督捕事务李卫与两江总督史贻直、苏州巡抚尹继善的奏折说得较为清晰。奏中说，在苏州，"各省青、蓝布匹俱于此地兑买，染色之后，必用大石脚踹砑光，即有一种之人名曰'包头'，置备菱角样式巨石、木滚、家伙、房屋，招集踹匠居住，垫发柴米银钱，向客店领布发碾。每匹工价一分一厘三毫，皆系各匠所得，按名逐月给包头银三钱六分，以偿房租家伙之费。习此业者，非精壮而强有力不能，皆江南江北各县之人，递相传授，牵引而来，率多单身乌合不守本分之辈……从前各坊不过七八千人，现在细查苏州阊门外一带，充包头者共有三百四十余人，设立踹坊四百五十余处，每坊容匠数十人不等。查其

---

① 《苏州府为核定踹匠工价严禁恃强生事碑》，康熙九年十月，《明清苏州工商业碑刻集》，江苏人民出版社1981年版，第54页。

② 《长洲吴县踹匠条约碑》，康熙五十九年，《明清苏州工商业碑刻集》，江苏人民出版社1981年版，第69页。

端石已有一万九百余块，人数称是"①。由此奏折和参考其他记载，可以确知当时苏州包头有340余人，开设端布作坊450余处，今人所谓"六七百家端坊"②，至今未见任何史料依据。据此，更可以明了字号、包头、端匠三者之间的关系。字号是雇佣端匠加工布匹的雇主，但并不直接经营端坊，而是发放布匹，由端匠在包头开设的端坊内端布，按件付以工价，然后收回布匹。其工价在康熙九年（1670）至三十二年（1693）为每匹一分一厘，雍正时增加为每匹一分一厘三毫。端匠是江南江北安徽太平府、宁国府和江苏江宁属县、丹阳等地的"远来雇工者"，"在苏俱无家室"③，"皆系膂力凶悍之辈，俱非有家土著之民"④，"率多单身乌合不守本分之辈"，是到苏州谋生的一无所有的雇佣劳动者，靠出卖劳动力获取工资报酬。端匠到端坊就雇，要由包头⑤或坊长介绍，填明籍贯，何人保引，何日进坊，由包头严加管束，"端匠五人连环互保"，"日则做工，夜则关闭在坊"⑥。包头是"有身家"的苏州当地人，他们"租赁房屋，备买□□赁石银三钱六分，是亦有本"，因而"每月得赁石租银三钱六分"⑦。因为包头租赁房屋开设端坊，"招集端匠居住"，端匠是外来单身，容易肇事生非，所以封建政府一再颁示，责令包头管束工匠，甚至将他们"立于居民

① 浙江总督李卫奏，雍正八年七月二十五日，《雍正朱批谕旨》第42册，清光绪十三年上海点石斋影印本，第76页。

② 李伯重《江南的早期工业化》援引许涤新和吴承明、洪焕椿之说，认为"其中仅康雍乾时期苏州的端坊就达六七百家之多"，显然夸大。

③ 苏州织造胡凤翚奏，雍正元年四月初五日，《雍正朱批谕旨》第48册，清光绪十三年上海点石斋影印本，第101页。

④ 《苏州府为永禁端匠齐行增价碑》，康熙三十二年，《明清苏州工商业碑刻集》，江苏人民出版社1981年版，第55页。

⑤ 包头因责在保引端匠，在康熙三十二年的碑文中也称为"保头"。

⑥ 《长洲吴县端匠条约碑》，康熙五十九年，《明清苏州工商业碑刻集》，江苏人民出版社1981年版，第69—70页。

⑦ 《苏州府为永禁端匠齐行增价碑》，康熙三十二年，《明清苏州工商业碑刻集》，江苏人民出版社1981年版，第55—56页。

之外，每十二家编为一甲"①，配合地方官府防止踹匠滋事，监视踹匠的行动。

因此，踹布业中的生产关系是相当清楚的。包头表面上是作坊主，置备菱角样式巨石（俗称元宝石）、木滚、家伙、房屋，招集踹匠居住，垫发柴米银钱，约束工匠。实际上，加工的布匹系字号所有，踹匠的工资由字号支付。包头由于置备了住房、生产设备和垫支了柴米银钱，因而踹匠按名按月付给包头银3钱6分，"以偿房租家伙之费"。包头得到的不是利润，而只是垫支资本以及由此而来的好处，利润归布号商人所有。包头也不是所有主，真正掌握踹匠经济命运的是布号商人，包头只是包工头、揽踹人。这种揽踹人，因字号自由择坊发踹，在道光、同治年间与字号形成严重冲突，屡屡涉讼公庭。包头充其量只是踹匠的监工、管理者，其责在监督踹匠守分不肇事，至于工效如何，利润多少，都与其无关。当然，包头与字号更不是雇工与雇主的关系，包头没有得到任何工资，而只是转发踹匠的工资，得到工资的是出卖劳动力的踹匠，只要包头不中间克扣，踹匠与包头很少形成冲突。所以，真正形成主雇关系的是字号与踹布工匠，他们之间基本上是一种自由劳动的雇佣关系，正是在这个意义上，署江苏巡抚何天培才说踹匠"俱系店家雇用之人"。真正居于经济统治地位，限制或影响踹染行业的生产与工匠生活的也是字号，所以人称字号"自漂布、染布、看布、行布各有其人，一字号常数十家赖以举火"②。所以地方政府的规定是"一切踹工人等，应听作头稽查，作头应听商家约束"。正因为如此，踹匠的每一次"齐行"斗争几乎都是为了要求增加工资，而字号则总是仰仗官府镇压踹匠的停工斗争。可见，不能因为包头横隔其间，就否认字号与踹匠之间的劳资关系。

之所以如此反复阐述字号、踹坊、踹匠之间的关系，是想说明这就是当时字号的一种基本的棉布踹砑加工方式，而并不同时存在一种字号直接

---

① 《长洲吴县踹匠条约碑》，康熙五十九年，《明清苏州工商业碑刻集》，江苏人民出版社1981年版，第69页。

② 乾隆《元和县志》卷10《风俗》，清乾隆五年刻本。

设局雇佣踹匠的加工方式，所谓踹匠系"店家雇用之人"，指的只是字号与踹匠存在主雇关系，并不意味着字号直接设局；所谓"一字号常数十家赖以举火"，指的是因为字号的存在，看布、行布、染坊、踹坊、踹匠等社会各界都能分沾余润，赖以为生，而并不意味着字号自行开设踹染作坊独立完成棉布染整的全过程，不能望文生义，随意解释，更不能将同属字号委托踹坊加工布匹的史料理解成字号既有直接经营又有间接经营踹布业的两种加工方式，说直接经营的字号是坐商而间接经营者是行商，更是想当然之论。苏州的踹布业是由字号间接经营的。迄今为止，还未发现可以说明字号直接设立踹坊的任何史料，也未发现字号直接设立踹坊的任何例证。本文多次提及的万孚字号，兼开染坊，但"踹石已另请良友加价，令其重水踹干"，踹布始终是委托踹坊的。地方文献只说字号"漂染俱精"，漂布染布各有其人，而未说字号"染踹俱精"，染踹有人。苏州只有数十家字号，而有450余处踹坊，1万余名踹匠，如字号自设踹坊，一家字号平均约有近10处踹坊，200余名踹匠，作为外地客商的徽商，要在苏州开设这么多的作坊，安置如此多的踹匠，恐怕也是不可思议的事。

字号并不直接经营踹坊，那么是否如人所说"都设立染坊，雇有染匠"①呢？《布经·看毛头大略总要》说："凡开字号，所望者，惟染坊内可以取利无穷也。"似乎是说因染业利厚，字号是兼营的。实际恐未必。康熙五十九年（1720）七月，苏州有一块染业碑，在碑文中列名的字号染坊共有64人②，常被人视为当时苏州有染坊64家的依据③。本文姑且同意这种看法。染业碑中列名者在字号倡立的历年踹匠工价碑中出现的有吴益有、赵信义、程益隆、程广泰、吴益大、周正和、吕双元、金双隆、朱京元、程德丰、朱紫阳、陈万孚、朱天嘉、吕咸亨、程益美、俞启裕、程日

<hr>

① 方行等主编：《中国经济通史·清代经济卷》谓："枫泾镇、苏州府城中的布号都设立染坊，雇有染匠。"

② 《奉宪勒石永禁虎丘染坊碑记》，《江苏省明清以来碑刻资料选集》，江苏人民出版社1981年版，第59页。

③ 许涤新、吴承明主编：《中国资本主义的萌芽》，人民出版社1985年版，第404页。

升和方德和等18家。可以认为这18家字号确是兼营染业的。值得注意的是，这18家字号在同年同月竖立的另一块端匠工价碑中具名的有13家，在全部43家字号中仅占30%①。如果这个事例可信，那么我们可以认为，字号确有兼营染坊的，但比例恐怕并不很高。前述曾经两次在碑文中出现的万孚字号，其业主陈士策，早年"代管金宅染坊"，自开字号后，仍然"向来发染"，后来因为颜色不佳，布匹销路不畅，才不惜工本，自开染坊。这个事例既说明字号有兼开染坊者，也说明并非所有字号均兼开染坊，或者说字号并非始终兼营染坊。字号自开染坊涉及资本、场地、人手、管理等一系列问题，在染业发达、染坊林立的苏州，外发加工染色简便易行，因此字号兼设染坊大概并不普遍，至少绝不会是"都设立染坊"。所以地方文献所说的字号"漂染俱精"，不独不能理解为字号自开踹坊染整俱精，兼且不能简单地理解成字号都自开染坊精于漂染，而恐怕只是说经过字号的布匹漂染质量都是过得硬的。

原载《安徽史学》2016年第2期，报刊复印资料《明清史》2016年第5期转载

---

① 《长洲吴县踹匠条约碑》，康熙五十九年，《明清苏州工商业碑刻集》，江苏人民出版社1981年版，第70—71页。

明代徽州盐商盛于两淮的时间与原因

　　盐业是明代徽商经营的第一大行业，徽商中的"大贾""上贾"通常就是盐商。而徽州盐商"咸萃于淮、浙"，集中在两淮和两浙开展经营活动。

　　关于徽商与两淮盐业，张海鹏先生在《徽商研究》的专章中①，已经作了全面深入的探讨，而对于徽商与两浙盐业，专论还未见，因此，本文拟在张先生的研究基础上，拾遗补阙，略作申论。

一

　　两淮和两浙盐场是明清时期最为重要的两个盐场。两淮盐，明代行销南直隶9府2州，江西、湖广2布政司，河南3府1州，每年办小引盐70万4000引，交余盐课银60万两，万历时每年解银68万两，占全国200万两盐课银的三分之一以上②；清代行销区域同明代，为江苏、安徽、江西、湖北、湖南和河南6省，盐课仍为最多。两浙盐，明代行销南直隶苏州、松江、常州、镇江、徽州5府，浙江布政司，江西广信1府，每年办小引盐44万余引，交余盐银14万两，清代行销区域同明代。徽州盐商就以扬州和杭州为据点，活动在这地域广袤、盐课最多的整个长江流域。

---

　　① 张海鹏、王廷元：《徽商研究》，安徽人民出版社1995年版。

　　② 袁世振：《两淮盐政疏理成编》，《明经世文编》卷474。

　　张海鹏先生的研究深入地探讨了徽商进入两淮的时间、阶段和徽商经营两淮盐业所具有的优势。他认为，徽商初来两淮不一定与明初"开中法"有直接联系，徽商最初进入两淮的时间当在明代之前；从仁、宣以后，徽商到两淮的人数逐渐增多；而徽商联袂而来两淮则有两次，第一次是在明中叶，叶淇变盐法和李汝华、袁世振实行纲运法，是导致明代中叶徽商涌入两淮的主要原因，第二次是在清康乾之际，其时清王朝采取了一系列"恤商裕课"的措施，因此吸引了徽州新旧商人云集两淮。张先生还指出，徽商之所以能在两淮扎下根来，而且同最早进入两淮的西商相比，后来居上，直至称雄两淮，是有其优势的。首先是借地缘优势。徽州地近两淮，"开中折色"后，盐商便从原先"客燕代"的劣势转为"客广陵"的优势，而西商反由原来就近输粮塞下的优势转为长途跋涉南下两淮的劣势，而且更为重要的是，两淮行盐区大多都是徽商原来贸迁有无经常往来的场所，了解那里的地理环境、人情习俗，这是其他商帮无法与之相比的。其次是文化优势。徽商有文化，有利于他们熟悉盐法，并与盐政官员交往，为众商兴利除弊。再次是因为有一定的政治优势。盐商为了求得生意亨通、财源茂盛，就要依附于封建势力。徽州盐商明了这种政治与经济利益之间的关系，通过种种手段，以跻身封建士大夫行列。盐商对盐政衙门和盐官的"效忠"不遗余力，对他们的巴结奉承不惜慷慨解囊。盐政官员关照盐商的利益也非常卖力。事实证明，盐商与盐政官员的关系大多拉得很紧。徽州盐商在投靠盐政的同时，也设法投靠封建朝廷，乃至上交天子。商人以自己的商业利润向国家、向皇帝捐输报效，在获得政治利益的同时，经济利益也有所得。徽商在两淮的政治优势，还在于他们培养子弟步入仕途，利用其政治地位来保护商业利益。徽州盐商之所以能在两淮立足，并在经济实力上很快超过其他商帮，还在于这个商帮利用了宗族优势。自明代万历年间实行纲运制后，两淮的徽州盐商大多利用徽州传统的宗族观念，结伙经营。这种以血缘家族结成的商帮，彼此更加亲密，更加团结，因而凝聚力大，竞争力强，致富也较快。

　　张先生的观点大多是能够成立的，有关徽商的优势的论述更是颇有见地的。徽商大批进入两淮,较之山、陕商人后来居上,确是在明中叶后。扬州地方文献载:"明中盐法行,山、陕之商麇至。三原之梁,山西之阎、李,科第历二百余年。至于河津兰州之刘,襄陵之乔、高,泾阳之张、郭,西安之申,临潼之张,兼籍故土,实皆居扬,往往父子兄弟分属两地。……此外如歙之程、汪、方、吴诸大姓,累世居扬而终贯本籍者,尤不可胜数。"①而万历时,扬州地方文献则称,在当地活动的都是四方贾人,其中"新安贾最盛,关陕、山西、江右次之。"②万历三十七年(1609)的《歙志·货殖》则自豪地称:"而今之所谓大贾者,莫有甚于吾邑。虽秦、晋间有来贾淮扬者,亦苦朋比而无多。"可见至迟至万历时,徽商已经完全称雄扬州。

然而张先生的看法过分强调了叶淇变法对徽商进入两淮的作用。在明代两淮的登第者,徽州人进士60名,举人86名,山陕人进士29名,举人40人③,徽州人多山陕人一倍以上。但早在成化十年(1474)以前,徽州人进士举人18名,山陕人进士举人17人,几乎势均力敌,山陕人无优势可言。如果中举人数能够反映商人实力的话,那么徽商实力凌驾于山陕商之上在成化中期即已成为事实。其时离弘治五年(1492)叶淇变盐法还有近20年时间。

关于户部尚书叶淇于弘治五年(1492)改仓口纳粮中盐为运司纳银中盐,学界存在不同看法。日本学者藤井宏先生认为,"在司纳银开中制和叶淇变法的关系,《明史稿》《明史》和其他明清时代权威性诸史书的说法,应加以否定。在司纳银制并非出自叶之手,也并不是在弘治五年(1492)才实然实现的,而是于成化年间就已逐渐形成一种习惯的做法",因此,"既然运司、提举司纳银制于成化末年已经成立,这就意味着弘治年间所谓运司开卖制度的'变法',根本没有什么实际意义,只不过是在

① 嘉庆《江都县续志》卷12《杂记下》。
② 万历《扬州府志》卷1《郡县志上》。
③ 嘉庆《两淮盐法志》卷47《科第表上》。

成化末年运司纳银的基础上，于弘治时更加频繁而已"①。藤井宏旁征博引，认为运司纳银制并非叶淇所为，也非始于弘治时，而早在天顺、成化时就已成为事实，因此弘治时的所谓运司开卖制度的变法根本没有什么实际意义。

笔者以为，藤井宏所引的《明实录》中记载的天顺、成化年间运司纳银的事例与弘治的运司纳银制是有区别的。如天顺三年（1459），两淮易银的10万盐引，是"各场递年收贮没官并称掣割下余盐及见在盐"。成化十年（1474），河东盐场"除报纳已完外，其未完者，即行运司变卖"。成化十四年（1478）八月，长芦、河东盐引因无人中纳粮草，乃"以盐卖银收买草豆"。成化十六年（1480）因商多不中常股盐，常股蓄积颇多，乃"于两淮存积盐内，量卖一十万引，常股盐内掣出二十万引，改作存积之数……召商报卖，其银解部"。成化十八年（1482），以大同、宣府边地粮草不足，商人报纳不时，并乘时射利，于是将河东、两淮正盐变易时价，运到宣府，籴买粮料。成化二十一年（1485），将成化元年（1465）起仍未开中或中而无人报纳者依时价招商卖银。在这些事例中，用于易银的盐，大多是无人报纳的盐，或非正盐；改纳粮为纳银之时，通常是事后，而非预为措置。额盐无人报中，只得折银，此为事后补苴之术，而且尚未制度化，所以《明史》称"成化间，始有折纳银者，然未尝著为令也"②。弘治五年（1492），户部尚书叶淇奏准两淮运司盐课，"于运司开中，纳银解户部，送太仓银库收贮，分送各边"，盐价银积至一百余万两③。盐引有定价，"每引输银三四钱有差"，银、盐、粮分开，商人先纳银，再支盐，户部先收银，再拨银边地籴买粮草，而且著为定例，年年如此，而非临时周章，实则事先擘画。既然为定制，运司和商人都可循而行之。而且价银至百余万两，远非此前的数万两、十数万两可比。改为运司纳银后，边储

---

① ［日］藤井宏：《明代盐商的一考察——边商、内商、水商的研究》，载刘淼辑译《徽州社会经济史译文集》，黄山书社1987年版。

② 《明史》卷80《食货四·盐法》。

③ 王琼：《王琼集·双溪杂记》。

空虚，明廷又于嘉靖八年（1529）恢复开中纳粮制。万历《明会典》卷34《盐法通例》开中条明载：嘉靖"八年议准，今后各边开中淮、浙等引盐，俱要查照旧例，召商上纳本色粮料草束，不许折纳银两。其商人自出财力，开垦边地，上纳引盐者听"。如无弘治时的制度性的变法，而只是天顺、成化时的临时举措，这一恢复纳粮中盐旧制的规定就不可思议。偶一为之的事后变通，与制度性的事先规定，毫无疑问是有根本区别的。不能说这样的变法"根本没有什么实际意义"。至于藤井宏认为变法者不会是叶淇，笔者以为，他的论述尽管丰富，但仍不足以否定叶淇变法的事实。较早提到叶淇变法的是王琼。王琼在叶淇刚从户部任上致仕任户部郎中，后来又于正德初年任户部侍郎、尚书。后来提到叶淇变法的是隆庆初年负责清理两淮盐法的庞尚鹏，万历时期任过户部侍郎的王德完。这些同时或同行的看法，当有所本，不能轻易否定。所以藤井宏的看法仍有待商榷。

问题是，弘治时叶淇的盐法变革，论者一向忽略，其实为时并不长久。至迟嘉靖八年（1529）明廷仍行开中纳粮老办法，已如上述。所以庞尚鹏说叶淇变法后，"寻复开中本色……故论者每归咎于淇，谓其废坏成法自改折色始，而不知自淇改废者，今已复其旧矣"[①]。后来真正折色的，实际上只有70万引余盐。因而万历四十五年（1617）行纲盐法后，"新引年销一年，而边商七十万仓钞，才至淮扬，即得与内商对手贸易，卖银四十万，又办下次粮草"[②]。《明经世文编》的编者也称，"淮课一百四十万引，七十万为边上开中，七十万为余银解部"[③]，"淮盐仍中本色，至今犹然，而议者不察，以为尽行折色"[④]。可见叶淇变纳银运司后，嘉靖八年（1529）即恢复旧制，后来本色开中久行不废。

叶淇变法后，"山陕富民多为中盐徙居淮浙，边塞空虚"[⑤]。显然这确实有利于徽商在淮扬地方的发展。但既然运司纳银之法实行时间不长，徽

① 庞尚鹏：《清理盐法疏》，《明经世文编》卷357。
② 袁世振：《疏理略说》，《明经世文编》卷477。
③ 袁世振：《疏理略说》批注文，《明经世文编》卷477。
④ 庞尚鹏：《清理盐法疏》批注文，《明经世文编》卷357。
⑤ 胡世宁：《备边十策疏》，《明经世文编》卷136。

商较之山陕商人的有利之处就极为有限。而且运司纳银既便于徽商，同样也便于山陕商人。看来，明中期后徽商大量进入两淮并能逐渐称雄应该另有原因。

二

明代开中法的最基本形式是：户部根据边方或所需纳粮地区官员的报告，经向皇帝奏准，榜示纳中米粮的地点和仓口，公布上纳米粮额数及所中盐运司的盐引额数。上纳米粮的商人根据户部榜示的开中则例，自行选择所报中的盐运司，然后到指定的仓口报中，上纳米粮。仓口官给予仓钞，再由管粮郎中填发勘合，商人据此到指定的盐运司比兑，由盐运司指定盐场支取盐货，运至指定的行盐府县发卖①。在这种制度下，纳粮获得盐引是关键。陕西商人或就近籴粮上纳，或就地屯种粮食上纳，有地近和地利之便，因而早期淮扬地区的盐商以山陕商人特别是陕西商人实力最为雄厚。如果本色开中运行正常，山陕商人无疑会维持这种优势。

《明史》将叶淇变法的理由归结为商人守支盐斤困苦，而守支困难正统时即已严重存在。《明史》卷80《食货四》谓，其时"商人有自永乐中候支盐，祖孙相代不得者"。守支困难，商人不愿纳粮开中，明廷就将两淮等处盐引分为八分常股，二分存积。存积遇边警时才招商中纳。虽然常股价轻，存积价重，但常股"有循次守支数十年者"，商人苦于守支，争趋支盐较易的存积。景泰时存积盐增至六分，而常股盐引更加壅积不行。弘治时，存积盐比例大增，支取容易，淮、浙定额盐商不敷支取，于是配支长芦、山东盐。商人兼支数处，道途分散遥远，时间精力跟不上，则将盐引售于近地富人。从此盐商分为内商与边商②。

商人守支困难，重要原因在于势豪染指开中。由实录所载可知，宣德、正统时官吏已以亲属家人的名义暗中进行中盐活动。成化时，势豪中

---

① 参见刘淼：《明代盐业经济研究》，汕头大学出版社1996年版，第224—225页。

② 万历六年两淮巡盐御史奏文，陈仁锡：《皇明世法录》卷290。

盐已成为公开的常规现象。成化二年（1466），先有吕铭等八人投托势要，运米辽东中纳成化二年（1466）两淮运司存积盐55000引，"盐法之坏自此始"；后有御马监太监李棠的家人，要求中纳两淮存积盐58000引，朝廷允准1万引①。当时王府、宦官、官员等纷纷奏请盐引。势豪中盐谋利，本已壅滞的盐法更加难行。成化四年（1468）二月，户部就承认，"近因势豪掺中，致令盐法不通"，请求"今后官员之家不许占中盐引，侵夺商利，亏损边储"②。具体而言，据清理两淮盐法户部侍郎李嗣言，"两淮运司自宣德至成化末年积欠盐课银五百余万引"③。势豪中盐，往往倚势大量夹带，优先支盐，导致正常守支更为困难，更为常见的是，其并不直接纳粮边地，而是将中盐资格转卖他人。这种资格被称为"窝"。势豪通过种种手段，"包占"或控制了这种"窝"，使其有了价值，将其转卖与无势不得中盐的商人，每一千引卖银一百余，或七八十两，名曰"卖窝钱"④。这样一来，实际上就剥夺了商人直接纳粮中盐的权利，正如弘治末年国子监祭酒章懋上疏所言，"商人不藉手于彼，即无由中纳于此，故费多而中盐者日少"⑤。因此，商人要纳粮中盐，就先要从势豪之手获得行盐资格"窝"，既增加了纳粮的困难，又增加了中盐的成本。其结果是中盐者日少，官盐价日贵，官盐价贵，私盐盛行。私盐盛行，更使官盐难销，形成恶性循环。纳粮和行盐均困难重重，兼顾则更不可能，这就更促使纳粮边商和支盐内商的分化。正是在这种占窝卖窝日益成为纳粮行盐的常态，报中守支均日趋困难的情形下，边商、内商之分日益定型。

纳粮中盐的开中法正常运作，纳粮边地，商人角逐于边地，山陕商人较之徽商有优势。开中法败坏，纳粮凭窝，先要资格，商人角逐于上层甚至权力中央，徽州甲第连云，无论中央还是地方，身居要职者多，"善行媚权势"的徽商较之山陕商人有优势；下场支盐，角逐于淮扬地方，徽商

① 《明宪宗实录》卷37，成化二年十二月甲寅、癸亥。
② 《明宪宗实录》卷51，成化四年二月丙辰。
③ 《明孝宗实录》卷25，弘治二年四月乙未。
④ 户部尚书马（昂）等奏，《题为整理盐法事》，戴金：《皇明条法事类纂》卷180。
⑤ 朱健：《古今治平略》卷10。

有地理之便，也较山陕商人有优势。盐商之分为边商内商，开中纳粮由势豪占窝到商人占窝，都与在边仓纳粮还是在运司纳银无关，而且弘治变法后不久又复开中须先占窝的实态。因此，与其说叶淇变法为徽商势力坐大提供了契机，倒不如说明代中后期开中制的运行实态更有利于徽商势力的发展。

万历四十五年（1617），袁世振在两淮实行纲运法，其时徽商势力已远在山陕商人之上，袁世振对原有商人"一概抚而用之"成为纲商，其中徽商无疑居多。而按照他的说法，各纲中的有力商人，就是以前的囤户①。所谓囤户，袁世振又说就是"内商之有力者"②。这种"内商之有力者"，是在掣"河盐"和"套搭虚单"的经营活动中发展起来的。"由于盐货上堆难以掣验，因而就产生直接通过运盐河舟行至批验所掣验，这部分盐，就称为河盐"③。《明史》卷80《食货四》谓："河盐行，则守支存积者愈久，而内商愈困，引价弥贱。于是奸人专以收买边引为事，名曰'囤户'，告掣河盐。"河盐又因"工本盐"起。所谓"工本盐"，是嘉靖时期两淮运司动用割没银作为工本，收买灶户的余盐，达35万引。工本盐和正盐一样，每引重285斤，开中工本盐时也要附加余盐265斤，一引共重550斤。正盐和工本盐在边纳粮，余盐在司纳银，每引淮南7钱，淮北5钱，盐引总数比原来70万引增三分之一。边商既苦交纳余盐银，又因正盐不易验掣，内商不乐买引而告困，"以至停积引目至五百有余万"④。于是商人纷纷营求改掣河盐。《明史稿·食货四》称："自工本盐之行，引盐不易掣，边商多乞掣河盐。河盐者，在河径掣，不上廪困，易支而获利。"由工本盐到河盐的验掣，真正获利的是那些囤户。

明制，淮、浙盐均按"单"掣验，两淮共12单。单成为两淮每年额行盐引的官掣验单位，下场支盐内商只有经盐区运盐河至批验所掣验后，才

---

① 袁世振：《再上李桂亭司徒》，《明经世文编》卷477。

② 袁世振：《两淮盐政稿·盐法议二》，《明经世文编》卷474。

③ ［日］藤井宏：《明代盐商的一考察——边商、内商、水商的研究》，载刘淼辑译：《徽州社会经济史译文集》，黄山书社1987年版。

④ 庞尚鹏：《清理盐法疏》，《明经世文编》卷357。

可至行盐府县，否则即被视为私盐。商人为了突破按单掣验的限制，通过预纳银两以占有额行掣盐量[①]。这种商人也是囤户。当边商持有仓钞而无法支到盐引时，囤户贱价收购，当内商买单待掣挨次轮到支盐但无仓钞时，囤户倍价出售，转手之间获取厚利。到隆、万时期，边商、内商俱困，唯独囤户势力雄厚。有人述及隆庆年间的囤户是："各司坐司大商，各收有边商盐引，多者数十万，少者亦不下数万，足供数年之掣用。一遇边商盐勘到司，变卖则无主承买，守支则无资，不能挨及，听其勒减价值。"[②]到万历后期，情形更加突出。袁世振说："往者边、内二商相为一体，近者藩篱已析，分为两家。每年边中仓勘，尽为囤户所收。其囤户即内商之有力者。"[③]

上述明后期两淮盐法的补救之方如工本盐、河盐超掣，以及"套搭虚单"等钻政策空子之法，均有利于内商中之有力者。这种有力者多半当是徽商，徽商无疑是在明代中后期两淮盐法的这种运行实态中坐大的。由边商内商到内商，到内商之有力者，到囤户，到纲商，徽商是在盐商的这种不断分化中占了先机而逐渐称雄的。

此外，徽商之抢占先机还与大规模输献有关。这一点，已被王振忠先生在其《明清徽商与淮扬社会变迁》[④]一书中所指出。只是这种输献不是出于主动自愿而是出于无奈。万历时，税监陈增名下参随徽人程守训，首倡矿税之议，献纳银两而助大工，授为中书舍人，骄横恣肆。山东益都知县徽人吴宗尧疏劾陈增贪横，应当撤回。程守训讦奏宗尧多赃巨万，潜寄同宗徽商吴时俸家[⑤]。万历二十七年（1599）五月神宗下旨，追罚吴宗尧及各商吴榜、吴时俸、吴养晦等银两，其余勒限严追，"宗尧未尽者，命

---

① 参见刘淼：《明代盐业经济研究》，汕头大学出版社1996年版，第283页。

② 王崇古：《条覆理盐法疏》，《明经世文编》卷317。

③ 袁世振：《两淮盐政稿·盐法议二》，《明经世文编》卷474。

④ 王振忠：《明清徽商与淮扬社会变迁》，生活·读书·新知三联书店1996年版，第10—11页。

⑤ 沈德符：《万历野获编》卷6《陈增之死》。

鲁保会抚按查审具奏"①。万历二十八年（1600），吴时修因与吴养晦为分家财相讦，进献输工银9万两，又代吴养晦献银5万两②。万历二十九年（1601）七月，两淮税监鲁保进缴内库的银两中就有吴时修的输献银9万两③。后来鲁保又将吴时修等代纳输献银助工银37000两进缴内库。万历三十年（1602），吴时修因输献巨金，虽本人身故，其子、弟、侄5人被授为中书舍人④，"一日而五中书之命下"，吴氏后人引以为豪。由《明史纪事本末》卷65《矿税之弊》所言，万历二十七年（1599）三月"歙县监生吴养晦投税监鲁保言，大父守礼通盐课二十五万，乞追入给占产"；万历三十年（1602）九月"扬州富民吴时修献银十四万两，诏授其子弟各中书舍人"，可知进献巨金的歙县吴氏就是扬州的盐商。与此同时，程守训以接受告发富商违法致富名义，械击富人，用酷刑逼人献金，"盖多者万金，少者亦不下数千金"。如南京之盐商王懋估，淮扬之高、汪、方、金诸盐商，"立见倾荡，多致丧身"⑤。在这场矿税之祸中，有些盐商被拷掠破产，而有些盐商如徽州吴氏因输巨金不但躲过劫难，而且被封衔授职。后者因为有了乌纱职衔，自然从事盐业活动更为方便，获利更丰。在极不正常的社会环境和经营状况下，部分徽州盐商的实力居然有所增强。

综上所述，徽州盐商之所以能够称雄淮扬，基本原因当难以归之于实行并不久长的弘治叶淇变法，也很难归之于万历四十五年（1617）袁世振突然实行的纲运法，而很可能应该归之于明代中后期两淮盐业的运作实态和徽商的所作所为。叶淇和袁世振的变法只是为各地域商人发展实力提供了契机，而迎接这种契机做好准备则凭借长期的运作。明代开中法由正常到败坏，救偏补弊而维持，终未废止，有利于作为内商和内商之有力者囤户的徽州盐商的活动，而不利于作为边商的山陕盐商的活动。清代行纲盐

① 《明神宗实录》卷335，万历二十七年五月辛未。
② 《明神宗实录》卷347，万历二十八年五月己酉。
③ 《明神宗实录》卷361，万历二十九年七月乙丑。
④ 文秉：《定陵注略》卷4。
⑤ 刘曰梧：《题为匹夫假托诏旨等事疏》，董其昌辑：《神庙留中奏疏汇要·刑部》卷4。

法，徽商一枝独秀，也充分说明了这一点。

三

早在纲运法之前，徽州商人向两淮集中转向盐业的势力就很明显。歙人汪道昆在其《太函集》中多次提到，"邑中上贾贾盐筴，都淮南"，"上贾栖淮海，治鱼盐"。从事盐业的多是"上贾"，资本要厚，两淮盐商尤其如此。

徽州盐商从业淮扬，其资本来源大要有两种途径。一种是依赖家资。如歙县黄莹，正德、嘉靖时人，是两淮大盐商，观其先世，"世货鹾两淮，甲于曹耦"①。歙县吴彦先，嘉靖、万历时人，经商淮海，而其家"七世业盐筴"②。汪道昆的两个弟弟，"席故资治盐筴，都广陵"③。另一种是先从事他业积累资本，而后业盐。如歙县黄锜，正德、嘉靖时人，先在苏州积累，"累赀锱铢向盛。乃货鹾淮扬间"④。歙县汪氏，让三个儿子继承父业，"贾闽、贾吴，业骎骎起，以盐筴贾淮海、江汉，并起不赀"⑤。汪道斐，佐父经商池阳，"业渐起，已，治维扬盐筴"⑥。歙县吴良儒，在松江"以泉布起"，先"收责齐鲁，什一仅存，继徙浙、徙淮为盐业上贾"⑦。吴汝拙之父，"以贩绸起博平，业既饶"，汝拙长成，则到淮北经营盐业⑧。汪道昆赞赏的大商人潘次君，原来在南昌贩卖瓷器，后以盐筴

① 歙县《竦塘黄氏宗谱》卷5，转引自张海鹏、王廷元主编：《明清徽商资料选编》，黄山书社1985年版，第112—113页。

② 民国《丰南志》第5册《明处士彦先吴公行状》。

③ 汪道昆：《太函集》卷17《阜成篇》。

④ 歙县《竦塘黄氏宗谱》卷5，转引自张海鹏、王廷元主编：《明清徽商资料选编》，黄山书社1985年版，第114—115页。

⑤ 汪道昆：《太函集》卷42《明故处士前洲汪季公行状》。

⑥ 李维桢：《大泌山房集》卷73《汪处士家传》。

⑦ 汪道昆：《太函集》卷54《明故处士溪阳吴长公墓志铭》。

⑧ 汪道昆：《太函集》卷36《吴汝拙传》。

贾江淮①。这类例子可谓不胜枚举。可以想见，明代中后期，徽商将在其他地方其他行业中积累起来的资本转移投向了两淮盐业。这种转移而且通常是家族、宗族性的，所以袁世振称淮北盐商"一窝则父子兄弟相守，一行盐之地则姻娅亲戚相据"②。这就使得徽商的力量更为集中，两淮徽商的实力更为雄厚。这也正是其时徽商较之山陕盐商在两淮势力更大的一个重要原因。

至于杭州的盐商，自明后期起，基本上是徽州人。明代由商籍考中进士者12人，其中8个是徽州休宁人，4个是歙县人③。同两淮的徽州盐商一样，全部是这两县人。嘉靖四十年（1561）盐商蒋恩等呈请巡盐都御史鄢懋卿，凡商人子弟科考，比照河东运学事例，获得批准。万历二十八年（1600），巡盐御史叶永盛因徽州盐商汪文演、吴宪之请，题称照两淮、长芦盐场商人子弟附籍应考例，两浙盐商子弟照杭州府以及仁和、钱塘三学之数，另占籍贯，立额存例，礼部允准。万历三十五年（1607），杭州创立崇文、正学两书院，课督盐商子弟读书应考。杭州商籍的设立，说明嘉靖、万历时期以杭州为中心的两浙盐商全部是徽州人，而且数量很多。当时文献记载事例甚多。如大名鼎鼎的汪道昆家，由其《太函集》所收墓铭寿文可知，自其祖父由业盐起家，其世祖父、世叔、再从叔等皆业盐，举凡"诸昆弟子姓十余曹皆受贾"，甚至友朋之家吴氏，婚姻之家程氏等，均先后成为两浙的大盐商，其家族甚至向两淮进军。大约与汪道昆同时，歙县吴氏、江氏，休宁汪氏等均曾活跃于两浙盐业，其后休宁朱氏、王氏，歙县许氏、潘氏、鲍氏，婺源李氏等，均有两浙盐业巨商。入清后，顺治十六年（1659），两浙盐场6个批验所在杭州府学、仁和钱塘二县学入学的盐商子弟名额由48名增加为50名④。可见清代杭州的徽州盐商势力更盛。太平天国后，杭州的徽商恢复了在嘉庆年间创设的慈善设施惟善堂，

---

① 汪道昆：《太函集》卷51《明故太学生潘次君暨配王氏合葬墓志铭》。
② 袁世振：《两淮盐政稿·盐法议三》，《明经世文编》卷474。
③ 康熙《两浙盐法志》卷24《商籍一》。
④ 康熙《两浙盐法志》卷24《商籍一》。

而其时徽州人自称，"往来浙东，振裘挈领，乡人之商于外者，以盐茶为大宗"，仍以盐商为领袖。同治、光绪年间历年为善堂捐款的浙江各地徽商，盐商所捐仅次于茶商。光绪五年（1879）盐业为善堂收堆金，每引捐钱2文，浙江连同黟县、休宁、歙县三县的盐商共捐19万余引，钱387千余①。徽州盐商在杭州的这种势力是在明代中后期开始形成的。

　　同在两淮一样，杭州的徽州盐商也经历过由边商到内商的过程。如汪道昆的祖父，最初经营时，"客燕代，遂起盐筴客东海诸郡中"②。大约就是在盐业中由西北边商转为两浙内商的。汪道昆在其世叔良榕的传记中，曾记载了内商与边商争斗的故事。谓："边商故懻忮，率自逞，龁南人，脱有违言，南人争辟易。世叔列边商不法状，言之御史台。比出台门，群党攘臂以当世叔，世叔大呼。台垣之右御史遣胥徒逮之。既而同曹拥大众赴市中。边商乃负世叔，他日遇之道，皆避道左，修故欢。"③南人胆小，避让边商，而汪良榕挺身而出，到巡盐御史衙门揭露边商的不法经营状，从此挫落了边商气势。传文没有交代边商如何不法状，但将南人与边商相对，可见南人是内商。徽州盐商是内商。时在嘉靖中期，说明当时杭州的徽州盐商即使不是全部也起码主要是内商。用这个事例来考量两淮边商内商的分化及其时间就更显明了。

原载《安徽史学》2004年第3期

　　① 《新安惟善堂征信全录》，光绪七年刻本。
　　② 汪道昆：《太函集》卷43《先大父状》。
　　③ 汪道昆：《太函集》卷39《世叔十一府君传》。

明代徽商染店的一个实例

　　棉布加工业是明代称雄商界的徽商经营的重要行业，附属于棉布加工业的染布业，徽商也有经营者。如人们一再提及的正德、嘉靖时的歙县人阮弼，就曾在南京收购布匹输往芜湖，交染坊染色，虽可"利且数倍"，但因被染坊分去了布匹加工费而降低了利润，于是在芜湖自设染局，招募染匠，布匹贩运和加工利润兼得，"费省而利滋倍"，从此而"五方购者益集，其所转毂遍于吴越荆梁燕豫齐鲁之间。则又分局而贾要津……升降赢宿莫不受成"[①]，营业规模和活动范围大为扩大。然而对于阮弼等这类徽商染店，究竟规模有多大，经营状况如何，利润怎样？我们难究其底蕴，始终缺乏具体实例予以说明。王钰欣、周绍泉先生主编的《徽州千年契约文书》所收《万历程氏染店查算帐簿》，为我们提供了较为典型的一个例证[②]。

　　据帐簿所载，可知该程氏染店实际上最早是由程本修、程观如、程遵与、程彦升与吴元吉、吴邦显等程、吴两姓数人合伙开设的。据帐簿，我们无法知道这些程、吴合伙人系何方人氏，但这个染店帐簿被收藏在中国社会科学院历史研究所的徽州文书中，系徽商所开，谅无问题。

　　根据帐簿记载，该店所染布匹主要是青布、蓝布、临清布及少量的福建布。青、蓝布是全国最重要的棉产地松江府上海县的名产，在明代已享

---

　　① 汪道昆：《太函集》卷35《明赐级阮长公传》。

　　② 该账簿收在《徽州千年契约文书·宋元明编》卷8，花山文艺出版社1991年版。

誉宫廷,直到清代,朝廷还常令江南织造采办。康熙三十四年(1695),户部令苏州织造李煦一次采办青、蓝布30万匹①。在明代,江南棉布销路除了长江一线外,还有运河一线,"沂淮而北走齐鲁之郊,仰给京师,达于九边,以清源为绾毂"②。清源即山东临清的古称。因此临清布当即经临清销向西北的江南棉布,大概属于清初叶梦珠所说的"俱走秦、晋、京边诸路"的标布一类③。福建所需布匹主要来自江南,福建布当即销向福建的江南棉布。帐簿又将金山靛称为"金山卫土靛"。苏松地区是江南棉布的染整中心,徽商在江南地区开设染坊者屡见其人。综合这些情形,可以推知,这个程氏染店就设在江南,而且很可能就在苏州或松江地区。

该店每年盘存布匹以及将布匹存银折合成布匹,大约2万到5万匹,其中约半数是临清布,半数是青、蓝、白布,每年只有几十匹为"客染",偶尔也有几匹"私染"(参见表1《万历程氏染店盘存布匹数》)。该店每年盘存时,总有"存庄上欠""存还各庄""各庄欠""存各庄"等记录,可见染店每年与各布庄有业务往来。由此又可以推知,这是个为棉布布庄批量加工而非门面零星加工服务的染店,而且看样子每年事先收取了各布庄的部分加工费。

表1 万历程氏染店盘存布匹数

单位:匹

年代	白布	青布	蓝布	临清布	福建布	客染	私染	
万历二十一年七月一日	4685	13800	450	1867				20802
万历二十二年七月一日	4555	12500		17026	6934			41015
万历二十五年三月十六日	5687	3092	181	12006				20966

① 李煦:《请预发采办青、蓝布匹价银折》,《李煦奏折》,中华书局1976年版,第6页。以往论者往往连称"青蓝布",根据帐簿,实际应分别为青、蓝布。

② 陈继儒:《陈眉公全集》卷59《布税议》。

③ 叶梦珠:《阅世编》卷7《食货五》。

年代	白布	青布	蓝布	临清布	福建布	客染	私染	
万历二十六年五月一日	12797	8057	339	11834		91		33118
万历二十七年五月一日	7966	14219	238	9264		60		31747
万历二十八年五月一日	5683	10138	130	39909		57	11	55928
万历二十九年五月一日	8891	4002	137*200	13907		50	2**7	27196
万历三十年五月一日	10049	8214	36	23147		74	3	41523
万历三十一年五月一日	10468	6770	71	47		71	3	17430

　　注：该帐簿中记载白布价银有两笔，分别为每匹0.15两和0.153两，表中所列白布数，凡无具体匹数而只有价银者，一律以每匹0.15两折算；帐簿记临清布和福建布只有银数而无布匹数。"临清布"实际上当是销向华北、西北的标布，根据清初叶梦珠所言，标布"俱走秦、晋、京边诸路，每匹约值银一钱五六分，最精不过一钱七八分至二钱而止"（《阅世编》卷七《食货五》），估计明后期约每匹0.15两，据以折算。

　　*店堂布137匹，内蓝布26匹。

　　**紫花布2匹。

　　根据查算帐簿所载，程氏染店创设于万历十九年（1591）五月一日，到万历二十一年（1593）七月一日第一次结帐查算，万历二十二年（1594）七月一日第二次查算，万历二十五年（1597）三月十六日第三次查算，万历二十六年（1598）五月一日第四次查算，以后直到万历三十二年（1604）每年五月一日查算一次，前后共查算10次。万历十九年（1591）五月一日开创日，程本修首先出资930两，同年七月二日吴元吉首次出资563两，以后二人陆续投入本金，到同年十月一日共达本金2417两，万历二十一年（1593）七月一日查算本金利银共为4058两，以后直到万历二十九年（1601）五月一日查算，合伙人本金利银维持在4500两左右，规模稍有扩充。该年查算，按该得利银核算，实在亏损304两，合伙人吴邦显在按比例分摊亏空后，将本金"尽行收去另自生意"，到次年结算，合伙人本利银即降为3387两。万历三十二年（1604）五月一日结算时，吴元吉因遭亲属变故，在分摊亏折银两后，"自愿收去前项银两另自生理"，从此"俱是程边收业开做"，染店由程氏一姓单做，本利银也降为2762两。

程氏染店除了合伙人出资外，也多方吸纳社会上各方面的资金，少则数两，多至数百两，大体上包括家属成员亲友投入、典铺银、会银等三类。其中合伙人资本最高是万历二十五年（1597），为67%强，最低是万历三十一年（1603），仅为28%，历年平均为48%强；社会资本最高是万历三十一年（1603），为近72%，最低是万历二十五年（1597），为32%强，历年平均为52%强。总体而论，合伙人资本还不如社会资本多。特别是最后几年，合伙人的资本仅占整个资本的大约1/3。这个事例如有典型意义，那么它表明，在明代，合伙人只需有全部资金的一半就可以开设染店这类加工作坊了（参见表2《万历程氏染店资本比例表》）。实际上，该染店每年吸纳社会存款作为资本，每年连本加利还款，在还掉社会资本本利后，实际资本也只是合伙人投入的平均每年约4200两本银。从实际分配来看，合伙人所得利润远较社会集资为高，因此合伙人资本比例下降，合伙人所得利润比例更低，合伙人资本比例下降，说明合伙人在染店中的实力在下降。

表2　万历程氏染店资本比例表

单位：银两

年代	合伙人资本		社会资本	
	资本	占总资本比/%	资本	占总资本比/%
万历二十一年七月一日	4058	62.48	2437	37.52
万历二十二年七月一日	4353	48.18	4681	51.82

年代	合伙人资本		社会资本	
	资本	占总资本比/%	资本	占总资本比/%
万历二十五年 三月十六日	5331	67.67	2547	32.33
万历二十六年 五月一日	4528	55.97	3562	44.03
万历二十七年 五月一日	4618	57.78	3375	42.22
万历二十八年 五月一日	4925	41.08	7063	58.92
万历二十九年 五月一日	4794	62.86	2833	37.14
万历三十年 五月一日	3387	39.95	5308	61.05
万历三十一年 五月一日	3336	28.31	8449	71.69
万历三十二年 五月一日	2762	30.69	6239	69.31
合计	42092	47.52	46494	52.48

程氏染店的经营效益如何呢？由10次结算的本金利银来看，万历十九年（1591）五月一日到二十一年（1593）七月一日26个月中，平均月利为1.41%，实际分算更高为1.5%；万历二十一年（1593）七月一日到次年同期的1年中，月利为1.84%，其中含月余利0.2%以上；万历二十二年（1594）七月一日到二十五年（1597）三月十六日中月利为1.34%，实际已有不敷；万历二十五年（1597）三月十六日到二十六年（1598）五月一日中月利为1.34%；万历二十六年（1598）五月一日到次年同期月利为1.87%，其中含月余利0.36%；其次1个年度月利高达3.07%，即使不计余利大于正利的两笔，月利仍高达2.55%，是何原因无法知晓；自后3年只有万历三十年（1602）五月一日到次年同期的1年月利高达1.75%，其中含月余利0.33%，其余2年正利均为1.33%，实际已有不敷（参见表3《万

历程氏染店月利表》）。

表3　万历程氏染店月利表

单位：银两

年代	本金	本金利银合计	平均月利	备注
万历十九年五月一日—万历二十一年七月一日	2969	4058	1.41%	
万历二十一年七月一日—万历二十二年七月一日	3566	4353	1.84%	含余利0.2%
万历二十二年七月一日—万历二十五年三月十六日	3711	5331	1.34%	缺额
万历二十五年三月十六日—万历二十六年五月一日	3835	4528	1.34%	
万历二十六年五月一日—万历二十七年五月一日	3772	4618	1.87	含余利0.36%
万历二十七年五月一日—万历二十八年五月一日	3599	4925	3.07%	含高额余利
万历二十八年五月一日—万历二十九年五月一日	4132	4794	1.33%	缺额
万历二十九年五月一日—万历三十年五月一日	2920	3387	1.33%	缺额
万历三十年五月一日—万历三十一年五月一日	2756	3336	1.75%	含余利0.33%
万历三十一年五月一日—万历三十二年五月一日	2381	2762	1.33%	缺额

余利的出现是很令人值得注意的。正利是额定利息，余利是定利之外溢出的利润，余利大概即投资者提取利息后分配的红利。方行等先生主编的《清代经济史》（经济出版社2000年版）第1307—1308页认为，余利即红利，并说"利润分配的这种分派起于何时尚不清楚，但可以肯定，清代前期已经出现"。由程氏染店帐簿所载可知，这种余利制，至迟万历中期即已出现。统计上述利润数据，可以判定程氏染店正利平均月利率为1.33%—1.34%，其中1年正好，5年超过此数，有余利，4年略低于此数，

平均为1.6%，折合成年利约为19%。年利接近20%，大大高于当时一般商业利润的"什一之利"，已接近于当时典当利息的中等水平，应该说是不低了。可见直到明后期，徽商的染业等行业利润仍是较为丰厚的。这也就是程氏染店每年能够吸收到比例高于合伙人资本的社会资本的根本原因。但是从其经营来看，程氏染店在获得不算低的利润后，历年支用大于投入，生产规模不但没有扩大，到最后几年反而不断缩小了。如程氏染店这类商家，投资者只是将经营所得作为谋生或改善生活条件的手段，而无追加资本的动力和实践，单就商业资本本身而言，也不可能获得充分发展。

原载《安徽史学》2001年第3期

清代江南棉布字号探析

棉纺织业是清代江南极为重要的手工行业。棉布织成后，需要经过染色、踹光等后整理，才能作为商品进入市场，棉布的染踹加工成为棉布商品流通的必不可少的一环。从事棉布收购、委托染踹加工、大宗批销棉布的商业资本则是布店字号。字号在江南棉布的商品流通中发挥着十分重要的作用。字号的内部竞争十分激烈，字号的存在形式较为复杂，字号与踹工之间的矛盾在江南诸行业中最为突出。

学界对于这种字号的研究，已经取得了较为丰硕的成果，但有关字号的概念仍较模糊，需要澄清；统计与字号有紧密关系的踹坊的具体数量较为随意，需要辨正；有关字号的加工方式、与踹坊踹匠关系的论述并不符合实际，值得商榷；对于字号的具体数量，开设者的身份，单个字号的规模，收布的具体标准，加工能力等，更无人提及，值得探究。今就上述问题做些探讨，希望能够深化字号的研究。

一

清代江南的棉布字号到底有多少，至今未见具体表述。实际上，依据现有材料，可以大致厘定。

乾隆年间的苏州人顾公燮说："前明数百家布号，皆在松江枫泾、朱泾乐业，而染坊、踹坊商贾悉从之。"①松江、嘉兴二府交界的枫泾、朱泾

---

① 顾公燮：《消夏闲记摘抄》中卷《芙蓉塘》。

镇是棉织业重要市镇，布号可能很多，但说明代有数百家，由清代江南的字号数反观，似有夸大。顺治十六年（1659），苏松二府布号商人吁请官府禁止布牙假冒字号招牌，称其"布店在松，发卖在苏"，列名碑石者为37家①。雍正七、八年（1729、1730）间，松江踹匠1100余人，约为苏州踹匠的十分之一，字号如果也为十分之一，当不到10家②。乾隆元年（1736），松江府的碑文称，该府"昔年开张青、蓝布号者数十家，通商裕课。后有迁移他郡地方，今仅止数号"③。乾隆四十年（1775），嘉定县南翔镇字号至少有程怡亭等10家④。清初松江字号不会少于明代，也只37家或数十家，明代字号当也不过数十家。康熙时起，苏州成为棉布字号及踹染作坊的集中之地。碑文称字号迁移他郡，实即指迁往苏州城中。

苏州城中的棉布字号，碑刻资料留下了较多的记录。康熙九年（1670）有21家，康熙三十二年（1693）有76家，牌记81家，康熙四十年（1701）有69家，康熙五十四年（1715）有72家，康熙五十九年（1720）有43家，乾隆四年（1739）有45家，道光十二年（1832）有28家，光绪三十三年（1907）仍有44家⑤。雍正时期字号数量无任何记载，但据浙江总督李卫雍正七年（1729）奏报，苏州踹匠"从前数有七八千余"，目前"又增出二千多人"⑥，由踹匠增加可知字号数只会增加不会减少。看来，康熙中后期至雍正时期是苏州乃至整个江南棉布字号的最为兴盛时期。连

---

① 上海博物馆等编：《上海碑刻资料选辑》，上海人民出版社1980年版，第85页。

② 《案底汇抄》，载《裁改苏抚标及城守营制，设立专员管理踹匠各条》，南京图书馆古籍部藏。

③ 上海博物馆等编：《上海碑刻资料选辑》，上海人民出版社1980年版，第86页。又，所有上海、苏州碑刻集，《李煦奏折》，以及今人论著都将"青、蓝布"标点理解为"青蓝布"一种布，实际应为青布和蓝布两种布，参见王钰欣、周绍泉主编《徽州千年契约文书》宋元明编第八卷《万历程氏染店算帐簿》，花山文艺出版社1991年版。

④ 上海博物馆等编：《上海碑刻资料选辑》，上海人民出版社1980年版，第100页。

⑤ 据《明清苏州工商业碑刻集》与《江苏省明清以来碑刻资料选集》所载碑文统计。前书江苏人民出版社1981年出版，后书生活·读书·新知三联书店1959年出版。

⑥ 浙江总督李卫雍正七年十二月初二日奏，《雍正朱批谕旨》第42册。

同其时松江、嘉定等地的字号,以苏州为主要集中地的江南棉布字号最多时大约不会到100家。

这数十家字号,其业主的姓氏相当集中。今据留存下来的苏州的相关碑刻统计,自康熙九年(1670)到道光十二年(1832)前后163年间,共有字号354人次,其中程姓最多,31家,89人次;其次吴姓,28家,37人次;再次金姓,25家,36人次;其下依次为汪姓18家,19人次;朱姓15家,22人次;张姓11家,15人次;吕姓9家,18人次。这7姓共为236人次,占全部字号人次的66.67%,也就是说,全部字号有三分之二集中在这7姓商人手中。特别是程、吴、金3姓,就有162人次,占全部字号的45.76%,接近一半字号系这3姓商人所开。最为突出的是程姓,占了整整四分之一。可见字号仅仅集中在少数几个姓氏的商人手中。程、汪、吴、李属"徽州八大姓"之列,在经营棉布字号方面也很突出。

就单个字号的存在时间而言,超过10年的,自康熙九年(1670)到乾隆四年(1739)70年间是佘允谦1家;自顺治十六年(1659)到康熙五十九年(1720)62年间是吴元震1家;自康熙九年(1670)到五十九年(1720)51年间是程源高、朱紫阳2家;自康熙三十二年(1693)到乾隆四年(1739)47年间是程益隆、程震大、金鼎盛、吕咸亨、吕双元5家;自康熙九年(1670)到五十四年(1715)46年间是程益高1家;自顺治十六年(1659)到康熙四十年(1701)43年间是程益美1家;自康熙四十年(1701)到乾隆四年(1739)37年间是程广泰、赵信义2家;自康熙九年(1670)到四十年(1701)32年间是程义昌、程益美、汪元新3家;自康熙三十二年(1693)到五十九年(1720)28年间是程益新、程元贞、周正和3家;自康熙五十四年(1715)到乾隆四年(1739)25年间是吴益大、金双隆、张震裕、邹元高4家;自康熙三十二年(1693)到五十四年(1715)23年间是金义盛、方德和、郑元贞3家;自康熙四十年(1701)到五十九年(1720)20年间是程同言1家;自康熙五十九年(1720)到乾隆四年(1739)20年间是邵一美1家;自康熙四十年(1701)到五十四年(1715)15年间是吴益和、金德裕、金元隆、金正源4家。以上共33家。在已知姓氏的235家字号中占14%。其余虽不到10年，但在碑石中出现2次的有29家。上述所说字号存在时间，只是依据立碑时间而言，字号实际存在时间会长些。而且碑石也没有及时、如实地反映字号的创立及存在情形。如创设于康熙三十八年（1699）的陈万孚字号[1]，康熙四十年（1701）的碑刻无其名，直到康熙五十四年（1715）的碑刻中才出现。该号乾隆二十一年（1756）后仍存在，但只在康熙五十九年（1720）的碑刻中再次出现，乾隆四年（1739）的碑石就没有反映。一个实际存在了至少五六十年的字号在碑刻中只在间隔短短的5年中出现两次，说明字号的实际存在时间要比碑刻中列名的时间长得多。考虑到这些因素，可以推定，创出一个牌子不易，字号一般不会旋开旋歇，通常会经营十数年，不少字号会长达几十年，个别会长达百年左右。

就单个字号的规模而言，至今缺乏实证，陈士策的万孚字号为我们提供了一些讯息。万孚字号创设于康熙三十八年（1699），最初布匹染踹都是外发加工，后来因质量不佳影响销路，字号兼开染坊，到康熙五十九年（1720）分家。经20余年经营，店主在分家书中说："逐年所得微利，尽为店屋所费，故少余蓄。但基业粗成……子若孙如能照式勤劳……逐年常利可必。"雍正三年（1725）正月盘查店内及染坊银钱货物，除该还各项外，净计实银31120.08两。内拨存众银两5850两，每年硬利1分2厘行息。其余实银25270.08两，作9股均分9房，每房分得本银2807.787两。乾隆二十一年（1756），又因"人多用广，货贵利薄"等，"将全业暂并长房，计价作本生息"。这个万孚字号开张经营的时代正是苏州字号的兴盛时期，它在康熙五十四年（1715）的72家布商中列名第15位，在康熙五十九年（1720）的43家布商中列名第26位，在全体布商中实力大约居于中等。这样的字号具有相当的典型意义。由分家书所述，可知字号除了房租、工本等开支，余剩不多，利润较薄，但只要精心经营，仍可获取常利。分家后众存银两每年硬利1分2厘行息，则字号赢利必须或必然高出此数。万孚

---

[1] 《康熙五十九年休宁陈姓阄书》，章有义编著：《明清及近代农业史论集》，中国农业出版社1997年版，第310—316页。

兼开染坊，用于支付染价的开支应该有所下降。万孚自开染坊，店银共31100余两，其他不开染坊的中等字号，规模应该略小于它。综合考虑，盛清苏州单个字号的规模资本银当在3万两上下，年利润率应当高于15%而低于20%。单个字号批销布匹的数量，按照《布经》的说法，重水布难踹，"好踹手一日只踹八匹"；对水布较重水布好踹，"好踹手一日踹十二匹"；松水布更好踹，大概日产量更高些。如以踹对水布产量为估算标准，则苏州踹业兴盛时，全体踹坊1万余名工匠日产量约为12万匹。也就是说，清前期苏州字号提供给市场的高标准棉布在日均12万匹左右。平均到每家字号，约为2000余匹。嘉庆时，钦善听苏州布商说，松江一府，秋天售布一日达15万匹[1]。则松江所产名品青、蓝布匹主要是在苏州踹染加工的。

二

这数十家字号的开设者籍隶何地？同样未见人提及。顺治十六年（1659），《苏松两府为禁布牙假冒布号告示碑》中列名的37家布商，排名最前的席时、席行，是苏州近郊著名的洞庭东山的席氏棉布商人。另有程益高、吴元震两家字号，后来在可以认定为徽商字号的康熙年间的碑文中屡屡出现，显然系徽商所开。其余程、朱、吴等姓中当也有不少徽商。康熙九年（1670），苏州府应字号呈请立碑，"为此饬谕徽商布店、踹布工匠人等知悉"[2]，直接将字号与徽商布店视为一体。道光十二年（1832）和十四年（1834）的两块禁止踹坊垄断把持碑，均"发新安会馆竖立"，显然应新安商人请求而立，字号与籍隶新安的商人等同为一，字号的地域性不言而喻。乾隆元年（1736），松江府的布商呈请官府禁止苏州府的布商冒立字号，列名的字号布商6家，领衔的吴舆璠自称，"切璠原籍新安，投治西外开张富有字号"。其余5家中的朱左宜店、朱汝高店、李元士店分别

---

① 钦善：《松问》，《清经世文编》卷28。

② 《明清苏州工商业碑刻集》，江苏人民出版社1981年版，第54页。

以"紫阳辅记""紫阳甫记""紫阳□记"为招牌[①]。可知其时的松江字号，大部分已由徽商所开。乾隆十三年（1748），苏州城重建横跨运河的渡僧桥，捐款建桥的8个布商，6个是安徽休宁人，董理建桥工料的2人，也是休宁人[②]，捐款者中的金双隆字号，在康熙五十四年（1715）的碑文中就曾出现过。凡此种种，说明清初江南的棉布字号，徽商开设者不少，但其他地域商人如洞庭商人等也很活跃，与徽商竞争，而进入康熙年间，徽州布商已居于主导地位，以致官府发布告示直接"饬谕徽商布店"，碑文直接竖立在新安会馆。可以认定，在清前期经营棉布字号者，绝大部分是徽州商人，甚至主要系休宁商人。

徽商开设棉布字号，也有实例可证。康熙三十八年（1699），休宁人陈士策在苏州上津桥开设万孚布店字号，后发展成万孚、京祥、惇裕、万森、广孚5号，字号招牌无形资产"计值万金"[③]。陈万孚字号，在康熙五十四年（1715）和五十九年（1720）的两块碑石中均曾出现过，直到乾隆二十一年（1756）仍然开设，至少存在了五六十年。笔记所载著名的益美字号的事例："新安汪氏，设'益美'字号于吴阊，巧为居奇，密嘱衣工，有以本号机头缴者，给银二分。缝人贪得小利，遂群誉布美，用者竞市，计一年销布，约以百万匹。论匹赢利百文，如派机头多二万两，而增息二十万贯矣。十年富甲诸商，而布更遍行天下。嗣汪以宦游辍业，属其戚程，程后复归于汪。二百年间，滇南漠北，无地不以'益美'为美也。"[④]这个在笔记中被描写为先由汪氏，后改程氏，复归汪氏，以"益美"垄断居奇的字号，人们常常引用，但多省略其前后归属的一段文字。而细读数件碑文，恰恰反映了这一情节。这个字号，在康熙三十二年（1693）、四十年（1701）和五十九年（1720）的碑文中，以"程益美"字样出现，在

① 上海博物馆等编：《上海碑刻资料选辑》，上海人民出版社1980年版，第87页。
② 《明清苏州工商业碑刻集》，江苏人民出版社1981年版，第302页。又，张应俞《杜骗新书》"乘闹明窃店中布"条中的布号商人吴胜理也是休宁人。
③ 《康熙五十九年休宁陈姓阄书》。
④ 许仲元：《三异笔谈》卷3《布利》。

道光十二年（1832）的碑文中又以"汪益美"字样出现①。碑文印证了笔记内容，可见作者所言确有所据。由作者许仲元笔记时的道光初年前推二百年，则益美字号当开设于明末，由"汪以宦游辍业，属其戚程"，则清初大概已改属汪氏的亲戚程氏，程氏至少经营了五六十年，又复归汪氏。一个字号能够前后至少维持二百年，这在徽商布业甚至整个商业行业中是很难见到的。

徽州布商活跃于广大江南棉布市镇，论者已多，不复赘述。字号踹染加工的青、蓝布匹主要销向北方，其运销线路，"溯淮而北走齐鲁之郊，仰给京师，达于九边，以清源为绾毂"②。清源是山东临清的古称。棉布转输中心临清在明后期"十九皆徽商占籍"③。徽州布商极为活跃。综合上述所论，如果说从事棉布长途贩运的商人除了徽商还有山陕商人、洞庭商人、福建商人等，那么开设字号从事棉布踹染加工业的商人在清代则几乎全是徽州商人，讨论棉布加工业不能无视徽州棉布字号商。

三

字号是店名、牌号，是靠店家信誉、商品质量创出来的，是店家的无形资产。江南棉布品类繁多，长短精粗阔狭不一，因而从事棉布收购批销的商家都有特定的字号，以相区别，如朱紫阳生记、程益高诚记之类。不同的字号，因为布匹种类、质量以及著名度不同，所以布匹的收购价与销售价也不一样。商家从事布匹的收购、销售乃至运输，"惟凭字号识认，以昭信义，是处皆然"，"上供朝廷之取办，下便关津之稽查，取信远商"，"远商相信，全在布记确切为凭"④。字号看布人也只管"照号配布"⑤。

---

① 散见《明清苏州工商业碑刻集》和《明清苏州工商业碑刻集》的相关碑文。
② 陈继儒：《陈眉公全集》卷59《布税议》。
③ 谢肇淛：《五杂俎》卷4。
④ 上海博物馆等编：《上海碑刻资料选辑》，上海人民出版社1980年版，第84—86页。
⑤ 《布经·字号看白布总论》。

"因为客帮购货，习惯上只认'牌子'，只要'牌子'做出，客户信任，就不愁无生意可做"，所以江南棉布业有"土布业好开，牌子难打"的说法①。无论是棉布生产者、加工者，还是前往江南的外地客商，棉布交易首重牌子成为业内人的共识，字号成为布匹交易的唯一信誉标识。因此，围绕着字号牌号，布业展开着各种各样的激烈竞争。

正当的竞争大要有两种途径。一是加强管理，把好看布、收布、漂染等各个环节，确保或提高布匹的质量。如陈士策开设万孚字号，原来布匹外发染色，因"颜色不佳，布卖不行"，于是"自开各染，不惜工本，务期精工"，踹布也请"良友加价，令其重水踹干"，临到分家，还谆谆嘱咐子孙，"配布不苟颜色，踹石顶真"，"不可懈怠苟就"，坚信"每布之精者必行，客肯守候"②。以质量取胜，这是字号维持或扩大销路，传之久远的根本途径。另一种是以品牌效应，占有更多的市场份额。前述二百年间布匹畅行天下的"益美"字号，以小利诱缝工，让他们义务宣传"益美"布，造就出一个滇南漠北无地不以"益美"为美的全国驰名商标，市场覆盖率广达全国。"益美"的加工生产规模也许并没有扩大，但利用人们崇尚名牌的心理，"益美"业主将收购来的布匹，贴上"益美"牌号，在市场竞争中抢了先机。

正当竞争有限，不正当竞争无限。字号可以出租、转让，也可以歇而复开，但名字不得相同，店名不得假冒，至迟自明代起，江南棉布业字号即严禁假冒雷同。所谓"从前盛行字号，可以租价顶售，□□□偿招牌，即成资本"，但"苏松两府字号布记，不许假冒雷同，著有成案"③。从碑记所录名称来看，字号绝无同名者，用字发音区别较为明显，但间有姓不同而名相同者，如程益隆与金益隆，郑元贞与程元贞之类；偶尔也有音近字异如金万盛与金万成（江南方言盛、成发音相同）之类。创立字号招牌不易，利之所在，假冒字号之事也就时时发生。

---

① 徐新吾主编：《江南土布史》，上海社会科学院出版社1992年版，第365—366页。

② 《康熙五十九年休宁陈姓阄书》。

③ 上海博物馆等编：《上海碑刻资料选辑》，上海人民出版社1980年版，第84—86页。

假冒字号大约有三种形式。一是以同音字或近音字、近体字翻刻已有名气销路正旺的字号，以假乱真。清初字号"布店在松，发卖在苏"。顺治十六年（1659），布牙沈青臣利用字号这种加工与发卖异地的情形，假冒金三阳字号，"或以字音相同，或以音同字异"的手段，"垄断居奇，私翻摹刻，以伪乱真，丑布射利"，引起金三阳字号等苏松37家布商联名控告。江宁巡抚为此饬令"苏州府立提，限三日连人解报"，将假冒的布匹判令归还金三阳字号，苏松两府并立碑告示①。康熙四十二年（1703），又有人假冒"□元"字号牟利，官府采取同样措施示禁。二是直接起名与久负盛名的字号相同，或干脆盗用他人字号，让人莫辨新旧真伪。乾隆元年（1736），苏州有布商黄友龙假冒字号招牌，苏州布政使奉督、抚批示，严令苏松两府查禁，两府要求将各字号图记分别开呈，声明原籍何处，字号开设何地，并无重号窃冒情弊，出具遵依结，再在府署前立碑公示②。看来黄友龙是直接盗用了他人字号。嘉庆十九年（1814），苏松两府字号同业公议，遵照成案，"新号毋许同名"，立碑周知。后有杨绍裦、杨宗宪在上海县开张同名字号，即被勒令改名，"取结完案，免予提讯"③。字号名称相同或盗用他人字号，这是在品牌宣传上毫不投入前期成本，明目张胆以图渔利的勾当。但有些手法更为恶劣，如"有人暗中假冒他人牌号，其打包之时，内间用冒牌，外面包布借用客商字号，发往他处，无非图利巧取，非但损碍他人牌号，更为欺诈恶习"④。这实际上采取的是偷梁换柱的手法，隐蔽性、危害性更大。三是利用他人字号做手脚。光绪末年，上海县奚晓耕顶租许姓鼎茂牌号，即添加包装银5两，"而又暗蚀每匹五丈

① 上海博物馆等编：《上海碑刻资料选辑》，上海人民出版社1980年版，第84—86页。

② 上海博物馆等编：《上海碑刻资料选辑》，上海人民出版社1980年版，第86—87页，参见《绮藻堂布业总公所牌谱》所载《上海县出示晓谕》，转引自徐新吾主编：《江南土布史》，上海社会科学院出版社1992年版，第365页。

③ 《绮藻堂布业总公所牌谱》所载《上海县出示晓谕》，转引自徐新吾主编：《江南土布史》，上海社会科学院出版社1992年版，第365页。

④ 光绪二十四年四月廿九日，松江府上海县正堂黄《告示》，转引自徐新吾主编：《江南土布史》，上海社会科学院出版社1992年版，第361页。

（文），以致各行庄意外亏折，纷纷倒闭"，业主许氏兄弟请求收回原牌，县令裁断准请①。这是利用租来的牌号，采取不正当竞争手段，或明加，或暗亏，挤垮同业的卑劣行径。

上述三种情形，违背字号同业的约定和成规，遭到同业的反对，也为官府所严禁。字号同业为了防止和杜绝各种假冒牌号行为，通常采用两种方法，一是同业订立牌谱即登录全体字号牌名，新创业者则需备案，不准字音相同，或音同字异。牌谱始于何时，尚不清楚，由道光五年（1825）上海布业议定，原来字号，"其中间有重叠或紫白套不同；或南北路各异；或同名异记，显然不符，均出无心，且各创已久，无庸更改。但自议之后，各号增添牌子及新创业者，均须取簿查阅，毋得同名"②。可知很可能直到道光初时才有牌谱。道光五年（1825），上海布业重为校刊，再订牌谱，严定规约，以后至少在光绪二十二年（1896）、宣统三年（1911）又屡次会议，重修牌谱。二是有犯案发生，即向官府呈控。官府受理禀控后，为维护字号的信誉和市场的秩序，总是站在实际受害者的一边，通过赔偿损失，勒令终止假冒，让字号切结保证，立碑周示等措施和方式，维护字号的合法利益。说明官府是维护棉布业市场合法经营、有序竞争的有效力量。从实践来看，字号同业和官府的通力合作，对于打击假冒，杜绝冒牌，净化棉布业市场，是起了相当作用的。字号通常营业十数年、几十年，就是同业与官府努力维持的结果。但字号同业对冒牌者并没有约定不得另开牌号，官府也仅断以偿还冒牌所得收入而缺乏严的惩罚措施，冒牌者没有任何风险；一旦成功，即有利可图，如被发觉，实际并无损失，字号可以顶租转让更为影射作弊增加了制度上的可能。因此，假冒字号事端屡禁不止，始终未曾绝迹，一直是棉布市场上的一个较为严重的问题。在棉布业市场竞争日趋激烈而假冒伪劣殊少风险的社会大背景下，一个颇负

---

① 《时事汇录》，《汇报》第11年第2期，转引自徐新吾主编：《江南土布史》，上海社会科学院出版社1992年版，第365页。

② 《绮藻堂布业公所同业牌号簿》，转引自徐新吾主编：《江南土布史》，上海社会科学院出版社1992年版，第362页。

盛名的字号，可能在创出品牌的前期投入和维护品牌、打击冒牌的后续投入成本均相当高，这也可能是清代江南棉布的华北市场不断收缩的一个原因。

四

徽州布商在苏松等地开设的众多棉布字号，是集收布、发布委托加工、再回收布匹批销外地的大型商业资本[1]。布商字号不但通过商业资本本身谋取利润，而且还将商业资本转化成工业资本，形成商业资本与产业资本的结合，从而既谋取商业利润，又获取产业利润。乾隆《盛世滋生图》中出现的"本店自制布匹"，就是指的这种加工布匹的字号。

字号加工布匹，先要收布。收布主要有两种途径。一是在字号开设地直接收布。如上海张曼园之父"五更篝灯，收布千匹，运售阊门，每匹可赢五十文。计一晨得五十金，所谓鸡鸣布也"[2]。这是设在苏州的字号，在清初由产地之人送布上门收购。棉业巨镇南翔镇，盛产浆纱、刷线布，"布商各字号俱在镇，鉴择尤精，故里中所织甲一邑"[3]。这是设在棉业市镇的字号就近收布。另一种是苏州的字号直接到产布地收购。为了增加竞争力，降低坯布收购成本，字号一般通过后一种途径。到产地收布，或者是通过布庄或牙人（实际上有的布庄即系牙人所开）代为收购。或者是字号自设布庄采购，所谓"乃自募会计之徒出银米采择"[4]。直接从生产者手中购买布匹。如元和县唯亭镇产布，"布庄在唯亭东市，各处客贩及阊门字号店皆坐庄买收，漂染俱精"[5]。而且随着字号由松江向苏州集中，这种字号的直接收购形式日益占据重要地位。为确保布匹质量，字号更直

---

① 张研：《清代经济简史》，中州古籍出版社1998年版，第438页谓："染布有作坊，叫作'字号'。"恐不确切。

② 许仲元：《三异笔谈》卷3《布利》。

③ 嘉庆《南翔镇志》卷2《物产》。

④ 褚华：《木棉谱》。

⑤ 道光《元和唯亭志》卷3《物产》。

接向棉织户发银定织。嘉庆间人缪元英诗，"秋间刚得拈针线，贾客肩钱定布机"，作者自注"吴门布客每认机定织"[①]，说的就是这种情形。大体而言，除了南翔、朱泾、枫泾等特别重要的市镇本身开设有字号外，棉布字号在棉织业市镇如外冈、娄塘、诸翟、周庄和唯亭等地直接开庄收买布匹，在其他市镇乡村则由当地牙行布庄代为收购布匹。

字号的布匹要确保质量，收购白布即坯布、验收光布是关键，而聘用可靠懂行的看布之人至为重要。这种看布之人就是地方文献所说的"贾师"[②]。几十家字号，每家经营又大多长达数十年，对布匹必定有相应的质量标准，这些标准是什么呢？字号聘请的贾师又是如何按照标准严格把关的呢？至今未见有人提及。

令人高兴的是，笔者所见一个抄本，至迟形成于乾隆初年的《布经》一书，大约就是由专门为字号看布之人传授的经验总结[③]，为我们提供了较为丰富的内容。全书大体上依照字号自门庄收布到验看光布的自然流程，着重介绍验看各种布匹的诀窍及染布方法、染料来路等，分为配布总论、看白布诀、指明东路铁梃木梃诀、门庄买布要诀、指明布中一切条款、字号看白布总论、看白布总诀、认刷纱病处并木梃铁梃分解、指明浆纱水纱二布分解、刷经布路道大略、半东路大略布言、收门庄要诀、看毛头大略总要、青蓝布看法、看翠蓝月白秘言、看法条例、染坊总诀、染各样杂色每百匹该用颜料数目、门布染标扣颜色染价每匹照码六折（字号染价大约依此码五折）、江西出靛道路地名、各样颜色道路地名、各路靛、看光布总论、看光布秘言、各样退法、看光布歌诀（又歌诀曰）、石上踹布法、看手踹手及楺子石头四事总诀，共28则，最后还有一则，为五逆生意，是对收布验布的感慨。全部内容可以归结为看白布法、看色布法、看光布法及染法染料4个部分。

---

① 许灿：《梅里诗辑》卷23。

② 崇祯《松江府志》卷6谓，棉布生产者"媚贾师如父，幸而入选，如脱重负"。

③ 《布经》一书，李斌先生在《东南文化》1991年第1期上刊文曾经引用，笔者经安徽大学徽学研究中心卞利教授指点，于1995年元月得睹全书，在此深致谢意。

书中所载各则，显示出字号在收白布、看毛头布、验光布等各个环节均有相应的质量标准。

白布的标准是："笍门密扎，花色光秀，纱线细紧为上，尺实沉重为次。经纬纱线，细要细匀，粗要粗匀。门面取其阔，尺稍取其长，上下边道取其齐。湾兜稍页不稀松，内外八面子眼一样细紧，方为好布"，反之则为"低布"（《看白布诀》）。白布标准既定，门庄收布就有所据。收布经验有5条，其要诀为："入手先评轻重，斜看经纬均匀，门面尺稍如式，子眼细紧光明，上下边道齐整"，符合这些标准的布，"方称大号布魁"（《门庄买布要诀》）。具体门庄收布时，还得注意其他事项，其要点有六："一防机关，二防面糊头，三防短布，四防破边，五防笑机，六防坏笍"（《收门庄要诀》）。由《布经》所载，可知字号看布人对白布的所谓匀、硬、软、重、阔、长、粗、朴、稀、松、毛等，均有具体衡量标准。布庄按照上述要求收布后，再交字号。字号看布，毫不含糊。所以看布人说："凡配字号布，眼睛比不得收门庄，手势要习其体格，匹匹认真。先取纱线，不可自无主意"，"笍门纱线俱好者丢，扣青略秀者丢，翠蓝粗朴者丢，月白至低者退回"。[①]（《收门庄要诀》）

看毛头布是指字号验收染坊染色的布匹。标准是，凡青、蓝布类，京蓝，"紫红受踏者收，白边毛灰浇红者退"。因为紫红者色脚深，踏后光彩鲜艳。收这种京蓝布，需加注意，一防缸水死伤灰眼色，二防毛灰，三防缸水失灰，四防有花布或有脚灰，五防花边布。双蓝，"沉重红鲜艳明亮收，毛边不妨，白边花搭身轻脚重者退"（《青蓝布看法》）。凡翠蓝、月白类，宝蓝，"平直清翠者收，瘢青块、扫帚花、白点风者退"（《看翠蓝月白秘言》）。

看光布是指验看踹坊踹光的布匹，在看布各个环节中要求最高，又直接影响到字号布匹的销路。因为春夏秋冬四季水头不同，看光布又有"看重水""取对水""取松水"之别。重水布最难踹，也最难看，"全要用手

---

① "丢"，在这里意为收。

里工夫，取宝色，究纱线发亮如日出青天，毫无昏色，愈看愈精神"。看松水布最易，多系初学之人及老年人水头拿不稳者为之。大体上，"凡看布，正二三月必要究水头，踹得干；至于四五六七月，亦要究水头，踹得干，但大热炎天，人心一样，看布者亦宜体谅，只宜取对水不取重水；至八九十月稍有西风起，水头重些不妨，可以究工矣；十一十二月天寒冰冻，其纱线必脆，恐绐破者多，水头不可太重"。所以是取重水，还是取对水、松水，还要视各种色布而别。看黑扪要取重水，"惟以结亮为上，毛昏者退；看红扪，要取松水，"明亮者收，黑色者退"；看双蓝，"惟对水为上，所忌重水，恐其霉也"，但无论哪色布，"总要小眼亮而边道清也"。

这种种看布质量标准及一整套看布经验，虽然清晰明了，形象突出，但操作执行并非易事，有些经验只可意会，难凭言传。更为重要的是，光有质量标准，而无忠心不二的看布人，字号仍无济于事。字号业主深知"看白布一人，乃字号之栋梁也"，因此既"重俸"礼请，又对其人品细加考察。所谓"接看白布朋友，全在要取为人正直，一无私心，布内精微，无不详细，方可交财重托"（《字号看白布总论》）。对于看布人来说，看布是"清高生意"，俸金又重，但关系到布匹质量，字号生意，招牌声誉，责任极为重大，还要处理好与布匹生产者、踹染加工者的关系，既掌握标准，又恰到好处，各方满意，人品技术协调能力兼优方能胜任，因而看光布被看布人称为"是非衙门"，是"五逆生意"。几十家字号，要同时聘请到这样人品技术都过硬的贾师，竞争之激烈是可以想见的。棉布市场的竞争，实际上在聘请贾师这类人才时就已开始了。字号只有在重金礼聘贾师，用得其人，在收白布、验毛布、看光布各个环节，遵守注意事项，严把质量关口，才能在激烈的棉布市场竞争中创造出过得硬的品牌。

五

江南的数十家字号又是如何经营的呢？有人主张有设局雇工染造和通

过包头雇工经营两种形式①；也有人依据踹匠"俱系店家雇佣之人"，系"局中所雇"等记载，认为字号直接经营整染作坊②。但上述记载是否就是字号直接经营或自行设局下的雇用，颇值推敲。被人举为直接经营踹坊例子的益美字号，并无设局雇用踹匠的任何迹象，倒是如前所说在康熙三十二年（1693）、四十年（1701）、五十九年（1720）和道光十二年（1832）的碑文中均曾具名，但都是以委托踹坊加工棉布的形象出现的。实际上，如果我们细读苏州康熙九年（1670）、三十二年（1693）、四十年（1701）、五十四年（1715）、五十九年（1720）和乾隆四年（1739）、四十四年（1779）、六十年（1795）的8块核定踹匠工价的碑文，道光十二年（1832）、十四年（1834）和同治十一年（1872）的3块禁止踹坊垄断的碑文，以及嘉定县康熙和乾隆年间的2块踹匠工价碑，娄县康熙年间的1块禁止踹匠抄抢碑，对照康熙中期江苏巡抚汤斌的告示和雍正年间浙江总督李卫、苏州织造胡凤翚、署江苏巡抚何天培的几件相关奏折，可以发现它

①　如刘秀生《清代商品经济与商业资本》，中国商业出版社1993年版，第143页认为，苏州等地棉布染踹业中商业资本生产存在设局雇工染造和通过包头雇工经营两种形式，"这种差别产生的原因在于前者是坐商，有店、有局，置办的染踹设备归其所有，因为他就在这里定居。而包头制适用于'客商'……客商不在此定居，因而他办置的生产资料（踹房设备）不能带走，这样，商人便不肯置办固定资产，这就是包头制存在的条件"。再如陈学文《明清时期太湖流域的商品市场》第200页认为，"在'字号'之下，有染坊、踹坊，或直接由'字号'投资经营，或将棉布交染坊、踹坊加工"。

②　如段本洛、张圻福《苏州手工业史》，江苏古籍出版社1986年版，第64—65页认为，"布商开设的字号，'店在阊门外，漂染俱精'。字号资本雄厚，兼营或投资经营整染作坊，'自漂布、染布及看布、行布各有其人，一字号常数十家赖以举火。中染布一业，远近不遑之徒，往往聚而为之，名曰踏布房'。……这些布庄字号从收布、整染加工到批发运销各地，经营业务一条龙，都是些富商巨贾。例如程益美字号……布商直接经营的染坊和踹坊只占少数。雍正元年（1723）苏州织造胡凤翚对苏州整染业作过调查后，在奏折中说：'至于染踹二匠，俱系店家雇用之人'。'店家'当指布号，直接雇用染、踹二匠，经营作坊。雍正八年（1731）浙江总督李卫在奏折中说：'康熙初，里中多布局，局中所雇染匠、砑匠，皆江宁人，往来成群'。'布局'也是指的布号。在这里布商与作坊主合而为一，商业资本与产业资本交织在一起"。需要指出的是，论者在这里引的所谓胡凤翚的话，实际上是署江苏巡抚何天培说的，载在《雍正朱批谕旨》第8册而非48册；所谓李卫的话是吴遇坤《天咫录》所言，载在光绪《枫泾小志》卷10《拾遗》，而非《雍正朱批谕旨》48册。

们所涉及的字号踹匠关系与地方文献所述并无根本不同，反映的都是同一种生产或加工形式，从而也可以明了真正的字号与踹匠的雇佣关系。

康熙九年（1670），苏州府核定踹匠工价，为此示谕字号、踹布工匠，"嗣后一切踹工人等，应听作头稽查，作头应听商家约束"①。这里的作头是否为字号雇用的管理人员呢？康熙五十九年（1720），踹坊包头邢庆生等呈称，"身等同为包头，约有三百余户，或有两作，或有三坊，不能分身稽察。每作用管帐一人，专责稽查，名曰坊长"②。所谓作头，原来就是坊长，责在稽查踹匠，如果一个包头有二作以上，作头就是包头聘请之人，如果包头只有一作，作头就是包头自身，是踹坊主。明了了作头的身份，我们再来探讨字号与踹坊、踹匠的关系。

雍正八年（1730），浙江总督兼管江苏督捕事务李卫与两江总督史贻直、苏州巡抚尹继善的奏折说得较为清晰。奏中说，在苏州，"各省青、蓝布匹俱于此地兑买，染色之后，必用大石脚踹研光，即有一种之人名曰'包头'，置备菱角样式巨石、木滚、家伙、房屋，招集踹匠居住，垫发柴米银钱，向客店领布发碾。每匹工价一分一厘三毫，皆系各匠所得，按名逐月给包头银三钱六分，以偿房租家伙之费。习此业者，非精壮而强有力不能，皆江南江北各县之人，递相传授，牵引而来，率多单身乌合不守本分之辈……从前各坊不过七八千人，现在细查苏州阊门外一带，充包头者共有三百四十余人，设立踹坊四百五十余处，每坊容匠数十人不等。查其踹石已有一万九百余块，人数称是"③。由此奏折和参考其他记载，可以确知当时苏州包头有340余人，开设踹布作坊450余处，今人所谓"六七百家踹坊"④，至今未见任何史料依据。据此，更可以明了字号、包头、踹匠三者之间的关系。字号是雇佣踹匠加工布匹的雇主，但并不直接经营

① 《明清苏州工商业碑刻集》，江苏人民出版社1981年版，第54页。
② 《明清苏州工商业碑刻集》，江苏人民出版社1981年版，第69页。
③ 浙江总督李卫等雍正八年七月二十五日奏，《雍正朱批谕旨》第42册。
④ 李伯重《江南的早期工业化》，社会科学文献出版社2000年版，第42页援引许涤新和吴承明、洪焕椿之说，认为"其中仅康雍乾时期苏州的踹坊就达六七百家之多"。

踹坊,而是发放布匹,由踹匠在包头开设的踹坊内踹砑,按件付以工价每匹1分1厘3毫①,然后收回布匹。踹匠是江南江北安徽太平府、宁国府和江苏江宁属县、丹阳等地的"远来雇工者","在苏俱无家室"②,"皆系膂力凶悍之辈,俱非有家之民"③,"率多单身乌合不守本分之辈","皆系异乡穷徒,无籍可稽"④,是到苏州谋生的一无所有的雇佣劳动者,靠出卖劳动力获取工资报酬。踹匠到踹坊就雇,要由包头⑤或坊长介绍,填明籍贯,何人保引,何日进坊,由包头严加管束,"踹匠五人连环互保,日则做工,夜则关闭在坊"⑥。包头是"有身家"的苏州当地人,他们"租赁房屋,备买□□赁石银三钱六分,是亦有本",因而"每月得赁石租银三钱六分"⑦。因为包头租赁房屋开设踹坊,"招集踹匠居住",踹匠是外来单身,容易肇事生非,所以官府一再颁示,责令包头管束工匠,甚至将他们"立于居民之外,每十二家编为一甲"⑧,配合地方官府防止踹匠滋事,监视踹匠的行动。

因此,踹布业中的生产关系是相当清楚的。包头表面上是作坊主,置备菱角样式巨石(俗称元宝石)、木滚、家伙、房屋,招集踹匠居住,垫发柴米银钱,约束工匠。实际上,加工的布匹系字号所有,踹匠的工资由字号支付。包头由于置备了住房、生产设备和垫支了柴米银钱,因而踹匠按名按月付给包头银3钱6分,"以偿房租家伙之费"。包头得到的不是利润,而只是垫支资本以及由此而来的好处,利润归布号商人所有。包头也不是所有主,真正掌握踹匠经济命运的是布号商人,包头只是包工头、揽踹人。这种揽踹人,因字号自由择坊发踹,在道光、同治年间与字号形成

---

① 由碑刻可知,踹匠工价在康熙九年(1670)至三十二年(1693)为每匹1分1厘。

② 苏州织造胡凤翚雍正元年(1723)四月五日奏,《雍正朱批谕旨》48册。

③ 《明清苏州工商业碑刻集》,江苏人民出版社1981年版,第55页。

④ 汤斌:《汤子遗书》卷9《申明弥盗之令以安民生事》。

⑤ 包头因责在保引踹匠,在康熙三十二年(1693)的碑文中也称为"保头"。

⑥ 《明清苏州工商业碑刻集》,江苏人民出版社1981年版,第69—70页。

⑦ 《明清苏州工商业碑刻集》,江苏人民出版社1981年版,第55—56页。

⑧ 《明清苏州工商业碑刻集》,江苏人民出版社1981年版,第69页。

严重冲突，屡屡涉讼公庭①。包头充其量只是踹匠的监工头、管理者，其责在监督踹匠守分不肇事，至于工效如何，利润多少，都与其无关。当然，包头与字号更不是雇工与雇主的关系，包头没有得到任何工资，而只是转发踹匠的工资，得到工资的是出卖劳动力的踹匠，只要包头不中间克扣，踹匠与包头很少形成冲突。所以，真正形成主雇关系的是字号与踹布工匠，他们之间基本上是一种自由劳动的雇佣关系，正是在这个意义上，署江苏巡抚何天培才说踹匠"俱系店家雇用之人"。真正居于经济统治地位，限制或影响踹染行业的生产与工匠生活的也是字号，所以人称字号"漂布、染布、看布、行布各有其人，一字号常数十家赖以举火"②。所以地方政府的规定是"一切踹工人等，应听作头稽查，作头应听商家约束"。正因为如此，踹匠的每一次"齐行"斗争几乎都是为了要求增加工资，而字号则总是仰仗官府镇压踹匠的停工斗争。可见，不能因为包头横隔其间，就否认字号与踹匠之间的劳资关系。

之所以如此反复阐述字号、踹坊、踹匠之间的关系，是想说明这就是当时字号的一种基本的棉布踹砑加工方式，而并不同时存在一种字号直接设局雇佣踹匠的加工方式，所谓踹匠系"店家雇用之人"，指的只是字号与踹匠存在主雇关系，并不意味着字号直接设局；所谓"一字号常数十家赖以举火"，指的是因为字号的存在，看布、行布、染坊、踹坊、踹匠等社会各界都能分沾余润，赖以为生，而并不意味着字号自行开设踹染作坊独立完成棉布染整的全过程，不能望文生义，将同属字号委托踹坊加工布匹的史料理解成字号既有直接经营，又有间接经营踹布业的两种加工方式，至于说直接经营的字号是坐商而间接经营者是行商，更是想当然之论。苏州的踹布业是由字号间接经营的。迄今为止，还未发现可以说明字号直接设立踹坊的任何史料，也未发现字号直接设立踹坊的任何例证。本文多次提及的万孚字号，兼开染坊，但"踹石已另请良友加价，令其重水

① 参见《明清苏州工商业碑刻集》，江苏人民出版社1981年版，第80—83页、85—86页。
② 乾隆《元和县志》卷10《风俗》。

· 153 ·

端干"，端布始终是委托端坊的。地方文献只说字号"漂染俱精"，漂布染布各有其人，而未说字号染端俱精，染端有人。苏州只有数十家字号，而有450余处端坊，1万余名端匠，如字号自设端坊，一家字号平均约有近10处端坊，200余名端匠，作为外地客商的徽商，要在苏州开设这么多的作坊，安置如此多的端匠，恐怕也是不可思议的事。

字号并不直接经营端坊，那么是否如人所说"都设立染坊，雇有染匠"[①]呢？《布经·看毛头大略总要》说："凡开字号，所望者，惟染坊内可以取利无穷也。"似乎是说因染业利厚，字号是兼营的。实际恐未必。康熙五十九年（1720）七月，苏州有一块染业碑，在碑文中列名的字号染坊共有64人[②]，常被人视为当时苏州有染坊64家的依据[③]。本文姑且同意这种看法。染业碑中列名者在字号倡立的历年端匠工价碑中出现的有吴益有、赵信义、程益隆、程广泰、吴益大、周正和、吕双元、金双隆、朱京元、程德丰、朱紫阳、陈万孚、朱天嘉、吕咸亨、程益美、俞启裕、程日升和方德和等18家。可以认为这18家字号确是兼营染业的。值得注意的是，这18家字号在同年同月竖立的另一块端匠工价碑中具名的有13家，在全部43家字号中仅占30%[④]。如果这个事例可信，那么可以认为，字号确有兼营染坊的，但比例恐怕并不很高。前述曾经两次在碑文中出现的万孚字号，其业主陈士策，早年"代管金宅染坊"，自开字号后，仍然"向来发染"，后来因为颜色不佳，布匹销路不畅，才不惜工本，自开染坊。这个事例既说明字号有兼开染坊者，也说明并非所有字号均兼开染坊，或者说字号并非始终兼营染坊。字号自开染坊涉及资本、场地、人手、管理等一系列问题，在染业发达、染坊林立的苏州，外发加工染色简便易行，

① 方行等主编：《中国经济通史·清代经济卷》，经济日报出版社2000年版，581页谓："枫泾镇、苏州府城中的布号都设立染坊，雇有染匠。"

② 《江苏省明清以来碑刻资料选集》，生活·读书·新知三联书店1959年版，第59页。

③ 许涤新、吴承明主编：《中国资本主义的萌芽》，人民出版社1985年版，第404页。

④ 《明清苏州工商业碑刻集》，江苏人民出版社1981年版，第70—71页。

因此字号兼设染坊大概并不普遍，至少绝不会是"都设立染坊"。所以地方文献所说的字号"漂染俱精"，不独不能理解为字号自开踹坊染整俱精，兼且不能简单地理解成字号都自开染坊精于漂染，而恐怕只是说经过字号的布匹漂染质量都是过得硬的。

原载《历史研究》2002 年第 1 期

明末清初徽州书画商人的经营活动

明清时期的徽商，被人誉为"一支有文化的商帮"[①]，在诸多地域商帮中，体现出较为浓郁的文化气息。学界对于明清时期徽州商人的研究，已经取得丰硕的成果，举凡盐商、木商、茶商、典商或棉布加工商人等，均有精深的研究，而对于最为体现徽商文化素养的书画商人的研究，则相对薄弱。笔者之一范金民既刊文述说过徽州商人的书画收藏[②]，现我们再续作此文，以叙述徽州商人的书画经营，期能为深化徽商研究做些基础性工作。

一、歙县吴其贞家族

吴其贞（1607—1678?），字公一，号寄谷，出身于歙县的书画收藏之家，家有怡春堂。其父字豹韦，"笃好古玩书画，性嗜真迹，尤甚于扇头，号'千扇主人'"，字则收集扇头不止千数。收藏有元人无名氏《野草图》等五画[③]。吴其贞本人自成年后即收购书画，直到其《书画记》记事截止

---

① 张海鹏：《徽商——一支有文化的商帮》，《东方讯报》1995年3月22日，第6版。

② 参见拙作《斌斌风雅——明后期徽州商人的书画收藏》，《中国社会经济史研究》2013年第1期。

③ 吴其贞：《书画记》卷1"元人无名氏《野草图》纸画一小幅"条，辽宁教育出版社2000年版，第2页。

时的康熙十六年（1677），前后四十五六年间一直在从事书画经营活动。其长兄名幼文，与歙西方公瓒是琴友，方家有马麟《雪梅图》等①，看来幼文也从事书画经营。其长子名振启，次子振男，则跟随他或独立从事收藏。吴其贞一家，至少前后三代都是书画古董商。

仅据《书画记》记录，吴其贞的族人很多人经营书画。族伯称带河伯，有季子名明铎，字元振，乃其贞之族兄信叔之从叔，"为人风雅，善诗画"，吴其贞从其手中得到马远《鹡鸰图》等三幅画②。族伯在竹伯，业骨董者。族伯濂水伯，其子仲坚。濂水本人有别业在上海，"嗜古玩"，吴其贞于崇祯十一年（1638）九月在仲坚兄处见到《三朝宝绘图》并《耕织图》。按吴其贞的说法，顾氏所刻《印薮》并秦汉铜玉图章，悉为吴濂水所得，"复增数百方，集为一书，共八卷，颜曰《印统》。王百公为之序，罗王常所刻也"③。族叔名民，称茂真叔，颖悟过人，仿造前代各种窑器，咄咄逼真，世呼为"民窑"④。兄伯生，收藏天宝鼎，有季子道锜，字信叔，有乃翁风，"嗜古，好陈设"⑤。兄道铉，为信叔之兄，有闻远斋，收藏宋徽宗《春辞》单条。族兄明宸，号秋蝉，称中玄兄，家有"丘园"。能临池，好古玩，家有雷琴名"秋蝉"。吴其贞从其那儿得过宋人小画图册一本。兄明本，称师利兄，家有南楼，供奉佛像，皆镀金乌思藏者，大小不计其数，"惟准提像为新铸，系万历年间藏经内检出，始行于世"。吴其贞曾随父在其家观赏到马和之《豳风图》，该图"画法工致，飘逸秀嫩，

---

① 吴其贞：《书画记》卷1"马麟《雪梅图》小绢画一幅"条，辽宁教育出版社2000年版，第11页。

② 吴其贞：《书画记》卷1"马远《鹡鸰图》小绢画一幅"条，辽宁教育出版社2000年版，第3页。

③ 吴其贞：《书画记》卷1"《三朝宝绘图》册子四本计一百则"条，辽宁教育出版社2000年版，第36页。

④ 吴其贞：《书画记》卷1"王元章《梅月图》小纸画一幅"条，辽宁教育出版社2000年版，第4页。

⑤ 吴其贞：《书画记》卷1"王叔明《竹石图》纸画一小幅"条，辽宁教育出版社2000年版，第2页。

如行云流水，脱尽近体，盖得李龙眠传授，为逸品上画”[①]。兄明远，称伯征兄，善诗辞，尤长于五言，与嘉兴李日华知厚，家藏宋拓字帖甚多，有一白定大士瓶，“为希世佳玩”。吴其贞曾在其家观赏过钱舜举《石勒参禅图》等三幅[②]。兄元振、素臣，家有至德堂。吴其贞从其处得到《秋山游骑图》，观赏过夏禹玉《秋山竹亭图》等四画。兄怀敬，称德聚兄，由国子生为中书，好收藏古玩，尤嗜汉玉器，得三百余件，故名其斋曰“思玉”，书画则尚宋元。吴其贞曾在其家见过“笔法精细，甚有秀色，为神品”的黄筌的《古木幽禽图》[③]。族兄邦庆，称怀孺兄，有“天香堂”，“闲居以古玩自娱，至老不倦。崇祯十年（1637），吴其贞曾在其家观赏赵千里《山水图》[④]。隐之兄，家有承德堂，藏有唐人《孝经图》，又有一琴，“亦世之罕有者”[⑤]。敬枢兄，吴其贞于崇祯十二年（1639）从其手得到李唐《风雨归牛图》[⑥]。翼明兄，曾从嘉兴项氏处以七百两银购得周文矩《文会图》[⑦]。公木兄，为歙县“以骨董见称于一时者，目力虽高，书画尚未精究耳”[⑧]。有仲坚兄。有从弟亮生。有尊生侄，名道荣，受知于曹能始先生，与闽徐㶿、徐熥兄弟并称。伯昭侄，有肯堂。吴在其家观看

① 吴其贞：《书画记》卷1“马和之《豳风图》纸画一卷十则”条，辽宁教育出版社2000年版，第6页。

② 吴其贞：《书画记》卷1“钱舜举《石勒参禅图》小纸画一卷”条，辽宁教育出版社2000年版，第11页。

③ 吴其贞：《书画记》卷1“黄筌《古木幽禽图》绢画一幅”条，辽宁教育出版社2000年版，第10页。

④ 吴其贞：《书画记》卷1“赵千里《山水图》绢画一卷”条，辽宁教育出版社2000年版，第32页。

⑤ 吴其贞：《书画记》卷1“唐人《孝经图》绢画册一本”条，辽宁教育出版社2000年版，第38页。

⑥ 吴其贞：《书画记》卷2“李唐《风雨归牛图》绢画一幅”条，辽宁教育出版社2000年版，第41页。

⑦ 吴其贞：《书画记》卷2“周文炬《文会图》大绢画一幅”条，辽宁教育出版社2000年版，第43页。

⑧ 吴其贞：《书画记》卷2“廓填王右军《去夏帖》一卷”条，辽宁教育出版社2000年版，第47页。

过马远小画图册子等十四种①。龙媒侄，名家驹，"好摹秦汉图章，所收书画甚富"，其中有"用笔圆健，气韵深厚，为神品上乘"的宋复古《崇山茂林图》大绢画②。长孺侄，名祚，即子含、去非之父，藏有罗稚川《村庄牛羊图》，敦尚礼义，崇祯末年，荒乱之际，赈恤一方，人多赖之③。象之侄，名甲先，少逸兄长子，家有"宝善堂"，"为人谨言谦退，好临摹及玩器，有父风"。象之二弟文仲侄，家有"思齐堂"，收藏赵昌《折枝桃花图》，"为宋代折枝花图神品第一"④。尔白侄，吴其贞从其手得到"画法高简，有自然意趣，妙品也"的王辉《散花罗汉图》⑤；子云侄，名维翰，与吴其贞为髫年交，"举止率真，平居好读书，博古"，在杭州有"靡盈堂"。还有易三侄、于庭侄、子开侄、从先侄等。有子含侄孙（名闻诗），有"谈房"，去非侄孙（名闻礼），以及斌文侄孙、长公侄孙等。这些伯、叔、从弟、侄、侄孙等，大约均是吴其贞的族人，一族三十几人从事古董经营，堪称难得一见的徽州古董商家族。

吴其贞收藏书画家学渊源，又颇具学养，广交友人，与诸多收藏赏鉴家是莫逆之交，利用家学、血缘、地缘等优势，几十年间活跃于藏品最为丰富和集中的徽州、江南和淮扬一带，在各地簪缨望族后裔处观赏历代珍品，不失时机地频频出没于收藏赏鉴家之门，奔波于苏州、杭州和扬州等藏品交易大城，欣赏、鉴别、记录以至买卖古董，见多而识广，积累起丰富的藏品知识和经验，成为出色的古董特别是书画鉴赏收藏买卖商人，通过收购、买卖、交换乃至受赠等途径，书画收藏极为丰富出色。

---

① 吴其贞：《书画记》卷1"马远小画图册子计十六页"条，辽宁教育出版社2000年版，第24页。

② 吴其贞：《书画记》卷1"宋复古《崇山茂林图》大绢画一幅"条，辽宁教育出版社2000年版，第9页。

③ 吴其贞：《书画记》卷1"罗稚川《村庄牛羊图》绢画一卷"条，辽宁教育出版社2000年版，第38页。

④ 吴其贞：《书画记》卷2"赵昌《折枝桃花图》小绢画一幅"条，辽宁教育出版社2000年版，第69页。

⑤ 吴其贞：《书画记》卷3"王辉《散花罗汉图》小纸画一幅"条，辽宁教育出版社2000年版，第84页。

吴其贞收藏丰富，不乏珍品异品，搜集途径十分广阔。倪瓒《景物清新图》，"纸墨微黑，精彩尚佳"，吴得到后，"入于高头大册子内"①。王蒙《幽谷读书图》，藏在歙西汪氏处，吴闻之已久，崇祯十四年（1641）二月特意前去拜访，购得珍藏②。马远《宫苑乞巧图》，"画法工致，气韵浑厚"，是马远"神品之画"，顺治二年（1645）吴从王尔吉手得到，"入高头大画册中"③。2011年轰动一时在台北故宫博物馆合璧展出的黄公望《富春山居图》，顺治七年（1650）藏卷主人宜兴吴洪裕病笃时火焚后，分为两段，据说后段长三丈，原为丹阳人吏部尚书赤函先生长君张范我所得，顺治九年（1652）五月二十四日吴其贞偕武进庄应会先生仲子同生借观，虽日西落，吴"犹不忍释手"，此段辗转诸多公私藏家，现藏台北故宫博物院。前段即烧焦部分，尚存一尺五六寸，"而山水一丘一壑之景，全不似裁切者"，大约同时或稍后几日，即由吴所得，名为《剩山图》。康熙八年（1669），吴为富宦王廷宾购得《三朝宝绘图》，慨然以此《剩山图》"见惠"。王兴奋地说："余览之觉天趣生动，风度超然，曰：'是可与《三朝宝绘》诸图共传不朽也。'"④吴真《竹溪泛艇图》，苍秀浑厚，效董源，"神品也"，吴从武进世家子弟陆家达手得到，"今入高头大册内"⑤。顺治十四年（1657），从擅长欧楷，"为今时独步"的吴门沈古诚之手购得陈闳《文会图》绢画一卷⑥。先后从绍兴世宦后裔知名收藏赏鉴家朱子祐及其族人处购得米芾《朝议大夫诗帖》，赵孟𫖯《古木竹石图》《泛舟追凉

① 吴其贞：《书画记》卷2"倪云林《景物清新图》小纸画一幅"条，辽宁教育出版社2000年版，第51页。

② 吴其贞：《书画记》卷2"王叔明《幽谷读书图》小纸画一幅"条，辽宁教育出版社2000年版，第70页。

③ 吴其贞：《书画记》卷2"马远《宫苑乞巧图》小绢画一幅"条，辽宁教育出版社2000年版，第82页。

④ 吴其贞：《书画记》附录一，辽宁教育出版社2000年版，第291页。

⑤ 吴其贞：《书画记》卷3"梅道人《竹溪泛艇图》小纸画一幅"条，辽宁教育出版社2000年版，第112页。

⑥ 吴其贞：《书画记》卷4"陈闳《文会图》绢画一卷"条，辽宁教育出版社2000年版，第151页。

图》《杨宇公墓志》，郭河阳《雪霁运粮图》，梅道人《洞庭钓艇图》，王蒙
《林亭晚酌图》《停琴看鹤图》，马文璧《山水图》，关仝《泉口图》，马麟
《梅花图》，盛子昭《秋江垂钓图》，唐松元横板大画册（《千金册》），宋
元人小画图册子等。仇斗垣是歙西华田人，博古且具功力，"为骨董中白
眉，其人绝无市井气"，吴从其处购得《叱石为羊图》和《秋风辞》二
种①。宋元人画册一本，中有李营丘《飞雪出游图》，赵仲穆《三马图》
《二牛图》，盛子昭《秋月夜船图》，徐熙《铜嘴山果图》，赵千里《栈道行
骑图》，高克明《雪舟捕鱼图》，赵幹《雪溪群雁图》等十三图宋元真迹，
"皆神品至精之画"，顺治七年（1650）四月从斌文侄孙处获得②。张伯雨
《雨竹图》纸墨并胜，原在雁塘吴君庸家，因其嗜书画，特意持赠③。崇祯
九年（1636），从万历时大学士许国曾孙许霞远手中得到高房山《雨竹
图》④。朱晦庵《祖帐帖》得于溪南程元胤，元胤为郡名医，寓吴其贞家
乡有年，"闲时喜讲究法书名画，人亦恬雅"⑤。苏汉臣《击乐图》等三
图，得于苏城裱褙匠王子慎手，该匠还能仿宣、成窑器。顺治十年
（1653）二月，从王仲嘉之手得到李伯时《疏松水阁图》，"今入高头大册
内"⑥。顾闳中《韩熙载夜宴图》绢画一卷，此卷在杭城一匠人手，吴托
契友何石公于康熙十一年（1672）八月为其购得⑦。赵孟頫《松溪钓艇图》

---

① 吴其贞：《书画记》卷1 "张樗寮《楷书秋风辞》一卷"条，辽宁教育出版社
2000年版，第3页。

② 吴其贞：《书画记》卷3 "宋元人画册一本计二十则"条，辽宁教育出版社2000
年版，第87—88页。

③ 吴其贞：《书画记》卷3 "张伯雨《雨竹图》小纸画一幅"条，辽宁教育出版社
2000年版，第87页。

④ 吴其贞：《书画记》卷1 "高房山《雨竹图》小纸画一幅"条，辽宁教育出版社
2000年版，第29页。

⑤ 吴其贞：《书画记》卷2 "朱晦庵《祖帐帖》"条，辽宁教育出版社2000年版，
第59页。

⑥ 吴其贞：《书画记》卷3 "李伯时《疏松水阁图》小纸画一幅"条，辽宁教育出
版社2000年版，第118页。

⑦ 吴其贞：《书画记》卷6 "顾闳中《韩熙载夜宴图》绢画一卷"条，辽宁教育出
版社2000年版，第247页。

由其次子振明于康熙十二年（1673）四月购于湖州竹墩沈氏家①。同年九月间数日间，吴其贞连得张樗寮字二幅，兴奋地说："何其幸也。"②同年十月，从杭城"好事之人"杨仲琛手获得赵仲穆《春山游骑图》等二图③。康熙十四年（1675）五月从嘉兴王氏之手购得倪瓒《松林亭子图》④。康熙十五六年间，先后从嘉兴王江江陶氏家购得苏米蔡诗翰三则合一卷，黄大痴《云收月空图》⑤。康熙十五年（1676）八月从绍兴钱圣宇手购得钱舜举临王晋卿《梦游瀛山图》青绿绢画⑥。从嘉兴老裱褙岳子宜手购得钱舜举《戏婴图》⑦。康熙十六年（1677）十一月从扬州汪氏之手得到从收藏家吴如铭家散出者高克恭的《烟江水阁图》⑧。由上记述，可知吴其贞搜罗书画古玩的来路极为广泛：市肆书画铺以外，举凡贩卖同行、居间商人、收藏名家、鉴赏巨眼、世宦后裔、佛门僧人、羽士医家，乃至家族后辈、老骨董之铺、裱褙匠之手等，或直接，或辗转相托，或收购，或转让，或受赠，见赏历代珍藏至宝，经手无数名迹神品。

在书画收藏界，宋代以来向有"赏鉴家"和"好事者"之分，到清中

---

① 吴其贞：《书画记》卷6"赵松雪《松溪钓艇图》纸画一小长幅"条，辽宁教育出版社2000年版，第254页。

② 吴其贞：《书画记》卷6"张樗寮《行书皇恐帖》"条，辽宁教育出版社2000年版，第258页。

③ 吴其贞：《书画记》卷6"赵仲穆《春山游骑图》绢画镜面一张"条，辽宁教育出版社2000年版，第257页。

④ 吴其贞：《书画记》卷6"倪云林《松林亭子图》纸画一小幅"条，辽宁教育出版社2000年版，第265页。

⑤ 吴其贞：《书画记》卷6"苏米蔡诗翰三则合为一卷"条、"黄大痴《云收月空图》纸画一小页"条，辽宁教育出版社2000年版，第282、288页。

⑥ 吴其贞：《书画记》卷6"王晋卿《梦游瀛山图》青绿绢画一卷"条，辽宁教育出版社2000年版，第283页。

⑦ 吴其贞：《书画记》卷6"钱舜举《戏婴图》纸画一卷"条，辽宁教育出版社2000年版，第285页。

⑧ 吴其贞：《书画记》卷6"高房山《烟江水阁图》"条，辽宁教育出版社2000年版，第290页。

期，钱泳又认为"收藏书画有三等，一曰赏鉴，二曰好事，三曰谋利"①。吴其贞鉴赏水平高超，但不像其时代稍前的王世贞、李日华、董其昌、张丑等人，或同时代的钱谦益等人和稍晚的高士奇等人，不入赏鉴家之列，又不像他提到的扬州通判王廷宾，不能算好事者，而应该像书籍收藏方面的掠贩家，旨在谋利，是一个精于鉴别的书画贩卖商人。作为书画商人，如果只进不出，停滞不动，就难以周转。吴其贞虽也不停地收藏，屡屡将珍品神品放入"高头大册子"中，但其宗旨不在收藏，而是有进有出，从中获利。这一点，在吴其贞的早期书画收卖生涯中就显示出来了。吴曾于崇祯九年（1636）四月为子含侄孙从仇斗垣手购买到杨无咎《雪竹梅花图》。崇祯十二年（1639），又从吴本文家得到宋徽宗《大白蝶图》，以及赵孟頫二赋，不久即归其子含②。此子含，名闻诗，其人"坦衷直谅，高节自持，与人交，始终不渝。幼能文，举笔千言立就。若辨古玩真赝，一见洞然"③。其弟去非，名闻礼，不但"聪悟亦然"，而且"美容仪，翩翩然有才子之风。读书之暇，好临池，玩赏古器，目力超迈，余亦服膺之"④。当时吴其贞"里中竞以好古相尚，而此兄弟二人尤为著名。兄弟俩对书画的玩赏能力，为吴其贞所佩服。崇祯十三年（1640）七月，吴从仇斗垣手购得崔子西《秀竹画眉图》，随即连同赵孟頫《兰竹图》、方方壶《雪山图》、汉远《野草图》、倪云林《竹梢图》、赵希远《杜诗卷》等"尽归于去非"⑤。林君《江南八景图》一向藏在净慈寺，"传代之物"，吴为

---

① 钱泳：《履园丛话》从话十《收藏》"总论"条，中华书局1997年版，第261页。

② 吴其贞：《书画记》卷2"宋徽宗《大白蝶图》小绢画一幅"条，辽宁教育出版社2000年版，第59页。

③ 吴其贞：《书画记》卷1"杨无咎《雪竹梅花图》绢画一卷"条，辽宁教育出版社2000年版，第26页。

④ 吴其贞：《书画记》卷2"梅道人《竹梢图》小纸画一幅"条，辽宁教育出版社2000年版，第48页。

⑤ 吴其贞：《书画记》卷2"崔子西《秀竹画眉图》绢画斗方一幅"条，辽宁教育出版社2000年版，第68页。

子含得之，后来又从通三处收回①。此子含、去非兄弟俩，崇祯十四年（1641）春曾极力怂恿钱谦益游览黄山②。顺治九年（1652）三月八日，吴在武进庄冏生吴门园上，观赏董源《风雨归庄图》大绢画，而主人为顺治四年（1647）进士，"长于临池，丹青，雅好古玩，家多收藏，大都得于旧内者"，购其所持李唐《风雨归牛图》、萧照《瑞应图》、盛子昭《烈妇刺虎图》、钱舜举《兰亭图》③。洪迈七言绝句一首，顺治十七年（1660）五月吴得于于庭侄，后连同倪云林《江岸望山》、陈惟允《仙山图》、赵松雪《六简》一起归之收藏家江孟明④。吴其贞在精于书画的同行或收藏家中，在长期的经营过程中，适时收进抛出，当是获利不赀的。

吴其贞经营的同时，往往受托代人收购书画。《书画记》记录下来的，就至少有二人。一是扬州通判王廷宾。此公为陕西生员，入旗出仕，官至山东按察司，因故降为扬州通判。吴其贞说他"为人刚毅正直，士庶无不推重"。见时俗皆尚古玩，也要在骨董界有所作为，但水平不够，"尚未讲究也"。康熙七年（1668）某日，突然对吴其贞说："我欲大收古玩，非尔不能为我争先。肯则望将近日所得诸物及畴昔宅中者先让于我，以后所见他处者仍浼图之，其值一一如命，尊意如何？"生意场中竟有如此好事，吴连忙一口应允。于是没有几天，"所得之物皆为超等，遂成南北鉴赏大名"。吴其贞也不禁感叹其如此"作用，可谓捷径者矣"⑤。仅此一笔，吴其贞大概赚钱不少。吴其贞当时即为王廷宾从陈维仁手中购得胡廷辉《金

---

① 吴其贞：《书画记》卷2 "林君《江南八景图》纸扇面八张为一册子"条，辽宁教育出版社2000年版，第79页。

② 钱谦益：《初学集》卷46《游黄山记序》，《钱牧斋全集》第2册，上海古籍出版社2003年版，第1147页。

③ 吴其贞：《书画记》卷3 "董北苑《风雨归庄图》大绢画一幅"条，辽宁教育出版社2000年版，第97页。

④ 吴其贞：《书画记》卷4 "洪容斋七言绝一首"条，辽宁教育出版社2000年版，第169页。

⑤ 吴其贞：《书画记》卷5 "宋元人翰墨十二则为一卷"条，辽宁教育出版社2000年版，第232—233页。

碧山水图》一大幅，该图"丹墨如新，画法工细，丘壑丰满"①。康熙九年（1670），吴又为王廷宾从王尔吉手购得王晋卿《致到帖》，小李将军《桃源图》，陈闳《八公图》、方方壶《云山图》米元章临《兰亭卷》，黄山谷《残缺诗字卷》苏迈题跋等，"为通判王公得于王尔吉手"②。康熙十六年（1677）十一月底，在镇江张氏处，吴为王廷宾购得马远《琴鹤图》，要让其"集大册之内"③。但其时王逝世，未能如愿。如此，则吴其贞前后整整十年间，一直在为王廷宾物色代购书画，不用说，为这样一个并不讲究、连价钱也不讲的好事者收购书画之物，获利一定是不会少的，以至于感动地将无比珍贵的黄公望《富春山居图》的《剩山图》也送给了王廷宾。二是姚友眉。此人"聪明颖悟，书窗之暇，留心玩物，尤甚于书画，及见物时速，是非洞然，洵风雅中人也"，也是个好事者，吴其贞为其购物不少。康熙十二年（1673）十月十八日，吴在杭州朱子式手中见到赵孟頫《李苏泣别图》，即为姚友眉购买④。二十二日，吴又在杭州杨氏手购得马和之《毛诗图》，随即连同黄大痴《群峦翠图》、范文正《义田》二帖、《动止帖》、苏东坡《村店夜归诗帖》、黄大痴《访友图》、僧巨然《山庄鼓琴图》等一起，转卖给姚友眉⑤。十二月六日，仍在杭州从嘉兴沈尧夫手为姚友眉购得胡瓌《沙漠打围图》，该图"用笔工细，气韵浑厚"，虽不能定为胡画，但"为唐人画无疑"⑥。次年，吴又为姚购得赵门《竹石兰花

① 吴其贞：《书画记》卷5"胡廷辉《金碧山水图》绢画一大幅"条，辽宁教育出版社2000年版，第232页。

② 吴其贞：《书画记》卷5"王晋卿《致到帖》"条，辽宁教育出版社2000年版，第239页。

③ 吴其贞：《书画记》卷6"马远琴鹤图绢画一小幅"条，辽宁教育出版社2000年版，第290页。

④ 吴其贞：《书画记》卷6"赵松雪《李苏泣别图》绢画横披一幅"条，辽宁教育出版社2000年版，第259页。

⑤ 吴其贞：《书画记》卷6"马和之《毛诗图》绢画一页"条，辽宁教育出版社2000年版，第259页。

⑥ 吴其贞：《书画记》卷6"胡瓌《沙漠打围图》绢画一幅"条，辽宁教育出版社2000年版，第259页。

图》①。十五年（1676）五月，又为姚购得元无名氏《崔徽听琴图》等三图②。赵子固《水仙花图》，上画水仙，"天真烂漫，各得形势，皆人迎风吸露之态，气韵如生。且用笔清瘦，逼似春蚕吐丝，一气画成，无轻无重，尚于苍秀"。此卷向藏嘉兴项氏，吴访求数十年不见踪迹，忽然康熙十六年（1677）有洞庭山沈子宁携到杭州，欲出售给吴。索值一百二十两银，吴屈其半而购之。未几，同柯丹丘《寒林耸翠图》、井西道人《隐居图》、高房山《携琴访友图》、赵善长《桃花书屋图》、倪云林《松林亭子图》、宋元小画图册子六十页，一起"归于姚友眉矣"③。同年九月，曾在苏城浦二哥处见过的刘静修《秋江垂钓图》，由吴之长子振启从杭州获归，不及即归于姚友眉④。十一月底，原为王廷宾购买而未出手的马远《琴鹤图》，也为"姚友眉得之"。前后四年多时间，吴一直为姚友眉物色书画，将所购书画及时转让。此二位"好事者"，吴其贞为其搜罗书画的时间均在吴离世前十年的康熙早期，似可推论出吴其贞愈到晚年，书画功夫愈是纯熟，鉴别名声愈盛，托其代为寻觅收购的好事者也日多，而吴的获利自然日益丰厚。因为水平高超，吴其贞的书画投资是赚了大钱的。

书画成交，充斥了买卖双方的长期访求、等待观望、讨价还价，甚至是尔虞我诈的复杂过程。康熙五年（1666）七月，吴其贞终于在杭城九曲巷施四老家获得宋徽宗《金钱鹡雀图》绢画一小幅，踌躇满志，"今既获此，不日装潢，岂不压到世间画册耶"⑤！李伯时《莲社图》，则早于康熙五年（1666）六月在绍兴朱十三老家见到，当时"令人不能释手，恨不得

① 吴其贞：《书画记》卷6 "赵门《竹石兰花图》纸画三则合为一卷"条，辽宁教育出版社2000年版，第261页。

② 吴其贞：《书画记》卷6 "元无名氏《崔徽听琴图》绢画斗方一张"条，辽宁教育出版社2000年版，第283页。

③ 吴其贞：《书画记》卷6 "赵子固《水仙花图》纸画一卷计纸八张"条，辽宁教育出版社2000年版，第289页。

④ 吴其贞：《书画记》卷6 "刘静修《秋江垂钓图》小纸画一幅"条，辽宁教育出版社2000年版，第289页。

⑤ 吴其贞：《书画记》卷5 "宋徽宗《金钱鹡雀图》绢画一小幅"条，辽宁教育出版社2000年版，第220页。

卧于图下"，后来"千谋百恳"，居间人汪允如为此"说合有百次，走路不知几百里"，终于次年四月购到手①。赵孟頫与管夫人《合晼图》，系"神化"之笔，卷后又有名流题咏，有张伯雨诗，倪云林代书，系诗人韵事，崇祯十四年（1641）二月，歙县富翁翰四老携此访问吴其贞怡春堂，吴求之再三，事主不能释手，只得擦肩而过②。唐人双勾《万岁通天帖》，此卷原藏嘉兴项笃寿家，其夫人珍藏，常州邹虎臣曾以千金求之而不得。吴也羡慕已久，直到顺治十四年（1657）四月二十三日其友项汉宇、吴民培携此卷前往吴之苏州寓舍，吴才得以与长男振启一起观赏弥日，叹为"真奇遇也"③。李伯时《九歌图》大纸画，用澄心堂纸，高一尺多，长足有二丈，纸墨并佳，"布景、人物、山水，精俊妙得天真"，可与《楞严变相图》相比，顺治十六年（1659）将近年终时吴在苏州阊门外观于潘秀才家。同时还见《淳化》帖十卷，"虽非祖本，亦是宋拓，皆千金物也"。过了几天"再过索观，已为北人售去"④，留下了极大遗憾。曹云西《山水图》小画一册，"画法精细，景趣旷远，纸墨如新"，吴观于苏州城朱我安之侨居。吴过了三日获得葛君常元人诗字七纸，方知该图作者，其余六纸则为黄大痴等人所书，"欲此册与七题复合，而我安坚不许"。吴"以重值拔其尤者一则，冠于七题之首，庶为宝剑复合云"⑤。黄公望《颍昌湖上唱酬诗帖》，入神臻妙至极，可以追配王羲之《兰亭记》，"传于千古"。吴曾在南宫道院观于陆叔泉手，索价二百五十两银，因时值客途，还之而

① 吴其贞：《书画记》卷5"李伯时《莲社图》绢画一幅"条，辽宁教育出版社2000年版，第224页。

② 吴其贞：《书画记》卷2"赵松雪管夫人《合晼图》纸画一卷"条，辽宁教育出版社2000年版，第69页。

③ 吴其贞：《书画记》卷4"唐人双勾《万岁通天帖》一本"条，辽宁教育出版社2000年版，第150页。

④ 吴其贞：《书画记》卷4"李伯时《九歌图》大纸画一卷"条，辽宁教育出版社2000年版，第153页。

⑤ 吴其贞：《书画记》卷4"曹云西《山水图》小画一册计十五则"条，辽宁教育出版社2000年版，第158—159页。

去，辗转不能忘也"①，错过了至尊宝物。吴其贞如此耐心等待，讨价还价，或心仪已久，而在价格上坚守不让，正是为了减少投入，或获得利润。

在书画经营过程中，吴其贞长期积累，见多识广，观赏实物，比较真赝，显示出少有的慧眼卓识和深厚的专业素养。陆机《平复帖》，"书在冷金笺上，纸墨稍瘦，书法雅正，无求媚于人，盖得平淡天然之趣，为旷代神品书也"。吴曾于顺治十七年（1660）五月二十日观于葛君常之手，可惜葛将元人题识折售于归希之，配在伪本《勘马图》后。如此一来，"此帖人皆为弃物"，而只有吴"独爱赏，闻者莫不哂焉"。后归王际之，售于冯涿州，得值三百两银，证明了吴的独到而老辣的眼光②。顺治十三年（1656）四月二十五日，吴其贞在收藏好事者泰兴人季寓庸家观画，主人见其面对诸多名物目看口详手记，不禁深表钦敬道："君之能，过于'手挥七弦琴，目送千里雁'矣。"③宋徽宗《雪江归棹图》，不但思陵图本身精妙，即卷后蔡元长题跋，书法藻丽，均为神品。大赏鉴家、"华亭派"领袖董其昌题跋认为，与王维《雪霁图》"足称雄雌双剑"，而且只要到藏家溪南吴氏处将两卷相质，"便知余言不谬"。此论业内都深信不疑，惟吴其贞两卷均曾亲见，发现《雪霁图》枝远与此图"画法绝不相类，迥隔天渊"，看出了世人惯于闻风附会，而董其昌号称一代鉴赏宗师的轻下结论的毛病④。当时赝物充斥，而吴其贞所见绍兴朱十三老乃郎廿六老所藏唐宋元横板大画册一本十一页，系《千金册》内者，吴前后共得四十六页，均为真迹，因而断语："余见明朝收藏书画名家，目力高者，数十幅之中

---

① 吴其贞：《书画记》卷6"黄山谷《颍昌湖上唱酬诗帖》一卷"条，辽宁教育出版社2000年版，第285页。

② 吴其贞：《书画记》卷4"陆机《平复帖》一小卷"条，辽宁教育出版社2000年版，第171页。

③ 吴其贞：《书画记》卷4"黄筌《寒菊幽禽图》绢画一幅"条，辽宁教育出版社2000年版，第149页。

④ 吴其贞：《书画记》卷4"宋徽宗《雪江归棹图》绢画一卷"条，辽宁教育出版社2000年版，第145页。

亦有二三为优孟衣冠，惟朱石门先生家所见若干，虽片纸只字，皆属真货，三百年来第一人也。"余凡见古画册，遇马必曰韩幹，遇牛必曰戴嵩，究竟百无一真，惟此处册上韩马戴牛皆为的笔，指此一端，可见余言不妄许人也。"①收藏眼光如此精准，具论如此肯定，可见吴其贞在书画鉴别领域的底气。赵善长《桃花书屋图》，吴在杭州得于嘉兴陆秀才之手，披阅之际，突然忆起其家有元人《桃花诗》一纸，检出核视，方知作者是曹誉，徽州人，"诗与图相切，天生为对题"。计算其裁诗作画时，已是三百年前事，现在"始合配合，何相遇之晚也"。无意之中，购得了宝物，而且流散数百年的原物，得以完璧②。此事看似偶然，实则有赖于吴其贞收藏丰富和擅长考究之力。因有底气，交易过程中就规避了不少风险。刘渊《雪天戏龙图》，画有六龙，吴曾偶然在嘉兴冯子中手得到过，其时并不知谁人手笔。过了十年，冯子中又携一卷，亦有六龙，由题识知是刘渊所作。追问根由，方知两画原是一卷，被兄弟两人分开，现在想出售给吴，能复合为一。吴因前者售出已久，是以拒却不买③。吴因老于此道，未曾上当。

对于吴其贞的书画知识，四库馆臣评价道：吴其贞"多观书画真迹及生平所自购者，各加品题，随手札录，注明所见年月，历四十余年之久"。所撰《书画录》，虽"小有疏舛，亦所不免。然其胪采甚博，于行款位置、方幅大小、印记、纸绢、装潢、卷轴，皆一一备列；其评骘真赝，辨论亦多确切，较之米芾、董逌古今人固不相及，与张丑《真迹日录》要未易甲乙也"④。张丑是晚明苏州著名的收藏赏鉴家，其所撰《清河书画舫》，时人皆服其精当，四库馆臣认为《书画记》足可与《清河书画舫》比肩，评

---

① 吴其贞：《书画记》卷5"唐宋元横板大画册一本计十一页"条，辽宁教育出版社2000年版，第231页。

② 吴其贞：《书画记》卷6"赵善长《桃花书屋图》纸画一小幅"条，辽宁教育出版社2000年版，第284。

③ 吴其贞：《书画记》卷6"刘渊《雪天戏龙图》绢画一卷"条，辽宁教育出版社2000年版，第285页。

④ 《四库全书总目》附录《四库禁毁书提要》，中华书局1965年版，第1842页。

价极高，我们就不能以一般书画商等闲视之。吴其贞的鉴别功夫，也反映在他对同行的评论上，这在其《书画记》中随处可见。此处只举一例，以概其余。吴曾评论北京王际之其人的专业水准，谓："际之善裱褙，为京师名手，又能鉴辨书画真伪，善裱者由其能知纸纨丹墨新旧，而物之真赝已过半矣。若夫究心书画，能知各人笔性，各代风气，参合推察，百不差一。此惟际之为能也。然只善看宋人，不善看元人，善看纨素，不善看纸上，此又其短耳。"①如此精要，看出此老裱褙之长短，想见吴之专业已臻相当高度。

二、休宁王越石家族

张长虹《品鉴与经营：明末清初徽商艺术赞助研究》一书，对王越石已多叙述，惟未用李日华《恬致堂集》《六研斋笔记》等记载，其形象还不够丰满，今一并考察。

王越石，吴其贞《书画记》称其为居安人，有时又写作"黄越石"，恐即居安黄氏。吴其贞又说，其"与黄黄石为姑表兄弟，系颙若亲叔也"②。黄黄石即歙县人黄正宾，《明史》《明史列传》等有传，大要言其以捐赀入为郎中，仗义建言而遭廷杖，凭藉声气，游于搢绅间，但未记其收藏事项。姜绍书称，"有王廷琉者，字越石，惯居奇货，以博刀锥"，"黄石名正宾，以赀郎建言廷杖，凭藉声气，游于搢绅，颇蓄鼎彝书画，与廷琉同籍徽州，称中表，互博易骨董以为娱"③。可见时人常常提及的王越石，名廷琉，所谓越石是其字，休宁县居安人，与一时颇有名气的黄正宾为姑表兄弟，专门从事书画古玩买卖。黄正宾"由懋迁起家，虽仕至

---

① 吴其贞：《书画记》卷4"张樗寮《楷书杜诗》一卷"条，辽宁教育出版社2000年版，第165—166页。

② 吴其贞：《书画记》卷2"王叔明《破窗风雨图》纸画一卷"条，辽宁教育出版社2000年版，第75页。

③ 姜绍书：《韵石斋笔谈》卷上"定窑鼎记"条，《美术丛书》二集第10辑，江苏古籍出版社1997年版，第1310页。

玺卿，而会计之精，徽贾推为领袖。日献素拥厚资，牙筹营运，惟日孳孳"①。当万历后期李三才为凤阳巡抚博综奇玩时，曾为其罗致名品，南明福王时，黄流寓丹阳，以贺日献为居停主人，贺出资授黄，将在苏州阊门开店，而逐什一之利，不意黄至苏而殁。姜绍书还详细记载了二人之间在崇祯末年互相博易骨董的事例，从中可见王越石专业水准之高。

吴其贞又提到王弼卿、王紫玉，"二人越石弟"②；王晋公，"越石之侄，鉴赏书画得于家传"③。王颙若，"三世皆业骨董，目力过人，为人温雅，余一见便为莫逆交"④；在杭州的王君政，曾收藏过陆游的《七言梅花诗三首》一卷"书法秀媚"，卷后有元杨铁崖、朱育、倪云林和明王百谷等人题跋。该人为"越石从侄，亦业骨董"⑤。姜绍书提到，顺治四年（1647）"有歙人王君正"求见，愿效居间者⑥，大约即是其人。

如此，仅在崇祯年间，王越石不但自己经营书画，其至少两个弟弟即王弼卿、王紫玉，两个侄儿即王晋公、王颙若和一个从侄即王君致，均从事收卖书画营生，自其父辈起至其子侄辈，三世皆业骨董，是居安的骨董经营家族。在崇祯十五年（1642），吴其贞说王越石"一门数代，皆货骨董，目力过人，惟越石名著天下，士庶莫不服膺。客游二十年始归，特携诸玩物访余于怡春堂，盘桓三日而返"⑦。又考察其实际书画营生时间，

---

① 姜绍书：《韵石斋笔谈》卷上"文王鼎"条，《美术丛书》二集第10辑，江苏古籍出版社1997年版，第1307页。

② 吴其贞：《书画记》卷2"倪云林《竹梢图》小纸画一幅"条，辽宁教育出版社2000年版，第80页。

③ 吴其贞：《书画记》卷4"李唐《夜游图》大绢画一幅"条，辽宁教育出版社2000年版，第139页。

④ 吴其贞：《书画记》卷1"陆天游《草堂》小纸画一幅"条，辽宁教育出版社2000年版，第4页。

⑤ 吴其贞：《书画记》卷3"陆放翁《七言梅花诗三首》一卷"条，辽宁教育出版社2000年版，第90页。

⑥ 姜绍书：《韵石斋笔谈》卷上"文王鼎"条，《美术丛书》二集第10辑，江苏古籍出版社1997年版，第1307页。

⑦ 吴其贞：《书画记》卷2"王叔明《破窗风雨图》纸画一卷"条，辽宁教育出版社2000年版，第75页。

可知王越石万历后期起即已继承父辈之业,从事骨董营生了。

万历后期起,在江南的书画销卖场和书画鉴赏场合,每每可见王越石的身影。

苏州人张丑是富于收藏的鉴赏家,王越石与其即有书画交往。张丑记:周昉《文会图》,又《挥扇仕女图》,原在苏州翰林韩世能家,"奇迹也","近为新都王廷珸购去,摹本至今犹存"①。万历四十五年(1617)三月,王越石携示倪云林《倪居城东图》小帧,青绿满幅,全师董源,其上小楷诗题极精,无能识者,张丑"特定为天下倪画第一,即举世非之不顾也"。张丑极赏此云林绝品,"为之喜而不寐"②。王越石又出示倪云林《雨后空林生白烟》大幅,"纵横满纸,层叠无穷,且设色脱化,较《城东水竹居》小景,尤觉渐近自然。当为迂翁晚年第一名品。本身后有张雨、袁华、陆颙、周南老等题咏,其钱仲益、顾禄、王达、张枢等绢素诗头,亦楚楚可爱"③。张丑因而大生感慨,称生平所见倪画,指不多屈,但从未有如此精绝者。因而称"越石为人有才无行,生平专以说骗为事,诈伪百出,而颇有真见,余故误与之游,亦鸡鸣狗盗之流亚也"④。王越石还曾向张丑出示过吴道子《旃檀神像》,绢本,大著色,前有宋徽宗瘦金书标题、双龙方玺并"宣和""内府"等印,"虽破碎而神明焕然"⑤。张丑记,吴道子著色《天神》卷,宋徽宗御书,押双龙方玺;吴道子《旃檀神像》,宋徽宗瘦金体,泥金书,有宣和印,列为神品上,曾为严嵩收藏过,"近从吴廷所归之王越石"⑥。王又曾出示周方鼎一尊,高四寸五分,方三

---

① 张丑:《清河书画舫》花字号第四"周昉"条,上海古籍出版社2011年版,第208、209页。

② 张丑:《清河书画舫》绿字号第十一"倪瓒"条,上海古籍出版社2011年版,第556、562页。

③ 张丑:《清河书画舫》绿字号第十一"倪瓒"条,上海古籍出版社2011年版,第562—563页。

④ 张丑:《清河书画舫》绿字号第十一"倪瓒"条,上海古籍出版社2011年版,第563页。

⑤ 张丑:《清河书画舫》附《真迹日录》,上海古籍出版社2011年版,第663页。

⑥ 张丑:《清河书画舫》附《真迹日录》,上海古籍出版社2011年版,第665页。

寸，广二寸，约重二十两，四面花纹作天鸡夔龙，四足有细花，周围飞戟八条。三面青绿翡翠，其一面与内方底面作水银古款一行，曰"作孟姬"三字，"奇古"；王蒙《南村草志》一轴，纸本，浅绝色，"笔法秀逸，脱尽画家蹊径，真绝品也"①。王又曾购得徐季海《宝林寺诗》，后有王蒙和韵之作，"楚楚可爱"；购得李泰和《永康帖》，后有宋濂跋，都是檇李项氏之物，"足称双璧"②。张丑所记，足见王越石收藏或出示藏品之精绝。

嘉兴人李日华是驰名全国的鉴赏家，王越石与其数数往来。天启某年，王越石携四仙古像往李日华家，请李题语。学士钱溥所藏定武《兰亭》，楮墨拓法俱精古，非赝物，李日华曾在嘉兴人沈德符处见过，"王越石不知得于何处"。王又辅之以《萧翼赚兰亭图》，题为阎立本，李判定为"伪笔也"。天启六年（1626），王越石以断烂《长沙帖》四册请李日华评定。倪云林著色山水，李日华前后见过五六幅，各有意态，崇祯元年（1628）三月，在南京，王越石出示一幅，系倪云林"为周南老作者，云岚霞霭，尤极鲜丽"；在南京西察院，王越石携带卷轴拜访李日华，其中倪瓒着色山水小景，"单幅树石，浑厚修耸，云霞郁浡，闪烁不定，真杰作也。世传《雅宜山图》，恐未必胜此。特是帧晚出，未腾声价耳。乃写于周南老斋中，而周以为家珍者"。后王越石又持宋元画册访李日华，其中有赵元裕细竹一幅③。对王越石所藏，李日华更惊羡不已，屡屡不吝笔墨，鉴赏珍品之价值。《题王越石藏画册》谓："绘事于人转亲，为计转密，越墙壁而披屏障，辞悬玩而入卷舒。单裁狭制，燕封曲房，以为未足。又集诸名笔为长笈，以便登舻走毂，盖欲无刻不俱也。然既与骖乘毕轮，必须子瑕、南子。越石破百亩园田，竭半生心力，而后有此。向令有福者一旦挟之，即上清真官，拥万天姝，御八轮车，飞行云空，其乐不踰

① 张丑：《清河书画舫》附《真迹日录》，上海古籍出版社2011年版，第675页。

② 张丑：《清河书画舫》附《真迹日录》，上海古籍出版社2011年版，第707页。

③ 李日华：《六研斋笔记》卷1，凤凰出版社2010年版，第16页；卷2，第32页；卷4，第64页。李日华：《六研斋二笔》卷2，凤凰出版社2010年版，第116—117页；卷4，第146页。李日华：《六研斋三笔》卷3，凤凰出版社2010年版，第227页。

是也。余涩囊不足办此，为优昙一现而已。"①《为王越石题画》谓："此幅翁郁沉潦，高古澄澹，是宋人得巨公法而神明之者也。元惟赵荣禄、黄一峰可作敌手。然其于巨公犹临济后法派，至高峰断崖，幻住波澜，崚嶒太峻太阔，非复肋下筑拳时矣。择法者须具此眼，何必影响寻逐，妄出其姓名也。"②《购得王摩诘江山雪霁图装潢就因怀书画友王越石在金陵时自九月至长至不雨溪流皆涸为之怅然》谓："君舟何处贯虹月，吾室悄然凝席尘。买得辋川千岭雪，未经君眼照嶙岣。呼鸥远隔苍茫外，控鲤难逢汗漫人。一发枯流频怅望，五湖春浪几时新。"③由李日华题识可知，王越石是个兼具赏鉴能力的书画商，他不但买卖书画，而且舍得斥巨资收藏精品珍品。

董其昌是书画大家和鉴赏家，王越石出示所藏。天启七年（1627）三月，王越石携示李昇水墨画，董因而临摹一帧④。

汪砢玉是有名的收藏家，其父汪爱荆，家有东雅堂，收藏丰夥，贮藏乌斯藏佛大小百余尊，白定宣瓷四件，玛瑙弥勒尊者一座，白玉观音一尊等⑤。《宋贤十七札》，原为朱忠禧之物，后为无锡谈志伊所得，后又转入徽州收藏家汪景纯（宗孝）家，崇祯七年（1634）曹瞻明曾于"王越石舫中见之"，汪砢玉因"极爱刘无言、吴居父、叶水心三札，遂易得之"⑥。崇祯元年（1628），汪砢玉为父母筹集丧葬费，"因出家藏书画，宋元昭代名迹各百余册，卷轴称是，以及虎耳彝，雉卣汉玉，犀珀诸物，易赀襄事。另有古绘两函，犹时时在念"。崇祯七年（1634）秋，"黄越石（王越石）忽持前二册来，云得之留都俞凤毛，已售去十余幅。为王右丞团扇小

---

① 李日华：《恬致堂集》卷37，上海古籍出版社2012年版，1358—1359页。

② 李日华：《恬致堂集》卷37，上海古籍出版社2012年版，第1359页。

③ 李日华：《恬致堂集》卷6，上海古籍出版社2012年版，第300页。

④ 青浮山人编辑：《董华亭书画录·册叶》，《历代书画录汇辑刊》第1册，北京图书馆出版社2007年版，第33页。

⑤ 李日华：《味水轩日记》卷6，万历四十二年十二月十八日，上海远东出版社1996年版，第430页。

⑥ 汪砢玉：《珊瑚网》"法书题跋卷五"，《中国书画全书》第5册，上海书画出版社1992年版，第771页。

景，许道宁绘池草鸣禽句，张择端《兴庆宫五王弈棋图》，周昉折桂美人，黄筌红蜻蜓淡竹花，赵干梨花，赵昌月下海棠，苏汉臣货郎担，其闺人两两妆束，即宋词平头鞋子双鸾小也。又二婴斗促织，三孺子放风筝，从训养子，石壁松亭，界画极工致。柱上组款三朝供奉李嵩，钱舜举牡丹双桂，梅道人折竹诸册。时越石欲余贯休《应真卷》，为宋王才翁题偈；马和之《破斧图》、思陵楷《毛诗》、吴仲圭写《明圣湖十景册》及本朝诸名公画二十幅，文、沈《落花图咏》长卷，青绿商鼎、汉玉兕镇诸件，余遂听之，易我故物，即汰去其半，不但顿还旧观，幅幅皆胡麻饭仙子矣"①。汪砢玉记道，崇祯七年（1634）重阳日，《胜国十二名家册》，"歙友黄越石（王越石）携是册至余家"，汪留阅两天。王还出示白定小鼎，"质莹如玉，花纹粗细相压，云□蝉翅，蕉叶俱备，两耳亦作盘螭，圆腹三足，炉顶用宋作白玉鸂鶒乌木底"。对此宝物，汪砢玉叹为"真希世之珍也"！汪砢玉记道，其他挂幅有"李营丘《雪景》，什袭珍重殊甚，然视吾家《山水寒林》，犹伧父也；米敷文《云山茆屋》太模糊；王叔明《一梧图》亦赝物；《南村草堂集》更恶甚；惟文徵仲《仿小米钟山景大轴》有气韵"②。崇祯十年（1637），王越石持《马待诏鹤荒山水图》，汪砢玉以仇英《南极呈祥图》及宋板《国策》一部易之③。王越石所示者，真赝混存，但多精品。

崇祯末年，王越石回到居安老家，但似乎仍经营骨董。崇祯十五年（1642）五月二十二日，吴其贞在其家见到苏东坡《批示帖》等六种，苏帖"书法潦潦草草，在不经意处多得天趣"，吴连同《桃莺图》《松树图》一起购归。王又出示白定圆鼎炉一只，高五寸，口径四寸，身上两道夔龙，是为粗花压细花者，间有十二道孤龙冲天耳，葱杆足，百兽面含在足上，吴认为"一身全

---

① 汪砢玉：《珊瑚网》"名画题跋卷十九"，《中国书画全书》第5册，上海书画出版社1992年版，第1171页。

② 汪砢玉：《珊瑚网》"名画题跋卷二十"，《中国书画全书》第5册，上海书画出版社1992年版，第1182页。

③ 汪砢玉：《珊瑚网》"法书题跋卷五"，《中国书画全书》第5册，上海书画出版社1992年版，第1034页。

完，无瑕疵，精好与程季白家彝炉无异，惟白色稍亚之，世无二出"。此物王越石兄弟叔侄共花一千二百两白银购得，后来卖与潞王，"得值加倍"。有意思的是，其家另有一件副本，"色缯，骨亦坚，迥然不符"，是苏州有名的仿古高手周丹泉所作赝品①。孙太古《产黄庭图》小绢画一幅，一向藏在溪南吴氏，崇祯十五年（1642）六月，王越石获得，"以为至宝，不肯售"，吴其贞"深妒"之②。同月二十一日，吴其贞又在王家见到柯九思《松庵图》等四幅，柯图"画法秀润，惜剥落太过"。又见到沈周《匡山霁色图》大纸画一幅，画法柔软，效于巨然，"有出蓝之气，值百缯，为世名画"③。十月初一日，吴又在王家见到王羲之《雨后帖》一卷，仇英画册一本，共十二页，该册原为嘉兴项氏藏品，后归溪南吴氏，"皆临宋人底本，画法精工，气韵动人，似觉一洗古人而空之，为无上神品之画"；又见铜玉器绝好者数件④。倪云林和赵善长合作的《狮子林图》，脍炙人口很久，原藏丹阳张氏，后为项元汴所收，王越石也曾拥有过⑤。

进入清朝，王越石的收藏陆续散出，或许其人已谢世。顺治九年（1652），吴其贞在扬州的福建商人陈以谓家见到巨然的《萧翼赚兰亭图》等。陈以谓以好书画出名，大收法书名画，"既独具特识，复不惜重价"，其中"所得多越石物"⑥。

从时人所记来看，王越石家族确实是一帮博求刀锥的骨董商人。前述

① 吴其贞：《书画记》卷2"苏黄米蔡诗翰四则为一卷"条，辽宁教育出版社2000年版，第76页。

② 吴其贞：《书画记》卷2"孙太古《产黄庭图》小绢画一幅"条，辽宁教育出版社2000年版，第77页。

③ 吴其贞：《书画记》卷2"柯九思《松庵图》小纸画一幅"条，辽宁教育出版社2000年版，第78页。

④ 吴其贞：《书画记》卷2"王右军《雨后帖》一卷"条，辽宁教育出版社2000年版，第79页。

⑤ 吴其贞：《书画记》卷3"倪云林赵善长合作《狮子林图》纸画一卷"条，辽宁教育出版社2000年版，第106页。

⑥ 吴其贞：《书画记》卷5"宋元六大家翰墨十三则一卷"条，辽宁教育出版社2000年版，第221页；卷3"僧巨然《萧翼赚兰亭图》小绢画一幅"条，辽宁教育出版社2000年版，第104页。

《胜国十二名家册》，其中第六帧为倪云林笔，"画间层山四摺，中露旷地，外绕七树向水，纤劲淡玄，得未曾有"，汪砢玉展玩不忍释手，王越石居然说此"可拆易也"①，利欲熏心。王越石又从杜九如之子手以八百两银得赝品定窑鼎，而诡称价值万金求售，一时未能出手，"十余年间，旋质旋赎，纷如举棋。又求其族属之相肖者方圆数种，并置箧中，多方垄断。后来泰兴季因是企慕唐炉，越石以一方者诳之，售银五百两"②。即使与中表兄弟黄正宾互相博易，也尔虞我诈，以赝充真，锱铢必较，一派唯利是图的奸黠商人行径③。对此行径，张丑称其"为人有才无行，生平专以说骗为事，诈伪百出……亦鸡鸣狗盗之流亚也"④。但在书画收藏经营过程中，王越石时时体现出内行和老道。王曾向友人汪砢玉展示"希世之珍"这一白定小鼎时，说项子京一生赏鉴，以不得此物为恨，索价银三千两，汪之里人出价五百两，汪不肯出售。当时王越石欲汪斋头灵壁名听经鹅者，拟以文徵明画相易，汪不肯割舍。王竟说"米家书画船不可少此物"，遂强持而去⑤。王越石此种行径，迹近耍赖，却也反映出他识货的一面。因此，将王越石称为"鸡鸣狗盗之流"的收藏鉴赏家张丑又不得不承认他有才，于骨董"颇有真见"，而不得不与其交游，负有盛名的书画商吴其贞也心悦口服地赞扬他"目力过人"，"名著天下，士庶莫不服膺"。众多收藏赏鉴家和书画骨董商如李日华、张丑、黄正宾、吴其贞等，凡与其接触，品赏收藏，所见多为真迹精品，无不服膺其来路之广，眼力之准，李日华等更既与其不时交易，又为其所藏题识，大加褒赏，视其为

---

① 汪砢玉：《珊瑚网》"名画题跋卷二十"，《中国书画全书》第5册，上海书画出版社1992年版，第1180页。

② 姜绍书：《韵石斋笔谈》卷上"定窑鼎记"条，《美术丛书》二集第10辑，江苏古籍出版社1997年版，第1310页。

③ 姜绍书：《韵石斋笔谈》卷上"定窑鼎记"条，《美术丛书》二集第10辑，江苏古籍出版社1997年版，第1310—1311页。

④ 张丑：《清河书画舫》绿字号第十一"倪瓒"条，上海古籍出版社2011年版，第562—563页。

⑤ 汪砢玉：《珊瑚网》"名画题跋卷二十"，《中国书画全书》第5册，上海书画出版社1992年版，第1182页。

"书画友""歙友"，以友道待之。王越石之侄王颐若，吴其贞称其"目力过人，为人温雅，余一见便为莫逆交"①。时人的记载清晰地表明，王越石家族，与吴其贞家族，是交谊很深的两个书画商人家族。

王越石于古玩一行，其水准为人服膺，与其长期留心积蓄心得精于专门有关。赵孟頫正书《玄妙观三门记跋》，董其昌题云"熟观李北海《岳麓寺碑》，乃知此碑之逼真，犹是集贤偏师耳"。王越石于天启元年（1621），得到董其昌所书题记，展至后段，觉语脉龃龉，深以为憾。三年后，又得到《三门记》，阅读之下，方悟出其首尾互装。长年留意，得以鉴定。即此一事，李日华大为感慨，谓："向非越石嗜古徇奇，遇即收之，则延津之合难矣。不易得，不易得。"②王越石时与赏鉴收藏家在一起，奇物共赏鉴，相与析疑异，不乏商人的精明和老到，时有唯利是图的习气，却看不出有丝毫的附庸风雅，也殊少好事浮慕者的俗气。王越石与吴其贞一样，都是经营较为成功的骨董商人。

三、李日华笔下的方樵逸与吴雅竹等

（一）方樵逸与李日华

李日华日记中屡屡提到方樵逸其人，又称"歙人翁素宇，自称方樵逸之甥"，又称方之内侄歙人余生③，文集中又总结与方"交三十余年"，大约是与李日华同时的歙县人。李日记又数处提到方巢云、方巢逸。方巢

---

① 吴其贞：《书画记》卷1"陆天游《草堂》小纸画一幅"条，辽宁教育出版社2000年版，第4页。

② 李日华题记，见张丑《清河书画舫》附《真迹日录》，上海古籍出版社2011年版，第678页。

③ 李日华：《味水轩日记》卷4，万历四十年七月十四日，上海远东出版社1996年版，第245页；卷4，闰十一月十六日，上海远东出版社1996年版，第282页；卷7，万历四十三年八月十一日，上海远东出版社1996年版，第475页。以下标明年月日者，不注页码，以省篇什。

云、方巢逸与方樵逸音近，李日记所记人名也较随意，故疑即同一人。如此则方巢逸前后出现大约三十次。

方樵逸本人或引导他人请李日华鉴定画卷等物。万历三十七年（1609）八月三日，方巢云以泉帖见示，李定为湖庄。次日，巢云又持祝允明草书象戏卷。万历四十年（1612）二月二十五日，"方巢云又引一人持卷轴来，无佳者"。四十年（1612）三月十七日，方巢逸从杭来，"贻余潼橘二十颗，携示赵子昂小景，山下攒点作小树，甚秀发"。四十年（1612）十一月十四日，"方樵逸同吴雅竹来，所挟古物与卷轴甚夥"，佳者有沈石田横披大幅；张梦晋《庄子梦蝶图》，"乃是罕物"；唐伯虎《杏花春燕图》等。四十年（1612）十二月十二日，"方巢逸从苏来，出一砚，古端也"。四十二年（1614）七月十六日，方樵逸示大痴《天池石壁图》。四十二年（1614）八月二十四日，方樵逸携金碧山水小幅来看，题云吴兴赵孟頫，"余深察之，非是，当是颜秋月笔耳"。四十二年（1614）十月十三日，方樵逸携示倪云林《筱石乔柯》，"用笔粗辣，树干皆就渴笔刷丝，中略缀芒刺，石棱如篆法，竹叶简劲，乃倪法中所罕见者"。四十二年（1614）十月二十一日，方樵逸袖一卷相示，乃宋画院仿梁楷《渡水罗汉》，"形状虽奇诡，笔路不佳"。四十二年（1614）十月二十三日，方樵逸持示姚云东仿赵子昂小景，"苍润可观"。四十三年（1615）正月二十一日，"方巢云携祝枝山行草乐词十六段求鉴，书法为世所传唐人仿王右军《心经》，转折盘纡，法度丰韵，无不精到"。四十三年（1615）闰八月二十九日，方樵逸"携蒋乾一画一帧来，不佳"。四十四年（1616）十月初六日，方樵逸携示钱舜举《仙弈图》。

方樵逸本人或引导他人携画同李日华一起赏玩，如万历四十年（1612）二月十八日，方巢云持高瑞南家郭忠恕《辋川图》"来玩"。同年二月二十日，方巢云引湖州僧印南者前往李宅，"出观诸种祝京兆草书一卷"。四十三年（1615）七月二十七日，方樵逸"携观曹云西雪景小幅"。八月二十七日，方樵逸携观一卷。十月二十六日，方樵逸"携一旧册来观，乃吾郡杉青闸图也。笔法简古疏淡，大类宋人司马温公独乐园图，乃玉田刘廷震笔"。四十四年（1616）三月十四日，方樵逸携示沈石田溪山长卷，"墨气淋漓，仿梅道人，有题语"。四十四年（1616）十一月十四日，方樵逸携示沈石田《支硎山居图》。

方樵逸与李日华一起外出访求书画，如万历四十年（1612）二月二十四日，李日华同盛寓庸、方巢云、戴鉴若、释印南等人到沈图南处，"出观诸种"。四十三年（1615）闰八月初二日，李日华同其儿子"挈歙方樵逸为姑苏之行"。四十四年（1616）三月十七日，李日华前往苏州，"挈方樵逸同行"，次日，"舟中无事，樵逸出纸索画，为写子久溪山"。

方樵逸还介绍引导他人请李日华鉴定其他寓目之物。从李日华日记所载，可知日后频频与李日华往来的歙人胡雅竹，是由方樵逸导引的，而其他人，导引者甚多。万历四十年（1612）七月十四日，自称方樵逸之甥的歙人翁素宇，"携卷轴来看，无一真者"。十七日，翁素宇又携示黄子久《丘壑深沉图》小泉，系临本，而同时所示倪云林《雅宜山斋松涧图》，李日华未置勘语。四十年（1612）闰十一月十六日，方樵逸之内侄余生，"以炼墨闻于吴中"，新作书画估，"持赵子昂《秋林听琴图》横卷来鉴定"。四十一年（1613）六月初七日，方樵逸"引新安客胡长卿者来，携观元人杂迹"。此胡长卿，也是歙人，后来于四十一年（1613）八月初七日，向李日华出示鲜于伯机《归去来辞》、袁清容诗稿、赵子昂手札、余忠宣致危太朴书等，李日华为其作跋语于上，胡长卿于初十日辞别时，"坚以银星砚一枚为别，背镌宣和二字"。十二月十六日，再次谒见时，"出观宋刘道贯《渡水罗汉》颇极奇诡"。四十一年（1613）六月初八日，方樵逸"引杭人余姓者携示宋元画册二十四叶，惟马、夏可指辩，余皆杂手"。四十三年（1615）三月十四日，方樵逸同徐生一起前赴李处，携示开皇《兰亭》卷，《江村万里图》，著唐子畏款，"皆伪物"。四十三年（1615）十月初五日，方樵逸同太仓一人到李处，"携卷轴相示，多伪物。只文徵仲雪景一小幅，沈石田《新鹅垂柳》，真而佳"。就这样，方樵逸之亲友也曾利用方与李之关系，纷纷请李日华鉴定书画。

李日华笔下的方樵逸，常请李日华鉴定所藏，似是一般收藏家，其实只言片语，还是透露出方樵逸是奔走于江南的书画商。李日华曾为方樵逸撰写寿文："鱼鸟浮沉寄此生，淮清楼下镜波明。云涛帆挂三山边，霞绣屏开九叠横。暂解腰缠知鹤健，醉无机事狎鸥轻。历头庚甲从新敷，正是仙途一半程。"①淮清桥、三山边、鱼鸟浮沉、暂解腰缠，点明方樵逸是活动在南京的商人。方樵逸不仅本人而且还常引领他人携画请李日华鉴定赏玩，显然意在估定价值为出售计，只要李日华合意，价格合适，李日华就收买下来。万历四十年（1612）闰十一月十六日，李就从方之内侄余生处购得右军书稧中散绝交书石刻一本，"较停云刻有异趣"。四十二年（1614）十二月初九日，李日华又"从方樵逸处购得文文水《楞伽寺井泉图》，笔意潇洒，在云林、黄鹤之间，画之以幽淡胜者"。四十三年（1615）八月初四日，方樵逸曾冒雨前往李府，要求附载往杭州，对李日华说："西湖隐者秦冰玉蓄元人画十余幅，又有虞世南真迹一卷，访之可以通博易。"四十三年（1615）八月十一日，"歙人余生持姚云东横披山水一帧求售，因购得之。笔力苍古，酷肖吴仲圭。行书一绝，爽逸类张伯雨，此公得意作也"。方樵逸是一个十分关注行情的书画商。李日华有方樵逸像赞谓："佛心孩性，市游林息。时随鸥鹭之群，耻争鸡鹜之粒。是以纳屩而行，煮字而食。与余交者三十余年，无机之怀，坦如一日。所与余孜孜讲求而未已也，松态石情，书估画值。"②字里行间，清晰地表白了方樵逸的身份，是一个深谙书画之道，活跃于书画市场，不像王越石，而不屑于与小商小贩争蝇头小利的雅有书卷气的商人，能够与李日华这样驰名当世的著名鉴赏家交游三十余年，寄情于松态石情，孜孜讲求书估画值，恐非等闲之辈。

方樵逸与李日华三十余年交谊，请李日华鉴定寓目或拥有的藏品，与李日华等一起四出访求赏玩书画，为李日华源源提供藏品信息，从而为李日华的收藏开辟了广阔的渠道。李日华晚年醉心于绘画梅兰竹，方樵逸其时已拟歇息休养林泉，仍为李日华四出访求到三种名迹，令李日华大为感动，致辞道："樵逸虽倦游，其为我四出购访此三种逸迹，倪得全谱长幅

① 李日华：《恬致堂集》卷7《寿方樵隐》，上海古籍出版社2012年版，第337页。
② 李日华：《恬致堂集》卷35《方樵逸像赞》，上海古籍出版社2012年版，第1285页。

固妙，即不然，单枝半荫，有足发挥是道者，其必以来。吾艺成，首当应君之求，朝暮缓急为君指使无不可。君亦何愁不得如鸥波亭主守也。樵逸行矣，其以此作券以记，余日望之。"①由此李日华感慨，可以推想，三十余年中，方樵逸大概一直为李日华提供选择藏品的机会。

（二）胡雅竹与李日华

胡雅竹，在李日华的日记中，从万历四十年（1612）起，直到日记结束记录的万历四十四年（1616），曾出现二十四五次，最初写作吴雅竹，或胡雅竹，后来则一律写作胡雅竹，又称"新安胡雅竹""歙人吴雅竹"，是则万历末年，有一歙县书画商人胡雅竹与李日华频繁往来。

胡雅竹之与李日华往还，大体与方樵逸一样。主要是：

鉴定藏品真赝。前述李日华日记记载，万历四十年（1612）十一月十四日，"方樵逸同吴雅竹来，所挟古物与卷轴甚夥，止录其佳者"。在此之前的六月二十七日，李日华记载，"徽客吴姓者携画来谒"，此吴姓徽客，恐即胡雅竹。十一月十六日，"吴雅竹以上海褚兰亭所镌《淳化阁帖》相示。兰亭家有宋拓本，倩精工拓成。余为谛视之，觉其肥圆典厚，有《绛帖》遗意，亦末代之杰造也"。四十一年（1613）十二月二十八日，"歙人吴雅竹以赵文敏行书庄生《说剑篇》求跋"，"雅竹又以文衡山《千岩竞秀》，与《江山积雪》二图求评骘，皆赝本也，又侯夷门懋功《秋山图》，粗笔草草，甚有子久风气"。四十二年（1614）二月十六日，胡雅竹携示王叔明《秋山读书图》。上有文嘉考证记，李叙述一过。二月十八日，胡雅竹又持赵孟頫书画之作二卷求跋，李一一应命。三月二十日，胡雅竹携视赵子昂书《文赋》。八月十六日，"胡雅竹携石田《秋渚图》来看"。八月二十六日，"胡雅竹同僧印南持卷轴来，黄子久《弁山清晓图》，细秀，不类大痴，布景似叔明"。九月十七日，"胡雅竹携元末国初杂手札一捆，细检无甚佳者"。十一月初七日，"胡雅竹携示唐伯虎《槐阴高士图》，树

---

① 李日华：《恬致堂集》卷39《购梅兰众三谱券与方樵逸》，上海古籍出版社2012年版，第1402页。

石秀润，人物俊丽"。十一月十三日，"胡雅竹携示邵二泉宝所书苏子瞻《十八罗汉赞》，甚有柳公权法"。四十三年（1615）五月初十日，胡雅竹携示王叔明《淡溪草堂图》，呈（恐系吴之误——引者）仲圭《溪山烟雨》长卷，"勘系临本"。六月十一日，胡雅竹携示倪《幻霞溪山》一帧。八月十四日，胡雅竹持便面册叶十五幅求鉴定，"止文徵明《春江待渡》一图精妙，有宋人法"。闰八月初四日，在苏州阊门，过吴吴山楼居，出观诸种，其中王叔明《寒林高瀑》，"笔意秀绝，乃胡雅竹向为余言者"。初十日，"胡雅竹携示子久画一帧，备苍莽泉石之趣"。

四十四年（1616）三月二十五日，胡雅竹携示元人孤云处士王振鹏《乐社图》，"笔法纤细宛密，务在取肖物形，亦张择端之流也"。六月初九日，"胡雅竹携观《城南小隐》卷"。

赏玩书画。万历四十一年（1613）十一月二十八日，"吴雅竹以王叔明《秋林读易图》来玩，不真"。四十二年（1614）三月二十二日，胡雅竹以唐人青绿山水长卷见示，"余因携至高如晦斋中同玩。……沙水树法数十种，俱奇。后有虞伯生跋，不真。有潘履仲文图书记，乃上海潘氏物也"。四十三年（1615）二月初四日，"胡雅竹偶借居草堂，装潢书画卷。有王叔明《铁网珊瑚》一轴"。

以书画典质银两。万历四十一年（1613）九月二十六日，"新安胡雅竹携宋张即之书《佛遗教经》来质银去。……又携示王叔明小幅山水，牛毛皴；娄江圣感寺《八咏图》册，沈启南之父沈恒吉写图；侯夷门山水长幅，"散笔草草，多逸致"。四十一年（1613）十二月二十八日，胡雅竹携示"侯夷门懋功《秋山图》，李日华"披阅再三，雅竹因质银去"。四十二年（1614）正月十四日，"吴雅竹以黄大痴《松溪草亭》小景来质银"。此画万历四十年（1612）李日华"于武林寓楼借观者累月，知其笔法苍古疏宕，断不出俗手，但非子久真物耳，款印俱伪"。胡雅竹又"出观沈石田山水长卷，仿梅道人"，李未置鉴语。四十三年（1615）正月十四日，"胡雅竹以吴中名公手墨来质钱"。

同方樵逸一样，胡雅竹也曾向李日华导引他人前往鉴定或求售。四十二年（1614）二月十九日，胡雅竹"又导常熟人持卷轴来看，有沈石田长卷《溪山云霭》，手腕甚辣"。四十三年（1615）五月初七日，"胡雅竹引一僧以旧纨扇画册二十一幅来质钱，中有江贯道一幅，系临笔，夏圭、马麟，俱真"。四十四年（1615）正月二十六日，胡雅竹之弟五朝奉者，"携姚云东《春溪垂钓图》来阅，笔甚古淡"。

方樵逸不仅长达三十余年间向李日华提供书画古董货源，而且将家乡的不少亲友介绍引导到李日华那里，被导引者再辗转相引，构织起一张相当可观的书画供货网，汇集到鉴赏家李日华那里。

四、其他徽籍书画商

在李日华笔下，徽商方樵逸、胡雅竹等以外，还出现了诸多徽籍书画商，不断向其兜售藏品。日记第一年的万历三十七年（1609），五月初九日，"冯生率徽客二人来"。八月十六日，即"遇徽友吴历山，出观李伯时临韩干马，有曾公卷跋，俱绢素，未的确"。同日，"又过徽友吴与旸甥施姓者，出观与旸所藏东坡竹石"。十月十六日，"从歙人购得陈白阳（明代画家陈淳，号白阳山人——引者注）云山长卷，备极雄快"。十一月初三日，"周秀岩引一老王姓者来，颓颅短髭，歙人也，探怀出二卷，为沈石田《溪川八景》，笔法仲圭、子久之间，后系一长歌"。十二月十五日，至桐乡县西郭，"同茇夫访徽友吴无为，值其从弟东篱君在焉，乃昔年以《宝晋帖》归余者"。十二月二十八日，"徽人持宣铜琴一张来弹之，颇有清响。……总非雅器，还之"。三十八年（1610）三月二十二日，"徽人持宋画弥勒，颇古劲"。闰三月二十二日，"歙人程生，携示唐伯虎《古柏疏篁》横幅，高五尺，阔六尺有奇，淡韵可爱"。六月二十六日，"徽人持示倪云林小景一幅，枯笔写树石，有刷丝浓汁，点苔有晕，不类平日所作。款书洪武壬子倪瓒，有江东司马及元美二印。太仓王氏物也，今归余"。八月初二日，"徽人持示盛子昭（元画家盛懋——引者注）《桃源图》，山头沈绿，树色蓊蔚，颇饶古趣"。八月十二日，"歙贾持览文休承大幅山水，树石峦麓，重叠蔽亏，潇洒有味。琴一张，曰海涛冰柱，古物也。滇剑一，钿室莹滑，人所久服者"。三十九年（1611）七月二十一日，"休宁门生黄寅甫持一破碎画幅来赠，云是郭熙《桃源图》，然极视之，竟不能了，且不复可料理矣。因谢还之"。四十年（1612）四月十七日，"徽贾处一白磁竹节簪，纤细巧妙之极"。四十二年（1614）五月二十五日，"徽人汪姓者，持元人张子政《柳枝双燕》挂幅来看"。九月初四日，"新都王尔极以卷轴古器物来阅"，有黄大痴《烟林云岫》，王孟端《幽篁古木》，沈石田青绿水村景，文文水《张公洞图》，唐伯虎画《韩熙载夜宴图》，乌斯藏铜佛一躯，文徵仲、雁峰、无峰、三桥、文水、王履约、履吉、黄淳父、陆子传、彭隆池诸杂手札一卷，"俱真"。九月十三日，"徽人黄坤宇携卷轴来，有倪云林小景……有深远之趣"。十月二十九日，"吴与旸太学以所藏法帖求跋"。四十三年（1615）二月初七日，"歙友吴东篱来顾，贻余精墨四函，松萝茶一缶"。四月初六日，"过玉枢院，访歙友吴德符，出观文徵仲盆兰一幅，极有吴兴笔趣"。五月二十六日，"歙友吴心旸讳思齐者持卷轴来"。二十八日，"吴心旸又出观吴道子《钟馗庆元宵图》"。六月二十五日，"歙人江汝修以梦莲卷索题数语"。八月十一日，"歙人余生持姚云东横披山水一帧求售，因购得之。笔力苍古，酷肖吴仲圭。行书一绝，爽逸类张伯雨，此公得意作也"。九月二十日，在郊区，"邂逅歙友王熙宇，出观仇十洲《阿房宫图》长卷，纤丽之极"。十月初四日，"歙友汪仲绥携示文衡山山水卷，仿赵子昂笔，乃赠吴山泉者"。四十四年（1616）正月初三日，"徽人杨不弃之兄字子久者来，携示叔明《溪谷采芑图》，二松郁然，山势起伏，磅礴之极"。三月十五日，"歙友吴秋林来，与之小坐。秋林出观国朝名公书卷，有孙太初手迹，快利劲捷，如宋仲温，诗亦集中所无，录之"。五月初二日，"余生携示倪云林《秋林山色》，仿巨然笔意，峰峦树石，特为雄浑"。五月十二日，"适歙友吴存吾以手焙松萝茗一裹寄惠，点试，良妙"。九月十八日，"徽人携卷轴来，有唐伯虎《独乐园图》，作高梧峭石，竹屏绕之，翠蔓缠络可爱"。

寓居杭州的"项老"，是歙县人，名宠叔，号玉怀道人，最初占籍杭州府仁和县为诸生，以事谢去，李日华记其隐居西湖岳祠侧近，"老屋半间，前为列肆，陈瓶盎细碎物，与短松瘦柏、蒲草棘枝堪为盆玩者。率意取钱籴米煮食。有以法书名画来者，不吝倾所蓄易之。支床堆案，咸是物也。其中不能无良楛，而意自津津"[1]。看来是个开古董铺的歙籍小商人。万历四十年（1612）八月十一日，李日华至其店，"项老欣然出卷轴相评赏"。四十一年（1613）四月初八日，李日华再次到项老肆中，"检所遗画片"，虽好者多被人取去，但仍有王蒙为倪瓒所作《桐阴高士图》长卷，"布置细密，山水树石，各踞其胜，虽系后人临笔，然可念也"。李日华不时从项宠叔店铺择购骨董。

在文集和《六研斋笔记》中，李日华还提到其他徽籍书画商。"歙友吴振宇"，其庭竹开花，李日华为文以纪，不乏颂辞[2]。"歙友吴伯徵"，寓居嘉兴北郭门外，"戢影一室，柴几薰炉，法书名画，恣其耽味，萧然如不在尘中也。每得一奇迹，辄驰一奚，取余评决。余年来书画中颇有进长，得伯徵之助为多"；"余亡友吴伯徵，博雅善鉴"，平生宝爱《黔江帖》[3]。观其行止，大约起家于经营书画。"徽客徐弱水"，持看唐寅白描铁线勾，李日华与其儿评点讨论一番[4]。"歙友程松箩"，崇祯三年（1630），携示《耕织图》，李日华题识其后："此宋人作《耕织图》粉本也。"[5] "歙友王子玉"，曾"携温日观（元时华亭人，寓西湖玛瑙寺，写葡萄如破袈裟，赵孟𫖯极为看重——引者）葡萄一卷来看，较余前所收无异。而老温草书，更淋漓神旺，诸跋词翰亦胜"[6]。"歙友吴循吾"，少豪放，喜声律，晚年拓落，寓居杭州吴山。崇祯七年（1634），"携一木瘿鼎

---

① 李日华：《味水轩日记》卷4，万历四十年八月十一日，上海远东出版社1996年版，第255、254页；卷6，万历四十一年四月初八日，上海远东出版社1996年版，第382页。

② 李日华：《恬致堂集》卷7《歙友吴振宇庭竹忽生双岐亦犹花之并蒂木之连理其瑞可纪也》，上海古籍出版社2011年版，第317页。

③ 李日华：《六研斋二笔》卷1，凤凰出版社2010年版，第5页；卷3，凤凰出版社2010年版，第140页。

④ 李日华：《六研斋二笔》卷4，凤凰出版社2010年版，第162页。

⑤ 李日华：《六研斋三笔》卷1，凤凰出版社2010年版，第188页。

⑥ 李日华：《六研斋三笔》卷2，凤凰出版社2010年版，第202页。

相示，天然有两耳三足，周身文理，蹙缩成云雷兽面之状，色莹净如黄金。抚玩竟日，为作歌以纪之"①。

此外，在苏州阊门有楼，常驾书画船游访于江南各地的吴吴山，李日华日记提及最多的书画商"夏贾"，也可能是徽州人。而后来吴其贞在其《书画记》中，更提徽籍书画商或徽州骨董之家甚多。如歙县溪南人吴能远，与著名的"五凤"为族属兄弟。万历末年，与著名的收藏家张丑等人赏鉴书画，交往频繁。崇祯年间，吴能远更家于苏州阊门，"凡溪南人携古玩出卖，皆寓能远家，故所得甚多，尽售于吴下"②。大约经营书画兼收藏，很是成功。

又如记张樗寮《楷书秋风辞》等四种观于仇斗垣处。仇为歙西华田人，"博古且力，为骨董中白眉，其人绝无市井气"，吴其贞购其《叱石为羊图》《秋风辞》二种③。谢葵丘《春江别思图》等四图，吴其贞"观于岩寺王仲嘉。王世业骨董，仲嘉讳泰，狂士也。涉猎经史，讲究超人，善摹祝枝山行楷，可以乱真"④。此处王仲嘉，疑即汪道昆从弟汪道会（道会字仲嘉）。汪仲绥，李日华称为"歙友"，吴其贞记，盛子昭《古木垂钓图》得于其手，"仲绥为人蕴藉，雅能博古，且目力超众，前辈鉴赏家每每推敲于彼，故世人呼为'骨董秀才'"⑤。汪不易，居安人，"能画，亦能辨论书画，为骨董行中有数者"⑥，吴其贞曾从其手得到高士谦《晴竹图》等。公木兄，歙县人，与吴其贞同乡，"以骨董见称于一时者，目力

① 李日华：《六研斋三笔》卷4，凤凰出版社2010年版，第240页。
② 吴其贞：《书画记》卷5"马和之设色《山庄图》绢画一卷"条，辽宁教育出版社2000年版，第208页。
③ 吴其贞：《书画记》卷1"张樗寮《楷书秋风辞》一卷"条，辽宁教育出版社2000年版，第3页。
④ 吴其贞：《书画记》卷1"谢葵丘《春江别思图》绢画一卷"条，辽宁教育出版社2000年版，第9页。
⑤ 吴其贞：《书画记》卷2"盛子昭《古木垂钓图》小纸画一幅"条，辽宁教育出版社2000年版，第47页。
⑥ 吴其贞：《书画记》卷2"高士谦《晴竹图》小纸画一幅"条，辽宁教育出版社2000年版，第47页。

虽高，书画尚未精究耳"①。

如此，李日华笔下提及的与其书画往来的有名姓的徽商就近二十人，其中大多是歙县商人，以徽人、徽客、歙人、徽贾、歙贾笼统称之的也复不少，不少人以"徽友"尤其是"歙友"标出，李日华提到其里人朱肖海以赝物售人时也称"歙贾之浮慕者，尤受其欺"②，可见活跃在明末江南的书画商，主要是徽商，尤其是歙县商人。吴其贞提到徽州骨董商人也多见其人，也大多是歙商。从李日华、吴其贞所记，可知徽州商人特别是歙县商人甚至徽州籍的门生错趾丛杂于李日华身旁，为李日华提供四时八方的货品渠道，由此也可见徽州书画商人在江南的活跃程度。鉴赏家李日华与徽州书画商的交游既广且深，徽籍尤其是歙县书画商成为李日华的主要供货商；闻名一时的书画商吴其贞与众多大小徽籍书画商一起，交流货品信息，展开书画购买竞争。

五、结语

对于明清时代尤其是徽商的收藏，长期以来学界评价不高。如上海交通大学媒体与设计学院刘士林教授，于2012年4月14日在上海交大城市科学春季论坛上说："寄生于农业社会中的商人，目光短浅，见风使舵，缺乏坚定的政治抱负和远大理想，只会享受和消费，对文化也只是附庸风雅或浅尝辄止，不可能指望他们为一个城市的文化负责。"③天津美术学院刘金库副教授也说："他们多半都是商人，旨在屯集财富，收藏书画是他们靠近文人，附庸风雅的主要方式。"④若说具有"坚定的政治抱负和远大理

---

① 吴其贞：《书画记》卷2"廓填王右军《去夏帖》一卷"条，辽宁教育出版社2000年版，第47页。

② 李日华：《味水轩日记》卷2，万历三十八年二月二十七日，上海远东出版社1996年版，第85页。

③ 刘士林：《现代作家解读江南城市》，《文汇报》2012年6月4日第5版。

④ 刘金库：《南画北渡——清代书画鉴藏中心研究》，石头出版股份有限公司2007年版，第132页。

想"，可以"指望为一个城市的文化负责"的阶层，在明清时期恐怕难觅；若说商人只是附庸风雅，对文化浅尝辄止，恐不尽然，并非那么简单。

上述考察表明，明末清初活跃在江南的徽州书画商人，其经营活动，旨在获取商业利润，殊少艺术赞助，其间自有"浮慕"者，但绝非能以"附庸风雅"概而言之。商人如果只是附庸风雅，自然断难长久经营。著名书画商人吴其贞、王越石，以及方樵逸、胡雅竹的经营都是相当成功的，在十数年以至数十年的书画经营过程中，他们不但积累起雄厚的家资，而且搜罗收藏了大量书画珍品瑰宝，还培养了其家族或邻近地域的不少书画经营人才。同不少书画收藏商人一样，对他们的书画眼力和在骨董行的专业素养，负有时誉的丹青高手鉴赏家董其昌、李日华、张丑等人，也是高度肯定的。王越石等人在交易过程中"诈伪百出"，惯使刀锥伎俩，正体现出其追求商业利润最大化的一面，而著名收藏家和鉴赏家张丑等人，仍不得不佩服其"颇有真见"，艳羡其收藏了诸多书画精品。李日华与方樵逸、胡雅竹等书画商人的交易往来，口称"徽友""歙友"，甚或称颂祝寿，以友道待之，并不认为这些商人在附庸风雅。李日华等鉴赏家与书画商在一起，交流藏品信息，鉴别书画真赝，赏析艺术珍品，甚至连袂外出访求藏品所在，或许眼力有高下之分，见解会各不相同，但关系热络，气氛和谐，有时甚至惺惺相惜。收藏鉴赏家依赖书画商人的四出奔走、费心访求，开通了选购藏品的有效途径，源源不断地获取藏品信息，直至收藏大量传世珍品；书画商人则通过鉴赏家的鉴定，确认藏品的具体价格，把握收进或出手的最好时机，获取商业利润的同时，书画专业水平也不断得到提高。明末清初李日华、张丑等人的收藏鉴赏事业，有赖于广大徽州书画商人的商业经营，他们丰赡的收藏，体现着徽州书画商人的努力，一定程度上蕴含着徽州商人的书画素养。

原载《安徽史学》2014 年第 1 期，署名姚旸、范金民

斌斌风雅

——明后期徽州商人的书画收藏

  明后期，江南兴起书画骨董收藏之风，徽州商人模仿和追风江南士人，热衷书画古董收藏，与江南士人一起造就了江南收藏品的丰富、藏品市场的红火、收藏行业的发达，涌现出一批收藏世家或收藏家族。对此，既有研究已较为丰夥①。然而大多只视徽商为艺术赞助人，而非投资人；仅评论其附庸风雅的一面，而殊少论述其鉴藏水平的一面；又仅讨论吴地与徽地地域之争或两地艺术水平高下之争，而殊少讨论其两地之人或徽商与吴地文人的专业合作。

  歙县书画商吴其贞于崇祯十二年（1639）感慨道："忆昔我徽之盛，莫如休、歙二县，而雅俗之分，在于古玩之有无，故不惜重值，争而收入。时四方货玩者闻风奔至，行商于外者搜寻而归，因此所得甚多。其风始于汪司马兄弟，行于溪南吴氏，丛睦坊汪氏继之，余乡商山吴氏、休邑朱氏、居安黄氏、榆村程氏所得，皆为海内名器，至今日渐次散去。计其得失不满百年，可见物有聚散，理所必然。"②今即先按吴其贞所说，考察明后期徽州商人的收藏家族，以厘清其时徽商投资书画收藏的活动踪迹。

---

  ① 刘心如：《新安具眼：〈詹景凤与晚明鉴赏家的地域竞争〉》，《明代研究》第18期，2012年6月；张长虹：《品鉴与经营——明末清初徽商艺术赞助研究》，北京大学出版社2010年版；刘金库：《南画北渡——清代书画鉴藏中心研究》，石头出版股份有限公司2007年版。

  ② 吴其贞：《书画录》卷2"黄山谷《行草残缺诗》一卷"条，辽宁教育出版社2000年版，第62页。

一、歙县溪南吴氏家族

歙县人汪道昆说，徽州一府"诸吴甲族，尤著溪南"。又说："歙之西故以贾起富，其倾县者称三吴。三吴出溪南，即溪阳里。"又记："丰乐水出黄山，东行百里而近，水浸深广。其上则诸吴千室之聚，里名溪南。"[①]金德瑛说，溪南吴氏迁往歙之丰南至今千余年，族姓蕃衍，"海内推世家者，必以新安吴氏为最焉"[②]。大名鼎鼎的歙县人汪道昆，他的母亲就是溪南吴氏[③]。

溪南离徽州府城三十五里，属歙县之西乡，一称丰溪，俗称溪南，又称西溪南。明代属十六都五图（康熙《歙县志》卷二《疆域·隅都》）。知州胡尚志称"溪南天下称，乡人多尚华侈"[④]。为歙县西乡之佳境，宽广而舒衍，东临大溪，西接沃壤，南临丙村，北极刘村，吴氏居处其间，"其人物之俊秀，财产之丰厚，功名之烜赫，虽繇祖宗积累之所致，然亦必由斯地风气完聚，相与符合而亦有以致之也"[⑤]。自然环境优美，溪南人吴与桥称："吾邑溪山之胜，得邀前贤流连咏歌者，无如丰南为甚。"[⑥]

溪南吴氏是歙县有名的大族，也是徽州著名的书画鉴藏家族，藏品当时为休、歙两县之最。

溪南吴氏收藏书画开风气之先的，按汪世清先生的说法，应推丰南吴氏第23世吴守淮[⑦]。吴守淮，字虎臣，一字原柏，号怀隐。约生于嘉靖十七年（1538），约卒于万历十四五年。其父元红，贾于淮地，与当地女子

---

① 汪道昆：《太函集》卷64《溪南吴氏敦本祠碑》，卷54《明故处士溪阳吴长公墓志铭》，卷72《曲水园记》，万历十九年歙县汪氏刊本。

② 金德瑛：《太老姻台吴公行状》，吴吉祜《丰南志》卷6《艺文志·行状》。

③ 王世贞：《弇州山人四部稿》卷96《明故赠通议大夫兵部右侍郎汪公神道碑》，明世经堂刊本。

④ 胡尚志：《正芳公状》，吴吉祜《丰南志》卷6《艺文志·行状》。

⑤ 程孟：《溪南》，吴吉祜《丰南志》卷8《艺文志上·碑记》。

⑥ 吴与桥识，吴吉祜《丰南志》卷8《艺文志上·碑记》。

⑦ 汪世清：《董其昌和余清斋》，《朵云》1993年第3期。

生一子，名守淮，为当时所称之"孽子"。守淮天资聪颖，但屡试不第，遂挟资游四方，交游甚广，吴门会王世贞兄弟，北上欲见李攀龙，在歙县则与家居之汪道昆及其二弟道贯、道会为知交，入丰干社，又欲共建维摩精舍，汪道昆将其荐至戚继光处。乃"游江淮吴楚间，斥买重器，珍藏法书名画"[1]。邹迪光说他善读书，一切古文、金石、周秦两汉书具能染指[2]。后来资财即将告罄，在西湖遇到徐渭，对其鉴赏古器的能力大为惊奇，但劝以见古物不如见古人，多读书。守淮服谢，遂买经史千余卷以归，披阅有得，为诗有惊人语。曾说：摩挲彝鼎，亲见商周，虽南面王乐，不以易此。这是溪南吴氏第一个有名的收藏商人。吴守淮又嗜酒好诗，好骂座，有山人风格[3]。万历三年（1575）正月至六年（1578）十一月将近4年时间中，仅欠方用彬一人就有本银18两，古玩该银38两。所欠古玩银大约是收购后未曾付款。其丰干社友方用彬保留至今的信札中，多有记其欠债窘困情形者。一信称："向来穷鬼久恋……所负久久，实为汗颜，容浃旬谋之宗人，得报即璧归足下矣。"另一信称："穷冬岁宴，百债纷集。承谕，弟此时正坐左右维谷之时，似稍就绪，当专人走复也。"[4]万历初年大概正是其最为艰难的时日。吴守淮终以"以爱玩古器坠业"[5]，"嗜酒好诗雅成癖，千金散尽家四壁"[6]，有进无出，负债累累，贫穷而逝。

吴治，字孝父，号梦竹，与守淮是同族兄弟。少习举子业，后弃儒而

---

① 万历《歙志》卷5《文苑》。

② 邹迪光：《郁仪楼集》卷32《吴虎臣诗集序》。

③ 吴吉祜：《丰南志》卷3《人物志·士林》；袁中道：《珂雪斋文集》卷12《书骂座》。

④ 陈智超：《明代徽州方氏亲友手札七百通考释》61条，安徽大学出版社2001年版，第940页；114条，安徽大学出版社2001年版，第1008页；116条，安徽大学出版社2001年版，第1010页。

⑤ 吴吉祜：《丰南志》卷3《人物志·士林》。吴守淮的行状，主要利用陈智超的成果，见氏著《明代徽州方氏亲友手札七百通考释》"吴守淮"条，第423页。

⑥ 王世贞：《弇州山人四部稿》卷21《吴虎臣谒予兄弟吴门，将北访于麟，且云欲与汪中丞伯玉共建维摩精舍，赋此赠别，兼用示嘲》。

到淮扬一带随父经营。父殁，吴治在南京有豪奢之举，名噪当地。"性善鉴古鼎釜鐪彝、法书名画之属。常游公卿间，伉率不韧而不及私，故诸公卿坦重之。北走汴宋燕齐，南走吴越闽浙，西走楚，直抵蜀，游峨眉以归"①。是个率性而为、见闻广博的书画商，以收藏丰富闻名。汪道昆曾致其信道："往从舍弟闻足下义甚高，继又闻足下学蓄诸瑰琦，将叩守藏人以觇观美。"②表达观瞻之愿望。吴治也曾向王世贞出示赵孟頫篆字书卷，"配割匀整，行笔秀润，出矩入规，无烦造作，恍若所谓残雪滴溜蔓草含芳之状"。又以赵孟頫篆书《千文》求王世贞作跋。该书"极精整有意，出徐骑省、周右丞上，绢素用织成乌丝栏，是南渡后修内司物，目所未见"。后来向王质银40两③。

同为吴氏23世的吴一钦（1553—1606），吴士奇之叔。与兄一起经商扬州。"习禁方，善书画，古玩器，一经赏誉，声价便重。每言：'非诗书不能显亲，非勤俭不克治生，字虽小技，文人用之则大。'"④

24世吴时英，字伯举，号慕庵。父名守业，时英为守淮之侄。时英少业儒，科考屡次不利，遂业贾，而资财大饶。"雅负博古，重购商周彝鼎及晋唐以下图书，即有奇，千金勿恤"，"脱遇法书名画，钟鼎敦彝，辄倾囊购之，不遗余力"。里中人称其"癖矣，作无益害有益，何居"，伯举置而弗闻，搜购如故。行为方式有类其叔吴守淮，"于经史子集及百家曲艺稗官小说，莫不涉猎，其粗下笔，数千言立就。书画彝鼎，具列左右，日夕烹肥击鲜，陈优人粉墨之戏不辍"。其交游广泛，常置酒高会，辄尽客人之欢。慷慨持大体，在贾人间调停解纷，仗义应急，深受同行信赖。守淮因"嗜古破家"，时英常应其急，等到守淮辞世，又养其孤嫠。其掌计负人银16000余两，时英"乃出所购诸重器，捆载入燕"，计其所值，足当

① 万历《歙志》卷6《士林》。

② 汪道昆：《太函集》卷59《吴孝父》，万历十九年歙县汪氏校刊本。

③ 王世贞：《弇州山人四部稿》卷131《赵文敏公篆书千文》，明世纪堂刊本。

④ 吴士奇：《从父敬仲公状》，吴吉祜《丰南志》卷6《艺文志·行状》。

所负，"自公卿以至韦布，请造无虚日"，倾囊相助，避免了一场官司①。

24世吴新宇，名希元（1551—1606），字汝明，号新宇，为吴守淮族侄。以捐纳得中书舍人之职，不就。此吴新宇，后来被吴其贞在《书画录》中称为"巨富鉴赏"。据李维桢所撰墓志载，吴氏好风雅，平时"屏处斋中，扫地焚香，储古法书名画，琴剑彝鼎诸物，与名流雅士鉴赏为乐"。所藏有王献之《鸭头丸帖》，阎立本《步辇图》和颜真卿《祭侄稿》等名迹。在这些作品上，留有其收藏印"新宇"和"吴元希印"等②。赵孟頫小楷《清净经》，为字五百余，全法《黄庭坚内景》。仇英《南阳草庐图》卷，全效李云麾，金碧庵画，精细活泼；李唐《七贤过关图》，绢本，浅绛色，有楼钥、黄潜跋尾，"收藏得地，精采焕然，亦南渡奇迹"。此三图，按照张丑的说法，新都吴新宇均曾收藏过。而仇英画卷，后来归于徽州另一商人徐晋逸③。此吴新宇，当即沈德符所说以800两银从冯梦祯的长子手中买了假《江干雪意图》的"徽州富人吴心宇"④。

25世。吴新宇生子六人，皆以凤字排行，一名起凤，先卒；二名翔凤，三名云凤，四名庭凤，五名家凤，六名友凤，均为国子生⑤，故时人呼为"五凤"。五凤"皆好古玩，各有青绿子父鼎，可见其盛也"。其中第五凤又擅长诗画。崇祯十二年（1639），吴其贞在其家观赏王右军《平安帖》一卷。该帖书在硬黄纸上，系唐人廓填，上有元人柯九思图记，属刻

---

① 汪道昆：《太函集》卷37《吴伯举传》，卷15《赠吴伯举序》，万历十九年歙县汪氏校刊本；吴如孝：《先考慕庵公状》，吴吉祐《丰南志》卷6《艺文志·行状》。

② 李维桢：《大泌山房集》卷82《中书舍人吴君墓志铭》，《四库全书存目丛书》集部第152册，第44页。

③ 张丑：《清河书画舫》附《真迹日录》，上海古籍出版社2011年版，第711、736页。

④ 沈德符：《万历野获编》卷26《玩具·旧画款识》，中华书局2004年版，第658页。

⑤ 李维桢：《大泌山房集》卷82《中书舍人吴君墓志铭》，《四库全书存目丛书》集部第152册，第44页。

入《停云馆》中者，"精彩甚佳"①。又有颜真卿《祭侄季明文稿》一卷，书在白麻纸上，纸墨并佳，有鲜于伯机等题识，较之《停云馆》帖，笔画圆键，吴其贞认为"信为真迹无疑"，原为吴江村之物，后来也归于五凤。

同为25世的吴能远，与五凤为族属兄弟。万历四十五年（1617），吴能远向张丑展示书画，先出《梁临乐毅论》，后有邢侗再跋，张仔细辨认，系宋人笔；次出周文矩《戏婴图》卷，为宋高宗秘本，后有钱舜举诗及文休承等跋，张丑认为"盖佳品也"；继出秦观《临禊序》，前有李公麟图，张丑认为"极精"；再出赵千里《山园图》大幅，张丑认为"笔法古雅，不作纤细妩媚之态，与世行本绝不相同"；更出赵孟頫《临黄庭经》，前有梁楷经相书画，张丑认为"皆精"。又有赵孟頫《处静斋图》，绢本，淡青绿，张丑认为"清逸之极，当属神品"。还有倪瓒《双树筠石》小幅。最后出示沈周、唐寅、文徵明、仇英山水画共十余轴，"一一皆精"；张伯雨《临吴道子观音立像》，"尤为品外之奇焉"。一日之间能够饱览这么多精品名品，张丑惬意地说："余一日而得纵观诸家名迹，非有翰墨缘者，不能享此清福耳。"②后来崇祯年间，吴能远在苏州阊门安家，"凡溪南人携古玩出卖，皆寓能远家，故所得甚多，尽售于吴下"。崇祯九年（1636），张丑又与韩朝延一起拜访吴能远，吴先出示宋裱巨然绢本《萧翼赚兰亭》立轴，上有"宣文阁印""绍兴"小玺、"纪察司印"。画上山水林木，满幅皆用水墨兼行法，只有人物屋宇稍为设色，张丑认为"笔法古奇，渐开元人门户，故是甲观"；次出黄涪翁楷行四帖，"皆古人弄笔成妍处"；次出赵鸥波《松石老子图》小帧，"画学全师唐人，设色浓古"；次出王蒙《溪山高逸图》，"楷行楚楚，画更悠然"；次出倪瓒《碧梧翠竹图》，"笔势苍劲，草草而成，绝不类其平时细描轻染，略施浅色点缀"；最后出方壶《金鹅晓日》，"洪锁泼染，种种动人"，同为方壶的《戏墨山水》一卷，上

---

① 吴其贞：《书画记》卷2"王右军《平安帖》一卷"条，辽宁教育出版社2000年版，第50页。

② 张丑：《清河书画舫》点字号第九《补遗》，上海古籍出版社2011年版，第462—463页。

有文徵明题咏，精致秀美。张丑再次感慨道："是日获观名迹，令人应接不暇，记此以侈眼福。"①康熙五年（1666）三月初一日，吴其贞在其家观看马和之设色《山庄图》绢画一卷，该卷"气色尚佳，画法精细而有逸韵"②。

五凤族属兄弟吴国珍，小名六十，字席臣，汝砺公长子，生天启五年（1625），殁于康熙时③。吴其贞曾在其家观赏郭恕先《黄鹤楼图》绢画，该画"画法工细，望去门户有数进，幽邃之甚"，吴认为非郭画，而是元人孤云画④。

溪南吴氏不但本身多善收藏，连其家人门客也好此道。如五凤家人宋元仲，吴其贞曾在其家观赏原属吴江村、后属五凤的颜真卿《祭侄季明文稿》，又在宋元仲等人之手观赏赵孟頫《梨花白燕图》小纸画等三图。顺治十年（1653），吴其贞又在其家观看唐子华《双松平远图》等二图。康熙六年（1667），又在其家观僧子庭《松石图》等二图⑤。又如吴氏家人吴龙，吴其贞记载其人"聪明多技艺，皆出自己意，未尝学于人。若临摹宣铜炉、接补汉玉颜色，制琢灵璧假山石，修补青绿铜器，一一皆瞒过有见识者，此为溪南神手"⑥。

五凤门客吴可权。吴其贞称其"为人滑稽，多技艺，善效人声音，无

---

① 张丑：《清河书画舫》燕字号第七"释巨然"条，上海古籍出版社2011年版，第352—353页。

② 吴其贞：《书画记》卷5"马和之设色《山庄图》绢画一卷"条，辽宁教育出版社2000年版，第208页。

③ 《歙南吴氏族谱》，钞本一册，上海图书馆藏。

④ 吴其贞：《书画记》卷1"郭恕先《黄鹤楼图》绢画一小幅"条，辽宁教育出版社2000年版，第2页。

⑤ 吴其贞：《书画记》卷1"颜鲁公《祭侄季明文稿》一卷"条，辽宁教育出版社2000年版，第15页；卷2"赵松雪《梨花白燕图》小纸画一幅"条，辽宁教育出版社2000年版，第53页；卷3"唐子华《双松平远图》绢画一幅"条，辽宁教育出版社2000年版，第117页；卷5"僧子庭《松石图》绢画一幅"条，辽宁教育出版社2000年版，第226页。

⑥ 吴其贞：《书画记》卷2"倪云林《竹梢图小纸画一幅》"条，辽宁教育出版社2000年版，第61页。

不酷似，为当今一优孟"，大概属五凤家有一技之长的门客。吴其贞曾从其手中购得赵希远《行书杜诗二首》等书画，该诗卷"书法端严，结构茂密，似学苏东坡"。吴其贞又在其家观看赵干《江行初雪图》等，该图"画法秀健，气韵浑厚"。顺治二年（1645），吴又在其手观看倪瓒《林亭远岫图》等五种书画。吴又曾与吴可权、汪三益等人在吴文长家看画，如风卷残云，半日观画二百余幅[①]。

吴氏另一门客汪三益，可能与吴可权一样，同为五凤门客。吴其贞说，汪为溪南吴氏门客，吴氏"凡鬻古玩，皆由其手，而真伪懵如"。吴其贞曾在其手观看唐人廓填王羲之《中郎帖》第三图，该帖"精彩有上古气韵"。吴又从其手得到梅花道人《清溪勘鹤图》绢画一大幅，宋元人小画册子一本。又在其手观赏过黄公望《行草残缺诗》一卷等两种名迹[②]。

从吴其贞称汪三益等为居停主人和其观赏交易情节，可见吴氏家人宋元仲，五凤门客吴可权，吴氏门客汪三益等人，均是专门为溪南吴氏从事书画买卖的经纪人，吴氏特别是五凤收卖古玩，都是由这些人经手的。吴氏家中还有吴龙这样专门为其书画经营的临摹或制假高手。而到崇祯后期，吴其贞询问汪天锡等人其家乡书画收藏情形，答称"皆已售去"，按汪三益的说法，"吴氏藏物十散有六矣"[③]，大半已经出让散佚。

溪南另一著名的收藏家是吴国廷，一名廷，或廷尚，字用卿，即在书

---

① 吴其贞：《书画记》卷2"赵希远《行书杜诗二首》为一卷"条，辽宁教育出版社2000年版，第52页；"赵干《江行初雪图》小纸画一幅"条，辽宁教育出版社2000年版，第61页；"倪云林《林亭远岫图》小纸画一幅"条，辽宁教育出版社2000年版，第82页；卷2"李伯时《白描罗汉图》纸画大册子一本计十页"条，辽宁教育出版社2000年版，第58页。

② 吴其贞：《书画记》卷1"唐人廓填王右军《中郎帖》一卷"条，辽宁教育出版社2000年版，第18页；卷2"梅花道人《清溪勘鹤图》绢画一大幅"条，辽宁教育出版社2000年版，第51页；卷2"宋元人小画册子一本计四十页"条，辽宁教育出版社2000年版，第61页；卷2"黄山谷《行草残缺诗》一卷"条，辽宁教育出版社2000年版，第63页。

③ 吴其贞：《书画记》卷2"赵松雪《梨花白燕图》"条，辽宁教育出版社2000年版，第53页；"黄山谷《行草残缺诗》一卷"条，辽宁教育出版社2000年版，第63页。

画收藏界名声很响，常以吴江村称之者。其兄国逊曾先后在南京、扬州、海州、苏州、杭州等地经商，称中贾，国廷与弟为诸生，入赀为国子监生，故称吴太学。家有余清堂。国廷与兄"俱之京师，悉出金钱筐篚易书画鼎彝之属，鉴裁明审，无能以赝售者，好事家见之，不惜重购，所入视所出，什佰千万"①，赏鉴水平非同一般，经营书画赢利丰厚。

吴江村博古善书，收藏晋唐名迹甚富。万历四十一年（1613）十月，夏贾前往李日华家，携视米元章《提刑帖》，即是吴江村之物②。吴江村与刘延伯司隶为知交，博古往来甚多。王羲之《快雪时晴帖》素版本，原为朱太傅成国家宝物，时人"每谈为墨宝之冠"，后来流转吴下，辗转为刘所有。刘、吴两人到松江，刘预收吴购买古玩款千余两银。天启二年（1622），刘逝世，吴前往吊唁，问及《快雪时晴帖》下落，刘家出示账本，记以物偿吴以前之千金，其中就有《快雪时晴帖》。刘恐为人侵匿，特意请麻城知县用印，托汝南王思延将军交付于吴。吴睹物思人，十分感慨。又据王稺登的说法，朱太傅家所藏二王真迹共十四卷，只有右军《快雪时晴帖》和大令《送梨》二帖是手墨，其余皆为双钩廓填。《送梨》帖已归王世贞，而《快雪时晴帖》由卖画者卢生携到吴中，王稺登倾囊购得，吴用卿又以三百金买去。综合当事时人的记载，大概《快雪时晴帖》从京城流出后，先为王稺登所有，旋被吴用卿购去，再经吴之好友刘延伯之手，复归吴用卿。董其昌说，唐虞世南临《兰亭帖》一卷，素笺本，万历二十五年（1597）观于真州，吴山人孝甫所藏，七年后，由吴用卿携到松江。又按照杨明时的说法，万历二十六年（1598），用卿从董其昌处索归是卷，与吴治、吴国逊等同观③。看来该帖早就为吴用卿所有。又宋褙米芾草书九帖，原系宋徽宗故物，明末人张丑认为此帖"乃米老生平第一

---

① 李维桢：《大泌山房集》卷102《吴节母墓志铭》，《四库全书存目丛书》集153册，第77页。

② 李日华：《味水轩日记》卷5，万历四十一年十月二十四日，上海远东出版社1996年版，第347页。

③ 许承尧：《歙事闲谭》卷27"吴用卿所藏入内府"条，黄山书社2001年版，第978—980页。

好书也，较所见张子有家九帖、严道普家八帖，虽真迹，一一出其下矣"①。原存宗伯韩存良家，故有"韩世能印"，后转入吴用卿手，有"吴廷之印"。米芾《送王涣之彦舟》卷，556字，沈周、祝允明、文徵明三大家曾赏鉴，祝允明认为"尤为精粹"，原藏汪宗道家，历经520多年，"完好如故"。嘉靖三十二年（1553），素爱米书的研山居士顾从义于在京城友人家倾囊购得，认为其"诗体具备，墨妙入神，真秘玩也"。万历三十二年（1604），吴用卿携此真迹至西湖，董其昌以诸种名迹换易而得。有人因此而叹道："已探骊龙珠，余皆长物矣。吴太学书画船为之减色"，董也自慰道："米家书得所归"②。董其昌一直在江南寻求五代董源画而不能得，其友顾仲方告诉他从张金吾那里可以购得。万历二十一年（1593）刚入京城三天，徽人吴江村即持画数幅谒见。董懒洋洋地发问，是否知道张金吾其人。吴愕然道，其人已千古，公何以急急提到他。董说，张家所藏董源画是否无恙？吴执图而上，说"即此是"。竟是董源所画《溪山行旅图》，即所谓"江南半幅董源真迹"，原为沈周家藏之宝。董惊喜不能自持，"展看之次，如逢旧友"③。后来，董其昌常与吴江村一起鉴赏书画。董有一次曾手书嘱咐友人："若见吴江村，幸拉之偕来，过岁除，观诸名画，何如？"④画宗董其昌愿拉上吴江村一起欣赏书画，或吴手头有真货，或吴之水平也高。

《东方生画赞》是王羲之的名迹，汪道会认为"即宋拓已如晨星，况唐人临本乎"？他昔年曾在吴敬仲处见过，万历三十七年（1609）也归吴用卿。吴道子著色《天神》卷，上有宋徽宗御书及双龙方玺。吴道子《旃檀神像》，徽宗瘦金书，有［宣］［和］［内府图书之印］印记，有严嵩家

---

① 张丑：《清河书画舫》附《真迹实录》，上海古籍出版社2011年版，第712页。

② 高士奇：《江村销夏录》卷1"送王涣之彦舟"条，上海古籍出版社2011年版，第216—217页。

③ 高士奇：《江村销夏录》卷1"五代董北苑溪山行旅图"条载董其昌题识，上海古籍出版社2011年版，第209页。

④ 张大镛：《自怡悦斋书画录》卷12《董文敏尺牍册》引，本社影印室辑《历代书画录辑刊》第2册，北京图书馆出版社2007年版，第703页。

关防半印，吴用卿也曾收藏过，后来归于徽州书画商王越石①。黄公望《书谈道章长卷》，原为项元汴、李日华珍藏，他也曾收藏。此卷入清后进入内廷，登录在《石渠宝笈》中②。

吴江村利用各种机会，广交名流，与李日华、董其昌、薛冈等人频繁交往，更不惜重金，大事收藏，扩充收藏，提高藏品品位。薛冈为他作像赞，颂其"载我彝鼎，游彼商周，远取诸物，好古敏求"③。万历十八年（1590），吴江村入都，与董其昌周旋往还，找机会向董乞求画作，未能如愿。次年，董其昌告假南归，吴尾随其船，行船途中，空暇较多，吴获得董作《白云潇湘图》，"笔随神运，真不减元章旧作也"。吴喜极携归，急用装潢，并附记于后④。家藏董其昌《临东坡九札》，高7寸5分，长1丈零5寸，行76行，又跋5行，共81行，后来转入高士奇之手⑤。又藏孙虔礼书北山移文，"笔机圆纵"，远出书谱之上⑥。

董其昌、冯梦祯、陈继儒等游黄山，吴江村曾为居停主人。万历三十二年（1604）三月十九日，冯梦祯在杭州西湖，早早拜见吴江村，"得见颜鲁公诗真迹，苏子瞻自书两《赤壁》，大是可宝"。此即人称"吾家无第一，天下无第二"的至宝⑦。次日，吴江村造访冯梦祯，又"尽索观古帖名画，听诸姬歌"。次年三月十二日，冯梦祯有黄山之行，造访溪南，"主江村家，园中诸吴三四辈迎于门"，吴国廷隆重接待。十六日，吴思古、

① 张丑：《清河书画舫》附《真迹日录》，上海古籍出版社2011年版，第728、665页。

② 韩泰华：《玉雨堂书画记》卷1《黄山谷书谈道章长卷》，第6页；王燕来选编《历代书画录续编》第17册，国家图书馆出版社2010年版，第257页。

③ 薛冈：《天爵堂集》卷13《吴用卿像赞》，《四库未收书辑刊》第6辑，第25册，第597页。

④ 青浮山人辑：《董华亭书画录》，第7页，本社影印室辑《历代书画录辑刊》第1册，北京图书馆出版社2007年版，第14页。

⑤ 青浮山人辑：《董华亭书画录》，第8页，本社影印室辑《历代书画录辑刊》第1册，北京图书馆出版社2007年版，第15页。

⑥ 薛冈：《天爵堂集》卷14《吴用卿所藏孙虔礼书北山移文卷跋》，《四库未收书辑刊》第6辑，第25册，第606页。

⑦ 张丑：《清河书画舫》附《真迹日录》，上海古籍出版社2011年版，第703页。

吴元满、吴元凤拜见冯，吴江村设宴相款。十八日，冯赴约，吴江村"出宝玩见示，玉物多有佳者，手卷惟孙过庭《千字》至佳"①。

吴江村国廷不但收藏丰夥，而且最有名的大手笔是刻《余清堂帖》。其收藏有王羲之《官奴帖》真本，请好友杨名时双钩而入石刻本，直到清代，人所珍袭，誉称不减于《快雪时晴帖》《郁冈》诸类帖。所刻有馆本王右军十七帖，唐人双钩本，宋濂跋鸭头宋绍兴御题，胡母帖，行穰帖，思想帖，赵孟頫、文徵明等跋迟汝帖、霜寒帖，其昌跋米帖，云是唐临，余皆其昌跋，或江村自跋。王大令兰草帖、东山帖、中秋帖，王询伯远帖，虞伯时积时帖，智永书归田赋，孙过庭书千文，颜鲁公明远帖，苏东坡书赤壁赋，米南宫书千文，又临王右军至洛帖，皆刻于万历中。后来"清大内所藏书画，其尤佳者，半为廷旧藏。有其印识"②。沈德符评论说："近日新安大贾吴江村名廷者，刻《余清堂帖》，人极称之。乃其友杨不器手笔，稍得古人遗意。然小楷亦绝少。董玄宰刻《戏鸿堂帖》，今日盛行，但急于告成，不甚精工。若以真迹对校，不啻河汉。"③以董其昌之学历和声望，所刻《戏鸿堂帖》根本无法与吴江村所刻《余清堂帖》相比，可见吴之鉴识和资财。

其弟吴国旦，字震方，收藏也丰。国旦眼见其兄用卿游道日广，资财不敷，曾出谋划策，出售所藏钟鼎图书，获利数千金，子母经营，大得余赢④。

溪南稍早则有吴勉学，字师古，丰南人。明中后期人。博学多藏书。家有师古斋，校刻经史子集及医书数百种，雠勘精审。如《古今医统》、二十子、《近思录》《花间集》《文选》《诗》《唐诗正声》《性理大全》《资治通

① 冯梦祯：《快雪堂日记》卷15《甲辰》、卷16《乙巳》，凤凰出版社2010年版，第208、223页。

② 吴吉祜：《丰南志》卷3《人物志·士林》。

③ 沈德符：《万历野获编》卷26《玩具》"小楷墨刻"条，中华书局2004年版，第658页。

④ 薛冈：《天爵堂文集》卷10《太学生震方吴君偕配孺人汪氏合葬墓志铭》，《四库未收书辑刊》第6辑，第25册，第565页。

鉴》《宋元资治通鉴》《两汉书》《世说新语》《礼记集说》诸书。所辑《河间六书》收入《四库全书》中。又曾与吴养春校《朱子大全集》。其时歙县有力之家竞尚刻书，如吴养春泊如斋，刻《宣和博古图》，吴琯西爽堂刻《古今逸史》《晋书》《水经注》《诗纪》等，均甚有名[1]。收藏善本珍本，付梓梨枣，自有优势，是以一时歙县好古之家竞尚刻书。

依据吴其贞所记，溪南吴氏还有吴本文、元定兄弟。崇祯十二年（1639）四月初三日，吴其贞在吴本文家观南唐李后主所临隐居《雪赋》卷，而且同日"所见元人墨迹、宋元名画颇多，皆为绝妙者"，盖因吴本文"鉴赏书画目力为吴氏白眉"[2]。次日，吴其贞又在吴元定家见到唐人临本《东方朔画像赞》一卷，仇英《前赤壁赋》卷、唐寅《香山图》卷，祝允明《兰亭图》，徐幼文《狮子林图》等，"皆精妙无出于右者"；另见青绿腰花尊一只、有盖金花觯一只、小金龙交牙彝一只，"其色皆为青翠莹润，几欲滴下，为周铜器皿之尤物也"[3]。同月又在吴本文家见到宋高宗《杜陵诗》等书画四种[4]。吴其贞还在吴本文家得到宋徽宗《大白蝶图》小绢画和赵孟頫二赋[5]。在吴元定家见到李晞古《雪堂图》，"情意如真，使观者无不抚掌叫妙此图"[6]。

吴梦符，崇祯十一年（1638），吴其贞曾在其家观看宋画《田舍图》大绢画，该画画法"不工不简，有意尽而笔不尽之意"[7]。

---

① 万历《歙志·拾遗门》；吴吉祜：《丰南志》卷3《人物志·士林》。

② 吴其贞：《书画记》卷2"陶隐居《雪赋》一卷"条，辽宁教育出版社2000年版，第49页。

③ 吴其贞：《书画记》卷2"陶隐居《雪赋》一卷"条、"唐人临本《东方朔画像赞》一卷"条，辽宁教育出版社2000年版，第49页。

④ 吴其贞：《书画记》卷2"宋高宗《杜陵诗》一首"条，辽宁教育出版社2000年版，第53页。

⑤ 吴其贞：《书画记》卷2"宋徽宗《大白蝶图》小绢画一幅"条，辽宁教育出版社2000年版，第59页。

⑥ 吴其贞：《书画记》卷2"李晞古《雪堂图》双拼绢大画二幅"条，辽宁教育出版社2000年版，第62页。

⑦ 吴其贞：《书画记》卷2"宋元名氏《田舍图》大绢画一幅"条，辽宁教育出版社2000年版，第37页。

吴象成，吴伯昌之长子，"当日收藏颇多"，魏忠贤擅权时，其藏"皆散去"。吴其贞从其家得到《景物清新》《飞雪沽酒》二图，并见到赵孟頫《士马图》等五图①。

吴大年及其继子吴文长。崇祯十二年（1639）四月，吴文长为吴其贞出示画幅二百余，手卷四五十，画册数本。其中李伯时《白描罗汉图》纸画大册子一本，"画法精俊，气韵绝伦，为神品画"，后有赵孟頫题跋。又出示玉铜窑器，内有周铜方觚，花纹精彩，精好与程正言家所藏无异，据说海内只此两只，价值千金，"为当世名物"，吴其贞观赏后，"其余精好者不胜于笔"②。又在吴文长家见到梅道人《江村溪乐图》，该图"笔法工细，紧密浑厚，石子皆设色于红绿者，为道人超格妙作"③。

吴瑞生及其侄吴汝晋。崇祯十二年（1639）四月，吴其贞在吴瑞生家见到张伯诚《南村草堂图》，该画效法董源，"画法浑厚"。吴又在其侄吴汝晋之屋壁上，见到梅道人《白衣大士图》，"凡此图之上一点一画，无不得于天趣，妙绝古今"④。

吴良琦、吴良止。依据方元素的保留的信札，两人可能是族兄弟。吴良琦，字无怀，喜收藏宋元古本及印章，收藏印章千余方。汪道昆家居时组织肇林社，延僧讲《楞严经》，良琦也前往听法，道昆作《肇林社记》，置之缙绅学士之列。万历三年（1575），曾前往方用彬宅，出示藏品，良琦致信称"荷睹珍藏，迥出神品"⑤。良止字仲足，亦字未央。万历《歙志》列入艺能传，赞为"工图书，铜款特精。笔笔古文汉法，庄严遒劲，

① 吴其贞：《书画记》卷2 "赵松雪《士马图》绢画一幅"条，辽宁教育出版社2000年版，第51页。

② 吴其贞：《书画记》卷2 "李伯时《白描罗汉图》纸画大册子一本计十页"，辽宁教育出版社2000年版，第59页。

③ 吴其贞：《书画记》卷2 "梅道人《江村溪乐图》绢画一小幅"条，辽宁教育出版社2000年版，第59页。

④ 吴其贞：《书画记》卷2 "张伯诚《南村草堂图》小纸画一幅"条，辽宁教育出版社2000年版，第53页；"梅道人《白衣大士图》小纸画一幅"条，辽宁教育出版社2000年版，第54页。

⑤ 陈智超：《明代徽州方氏亲友手札七百通考释》"吴良琦"条，第632页。

画一截然，真如旧章出土，不复可辨"①，是当时与休宁何震齐名的篆刻家。

吴立卿，名士道。经商扬州，"治别第，贮古鼎彝书画其中，燕坐焚香，小倦啜茗，与所善篮笋舴艋，周游诸佳山水，及前代遗迹，一觞一咏，兴尽而返"，由此而"囊赀日损"，食不能饱再餐②。

吴天行，时号"百妾主人"，家有名园果园。明嘉靖中，以财雄于丰溪。所居广园林、侈台榭，充玩好声色于中③。

吴桢，字周生，溪南莘墟人，与吴用卿同时而稍晚。孝友乐善，昵古读书，收藏法书名画，与董其昌、陈继儒等交好，所刻帖皆经董、陈鉴定评跋。其《清鉴堂帖》，其帖目较《余清堂帖》为多，钩摹亦精。董其昌寓吴桢家甚久，为作《墨禅轩说》。陈继儒为吴桢之祖怀野翁作《德求堂记》，又作序赠吴桢，略言"周生新安世家……而所藏法书名画不胜记，朝夕临摹，饥以之代肉，寒以之代裘"云云，揄扬甚至④。

吴宪，字叔度，一字无愆，即大名鼎鼎的争取杭州商籍盐商。天启中，吴宪自歙县迁于杭州，为杭之始祖。杭州本无商籍，吴宪与同县汪文演上书当事，呼吁杭州应该设有商籍，为徽商子弟在当地入学提供名额，获得批准，"杭之有商籍，皆宪倡之"。吴宪后来在吴山之阳创建书院，崇祀朱熹。平时肆力于诗书及古鼎彝碑版、六代唐宋以来书画可珍玩者，广为存贮，又刻水晶径寸，以小篆法书名其楼为"虚白室"。吴宪读书，则必手书一卷，书成，必取虚白室印印卷首，而藏其刻本于楼中，不复读。徐徐出其所珍玩，摩挲考据，常至秉烛而罢⑤。

---

① 陈智超：《明代徽州方氏亲友手札七百通考释》"吴良琦"条，第634页。

② 李维桢：《大泌山房集》卷73《吴立卿家传》，《四库全书存目丛书》集152册，第261页。

③ 许承尧：《歙事闲谭》卷15"吴天行"条，黄山书社2001年版，第504页。

④ 吴吉祜：《丰南志》卷3《人物志·士林》；许承尧：《歙事闲谭》卷28"《清鉴堂帖》"条，黄山书社2001年版，第991—992页。

⑤ 朱筼：《笥河文集》卷15《钱塘吴氏家传》，《续修四库全书》第1440册，第324—325页。

吴藩，字振鲁，"商于淮扬，好古玩，所得重器，得于榆村程氏、丛睦坊汪氏者多"。顺治十二年（1655），吴其贞在其扬州寓所见到宋人临本虞永兴《汝南公主墓志》一卷①。

直到清初，溪南吴氏仍收藏有大量元人作品，画家弘仁和石涛，先后前往溪南观赏倪瓒等人画作，从而直接影响到他们画风的形成。

二、歙县丛睦坊汪氏家族

丛睦坊汪氏，源出唐越国公汪华，宋秘书丞叔敖分居歙之丛睦，其后名始显，成为汪氏子孙十六族中最著名的家族。丛睦坊在明时属十九都十一图。丛睦坊汪氏，"皆尚古玩，所收名物，不亚溪南"②，前后出了不少著名书画收藏家。

汪汝谦（1577—1655）③，字然明。出身丛睦坊世家，祖为周府审理，父为万历四年（1576）举人。父有五子，然明最幼。然明为人风雅多才艺，交识满天下，为士林所推重。与钱谦益等大老数相往还。寄寓杭州，"荫藉高华，宾从萃止，徵歌选胜，狎主诗酒之盟"，人称"微然明，湖山蓼落，几无主人矣"。身后，钱谦益为之撰墓志，高度评价，谓："其心计指画，牢笼干辨之器用，如白地光明之锦，裁为襦袴，馨无不宜。其精者，钩探风雅，摹拓书法，编次金石，寸度律吕，虽专门肉谱，不能与之争能。其牨者，用以点缀名胜，撂挡宴集，舫斋靓深，殽蔌精旨，杖函履屐，咸为位置。久乎弥留待尽，神明湛然，要云将诸人，摩挲名迹，吹箫摘阮，移日视荫，乃抗手而告别。"④然明是个精于收藏、懂得音律、颇有

---

① 吴其贞：《书画记》卷4"虞永兴《汝南公主墓志》一卷"条，辽宁教育出版社2000年版，第139页。

② 吴其贞：《书画记》卷2"萨天锡《云山图》纸画一卷"条，辽宁教育出版社2000年版，第73页。

③ 钱谦益所撰墓铭载汪汝谦卒年，《钱牧斋全集》本印为己未，当为乙未之误。

④ 钱谦益：《牧斋有学集》卷32《新安汪然明合葬墓志铭》，钱仲联标校《钱牧斋全集》第6册，上海古籍出版社2003年版，第1154、1155页。

艺术素养的收藏家，直到弥留之际，仍摩挲名迹，恋恋不舍。长子玉立，次子继昌为顺治六年（1649）进士，官至湖广按察司副使。自顺治八年（1651）至十一年（1654），吴其贞前后至少四次在杭州汪然明家赏画。第一次观看赵千里《明皇幸蜀图》大绢画；第二次观看郑虔《山庄图》，该图"画法圆健，如锥画沙，绝无尘俗气，神品上画也"。第三次观看蔡卞《衢山帖》，该帖"书法秀健，逼似《淳化帖》上柳子厚书"，后有杨维桢、钱惟善等人题跋；第四次观看米元晖《杂诗五首》一卷，认为该卷"书法熟健，秀色奕奕，如此妙书，信乎宋之二米可继晋之二王"①。

汪宗孝，字景纯，万历时（末年已殁）歙县丛睦坊人。年十六为诸生，擅长文字，时人赞为"倜傥不凡士"。在淮上有盐业，而将业交大盐商同县吴孔龙代为经营，自身得以"优游于诗酒而广今古之翰墨"，在收藏上下功夫②。"览六籍诸史百家众氏，投问而作。购名画法书，先代尊彝钟鼎，与通人学士指刺瑕瑜，差别真赝，无不精审"③。又富而任侠，平生"收藏金石古文法书名画彝器古玉甚富"。原为著名收藏家朱忠禧、谈志伊所藏的册子，转入到了他的手中，崇祯七年（1634），著名藏家汪砢玉与之交易④。汪景纯曾藏元黄公望《层峦积翠》小幅，张丑认为该幅"笔墨秀润，仿佛董源，兼'大痴'二字奕奕轩翥可爱"⑤。谢庄希逸小楷词翰真迹，共四篇，清婉媚好，旧为贺方回藏本，是米芾故物，曾在汪景

---

① 吴其贞：《书画记》卷3"赵千里《明皇幸蜀图》大绢画一幅"条，辽宁教育出版社2000年版，第89页；"郑虔《山庄图》绢一卷"条，辽宁教育出版社2000年版，第115页；"蔡卞《衢山帖》"条，辽宁教育出版社2000年版，第119页；"米元晖《杂诗五首》一卷"条，辽宁教育出版社2000年版，第134页。

② 吴士奇：《从祖孔龙公状二二世》，吴吉祜《丰南志》卷6《艺文志·行状》。

③ 李维桢：《大泌山房集》卷71《汪景纯家传》，《四库全书存目丛书》集部152册，第227页。

④ 汪砢玉：《珊瑚网》"法书题跋卷五"，《中国书画全书》第5册，上海书画出版社1994年版，第771页。

⑤ 张丑：《清河书画舫》绿字号第十一"黄公望"条，上海古籍出版社2011年版，第534页。

纯处。虞世南《汝南公主志》，王世贞家物，曾归汪宗孝①。万历三十三年（1605）春冯梦祯游黄山，到丛睦坊，汪景纯与其兄景和、弟景谟三人出迎②。万历三十八年（1610）七月二十日，冯权奇从扬州回到嘉兴，向李日华大谈扬州盐商有好事者，在汪景纯长郎处见到夹雪本阁帖对幅，黄公望写桐柏山真景，"俱妙绝"，米芾真迹极多。闻听之下，李日华不觉涎出③。汪景纯殁后，所藏散落人间，惟其手书收藏目录仍在，由其子权奇装潢成帙，钱谦益感慨系之，作《新安汪氏收藏目录歌》。其中有谓："金钱积气久盘郁，化为群玉纷璆琅。羽陵宛委吐灵异，瑶函云笈差缥缃。晋书唐画出秘阁，永和淳化罗墨庄。昭陵玉匣夸购取，宣和金书矜弆藏。……人间墨绘汗牛马，敢与列宿分焜煌。清秘之阁萧闲堂，充栋插架闻古香。错列几案峙彝鼎，镇压卷帙填珪璋。疏窗眼明见仓箙，棐几日暖流丹黄。主人好古复好事，千金豪取如针芒。……一生嗜好存谱牒，十载镌锼劳肺肠。遗墨宛然网尘箧，厥子缮得重装潢。郑重有如获拱璧，再三示我涕泗滂。"④此歌描写了汪然明收藏之丰夥，收藏之实力，藏品之价值和鉴赏之惬意情景，可为一般徽商收藏家之写照。

汪荜敬，明末人。曾收藏过萨天锡《云山图》纸画和汉玉张牙露爪辟邪镇纸，琢法精工，但玉质不佳。谢缙《溪山草堂图》等，该画"画法简略，树木老硬"。赵元《清溪垂钓图》小纸画，该图"气色佳，画法纵逸"；又见唐子华《松阴高士图》等二幅⑤。这些画，为徽州书画商吴其贞

---

① 张丑：《清河书画舫》附《真迹日录》，上海古籍出版社2011年版，第668、703页。

② 冯梦祯：《快雪堂日记》卷16《乙巳》，凤凰出版社2010年版，第219页。

③ 李日华《味水轩日记》卷2，万历三十八年七月二十日，上海远东出版社1996年版，第116页。

④ 钱谦益：《牧斋有学集》卷2《新安汪氏收藏名录歌》，载钱仲联标校《钱牧斋全集》第4册，上海古籍出版社2003年版，第58—59页。

⑤ 吴其贞：《书画记》卷2"萨天锡《云山图》纸画一卷"条，辽宁教育出版社2000年版，第73页；"谢葵丘《溪山草堂图》小纸画一幅"条，辽宁教育出版社2000年版，第73页；卷3"赵善长《清溪垂钓图》小纸画一幅"条，辽宁教育出版社2000年版，第81页；"唐子华《松阴高士图》小绢画一幅"条，辽宁教育出版社2000年版，第84页。

在崇祯、顺治之际亲眼所见。

汪无芳，"善花卉，甚工致，有出类之妙"，曾收藏过宋元小图画一册，其中马贲《独立朝江图》，"秀韵古雅，逼似唐人"；王若水《双禽采实图》，"画法精细，风彩欲下"；郭河阳《拖杖度桥图》，"画法松秀，气韵幽然"；苏汉臣《击乐图》，"用笔清劲，逼似唐人"；林椿《林檎山鸟图》，"画法精妙"；马远《柳溪水阁图》，"画法高简，气韵幽闲，为远绝妙之作"；李营丘《雪天运粮图》，"画法简略，气韵颇佳"。所有七图，吴其贞赞称"洵为妙品"①。

此外，丛睦坊汪氏藏有唐宋元人小画册二本，其中李伯时《西园雅集图》绢画镜面一页，虽非原笔，而为时人临摹本，但气色尚佳，为世之名画，"是为能品"；米芾小楷《西园雅集记》一页，书法潇洒，丰姿妩媚，在南宋时已入石；赵大年《诗意图》，丹墨尚新，"画法洁净，精俊动人，为神品之画"②。马麟《西湖图》大绢画，原有四幅，一向藏在丛睦坊，分为两处，该图"画法淋漓，云烟吞吐，气韵生动，为生平第一"③。

当时一般所谓新都汪氏，大多指丛睦坊汪氏。张丑记，赵子昂《佛母图》，全学李伯时《维摩说法像》，行笔古雅而逸趣过之，后有钱舜举、邓善之、文徵仲、王元美、汪伯玉五跋，乃莫云卿故物。今在新都汪氏④。新安汪氏秘藏绢本真草《千文》一卷，相传为虞伯施临永禅师笔，宋徽宗跋语甚详，张丑仔细分辨，定为徽宗妙迹，与韩氏绢本晋人小楷《曹娥碑》真迹并一手临写，"宋人书，自是一种伪好物，今人不能为也"⑤。

收藏丰富的丛睦坊，到崇祯后期，不断散出。钱谦益就在那里收集到

---

① 吴其贞：《书画记》卷1"宋元人小图画一册十六页"条，辽宁教育出版社2000年版，第12页。

② 吴其贞：《书画记》卷2"唐宋元人小画册二本计四十八页"条，辽宁教育出版社2000年版，第74页。

③ 吴其贞：《书画记》卷2"马麟《西湖图》大绢画二幅"条，辽宁教育出版社2000年版，第77页。

④ 张丑：《清河书画舫》尾字号第八"李公麟"条，上海古籍出版社2011年版，第417—418条。

⑤ 张丑：《清河书画舫》附《真迹日录》，上海古籍出版社2011年版，第701页。

黄大痴《洞天春晓图》、郭河阳《高松山水图》、王右丞《雪霁图》、萨天锡《云山图》、王右军《平安帖》等名迹①。所以吴其贞感叹道：其时丛睦坊收藏"今已散去八九"②。

三、休宁商山吴氏家族

吴氏是休宁县的大族。商山一名上山，地在休宁县南35里，明时属二十三都。唐时有御史官于新安，为吴氏始祖，从此世居石舌山。南唐时，吴氏迁居商山。宋时科举成功，名贤代出。入明，"丁指渐繁，哲人挺出"，广泛从事商业经营，其族大兴。汪道昆称为"诸吴故以赀倾县，宫室舆马，膏粱纨绮务相高"，又说"吾郡中海阳多上贾，其上上则商山诸吴"③。休宁人金声称"其人大抵纤柔而文雅……家多素封，所殖业皆以典质权子母，不为醭商大贾"④。吴氏是休宁典商的代表，典当与收藏书画古玩专业上就大有关系。

明中期起，吴氏就有不少人从事收藏活动。吴应科，"好藏书，嗜古"。吴琼，字邦珍，万历元年（1573）去世，贾于松江，还老于家后，"筑室舍旁，聚书万卷，乃悉家人产授尧臣书，夙夜以身程督之，门外事无所预"⑤。吴继佐（1543—1583），字用良。自祖父至其父源，"两世以钜万倾县，出贾江淮、吴越，以盐筴刀布倾东南"，是在江淮和江南活动的大盐商和棉布商。继佐兄弟七人，每人均有产若干万。继佐为太学生，但不喜为儒，在家有"玄圃"，艺花卉，树竹箭，畜鱼鸟，垒假山；在杭

---

① 吴其贞：《书画记》卷2"黄大痴《草堂图》小纸画一幅"条，辽宁教育出版社2000年版，第80页。

② 吴其贞：《书画记》卷2"萨天锡《云山图》纸画一卷"条，辽宁教育出版社2000年版，第73页。

③ 汪道昆：《太函集》卷62《明处士吴邦珍墓表》，卷52《明故太学生吴用良墓志铭》，万历十九年歙县汪氏刊本。

④ 金声：《金忠节公文集》卷7《寿吴亲母金孺人序》，光绪十四年刻本。

⑤ 汪道昆：《太函集》卷62《明处士吴邦珍墓表》，万历十九年歙县汪氏刊本。

州，吴山下有廛舍，多竹石亭榭；在扬州，有别业，侈于杭州，平时"出入吴会，游诸名家，购古图画尊彝，一当意而贾什倍。自言出百金而内千古，直将与古为徒，何不用也"①。吴怀保，曾官中书，"多书画，积书四万余卷"，造"素园"，与骚客吟咏其中。吴明璋，"工于临池，性好山水"。吴天民，"旁涉词场，书画精妙"。吴怀贤，"善丹青，好风雅"。吴瀛，授为武英殿中书，归卧丘园，称"季园"，与人游衍其中。吴元纶，"好学慕古"。吴明基，"家多藏书"。吴大新，"工文词，善丹青"。吴明瑞，"博物鉴古"，与名家翰林朱之蕃、太仆寺少卿李日华等为至交，"莳花访石，为小圃，兼善书画"②。朱之蕃和李日华都是当时有名的收藏赏鉴家，可见吴明瑞也是书画赏鉴家。

四、休宁居安黄氏家族

居安在休宁县东南十五里，明时属十四都。吴其贞提到，居安有黄黄山与其弟黄石。黄山为"士夫中赏鉴名家"，吴其贞曾在其家观赏过元人仿赵孟頫《前后赤壁图》、钱舜举《岩壑深居图》和宋徽宗《七言律诗》等书画③。黄石即黄正宾，《明史》《明史列传》等有传，大要言其以捐赀入为郎中，仗义建言而遭廷杖，凭藉声气，游于搢绅间，但未记其收藏事项。姜绍书称，"黄石名正宾，以赀郎建言廷杖，凭藉声气，游于搢绅，颇蓄鼎彝书画，与廷珸同籍徽州，称中表，互博易骨董以为娱"④。廷珸即时人常常提及的王越石，是专门从事书画古玩买卖的商人。黄正宾"由

① 汪道昆：《太函集》卷52《明故太学生吴用良墓志铭》，万历十九年歙县汪氏刊本。
② 曹嗣轩：《休宁名族志》卷3《吴·商山》，黄山书社2007年版，第425—437页。
③ 吴其贞：《书画记》卷2"钱舜举《岩壑深居图》一卷"条，辽宁教育出版社2000年版，第64页；"宋徽宗《七言律诗》一首"条，辽宁教育出版社2000年版，第65页。
④ 姜绍书：《韵石斋笔谈》卷上"定窑鼎记"条，《美术丛书》二集第10辑，江苏古籍出版社1997年版，第1310页。

戁迁起家，虽仕至玺卿，而会计之精，徽贾推为领袖。日献素拥厚资，牙筹营运，惟日孳孳"①。当万历后期李三才为凤阳巡抚博综奇玩时，曾为其罗致名品，南明福王时，黄流寓丹阳，以贺日献为居停主人，贺出资授黄，将在苏州阊门开店，而逐什一之利，不意黄至苏而殁。又有黄碧霞，"赏鉴家，多收藏"，崇祯九年（1636）四月，吴其贞从其手购买到张伯雨《草奄真人图》等二幅，该画"纵逸松秀之甚，绝无画家习气"。②黄仪可，崇祯十三年（1640）三月，吴其贞曾其家观看二图，其中吴道子《天王图》大绢画一幅，"画法古雅，气韵浑厚"，上有"宣和"小玺③，显然是宋徽宗内廷之物。黄际之，崇祯十六年（1643），吴其贞曾在其家见到复雷《梅花图》等二幅，《梅花图》上有杨维桢题咏④。

五、休宁榆村程氏家族

榆村在休宁县东，明时属十六都。榆村程氏自梅轩公者开始，在南浔等江浙之地以经营典当铺起家，成为休宁极为突出的名族⑤。其时当在嘉靖、万历年间。到梅轩公之子程爵，字国光，号少轩，其业日昌。程爵为

---

① 姜绍书：《韵石斋笔谈》卷上"文王鼎"条，《美术丛书》二集第10辑，江苏古籍出版社1997年版，第1307页。

② 吴其贞：《书画记》卷1"张伯雨《草奄真人图》纸画一幅"条，辽宁教育出版社2000年版，第27页。

③ 吴其贞：《书画记》卷2"吴道子《天王图》大绢画一幅"条，辽宁教育出版社2000年版，第67页。

④ 吴其贞：《书画记》卷2"复雷《梅花图》纸画一幅"条，辽宁教育出版社2000年版，第81页。

⑤ 吴时行《两洲集》卷5《程母吴孺人五十序》谓："吴孺人者，光禄肖轩程公配也。海阳自梅轩起家，两轩继之，轮奂辐重，为郡邑冠。……岁丁卯，孺人行年五十，乃光禄殁且八年。"丁卯当为天启七年。同卷《祭梅轩公文》又谓："自太翁起家什一，而海阳名族无不首重榆村者，士大夫横襟而谈处士义，靡不推毂梅轩者，其拥高赀雄都会，直将兄陶猗而弟之庸，讵非世之所谓皎皎者耶？即太翁去间里捐亲戚者几及二纪，而三吴两浙半翁家质库之地，缙绅学士多翁家肺腑之亲，何昌前皁后若此！"（分见《故宫珍本丛刊》第538册，第349、366页）

抵制税使陈增的滥征，竟敢当面向陈增累诉商人之艰苦状，豪举胜过其父。两轩先后继起，榆村程氏更为显赫，与大学士许国成为儿女亲家①。

程家在江南奄有一半典铺，为其从事收藏提供了资财和经眼等方便，程家后来就有著名藏家程季白（？—1626）、程明诏父子。程季白笃好古玩，辨博高明，识见过人，有声于赏鉴界，与汪砢玉、李日华、董其昌等人均有交往。收藏多名迹，皆经精选，曾与尚书之子嘉兴人姚汉臣争收古玩。怀素《自叙帖》一卷，原系王世贞收藏物，后来藏于嘉兴项元汴家，"为法书墨迹第一卷"，程季白以银千两购得②。所藏宋徽宗《雪江归棹图》，为"神品画"，前题"雪江归棹图"五字，用双龙小玺；后题"宣和殿制"四字，用"御书"飘玺、"天水"花押，卷后蔡元长题跋，书法藻利，"亦为神品"。此图原由王世贞兄弟藏为世宝，权相严嵩寻求而不得。程季白曾购得倪云林画二轴，其一《春林山影图》，赠子英高士，李日华视为"奇作"；另一《秋林山色图》，赠子贤逸人幽居，并赋诗留别，"诗法逼真香山，楷笔亦仿杨义和黄素"。李日华曾在程季白杭州寓所，见到赵孟頫《水村图》一卷，"精妙之极"③。定武禊帖，李日华见过程季白所藏一本，与其"所购可称双璧，今又获睹一本，云是五字无铲损本，笔意亦在，而墨色稍昏"④。程所蓄韩滉《五牛图》，"虽着色取相，而骨骼转折，筋肉缠裹处，皆以粗笔辣手取之，如吴道子佛象衣纹，无一弱笔求工之意。然久对之，神气溢出如生，所以为千古绝迹也。赵文敏再三题之，真其所宝秘者"⑤。天启二年（1621）元旦至十三日，连日阴雨冰雪，李日华拉了徐润卿、汪砢玉和其儿子前往程季白斋楼，煮茗团坐，出观所购《董氏古今画册》，一一评赏，翻复谛视，李大为感慨道："遂令神情酣畅，如昔人暮春修禊，清夜游园，各有满志，无复阴寒凝冱之叹，即黍谷召和，不是过也。吾辈乐此，乃至不为寒暑所困，岂

---

① 朱国桢：《朱文肃公集·程光禄传》，《续修四库全书》第1366册，第185页。

② 吴其贞：《书画记》卷4"怀素《自叙帖》一卷"条，辽宁教育出版社2000年版，第148页。

③ 李日华：《六研斋笔记》卷1，凤凰出版社2010年版，第11、19页。

④ 李日华：《六研斋二笔》卷3，凤凰出版社2010年版，第144页。

⑤ 李日华：《六研斋三笔》卷1，凤凰出版社2010年版，第172页。

复有疲厌哉!"①惬意之情，溢于言表。程季白又以收藏汉玉闻名。沈德符说，自顾氏《印薮》出，而汉印衰聚无遗。《印薮》所列及顾氏续收，玉章多至八百方，大半多是两汉之遗，多为嘉兴项汴所得。万历末年，"渐散佚，盖渐为徽州富人以高价购去"②。此处所谓"徽州富人"，即指程季白③。天启二年（1622），程季白飞霞阁成，招请李日华与汪砢玉等人，"看新得汉玉图书约三百方"，汪等各印诸玉作谱④。程季白又曾通过汪砢玉，托李日华书写条屏⑤。季白官中书，因吴伯昌遭宦官陷害受牵连，亡身于天启六年（1626）。身后，其子明诏不能守故物，多售于世。

程明诏，字正言，豪奢有父风，善临池挥毫，模仿倪瓒，咄咄逼真。与吴其贞为至交。存有铜器姜望方鼎、方觚等，窑器则官窑彝、白定彝；汉玉器、项氏所集图章百方，皆各值银千两。又有双鸠镇纸，雌雄各一，雄者可栖雌背，雌者赌塌下。又有大眼玦、宝环、歪头勾、压胜等，均是汉器之著名者。崇祯十年（1637），吴其贞与从弟吴亮生在其家观看洪谷子《山水图》等，"余物精巧不胜计"⑥。十一年（1638）二月，又在其家观赏到"画法潇洒，清简高致"的王蒙《有余清图》，该图原属吴江村物⑦。十二年（1639）二月，吴在其家见柯丹丘《古木竹石图》，"画法清

① 李日华：《紫桃轩又缀》卷1，凤凰出版社2010年版，第338页。

② 沈德符：《万历野获编》卷26《玩具》"新安制墨"条，中华书局2004年版，第660页。

③ 由吴其贞所记，购买这些玉印的是吴廉水，称其"有别业在上海，嗜古玩，此则其收藏物。顾氏所刻《印薮》并秦汉铜玉图章，悉为所得，复增数百方，集为一书，共八卷，颜曰《印统》。王百公为之序，罗王常所刻也"（《书画记》卷1，"《三朝宝绘图》册子四本计一百则"条，第36页）。

④ 汪砢玉：《珊瑚网》名画题跋卷2，《中国书画全书》第5册，北京大学出版社2010年版，第1011页。

⑤ 参见张长虹：《品鉴与经营：明末清初徽商艺术赞助研究》，北京大学出版社2010年版，第93页。

⑥ 吴其贞：《书画记》卷1"洪谷子《山水图》绢画一大幅"条，辽宁教育出版社2000年版，第31页。

⑦ 吴其贞：《书画记》卷1"王叔明《有余清图》纸画一幅"条，辽宁教育出版社2000年版，第33页。

阴，淋漓欲滴，气韵似真"①。吴其贞曾从程明诏家人手购得三朝翰墨，其中宋米元晖一帖，"书法好极"；元虞伯生等数人，明初有朱枫林父子及解学士等数人，后有程敏政将其人总为一传②。顺治十三年（1656）三月，吴其贞在丹阳王君政舟中观画，居然见到了天下闻名的《雪江归棹图》，可见从崇祯末年到清顺治年间，程明诏家所藏已出散殆尽③。

程子逊，为明诏之侄。崇祯十四年（1641），吴其贞在其家见到"丹墨如新，画法工细，为能品上画"的李嵩《楼观积雪图》。顺治五年（1648），吴其贞又在其家观看宋永锡《游鱼图》，该图非常残破，而"精妙如生"，上有"宣和"印玺④。

程龙生、怡生兄弟。龙生为季白侄，明诏从兄。程家数代繁衍，笃好古玩，吴其贞称其"陈设布置，无不精绝"。王维《雪霁图》，"画法高简，笔墨洁净，秀媚可爱，为无上神品之画"。后来董源、赵大年等皆仿效之，"为江南派之祖也"。此图苏州冯梦祯曾于万历年间收藏过，认为其"粉缕曲折，毫腻浅深，皆有意致，信摩诘精神与水墨相和，蒸成至宝"⑤。崇祯十二年（1639）三月，吴其贞在程龙生家见到该图，而且"是日所见玉铜窑器，多有超等之物"⑥。同年五月十六日，吴其贞又在龙生家见到赵孟頫《五湖溪隐图》青绿绢画，该图后来与《林山小隐图》一起，被吴其贞从程幼霞之手购得。同日吴其贞还见到宋拓《甲秀堂帖》十卷，"纸墨

① 吴其贞：《书画记》卷1"柯丹丘《古木竹石图》绢画一大幅"条，辽宁教育出版社2000年版，第42页。

② 吴其贞：《书画记》卷2"三朝翰墨一本计十余则"条，辽宁教育出版社2000年版，第77页。

③ 吴其贞：《书画记》卷4"宋徽宗《雪江归棹图》绢画一卷"条，辽宁教育出版社2000年版，第145页。

④ 吴其贞：《书画记》卷2"李嵩《楼观积雪图》绢画一幅"条，辽宁教育出版社2000年版，第70页；卷3"宋永锡《游鱼图》绢画一卷"条，辽宁教育出版社2000年版，第86页。

⑤ 冯梦祯：《快雪堂集》卷30《跋王右丞霁雪卷》，《四库全书存目丛书》集164册，第441页。

⑥ 吴其贞：《书画记》卷2"王右丞《雪霁图》绢画一卷"条，辽宁教育出版社2000年版，第46页。

精甚"，在龙生五弟怡生家见到刘松年《耕图》，该图"色新法健，不工不简，草草而成，多有笔趣"①。米元晖《云山图》，"望去秀泽深厚，为超妙入神画也"，吴其贞认为其"书法之妙，与所见《苦笋帖》题跋一样"，吴其贞得到后，十分欣喜，"以为高头大画册领袖"②。

程邃修，字醇仲。为人恬雅，好书画，善小楷。家有"六亩园"，亭榭依山傍水，斋中有一宝珠红茶树，大有数围，一日扫其落花，有一石，因名斋曰"宝树"。家藏赵孟頫行书小楷共四卷，文徵明、祝允明、王雅宜、董其昌小楷不胜计数。崇祯八年（1635）四月，吴其贞与汪嘉甫在其家赏看米元晖《云山图》。倪云林《设色山水图》，"丘壑为重峦叠峰，画无空地。用笔秀嫩，气韵生动，为超格妙作"，吴其贞于崇祯十年（1637）十二月初在其家见到。③盛子昭画、赵善长补之《山水图》，"画法皆好"，吴其贞于崇祯十四年（1641）十二月在其家观赏④。

程君吉。吴其贞曾在其家观看过盛子明"画法工整"的《秋溪垂钓图》⑤。

六、徽州其他收藏家

徽州书画收藏家另有不少。按照詹景凤的说法，当时徽州一府六县，只有歙、休两县好古蓄古玩，"是时吾邑中好事之家有金检校尚宝仲珩、苏太学若川君楫、汪文学以湘韩仲，而君楫较精，仲珩次之。歙则临河程

---

① 吴其贞：《书画记》卷2"赵松雪《五湖溪隐图》青绿绢画一幅"条，"刘松年《耕图》绢画一卷"条，辽宁教育出版社2000年版，第63页。

② 吴其贞：《书画记》卷2"米元晖《云山图》小纸画一幅"条，辽宁教育出版社2000年版，第68页。

③ 吴其贞：《书画记》卷1"倪云林《设色山水图》小纸画一幅"条，辽宁教育出版社2000年版，第32页。

④ 吴其贞：《书画记》卷2"盛赵合作《山水图》小纸画一幅"条，辽宁教育出版社2000年版，第73页。

⑤ 吴其贞：《书画记》卷2"盛子明《秋溪垂钓图》纸画斗方一张"条，辽宁教育出版社2000年版，第72页。

氏蓄最精而富，盖沈启南尝见客所收藏，尽出启南鉴定，多奇物；次则上麓汪氏，后出则罗舍人龙文，蓄最精；又祁门李镜山进士家，绩溪胡总制家亦有精者"而婺、黟等县并无此习，"俗以买田插山苗为胜事，而笑歙、休好古"①。

具体如黄太学，清初大书家梁清标记："杜子美墨迹，新安黄太学所藏，字画苍劲，较当代诸名家另开一法门也。黄氏于成、弘间以甲第起家，收藏甚富，比来卖尽矣，独奉此为传家宝，久而未失。余于辛巳年曾见之，不甚赏识。顷闻太学已故，将淹质库，始婉转购得之，摩挲抚对，逾觉其经。更有赵文敏、文待诏两前辈鉴定，信为希代之珍也。顺治五年二月二日，苍崖山人梁清标重装并记。"②

孙长公，名文林，字从儒，海阳草市人。世代经商，当其父老，不任劳，乃请就贾贾吴兴，"有心计，额瞬目语，遇事笑可否，锱铢不爽，所部署多纪纲之仆……生平好古彝鼎诸物，若法书名画，时焚香啜茗鉴赏之"③。

汪本湖，嘉靖、万历时休宁人。经商江淮，累数万金。入赀为太学生，与广陵朱子价，华亭朱象玄，苏州皇甫子循等古文辞家相往还。其"家蓄古器具甚夥，望而知为某代物，善赝者莫能欺，遭难放失不一存。新安人往往谈本湖松解巧艺，所为墨若笺最精良"④，是个擅长艺事的收藏家。

江孟明，明末清初歙县南溪人，两淮大商也。笃好古玩，家多收藏，吴其贞于顺治九年（1652）在其扬州家观赏过高士谦《竹石图》等书画册十二种，该册"气色如新，笔意清媚"。顺治十三年（1656）在其家观赏

---

① 詹景凤：《詹氏性理小辨》卷42《真赏》，《故宫珍本丛刊》第347册，第127页。

② 莫友芝：《郘亭书画经眼录》卷1"唐杜工部赠太白绝句直十幅"条，上海古籍出版社2008年版，第213页。

③ 李维桢：《大泌山房集》卷73《溪亭孙长公家传》，《四库全书存目丛书》集152册，第258—259页。

④ 李维桢：《大泌山房集》卷71《汪元蠡家传》，《四库全书存目丛书》集152册，第226页。

过王绎《杨竹西小像图》等三图①。

汪御六，歙县岩镇人。康熙初年，吴其贞曾冒着倾盆大雨，同沈湛之和长儿振启泛舟前往其玩室，观看王叔明《松菊犹存图》纸画②。

吴士新，字如铭，为两淮巨商，笃好古玩。顺治四年（1647），吴其贞曾于其家观看马麟《梅花图》，该图写一枝倒垂梅花，"清简之甚，意趣有余，气色亦佳"③。

吴远，詹景凤《东图玄览》记："《明皇击梧图》一卷，今在歙吴司成远处。长几一丈，前四五寸绢损甚，无款，后有虞伯生跋，为李唐，然简古劲峻似马远。"④

金虎臣，歙县人，"笃好书画，收藏甚多"。崇祯十二年（1639）九月五日，吴其贞曾于龙宫寺观看其收藏的黄公望《赠别图》小纸画。同年同月二十六日，吴又从金虎臣儿子之手观看马文璧《山水图》大绢画，吴定为"能品"。又见李龙眠伪本《九歌图》一卷，"皆真"⑤。可见金虎臣所收，不但多，而且真。

汪道会，汪道昆从弟，字仲嘉，其父良植为道昆父良彬之庶弟，著有《小山楼稿》。与汪仲淹道贯，称"汪氏二仲"⑥。生于嘉靖二十三年（1544），卒于万历四十一年（1613）。先入县学，后为监生，五试不第，

---

① 吴其贞：《书画记》卷3"高士谦《竹石图》小纸画一幅"条，辽宁教育出版社2000年版，第102页；卷4"王绎《杨竹西小像图》绢画一卷"条，辽宁教育出版社2000年版，第182页。

② 吴其贞：《书画记》卷6"王叔明《松菊犹存图》纸画一小幅"条，辽宁教育出版社2000年版，第245页。

③ 吴其贞：《书画记》卷3"马麟《梅花图》小绢画一幅"条，辽宁教育出版社2000年版，第85页。

④ 转引自许承尧：《歙事闲谭》卷5"吴司成远藏《明皇击梧图》条"，黄山书社2001年版，第145页。

⑤ 吴其贞：《书画记》卷2"黄大痴《赠别图》小纸画一幅"条，辽宁教育出版社2000年版，第64页；"马文璧《山水图》大绢画一幅条"，辽宁教育出版社2000年版，第66页。

⑥ 许承尧：《歙事闲谭》卷8"汪仲嘉程葛人佚事"条，黄山书社2001年版，第253页。

父卒后即弃举子业。道会能诗文，善书法，又练于世故①。冯梦祯日记：
万历二十五年（1597）在南京国子监，十一月初九日，访汪仲嘉。二十一
日，汪仲嘉来，持水犀砚见示，索价银三十两。十九日，买贡砚一枚，价
八两。二十四日，细阅诸书，考研事，水犀研毕究佳物，不可弃也，已遣
去，复索还。十二月初七日，汪仲嘉同何长卿、黄生立范来。黄即司马之
婿，以旧研一方为贽，留叙。十六日，汪仲嘉期南郊访戒山法师，设斋于
宝林庵。十七日，汪仲嘉、陆纯孙来。二十八日，汪仲嘉来，以逼除欲偿
逋，持徐幼文画、定器、圆研求售，冯倾囊只有银十两，与之。三十日，
以一潞䌷、一彭缎易仲嘉姜铸彝炉，姑从仲嘉之意。张倪云林小幅于名理
轩，乃得之仲嘉者②。仅此一端，尽可见汪道会收藏之勤之夥之真。

七、结　语

　　对于明清时代尤其是徽商的收藏，长期以来学界评价不高。如上海交
通大学媒体与设计学院刘士林教授，于2012年4月14日在上海交大城市科
学春季论坛上说："寄生于农业社会中的商人，目光短浅，见风使舵，缺
乏坚定的政治抱负和远大理想，只会享受和消费，对文化也只是附庸风雅
或浅尝辄止，不可能指望他们为一个城市的文化负责。"③天津美术学院刘
金库副教授也说："他们多半都是商人，旨在屯集财富，收藏书画是他们
靠近文人，附庸风雅的主要方式。"④若说具有"坚定的政治抱负和远大理
想"，可以"指望为一个城市的文化负责"的阶层，在明清时期恐怕难觅；
若说商人只是附庸风雅，对文化浅尝辄止，恐不尽然，并非那么简单。

　　如上所述，徽商成分复杂，有附庸风雅的"好事家"商人，收藏古董时
"真伪懵如"；但也有富于学养的亦商亦仕者和深懂书画的鉴赏者。徽州商人

① 陈志超：《明代徽州方氏亲友手札七百通考释》"汪道贯等"条，第498页。
② 冯梦祯：《快雪堂日记》卷9，凤凰出版社2010年版，第106、108、109页。
③ 刘士林：《现代作家解读江南城市》，《文汇报》2012年6月4日5版。
④ 刘金库：《南画北渡——清代书画鉴藏中心研究》，石头出版股份有限公司2007
年版，第132页。

中的不少收藏世家如歙县溪南吴氏、丛睦坊汪氏、临河程氏，休宁商山吴氏、居安黄氏、榆村程氏等，不但收藏丰富，而且藏品颇上档次，不少是千百年流传世人垂意的精品珍品。溪南吴江村，收藏晋唐名迹甚多，李维桢说他"鉴裁明审，无能以赝售者"，是收藏市场的高手，凡其所藏，"好事家见之，不惜重购"，平时经营，"所入视所出，什佰千万"①。吴本文、元定兄弟赏鉴书画目力过人。丛睦坊汪然明、景纯父子，不但收藏金石古文法书名画彝器古玉甚富，而且"差别真赝，无不精审"，是有一定品位的鉴赏家。商山吴继佐"购古图画尊彝，一当意而贾什倍"②，经营书画十分成功。居安黄山、黄石兄弟，兄黄山为"士夫中赏鉴名家"，弟黄石"会计之精，徽贾推为领袖"，因精于鉴藏，经营也极为成功。榆村程季白、明诏父子，辨博高明，识见过人，蜚声于赏鉴界，鉴赏家李日华和收藏家汪砢玉、书画商徐润卿等人常观赏其收藏，颇具眼力的书画商吴其贞常常光顾其门。程龙生、怡生兄弟，吴其贞称其"陈设布置，无不精绝"，是老于此道的行家里手。休宁汪本湖，不但收藏丰夥，还具鉴别慧眼，"望而知为某代物，善赝者莫能欺"③。如此赏鉴水平，经营书画古董成功，就绝非附庸风雅所能达致。这些古董收藏者，不独以雄厚财力，兼且以鉴别书画藏品的专业知识，与社会名流，或鉴赏名家，或书画名家深相交往，赏玩历代名迹，切磋收藏经验，交往藏品信息。程季白、明诏父子与著名书画鉴赏家李日华、华亭派书画大师董其昌、收藏家汪砢玉等均有交往；吴江村与李日华、董其昌、冯梦祯、陈继儒、薛冈等人频繁交往；董其昌常愿与吴江村一起欣赏名迹；汪本湖与扬州朱曰藩、华亭朱大韶、苏州皇甫汸等古文辞家相往还；歙县吴桢与陈继儒往还；歙县汪道会与冯梦祯往还；吴江村与董其昌不时交换藏品。如此这般，如果胸无点墨，而只是附庸风雅，则是很难想象之事。黄黄石（正宾）在万历后期为

① 李维桢：《大泌山房集》卷102《吴节母墓志铭》，《四库全书存目丛书》集153册，第77页。

② 汪道昆：《太函集》卷52《明故太学生吴用良墓志铭》，万历十九年歙县汪氏刊本。

③ 李维桢：《大泌山房集》卷71《汪元蠡家传》，《四库全书存目丛书》集152册，第226页。

凤阳巡抚李三才博综奇玩，罗致名品，没有鉴别的真本事，也是不可能的。吴其贞说溪南吴氏、丛睦坊汪氏、商山吴氏、榆村程氏等所藏，皆为海内名器，百年之后历久弥贵，就绝不是附庸风雅的结果。以经营盐业、典当业等攸关国计民生行业的徽州商人，营商成功后，纷纷葺治园林宅第，收藏书画鼎彝，自然不少人是出于浮慕心理和为了装点门面，其藏品也必然是真赝杂陈，优劣不分，但不少徽商因为财大气粗，出得起高价，从而收藏到一般人望而却步的珍品，收藏市场的成功实践证明，徽州商人的不少书画收藏者，既有好事家，也有赏鉴家，既有浮慕者，也有风雅人士，不少是可以比肩赏鉴家的。徽商活跃在收藏市场，收藏是为了投资，不少人练就了过硬的专业水准，其法眼就绝不能以等闲视之。明后期的收藏行情表明，鉴赏家视为精品至宝的书画鼎彝，有不少转辗到了徽商手里，后来又从徽商那里散出的藏品，不少也是业内人士长期访求的名品。历代流传的不少珍品名迹，有赖他们的精心赏鉴、珍藏呵护而得以传承至今。

徽商原来在三吴士大夫心目中，或者徽商自己体认，无论是否具有书卷气，是否雅俗，而总还给人一种不脱商贾习气的印象。休宁人金声说，当时各地人"往往嘲吾乡士大夫不脱商贾气"[1]，他又不得不承认，其乡"以俗业贾，日筹子母"，"独有士大夫称为易与，而亦皆筹子计母，不脱商贾气习"[2]。万历时的袁宏道却认为："徽人近益斌斌，算缗料筹者竞习为诗歌，不能者亦喜蓄图书及诸玩好，画苑书家，多有可观。独矜习未除，乐道讼而愧言穷，是为余结耳。"[3]虽然商人积习尚未完全褪尽，但徽商的文化追求和艺术素养大有提高，而收藏图书鼎彝即是一般徽商的有效途径，收藏书画鼎彝，既是提高自身文化素养的有效途径，也是徽商抬高社会认同的切近之路。

原载《中国社会经济史研究》2013年第1期

① 金声：《金太史集》卷7《寿明之黄太翁六秩序》，光绪十四年刻本。

② 金声：《金太史集》卷4《与歙令君》，光绪十四年刻本。

③ 袁宏道：《新安江行记》，载钱伯城笺校《袁宏道集笺校》卷10《解脱集之三·游记》，上海古籍出版社2008年版，第461页。

清代徽州商帮的慈善设施

——以江南为中心

　　以善后设施为主体的慈善设施，是各地域商帮在经营地联络、团结乡人的基本设施，各地商帮建立的地缘组织会馆，几乎无一例外地都有相应的善后设施，不少商帮甚至在正式建立会馆前已有义园等设施。徽州商帮是著名的地域商帮，对慈善设施极为讲究，到处广设，这些设施在其发挥商帮的群体优势中起到了十分重要的作用。

　　江南是清代商品经济最为发达的地区，也是徽商最为活跃、势力最为雄厚的地区。江南的苏州是鸦片战争前全国最为重要的工商都市，徽商在那里不但建有徽郡会馆，而且后来还与安徽其他地区的仕商合建了安徽会馆。杭州是明清时期仅次于苏州的著名工商城市，又是徽商进出江南（南京除外）的总枢纽，徽商在那里建有新安惟善堂。上海是鸦片战争后全国最大的通商口岸，徽商与毗邻的宁国商人在那里建立了最早的地域商帮会馆——徽宁会馆，其思恭堂义地相当广袤。现拟以整个江南为范围，着重选择这样三个有代表性的城市的三种有代表性的会馆，探讨徽州商帮慈善设施的有关问题，藉以说明包括徽商会馆在内的会馆是否如人所说自道光时起地域观念"逐渐消融"[①]，或者是否如人所说在乾隆中后期已"逐渐演变为工商业行会组织"[②]。换言之，本文试图通过考察徽商的慈善设施

---

① 何炳棣：《中国会馆史论》第6章《会馆地域观念的逐渐消融》，台北学生书局1966年版。

② 王卫平：《清代苏州的慈善设施》，《中国史研究》1997年第3期。

· 221 ·

以说明徽商乃至所有商帮直至清末仍然保留了浓厚的地域观念和商帮特色。

一、徽州商帮慈善设施的建置与分布

泾县人朱琦说："皖江多好施，所在辄置义冢。"[1]歙县人许承尧也说："吾徽人笃于乡谊，又重经商，商人足迹所至，会馆义庄遍各行省。"[2]说明注重慈善设施是徽州商帮的一个重要特征。这一点，在最为活跃的江南地区，徽州商帮也表现得极为突出。

徽州商帮在江南的慈善设施最基本的是殡舍（丙舍）和义冢。殡舍通常称义园、义所，也有称公所、厝所、厝宇的，偶尔还有沿用历史上的名称，称漏泽园的。与其他商帮的同类设施一样，徽商的义园、义冢一般都有堂名。如在苏州，先后有积功堂、积德堂、诚善局（诚善堂）；在上海有徽宁思恭堂，婺源茶商星江公所教梓堂；在杭州有惟善堂；在一般府城嘉兴有翳荫堂、存仁堂、广仁堂；在县城常熟称存仁堂、广仁堂，娄县称崇义堂；在较大的市镇吴江盛泽镇称积功堂，长洲黄埭镇称旅亨堂，元和舟直镇称敬梓堂，南汇新场镇称思义堂，桐乡濮院镇称崇义堂。这些堂名醒目地表明，徽商以仁义为号召，以功德为手段，试图达到敬梓归邦固帮的目的。除了这些义园义冢，徽商张佩兰曾于康熙三十八年（1699）在盛泽镇东肠圩建立了新安义学，以课徽商子弟读书[3]，后来的徽宁会馆就是在此基础上建立的；徽宁商帮于宣统元年（1909）在上海建立了徽宁医治寄宿所，为徽宁二府贫苦有病者提供食宿医疗[4]。上述这些慈善设施，连同各地有会馆而尚未计入其义园义冢者，可以毫不夸张地说，在清代，徽州商帮的慈善设施遍布江南城乡各地，其数量之多，可能没有一个地域商

---

① 朱琦：《小万卷斋文稿》卷18《徽郡新立吴中诚善局碑记》，光绪十一年嘉树山房刻本。

② 许承尧：《歙事闲谭》卷11《北京歙县义庄》，黄山书社2001年版。

③ 同治《盛湖志》卷4《公署》《学舍》，1924年印本。

④ 《徽宁医治寄宿所征信录》，1912年铅印本。

帮可以相比。从接受教育、延病就医到身后的妥善安置，徽商都有相应的保障性设施。徽州商帮是一个注重自我救助，善于相帮相恤的商帮，当地文献说的"以众帮众"，在慈善设施上也充分反映了出来。

就时代而论，目前所知徽州商帮在江南的最早善后设施是明代设立于虞山北麓常熟西庄的梅园公所，"置地厝棺，以安旅骨"，清乾隆六十年（1795）又在原设停棺栈屋旁卜建了存仁堂，"以为徽人寄栖医病之所"①。最晚的慈善设施就是上述建立于宣统年间的上海徽宁医治寄宿所。根据很不完全的统计，徽州商帮在清代江南独建或与宁国商帮或与安徽全省仕商合建的慈善设施就达30处，实际数量当要多得多。仅就这30处统计，其中有17处建于鸦片战争前，或者确切地说是在道光以前，占了近60%；太平天国战争后设立的为13处，占40%强。大量文献材料和现有研究表明，江南面向全社会的地域性善会善堂大量产生是在道光以后，尤其是在太平天国战争以后。地方文献称："善堂之设，所以佐吏治之不及，然见于前志者犹无多也，道光以来郡邑村镇递次兴建，几于靡善不便……近年直豫秦晋相继告浸，好善之士闻风兴起，集资至数十万之多，救灾及数千里之远，一时东南好义之名称天下，何其盛欤。"②日本夫马进先生的精细统计表明，江浙两省的64所善会善堂，建立于道光以后的有56所，占了五分之四以上③。由此可见，江南的地域性慈善设施，绝大部分是在道光以后新的社会条件下产生的，而以徽商为主体的外籍商帮的内部慈善设施则主要建立于清代盛世，二者在产生时代上是很不一致的。商帮内部慈善设施因其设立宗旨和服务范围的特殊性，与地方性慈善设施迥然有别，不能视为如今人所说的"地域社会"的一部分。

那么，上述建于道光以前的占到大部分比例的慈善设施是否自道光时

① 苏州历史博物馆等编：《明清苏州工商业碑刻集》，江苏人民出版社1981年版，第349页；又民国《上海县续志》卷3《建置下》载，位于上海县二十五保三图的义冢，万历时由徽商任磐石助建。这个义冢大概只是由徽商助建的地方性义冢，还算不上徽商为自身公建的义冢。

② 光绪《松江府志》卷5《风俗》，光绪十年刻本。

③ 参见［日］夫马进《中国善会善堂史研究》，同朋舍1997年版，第760页。

起就逐渐消融其地域观念了呢？恰恰相反，自道光时起，特别自同治年间起，徽商的慈善设施重建或扩建的有6处，新建或在原来基础上联合而建的有13处，其余11处绝大部分也一直存在。我们根本得不出所谓"地域观念逐渐消融"的结论。从其修葺扩建的规模与联建合并的趋势来看，地域观念不是逐渐消隔了，而是在新的竞争形势下更加强化了。同样，我们也无法得出乾隆中期以后江南会馆已"逐渐演变为工商业行业组织"的结论。30处慈善设施中，乾隆中期以后建立的有22处，当然我们不能据此就说江南徽商的慈善设施绝大部分建于乾隆中期以后，因为也许此前建立的不少设施已经毁圮，但是我们却可以肯定地说，乾隆中期以后，徽商的会馆及其附属慈善设施丝毫看不出有什么"演变为工商业行业组织"的迹象。当公所这一行业组织从乾隆中期起大量兴起后，会馆这一地域组织并没有消融或者演变，徽商地域组织反而由徽州一地扩大为徽宁二地甚至安徽全省。我们作为典型的苏州、杭州、上海三地的徽商组织都在乾隆中期后发展壮大起来。

苏州安徽会馆殡舍义冢的设置，最早可追溯到乾隆五年（1740）。其时徽商在虎丘购地3块9亩公建积功堂四民义冢，"权厝焉，久之莫容"[①]。三年后，徽商又在其旁购地10余亩建积德堂四民义冢。乾隆三十五年（1770），徽商在镇抚司前阊五图创立徽郡会馆。道光八年（1828）又费银1300余两，于阊门外洞泾浜在积功堂的基础上扩充成诚善局，司事10人，专理善堂事务。同治三年（1864），经李鸿章倡议在南显子巷程公祠旁创设安徽会馆，三年后落成，屋宇210间，并陆续建有李公义渡（安徽码头）、经商公所等，同治十三年（1874）置办全皖殡舍25间，义冢二处地广达54亩[②]。

杭州新安惟善堂最初由个人捐建。嘉庆初年，歙县余锦洲在钱塘栅外

---

① 朱琦：《小万卷斋文稿》卷18《徽郡新立吴中诚善局碑记》，光绪十一年嘉树山房刻本。

② 参见《江苏省明清以来碑刻资料选集》，生活·读书·新知三联书店1959年版，第377—382页；朱琦《徽郡新立吴中诚善局碑记》，光绪十一年嘉树山房刻本；陆肇域《虎阜志》卷3《冢墓》；顾禄《桐桥倚棹录》卷5《义冢》；《苏垣安徽会馆录》。

一图建置新安权厝所，地隘房少，规模有限。不久募得桃花山麓张姓地，锦洲与其子侄等购得何姓地，增建房屋。道光十七年（1837），司事胡骏誉等募得阚姓基地2亩，建筑厅堂及权厝所20余间，规模始备。各地团体个体商人纷纷捐款，次年各县口岸分设暂柩所，名登善集，同时制定章程、规条，"经画周详，规模宏备"。当年即雇备船只，将历年积存的142具旅梓分数起运回徽州各县水口，又清理厝所，催葬或代葬本地居民棺柩60余具。以后每年运回棺柩60具。咸丰十年（1860）太平军占领杭州，惟善堂"堂宇市房，纵焚殆无所有，租金存款皆化一空"。同治年间，汪鉴人等力谋恢复，获盐、茶二业商人支持，各地商也量力助捐，在旧址上建立厅堂以及内外厝所。其后又构筑新安别墅，翻建厝所，建亭施茶。光绪初年程野庭经手后，"经费渐有余资"，堂务日益妥帖①。

上海徽宁思恭堂建立较早。乾隆十九年（1754），徽州、宁国两府人在宁国人程炳临倡率下于南门外斜桥南置买民田30余亩。乾隆三十四年（1769）初次酌定章程，定名思恭堂，栖停棺柩，议立义冢，掩埋无力盘回棺骨。嘉庆二十二年（1817），婺源人胡炳南等添建丙舍30余间，修砌自南门至思恭堂数里间道路400余丈。道光三十年（1850）得到松江知府休宁人汪方川的支持，建筑西堂，免征地税，茶商助施衣衾，于是增定章程，提取茶厘，经费大增。咸丰三年（1853）、十年（1860）两次遭受战火，堂屋被毁。战后重修，"费逾万千，不劳而集，焕然如故"。到同治十三年（1874），经费余剩较多。自光绪时起，司总司事每年多达数十人，慈善工作正常展开。光绪三年（1877）大事修葺，东西二厅对峙，前为思恭堂正厅，再东为徽宁义园办事室及丙舍140余间，屋宇大增，气势恢宏，堂基及义园近30亩，历年添置义冢地广达85亩，在商帮义地中，仅次于110余亩的广肇山庄。又添建徽宁医治寄宿所，为乡人提供医疗服务，修定规条章程，以茶捐长生愿、绅商捐输及置产租息作为经费来源，设立司总司事，轮流办理施棺盘柩等善举②。

---

① 《新安惟善堂征信全录》，光绪七年刻本。

② 上海博物馆等编：《上海碑刻资料选辑》，上海人民出版社1980年版，第230—233页；《徽宁思恭堂征信全录》，光绪七年刻本；民国《上海县续志》卷3《建置下》。

这几个典型会馆及其附属慈善设施都在公所大量兴起后不断扩充，说明会馆与公所的存在是并行不悖的，绝大部分公所绝不是由会馆转化而来的，不能见到一二则不同商帮中的某些行业帮结成行业公所的内容，就遽而断言商人地域性已然消融甚至已经转化。历史事实表明，即使与同行合建同业组织的徽州木业、米业、玉业、烟业等帮，其地域特色仍然是很鲜明的。

二、徽州商帮慈善设施的创立意图

由上考察可知，徽商在江南的慈善设施形成规模都在乾嘉年间，而且其后虽然经过太平天国兵燹，但大多或重建，或扩建，得到了不断发展。这个时期，徽商在苏州的势力大不如前，在上海却气势如虹，茶商等势力大增。然而从总体上说，江南徽商在各地域商帮中的实力地位已大不如前，而且众多的徽商自然不可能人人发财，大量小商小贩难免客死他乡，身后得不到妥善安置，徽商群体是最重乡党宗族精神的，最善于标榜患难相助、互帮互持。以群体的力量设立公益慈善设施，有力出力，有钱出钱，力图让每一个乡邦成员都有较好的归宿，解除他们身后暴露他乡不能返归故里的忧惧心理，让贫穷无靠的客居商人也能感受到乡党的关怀。所谓"今也散而为商旅于四方，势固不暇相顾问及，一旦遭罹大故，而望收恤于故乡之人，又情之所不容已"。倡导者以赈恤同乡为己任，待助者以同乡救助为企盼，于是徽宁之旅居于外者，"无不敦睦桑梓，声应气求，肫肫然忠厚恻怛之意，出于肺腑，诚善之善者也"①。发扬徽商以众帮众、互帮互持精神，实践逐利思义、化利为义的伦理追求，从而增加凝聚力、向心力和商业竞争力，应该是徽商创建或不断扩建慈善设施的最基本动机和最直接的出发点。

当时江南工商各业的内部救助设施较为普遍，地方慈善机构也渐见增

---

① 江苏省博物馆编：《江苏省明清以来碑刻资料选集》，生活·读书·新知三联书店1959年版，第446—448页。

加，设施增多。然而同行救助更多地倾向于均摊负担，强壮时思虑病弱时，身前为身后着想，最不利于小商小贩；地方慈善能力既有限，作为外地人的徽商要沾得实惠，恐非易事。相对而言，地域乡邦设施，主要行业承担大部分费用，个体商人量力捐助，富裕者捐助贫困者，徽商的慈善组织正是其同乡特别是小商贩最合适的组织。徽商作为商人群体，既有实力，也有邻近江南的便利，让同人得以叶落归根或入土为安。因此，如果说会馆建筑是地域商帮实力的反映，是商帮之间互相竞争的具体表征，还多少含有名誉、面子的成分，那么商帮的慈善设施既是该商帮实力的反映，也是该商帮纯粹为团体成员服务的设施。在近代江南，各种慈善组织纷纷涌现，救助的内容、范围和形式都有新的扩展，徽商不但没有放弃传统，反而更加重视地域圈内的殡舍义冢形式，实施善后同籍资助。作为商帮，其地域性商业组织的特色在慈善设施上得到了最形象的反映。作为传统性质的商帮，徽商也并没有解体，而仍然活跃于江南商品舞台上。

徽商在江南各地广设义园义冢的这个时期，也是江南商品经济迅速发展，城镇地价不断增值、地皮日趋紧张的时期，同时更是徽商家乡葬地难觅、地价不菲的时期。道光时泾县人朱琦曾透露其在苏州选择墓地的原因说："窃惟余邑安窀最难，往往耗重赀，尽付东流，迤者人愈稠，地愈隘，即值愈昂，苦叠遭辛螫，家遂落……适主讲吴中，询风俗，知缓葬者颇尠。暇辄遍览郊原，多平且旷，觅购亦稍易。久乃获诸盘门外田方七亩，载起幽宫。"①徽州葬地难求，只会甚于泾县，朱琦家大业大，尚要考虑价格，改在苏州寻找身后之地，对于徽商整体特别是子嗣不旺的弱小者来说，要在家乡购地，就更难上加难，能够在江南入土恐怕是理想的归宿了。然而就单个徽商来说，要在客居的江南购地同样绝非易事。上海地方文献说："购地营葬，土著者尚易集事。若客乡来葬者，把持地段，争昂其值，间有老妪寡妇不能做工者，环索照派，或越境夺工，动辄殴打。此种恶习，各处皆然，卒难禁革。"②在这种情况下，以群体的形式，凭乡邦

① 朱琦：《小万卷斋文稿》卷18《双湖丙舍碑记》，光绪十一年嘉树山房刻本。
② 民国《法华乡志》卷2《风俗》。

的实力，到官府备案，购置公共墓地就是最有效的途径。这就既摆脱了地方势力的纠缠，又经济地达到了寻找墓地的目的，也较好地处理了与地方居民的关系①。很难想象，如果不是集团的力量，徽商能够在苏州阊门外、上海南门外和杭州江干等均为人烟稠密、地价昂贵的地方购得数十亩、上百亩的义园义冢用地。因此，扩建义所义冢也可能是徽商在江南用较经济的代价大规模购置公共墓地的一种手段。

徽州商帮的内部救助、善后措置，不独有利于增加徽商团体的向心力和竞争力，客观上也有助于江南地方秩序的稳定，减轻江南地方和官府的社会保障压力。很难设想，每年数十具乃至上百具棺柩得不到安葬，或者相同数量的尸身得不到收殓，更多的困乏商人得不到必要的救助，对于地方经济负担、社会秩序和环境卫生将会产生怎样的后果。徽商以地域组织的形式，立足于自我救助，无形中减轻了地方政府和地方仕商社会救济、社会治安的压力，所以总是得到地方政府的大力支持和切实保护。同治初年，苏州的安徽会馆在阊门外设立专用码头，按照成例，当由县令张示晓谕，以示承认，但一度"几致中沮"。知府李薇生得知后，大怒道："人不惜赀竭善举，吾侪可不亟为成全耶？"立即批示，阻挠者不敢违反②。杭州惟善堂创办之初进展缓慢，后来因为"通达大吏竭力以营之，故能成是丰盈豫大之象"。③署上海知县许乃来对思恭堂的看法则是："生有所寄，死有所归，枯朽骸骼，必思埋葬得其一地，如生者之寝食居处，了无遗憾，然后仁至尽，可以赞皇恩佐圣治也。"④赞恩佐治，有利地方，地方官正是从地方社会的角度来看待这类慈善设施，从而予以承认加以保护的。

---

① 万历《杭州府志》卷19《风俗》载，万历时，徽商在风景优美的杭州南北二山图谋葬地，"或毁人之护沙，或断人之来脉，致于涉讼，群起助金，恃富凌人，必胜斯已"，被讲究风水的杭州人视为"罪同杀人而恶深掘冢"。明代徽商纷纷卜地营葬，引起了当地人的警觉。这种情形入清后好像不再严重存在。

② 《苏垣安徽会馆录》，光绪刻本。

③ 《新安惟善堂征信全录》，光绪七年刻本。

④ 《徽宁思恭堂征信录》，光绪三年刻本。

三、徽州商帮慈善设施的资金筹措

会馆能否建立，慈善设施是否周全，资金筹措是基础。慈善设施的建立，大多以筹措经费为急务。杭州惟善堂的章程中，有关于奖励捐款的专门条款，规定"一百千以上者，报县请奖，三百千以上者，禀府申详"。在实际运作中，标准大为放宽，捐款凡在一百两以上五百两以下者，亦"量加鼓舞"，得到了"泽枯广惠"四字匾额奖励。上海思恭堂增定章程时也呼吁同籍商人捐款，"迄年以来，茶业大盛，人数益众，堂中经费愈加浩繁，务望贵商如数照捐是荷"[①]。

由于徽州商帮慈善设施的服务对象是徽籍人士，因此赞助或捐献者也以同籍人士为范围；又由于不同地区的同籍人士保持着或多或少的联系，因而捐款者广及相关地区的同籍人士。

乾隆时苏州积功堂义冢的筹资方式并不清楚，从日后会馆成立后的集资方式来看，当系个人和商号自愿捐输。徽郡会馆成立之初，"公项匮乏，无可设措，而基地颓垣，亟宜就理，爰邀涝油、蜜枣、皮纸三帮诸公，各输厘头，并捐人工，以为葺理之费"。这三帮按照营业额捐款，共捐银138.2两，起了重要作用。其余商人个体71人，共捐款315两。在捐款人中，苏州徽商以外，还有一位"嘉兴万顺布行李大业捐银十两"[②]，捐款额较多。在积功堂基础上扩充成的诚善局，经费"原出茶商，爰广之，皖省暨闽浙豫章，凡属徽郡同业者悉如例"[③]。这个小小的诚善局，应捐徽商的活动地域广及江浙皖闽四省。同治时期成立的安徽会馆，因系全皖同籍组织，捐款人不但包括江苏全省，还广及两淮盐法道、大学士李鸿章、直隶布政使、山东布政使、天津道、铭军统领、右江总镇、四川夔州知府

---

① 《徽宁思恭堂征信录》，光绪三年刻本。

② 江苏省博物馆编：《江苏省明清以来碑刻资料选集》，生活·读书·新知三联书店1959年版，第377—380页。

③ 朱珔：《小万卷斋文稿》卷18《徽郡新立吴中诚善局碑记》，光绪十一年嘉树山房刻本。

等，但以江苏范围为主。会馆共接收捐款银8820两，漕平或湘平银3900两，银洋4347.6元，如折合成银两约合14798两。捐款者官员44人，捐款银8820两，漕平或湘平银3330两，银洋2300元，折合成银12907两，占87%；不明身份的个人73人，捐漕平或湘平银570两，银洋72元，折合成银468两，占3%；商号48家、业，捐银洋1976元，折合成银1423两，占10%。安徽会馆官员捐款比例独高有其特殊性，一是李鸿章以个人名义前后捐银5000两，湘平银1000两；二是苏州为江苏抚衙所在地，建立全省性地域会馆，官员多，捐款也多。就人数而言，商人是最多的，而且主要系徽宁商人，会馆昭忠祠房租500余千钱，就是"访定徽宁人在苏铺业殷实几家分派公存"①的。

杭州惟善堂的经费最初来自自愿捐款。惟善堂自道光十八年（1838）成立到咸丰十年（1860）毁坏，共有17人捐献了田地、屋宇、建筑材料作为公产，有16个团体和1760人捐了款，共捐钱6982千文，银100两，银元3119元，折合制钱约11439千文②。在捐款的团体和个人中，只有8人是官员、候补官员或职员，捐款额折合制钱为2437千文，说明捐款人中商人占绝对比例。但由于单个官员捐款额比商人多得多，因此官员捐款额的比例比人数比例高21%。尽管如此，仍然反映出在这类徽商慈善机构中，商人是经费的主要承担者。如以捐款人的活动地域而言，徽商的家乡有1个团体即休东诵芬书屋和8个个人捐款，款额占21%；杭州以外的徽属商人有15个团体和3个个人捐款，地域广及常州、嘉兴、秀水、海盐、德清、海宁长安、苏州枫桥、嘉定南翔、江都、泰兴、如皋、泰州、如东、南通、海门等苏南苏北广大地区，捐款折合制钱1313千文，占11%强；在杭州活动的徽属人士捐款约占68%，如果扣除徽籍官员捐款额，在杭徽属商人捐款仅占47%。这又说明，居有总枢地位的杭州惟善堂的设立，不独在杭徽

---

① 《苏垣安徽会馆录》，光绪刻本。

② 《筹办夷务始末》卷2载，道光十八年"每银一两换制钱一千六百有零"，《皇朝政典类纂·钱币四》载，道光二十五年"京中纹银每两易制钱几及二千文，外省每两易钱二千二三百文不等"，今以银一两换制钱1900文，每银元一元折合银两0.72两计算。

属人士身预其事，家乡徽人甚至其他地域的徽商也十分关注，出力出资。

太平天国以后，自同治四年（1865）至光绪四年（1878），惟善堂的经费改为个人自愿和商业各业愿捐的形式，而以商业愿捐为经费的主要来源，个人自愿捐款的比例逐年呈下降趋势。光绪五年（1879）至六年（1880），采用盐、茶、木三个主要行业商业抽捐堆金、其他行业量力助捐的形式，盐业每引捐钱2文，洋茶每箱捐钱6文。在商业捐款中，除了盐、茶、木三大行业外，典业、茶行业、茶漆业也占一定比例，其他还有面业、绸业、瓷业、肉业、南货业、香粉业、布业等。在个人捐款中，同治四年（1865）至九年（1870），"红顶商人"胡雪岩捐洋100元，浙江学政吴存义捐洋40元，其他捐100元者有2人，50元者2人，30元者4人，20元者11人，当多系有职衔者。可是光绪三年（1877）的个人捐款仅为洋13元、银19两，还不及同治初年胡雪岩一个人的捐款数①。个人捐款的微不足道，说明惟善堂的经费已有了较为稳定可靠的正常来源，不必临时募捐，也说明惟善堂由商帮经营的特色日益突出。就捐款人或捐款行业的地域范围来看，除了盐业因浙盐销售区域而广及整个浙江和徽商老家外，标明地域的有通州公益堂、扬州、临平、瓶窑等，其他虽未明确地域，但洋茶输向上海出口，木植来自闽浙、捐款者当不仅仅是杭州徽商。很明显，捐款无论是个人还是商业行业，都是以具有地域特色的新安惟善堂这一乡邦慈善机构为中心而展开的，慈善机构的募捐和应捐方式，最清晰地体现了徽商的乡邦特色。

上海徽宁思恭堂的经费主要来源于茶捐提厘，道光三十年（1850）议定，"红茶厘每箱二十文，绿茶厘十二文，关东茶于戊辰年复起，每件提钱十二文，以助堂中善举"②。实力雄厚的茶商起了最重要作用。

吴江盛泽镇的徽宁会馆成立时，"徽宁之旅居于镇者，无不敦睦桑梓，声应气求"，除由单个商人捐献田产作为殡舍公产基地外，徽州府六县宁国府旌德一县商人自嘉庆十三年（1808）至道光十年（1830）共捐足钱17463千文，其中旌德一县捐款4525千文。会馆续建费用议定徽州六县出

---

① 《新安惟善堂征信全录》，光绪七年刻本。
② 《徽宁思恭堂征信录》，光绪三年刻本。

十分之七，旌德出十分之三。值得注意的是，捐款者不但有七县在盛泽镇经营的商人，连那些已经"迁居入籍诸君"也能"敦念本根，仍以乡谊，咸预斯举，扶持匡赞，以底于成"，甚至在盛泽周围如新塍、平望、王江泾、黄家溪、谢天港、坛丘、周家溪等地活动的商人"亦皆乐善捐输，不限畛域"①。徽商根深蒂固的家乡观念于此可见一斑。

南京马府街新安会馆修复于光绪三十一年（1905）、三十二年（1906）间，第一次工程会馆正屋费银4163两，因"本处人少力薄，又借助他山，幸赖各埠同乡感念桑梓，解囊相助"，共捐银3658两，"不足则称贷以益之"。第二次工程西馆费银2250两，"六邑乡人官于斯商于斯者人少力薄，胥赖外埠资助。沪埠茶商极为出力，通州次之，扬州、芜湖、安庆又次之，东台更次之。汉口则捐簿散失，两次派人劝输，仅得洋百拾七余元，资斧耗其大半。江西竟一毫不拔"②。清末南京徽商势力大减，会馆建筑费用主要靠上海徽商赞助。

上述江南各地徽商的会馆及其慈善设施的资金来源，除了苏州一所全省性的会馆官员出资占了主要部分，其他都是江南当地及外地的徽商承担了全部或大部。需要指出的是，捐款者无一例外地包括了外地徽商，体现了不同区域之间特别是江南区域不同地区的徽商横向之间的频繁联系，同一地域徽（宁）商以外的其他商帮一概没有捐款或祝贺性赞助，说明不同商帮之间只有竞争而没有经济往来；同一地域的非徽商各业也一概没有捐助，又从一个侧面说明这样的会馆及其附属的慈善设施，直到清末仍然保持着鲜明的地域特色，与行业性公所截然不同。作为商帮，徽商始终是以地域组织的形式开展活动的。

---

① 江苏省博物馆编：《江苏省明清以来碑刻资料选集》，生活·读书·新知三联书店1959年版，第446—448页。

② 《重建金陵新安会馆录》，载孙承平《〈重建金陵新安会馆录〉录要》，《徽学》第2期。

四、徽州商帮慈善设施的管理运作

徽州商帮的慈善设施都制订有规条章程，这些规条章程反映了其内部管理状况。

杭州惟善堂厝所制定章程18款，规条29款，登善集规条10款，在目前所知江南徽商的章程中条款最多，规定最具体。章程规条明确了惟善堂的善后原则，即"首重送回原籍，次则觅地埋葬"，堂的宗旨是尽量将棺柩运回原籍。为此，堂在杭州设有厝所、义地，在六县各口岸分设登善集，接应运抵棺柩，分送各地。强调大事共商，要求在堂司事，恪守章程，办理堂中事务，不得徇情更改，"若有关经费及有碍大局者，总需公同议筹妥善，不可就一二人之偏见妄自乖违，致分畛域。尤不可临时木讷，事后纷纭，总宜择善从长，咸归实济。或有未尽之端，即宜与同人商酌妥善"；厝所"倘有当议事情，仍出单公同商酌，务臻妥善，一视同仁"。明确收支公开，堂中经费，"每年共捐款若干，支用若干，另立四柱细帐，刊刻分送，有余不足，人人共知。十年总核一次，刊附征信录，永志弗遗"。为了处理财务，堂中置立公匣，存放银洋帐簿契据等，一人管匣，一人管钥匙。每年腊月初十，各司事集合同人结帐、誊清交代，轮流管帐。接受捐款时，须出收据，收到若干，填注明白，以便稽查。收集各散愿的司事，按月收取，随收随交，司总收贮，不得挪挂分文。规定提供棺木或接收棺柩的详细办法，堂中仿照北京慈航善举程序，设立三联票，并设报所供单。如有旅梓需要暂厝，由报人先填写报单，向在堂司事报明来历、姓名、乡县住址，有无子侄，作何生业等，赴堂待验；堂中查明，照单编号，填注清楚，截去联票一联，付举报人为凭，领棺材时对照给发。寄柩进所时，厝所填单实贴，再用漆笔填明原号，以便将来对号领柩。棺柩寄所同时，经手人即应发信家属催领。如亡者家属无回音，经手人即通知堂内，于次年埋葬公地；如亡者无家属，或家属无力运回棺柩，而有戚党愿意代办回籍的，堂中酌情资助运费。若亡者家族式微，原籍无地可葬，原报人报明时注明堂簿，堂中专人负责在杭州义冢安葬；若亡者家属愿自携运回，定限一年，一年后即葬杭州义冢。规定了接收对象，为六县之人在杭嘉湖及苏松常等郡县经营作客者，而杭州本地及非徽籍棺柩，"概不准入新安厝所"，如蒙混进堂，察出公罚。明确义所分别六县安厝各柩，婺源虽然另有专厝，但因系同府，又乐输经费，故一体对待。制定了经费管理办法，常州公堂捐款5000两，娄鹤皋个人所捐1000千钱，专备载送经费，"选商承领营运，周年一分生息"，息款收到后，存于值年司事处，专款专用。其余房屋公产，所得租息，纳入正项开支。此外，对水脚费、夫工薪资、棺柩运输时间、办法，埋葬标准，冢地选择，堂中祭祀，焚纸防火，捐款褒奖等，都有具体细致的规定[1]。

上海思恭堂堂规20条，后增定章程。规条规定了轮流分管堂务，徽州六县和宁国一府司年各司一年，轮流公同选择殷实之家管理堂中事务，凡收支一律公开备查，"堂中每年收进银钱，除支用各项悉遵旧章开销，逐年定于夏季刊刻征信录，通送备查外，如有盈余数至五百千以上者，公同存于庄典生息，以期充裕置产"。凡事共同商议，"所有修造动作并添办大件什物，悉宜公同商酌，不得一意擅专，如有任意专办者，此项支用责成自捐，不准开销公项"。冢地男女棺分葬，葬期原限三年，后以六年为期，小棺则一年后无人领归即照议掩埋。棺木进堂出堂，一律凭票，载明姓名号数，核对明白方准进出，保领施棺者，更须在领据上注明乡籍姓名年岁。棺木运输，均由该堂自雇夫工承办，当地脚夫不得恃强霸勒。埋棺须按标准，顺序进行，既埋之后，如起棺带回，须至本堂报明亡人姓名，核对牌号，为防混乱，棺头均填有朱漆号数，诵经荐度，三年举行一次。堂规更强调管理分工，除了轮年司理大总处给发助盘棺费外，休宁祥泰布号专司进出棺簿并施发棺票，婺源胡裕昌木行司施棺木，休宁福泰衣庄司给衣物，宁国鲍启盛漆号司给生漆，众位司事司簿籍[2]。由本帮商号提供相关物品，既照顾了本帮的利益，又减少了堂中开支，一举两得。较之杭州

---

① 《新安惟善堂征信全录》，光绪七年刻本。

② 《徽宁思恭堂征信录》，光绪三年刻本。

惟善堂，上海思恭堂善后对象仅为上海一地徽宁商人，而且只赞助运输费而不负责运棺，因此事务较为单一。

苏州徽州诚善局"领收有据，经发有规，定议极周"[①]，看来有一套严密的规章制度。安徽会馆殡舍义冢制定规条12款，较为简明，主要明确殡舍寄柩事项。寄柩须由同乡保人报明亡者籍贯、姓名、年岁、病故何处，殡舍发给柩票。柩进殡房，男女分舍，幼殇小棺另立一舍。寄存期以一年为限，过期不领，即代葬义园，立石标记。殡房除登簿编立字号外，柩上也注明字号，殡舍每间安放8具，如要宽展须另出钱。亡者亲属如赴殡舍祭祀，须由管理者安排。义冢入葬事项，义地趋吉避凶，或南北向，或东西向，按男女东西，挨号顺排。夫工力钱，夫工须具靠单承充，无论寒暑早晚，随叫随到，城厢内外每棺给钱800文，载柩船只每柩给钱500文，不得额外需索。殡舍义冢的照料，会馆司事立簿编号分册，兼理帐目。二处义地各用长夫二名照看，每年清明节前增土加厚[②]。

综览这些规条章程，可以说，徽州商帮的慈善机构，其重大事务是通过民主协商的，各堂都强调遇事共商，择善而从，不得个人专擅，不得徇情更改。思恭堂甚至规定如违众论，不遵章程，所需费用自理，要求十分严格；内部管理是有条理的，司总司事，或轮管，或分工，职责明确；各堂都强调财务公开，收支清楚，造册备查，接受监督，规定收支分开，钱物与票据分开，公匣与钥匙分别保管，制度是严密的、规范化的。各堂的殡舍义冢规定大同小异，说明各地徽帮的慈善机构已经获得了一套较为成熟有效的管理经验，具体细则有着可操作性。

从实际来看，这些慈善机构的运作也是较为成功有效的。一是收多于支，经费年有余剩。惟善堂自同治四年（1865）到光绪六年（1880），净存钱472千，而且自光绪时起基本上每年收多于支。上海思恭堂到同治十三年（1874）结余2490千钱，以后一直存在到清末，可见经费是有保证

---

① 朱琦：《小万卷斋文稿》卷18《徽郡新立吴中诚善局碑记》，光绪十一年嘉树山房刻本。

② 《苏垣安徽会馆录》，光绪刻本。

的。经费充裕，说明管理有成效，众人对堂中事务信任，才乐于捐输。这种经费裕如的光景与同时期江南各地官办慈善设施每每入不敷出、捉襟见肘的窘迫情形正好形成明显对照。二是慈善公产不断扩大，有所增值。考察惟善堂、思恭堂的历年开支，可知除了用于运棺埋棺及工费外，绝大部分都是添置义地房产，几乎每年都有添置公产的记录，因而其公产租息收入也不断增加。惟善堂光绪四年（1878）为洋46元、钱28千，光绪五年（1879）为钱94千，光绪六年（1880）多达钱133千，可见增值还很快。三是堂所义冢设置达到了预期目的。惟善堂根据实际情形，计划每年运棺60具，由于经费有保证，人称"六县旅榇，以安幽魂而免暴露"，因"一切善后事宜至详且备，故历年吾徽旅梓得所凭依，赤贫者装船送回，无嗣者置地安葬，洵可谓谊敦桑梓者欤"①。不独如此，光绪五年（1879）惟善堂不但处理了积棺，及时运埋了棺柩，而且还因为附柩回籍收取了外客的运费洋14元、钱3900文，次年又收洋18元、钱4000文。惟善堂在杭州设总堂，在徽州各县设登善集，苏松常杭嘉湖各地的徽商棺柩都汇集到杭州江干，然后分送各县，或落葬杭州，旅梓从入殓、安厝到转运、落葬，徽商编织起了一张完整庞大而又细密的江南运棺网。这一运棺网只有后来宁波商人的同样行为可以相比，但时间上要晚得多。其他各处徽帮的义园义冢，也不见有棺椁堆积，而都得到了及时处理。四是运作过程基本不存在大的弊端。从惟善堂的历年支出情况看，交际应酬费用微乎其微，不合理不明白费用帐面上没有反映。惟善堂设立之初，"乃有近地居民强将棺木存放，以图就便，并省租钱，甚至廿余年因循不葬"，其数多至60余具，后来经官府出示严催，得到了妥善解决，而且以后未曾再有同类现象。思恭堂虽然道光三十年（1850）时"堂内存棺竟有异郡地名，显系冒籍，致乱成规"，但得到了及时处理，说明在堂司事是切实负责的，慈善工作也是正常进行的。

（原载《中国史研究》1999年第4期）

---

① 《新安惟善堂征信全录》，光绪七年刻本。

清代徽州盐商的销盐纠纷与诉讼

一般来说，同一商帮在不同地域和同一地域的经营活动中，通常互为声气，形成商业经营网络，体现出通力合作以对付他帮商帮的竞争，但同一商帮之间的合作，并不意味着在其内部就没有竞争。由于商业经营实笃笃的利益所在，或为活动地盘，或为经营商品，或为市场份额，同一商帮的各小帮之间、同一商帮的单个商号之间，随时随地存在着竞争或纠纷。

徽商善于以众帮众，合力对外，但当内部利益冲突时，也免不了诉诸官司，而且在明代就以"勇于私斗，不胜不止"[1]而出名。明清两代，徽州盐商是各地盐商中最有实力的地域商帮，但其内部为销售利益而发生的诉讼时有所见。如嘉庆十八年（1813），徽州盐商内部就曾在地处徽州与江西饶州分界的婺源港口为争夺是淮盐还是浙盐的销售地域，因而"构大讼，官吏迭勘，供亿绎骚"。有潘观光者，独任其事，并为官府指陈地势，潘桂林也指示分界地形，绘图呈交官府，诉讼才息[2]。然而徽州商帮之间的这种争斗，在既有的商帮研究成果中殊少见到，不利于对于徽商的总体评价。今择取数例，叙述其具体过程，以观其详，为客观评价徽商提供一些参考性内容。

---

① 李维桢：《大泌山房集》卷66《何中丞家传》，《四库全书存目丛书》本。
② 光绪《婺源县志》卷30、卷34。

一、婺源与休宁盐商之间的诉讼

婺源与休宁盐商之间的诉讼，极为复杂①。徽州六县之盐，歙县分销绩溪，休宁分销婺源，黟县分销祁门。休宁分销婺源之盐，自屯溪至溪口水路30里，由溪口至婺源俱系陆路，峻岭崎岖，必须雇夫挑运。溪口是水陆分域之所，也成为运盐交卸之所。休宁县商人江嵩等在屯溪将盐运到溪口，在溪口开设有汪万盛、汪怡盛、叶豫源三行收贮囤盐，代客雇夫发行婺源，婺源县盐铺商人俞永泰等到溪口运盐转销。这种运销方式得到徽州府衙认可，曾以告示周知，已有年头。乾隆二十三年（1758）四月，婺源龙湾盐铺商人汪近仁却突然越诉至两浙盐驿道，控称屯溪运盐溪口、龙湾等地有囤积影射之弊，要求严禁。

显然，这是一起因为销盐利益而起的争端。江嵩、俞永泰将盐由屯溪运到溪口，开行囤贮，雇夫发行，分销婺源各地，影响到了婺源盐铺商人汪近仁的利益，故引起讼端。休宁县令奉檄覆查。从此而互相控告，历时七八个月。

俞永泰等具禀到县，声称盐船到溪口，"内皆崎岖峻岭，必须人肩挑运，既不能雇夫候船，又不能留船雇夫，势不得不于龙湾、溪口地方暂租寓所，以便船到交卸，陆续发夫"，"休属店有烙牌，官地官盐，何为行私，逐担婆面烙印可验，外无夹带，有何影射"。俞永泰等申述必须在溪口囤盐的理由看来较有说服力。但休宁县批示："尔等买盐运婺，分销夫船甚便。不得藉禀暂贮寓所，虽无夹带行私，亦未便据详故违宪禁。" 显然休宁县认为如此做法有违宪禁，确有影射夹带之嫌。

俞永泰等再禀至府衙，强调前情。六月初一日，徽州知府批示"赴县具禀"。俞永泰等复行具禀到休宁县，详述屯溪商人运盐到龙湾、溪口，人、盐不能露处的实情。休宁县令六月十六日批示："尔等买盐暂贮自管，

---

① 《乾隆徽州府抄呈》，抄本一册，南京大学历史系藏。

有违宪禁。且龙湾现有过载夫行，理应投行发夫，以便查察行私，不得擅词渎禀。"

俞永泰等第三次具禀到府，声称溪口现开汪聚源、叶元昌夫行，"任择投发，原所乐从，惟恐龙商又藉捏诬"。知府六月二十八日批示："既经县批，投行发夫运销，自应照旧办理，不得率请借寓公所，希图影射行私。"徽州府的批示维持了休宁县的裁定。

差不多同时，原告汪近仁等也具禀到府，声言汪怡盛只是杂货铺户，"将盐屯积，以便收船户偷窃之盐斤。是不惟影射行私，抑且开门揖盗"。要求饬令婺源盐贩运盐抵达溪口，应该检示印烙，随买随发，不能赁屋贮囤。知府批示："已据俞永泰等具禀。龙湾、屯溪二处，均应听商售买分销。该商等亦不得垄断，致违禁令。仍候照案限示可也。"徽州府于七月将此批示公告。

至此第一个回合，汪近仁等控诉俞永泰等私囤有影射之弊，未达目的。

汪近仁等心有不甘，又前后两次具禀到徽州府。先是称龙湾、溪口从无夫行，贮盐公所也只是自今为始，是一牌而二店，江嵩、俞永泰等所为，显系影射，而且"龙居上游，屯居下游，越买运销，转由行发，牙不枵腹，船不空载"，其实质是"屯埠藉婺越销，婺铺藉屯射私，把持行市，起落自由"。七月二十日知府批："前据该商并屯埠江嵩等具禀，业经明晰示禁在案，应各遵照，毋庸多禀。"汪近仁等并不服贴，继续上禀，呈称如果任由俞永泰等射私，"办销引地互相侵害，将见壅引陷课"。汪近仁等又声称俞永泰等所为会影响税课。知府果然引起重视，批示："婺邑分销休宁引盐，向来如何买运，龙湾、溪口地方是否从无夫行，江嵩等亦未设有公所，汪聚源等系属创设新开？"令休宁县确查覆夺。

休宁县覆查后认为，屯商江嵩等于禁革油行之后，又于溪口赁屋囤盐，称为公所，因担心违例不便，又唆使汪聚源、叶元昌创开过载夫船行，希图囤积影射，以致汪近仁等一再上禀。龙湾到婺源界，陆路50里，屯溪达婺源界，水陆兼程80里，理无舍近而求远。而江嵩等以船运载，有夫行牙用之费，势必提高盐价，结果必然暗增于小民，"非曰把持行市，即属影射营私，应请禁革"。

知府认为休宁县对于龙湾、溪口地方原来有无牙行、公所，婺源商铺赴休宁买盐分销，旧定成规如何发夫挑行，"未据备细查确明晰声覆"。至于汪聚源之行，既系创设，为何又不查明，而遽于给其行帖？当婺源人俞永泰等具禀，又为何批令准其投行发夫？以致商人之间互相呈渎。等到府衙批查，又主张禁革，所作所为"种种皆谬，殊非妥协！要求休宁县对于"婺民赴买屯埠引盐，向系如何发夫运送，备叙旧定成规，秉公妥议，另详察夺缴"。

徽州知府的口气严厉，休宁知县一方面承认未曾虑及种种细节，但同时主张"婺民到休买盐，仍请各随道路远近，听民自便，倘赴屯溪零星买盐，然必在奉给烙牌之商店买挑，不得船载龙湾、溪口发夫，以杜绝挽越，亦不得于他处暗囤私挑，以肃成规"。

婺源民人到屯溪买盐，只准肩挑，不得船运，休宁县的这种荒唐裁定，不但不能切实实行，而且真正影响民间食盐。徽州知府看出问题，批道："婺民到休买盐，听民自便，是屯溪、龙湾、上溪口、和村等处，凡属烙牌商店，均可听其售买。至称止许肩挑，不许船载，似尚未协。且搭船省费，夫挑价重，若止许肩挑，是婺民仅食龙湾、溪口之盐，而不许买屯溪之盐矣。事关鹾务，未便偏枯。仰再确核妥议。"

俞永泰等也两次具禀到府，揭露汪近仁等在汪口就有过载夫行，而且汪口以下二百余里间"船装每日源源不息"，溪口应与汪口一视同仁，否则只会便利汪等邀截昂价，垄断盐价。在这种情形下，休宁知县稍作让步，主张"嗣后婺民赴休买盐，除听就近上埠买食外，如赴下埠屯溪、龙湾者，毋论陆路肩挑，遇便搭船，悉听婺夫自便，惟由水路抵岸，仍令其就船夫挑，不得船载囤积。并毋许彼地牙人假藉夫行致滋弊窦，亦毋庸设立公所，以开争竞之门"。说这样一来，"龙湾不能藉言挽越，而屯溪行销亦不致偏枯矣"。对此裁断，知府批示持肯定态度，谓"既系并无偏枯，两相称便，仰即取具，各遵依送核，以凭给示晓谕"。

　　休宁知县的裁断，允许水运盐斤，但只能就船夫挑，不得船载囤积，操作上仍有问题，官府稽查也多借口。因此俞永泰等并不服气，再次上禀知府，说汪口现有五行过载，即属囤积，允许其存在，即已偏枯。至于水路抵岸，就船夫挑，已属困难，雇夫候盐又难于夫数恰如盐数，留船觅夫势不能免，指船载也为囤积，何谓称便。知府认为县判"亦属平允"，但俞永泰等所言也有道理，于是于十一月二十九日批示："但就船挑运，作何雇夫之处，候据禀檄饬查明覆夺。"江嵩等也具禀，指陈休宁县裁断不合情理。知府为此批示督促："仰县官吏查照来文并抄事理，即查明就船挑运作何雇夫之处，秉公妥议，具文详府，以凭核夺。毋得偏徇违延，致干未便。"

　　前后如此周折往复，倾向汪近仁的休宁知县的裁断明显偏枯，有欠公允，而倾向江嵩、俞永泰的徽州知府稍显公正。最终因为江、俞等人的据理力争，也因为徽州知府的一再驳摘，被告江、俞一方占了上风，看来江、俞或汪近仁任何一方企图垄断销盐的目的均未达到，休宁婺源间的销盐形式维持着原状。此案反映出，商业经营的各方，如果一方要想绝对垄断业务，其他同业必定会据理力争，官府也会在原被双方的较量下，作出维持各方利益较为均衡的判断。

二、徽州盐商总商与纲商之间的销盐之争

　　休宁婺源贩盐之争，是同业间地位相等的商人利益分配之争，而总商与纲商之间的诉讼，是同业内不同等级商人的趋利避害或损人利己之争。

　　据现存于民间的《二房赀产清簿》①，歙县江村人江仲馨在其遗嘱中说："余自二十一岁承先以来，代扬商领销和州引盐，冰兢自守。其间岸销壅滞，扬商禀铣庚辛两纲额引，无盐运岸，费累积重，同岸自运之许恒

---

　　① 《二房赀产清簿》，承安徽大学徽学研究中心卞利教授惠示，深致谢意。并参见汪崇筼《关于徽州盐商性质的两个问题》，《徽学》第2卷，安徽大学出版社2002年版。

吉、巴长发、方诚发力不能支，先后罄歇，余店独存。总商吴孙茂出名承运，禀请运宪，详奉院宪，行知州宪，来岸立店，欲抹垫费，勒令我店闭歇。比因赴扬兴讼，经众运商调议，岸垫属实。按照售盐分别提还，公禀寝息。计提二十年之久，将次提清，吴归鲍益泰接顶运行。"江仲馨乾隆三十六年（1771）生于盐商家庭，当他代扬商领销和州引盐，后来自运自销，在那里开店销盐，已是乾隆、嘉庆之际了。当时盐引壅滞，与他同运的几家商号皆先后歇业，而只有他能够撑持，并同时为扬商等代交盐税。总商吴孙茂出名承运，获得盐运司和地方官府批准，勒令江仲馨店关闭，而又不承认其代纳的岸垫盐银。江仲馨自然不甘，禀控兴讼。经众运商的调解公议，承认其岸垫，按照售盐收入分20年提还，官司才得以平息。总商之店后来也由他人接顶经营。此类纠纷当常有发生。

三、徽州黟县与休宁盐商为销盐而起的诉讼[1]

这是又一起反映纲商与总商间矛盾的诉讼。光绪七年（1881），黟县纲商苏宝善上禀提出清纲，称黟县积纲较重，请拨黟额44票归休宁。官府饬谕查明休宁前两届实销引数禀复核夺。甲商吴敬仪查明，休宁年额30080引，按经商所开销数，光绪五年（1879）共销售35719引，次年共销售31743引，两届通计，每年溢销盐3651引。如果拨加44票，未免过多，因此禀复减拨33票，即3102引，考虑到休宁销数还无把握，并未禀请详换休宁纲照。

与此同时，休宁纲商王万隆、曹行健等向纲盐总局和盐运司禀控。曹等声称，其承运黟地纲盐，历年办销完课无误。黟地引额220票，余日章等共设4栈，占三分之二，商等共设3栈，只有三分之一。由于竭力办销，积纲逐渐销清，而黟县余日章等因行销不力，积引滞销，现在提出清纲之说，获得允准，以致连续五纲不能开运。商等按时完纳盐课，现在无盐可

---

① 《辛巳盐务各案存稿》，抄本一册，南京大学历史系藏。

运，就无法缴纳盐税，也难以维持生计，请求开纲，以裕课源而纾商力。

纲盐局批示：查同治十一年（1872）章程，自十二年（1873）起，无论何府，一概销售当年纲盐，一俟本纲销足，即接销本属历年积纲，仍截至年终为止，次年也先销正纲，次销积纲。这是指同治十二年（1873）以前积纲而言。若认为以后应将上年积纲停压，则销不足额之地，号次在后之商，永无应销之日，哪有这样之理！"今该商等乃以黟县一地，而各分门户，争先恐后，以私废公，其不顾大局至此，盐务尚能望整顿起色乎？"而且一地之中，何商分销何处，何人派定，不准通融，如数少之商，从此不但不积，而可提先，则数大之商应独受积纲之累耶？"该商等一味偏私好讼，本局一视同仁，岂任尔等逞刁哓渎。候谕甲商传谕申饬。仍候运司衙门批示可也。"

纲盐局的批示将责任全问到了纲商的头上。纲商曹行健等于是向同业发出公启，声称拟赴省向巡抚申诉，知单到达，"请同业各商自书引名，填写引数，并盖图章，以便联名进禀"。随即向兼管盐务的浙江巡抚上禀，称休宁本身积引就多达2万余引，自顾不暇，现在大商串通甲商，从黟地拨入33票，这样一来，黟县可以抬价射利，休宁却只能跌价抢销，在黟地计出两全，而休宁则受害无底。况且拨额与融销迥异，拨入则休额增多，课累甚重。商等竭力办销，反而不如惰销为有利，商等于心实有不甘。黟地纲局有盐，专顾黟地，甲商与总商串弊，致使休地跌销，商等陷入困境。如果不将此33票盐拨回黟地，则偏累无底；不饬令黟县径运到地，则积弊难除；非销足正纲不得融销积引，则定章不紊；非公融公派，则定章不符。

十一月二十八日，曹行健等接到浙江巡抚批示："卷查是案，先据司局会详，黟县滞销，请改拨休宁等情，经前升院批示，如果可行，即核明饬遵，嗣后该局申复照办在案。据呈休地现积二万引，是否实情，黟商有无在休暗销，亦应确查办理。仰盐运司会同纲盐局一并查明，核议详夺毋延。"

曹行健等再次向司、局上禀，强调前情，称总商"混销不究，即与明融，明融不足，继以统摊，统摊未久，复与拨额"，休地跌价抢销，而黟地希图再融再拨，抬价射利。

十二月初四日，曹行健等接到运司批示："此禀，该经商汪作新等何以盖戳而不列名，如系纲商与之借戳，何以又未声注，殊属不解。至所禀各情，已奉盐宪批示后，移会纲盐局核明议详，再行饬遵。仍候纲盐局批示。"纲盐局批示："据禀，既称纲局有盐，殊欠明晰。仰即明白复禀。除候盐院宪批行到局，再行核办，并候运司衙门批示可也。"

曹行健等再次向巡抚禀控，称余日章等以积盐多少不等，禀请清纲，实系阻开正纲，图销积引。请求饬令全开正纲，剔弊纾困。十二月初八日，曹行健等接到巡抚批示："查各地销盐，自有定章，不容紊乱。况盐务与别项生意不同，尤宜和衷商办，以期尽利，方能保守世业。若依势行私，见利罔义，则物腐虫生，败坏可以立见。所呈不甚明晰。是否因公抑系图利，仰运司会同纲盐局迅即秉公核议，详复饬遵。"

曹行健等接到巡抚批示后十天，第三次向巡抚上禀。坚持认为，"积引之多寡，在办销之力与不力"，如果竟开清纲之路，既无积纲之患，又有垄断之乐，将来谁肯办销，商人完课而不能运盐，实在心有不甘。

十二月二十日，甲商吴敬仪上禀，在陈述了拨额的具体来由做法后提出，曹行健等禀称休宁积引有2万余引，须待查明，那么所有拨额3102引暂请停运，其本年已经运销之盐未便运回，请按休宁额数派匀分销。

大约与此同时，经商汪作新向运司禀称，经过查算，休宁积引和存地19700引，加上黟歙摊融入的2700引，共积引22400引，即使今年稍有溢销，所积也不离2万引之谱。曹行健等所禀都是实情，请将黟县拨入休宁之33票仍旧拨回。运司批示：黟县拨入休宁33票究竟应否拨回，候汇同甲商所禀，移会纲盐局一并核明饬遵。

光绪八年（1882）正月二十二日，曹行健等向纲盐局上禀，引盐售价，休宁每百斤仅英洋2元2钱，黟县每百斤合售价2元6钱，休宁较黟县每引低1元左右，较歙县每引低2元左右。如果黟、歙融拨不已，如不随同跌销，势必日增积累，商等若顾本经营，销数究无把握。而且休宁积引22400，上年虽然溢销5900引，加上龙湾分销婺县之数，实积仍有一万七八千引，自顾不暇，何能舍己匀人，反罹重累。请饬经商清查上年休宁积数而杜垄霸。结果经商朱士隽清查后禀称，休宁实积16970引。

二月二十九日，甲商吴敬仪上禀，称休黟纲商互控之由，皆因33票拨数并不按照休宁年额公派公销，以致休宁纲商心不平允。查休宁销数近虽较畅，而领文未运之盐尚属不少。现在同商互禀不休，也由本人"未能先事妥筹，以致频烦案牍，实属咎无可辞"。只是以前拨入的33票，本解黟商完课，并不更换休宁纲照，也不过暂时权宜，与黟、休各商议明，与其预定拨数致启事端，不如临时禀融，俾免多寡。因此请求批饬拨回黟县，以免休商藉口。如果将来休宁本额销竣，禀请融销，先尽黟、歙积纲，不得向别府融销，以杜觊觎。

不久，吴敬仪又上禀，并呈缴押戳。禀中称，现在徽、广两局总办倡设商运官销，逼迫其遵办。其传谕各商，无如地大商众，意见参差，而世业攸关，遽而更张，也难强人所难。如果"遵总办之谕，即拂众商之情，势必至百口沸腾，有烦案牍；商若顺众商之情，即违众办之谕，势不免同声震怒，疑及阻挠"。况且按照总办所议各条，与奏准由商自行设栈销售，称发盐斤，核定价值，悉由商人经理，各议未符。这样甲商有包课责任，而无办销名目，则销市之畅滞不知，即商力之盈亏无据，此后课项催缴更难。再三考虑，只有辞退绍所甲务，庶免将来贻误。盐运司批示："甲商为众商领袖，遇有难办事件，理应秉公酌议，以尽厥职，何得遽行禀退，殊属不合。所请断难准行。着仍照常充当，认真办理。如敢贻误推诿，定干革究不贷。仍候移纲盐局查照，并候批示。戳记掷还。"

三月初九日，曹行健等上禀，称黟商因前计不行，又倡统府官销之议。甲商因商情不洽，势迫情离，以致禀退总商，不与众商商议，而竟自一人径禀，无非欲遂其私。如果改为统府官销，是使办销稍溢之地，不能带销积纲，反代黟、歙短绌之过，永远派匀积引，名虽异而弊同，都是侵占休宁引地。包课之盐，应归商运，责有专司，可以转运，可以疏销，竟行统府官销，是添靡费，而无补于销场。

三月二十五日，曹行健等再次上禀运司和纲局，称黟商因巧计不行，复倡统府官销之议，经商等缕陈往年官销之弊，黟商又与甲商串议，每引加课银一钱，统地捐买积纲，地大商众，又碍于行。黟商如此做法，旨在希望33票盐引不再拨回。

四月初一日，曹行健等再次上禀运司和纲局，称总商苏宝善得黟额8000引，上年偏向各商兼并积引，而通年在黟仅卖2600引，确系办销不力明证。统销费繁弊重，苏宝善也知道，只是因为恃有提成可以取巧，以统府之额计算提成，约一万二三千引，而苏宝善一人十居其八，可以取赢补绌。若行统销，商无大小，同积同销，惰者益见因循，勤者莫施踊跃，统府短销之数，永远分积于众商。是商运官行，不积也必使之同积，从此有官可倚，自谓永远无争。商等以为，以私蔽公，不计久远。当年官行票运，完课运盐，并不认额包课，行止自便。同治十一年（1872）改纲，责商等包课，官有把握，由商等分地办销，有权减费以敌邻私，去弊以保引地。今若改行官销，靡费必重，储存官栈，损耗必多，统府每年非加四五万串不可办，按本照加，成本必贵，何能敌私。似此统销，而销场愈绌，愈绌而积愈重，愈积而课愈悬。况且商人有巧必趋，统销则巧易取，官商流弊最重，统销则弊滋深。明知利少害多，不如遵循成法。假如成法可守，则引地可以保全，包课自有把握。为此请求饬遵成法，保全引地。

四月初三日，曹行健等第四次上禀巡抚，称总商苏宝善因拨额33票未成，又与局宪倡拟统府官销条款，逼甲商禀办。甲商因知商情，奏案不合，势迫禀退，乃竟面谕总商一人独禀。我等纲商条陈前行票运情弊，"因局宪惟总商言是听，总商恃局宪势可行，利己行私，官商互益"。总商曾经扬言，局宪不谙盐务，计决于予，如不遵办官销，定受惩办。竟于前月二十六日，局宪传谕我等四人，不由分说，谕以不办官销，即停休宁正纲。商等乞恩，局宪大怒，声言送押运署，威逼难堪。"似此商权官揽，无非别开利源，表里相依，藉可商行官势，私心自用，不计虚糜"。请求遵照旧章，饬将33票拨回黟县，等休地销无积引，禀请公融。商等只欲保全引地，别无他求。巡抚批示："前呈批饬司、局详办，尚未具复。所称局议改办官销，作何改法，自必先行通盘筹算，于该商等有益无损，各商始行遵照办理。仰盐运司会同纲盐局，迅即将何以改章之故传该商细心开导，详复察夺，毋任商人哓渎。切切。"

七月十三日，曹行健等第五次上禀巡抚，称苏宝善先欲拨额，未达目的后又倡统府官销之议，以致商情沸腾，再向抚宪禀控。可至今又经四个月，司、局未详。今年春天，甲商与休歙各商黄源太、苏宝善等面同议明，禀请拨回。如果甲商并不串弊于前，何致粉饰于后，"而局宪仍执偏袒之心，竟无定案之日，有心延宕，详复无期。伏思局宪独秉醝纲，何以置四载之案不理，宕一年之案不详，捱一月之禀不批。似此非串亦串，非袒亦袒，不但有碍醝纲，亦属藐违宪令，争端无日得息，世业何以保全"。同月十八日奉批："查此案，前据该司、局申称，已饬徽属督销局万守亲赴各地查明积纲轻重，并谕饬甲商传集开导，一俟禀到，或照旧公派，或合府统销，再当会议妥详，等情在案。兹据商等复以弊串袒护等词，任意妄渎，殊为不合。仰盐运司合同纲盐局迅即查核议详，饬遵毋延。"

七月二十八日，曹行健等第六次上禀巡抚，称自上年禀告开纲已来，迄今正纲不开，每恳甲商再三，始开积纲一次。查定章，明有先开正纲，次销积纲之语，何以违护至此。苏宝善倡提清纲之议，意图厚利独占。前见甲商禀稿，称苏宝善积纲最重，必得商等摊匀一次，嗣后全开正纲，商等谊切同舟，似无不可，无奈苏宝善恃强垄霸，散商含愤已深，谁肯代办积累。请迅饬全开正纲，详复定案。八月初四日奉批："各项生意以盐为首推，自应共相维持，以全体面。乃同地同业之人互控不已，无非祗图私便，不顾大局，殊堪痛恨。此案前饬司、局议详，久未具复，不知该地经商、甲商所司何事，候再饬催议详。倘有抗违，即行详请革退，另募顶补，以示惩儆。毋贻后悔。切切。"

到十月，吴敬仪上禀运司和纲盐局，提出遵照定章，查绍所引地畅滞不一，而哀多益寡，莫善于纲章之融销。只是融销总须各地各商公同融进，公同融出，不得私自独融。其畅销之地，无论在地在途及未运引数仅存三个月之数，即由经商会同各商查明该地销数，随时禀请融进，公同派销，不得临时禀办，以免脱销。即滞销之地各商办销参差，所积引数多寡不同，似应合地各同会议，按照积数分别多寡，由经商会同各商公派，禀请融出。总须两地经商公同禀请，不得由各商率行自禀，以专责成。所有逐月销盐，本无定数，不得以畅销之月留数借报，也不得以滞销之月申数预报，实报实销较易稽核。至于各商运盐，不准越界，例有明条，应照定章，直接赴地，不得藉词暂寄邻县，以杜影射而弭争端。如有徇情，一经指禀，惟该经商是问。奉纲盐局批示："查融销，本应公同商议，不得逞一己之私，随意紊乱各地定章。存盐三月，如果存盐之外，别无未运之引，自应由经商查明，禀请府局转报本局，饬由甲商指融，以昭公允。至每月销数，以少报多，以多报少，均属弊混，候札饬府局督同经商加意查察，中途藉水涸起栈，尤为紊乱定章，自应责成经商就近稽查。遇有前项情弊，即指请查究。既据并禀，仍候运司衙门批示可也。"运司批示："既据并禀，候移纲盐局核饬遵照，仍候纲盐局批示。"由此可知，实际上纲盐局和运司衙门都同意照原定章程行盐。

于是甲商传谕各商，黟县苏宝善所请清纲闭运，已蒙宁绍分司饬令，本纲准照绍所各属，一律究完，不准提开下年纲分；休宁曹行健等所请黟拨休地33票，准仍旧拨回，等休宁本数销竣，先尽黟、歙融销。嗣后积引，准照各地扣折公融。曹行健等每引捐银五分，作为抵补总商苏宝善销售积引之费。所有这些，已经运司和纲盐局批准，如果各商具结，即可开纲。十月二十三日，曹行健等上禀，称苏宝善因办销不力，又贱买他商积引，故积引较众人独多，现在令商等捐银融积，本属难甘，但既经准照各地折扣，商若固执不遵，不但开纲无日，且无以仰慰各大宪息争之苦心。因此愿意出具息、允各结。这样，一场耗时两年多的官司才告终结。

在这场总商与纲商的互控案中，总商苏宝善欲利用雄厚的实力，通同甲商甚至运司、纲盐局等盐务衙门，试图改变定章，以融销为借口，将积额拨入他地，减少当地的盐引数量，以抬高盐价，而迫使他地因拨入盐引降价销售，其本人的积引损失则转嫁到了大量散商头上。总商这一通过积盐多少来掌控盐价从而垄断行销获取厚利的目的，试图以不正当手段排挤其他纲商的行径，遭到大量散引纲商曹行健等人的强烈反对。曹等不厌其烦地上禀盐运司、纲盐局，要求将苏宝善通过串通甲商吴敬仪拨入休宁的33票拨回原地，在得不到司、局允准并尽量拖延的情形下，更前后六次上禀兼领盐务的浙江巡抚衙门。苏宝善拨销不成，又倡商运官销之议。这自然只会加重盐商的负担，曹行健等反对更烈，几次上禀，历数商运官销的弊端。总商与纲商各不相让，甲商吴敬仪既不敢得罪总商和主管衙门，又难以违背商情强人所难，就以力不胜任提出辞去甲商之职，遭到司、局的痛斥。纠纷久拖不理，浙江巡抚向经商、甲商等施加压力。经商、甲商提出折中方案，拨到休宁的33票盐引仍然拨回，但由纲商出银每引五分，以补苏宝善积引滞销的损失，然后才能开运正纲，以后则仍照旧章。这一方案，对曹行健等散商而言，无端增加了开支，但这是暂时的，而且达到了维持旧章的目的，所以也就愿意接受，而苏宝善虽然未能如愿，但获得了一笔补偿银，面子上也说得过去。拖了两年多的互控案，就在双方各作让步的前提下结案。

案件反映出，盐运主管部门盐运司和纲盐局显然偏护总商，尽量维护总商的利益，说明总商在盐运部门那里有着绝对的影响力。因为主管部门的偏护，总商在诉讼中居于较为有利的地位。散商的利益既得不到主管部门的维护，只得转而向地方官府求助。而甲商、经商则既不能不遵从总商的安排，又不能违拂散商之情，因此在总商与散商发生纠纷时，处于两难境地。总商、经商甲商和散商这三者在销盐过程中的地位和实态，通过这一案件更加清晰地突显出来。案件也反映出，在盐斤营销很不景气而盐课不得短缺、盐商之间竞争十分激烈的清后期，盐商为维持引地、不愿多销引盐的实态，而同业之间的矛盾显得极为尖锐复杂，利害所关，涉案双方各不相让，往往案拖数年，才勉强结案。而且这种争执，涉案双方都有一定实力，官府也难以迅速协调解决，通常采用拖延的办法，久拖不决，成为这类案件的处理常态，而以各方妥协，维持暂时的平衡为最终的解决方案。

四、结语

销盐这一行业，有其特殊性，代表散商与官府交涉，承包盐课而实力雄厚者则有总商；筹划销售，分配引额，确定开纲日期者则有经商、甲商；具体运销者则有纲商即散商。总商甲商经商又往往兼事销引，三者之间虽有主附，实力高下悬殊，但存在着纠结在一起的利益分配关系。总商可以在引额分配上寻求最大利益，但引盐要靠大量纲商分销。如果盐引畅销，自然争夺额盐比例，而当盐斤滞销，自然所摊额数越少越好。管理运盐销盐则又有专门的机构盐运司和纲盐局，兼管盐运的地方官府也是法定的裁定机构。管理头绪既多，利益关注点也不一，这就使得销盐诉讼较之一般民事诉讼甚至商业诉讼要复杂得多。上述徽州盐商之间为销盐及地域占有、利润分配发生的纠纷诉讼，最终都是在利益对立双方的反复控诉应诉后经官府裁定的。但是在诉讼过程中，应该经历了调解妥议，如江仲馨销盐案，就是经过众运商调议后解决的。

原载《中国社会经济史研究》2006年第2期

清代徽商与经营地民众的纠纷
——六安徽州会馆案

明清时期，徽商在各地经营，因为经营活动及其他种种措置，与客籍地社会各个阶层时有矛盾，有时甚至形成严重的冲突对立。康熙年间在汉口，徽商为建紫阳书院，与当地人涉讼公庭；乾隆年间在杭州，徽州木商为征用钱塘江岸沙地，与租种该地的民户发生纠纷；嘉庆年间在六安，徽商为建新安会馆，与当地士绅生监形成严重冲突。由徽商抄录的《嘉庆朝我徽郡在六安创建会馆兴讼底稿》①，就为我们提供了当年徽商与六安士绅涉讼的详细情形，成为徽商与经营地关系的重要事例，具有相当的典型意义。今试作叙述，以观察徽商与经营地社会阶层的关系。

一

六安在安徽西部，与河南交界，在清代为直隶州。六安文风一向兴盛，科名突出。不计属县，明代出了进士20人，举人67人，清代到同治四年（1865）时出了进士26人，其中嘉庆十四年（1809）前为18人，举人到同治九年（1870）时95人，其中到嘉庆十三年（1808）时为48人；

---

① 《嘉庆朝我徽郡在六安创建会馆兴讼底稿》，光绪十七年抄本。此本由安徽大学徽学研究中心卞利教授提供，深致谢意。本中个别明显抄写笔误，引用时予以更正，有关人名经查核补全。

贡生更多达501人，其中明代226人，清代嘉庆十四年（1809）前205人[①]。科举考试如此成功，当地就多世家大族，士绅素以强横桀骜不驯著称。与文风兴盛相对应，经济却并不发达。地方文献称"山田硗瘠，尤旱为多。工作技艺，非土著所长，凡宫室器具悉取办外郡，故城市村墟傂食者所在多有。商所货粟米竹木茶耳药草诸物，盐筴则来自淮阳，徽人掌之，土居无兴贩者"[②]。经济命脉掌握在外地商人特别是徽商手中，土著与客商就难免形成矛盾。

嘉庆十四年（1809），贸易当地的徽商计划在州治东北儒林岗下六安儒学之左创建会馆，贡生李若桂、举人杨恢曾、生员熊可举、监生熊步芳等闻知，认为儒林岗系儒学风水来龙入首之地，历来不得挖掘建造，当即投告到乡地傅德举处，要求查明禀报。徽商支吾其事。地方举贡生监发现建筑材料已经"堆积如山"，徽商"蔑法违例显然"，于三月初五日禀告到六安知州处，要求示禁。同日，另有张邦宁等49人上呈内容相同的控文到州衙。署理知州沈南春批示："学宫为合州攸关，自应加意培护，毋许掘挖地脉，有碍风水。惟据徽籍客商创建会馆处所，是否切近来龙，有无妨碍，向来曾否建有房屋，候亲诣确勘察夺。"二十三日，沈南春批令差役传齐李若桂等，以便踏勘。

二十九日，徽商程岭梅、程辉宇等上了《为捏词欺异叩勘示建事》的呈词，呈文中称，徽商在那里经营，因为苦于旅店费繁，拟建会馆为驻足之所，完全是安分守业。没想到刚将买下来的州北火神庙左坎下房屋拆出地基，还未兴工，就遭到监生熊步芳挟索，熊未达目的，就捏造毁伤大题，煽惑当地生监联名具控。但是实际上，宫墙西侧早有山陕会馆，从来未闻有伤风水。现在我等买地，本系民房，并非特创，不过用房改造，何伤龙脉。而且地居文庙之东，还隔有街巷数层，更隔佑圣、火星二庙，相离甚远。儒林岗上民屋如鳞，高出文庙数丈，从未妨碍。何况会馆地基在岗脚平地，位置在佑圣、火星二庙之下，怎会欺压文庙龙脉，致害风水？

---

① 同治《六安州志》卷21、22《选举志》。

② 同治《六安州志》卷4《舆地志·风俗》。

呈文声称，"生等甫拆地基，即遭煽禀，将来兴工，难免诱阻。为此绘图叩呈大老爷，恩赏勘断，示谕兴建"。知州接呈，补传徽商程辉宇等到州衙，以凭择期诣勘。

监生熊步芳等则呈文回应，称汪贞吉、陶立亭等四人，契买房屋拆建会馆，妨碍全州风水，因惧州宪勘禁，唆使游手无业者程辉宇捏诉，诬称我挟索未遂。不思"六州工贾云集，或以手艺营生，或以货物售卖，或以银钱开设铺面，种种生理不一，皆属有本客商，惟徽籍徒手来州，诓骗为业"。如近年以来张德大等20家徽店，"拐州银两动以万计，案积如山，无从着追"。汪贞吉就靠盘剥盈余而捐纳职衔。吁请州宪传汪贞吉等到案质讯，以洗清诬陷，禁建会馆。

知州于四月二十日批示："该生果自信无他，并无挟索煽诱情事，汪贞吉即欲喷诬，难逃公论，岂足为该生之玷耶？静候诣勘，毋庸诉辨。"似乎并不相信熊步芳等所言。

熊可举、李若桂等再次呈文，声称例载创建寺观神祠者，照违制论，徽籍汪贞吉等立契买房，创建会馆，为聚众齐心之所，较创建神祠情节为尤甚。然而其所创建，如果无碍学宫，是否禁止自有宪裁，生等并不过问。只是徽商欲建之地，在圣庙来龙要脉，更张旧制，掘挖毁伤，圣寝不安，士林大害，所以生等公禀，叩求示禁。徽商以奉祀文公为词，不思文公现在配享十哲，何劳其另配；即狡称为祀乡贤，六安州并非其籍，岂能奉其乡贤。陈述至此，李若桂等以要挟的口气称，徽商"萍寄生州，挥洒纵志，任情儿戏，生等实害关切肤，不叩决禁，诚恐勘后恃横兴工，合学势死向阻，必滋巨祸。州境广庙何地不可迁建，立志与州为难"。并提出，汪贞吉等四人"主持祟害，事属罪魁，叩即传案斥禁，方息讼端"。

知州再次批以"候勘夺"，饬令原役，限令三日内传齐涉案之人赴州，以凭示期诣勘。其他举贡生监共50人分头上呈14件禀词，申述与李若桂等相同的意见。

生员马挺、熊一崧等紧接着上了《为申明利害恳恩决禁以伸士气事》，提出："伏念勘而后断，临事固属周详，不勘而禁，于理更彰明决。何也？

形家之说，聚讼纷纷，见为有害者矢口不移，见为无害者狡辩百出，虽经诣勘，势难折衷。"说客居和土著之人各执一词，两相竞执，均属无凭。官府应该权以轻重，立赐判禁。因为"会馆随地可建，学宫终古难移，苟无会馆，其无损于贸易者无几，而合州蒙庇；倘添会馆，其所益于贸易者无几，而合州遭殃。祸福迥殊，轻重易判。"最后他们请求知州"思念会馆之尊难同圣庙，工贾之贵较逊士林……即时批禁"。说只有这样，"庶合州士气可伸，永培学校于无穷矣"。六安生监大概觉得知州实地察勘，他们就难以获胜，所以又提出不必踏勘就可从士贵于商的角度，权衡利弊，出示禁建会馆。可见徽商会馆之地确实于文庙无碍，有损龙脉风水之说难以让人服气。

知州于四月二十五日在马挺等人呈上批示："此案前据各绅士以徽商创建会馆处所切近学宫，龙脉大有妨碍，是以批饬亲勘在案。静候勘夺。"

程辉宇等又以会馆司事身份上禀，针对六安生监所言徽商店铺盘剥拐骗银两之事，认为是牵扯，回击以"不思九州之大，万汇难齐，徽郡不皆完人，六州亦多伪士，旁引毁谤，究与正案无关"。要求知州"迅赏勘断，俾息众喙"。五月初六日知州批："候便道诣勘。"

五月十五日，知州亲自到会馆前后履勘，不久即回衙。契买民房的四人汪贞吉等上呈，指陈熊步芳自知平空构讼理亏，故暗嘱差役拖延不投讯。针对李若桂等徽商创建会馆有违律例的说法，说"文庙数十丈外左右一带皆为禁地，而律例未见有此明文，况是处旧有民房。会馆亦与民房无异，若系州民因房改造，又焉得而禁之。今业蒙宪驾亲勘明确，则碍与无碍形迹显然，而步芳等挟索未遂，凭空捏控之奸妄，难逃洞鉴，岂容任其宕延，致职等兴工无期"。五月二十日，程辉宇等指出知州既然已经亲勘查明，就不应该继续拖延，应该准令开工，因此要求知州"勒原差即带讯"。知州只在呈文上批"原差即带讯"。

汪贞吉等再次上禀，指控熊步芳等贿嘱原差，拖不投讯，徽商和差役一再催促，不理不睬。请求知州"勒差带讯，斧断明公"。

六月初五日，生员杨法曾等上《为义捐饬迁患消讼息士贾两便》呈文，说生监担心挖掘地脉伤害学宫风水，而徽商创建会馆本来也只期驻足有地，非必有心抉择妨碍学宫要地。宪驾已经勘明确实有碍学宫，而至今已过半月仍未示禁，"生等仰承宪意，欲为学宫杜害，预为伊等谋迁"。声称他们因此捐输银两，在南外大街择买市房地基一所，尽可盖房数十间，愿意捐给徽商，任其建造会馆。而其原来所买地基，或卖或留，既不创建会馆，自然不会掘挖。说这样一来，"讼端自息"。因此祈请仁宪饬令其领受迁建，并将有碍学宫处所出示永禁，同时饬令其出具永不掘挖伤害切结和领受速迁遵结，生监等也出具切结。对此换地的新花样，知州批示："业经履勘明确，静候集讯断，不得以公捐义地率请押迁滋讼。" 看来知州看出如按六安生监所言，日后祸患无穷，所以明确批示不准。

六月二十四日，差役也上禀，声称其一再催促出讯，但李若桂等"彼此支吾，延不赴讯"，他们都是举贡生员，不肯赴讯，身等无可奈何。知州批示："李若桂、熊可举等既为文庙公事出而联名公呈，何故群相规避，明系饰延，着即赶传，限五日内投审，再延定干提究。"

七月初二日，六安生监62人分投内容相同的呈文，声称生等仰候勘断，徽商可否建馆，不料徽商仗钱恃众，不候宪讯，即聚众鸠工数百人，强行建盖。生等闻知，于本月初一日禀请宪驾弹压禁止，奉谕令差役斥止，徽商居然藐视不遵，于当晚强竖正殿梁柱。生等公同禀报，蒙谕三日内即令毁拆。生等"仰念仁宪言出法随"，请求"先行究办，示期迅禁"。事体闹到徽商不等讯断，即大举动工，知州批道："事既控官准理，该商汪□□等不候讯断，率尔兴工，候饬差即行谕止。一面赶传案内人证限二日内禀到，以凭质讯断详，毋任延抗滋事。"

徽商七月初五日上禀，历数六安生监坚不到官应讯的详情，称其于会馆修盖余房时捏称正屋，挟众咆哮宪署，又到会馆喊骂，如此行径，有玷名器。初四日，职等赴辕待讯，生等闻如未闻，如此抗违，"视官事为儿戏，轻票差若弁毛"。请求州宪"恩威并济，按律断详"。知州批："现在具详，该商等即遵照另示停止工作，静候大宪委员勘断，慎毋率行改建，自干咎戾。"

七月初八日，徽商汪等四人上禀，称州宪六次票牌勒审，六安生监抗不赴讯。初七日午后，张捕主面谕职等，如果职等违抗伊命，不将余房尽行拆毁，已遣人去约集无籍匪凶数百人，候齐入城，先将前后余房尽行砍毁，再寻职等砍杀，要职等速避。请求州宪"恩威作主，速谕息祸"。

次日，六安知州一方面出示告谕，谕文为："谕各绅士及徽商人等知悉：案据绅士熊一梓、熊步芳等呈，徽商汪□□等建造会馆，有碍学宫风水一案，经本署州于五月十五日亲诣履勘，饬差传讯在案。嗣据该绅士以徽商不候讯断鸠匠兴工，禀请押拆，又经本署州饬差谕止，一面悬牌示讯绅士，并无一人到案，各怀臆见，辗转争执，滋生事端。除详请抚藩二宪遴委大员秉公勘断外，合先示谕一到，该绅士徽商人等务各遵示，静候大宪委员勘断。该徽商不得率尔兴工，任意改建，该绅士亦毋得纠众强拆，均干未便。如有不遵，定即详办。其各凛遵毋违。特示。"一面又于七月十五日向安徽巡抚禀详，详述商绅互控的来由，禀报其处理经过。提到他亲自诣勘时，说："卑职随于五月十五日因公便道履勘得，卑州文庙坐北朝南，在儒林岗之下冈脊，乃众姓市房，相沿已久。庙右系民房，接连山陕会馆；庙左系学署，署左有大街一道。街左系佑圣宫，宫之右系火神庙，庙之左该徽商所盖会馆处所，不属民房，即左火神庙左坎下平地，距文庙约有二十余丈，地势较低。"在禀文中，该知州还指出，当他传令讯断时，"该绅士并无一人到案"。他认为，"此案虽经勘明，该商所建会馆处所离文庙二十余丈，地势视火神庙、佑圣庙较低，似不致有所妨碍。但该绅士总以泮宫风水为词，借口争执，卑职未便悬断，理合绘图贴说，具文详请。仰祈宪台鉴核，俯赐遴委大员来州，会同复勘讯断，俾免执滋事，实为公便"。

至此，我们才能明白，原来署理知州沈南春认为徽商所建会馆并不有碍六安州学，但又不便得罪当地士绅，因而迟迟未曾明确讯断，而试图将此难题上呈藩抚，所以他一拖再拖，反复权衡。

安徽巡抚接到禀文后，明确批示："州详仰司查核勘图，程辉宇等建造会馆之处，系在文庙之东，中隔佑圣宫，火神庙，本非来龙，且系民居，地形较低，亦无虞欺压，乃该绅士张邦宁等辄以风水为舞，纠众阻止，其为挟索未遂煽诱捏控毫无疑义。至程辉宇等以异籍之人在彼经商，取该地什一之利，必须与该地土名和洽，方可相安。今建造会馆处所，该绅士等既藉文庙来脉，群起相攻，何难另觅基址，乃必与抗争，意图取胜，谅亦非安分之徒。该署牧表率一方，如果勘断惟公，何难令行禁止，乃以遴委大员为请。士商桀骜可知，有司之庸懦无能亦可概见。似此相沿成习，将以诗书文物之地变为蛮髦，政体所关，岂可不大加整顿。仰布政司严饬该州，即将张邦宁等如何挟索，何人起意呈控，其词内所称誓死向阻必滋巨祸等语，何人秉笔，并程辉宇等因何必于文庙东建置会馆，是否此外别无可以建置之处，首事共有几人，有无纠约敛财情弊，严切跟究。务得确情，按例定拟，以惩恶俗而正人心。倘以两造抗违不到托词延宕，则是该州政令不行，难胜司牧之任，即以溺职例严参可也。”

八月初五日，布政使李奕畴批："此案现据该州录详到司，候查核原详另行批示饬遵。"

从署理知州沈南春禀报省衙到九月二十六日新知州到任期间，士商双方仍不断有禀文呈报到六安知州处，沈南春一概批以"俟委员到日会同秉公察讯"。

九月十六日，安徽巡抚董教增给六安知州发出牌文查催，除重申以前的批示意见外，要求州衙"即速遵照，传集两造应讯人证到案，严切跟究"。安徽布政使李奕畴也饬令六安知州立即遵照巡抚所批，讯明实情。

九月二十六日吴姓新知州到任。十一月初六日，六安绅士陈廷森、赵燮槐等分别呈文，称愿意将以前捐买场地捐出，祈请州宪押令徽商领地速迁，传讯究诬详办，以安学校，以息讼端。

十二月初八日，程辉宇等重申前情，要求州宪"准情酌理，迅赐勘详，庶讼累得宁，异民安业"。

嘉庆十五年（1810）二月初一日，吴知州悬牌。初六日亲诣勘验，六安州绅士和徽商齐集州衙公堂。知州说："我看此地形，不能不让徽人盖会馆。现在京城有会馆数十座，皇上亦不禁他们。尔等不知，只说他们。

在你六安做买卖算宾，你等必须宾主和好。我劝徽人可不过于盖高，仿你六安顶大房子盖法。我就如此断法，就照此出详。尔等若不依断，将来闹出大事，我就不问尔们了。"六安绅士杨成等争辩不止。吴知州临行又说："我叫徽人盖低二尺，托个脸儿与你们罢。"

二月初十日，布政司马递牌文抵达，饬令知州迅即勒拘张邦宁等到案，"讯明何人起意呈控，如何挟索，词称誓死向阻等语，何人秉笔，程辉宇等有无敛情，刻日录供，妥办详复察转"。三月初六日和三月十七日，藩司札文先后两次札催，要求立即拘拿张邦宁等到案，如再"混淆是非捺延，定即径行揭参，决不再贷"。吴知州禀覆布政司，说经覆勘，确如程辉宇等所言，程辉宇等将旧置民房改建会馆，并非创建庵院可比，此外另无基地可建，因此嘱令程辉宇等酌量改低建造。仰请布政司转销缴案。五月二十五日，藩司回复同意札文抵达六安。文称："程辉宇等照造兴建"，工竣之日申报查考，"倘张邦宁等藉以屋宇高低，复行纠众滋事，立即照例详革究办。"

六月十六日，吴知州给发谕帖，准令徽商兴工建造。直到七月十七日，案子才以徽商的获胜告一段落。徽商又复兴工盖造，于七月二十四日上梁。

然而吴知州所判，并没有完全按巡抚指示，徽商没有迁地另建会馆，因此六安士绅并不死心，继续寻找机会禀控。八月初六日，生员黄印华等到按察使衙门呈控。臬司批文，要六安州"饬遵前抚宪批示，觅基另建"。十月，张邦宁利用送徒弟参加江南乡试的机会，向两江总督投递呈词。词称徽商"在六安州城地方开设典铺银庄数百家"，又敛钱谋害六安风水，不遵抚宪，私建会馆。而且"程辉宇系徽州土棍，素行健讼，并不在六安贸易，系陶金等贿来帮讼。复于本年八月内通神舞弊，仍前起造"，还在六安具红请帖，情愿罚银充公，置酒服礼。为此呈文，请求除此刁健之徒。总督接禀后，札令候补知县李奕赓，带同原告前往六安州查勘明确，"即将案人证解交安藩司秉公提讯，详候抚院核示，并报本部堂查考"。

十月二十六日，李知县会同六安知州连讯两堂。十一月初四日，六安州将张邦宁等发差押解到省衙。布政司发牌文给安庆知府，札令收押案内相关人证，札饬与凤阳府同知会审。

十一月十三日，安庆知府遵札会同凤阳府同知审断。会审结果与六安知州所判基本相同。于是当堂谕令两造具结。徽商程岭梅等具甘结称："张邦宁等在督宪翻控一案，今蒙讯断，职等本未掘挖，奉谕该地填土，培植龙脉，留出柱础三分，职等甘服。所具甘结是实。"直到十二月十六日，在层层批转获准后，安庆知府才批令在押的程岭梅等徽商"省释安业"。直到此时，整个案件才完全结束。

二

这起徽州商帮与六安士绅的互控案，就其重要性而言算不上大案要案，但前后历时将近两年，官司从基层一直打到两江总督处，所有省级地方衙门都对案件作出了批示，在巡抚和布政使作出裁定意见后，又翻控至按察司，以至两江总督署；案情的发展一波三折，代表地方势力的举贡生监和客居的徽商论其实力可谓旗鼓相当，每一阶段，双方都不肯作出任何退让；负责审理案件的署理六安知州沈南春为此丢了官，继任的吴知州也冒了极大的官位风险。

就案件本身的情理来说，创建会馆的徽商一方是理由较为充分的。他们所建会馆的地方，原系民房，地势低平，又远离文庙20余丈，中间隔了一个街区，几座神庙建筑，文庙之右，也即徽州会馆的相反方向就有山陕会馆，与徽州会馆的建筑性质相同，六安生监所坚持的欺压文庙，伤害文脉，有碍风水之说，确实显得苍白无力，没有道理。而徽商驳斥六安生监，称同样的山陕会馆为何就未闻有伤龙脉之说，其购买民房时为何并不阻拦，监生熊步芳等只为挟索未遂而寻事，创立的会馆系改造民房并非新创，其用途也只为驻足之所，文庙周遭为禁地律典无据，这些理由似较有说服力。六安生监恃仗的是地缘优势和功名身份，但阻拦徽商建立会馆无正当理由，因此在整个事件中，除了坚持说不清楚也无法验证的风水、龙脉之说，其表现显得底气不足，其行为不是横生枝节，就是出尔反尔。六安生监禀控徽商违例藐法创立会馆，要求知州查禁，徽商应控要求"赏勘断示"，知州批示具体情形"候诣确勘察夺"，并发出传讯后，涉案生监不理不睬，前后六次，拒绝投讯，却说徽商"惧宪勘禁"，甚至说因为不能确知知州履勘时间无法久候。其间贡生李若桂等呈文，声称例载创建寺观神祠者照违制论，朱熹不待徽商在六安奉祀，颇有点胡搅蛮缠的味道；而以要挟的口气，称如果徽商勘后恃横兴工，合学势死向阻，必滋巨祸，更显得霸气。生员马挺、熊一崧等明知道实地踏勘对己不利，就提出不待踏勘就须禁建，甚至说商人之贵逊于士林，不但霸蛮，而且无理牵扯；生员杨法曾提出的易地迁建的方案更是节外生枝，而且土客之间会后患无穷；徽商动工兴建后到现场和州署吵闹，可能暗中召集地痞匪类作斗殴准备，更属无法无天，与士林身份极不相称。

　　署理知州沈南春的做法则颇为耐人寻味。在士商双方你来我往不断禀控的呈文上，他一再批示要双方"静候诣勘"，州署与徽商兴建会馆之地近在咫尺，却一拖再拖，在徽商不断要求履勘的压力下，才于拖了70天后"因公便道"时去实地踏勘。勘查清楚后，案情并不复杂，事实清楚，却又不具体讯断，直到徽商不愿一等再等而动工兴建，酿成事端，他才决计上禀，请求上峰委员解决。很显然，他非常清楚徽商所建会馆并不有碍六安州学，六安生监反对徽商建馆没有理由。但他却不便得罪当地士绅，他只能观望，所以尽量拖延，不愿明确讯断，实在无法再拖下去，就冒无能的风险，而让藩抚去处理这一非常棘手的难题。从事态的发展看，沈南春的做法还是谨慎的，也是可以理解的。当巡抚、布政使先后作出批示，新任知州大体上按照省衙旨意对案件作出判决后，六安士绅居然还会翻控至按察使司衙门和两江总督署，迫使总督委派员役重新审理。虽然最终并没有作出有利于六安士绅的重新判决，但六安士绅的能量和影响力于此可以概见。当然，尽管沈春南如此小心翼翼，反复权衡，但还是因此而被撤职，署理并未转正。六安地方缙绅势力特别强大，同治年间在那里当过知州的高廷瑶在历事后深为感慨地说，地方官稍有短处把柄被士绅掌握，无有不败者①。沈南春的落职也是一个典型的事例。

这起案件表面上是六安士绅倚仗地利无理阻挠徽商建立会馆，其本质可能反映出了徽商作为客商与当地社会形成的严重矛盾，案件是矛盾的集中反映。当六安生监指摘徽商"徒手来州，诓骗为业"，有20家店铺在那里"拐骗银两动以万计"，领头应控的汪辉宇等盘剥盈余时，徽商在应诉呈文中似乎全部予以承认，只说"徽郡不皆完人，六州亦多伪士"，而此类问题与本案无关。可见徽商在六安确实因商业经营与地方民众存在着矛盾。典当是徽商四大行业之一，典铺被人视为刻剥贫民的典型，容易引起人们的恨意，所谓"若辈最为势利，观其形容，不啻以官长自居，言之令人痛恨"②，在各地大多留下了不佳的形象③。其时在六安经营的店铺，由熊步芳的控文所提到的所谓"徒手为业"，以及张邦宁呈文称徽商"在六安州城地方开设典铺、银庄数百家"来看，大概主要也是典铺。徽商在六安人数集中，势力强大。六安生监说"徽人寄州不下数百人"，指责他们"聚众鸠工，数百人强行建盖"，"在馆聚众不下千人"，地方文献也说当地经济由"徽人掌之"。可见六安商业由徽商控制殆无疑义。徽商在六安似也有为富不仁、为所欲为之嫌。六安生监控诉他们"横恃钱灵，巧图闪避，平空贿挥"，萍寄六安而"挥洒纵恣，任情儿戏"。我们现在所能看到的双方冲突的相关文件，还是徽商辑录保留的，并不是全部涉讼文件，难以排除徽商已将不利于自己的内容删除。尽管如此，徽商的形象也并不很佳。可以推定，徽商的所作所为，给六安士绅留下了极坏的形象，与地方民众的冲突在所难免，客籍与土著势力的矛盾就在徽商建立会馆之际爆发出来。这种矛盾和冲突似乎体现在各个方面。六安的商业经营活动是由各地客商控制的，徽商又是在六安的最重要的外地商帮，但是在六安地方文献中，几乎见不到徽商参加地方公益活动的任何记载。这似乎透露了徽商

---

① 高廷瑶：《宦游纪略》卷上，《官箴书集成》第6册，黄山书社1997年影印本，第16页。

② 程址祥：《此中人语》卷3"张先生"条，《笔记小说大观》本。

③ 参见《明清徽州典商述略》，《徽学》第2卷，安徽大学出版社2002年版。

与六安地方人士长期不和的信息。

在案件全过程中，徽商也展示出性好诉讼的特点。明代万历时人王士性说，徽州人特别是休宁、歙县人"商贾在外，遇乡里之讼，不啻身尝之，醵金出死力，则又以众帮众，无非为己身地也"①。懂得并善于运用法律武器维护自身利益的徽商②，在这起案件中表现得就极为执着。徽商自始至终禀控应诉，与六安生监较量。生监指控领衔应诉的徽商程辉宇"系徽州土棍，素行健讼，并不在六安贸易，系陶金等贿来帮讼"，徽商也未予以反驳，可见程辉宇确有帮讼嫌疑。六安士绅提出易地迁建会馆的方案，也不能说完全没有道理，但徽商根本未予考虑。在州宪并未准予兴工、案件进入关键时刻，徽商竟然敢于重新开工。所有这一切，都显示了徽商好讼、擅讼的特点。

这个事例也典型地反映了客商在异地经营的不易，面临的种种困难。客商要在经营地立足，一定要获得当地民众特别是掌控了舆论势力的知识阶层的认可。客商特别是徽商，向以垄断经营地经济局面的形象出现，给人留下了为富不仁的印象，稍有事端，极易引起土著的反感。在这样的心态和社会背景下，商人在客居地经营实际上时刻面临着各种风险，受到各种干扰。徽商在六安建立会馆就如此困难重重，长年开展经营活动的难度更可想见。

原载《安徽大学学报》2005年第5期

---

① 王士性：《广志绎》卷2《两都》，中华书局1981年版。

② 关于徽商的法制观念，请参见卞利《论明清时期徽商的法制观念》，《安徽大学学报》1999年4期。

从分家书看明清徽商培育子弟之道

在各地的地域商帮中，徽商可能是最为注重子弟教育的。明清时期徽商重视子弟的培育，向他们传授经商处世的各种知识，并将职业教育贯穿始终，直到分家析产时，殷切期待子弟。在分家书中，除了对财产分割做出明晰安排外，还往往从经验和教训两个角度传授经营知识，从鼓励或惩处两个方面教导子弟，善待遗产，谨守先业。本文在评述一些分家书的基础上，对明清徽商培育子弟之道试作探讨。

一

分家析产是财产分散和资本转移的过程，徽商在书立分家书时，利用最后一次机会，现身说法，进一步培养教育子弟。徽商契约精神突出，分家书数量繁夥，现择取明后期至清末40例徽商的分家书内容，借以考察徽商直到分家析产时仍然满怀期待鼓励子弟谨守家业、成功经营的心迹和育人之道。

1.万历时，徽商程有敬自述，"予兄弟三人，惟予最幼，自分年稚，恐坠先世遗业，俭承家，远贾于湖阴、清浦、大通等处，不辞艰苦。娶闵川项氏，同心佐理，赖其内助，颇得余赀，基业亦渐以充拓"。四个儿子，次男早殇，另外三人俱已成人，"各课以商贾儒业"。万历十六年（1588），因其年逾花甲，妻子也跻六旬，故将"赀本除各私已清出于各处实买盐花布典当□新旧欠帐从公逐一算明，分忠、质、文三阄，共书样三簿，各执一簿，永为世守，再无一毫爱憎隐匿其间。"并要"三子各宜体亮（当为"谅"字误书——引者）予心。倘有遗漏欠帐货银，日后查出均分。如有私取不分者，查出见一罚十"。当时查算芜湖、唐行、大通等处银货帐目及店屋等项物件共银14067两9钱5分，三个儿子梦张、梦璧、梦魁名下各分得本银4689两3钱1分6厘，只有余剩银817两6钱所得"递年得利以作食用之费，夫妇百年，仍将此银赉殡及买造风水，余仗银两日后三分均分"。程有敬要求："今自分析之后，尤笃同胞之爱，毋以强凌弱，毋以长欺幼，毋以克剥害公义，毋以执银弃店帐，所有生意，视为一体，无分尔我。庶几上不坠先业，中不废天伦，而亦可贻子孙之利矣。如有不遵父命，妄生奸计，致伤和气者，执此呈官理治，以不孝论。仍以原定阄书为据。今于所遗赀业，同心协力，光而大之，则在诸子之自勉耳。是又予所至愿也。"①

2.休宁程虚宇，其伯和父在外经商，崇祯二年（1629），子孙俱已成就，"但恐子孙惟知守成之说，不思创业之艰，将所有承祖续置产业各典赀本开清"，"今将各房历年所附本利逐一算明批还完足外，余安庆、九江、广济、黄州、湖广七典，每各分授本银壹万两，其基址屋宇田地山塘各项品搭，三股均分，请凭亲族眼同写立孟仲季分书三册一样，各执一册"。嘱咐："凡我子孙，各宜体念遵守，毋得生端以坠厥绪。如有此等，各房持此理直，以不孝论，仍以此分书遵守，永远为照。"②

3.崇祯十七年（1644）立阄书遗嘱母胡："父手存有微赀，在京店铺生理，三子协同朝夕营谋，足以充家之计，盖亦有年。（清人入京——引者）……凡吾子孙，当体先人之志，雍容如此，则足以慰老母之愿也。今虽异居之后，凡有物件，亦相看管，勿以路人相视。今凭众面，立关书编作福、禄、寿三部，各执一部，以为子孙世守之计。但有异议，执此赴公

---

① 《程有敬分家书》自序，万历十六年四月初一日，南京大学历史系资料室藏。

② 《崇祯二年休宁程虚宇立分书》，王钰欣、周绍泉主编：《徽州千年契约文书·宋元明编》第10卷，花山文艺出版社1991年版，第285—287页。

究治。恐后无凭，存此为照。"①

4.休宁汪正科，自弱冠起即"拮据经营，十有余载"，后来在万历三十九年（1611）同本村金、陈等姓在景德镇开店，贸易丝帛，"克勤克俭，兢兢业业，迨三十年"。明清鼎革之际，"世道多艰，寇盗充斥，店业连遭焚劫，货物屡被挂欠，一生辛勤，徒劳无功"。顺治十一年（1654），将家产均分给三个儿子，连景德镇各铺所欠货价一起"照数取讨，兄弟三人均分"。慎重嘱咐："尔等当思创业之艰难，宜慎守成之不易，同心合志，营运撑扶。兄弟如手足，当和谐孝友，毋以睚眦伤和，勿以射利伤义。各宜愤志，光前耀后，以慰亲心，以期昌大……"②

5.祁门或休宁洪大网之父，"笃实朴俭"，同兄弟经营木业亏本，"悉以房产偿人"。洪大网年未弱冠，即随人在玉山从事布业，"锱铢蓄积"，娶妻后，"克勤克俭"，靠妻家资助成家，奉养二亲，赎房置产。后令二子及女婿各创玉山布店。顺治十一年（1654）均分家产时，说："订立珪、璋阄书二本，请盟宗族，焚香拈阄授执，粮差均当。如违，以不孝论罪。……子孙务各安分守己，恪守家规，遵祖遗风，无忝尔所生。汝当勉励之。"③

6.歙县金姓，结婚后仍然家徒四壁，30岁后始"鬻贩德兴，锱铢积累，囊橐稍充，遂与洪姓共开中和店业"。后独立在景德镇开店。康熙时耿精忠叛乱，资产大受损失。乱平，"收拾余藏，得六百金，重兴位育布店，越十余载，渐复其旧"。康熙五十四年（1715），其妻将资产分析四份，在序言中谆谆教导子孙："盖闻开创业难，守成亦不易。吾自甲戌为未亡人，无日不望诸子克缵前绪，距今二十余载。……爰召诸子而申命之曰：……后人享已成之业，恐不知父、祖之艰难，吾述其略于篇端，令子

---

① 《崇祯十七年胡氏立阄书》，王钰欣、周绍泉主编：《徽州千年契约文书·宋元明编》第10卷，花山文艺出版社1991年版，第501—502页。

② 《汪氏阄书·序》，张海鹏、王廷元主编：《明清徽商资料选编》，黄山书社，1985年，第375页。

③ 《顺治十一年祁门（或休宁）洪姓阄书》，章有义：《明清及近代农业史论集》，中国农业出版社1997年版，第305页。

孙百世后，犹得想见汝父创垂苦心焉，抑亦汝父之志也。"①

7.休宁陈士策，年仅弱冠，即承父命放弃举业，而往芜湖，在店中"习贸迁术"，佐父勤劳，将近20年。康熙十七年（1678），其父将资本产业分授，士策与二兄共事京祥生记钢坊。因内亲不合，资本渐削，遂分析开创石塘纸业。十年间，"持策握算，亿而屡中，颇能丰殖"。因岳父之招，康熙三十二年（1693）代为料理隆记染坊。谢事后，另创布业，于三十八年（1699）迁居苏州上津桥，开张万孚布店，"布发隆记程姓代染"。至十余年后，扩展成万孚、京祥、惇裕、万森、广孚五号，并兴造房屋十进。五十九年（1720），因其年老，将家产分析成九份，传之子孙②。分家时，陈士策谆谆教导子孙道："予之成是业也，得尺寸铢锱积累，阅数年而工成。……后之子若孙居是室者，当念予栉风沐雨之劳苦，独立刊创之艰难，式好无尤，永守是业，庶不负予与两孺人成就家业几许之心血也。"并在自序中进一步叙述一生辛苦之状道："祖宗传宗，唯务淳良忠厚，宁朴毋华。故奕世以来，祗承先训，恒以商贾为业，从无嫖赌务外者。"自序最后表明其愿望："愿诸子前效辈（此疑有误，或为"效前辈"——引者）无私营，兄弟怡怡，各执一事，尽心竭力，凡有所为，则必共嘀，言行无欺，货物不苟，自然日新月盛，家道日兴。或有己本入店公营，坐正利而分余利，管事者均受。幼弟俟其成立，勤劳办事者，照例分授，读书者，兄弟情谅周旋买办，亦谅其有无，使无嫉妒之心，庶免室人之责，安心肄业，或可为门户之光。倘遇门户是非，产业争论，读书者公然承认，勿推彼此，方见足手之谊，外人不敢仰视矣。"③

8.徽商陈姓雍正四年（1726）分家，阄书称："凡前人之所以贻于后，与后人之所以承于前者，皆不欲以已然者为量，而思扩其所未至。此恒人

---

① 《歙县金姓阄书》自序，章有义编著：《明清及近代农业史论集》，中国农业出版社1997年版，第309—310页。

② 《康熙五十九年休宁陈姓阄书》，章有义编著：《明清及近代农业史论集》，中国农业出版社1997年版，第310—315页。

③ 《康熙五十九年休宁陈姓阄书》自序，章有义编著：《明清及近代农业史论集》，中国农业出版社1997年版，第310、311页。

之大情也。……予家淳朴世守，自高祖以上皆积行累仁，虽赀产不丰愈，洁修自好，维叔父与予父少逐计然，业创楚州，富基淮海，延及我兄，益光前绪，继志述事，孝誉丕彰，念今日凡我子弟得以优游仕宦，荣名帝邦，而无烦于咨嗟内顾者，悉皆我兄之贻谋永垂奕禩而未有更易也。……敬遵先人遗墨，照准典先年均分赏本例，品而书其地与数，列为五册，俾各得之，以示传后于勿替，亦前人之志愿所欣慰也。……敬而识之，兢兢祇承乎先业，以俟昌大于厥后，庶无负祖考之厚望。"①

9. 休宁吴姓商人，"辍科举业学，而习端木陶猗之业，阅历艰辛，以供甘旨"。后见"食指日繁，生殖日啬，将店业收歇，清还商课外，现资无几。于乾隆元年（1736）付令子辈分领营运，供给膳养，以及各房薪水"。还撰写《诸儿治生小引》，深嘉其子景仁有"服劳开创之功"，并勉励子孙，"言言切实，真可为世法式"②。

10. 乾隆五年（1740），徽商汪尔承言："予父家运未振，仰承无资，生予兄弟四人，予行居长。……予壮年手无余资，经营婺邑，长子从焉。几经栉风沐雨，戴月披星，善积赢余，复我邦族，开张长发店业，幸合三子营谋，生业日辉，续置田产，以为子孙之计。……因迩年生意淡泊，在店之利息既微，人口浩繁，家用之花费又大，不惟己资无存，且附本银缺空四百余两。……兹凭亲族，写立阄书四本，各执一本，情理允协，斟酌尽善，子孙咸遵予意，毋致争竞取咎，敬守前模，各自树立，饮芳泉而知其源，饭香黍而知其由，相睦相恤，共敦义让。"③

11. 祁门汪庭芝，自言"自幼至壮，刻苦辛勤"，最初往江右各处"水客生意，嗣后在祁兆兴字号油庄营运生意，财气日隆，家有余积"。乾隆十三年（1748），邀请亲族，将家产均分五份，并交代："此系至公无私，

---

① 《雍正四年陈氏〈惇裕堂五大房阄书〉》，王钰欣、周绍泉主编：《徽州千年契约文书·清民国编》第6卷，花山文艺出版社1991年版，第3—8页。

② 《乾隆六年休宁吴尊德堂阄书》王永年序，章有义编著：《明清及近代农业史论集》，中国农业出版社1997年版，第321页。

③ 《乾隆五年休宁汪尔承立分家书》，王钰欣、周绍泉主编：《徽州千年契约文书·清民国编》，第7卷，花山文艺出版社1991年版，第463—464页。

自分之后，尔曹安分守己，须念创立守成之艰，兄友弟恭，毋效贪利忘义之辈。因吾所置一基一土，费尽万般劳苦心思，尔等不得变卖他人，庶孝全人子，恩全手足，而可以为子孙永久之计。倘有违吾此嘱，准以不孝罪论，仍执此书赴官究治。"①

12. 乾隆十六年（1751）黄炽、黄炜、黄焯三兄弟奉继母之命分析家产，将兆隆典业其父名下的股份银9505.705两，分为三份，各得3168.568两，而将朱家角兆豫典业其父名下的股份银1719.413两支出，又附入以作客本。"其祖父所有未分之产俟伯、叔众等分拨之日再分"，父遗田产除扒贮蒸尝余田外也凭公分扒。自我期许："自今分析之后，宜各遵前志，无骄无奢，兄友弟恭，克俭以成家，积德以裕后。自然日新月盛，永膺百福。"②

13. 歙县或休宁洪姓，"甫弱冠，即赴玉山撑持店务，早作夜思，备历辛苦，所积锱铢，仅置房屋田地薄业。方思极力经营，不意中年天夺"。其遗孀于乾隆三十五年（1770），将家产分作六份，寄望子孙，"从此各人奋志努力经商，以图日新月盛，延绵世守，则我心愈安矣"③。

14. 徽商姚姓，"初贩茶于西口关东，续创典于杭州新城，置田造屋，家业丰饶"，其子兄弟二人"缵承父志，内外廓增"，其长孙"继诸经营"。后来此孙早逝，"典业堕隳，茶号亦歇"。乾隆三十九年（1774）家产分成四份，主持分家的姚阿汪嘱咐晚辈："自今分析之后，产分虽徽，亦可以为谋生根底。尔等须各立志，士农工贾，各执一艺以成名，务期扩□先绪，有光祖宗，垂裕后昆。"④

---

① 《乾隆十三年祁门汪姓阄书》自序，章有义编著：《明清及近代农业史论集》，中国农业出版社1997年版，第322、323页。

② 《乾隆十六年黄炽等立阄分合同》，王钰欣、周绍泉主编：《徽州千年契约文书·清民国编》第8卷，花山文艺出版社1991年版，第501页。

③ 《乾隆三十五年歙县洪姓阄书》，章有义编著：《明清及近代农业史论集》，中国农业出版社1997年版，第324页。

④ 《乾隆三十九年徽商姚氏分家书》，杨国桢：《明清土地契约文书研究》，人民出版社1988年版，第230—231页。

15.黟县王姓，先祖侨居嘉兴，"勤俭自持，推诚接物，以故业日隆起"。历年广置房屋田产，开创德元、日升两典。乾隆三十六年（1771），锡嘏等合议分析家产，自励"自今以往，各敦和好，丕振家声，仰体祖宗缔造艰难之意，永绵孙子保世滋大之基"[①]。

16.休宁叶国琰，其曾祖"深忧家道之零落，屈志弃儒以就商，北渡淮扬，创谋贸易"。其祖"发奋谋生，得寄江右乐平乡，同黟本地汪惟章翁，共开店业，历十余载，战兢自持，稍获蝇利，即赎回本家住屋，竭意兴业振家"。其父"久客江右"，后遭同黟诉讼，将店业付与国琰兄弟二人，期望儿子"惟孝惟义，克俭克勤，毋坠先志，以启后昆"。乾隆五十二年（1787）兄弟奉母命分家。[②]

17.黟县黄姓商人在乾隆五十九年（1794）分析家产时交代其子道："予也赤手经营，上无祖父遗资，下鲜兄弟戮力，自少壮至今，历有年矣。惟一生勤俭，忠厚待人，故凡所为，事无不可对人言者。是以周旋世故，人必信我，谋筹生意，时亦遂我。积数十余年之心力，而凡可以为饔飧裘葛资者，未尝不加细揣酌，为尔曹久远之计。此固父之体先志，可无愧于问世矣。……悉将余手前后所置田园若何租，房屋若何间，以及嘉会店资本若何数，一一开明，除膳养资外，秉公配搭，以分授尔曹，俾二子各自收管经画，以见父之创业艰辛，而有以悟夫守成更不易也。绍箕裘于弗坠，以仰体父志，雍雍睦睦，须敦同气之光，克全一本之谊，以光大前业，克昌厥后，毋以家分而心异，余固有深望焉。"[③]

18.黟县胡学梓在黟县、休宁和歙县共有店屋87号，租银4315两多，钱4100文，江西景德镇和饶州府有店屋32号，租银1177两，另外可能在黟县渔亭开设恒隆典，在歙县岩镇开设恒裕典，在饶州开设裕泰号和启新

---

① 《乾隆三十六年黟县王姓阄书》，章有义编著：《明清及近代农业史论集》，中国农业出版社1997年版，第325页。

② 《乾隆五十二年休宁叶姓阄书》，章有义编著：《明清及近代农业史论集》，中国农业出版社1997年版，第326、327页。

③ 《乾隆五十九年黟县黄姓阄书》，章有义编著：《明清及近代农业史论集》，中国农业出版社1997年版，第327—328页。

号。乾隆六十年（1795），其妻主持分家，学梓之叔胡孔昭谓，学梓"承先启后，由近及远，并续置各处店典屋业，总而计之，其间税过业明，筹划尽善，以裕后昆嗣之谋者。……诸侄孙念切继述，盍披阄书而详观之"，又谓"今览其租簿，瞭如指掌，一丝一粒，惟冀诸侄孙常念祖、父之勤劳，各兢兢而保守焉"①。

19.徽州谢文遂、文逵、文道兄弟三人，其父年幼时"家给不足，祖业卑微，及其年壮，贸易生理，克勤克俭……因而稍积微资，续置产业，建立屋宇"。兄弟三人同心竭力，合爨十余年。到嘉庆五年（1800）其父71岁时，"兹因人口众多，日给艰辛，又恐人心不一，难以合爨"，是以兄弟三人，遵承父亲离终遗嘱，除将田地产业屋宇存众田地立为祀会及拨与长孙之田地，其余所有田产屋宇店业，俱照三股，品搭均分，凭族阄分，希望"兄弟三人各管各业，毋得争长竞短。惟愿继前人之志，务要兄弟仗义，连枝同气，守己安分，虽产业分，而人心如一，自然守成不难，而创业亦易，上耀宗祖，下荫孙曾。自阄分之后，日后毋得异说。如有异说者，以不孝不悌罪论"②。

20.休宁胡天注，最初在屯溪开彩章墨店，期满后，乾隆四十七年（1782）开创休宁、屯溪两家墨店，"俾诸子各有恒业"。后来长子与三、四、五子相继亡故，六子又得痰迷症，不省人事，妻子亦逝。续娶钟氏，生子二人，名颂德、硕德。"十数年来，一切店务藉次子余德掌持，克俭克勤，颇有进益"。但寡媳辈之间"有兴讼者，有投祠者"。业主也年老，因托亲房依序立继，于嘉庆十四年（1809）分家，将祖遗及其"手创田地、山塘、屋宇并海阳、屯溪两店资本，除坐膳、坐酬劳外，品搭八股均分……各拈一阄执业"。又立"定例"附于"序"后，交代"创业艰难，守成不易，能体此意，复能大振家声，此予之厚望也"。胡余德主持家政

① 《乾隆六十年黟县胡姓阄书》胡孔昭序，章有义编著：《明清及近代农业史论集》，中国农业出版社1997年版，第328、329页。

② 《嘉庆五年徽州谢姓阄书》自序，章有义编著：《明清及近代农业史论集》，中国农业出版社1997年版，第331页。

后，于道光十四年（1834）再次分析家产，续立阄书，并撰写后序和续例，对家产分析作出更具体的规定。后序称，其父将"一切店事命余胜任"，分家时，"海阳墨店坐余开张，屯溪墨店议坐七弟，其余田地、山塘、屋宇等业，品搭均匀，除坐膳、坐酬劳外，仍八房均分"。其主持家政20余年，"于本村增开店铺一业，造屋数间，买屋数业，置田百余亩，又买海阳屋场一业"。现在已届年老，"亦倦于勤，且事益纷繁，实难照拂，理应爨析箸分，交弟侄儿辈各自掌持。……余自坐资本银一股以资食用，坐屋一业备余目下居住，日后永属二房执业。其余田地、山塘、屋宇及各店资本并海阳、屯溪两店，悉遵遗稿派与弟侄儿辈，亦咸愿之"①。

21.休宁胡姓商人，于道光元年（1821）分析家产时，专作训词，谓："吾年十三岁，从吾父于东邑，事舅氏生理，凡八载，所得俸钱，实不敷用。旋辞舅氏，游于汉阳帮贸，十有五年，因得创立油业。……吾自念一生奔走江湖，所积微物，乙亥年亲笔写定三纸，付尔等收执。……自分之后，存公者，互相助理，分得者，各守产业。兄弟和乐，日新月盛，异时分与尔等子孙，更远胜今兹，是则吾心所深望也夫。"②

22.黟县胡姓，分家前有田30亩，洪裕店本三股之一，松茂店屋一所。道光六年（1826），其妻因年老难理家政，故托亲族，除了拨存其口食外，其余均分二份，声称"自分之后，惟愿尔二人和气致祥，藉此创业，以振家声，于尔等有厚望焉"③。

23.黟县典商有芳等兄弟四人，自其祖克勤克俭，创立家业，其父于乾隆四十八年（1783）承得店业、田地、屋宇，"继承前志，累积盈余，各业益加稠焉"。其父去世，自乾隆五十六年（1791）起，兄弟四人遵照母训，"协力同心，各自黾勉，加置田地、屋宇，添开店业"。后来"或因人

---

① 《胡氏阄书》原序、凡例、后序、续例，张海鹏、王廷元主编：《徽商研究》，安徽人民出版社1995年版，第566—570页。

② 《同治十三年休宁胡姓阄书·秋浦府局训词》，章有义编著：《明清及近代农业史论集》，中国农业出版社1997年版，第347页。

③ 《道光六年黟县胡姓分关书》自序，章有义编著：《明清及近代农业史论集》，中国农业出版社1997年版，第335页。

情迥异，或因地利不宜，或开或歇，俱商议妥协而行"。不期三弟与长兄先后辞世，有芳与弟二人数年间"协同子侄，竭力维持，尚有起色"，30年间，一直"和同一气，公收公用，俱无私蓄，更无异议"。道光十二年（1832）十二月，其母已届九十高寿，二人年齿也高，孙辈多已成立，乃遵母嘱，正式分家。先将长源、长济二典品齐阄分，仍有武穴店业店屋、安庆店业、吴城行屋、城南典铺，及家中田地、屋宇等，等查明实在再行分晰。为此议立条款12条①。

24.道光十四年（1834）程式阄书载，恩绶、恩霱、恩煦、恩溥、恩贲等，其祖生六子，仅长、次两房共有五子，兄弟六人不幸门衰祚薄，竟相继而亡，"现在凭族长写立继关，俾各房均各有子，所承祖遗资产除存众及拨与长房外，自应编作礼、乐、射、艺、书、数六阄，拈阄为定，俾尔侄儿等知先人创业艰难，更当各自勤劳努力，实所切望焉。今欲有凭，立此阄书，各执一就，存匣一本，永远存照。另有议墨一样两本，各执一就，日后依议条行"②。

25.黟县（或休宁）潘姓早亡，有子4人，道光十五年（1835），其妻62岁，"加以租息本少，人口日多，向恃苏店寄应家用"，自从道光六年（1826）"讲账，迄今十载，辗转益复难支，家用渐以不能接济"，于是将所有田产房屋分为四股。兄弟自期"惟愿我兄弟式好无尤，各期树立守先者在此，成家者亦在此。此即所以善体母心于万一也夫"③。

26.道光十九年（1839），有徽商自述："痛余先公见背，余年方八岁，其时即将遗产分授于余。余不善治生，又不知撙节，虽权子母，而不能储积，故至于今而总核之，终为有损无增也。余既不能丰吾产，亦不能以产薄不足遗子孙，更不能浮慕累世同产之名，而坐视其瘝，故将昔之所承于先公者尽分给与汝二人。汝等须念此为祖宗之辛苦所遗，勿以为薄也。又

---

① 黟县南屏《道光十二年畬经堂阄书》，承复旦大学文史研究院王振忠教授惠示，深致谢意。

② 《道光十四年程氏阄书》，南京大学历史系资料室藏。

③ 《道光十五年黟县（或休宁）潘姓阄书》自序，章有义编著：《明清及近代农业史论集》，中国农业出版社1997年版，第339—340页。

须谅余之不能简淡，致守不加丰也。夫天之以福泽与人，有如卮者，有如锺者，但知爱惜，则一卮之福，用之而不尽，若恣意狼藉，则盈锺之福，一覆立竭。使余当日稍知节省，应不止于此。今则悔已无及矣。疏广曰贤，而多财则损其志，愚而多财，则益其过。余未敢言损志也，而过则益矣。惟愿汝等醇谨立身，名日美而业日成，勿蹈余之前辙，是则余所深望也。勉之。"[1]

27.休宁胡姓，三世经营，在南昌有同茂油行、豫隆南货店，道光二十五年（1845），将油行、南货店"暂行存众，所有各店屋租，亦在行内收取"，其余分作恭、俭、让三阄，"托凭族戚眼全对祖拈阄，各照拈得管业，无有异说。自分之后，各宜兢业维持，共知创业之艰难，当凛守成之不易云尔"[2]。

28.典商汪左淇，据阄书描述，道光二十五年（1845）春，因"兄弟家计浩大，进不敷出，设为存本分利之举，方期各房省俭整理，相与有成。不意去年用度益繁，均各动本。若再因循荏苒，伊于胡底？再四思维，不得已禀明伯、叔、母，议将德新、协和、怡和、敬义四典分承。今奉伯、叔、母命，邀集亲族，兹凭亲族，每房分承一业。先立议墨，备载详明，再立阄书，秉公拈定。嗣后各守各业，毋坠家声"。由议墨14条可知，平湖德新典由汪实卿阄得，清浦协和典由汪逊阄得，汤溪怡和典由汪左淇阄得，汤溪敬义典由侄汪恩淞阄得。议墨还规定："四业各房即已阄定，其四典帐目凭亲友一概算清，分拨明白，日后四个房头子孙不得以帐目不清生端藉口"；"除本年墨议、阄书外，所有往来票约字信，日后检出作为废纸，永不行用"[3]。

29.休宁或祁门章丽堂，兄弟三人，分受父业，长兄阄得鼎泰老店，二兄阄得孔灵大兴盐店，其本人阄得城内大兴盐店。其父有"口训"，兄弟

---

① 《道光十九年笃字阄》自序，南京大学历史系资料室藏。

② 《道光二十五年休宁胡姓阄书》自序，章有义编著：《明清及近代农业史论集》，中国农业出版社1997年版，第342页。

③ 《汪氏典业阄书》，汪元庆：《〈汪氏典业阄书〉研究》，《安徽史学》2003年第5期，第90—91页。

等毋得紊行。但仅仅一年后,其长兄遽于城内开设盐店,其父以其与分受时所言不合,"禀请移至南关城外,长兄仍不允行"。胡姓也"遂乘隙禀移入城,势难中止"。到咸丰五年(1855),章丽堂因一门之内,不下30余人,又因"年老力衰,家政难于统理",遂将先人所遗并其续置之业,除坐膳产外,品搭均匀,分作四份,供四个儿子拈阄,要求"俾各遵守,毋得生端启咎"①。

30.徽商胡姓,据其自述,"家事萧条,自幼贸易龙坪,勤俭居心,无分昼夜,历己备尝。后命运稍顺,赤手先后创开隆泰、隆兴店业"。因"食指累人",年也已六旬之外,突然染病卧床,屡次写信希望二个儿子来店,"以将平生要务面话,不期二子安然在家,违命阁闻"。乃于咸丰十一年(1861)六月以遗嘱形式分家,希望二子"同心协力,以全店业,以光前人"。交代二子:"所存店业田地房屋,除将店内抽出九七钱贰伯串文归完胡敦安亲长借项,再拨汝母递年在店用钱肆拾串文,又拨长孙祠前侧边田壹坵,计实租拾壹砠外,余请族亲恃予气存,以天、地二阄品搭均匀。嗣后照阄拈管,恪遵父训,不得争竞。如违,则以不孝论。"②

31.徽商方煌,6岁丧父,14岁被送往云湾学习粮食生意,后到江西乐平县、本府婺源县、弋阳县与人开店,并做南货生意,十余年间"所积银两置有田产四百余秤"。同治二年(1863)四月,将余存田皮正租三百余秤配搭三房均分,要求三个儿子"日后不得藉口滋事"③。

32.休宁为曹光兄弟五人,其父在休宁岩脚地方开设店铺,"克勤克俭,数十年辛苦,积有余赀,置买屋宇、田地产业,立户供课,以为子孙久长之计"。老父去世后,兄弟认为"家无总管,事难归一,与其同居,摊拖而多龃龉,不如各人鼎力而成家业,以图兴隆。兄弟五人,意见皆同",

① 《咸丰五年休宁(或祁门)章姓阄书》自序,章有义编著:《明清及近代农业史论集》,中国农业出版社1997年版,第344页。

② 胡姓遗嘱,刘伯山主编:《徽州文书》第1辑第2册,广西师范大学出版社2005年版,第42页。

③ 方姓遗嘱,田涛等主编:《田藏契约文书粹编》第3册,中华书局2001年版,第107页。

于是于同治二年（1863）八月，将其父在日亲笔分过田产，"谨遵遗命，五人分受管业"，邀同在休宁亲族，书立分家接阄书。希望"分家之后，兄弟笃于同气之谊，有光于先人"①。

33.歙县程国焜，幼年失父，"作贾于崇邑三四十年，一生勤俭谨模"。光绪元年（1875）将家产析分给两个儿子，嘱咐道："自今分析之后，各宜立志成家，恢大光前裕后，兄爱弟敬，和气一堂，家庭雍睦，自然日新月盛，房屋瓜瓞绵绵，是我之厚望。"②

34.歙县江姓商人，自幼贸易南京，"事人生理，数十余年，一生勤俭，累积千金，添置创业，营造住居。毕生之余羡，从不乱费分文"。亡故后，其妻子于光绪二年（1876）分析家产给侧室生的两个儿子，交代道："伏愿尔兄弟二人，玉昆金友，花萼相辉，勤俭为先，友恭是念，门庭光大，事业繁昌，是吾愿也。"③

35.黟县某姓，兄弟四人，其父曾开洪泰杂货店，光绪四年（1878）分家时自励："当思祖宗创业艰难，更思我父母尤为辛苦，非但拮据勤劳，且是衣常败絮，忍饥耐寒，食无兼味，寸累层积，置典田产，乃为我等子孙计也。为子孙者各宜体念，兢兢业业，以期增长，毋致浪费，荒芜倾颓，则双亲二老大人庶可粲然含笑于地下也夫。"④

36.黟县或祁门吴姓，在九江、芜湖和屯溪等地有布店店本，光绪五年（1879）拈阄分产，共励道："自分之后，两无争论，惟冀睦雍共勉，和气相规，克承先绪，垂裕后昆。"⑤

---

① 《同治二年休宁曹姓阄书》自序，章有义编著：《明清及近代农业史论集》，中国农业出版社1997年版，第345页。
② 《光绪元年歙县程姓阄书》，章有义编著：《明清及近代农业史论集》，中国农业出版社1997年版，第348页。
③ 《光绪二年歙县江姓阄书》，章有义编著：《明清及近代农业史论集》，中国农业出版社1997年版，第348—349页。
④ 《光绪四年黟县某姓阄书》，章有义编著：《明清及近代农业史论集》，中国农业出版社1997年版，第350页。
⑤ 《光绪黟县（或祁门）吴姓阄书》，章有义编著：《明清及近代农业史论集》，中国农业出版社1997年版，第355页。

37.名为祖应的徽商，据其自述，15岁时"就业北门城外，在汇源布号始作学徒"。后父母先后辞世。40岁时，捐资纳监，应王姓之邀开同和布店，配搭小股。咸丰二年（1852）因太平军战事，"店中交易虽盛而东避西迁，几难安业"。数年中，又复加捐贡生，为儿子纳监，时已50岁。同治二年（1863），大队太平军经过，"银钱货物不下万余，焚掠一空"。次年，因同事之邀开兆成布号，分栈屯溪，儿子国邦在屯理账。光绪十六年（1890），因念"贸易五十余载，从无苟且欺人之事，至今吾年八旬有三，日薄西山，朝不保暮"，乃将自置田地、屋宇品搭均匀，等其身后及媳项氏百年后归各管理，交代："所分田地、屋宇，族房人等如有寻衅争论，两孙将我祖遗嘱鸣公理论，而汝辈亦各宜谨慎保守，勿争勿竞，深念我先人基业之不易。"①

38.祁门某姓，先在豫章创设盐店，复营茶叶，"颇获多金，家道焕然复兴"。咸丰时受太平军战事影响，携家逃往南昌，战后移居宣城，开设砻坊。光绪二十年（1894），分析家产，交代子孙道："惟愿自分之后，各宜勤俭，俾克振乎家声，毋效参商，不致隳夫祖业，予实有望焉。"②

39.徽州宗林等兄弟五人，光绪三十二年（1906）将其先父所遗田产、屋宇分受，以及景德镇志厂成布店之正副本利3782两五股均分，邀同族人书立阄书，言明"由今分拨之后，各自管理，各无反悔"③。

40.歙县邱姓，祖、父"毕生勤谨，锐意经商"，与胡宅、程宅在休宁、屯溪合股开设兆成布栈，邱姓以股本银六百两"以余利为衣食之资，又以衣食之余资日积月累，置屋宇、田地等"。后父、祖先后去世，长、二两房子孙相商，于民国九年（1920）"情愿经族戚将家产、店款清晰，先作为祀会产业列继，后作为葬费存洋佰元整列后，终作为拨长孙田产列后，

---

① 《光绪十六年孟夏月祖应书立遗嘱》，刘伯山主编：《徽州文书》第1辑第1册，广西师范大学出版社2005年版，第200页。

② 《光绪二十年祁门某姓阄书》，章有义编著：《明清及近代农业史论集》，中国农业出版社1997年版，第351页。

③ 《光绪三十二年徽州宗姓阄书》自序，章有义编著：《明清及近代农业史论集》，中国农业出版社1997年版，第354页。

三项以外，配搭匀停，分瓜、椒两阄，立阄书一样两册，取'瓜绵椒衍'意也，择吉拈阄，各管各业，无得异言"。两份阄书均写明："存兆成布栈正本银六佰两附本银壹佰捌十两，长房应分一半，只分余利，以图保业，长房只分利洋，以存附本"；"存恒足布号正本银六佰两，长房应分一半，只分余利，以图保业"①。

二

徽商的分家书，与一般的分家书相同，都会交代财产的来源及分割办法、分割原因，表达业主对分家析产后的愿望。以上40例徽商分家书，也无一例外地体现出徽商谆谆教导子孙自立自强、勤俭持家的基本内容，有些还体现出徽商苦心传授经营活动之方法。具体说来，约有如下数端。

（一）从经验和教训两方面，传授经营知识或经营认识

40例中，39例口气相同或相似，都对先辈或本身的奋斗充分肯定，并且意带苍凉，追溯长辈或回顾自身创业扩业之艰辛，又对子嗣寄予厚望，殷殷期待子孙能够体悟先人或父辈之深情，懂得守成守业之不易，虽然析产异居，但应该牢记祖先和尊长教导，深念手足深情，一堂之内，睦雍共勉，和气相规，和谐孝友，相睦相恤，凡事能够互相照管，互相扶持，经营能够同心合志，营运撑持，使产业或家业日新月盛，从而克承先绪，垂裕后昆，光宗耀祖。如例1，甚至要求继业各人，"所有生意，视为一体，无分尔我"。又如例9，业主还撰写《诸儿治生小引》，深嘉其子景仁有"服劳开创之功"，并勉励子孙，以作"为世法式"。但有1例，即例26，竟以吸取教训之口气，历数自身之缺点或秽迹，如不知撙节，而不能储积，生活不能简淡，以致不能增扩遗产，现在追悔无及，因此分家时谆谆教导子孙，希望子孙引为前鉴。此例业主在分家时有典当铺6家和衣庄存本银，

① 《民国九年季春月立邱集德堂椒字号阄书之一》，刘伯山主编：《徽州文书》第1辑第1册，广西师范大学出版社2005年版，第249—250、253、254页。

共计本银631848多，扣除各店存项银，尚有本银46327多两；另有渔镇、休宁城店租金932多两，5处田租银等，是个相当殷实的大商人，看来他继承的家业相当丰厚。后来仍然经营，但可能以放贷食利为主，又不知撙节，不能储积，多财益过，大约生活奢侈，所以家业有损无增，是以教导子孙，须吸取教训，醇谨立身，勿蹈其前辙。以这样忏悔的口气立下分家书的，较为少见。这样，我们可以见到，徽商绝大多数在分家析产时向子孙标榜先辈或自身的成功，强调创业立业之不易，传授处世立身之道特别是经营谋食之经验，但也有人从相反的角度，现身说法，痛悔平生不惜物力、不知撙节之缺失，提供不成功或不足取之教训。这样的教导后人的方法，或许更有说服力，效果更为明显。

无独有偶，清末民初的婺源木商詹鸣铎，继承遗产，先后在婺源和杭州等地开设木行，但他基本上没有经商的兴趣，始终缺乏足够的经商热情，丝毫不以生意亏蚀为忧，日常作为只是耽于享乐，醉心于写他的自传体章回小说《我之小史》。该书实际上含有对其日常行为深深忏悔的成分，试观其《序》言："余四十五矣，虽属中年，而老景已至，咳嗽疯痛，缠绕不休。……余忝生人世，乃过客之一，生死亦奚足问！第回念从前，幼时沐上人庇荫，壮年得兄弟帮扶，至于近来，徒赖小儿维持家计。先严□□〔尝谓？〕余夹缝中过一生，此言诚验。余则光阴虚掷，于□□〔事无？〕补，兴言及此，足增惭恧已。今余抱孙矣，追溯□□〔曩昔？〕青梅竹马及同学少年，大半已归道山，而□□□□〔苟〕延残喘，夫妇齐眉，因思往日已矣，未□□□□□日经历风花雪月，一一披露，非敢出□□□□□□过隙，转瞬皆空，笔之于书，亦以志一时鸿爪。"①詹鸣铎承继较为丰厚的家业，幼年沐祖上庇荫，壮年得兄弟帮扶，而寻花觅柳，秦楼楚馆，风花雪月，虚掷光阴，晚年竟赖小儿维持家计，苟延残喘，年仅45岁，即咳嗽疯痛，老态明显。此番光景，由其自身总结，别具自我忏悔，深冀后人引以为戒之深意。

---

① 詹鸣铎著，王振忠整理：《我之小史》，安徽教育出版社2008年版，第71页。本文对作者詹鸣铎、整理者王振忠教授深致谢意。

（二）从鼓励或惩处两方面，期待子孙珍惜遗产，谨守先业

全部40例，都对子孙充满期待，但期待的方法有所不同。32例从正面出发，未曾预设，如若不遵遗命，违反分家议定条规，会如何处置，而有8例预设了违反情形的后果。其中例1称"如有不遵父命，妄生奸计，致伤和气者，执此呈官理治，以不孝论"；例2称"如有此等，各房持此理直，以不孝论"；例3称"但有异议，执此赴公究治"；例5称"如违，以不孝论罪"；第7例称"后嗣倘有不肖，蔑视家法，荡检疏闲，必致倾家弃产，废尽祖业，累及妻子啼饥号寒，无可控诉，而尚不悔悟，为亲族所鄙，羞辱祖宗，莫此为甚。惟望为贤父兄者，防微杜渐，时时警戒。如或子弟执迷不悟，甘为匪类，许执遗命，投明本族，绳之以祠规，逐出祠外，不许复入。……思我高祖单传曾祖，始生三子，今支下三百余丁矣，皆由祖宗淳良温厚克敦友恭所致。故予兄弟八人恪遵先训，笃友于之谊，无敢乖戾。今予生九子，诚恐贤愚不等，或致参商，且虑后世子姓繁衍，渐失孝友天真，特著斯言，以垂训于后。……倘有顽梗不化者，则悬予像于中堂，请本房亲长公论杖罚，居桑梓则照祠规绳之。余言具在，永以为鉴。此不惟遗诸子言，即传之世世子孙可也"，又在其所作"定例"中规定："诸子虽前后两母所生，实系同根之谊。……予每见子多，恐有乏嗣之患，当遵律法，同父周亲相应立继之条。惟以换房轮继，不得僭越重继，致多争论。违者许执遗命，请本族尊长祠内公议，治以不孝之罪。"例11称"倘有违吾此嘱，准以不孝罪论，仍执此书赴官究治"；例19称"如有异说者，以不孝不悌罪论"。明清时期，徽州地区是宗族制度最为完备实施严厉的地方，徽商践行宗族规条可能也是最为突出的地域商帮，商人之家分家时往往会提到呈官理处。上述8例中共有7例提到，如果不遵遗训或分家时定议，或各房持此理直，或赴官究治，或赴公究治，以不孝罪论处；而有1例提到，如果违反遗训，即祭出家法，"绳之以祠规"，悬像于中堂，由"本房亲长公论杖罚"，而不交官府处理，规定得如此具体严厉，实为难得一见，而且不仅传之诸子，连世世子孙皆得谨遵不逾。上述8例涵盖

时代起自明代万历时期直到清代咸丰末年，凡此说明，徽商在家产分割后，如果出现纠纷或违反情状，一般先在宗族内部协调解决，如果不能奏效，则涉足公庭，通过官府裁断予以解决，可以推知，分家阄书是基本依据，宗族和官府是确保阄书得以落实践行的先后两重保障。至于所谓"不得变卖他人"之类语言，恐也只是期望而已，并不能真正落实，子孙始终切实遵循不逾。

与此相形的是，有些业主交代子嗣，切勿以利伤义。如例1强调"毋以强凌弱，毋以长欺幼，毋以克剥害公义，毋以执银弃店帐"；例4要求"毋以睚眦伤和，勿以射利伤义"。业主预见到众心难免不齐，或会见利忘义，因利益而伤了同族和气，有害公义，所以再作谆谆告诫。

（三）从切身经验出发，精心传授经营方法，苦心谋求经营之道，维护老字号无形资产的良好声誉

一般人的分家析产，只要交代家产数量，明确家产分析办法，寄托遗产人愿望，但商人多属有产之家，产业如何经营，自然是极为重要之事。在这方面，上述40例中，例7休宁棉布商人陈士策和例20休宁墨商胡开文就提供了相当详尽的内容，为我们观察业主传授经营经验维持产业提供了典型实例。

陈士策在分家时，制定"定例"至少27条，不但对家产的分析作出了细致规定，而且对产业的经营方法，家产的处置，以致子孙的婚娶生活方式等，均作了细致的交代，尤其是对产业的经营方法，堪称经验之谈，是难得见到的商业经验，极为珍贵。这个陈士策，其在苏州阊门开设的万孚布店，不是出售布店的布肆，而是当时兴盛于苏州的棉布加工字号，是从事大批量棉布加工批发销售的。康熙四十年（1701），苏州布店字号的碑刻尚无其名，而直到康熙五十四年（1715）的碑刻中才出现，在康熙五十九年（1720）的碑刻中再次出现。依据分家书，该号实际上乾隆二十一年（1756）后仍存在，但乾隆四年（1739）的碑石中并没有出现。一个实际存在了至少五六十年的字号在碑刻中只在间隔短短的5年中出现两次，说

明字号的实际存在时间要比碑刻中列名的时间长得多。至其经营规模，陈士策在分家书"定例"中说："逐年所得微利，尽为店屋所费，故少余蓄。但基业粗成……子若孙如能照式勤劳……逐年常利可必。"雍正三年（1725）正月盘查店内及染坊银钱货物，除该还各项外，净计实银31120.08两。内拨存众银两5850两，每年硬利1分2厘行息。其余实银25270.08两，作9股均分9房，每房分得本银2807.787两。乾隆二十一年（1756），又因"人多用广，货贵利薄"等，"兄弟子侄公同酌议，恪遵先命，将全业暂并长房，计价作本生息。爰可亲族，书阄存照"①。这个万孚字号开张经营的时代正是苏州字号的兴盛时期，它在康熙五十四年（1715）的72家布商中列名第15位，在康熙五十九年（1720）的43家布商中列名第26位，大约在全体布商中实力居于中等。这样的字号具有相当的典型意义。

在定例中，陈士策反复传授，如何精心经营老字号。定例之一提到，陈士策先是代管金宅染坊，至康熙三十八年（1699）开创布业，始得就绪，然"逐年所得微利，尽为店屋所费，故少余蓄。但基业粗成，子若孙如能照式勤劳，配布不苟颜色，踹石顶真，信行待人，勤俭持家，逐年常利可必。店租为各房家给，万勿弃公业，另创同样生意"。定例另一则提及："本店向来发染，颜色不佳，布卖不行。用是自开各染，不惜工本，务期精工。将来不可浅凑，有负前番苦心。踹石已另请良友加价，令其重水踹干，日久务期精美，不可懈怠苟就。每布之精者必行，客肯守候。本店布非世业，所制欠精，须凡事究心，益求其善，以为子孙世守之业。"定例再一则交代："万孚、京祥、惇裕、万森、广孚五号，皆殚尽心血操成。一店只可合做分劳，任事而得俸，坐正利，分余利，万不可同号分开，买客比价，必致无利亏折。倘欲另开，另打字号，违者以不孝论。开老字号，每年贴不在内者招牌银。"定例又一则提到，"吾祖父开创芜湖钢坊生业，非为不善。余见地方不大，眼界窄小，故迁苏州，创立布业，废尽心血，始得粗成，子孙勿视轻易。"陈万策在分家传产时，将经营一生

---

① 《康熙五十九年休宁陈姓阄书》附《乾隆二十一年闰九月新立阄书》，章有义编著：《明清及近代农业史论集》，中国农业出版社1997年版，第316页。

的经验和盘托出，要求子孙照式经营，配布和委托踹坊加工时格外顶真，踹布专请良友，提高加工费，惟期货物精美。还从反面说明，原来该店也曾将布匹委托染坊加工，但颜色不佳，布销困难，于是改为自开染坊，不惜工本，也务期质量上乘。平时则以信行待人，勤俭持家。为了防止同行以低价促销，出现不正当竞争，也为了防止顾客货比三家，更为了将产业传之无穷，陈士策更提出，一店只可合做分劳，万不可同号分开，还要防止内部互相拆台，另开字号，以抢夺生意。老字号是无形资产，因此开设老字号者，要贴未参与而没有股份者招牌银两，以体现老字号的价值。陈士策还提醒继承者，棉布字号本非其世业所长，因此要格外讲求产品质量，才能在竞争十分激烈的苏州城中成为子孙世守之业，只要能站稳脚跟，精心经营，棉布字号有常利可赚，可为阖族源源提供家用，因此切莫放"弃公业，另创同样生意"。陈士策所言，大约出于其经验之谈，也为后来的经营所证实。分家后，该万孚字号众存银两每年硬利1分2厘行息，则字号赢利必须或必然高出此数。万孚后来兼开染坊，用于支付染价的开支应该有所下降。综合考虑，盛清苏州单个字号的规模资本银当在3万两上下，年利润率应当高于15%而低于20%。可以说，在如何经营字号尤其是棉布加工字号方面，陈士策的做法，是迄今所见最为具体详尽者，也为我们探讨苏州棉布字号的单个规模和总体规模提供了十分有用的材料。

在定例中，经营产业之外，陈士策在其他方面也作出了精心安排，或提出了周到设想。如定例首条规定，"店中原非位家之所，予因创业吴门，结亲于此，权宜为之"。盖因苏州"多盗贼水火之患，耽惊受怕，不可居也"。又因担心"身后人事难齐，倘生意不顺，则有不堪之形，在外联姻，虚费实广，皆不合宜"，"苏俗繁华，穷奢极欲，决难久居，不若本乡人士节俭，贫富皆可度日"。总之，苏州生活成本太高，所以应趁其在世时，"归乡安顿"。又在定例的另一则中交代，"子女须婚本乡，庶不致如吴俗之奢侈也，毋违我命"。在陈士策看来，如从生活成本考虑，其家乡休宁才是可以世代生活之地，而经营地苏州只是侨寓之地。定例又定："丁粮一项，每见贫乏谋食维艰，不能输完正供，势必累及里排，以至呈追……

故予将益谦众粮，除将分过产业卖完，粮尽公存之业公项办纳，始苏贫乏。予亦照式，将万安布店一所租金，坐作逐年完粮，庶免子孙之累。倘有不肖擅用其租，则坐以抗粮之罪，以免拖累他房。租金所余，择贤生息，以防无租之日。"陈士策提取一小部分店业租金，作为完缴赋税正额的银两，优先输纳朝廷正供银两，以免里甲追扰之苦。定例又定："吾之后辈有志读书者，稍可造就，务必勉之。俟其入学，于常例支取外，将公储之利，每年给贰拾四两，以为灯火之资。如倦于岁考，捐例则止。"字号提取公储之利作为助学银两，以资子孙读书科举。这是单个商业字号提供读书资助的实例，殊少见到。定例又定："予所得产业，皆拮据重价，周庇手足。倘吾子孙难守者，须尽亲房周旋，倘亲弃疏房，以不孝论外，仍听尔兄弟有力者备价着卖者赎回，出银营业。"陈士策沿用宗族内部的自我救助机制，若发生店业出卖情形，令本家亲属周旋接济，直至备价赎回，以使产业稳定在本族内容。定例还定："祭祀一节，乃子孙报本之忱。新年拜坟，清明扫墓，中元堂请，十月朔堂请忌辰，堂请百岁为率。"到期，"以众标挂前三日，预为通知，粘一帖于存养斋壁。众标挂遵例，不到者，例罚。惟敕典堂有报功从祀席，跟支年者收领。"[1]在这里，陈士策同样采用宗族规范，从事家祭活动，违者按例处罚。通过定例，陈士策要求子子孙孙定期举行家祭活动，牢记孝道，世代坚守其艰难创下的店业，从而增加向心力和凝聚力，合家同心协力，善待店业，精心经营，确保商品质量，以诚信待人，勤俭持家，抵拒奢靡，激励读书，务期光大祖业，世代昌盛。

胡开文墨店的创始人胡天注，则对子孙如何经营作出了更为详细的具体规定：一、"店本：屯溪、海阳两店资本，除坐酬劳外，按八股均分"。资本按股均分，八个儿子房下均有股份。二、"店业：休城墨店坐次房余德，屯溪墨店坐七房颂德，听其永远开张，派下不得争夺"。所谓"分家不分店"，胡家的主体店业，即休宁城和屯溪的两家墨店其资本虽然按股

---

① 《康熙五十九年休宁陈姓阄书》定例，章有义编著：《明清及近代农业史论集》，中国农业出版社1997年版，第311—315页。

均分，但店业掌管并开张分别指定归二房和七房。由此二房经管，或因二房胡余德长期掌持店业，而其余各房儿子辈俱已亡故，七房胡颂德则为继室之长子。三、"屯店本不起桌，所卖之墨向系休城店制成发下"。胡天注时，屯溪店并不起桌（自制墨），所卖之墨由休宁制作，今后仍如原来做法。此即所谓"分店不起桌"，同一招牌的墨店，只用一店所制之墨，分店并不另制墨。四、"屯店起桌自造，更换'胡开运'招牌，不得用'胡开文'字样"。日后分店如果要"起桌自造"，则必须更换招牌，而不得用原来招牌。此即所谓"起桌要更名"。五、"嗣后不论墨料贵贱，仍照旧价，不许增减；屯店代休城店办买各货，照原价发上，亦不许加增"。屯溪墨店所卖价格，须与休宁墨店相同；代为休宁墨店办买各货，也照原价，不得加增。这是为了确保同一店号商品价格完全统一，以免声誉有损，最后导致利益受损。

胡余德道光十四年（1834）分家时，在后序和续例中，继承其父做法，并作出了店铺经营更为详细的规定。一、"资本：本村启茂典并海阳、屯溪两店资本，照现盘实际，余自坐食用、坐酬劳、坐贴补七房店屋外，仍长房、二房、三房、四房、六房、七房均分"。休宁、屯溪两家墨店的资本，除了自坐食用、酬劳和贴补七房店屋外，由长房、二房、三房、四房、六房、七房均分。二、"然以余自揣，若从遗稿，则长房、三房、四房、六房均未有店业，诚恐数房闲荡，余心不忍。若将各店资本照股均派，而五房贞元、八房锡炯尚俱年幼，未识持守之艰难，日后恐生嫌隙，余心不安。惟思一本相顾之谊，照先父遗稿，权以时宜，特将五、八房股份所派店屋及资本，照时田价坐以田业，另立租谱，权交弟侄儿辈代为掌持，俟其成立，然后交与执业。再将余手开创本村启茂典业坐与长房、三房、四房、六房合同开张，庶各房皆有恒业"。若遵从先父遗产做法，长房、三房、四房、六房仅有休宁和屯溪两店资产的股份，但并无店业，胡余德就将自己新创的启茂典业算作与此4房共有的公产，合同开张，使此4房皆有恒业；五房、八房因为嗣子年幼，不能持守家业，乃以其名下所拥有的两店资产置换成田业收租，等其成立，交还其执业。三、"余自坐资本银一股以资食用，坐屋一业备余目下居住，日后永属二房执业"；"余手典到休城开文墨店后吴姓培桂轩屋一业，又典到金姓屋一业，永属二房执业"。胡余德以资食用居住的资本房屋，日后永远归属二房继承，其典到的休宁墨店后的房产也永属二房执业。这些产业可能因为属于胡余德自身名下或由其亲创，与从其父手继承者无关，所以由其二房直接世代继承。

四、"屯溪墨店并绩邑上塘和太枣栈坐七房执业。本村启茂典并启茂茶号坐长房、三房、四房、六房合同执业开张"。明确屯溪墨店和仍由七房执业开张，绩溪枣店也由七房开张执业，而胡余德首创的启茂典铺和后来续创的启茂茶号均与长房、三房、四房、六房合同执业开张。五、"启茂典余手开创，阅今二十余年，凡诸出纳及典中一切调度井井有规，日后各宜遵守，和合办理。倘能增创四股合办，不得怀私匿己，不得背众独行；倘各房之内有违拗者，则将该股所存典本如数抽出，定以五年抽清，并该股所派典屋及典帖招牌家伙四股之一定作价洋钱五百元一并抽出，浼凭亲房合其自写收领，注明该股所存典本及所派典屋并典帖招牌家伙一并收讫，并批'典屋永无分'等语，以杜争端。启茂茶号逐年做茶，长房、三房、四房、六房商量合作，不得以一人偏见生端违拗。"启茂典的经营既由5房合同执业开张，凡事就须共商，如有人不从众议，则将所持股本抽出，五年内抽清，连相应的附属资产如典屋及典招等也作价抽出领取，言明"典屋永无分"，以杜争端。至于启茂茶号，做法同此[①]。

胡天注、胡余德父子的这些做法，均围绕着维持老招牌老字号的有形和无形资产而展开。胡天注确立"分家不分店""分店不起桌""起桌要更名"的原则，规定由二房和七房分别执业开张休宁和屯溪的墨店。胡余德继业后，既为了保持两家墨店，又考虑到其他各房的利益，将无经营能力的五、八二房拥有的资产置换出去，将长房、三房、四房、六房所拥有的资本股份以首创的启茂典业更改为合同执业开张，实际上不断地分割清楚家业的所有权。胡开文墨店的这种独特做法，据说相当有效，该店自创立

① 《胡氏阄书》原序、凡例、后序、续例，转引自张海鹏、王廷元主编：《徽商研究》，安徽人民出版社1995年版，第566—570页。

直到民国年间170余年间，始终牌子吃香，生意兴隆①。

相对于陈士策所主张的"一店只可合做分劳，万不可同号分开"，在现实生活中，相反的事例容或常见。如例29，休宁章姓三兄弟分家析产一年后，长兄就违背"毋得参行"的父训，在同城内开设新店，以致父子之间禀控到官府，他姓也乘机将店号移至城内，而且"势难中止"，似乎未能得到妥善解决。这样的结局，显然对产业的维持以至扩大是极为不利的。两相对照，陈士策的做法实是当时一般商家的通行做法。

此外，例40邱集德堂，也做出了"分产而保业"的安排。阄书言明店业兆成布栈正、附本银"长房应分一半，只分余利，以图保业，长房只分利洋，以存附本"，恒足布号正本银"长房应分一半，只分余利，以图保业"。分的是一半店业中所得的余利，而本银仍然存店，所得正利也不分析。

上述三例说明，徽商在分家析产时，是相当注重产业的保有、维持并发展的，对其资产的维持和发展，做出了诸多具体详细的安排。

需要指出的是，我们对这种目下被人高度评价的所谓徽商"分产不分业"的情形②，还应持较为审慎的态度。综观上述40个事例，大多事例均言明将全部店产屋宇照股均分清楚，只有少数几例声明留有存众银钱资产，只有3例即例7陈士策棉布字号、例20胡开文墨店和例40邱集德堂明确是"分产不分业"。在全部均分事例中，如第1例程有敬将各处银货帐目及店屋等项物件共银14067两9钱5分全部分光，三个儿子各分得本银4689两3钱1分6厘，"倘有遗漏欠帐货银，日后查出均分"，此后"再无一毫爱憎隐匿其间"，而只有不到一千两的公产，以其得利以作老两口的食用之费，此银等其百年之后也应三分均分。再如例26，《道光十九年笃字阄》的持有人，阄得的隆泰等6典和1家润元衣庄家产，均是"分得一半"，共

① 张海鹏、王廷元主编：《徽商研究》，安徽人民出版社1995年版，第575—580页。

② 王裕明：《明清商人分家中的分产不分业与商业经营——以明代程虚宇兄弟分家为例》，《学海》2008年第6期。

计46327余两。这也说明，分产分业，平均、彻底，恐怕才是徽商分家析产的通行做法。徽商即使留有一定比例的资产，其用途主要有两种，一是用作业主或遗孀及年老宗亲的养膳银，二是用作阖族的公会或共祀开支。即如例7，陈士策对遗产作了"分产不分业"的具体安排，"坐正利而分余利"，但是其实不分业的比例很小，在全部银资31120两中，"拨存众银"只有5850两，其余实银25270两，分作9股均分9房，存众银两所占此例不到19%。有些徽商即使原来"分产不分业"，但经营一代人或一段时间后，也仍行分产既分业。如例2提到的休宁程虚宇，是论者作为"分产不分业"的典型的，其在万历二十一年（1593）兄弟三人继承遗产时是"分产不分业"的，可到崇祯二年（1629）其本人再将家产分给三个儿子时，所有"安庆、九江、广济、黄州、湖广七典，每各分授本银壹万两"，按照当时一个典铺的资本规模推算，其典产基本上全部分光了。又如例28，汪姓典商兄弟三人在正式分家前，也曾采取"存本分利"方式，无如各房"用度益繁，均各动本"，看来此法根本行不通，不到一年，只得将所有财产平分四份，而且议定，日后"子孙不得以帐目不清生端藉口"，如有往来票约字信，"作为废纸，永不行用"。彻底分割家产后，又经一年，汪左淇兄弟又在浙江昌化县白牛桥镇地面，顶戳盐典业，四房名下各付出本足钱7000千文，共计足钱28000千文，"言定每全年九厘算息，闰月不加，九厘外仍有盈余，四股均分，倘或亏折，四股摊赔……其利按年支楚，其本不得动支，以便转运"[1]，合股经营，盈亏负共同责任。但这已是汪姓在家产分析后的资本重组，重行合股经营，与原来的家产已无任何经营上的关系，而恰恰说明当年的家产分析是非常彻底的。所以在徽商的资产积累和分析过程中，所谓"分产不分业"其实非为主体，不能一见到一些事例，就过分夸大，恐怕它仅适用于少数特殊行业或存在于较少事例中。即使"不分业"的部分，大部分恐也主要是为了阖族公用开支和亲人养膳开支，立意不是为了维持或扩大经营资产，就整个徽商群体而言，"分产不

---

[1] 《汪左淇等盐典合同》，安徽省博物馆编：《明清徽州社会经济资料丛编》（第一集），中国社会科学出版社1988年版，第574页。

分业"的比例并不高，由此而起到的避免资产分散有利于资本积累和集中的作用也就相当有限。

为培养教育子弟，徽商更将职业教育贯穿始终，直到分家析产时，仍然念兹在兹，谆谆教导，殷殷期待。业主在分家书中，除了对财产分割做出明晰安排外，还往往会从经验和教训相反的两种途径传授经营知识或对经营活动的认识，从鼓励或惩处正反两个方面教导子弟善待遗产谨守先业。有些或为套话，但也说明这些愿望已具普遍意义。有些徽商更从切身经验出发，精心传授经营方法，对驰名品牌老牌字号做出谋求保全之策，尽量保持资本的集中和规模，更期能恢扩前业增殖资本。徽商能够在激烈的商业竞争中，前后称雄长达三个世纪，与其兴起之初即重视职业教育，大力培养人才，掌握专业知识，并将培养教育的过程贯穿到分家析产之时，未尝不无关系。

原载《安徽师范大学学报（人文社会科学版）》2013年第1期

明代地域商帮的兴起

今人论著，论到商人，动辄冠之以"商帮"，或某某商帮，研究各支地域商帮的论著，也层见叠出，然而"商帮"之名何时开始出现，"商帮"之名何由而来？似乎不证自明，从未见人论述过。各支地域商帮具体兴起或形成于何时，以何为标志，其背景又是什么？同样很少见有专论，偶有论及者，也是人言言殊，自说自话。今专文探讨明代各支地域商帮的形成及其背景，期望能够推进和深化对明清商业商人商帮史的研究。

一、商帮探源述流

探讨"商帮"，先明其意，先究其来，再述其流，似有必要。今略作考述如次。

在中国的货运史上，存在着"纲"的形式。唐广德二年（764），负责漕运的河南尹刘晏从扬州运米到河阴，用船二千艘，每船装千斛，"十船为一纲，每纲三百人"[①]。这是目前所知最早的纲运。

宋代，内河运输有粮纲、茶纲、盐纲等各种纲。北宋末年朝廷搜罗民间花石有"花石纲"。南宋高宗建炎年间广州马政以50匹为一纲。宋代市舶之物起解也采用"纲"的形式。

---

① 《旧唐书》卷53《食货三》，中华书局本。

建炎元年（1127）十月二十三日，承议郎李则称："闽广市舶旧法，置场抽解，分为粗细二色，般运入京，其余粗重难起发之物，本州打套出卖。自大观以来，乃置库收受，务广帑藏，张大数目，其弊非一。旧系细色纲，只是真珠、龙脑之类，每一纲五千两，其余如犀牙、紫矿、乳香、檀香之类，尽系粗色纲，每纲一万斤，凡起一纲，差衙前一名管押，支脚乘赡家钱约计一百余贯。大观已后，犀牙、紫矿之类，皆变作细色，则是旧日一纲，分为三十二纲，多费官中脚乘赡家钱三千余贯。"①《宋史·食货志》同样记载上述文字后谓："至于乾道七年，诏广南起发粗色香药货物，每纲二万斤，加耗六百斤，依旧支破水脚钱一千六百六十二贯有奇。淳熙二年，户部言，福建、广南市舶司粗细物货，并以五万斤为一全纲。"②可见，"纲"为同类货物，有组、批、类等意，其具体数额，在两宋之际前后时有变化。如此，则所谓"纲"，诚如傅衣凌所言，"盖原是一种官营运输组合，凡货物之结合同行者，曰纲"③。由上述南宋人和《宋史》的说法，可知北宋官方市舶贸易，抽解物品即分粗细二纲转运入京，徽宗大观年间起，解送进京的细色纲的范围和数量均大大增加，官方支付的运费也就增加了数十倍。虽然纲的数量前后变化很大，但都是以"纲"的形式出现的。

宋元时代海外贸易同样以"纲"的形式进行。史载，宋太宗雍熙四年（987）五月，朝廷"遣内侍八人赍敕书金帛，分四纲，各往海南诸蕃国，勾招进奉，博买香药、犀牙、真珠、龙脑。每纲赍空名诏书三道，于所至处赐之"④。这是目前所知最早的海外贸易中的纲。在这里，纲可能指一组船队，也可能指一艘船。纲有纲首，为贸易船只之长。北宋朱彧《萍州可谈》卷二载令典，"甲令：海舶大者数百人，小者百余人，以巨商为纲首、副纲首、杂事，市舶司给朱记，许用笞治其徒，有死亡者籍其财"。

① 《宋会要辑稿》职官四四之一二，中华书局1957年版。原文"三十二纲"之"三"字作"之"字，据计算和核对《宋史·食货志》当为"三"字。
② 《宋史》卷186《食货志下八》。
③ 傅衣凌：《傅衣凌治史五十年文编》，厦门大学出版社1989年版，第42页。
④ 《宋会要辑稿》职官四四之二，中华书局1957年版。

这里的纲首是指一船之长，所以日人藤田丰八解释为，"犹如今日之船长。不过他不是海舶的所有者，不是操纵海舶的技术人员，也不是为自己经营贸易之人。纲首是结伴商旅之长，故亦称海舶为纲船"①。纲首是"结伴商旅之长"，但以巨商为之，应该本身也是经营贸易之人。南宋市舶法规定，"诸商贾贩诸蕃间（贩海南州人及海南州人贩到同）应抽分买，辄隐避者（谓曲避作匿，托故易名，前期传送，私自贸易之类），纲首、杂事、部领、稍工（令亲戚管押同），各徒二年，配本城"②。《元典章·市舶抽分则例》第11条："海商每船募纲首、直库、杂事、梢工、碇手，各从便具名，市舶司申给文凭，船请公印，为托人结五名为保。"自宋至元，民间更以巨商为纲首出海贸易为普遍形式。南宋初，"泉州纲首朱纺舟往三佛齐国……获利百倍"③。淳熙五年（1178），泉州海商王元懋"使行钱吴大作纲首，凡火长之属一图帐三十八人，同舟泛洋"④。南宋后期人真德秀称，漳州陈使头的"过蕃船"载有水手、纲首九十一人，前往海外贸易"⑤。元延祐改元时，权臣铁木迭儿上奏，"又往时富民，往诸番商贩，率获厚利，商者益众，中国物轻，番货反重。今请以江浙右丞曹立领其事，发舟十纲，给牒以往，归则征税如制；私往者，没其货"⑥。这些事例说明，纲的形式是宋元时代官方和民间从事海外贸易普遍采用的方式。

明代沿用宋元旧法，海外贸易仍用纲的形式。嘉靖三十四年（1555），司礼监传奉圣谕，作速访买各色名贵香料，广东巡抚"钧牌发浮梁县商人汪弘等到司，责差纲纪何处德领同前去番舶访买，陆续得香共十一两"⑦。类似方法显然行用已久。明代中后期，随着南洋贸易的日益兴盛，特别是

① ［日］藤田丰八著，魏重庆译：《宋代之市舶司与市舶条例》，商务印书馆1936年版，第92页。

② 宋代市舶司《公凭》，转引自吴泰、陈高华《宋元时期的海外贸易》，天津人民出版社1981年版，第76—77页。

③ 《福建莆田祥应庙碑记》，见《文物参考资料》1959年第9期。

④ 洪迈：《夷坚三志己》卷6，《丛书集成初编》本。

⑤ 真德秀：《真文忠公集》卷15《申枢密院乞修沿海军政》，《四部丛刊》本。

⑥ 《元史》卷205《铁木迭儿传》。

⑦ 康熙《广东通志》卷28《外志》。

嘉靖三十二年（1553）葡萄牙人入居澳门后，"闽粤商人趋之若鹜"①。由于澳门与蕃商贸易的中国商人数量激增，为了加强管理，嘉靖三十五年（1556），"海道副使汪柏乃立客纲、客纪，以广人及徽、泉等商为之"②。商人贸易不但有纲，而且外地商人与土著相区别，不同于宋元时代的纲，而被称为"客纲"。这种客纲，显然是沿用前代海外贸易的组织形式而来的，与后来的客帮形式上和本质上已无多大区别了。

"客纲"产生不久，万历后期两淮的盐法改革，也沿用历史上的纲法③，实行纲运法。万历四十五年（1617），盐法道袁世振上《条陈盐法十议》，次年巡盐御史龙遇奇在两淮大力推行盐法改革，将淮南盐引分为十纲，每年以一纲行旧引，九纲行新引。这就是著名的"纲运法"④。其实质是由官府佥定资本雄厚的商人为纲运商人，即纲商，由纲商包揽承运官盐引所上纳的税银，纲商包运的若干盐引即称为"纲"，或称为"窝""窝本""窝引"。获得"窝本"需要交纳巨资，而拥有巨资能够占得"窝本"的盐商，大多是来自徽州和山陕之地的同姓同宗商人，换言之，抢占先机占得"窝本"的商人，往往是那些集中了地缘或血缘力量的徽商及山陕商人，而尤其是徽州商人。这种纲运法，虽然是为清除壅滞盐引而产生的，按照时间先后分行新旧引，而不是按行盐地区分纲，但其结纲承运，行盐地域和盐斤数量固定的特点，既适合于地域性或行业性商帮开展活动发展实力，也便于官府招商承运，加强管理，确保盐课的征收，因此后来在不少盐区得到了推广。与淮南盐引分为十纲的同时，淮北盐引分为14纲。山东盐场盐引明末分为晋泽、同仁、祥仁、集义、晋兴、永公、永昌、洪戬、洪晋、祥顺、通裕、永兴、京滷、泰来14纲，清代雍正六年（1728）增庆汾为15纲，商人共480名。因这些商人"多系贫乏疲商，有止存十数

① 《明史》卷325《外国六·佛郎机》。
② 康熙《广东通志》卷28《外志》。
③ 崇祯《汀州府志》卷9《赋税》载该地宋代盐纲情形谓："长汀、宁化、清流三县运福盐，上杭、武平、连城三县运漳盐。多者十纲，少者三四纲。每纲十船，每船六十箩。官给纲本，至福、漳二府买盐，运至本州编排人户，分四等给卖之。"
④ 袁世振：《盐法议三》，《明经世文编》卷474，中华书局1962年版。

引者，甚至止存一二引者"，雍正十年（1732），运司杨弘俊详明巡盐御史鄂礼，厘定合并为12纲，并去泰来、祥顺、洪晋三纲，改京溯为祥溯，改永公为晋公。这些纲商，"招自远方，世代相传已久，凡数百家"①。由雍正十年（1732）山东盐引的分配可知，每一纲的组成，其纲商人数并无一定，全部12纲，共有纲商273人，多者如晋公纲，有纲商38人，少者如永兴纲，仅有纲商9人。每一纲的纲商，其行盐地域都是固定的②。两淮和山东等地据为"窝本"的纲商，大多是来自一定地域的同姓同族商人，所谓"一窝则父子兄弟相守，一行盐之地则姻娅亲戚相据"，他们通过纲的组织形式，以地域性商帮及同姓"合股共财"的方式开展经营活动，盐业的纲与地域性的商帮有机地联系在了一起。

这种在纲运法下承运纲盐的纲商，在清代前期的福建盐区，被直接称为"商帮"。纂辑于道光十年（1830）、记载清代前期福建盐法的道光《福建盐法志》卷十三《配运》载，东路官帮：霞浦县，福鼎帮；县湾官帮：莆田帮，安溪帮，漳平帮，龙溪帮，长乐、福清二帮，晋江、惠安、同安三帮，南靖、平和、长泰三帮，漳浦、诏安二帮，云霄帮；西路商帮：邵武、光泽、建宁三帮，将乐帮，沙县帮，崇安、浦城二帮，南平帮，永安帮，顺昌、尤溪、建安、瓯宁、建阳、泰宁六帮，黄田一埠；东路商帮：福安并兼销松溪、政和、寿宁四帮，宁德并兼销古田、屏南三帮，罗源帮；南路商帮：闽县、侯官二帮；县湾商帮：永福帮，连江、壶江二帮，闽清、仙游二帮，平漳帮，永春、德化、大田、宁洋四帮，南安帮，龙岩帮，海澄帮。书中官帮17个帮外，称"商帮"的有39个帮。这39个"商帮"，在同书卷十九《成式》中，只有福安、宁德帮后无兼销帮的名称，其余完全相同，为35个"商帮"。这是目前所知关于"商帮"的最早记载。这些"官帮"和"商帮"都以地域来命名，由专门的"商帮"来承运固定

---

① 雍正《山东盐法志》卷7《商政》，雍正五年刻本。

② 雍正《山东盐法志》卷7《商政》，雍正五年刻本。刘淼《明代盐业经济研究》第287—289页列表示明山东纲商组织，唯将所列清代的12纲及其纲商数解释为明代的14纲及纲商人数，混淆了明清两代的前后不同。

地域的盐斤，从组织形式和构成来源来考量，结纲营运的盐商，已有了"商帮"的帮的特征。可以说，福建盐业商纲也即盐业商帮。只是这里的商帮，是以行盐的方向或地域来称帮的，与后来称某地的商人群体为帮还不完全相同，更无日后指称外地商帮的"客帮"的意义。其时福建人视纲为帮，不独盐业如此，其他行业也存在。如闽西人在广东潮州建立的汀龙会馆，到同治十年（1871）时，已百有余年，"分纲置业"，有篓纸纲、福纸纲、龙岩纲、履泰纲、九洲纲、运河纲、武平纲、本立纲、上杭纲、莲峰纲等。值得注意的是，这些纲同时也称为帮，如履泰纲实际就是杂货帮①。纲即帮，商纲即商帮，结合前述，原其所自，可以推溯至明代万历后期开始出现的各地盐业中的纲运法。因此，"商帮"之名虽然清前期才始见，但其外在组织形式在明代嘉靖后期的海外贸易和万历后期的盐业纲运法中已可见端倪了，尤其是明代海外贸易中的"客纲"，更与清代的"客帮"有着内在的联系。

需要指出的是，货运业中有帮，宋代以后，并不晚至清代才出现，明代即已有之。明代漕粮运输，按地区分成帮，同一地区的漕船为同一个帮，运粮时不得脱压帮次②。漕运中的这种帮，与商业活动没有关系。在万历纲运法以前，有的盐场也曾采用过"帮"的形式运盐。嘉靖六年（1527），浙江巡盐御史王朝用为了防止私盐，采用掣盐编帮的措施，其具体做法是，各相关衙门"置簿稽查验后，掣过商盐，每十名编成一甲，每一甲不拘船盐多寡，尽数挨号，顺序编成一帮……候船盐发运至日，各甲首商带领同帮船只，一齐通赴盘验官处，任意掣取三五只如法称盘。如帮内欠一船，船内欠一引以上者，就以走水盗卖查究。如帮内多出一船，或船内多出一包以上，就以夹带私盐问报"③。为掣验盐斤而按照验盐顺序编排的帮，具有宋元货运业中船只或货物一组或一批的古意，也有漕运中

---

① 同治《潮州汀龙会馆志》，转引自陈支平《清代闽西商纲零拾》，《中国社会经济史研究》1996年第2期。

② 王在晋：《通漕类编》卷2《漕运职掌》，《文渊阁四库全书》本。

③ 王圻：《重修两浙鹾志》卷16《盐政禁约》，康熙五十年重订本。

同一地区的漕船为同一帮之意，但与地域性的商帮没有多大关系。

"商帮"之名在清前期的福建盐运中出现后，并没有在商业活动中获得普遍称号。直到清后期，中文文献记载称"商帮"或某某商帮的其实至今未见，而通常只称"帮"或"客帮"或某某帮。道光十一年（1831），《上海县为泉漳会馆地产不准盗卖告示碑》称，泉州、漳州两府人"于乾隆年间，有两郡客帮人等公议"，捐资建造泉漳会馆①。这是目前所知较早的有具体时间的关于"客帮"的追述。浙江余姚人叶调元，自道光十九年（1839）起至道光三十年（1850），写了292首《汉口竹枝词》，其中屡屡提到"帮""工商帮口""各帮会馆"，有时也直接称"客帮"，如称"若是客帮无倒账，盐行生意是神仙"②。光绪二十年（1894），苏州圆金业称，同治"克复后，客帮寥寥，生意日清"③。晚清湖南长沙钱店行，新举总管四人，"本籍客帮各二"。光绪年间湖南益阳刀店条规，"客帮新开门面"，须交牌费钱，"内外合伙新开门面，与客帮同例"④。光绪年间上海油饼豆业议整新规时提到，"所有大篓油销客帮者"。光绪年间某地鸡鸭行规载，"来货以江北客帮为最多"。清末提到"客帮"，也有具体地域者。光绪三十四年（1908）二月，农工商部右侍郎杨士琦考察南洋华侨商业后上奏称，在越南都市堤岸的商人，"因省县之异，分为五帮，曰闽帮、广帮、潮帮、琼帮、客帮，各立公所，互分畛域"⑤。清末苏州《云锦公所各要总目补记》云："吾苏阊门一带，堪称客帮林立……如祥帮、京庄、山东、

① 上海博物馆等编：《上海碑刻资料选辑》，上海人民出版社1980年版，第233页。

② 叶调元：《汉口竹枝词》，徐明庭辑校：《武汉竹枝词》第27首，湖北人民出版社1999年版。

③ 《圆金业兴复公所办理善举碑》，苏州历史博物馆等编：《明清苏州工商业碑刻集》，江苏人民出版社1981年，第172页。

④ 《湖南商事习惯报告书》所收《钱店公议条规》和《刀店公议条规》，转引自彭泽益主编《中国工商行会史料集》，中华书局1995年版，第236页、356—357页。

⑤ 《农工商部右侍郎杨士琦奏为考察南洋华侨商务情形折》，中国第一历史档案馆编：《清代中国与东南亚各国关系档案史料汇编》（第一册），国际文化出版公司，1998年，第151页。

河南、山西、湖南、太谷、西安、温、台州帮……长江帮等等，不下十余帮。"苏州总商会向工商部的条陈说，该商会"大都以各业公所、各客帮为根据"①。上述文献中提到的这些"客帮"，均指地域性商帮。

清代对"商帮"作出解释的是《清稗类钞》农商类"客帮"条，称："客商之携货远行者，咸以同乡或同业之关系，结成团体，俗称客帮，有京帮、津帮、陕帮、山东帮、山西帮、宁帮、绍帮、广帮、川帮等称。"这一将地域商帮称为"客帮"的材料，不知究指何时。民国初年，日本东亚同文会介绍汉口的商帮时称，各省商人即客商，亦依据其出身设立组合，以从事与其各省间的贸易，他省人一概不得染指，此同业者的组合称帮，其势力甚大。民国《佛山忠义乡志》解释"帮"为："商家同行同省谓之帮，盖取友助之意。"②这些解释，都认为各地客商以其出身地域按同业结合称为帮。可见所谓"帮"或"客帮"，就是我们所说的外地商帮，是地域性商人群体，其之所以被称为"客帮"，恐怕正与明代嘉靖年间"客纲"之称呼相类似。但是中文文献仍未直接言明是"商帮"。

首先直接将地域商人集团称为"商帮"的似乎是日本人。日本驻汉口领事水野幸吉在介绍汉口的"商业机关"时，不仅列举了汉口按行业而分的著名的盐行、茶行、药材行、广东福州杂货行、油行、粮食行、棉花行及皮行八大行，还有"汉口在住各商帮取引高比较表"，明确提到"商帮"，表中列举了四川帮、云贵帮、陕西帮、河南帮、湖南帮、江西福建帮、江南及宁波帮、山东及北清商、潮帮广帮及香港帮、汉帮、湖北帮。他并对"帮"作了解释，称所谓"帮"是同乡的商人相结合而成的一团体，各冠以乡里之名，在汉口，有名的商帮是四川帮、云贵帮、陕西帮、山西帮、河南帮、汉帮、湖北帮、江西福建帮等。这些商帮唯一的商业机关是所谓会馆及公所③。1907年出版的由东亚同文会编辑的资料中在解释会馆与帮的关系时称，会馆是旨在善举的同胞的团结体，而帮即乡人中的

---

① 《苏州商务总会呈工商部条陈》，1912年6月5日。
② 民国《佛山忠义乡志》卷14《人物》。
③ 东京神田合资会社富山房发行，1907年版，第289页。

同业者的小团体。所谓帮，由同业联络而成，举董事数人，立定规则，以执行其商务。如上海宁波商人必入宁波帮，湖南商人必入湖南帮是也。又如汉口茶业六帮公所，为广东、山西、湖南、湖北、江西、江南六省所成立，凡在汉口之茶商，几乎合为一帮云。惟解释"帮"仅称由同业组成，而由其所举例子来看，实应包括同地域商人。因此，晚清时人的所谓商帮，是指同地域或同行业商人的联合体。

直到清末，中文文献中才有"商帮"字样。宣统二年（1910），天津的福建、广州、潮州三帮商人在呈文中一再自称"商帮"，如谓"商帮等从不见买客一面""一若以商帮为远客""商帮素推其殷实"等[①]。这是目前所知地域商人自称为商帮的最早记载。成书于民国四年（1915）的《汉口小志》称："行之外，又有所谓帮者，皆同乡商人相结合而成一团体，各冠以乡里之名。在汉口，著名者为四川帮、云贵帮、陕西帮、山西帮、河南帮、汉帮、湖北帮、湖南帮、江西福建帮、广帮、宁波帮等。是等商帮为唯一之商业机关，各有会馆公所。"[②]《汉口小志》所谓"商帮"，显然沿用的是日本人的说法。

"商帮"之称虽晚，但在经济活动中，地域商人对于商人具体的"帮"的追溯却是相当早的。道光五年（1825），在上海的山东商人称，上海的山东茔义田是顺治年内由"关东、山东两帮"商人合建的[③]。宣统二年（1910），在苏州的福建上杭人称，"康熙五十七年，吾乡上杭六串纸帮"，集资创建了汀州会馆[④]。同治十年（1871）苏州烟商称，苏州烟号于"乾

<hr />

① 《旅居福建广州潮州三公帮概述津埠洋货局取代跑合人沽发货物情形文》，天津市档案馆等编：《天津商会档案汇编1903—1911》，天津人民出版社1989年版，第1112—1113页。

② 民国《汉口小志·商业志》，《中国地方志集成·湖北府县志辑》。

③ 《关山东公所义冢地四至碑》，上海博物馆编：《上海碑刻资料选辑》，上海人民出版社1980年版，第194页。

④ 《汀州会馆碑记》，江苏省博物馆编：《江苏省明清以来碑刻资料选集》，生活·读书·新知三联书店1959年版，第358页。

隆年间"建立了"公和烟帮码头"①。江苏太仓刘河镇的金端表于道光十四年（1834）称，康熙开海后，刘河镇的豆石商人有山东登（州）帮、胶（州）帮，安徽徽帮，浙江海宁帮等②。嘉庆二十五年（1820），四川巴县县城南帮夫头声明，"自乾隆三十六年间，在朝天门码头背运客货，因金川回兵，仲主给牌设立西、南两帮夫头，承办各文武大宪差役，各背运上下各帮货物，迄今数十载无紊"③。地域商人对商人"帮"的追溯，自清初到乾隆年间始终不绝。

在实际商业活动中，有关行业和地域"帮"的说法至迟在乾隆年间即已有了。《广东碑刻集》所收乾隆二十四年（1759）《阖邑建造叙福公所碑》称，广东崖州陵水县叙福公所，"曾分创于陵水各帮"④。这是目前所知最早的地域商人帮的记载，但未直接称某某帮。辽宁锦州是开海后新兴的商港，天后宫碑文称，"经营其地者多旅，惟江浙、福建两帮颇称盛焉"，建宫的落款者则称"乾隆二十八年月日江浙两帮同撰"⑤，这是最早的地域帮的称呼。雍正三年（1725）至乾隆二十六年（1761），两帮商人建成天后宫。《江苏省明清以来碑刻资料选集》所收乾隆三十八年（1773）《修建徽郡会馆捐款人姓名及建馆公议合同碑》载，苏州的徽商修建会馆，其中有"涝油帮""蜜枣帮""皮纸帮"⑥。这是目前所知最早的地域商人中的行业帮的记录。

嘉庆、道光时期，各地有关地域和行业"帮"的说法就较为常见了。《江苏省明清以来碑刻资料选集》所收嘉庆元年（1796）《重修江西会馆

---

① 《长洲县禁止外来船只向烟帮起货码头硬泊占踞滋扰碑》，江苏省博物馆编：《江苏省明清以来碑刻资料选集》，生活·读书·新知三联书店1959年版，第248页。

② 金端表辑：《刘河镇记略》卷5《盛衰》，《中国地方志集成·乡镇志专辑》。

③ 四川省档案馆、四川大学历史系主编：《清代乾嘉道巴县档案选编》下册，四川大学出版社1996年版，第6页。

④ 谭棣华等编：《广东碑刻集》，广东高等教育出版社2001年版，第986页。

⑤ 《安澜口神天》，转见于《天妃史迹的初步调查》，《海交史研究》1987年第1期，第64—65页。

⑥ 江苏省博物馆编：《江苏省明清以来碑刻资料选集》，生活·读书·新知三联书店1959年版，第377页。

记》，捐款者中除了某地某行众商外，还有"烟箱帮众商""管城帮众商"①。这是较早的行业和地域帮的记载。嘉庆年间湖南长沙的香店，同行为"帮"，到该地贸易而未入帮者，要捐资相助②。这是较早的行业帮的记载。道光七年（1827）碑文称，上海的粮食商人有"西帮商人""胶帮商人""登帮商人""文莱帮商人""诸城帮商人"③。这是行业中的地域帮。道光十年（1830），苏州的三山会馆重修，捐款者中有洋帮、干果帮、丝帮、花帮和紫竹帮④。这是地域中的行业帮。道光二十三年（1843），《乍浦备志》载，浙江嘉兴乍浦镇上的木商，有"宁德福安帮""夏冬两帮""夏秋两帮"等⑤。宁德、福安是福建省福宁府的两个县，两县商人将福建木材销往江南。道光二十九年（1849），上海的绍兴商帮成立浙绍公所，按照该帮商人的说法，其目的"一则以敦乡谊，一则以辑同帮"⑥。这是商人自视其组织会馆即是帮的体现。

《清代乾嘉道巴县档案选编》上册⑦，收录了不少重庆的地域帮、行帮内容。第402页，嘉庆八年（1803）的小河船户，有归州帮、宜昌帮、湘乡帮、宝庆帮、忠州帮和小河帮。同页，"泸州船户自嘉庆八年立帮"。同页，三河船帮嘉庆八年（1803）议定章程，参与者有三峡帮、合州帮、遂宁帮、保宁帮、渠县帮。第403页，各帮船户议定承办差事，有大河帮、湘乡帮、宝庆帮、宜昌帮、归州帮、忠州帮、小河帮。嘉庆九年（1804）

① 江苏省博物馆编：《江苏省明清以来碑刻资料选集》，生活·读书·新知三联书店1959年版，第360—366页。

② 《湖南商事习惯报告书·香店条规》，彭泽益主编：《中国工商行会史料集》，中华书局1995年版，第309页。

③ 《上海县西帮商行集议规条碑》，彭泽益选编：《清代工商行业碑文集粹》，中州古籍出版社1997年版，第99页。

④ 《重修三山会馆捐款人姓名碑》，江苏省博物馆编：《江苏省明清以来碑刻资料选集》，生活·读书·新知三联书店1959年版，第355—358页。

⑤ 道光《乍浦备志》卷3、卷6。

⑥ 《浙绍公所肇兴中秋会碑》，上海博物馆编：《上海碑刻资料选辑》，上海人民出版社1980年版，第210页。

⑦ 四川省档案馆、四川大学历史系主编：《清代乾嘉道巴县档案选编》，四川大学出版社1989年版。

议定大河帮差务，有嘉定帮、叙府帮、金堂帮、泸富帮、合江帮、江津帮、綦江帮、长宁帮、犍富盐帮、长涪帮、忠丰帮、丰帮、宜昌帮、辰帮、宝庆帮、湘乡帮等。第372页，嘉庆十八年（1813）档案载，瓷器买卖业有浙帮、楚帮。这是目前所知重庆最早的行业中的地域帮。第314页，巴县金钩匠，有两帮。第349页，道光六年（1826）沈春芳称其父"原系瓷帮生理"。第410页，道光十二年（1832）邓万海称道光五年（1825）买"周、刘、袁三姓瓷器帮生意四股"。这里的"帮"，都意指行业。第356页，道光十一年（1831）文提到"黄帮靛客"。这是行业中的地域帮。第242页，道光二十一年（1841）在重庆的广东广扣帮公议章程，声明"如我广扣一行"，帮即行。由243页所载可知，当时当地纽扣制作业分成川帮、广帮两帮。第234页，道光二十二年（1842）绣业永生帮复立规条，称"永生帮我行"，帮即行。第348页，道光二十四年（1844）丝线铺户称，"渝城丝线帮于乾隆年间"议立章程。"帮"也是行业之意。只是虽称乾隆年间该帮如何如何，仍系追溯。第376页，道光二十七年（1847）文称，"渝城烟帮万商聚集"，有贪利者"商串外帮为恶"。

以后则地域有帮，行业分帮，习见其名。同治五年（1866），上海的潮阳帮和惠来帮商人合建了潮惠会馆①。同治、光绪时的《申报》《字林沪报》等报道称各地和各业商人为帮，如玉业中的苏帮、杭帮、京帮，南京缎帮，上海"宁绍两帮"，上海泥水匠中的宁帮、苏帮和本帮，芜湖烟店中的泾帮（安徽泾县人）、建帮（福建人）和米业中的粤帮，杭州的木工以绍兴帮、台州帮为最多，景德镇的布匹贸易以徽帮最有势力，上海钱业中的"本帮"、外帮，洋货匹头业有川帮等，苏州烛业大半系绍兴帮，沙市油坊中的太平帮（安徽太平人），票号以"西帮"最为出名等②。

湖南沅江之滨的靖州会同县洪江市，号称"万商渊薮，乃七省通衢"，

---

① 《潮惠会馆众商捐金碑》，上海博物馆编：《上海碑刻资料选辑》，上海人民出版社1980年版，第326—330页。

② 彭泽益主编：《中国工商行会史料集》，中华书局1995年版，第682—764页，并参见《字林沪报》第530、953、1005号。

各地商帮极为活跃，"客籍流寓者，咸立会馆"，有江西会馆，徽州会馆、贵州会馆、福建会馆、黄州会馆、衡州会馆、宝庆会馆、辰沅会馆、湘乡会馆、七属会馆等十馆。凡有公益事业，"关梁津馆，大率不领于官"①，均由商帮共同出资举办。建立了各自会馆的各地商帮，不但开展帮内活动，而且响应官府的号召，或者以地域帮，或者以行业帮的形式，联合开展善举活动。光绪初年，长年助资者则以洪油帮、土药帮、布帮为最。光绪六年（1880）四月二十四日，经十馆捐资的育婴局开局育婴，其经费最初由绅商捐集，后来又商定由各地商帮按货按月输助，称为月捐，每年收钱一千一二百千文，开办铺面，交帖捐。最初捐款时，客籍和当地商帮都在其中，捐款的各地商帮，有江西帮、江浙五府帮、福建帮、贵州帮中的土药帮、黄州武昌帮、山西帮等客籍商帮；本省的商帮有宝庆帮、衡州帮、辰州沅州府帮、湘乡帮、七属帮等。外地和本省商帮共捐银3740两，钱2956千文多，在总的捐款额中，外地商帮所捐占了绝大部分②。在官府的劝谕和规划下，不同商帮之间于当地公益事业和社会善举通力合作，捐资襄助。

在浙江宁波，福建商人于康熙三十五年（1696）创建福建会馆。会馆在乾隆四十八年（1783）再行修葺时，福建各地商人纷纷捐款，具名者有漳泉台众商，晋江众商，诏安众商，福州众商，漳浦众商，厦门众商，烟丝众商，汀州众商，兴化众商，龙岩众商，宁德众商，烟业众商，南安、惠安众商等，总计捐款达34562两。但当时只称众商而未称"帮"。咸丰五年（1855）至十一年（1861）会馆又大事修葺，费银27598元，钱118150千，全省各地商帮捐款的有泉州帮、温陵深沪帮、厦门帮、具安帮、福州帮、银丹诏帮、温陵鱼帮、宁阳帮、温陵淡水帮、龙岩帮、温陵洋货帮、海焰众商等，共计捐银27598元，钱118151千文。同治七年（1868）的碑记更称福建商船"以苏、宁、乍为三大帮，而宁帮最为朴实，重信义，屏

---

① 《洪江育婴小识》光绪十四年周礼濂序，卷1《识十馆》，光绪刻本。
② 《洪江育婴小识》卷1《识输助》，卷2《识文略》，光绪刻本。

浮华，尤讲乡谊"①。将活动在某个地域的商人群体称为一个帮。

日本明治十三年（清光绪六年，1880），三江帮商人在日本长崎兴福寺内成立三江公所，三江公所碑记称，"三江者，江南、江西、浙江是也，祠由是名，帮由是立"②。光绪十年（1884），《津门杂记》卷上《会馆》记天津会馆，有"潮帮公所……在针市街"。光绪十二年（1886），在苏州置办绸缎销向开封的河南武安商人自称"武安一帮"③。光绪时，《湘潭县志》称湘潭"城中土著无几，豫章之商十室而九……东界最近江西，商贾至者，有吉安、临江、抚州三大帮"④。光绪二十二年（1896）刊刻的《汉口山陕西会馆志》，列出山西、陕西两省在汉口镇各帮，有太原帮、汾州帮、红茶帮、盒茶帮、卷茶帮、西烟帮、闻喜帮、雅帮、花布帮、西药帮、土果帮、西油帮、陆陈帮、匹头帮、皮货帮、众账帮、核桃帮、京卫帮、均烟帮、红花帮、当帮、皮纸帮、汇票帮，共23帮⑤，均将商业活动中的地域群体和同业者称为"帮"。

清末日本东亚同文书院经调查，介绍上海的外地商人时，直接称某某帮，有宁波帮、绍兴帮、钱江帮（杭州及其附近并钱塘江附近的商人）、金华帮、安徽帮（徽州府及宁国府的商人）、江西帮、湖北帮、湖南帮、四川帮、南京帮、扬州帮、江北帮、镇江帮、苏州帮、无锡常州帮、通州帮、山东帮、天津帮、山西帮、潮州帮、建汀帮、广东帮，共22帮。在宁波帮内部，还有以业为名的行业帮，如酒帮、买鱼帮、石器帮、海产帮、南货帮、竹器帮、药材帮、材木帮、石炭帮等。在介绍汉口的外地商人时，直接称"在汉口的商帮及其商势"，有四川帮、云贵帮、陕西帮（含

① 分见乾隆四十八年《闽省重建会馆碑记》和同治七年《重修会馆众商捐资条目》《重修福建会馆碑记》，载《为争回宁波福建会馆敬告同乡书》，1928年铅印本。
② 转引自三冈由佳《长崎华商经营の史的研究—近代中国商人の经营と帐簿》，シネルウァ书房1995年版，第13—14页。
③ 《苏州新建武安会馆碑记》，江苏省博物馆编：《江苏省明清以来碑刻资料选集》，生活·读书·新知三联书店1959年版，第389页。
④ 光绪《湘潭县志》卷11《货殖二》。
⑤ 《汉口山陕西会馆志》，光绪二十二年刻本。此书承武汉大学石莹教授惠示，深致谢意。笔者后来又在京都大学人文科学研究所阅见同年刻本。

甘肃)、山西帮、河南帮、汉帮及湖北帮、湖南帮、江西福建帮、徽州太平帮、江南及宁波帮、山东及北清地方商人、潮帮广帮及香港帮,共12帮。四川帮内更分成药材帮、船帮等,湖南帮中更分成长郡帮(长沙)、湘郡帮(湘潭)等,汉帮及湖北帮更分成鄂城帮、襄阳帮等,甚至更有茶帮、粮食帮等。

光绪三十年(1904),天津的粮食商有山东、河南、直隶三帮,仅河南一帮就有70余家。同年,据呈文,天津的糖杂货商至少有潮州、福建、广州三帮。光绪三十二年(1906),在天津的山西全省商人控告张幼仙勾串日人霸房开栈,号称十二帮商人,即当行帮、盐务帮、汇兑帮、洋布帮、颜料帮、染店帮、杂货帮、茶帮、锅铁帮、皮货帮、锡器帮、帐局帮[①]。呈文中提到的"帮",都是行业帮。光绪三十二年(1906),苏州总商会成立一年后发布文告称,"各商入会者,约有四十余帮,然未入会者,尚属不少",未曾到会者,以"典当、米业等帮为商业大宗"[②]。

光绪、宣统时,湖南各地商铺店号皆成为"帮"[③]。清末湖南举行全省商事调查,宣统三年(1911)出版《湖南商事习惯报告书》,书中称,"湘省商人分帮,有以同业为帮者,如盐帮、茶帮、匹头帮、竹木帮、票帮、钱帮、典当帮,以及各种营业各为一帮之类,皆是也。有以同籍为帮者,如盐帮有南帮,江南盐商曰南帮;西帮,江西盐商曰西帮;北帮,湖北盐商曰北帮;本帮,本省盐商曰本帮。茶帮有西帮,山西茶商曰西帮;广帮,广帮茶商曰广帮;本帮,本省茶商曰本帮,本帮又分湘乡帮、浏阳帮。匹头帮有苏帮,江苏商人;本帮,本省商人。竹木帮有西帮,江西商人;本帮,本省商人。票帮有平遥帮、介休帮。钱庄有西帮,江西;苏帮,江苏;本帮,本省。典当帮有南帮,江南;徽帮,安徽;西帮,江

---

① 天津市档案馆等编:《天津商会档案汇编1903—1911》,第916、1087、1108页。

② 《苏商总会关于入会有关规定的布告稿》,华中师范大学历史研究所等编:《苏州商会档案丛编》第1辑,华中师范大学出版社1991年版,第44页。

③ 《湖南商事习惯报告书》,彭泽益主编:《中国工商行会史料集》,中华书局1995年版,第200—533页。

西；本帮，本省。以及各种行业，以同籍各为一帮皆是也。"凡同籍的商号，加入由各籍会馆各自组合成的同籍公会，湘潭有本帮、西帮、南帮、北帮、苏帮、广帮、建帮七帮之目，常德有同善堂、育婴堂、同仁堂、西帮、徽帮、苏帮、广帮、建帮、川帮、云贵帮、长沙帮三堂八省之目，"皆以同籍为帮，于商界上颇有势力"[①]。

宣统时，北京有票号22家，其中只有天顺祥1家属云南帮，其余21家皆为山西帮，山西帮中又分为平遥、祁、太谷三帮，平遥帮10家，祁帮6家，太谷帮5家。清末，据说"上海贩售烟土之华商皆潮州帮"[②]。宣统三年（1911），《新疆图志》卷二十九《实业二·商》称，其地"燕晋湘鄂豫蜀秦陇，共分八帮，一帮之中自为商联"。1911年，汉口商务总会的会董来自以下各帮：银行帮、票号帮、洋行帮、钱业帮、矿厂公司帮、典当帮、茶叶帮、绸缎帮、广帮、洋广货帮、油行帮、洋油帮、衣庄帮、四川帮、轮栈帮、漆行帮、临江油蜡药材帮、茶叶公所、淮盐公所、建造帮、饮片药帮、石膏帮、汾酒帮、水果帮、书局仪器帮、山西布帮、覃怀帮、烟叶帮、山西药材牛皮帮、广货帮、抚州帮、广福拆货店帮、蛋厂帮、蛋行帮、汉川油饼帮、棉纸帮、毛骨鬃业帮、猪行帮、豆饼帮、西烟帮、杂皮帮、木业帮、石灰帮、黄州麻城帮、徽州墨烟帮、砖瓦行帮、砖瓦店帮、茯苓帮、江苏杂货帮、药材拆货帮、广福拆货帮、浙宁杂粮帮、太平帮、土膏帮、盐行帮、福建帮、五金帮、煤炭帮、麻行帮、瓷器帮、沙业公会、红纸帮、麻袋帮、牛骨帮、府河布帮、汉阳广福帮、杂货店帮、杂粮杂货店帮、杭扇业帮，共66帮3行[③]。兼具地域帮和行业帮或地域中的行业帮，可谓帮中有帮。

如前所述，民国四年（1915）的《汉口小志》在介绍汉口的商业机关时说，其时在汉口著名的商帮，有四川帮、云贵帮、陕西帮、山西帮、河

---

① 彭泽益主编：《中国工商行会史料集》，中华书局1995年版，第115—116页。

② 徐珂辑：《清稗类钞》第5册农商类，中华书局1984年版，第2308—2309、2318页。

③ 参见虞和平《商会与中国早期现代化》，上海人民出版社1993年版，第151—153页。

南帮、汉帮、湖北帮、湖南帮、江西帮、福建帮、广帮、宁波帮等。民国九年（1920）的《夏口县志》在解释商团组织时说："汉口市场之繁盛，不特为本省商人所趋集，其各省商贾无不有本店或支店设立于其间。从前省界之见未除，各自分其圈限，布为自卫之策，于是有各省之帮数及各行业之区别。"又说，据警察局民国七年（1918）之调查，其各省之帮数，有湖北帮，湖南帮，宁波帮（包括南京在内，或合绍兴称宁绍帮），四川帮，两广帮（包括香港在内），江西福建帮（因福建行商多经江西转运关系密切，故联合为一帮），山西及陕西帮（亦称西帮，甘肃之商附在其内），山东帮（以祥帮为最盛），徽州帮（包括太平帮），其他还有云贵帮，河南帮，天津帮等，其在汉人数不及以上各帮之夥。又说，据民国七年（1918）汉口总商会新举各帮会员名册，所列各帮行名目尤夥，有银行帮、票号帮、本帮钱帮、江西钱帮、绍兴钱帮、安徽钱帮、洋行帮、矿厂公司帮、轮船公司帮、茶叶公所帮、茶栈帮、茶叶行帮、茶叶店帮、油行帮、黄丝木油帮、丝业行号帮、绸缎帮、棉纱帮、匹头帮、大布帮、白布行帮、府河布帮、棉花字号帮、棉花行帮、西皮棉帮、衣业帮、浙江衣帮、典当帮、浙江老银楼帮、浙江新银楼帮、江西银楼帮、本帮银楼帮、太平帮、江西字号帮、江西建昌帮、江西抚州帮、江西吉安帮、福建帮、临江油蜡药材帮、大通字号帮、广帮、广药丸帮、广葵扇帮、广报关行帮、广五金行帮、广洋杂货帮、广洋杂货药材帮、广茶酒楼帮、广杂粮杂货帮、广印刷照像帮、广潮帮、山西西北皮货帮、覃怀帮、均许帮、长郡纸茶杂货帮、宝庆新化字号帮、宝庆毛皮炭帮、黄州帮、四川帮、荆纱字号帮、保安布业帮、荆紫关帮、浙宁杂粮帮、汉镇汉川油饼帮、内河粮食帮、外河粮食帮、机器碾米坊帮、汾酒帮、绍酒帮、海味帮、广福折货行帮、咸宁广福折货行店帮、汉阳广福折货行店帮、江苏杂货帮、参燕帮、药材行帮、浙宁药材帮、折药店帮、茯苓行帮、饮片帮、西药房帮、烟叶行帮、均州烟叶帮、西烟帮、水烟店帮、承售南洋公司纸烟帮、牛皮行帮、丝头驴皮帮、笔料杂皮帮、河街山货行帮、土垱山货行帮、中段山货行帮、黄州山货行帮、半边街山货油帮、纸张山货帮、棉纸帮、夏布麻行帮、煤炭行帮、煤业店帮、漆行帮、五金帮、石膏帮、石灰行帮、木业帮、砖瓦行帮、木器帮、洋油帮、苏货帽帮、洋广货帮、转运公司帮、报关行帮、汉镇栈房帮、汉阳堆栈帮、轮栈帮、铜货帮、瓷器帮、书局仪器帮、徽墨帮、中外纸业帮、石印帮、麻袋帮、胶布店帮、蓝染色帮、红杂染房帮、印花布帮、浏阳鞭爆帮、水果行帮、本帮杂粮行帮、花楼猪行帮、鲜鱼行帮、蛋行帮、旧货五金帮、汉镇新旧皮货帮、钱摊兑换帮、羽扇帮、后城车商帮、丝带染造帮、糕饼盒子帮、面筋粉帮、面馆帮、中外瓷器兑换帮、杂贩帮、工业帮、单独营业帮。数量多达140余个。这些帮，省域商帮数量并不见增加，而主要是行业帮，或地域中之行业帮，同一行业，有数个地域商帮竞争经营的情形较为普遍，显示出进入新的时代，行业竞争日趋激烈，从而行业帮的特点更为突出。因此该志论道："以上各帮，皆以业分，或兼省籍与营业地点而细分之，故有如是之繁。各帮并举有会员，亦可见汉口商团之组织，日趋于复杂，而分业之精神，亦于此寄也。"①

　　日本东亚同文会在调查后，于大正初年编纂了中国的省别全志，反映的是清末各地商帮活动的情形。湖北省卷列举了在汉口的地域"商帮"，有四川帮、陕南帮、河南帮、云贵帮、湖南帮、江西福建帮、江西宁波帮、山东北清帮、潮帮、广帮、香港帮等，行业帮下还有地域帮，如糖帮有浙宁帮、咸宁帮、汉口帮，钱庄有镇江帮、湖南帮、江南帮、汇川西帮、江西帮、祥土帮、南昌帮等。在宜昌，列举了商会成立时加入的"商帮"种类及其家数，有盐号帮、盐铺帮、银行帮、市货帮、典当帮、荆布帮、海味帮、福建烟帮、米行帮、酱园帮、鞭炮帮、盐栈帮、杂粮帮、本布帮、榨坊帮、衣庄帮、纸铺帮、花印染色帮、绸缎帮、磁器帮、打包帮、黄州棉花帮、报关行帮、首饰帮、牛皮帮、木耳帮、轮机帮、杂货行帮、糖号帮、盐税帮、米铺帮、茶叶行帮、木作帮、肉菜帮、麦面帮、江西药号帮、匹头帮、本地丝烟帮、江西衣庄帮、花行帮、青果帮、猪行

---

① 民国《夏口县志》卷12《商务志》。

帮、川烟杂货帮等。

省别全志江西省卷称，在九江，主要的帮有徽帮、广东帮、宁波帮、镇江帮、湖北帮等，同业组织主要有钱帮、杂货帮、烟帮等；在南昌，主要的地域"商帮"有徽州帮、广东帮、湖北帮、福建帮、四川帮、山西帮、吉安帮、南丰帮、建昌帮、瑞州帮、南昌帮、丰城帮等；在义宁州，有山西、广东、安徽、抚州、建昌、浙江及义宁等八帮商人；在瑞金，福建会馆最大，烟叶帮、纸帮等隶属之。

省别全志四川省卷称，在重庆，有票号、银钱汇兑、钱铺、匹头帮福建烟帮、遂宁布帮、广东帮等三十四帮；叙州的"商帮"有酒帮、钱帮、川帮等37帮；会理州的"商帮"有四川帮、云南帮、江帮，同业组合有纱布帮、照帮、云集帮、山货帮、杂货帮、盐帮。

省别全志湖南省卷称，湘潭有七大帮，即福建帮、北帮、南帮、广帮、苏帮、西帮、湘帮，西帮又包括吉安帮、临江帮和抚州帮三帮，宣统二年（1910）创立商会时，有江苏帮、徽州帮、福建帮、广东帮、湖北帮、江西帮、湘江帮、直帮八帮加入；衡州的商会由衡帮、西帮、建帮、长帮、江南帮五帮组成。

省别全志山东省卷称，在芝罘从事豆面业的有烟台帮、潮帮和福建帮。

省别全志陕西省卷称，在西安的"商帮"有山西帮、陕西帮、江西帮、福建帮、河南帮、两湖帮、怀帮、川帮、黄帮、回帮、沙布帮、茶帮12个帮，在浙江会馆下，更有宁波帮、绍兴帮、钱江帮和金华帮四帮；在三原则有行帮、药帮、票帮等帮；在凤翔的陕西会馆下有渭南帮、西安帮，商务分会下中有布帮、药帮等；在汉中府陕西帮、山西票行山西帮、江西帮、福建帮、怀帮、沙市票行等，各帮都隶属于商务会，"商务会即商帮的总帮"。

省别全志广西省卷称，在桂林，桂林、广东、湖南和江西四帮占最多数，其余山西、福建、安徽、浙江等省人数稀少，商会分帮选举董事，四帮各举董事十人，其余各举董事一人。

日本东亚同文会调查编纂部编、刊于日本大正十三年（民国十三年，1924）的"开港场志"介绍重庆的"帮及公所"时，列举了银行帮、票帮、银钱帮、兑换帮、匹头帮、棉纱帮、绸缎帮、苏货帮、盐帮、毛皮山货帮、药行帮、药栈帮、临江药帮、生药帮、山土帮、抚汉药帮、棉花买帮、棉花行帮、棉花卖帮、干菜帮、糖帮、京果帮、小河帮、富隆帮、火柴帮、保宁帮、丝帮、牛皮胶房帮、栈房帮、米帮。该书并称，在重庆，商帮数大小据说有七十二。在介绍湖北沙市总商会时，该书称，1911年商务总会创立时，有13个帮加入。

上述实际商业活动中的帮，各地商事习惯报告书中所称的帮，中外文记载所称的帮，特别是"省别全志"中多次直接称呼的"商帮"，具有同乡即同地域或同乡中之同业的特征，正是今人所称呼和理解的商帮。

综上所述，自唐代起，中国货运业中就存在"纲"的形式，宋元明时代，官私海外贸易一直以"纲"的组织形式进行，纲有纲首、纲纪，负责指挥、管理贸易中的相关事务。明代嘉靖后期海外贸易中出现的"客纲"，将客商与纲结合在一起，是地域商人在经商活动中的外在组织形式；万历后期起各地盐运业中采用的"纲运法"，由来自一定地域的同姓同宗商人出资占得运盐"窝本"，结纲承运固定地区的定额盐斤，在盐业中将商与纲结合在一起，都从形式上和内容上为"商帮"名称的产生提供了前提。到清前期，福建盐运业分地区为商纲承运盐斤，商纲被称为"商帮"，"商帮"之名正式产生。只是这样的"商帮"，是以行盐的方向或地域来称帮的，与后来称某地的商人群体为帮还不完全相同，更无日后指称外地商帮的"客帮"的意义。福建的其他行业，也是"纲""帮"不分，纲即帮，视为当然。"商帮"之名虽在清前期的福建盐运中出现，却并未在商业活动中获得普遍称号。直到清末，文献记载称"商帮"或某某商帮的其实并不常见，而通常只称"帮"或某某帮。清代对"商帮"作出解释的是《清稗类钞》农商类"客帮"条，而首先直接将地域商人集团称为"商帮"的似乎是日本驻华领事的报告，直到清末，中文文献中才有"商帮"字样。"商帮"之称虽晚，但在经济活动中，地域商人对于商人具体的"帮"的追溯却早至清初，而在实际商业活动中，有关地域和行业的"帮"的说法，至迟在乾隆年间就已经较为散见了，到嘉庆、道光时期，各地有关地域和行业"帮"的说法就更为常见，以后则有关某某帮的记载或描述层见叠出，随处可见。清末民初，乃直接有"商帮"的说法，"商帮"普遍出现在文献记载中。这样的"商帮"，在清末各地成立商会时，成为组成商会的基础，有些地方干脆按照商帮的实力分配董事名额，商帮隶属于了新成立的商会，在新的历史条件下和新的经济组织中发挥着作用。

二、明代各地商帮的形成

"商帮"的提法，大体上晚至清末光绪年间才能在相关文献中睹见，然而商帮在明代已实际上形成，可以说是既有研究的相当一致的看法。自明代起，商人以群体的力量活跃在商业舞台上，商而成帮，成为中国商业史上的新事物。现讨论各地商帮具体或大致形成的时代。

（一）安徽各支商帮的形成

安徽商帮在明代指徽州商帮和宁国商帮。

关于徽商成帮的时代，学界已有较多看法，或谓徽商形成必须有两个基本条件：一是有一大批手握巨资的徽州儒商构成商帮的中坚力量；二是商业竞争日趋剧烈，徽州商人为了战胜竞争对手，有结成商帮的必要。徽商形成的标志主要表现为：徽人从商风习的形成；徽人结伙经商的现象已很普遍；"徽""商"或"徽""贾"二字已相联成词，成为表达一个特定概念的名词而被时人广泛运用；作为徽商骨干力量的徽州盐商已在两淮盐业中取得优势地位。徽州商帮应是成化、弘治之际形成的。这时徽州商帮形成的标志都已显现出来了[①]。或更进一步申论：在明代成化、弘治年间，整个徽州从商风习已经形成。大约从明代嘉靖、万历以后，直到清代乾隆

---

① 张海鹏、王廷元主编：《徽商研究》，安徽人民出版社1995年版，第2—8页。

中叶，徽人经商达到高潮，其人数之多，空前绝后，足以使徽州被称为"商贾之乡"①。或认为，"徽商是一个有着特定内涵的名词，是一个特殊的群体，形成于一系列社会变迁和文化变迁之中，形成于新安文化整合完成之后，勃兴于16世纪商业竞争激烈进行之际"，"因此，可以认为徽商群体心理整合的完成当在嘉靖末之前。嘉靖三十九年（1560）北京歙县会馆的建立，可以看认为是徽商成帮的标志，也是徽商群体心理整合完成的标志"，"徽商在心理整合的过程中对传统价值观的改造、变通、融合，使其以商业为功名的价值观建筑在贾儒相通、农商交相重的坚实基础上"，"徽商价值观的确立，标志着徽商心理整合的完成、徽州商帮的形成"②。

商人成帮未必一定要完成群体心理整合，群体心理整合的完成也很难有一个具体的时间。成立于嘉靖三十九年（1560）的北京歙县会馆，直到清末，始终主要作为科举试馆与官员居停团拜的场所，"专为公车及应试京兆而设，其贸易客商，自有行寓，不得于会馆居住以及停顿货物"③，商人在其中不占主体地位。这样的会馆，是无法作为徽商成帮的标志的。而《徽商研究》认为徽州商帮形成的标志在成化、弘治时期都已显现出来了的看法，衡之实际情形，大体上是可以成立的。

弘治《徽州府志》卷1《风俗》是这样描述府属各县的经商概况的："旧志：六县山壤限隔，俗或不同。歙附郭，其俗与休宁近，读书力田，间事商贾。绩溪之俗有二，徽岭以南壤瘠而民贫，岭南壤沃而民饶。黟则民朴而俭，不事商贾。祁门则土隘，俗尚勤俭，男耕女织，以供衣食。婺源乃文公桑梓之乡，素习诗礼，不尚浮华。"弘治府志前的所谓"旧志"，很可能是指元延祐六年（1319）的《新安续志》。其时歙县还只是"间事商贾"。可嘉靖《徽州府志》卷2《风俗》则记载，歙县之西，"操其奇赢以相夸咤"，婺源"操什一之术不如东南"，又称："徽之山，大抵居十之

① 王世华：《富甲一方的徽商》，浙江人民出版社1997年版，第37页。

② 唐力行：《商人与文化的双重变奏——徽商与宗族社会的历史考察》，华中理工大学出版社1997年版，第19—25页。

③ 《重修歙县会馆录》，《续录后集·乾隆六年会馆公议规条》。

五，民鲜田畴，以货殖为恒产。春月持余赀出，贸十二之利为一岁计，冬月怀归，有数岁一归者。上贾之所入，当上家之产；中贾之所入，当中家之产；小贾之所入，当下家之产。善识低昂时取予，以故贾之所入视旁郡倍厚。然多雍容雅都，善容仪有口，而贾之名擅海内。"这段文字，实际上出自休宁人吴子玉之手，吴作有《风俗志》，仅开首作"民故不能齐事田畴，要以货殖为恒产"，以下文字略同①。嘉靖时歙县、休宁等地已是"以货殖为恒产"，以"贾之名擅海内"，习见"上贾""中贾""下贾"。那么何时是转变期呢？万历《歙志·风土》描写该县风习转变道："寻至正德末嘉靖初，则稍异矣。出贾既多，土田不重，操资交捷，起落不常……迨至嘉靖末隆庆间，则尤异矣。末富居多，本富尽少，富者愈富，贫者愈贫。"将歙县从商风习的形成框定在正德、嘉靖年间。县志的这种概括，并没有及时反映出歙县商人的经商实际，歙县等地经商成风可能更早些。据《溪南江氏族谱》记载，弘治时歙县人江才生，其妻劝他经商时说："吾乡贾者什九，君宁以家薄废贾？"在经济最为发达的江南地区，成化末，松江老人云："松民之财，多被徽商搬去"②。在太仓，因徽商钱璞定居陆公堰，捐资修葺，遂更其市名为"新安"③。在嘉兴，弘治时，因"徽人"成倍收取利息，崇德知县"捕之，皆散去，阖境称快"④。都可说明其时徽商在江南人数之众。在全国最为重要的产盐地两淮盐场，到成化十年（1474），考中进士举人的徽商子弟已有18人。据纂修于嘉靖三十二年（1553）的《新安左田黄氏宗谱》卷三《处士黄公云泉行状》称，"吾宗黄氏世货鹾两淮"。黄氏家族世代经营两淮盐业已成特色。更据《竦塘黄氏宗谱》记载，弘治时歙县人黄豹，少年时其"邑中富商大贾饰冠剑，

---

① 参见吴子玉《大彰山人集》卷31《志略部》。上述看法，首先由复旦大学王振忠教授指出，见其《〈复初集〉所见明代徽商与徽州社会》，见氏著《徽州社会文化史探微》，上海社会科学院出版社2002年版。

② 李绍文：《云间杂识》，1935年上海瑞华印务局排印本。

③ 弘治《太仓州志》卷7《义行》。

④ 焦袁熹：《此木轩杂著》卷8《货殖》，光绪八年席氏扫叶山房刻本。

连车骑，交守相，扬扬然，诩诩然，卑下仆役其乡人"①。歙县人汪相（1435—1518），"家世以赀雄"，而其早年即商游齐鲁，"益振其先君之业"②。如果徽人经商之风未兴，外出人数不多，上述情形均是不可思议的。正是有鉴于成、弘时期当地经商成风，因此有人序万历《歙志》时称："长老称说，成、弘以前，民间椎少文，甘恬退，重土著，勤稼事，敦愿让，崇节俭。而今则家弦户诵，夤缘进取，流寓五方，轻本重末，舞文珥笔，乘坚策肥。"将成、弘时期作为经商是否成风的转变时期。万历《歙志》所说的正、嘉之际，已是全国风俗发生根本性变化的时期，徽州的休宁、歙县二县应该在经商风习的形成上时间更早一些。

综合上述各种情形，笔者基本赞同《徽商研究》的看法，大体上可将成、弘之际视为徽商特别是歙商、休宁商形成商帮的时期。只是需要指出的是，由地方文献的记载来看，其时徽人从商风习的形成，仅限于歙县、休宁、祁门三县，还不能说"整个徽州从商风习已经形成"。祁门经商风习虽与休、歙二县同，但势头没有休、歙猛，地域范围没有休、歙广。黟县按县志的说法，到清前期才有人经商，嘉庆志才称"为商为贾，所在有之"，可以断言，黟县经商成风是清前期的事。婺源商人以在长江沿线贩木而出名，但也是清前期的事，而且仅限于该县东北乡人。绩溪直到嘉庆时，农业仍是主业，外出经商之风形成相当晚。同时，也不宜将徽商形成的时间推论得太前。成化二十三年（1487），在河南，徽王对过往商品用强抽分，在弘治四年（1491）工部侍郎徐恪的奏议中，仍称"徽州府客人"汪玺等受害上告，而未称后世习见的"徽商"③。上述弘治时崇德知县逮捕违禁取利之人，文献称"徽人"而非"徽商"。凡此似乎都说明，"徽商"作为商帮群体的名称，社会上还未约定俗成。"徽商"这一名称的还未完全稳定，正说明其时徽商还处于形成过程中。

① 嘉靖《新安左田黄氏宗谱》卷3《处士黄公云泉行状》，转引自王世华《富甲一方的徽商》，浙江人民出版社1997年版，第36页。

② 严嵩：《钤山堂集》卷31《汪处士墓表》，嘉庆十一年严氏刻本。

③ 《劾徽王违法抽分疏》，《少司空主一徐公奏议》，《天津图书馆孤本秘籍丛书》第2册。

经商蔚然成风、商而成帮后，休、歙二县到嘉靖、万历时商业已是第一等生业。如祖、父、叔、弟等皆为商人的休宁人汪道昆屡屡议论：休宁，"邑中以贾为耕"，"乡人也以贾代耕耳"，"吾乡业贾者什家而七，赢者什家而三"[①]；歙县，"岁入不足以当什一，其民什三本业，什七化居"，"歙生齿繁，粟不足以支什一，居民左农而右贾"[②]。与汪道昆同时的湖广京山人李维桢也说，"歙贾遍四方，以此累富"，"其民行贾四方，唱棹转毂，以游万货之所都，而握其奇赢"[③]。万历《休宁县志·舆地志》则称该县"以货殖为恒产"。万历《歙志》卷三《货殖》称："九州四海尽皆歙客，即寄籍者十之五六。"休、歙二县，由弘治以前的"间事商贾"，一改而为正、嘉之际的"出贾既多，土田不重"，出外经商形成风气，"以货殖为恒产"，从此而势若江河，嘉靖、万历时期，"什七化居"，"以贾为耕"，"左农右贾"，"行贾四方"，形成"九州四海尽皆歙客"的局面，歙商休商，盛名闻海内。

徽商的主体歙县、休宁二县商人成帮后，除了歙县商人于嘉靖三十九年（1560）在北京参与到同籍士绅中共建了歙县会馆外，徽商还在其他地方建立了类似的同乡同业组织。如据后人追述，徽籍商人明代时即在常熟"虞山北麓建设梅园公所，置地厝棺，以安旅骨"[④]。浙江衢州府常山县城小东门朝京坊新安里的徽州文公祠，建于天启七年（1627），实为徽州会馆[⑤]。同省严州府遂安县的新安会馆设在关帝庙，创建于天启年间[⑥]。明代

---

① 汪道昆：《太函集》卷2《海阳治最序》，卷11《金母七十寿序》，卷16《充山汪长公六十寿序》，万历十九年歙县汪氏刻本。

② 汪道昆：《太函集》卷52《衡山程季公墓志铭》，卷3《送鲍子良入龙山序》，万历十九年歙县汪氏刻本。

③ 李维桢：《大泌山房集》卷59《张歙县政略记》，卷94《赠知州李公张宜人墓志铭》，《四库全书存目丛书》本。

④ 《昭文县为梅园公所卜建存仁堂给示勒石碑》，苏州历史博物馆等编：《明清苏州工商业碑刻集》，江苏人民出版社1981年版，第349页。

⑤ 郑瀛：《文公祠记》，嘉庆《常山县志》卷11《艺文志》。

⑥ 乾隆《遂安县志》卷2《营建·坛庙》。

徽州茶、漆商人在宣武门外大街创建歙县会馆[1]。这类纯粹由徽商创立的同乡同业会馆和公益性设施已可散见，可以视为徽商早已成帮的标志。

宁国商帮少见人提及，是指形成于宁国府下辖的宁国、太平、宣城、旌德、泾县和南陵六县的商人集团。因宁国历史上地系宣州，宁国商通常又称为宣州商人，在清代有时又与徽州商人结成集团活动，称为徽宁商人。按照宁国地方文献的说法，明代成化、弘治以前，宁国人还多以农为重，很少有出外经商者。当时，整个地区社会风气是"力耕织，薄商贾，敦俭朴"，宁国人是"鲜有百里之游，拥沃饶以为利，侈露积以为富，挟膏腴以傲刀锥"[2]。正德以后，宁国人也纷纷走出家门，贸迁有无，开展商业活动。当地地方文献较为清晰地反映了宁国人经商成风的形成过程。泾县县志称，弘治时还是"鲜事商贾，尤贱工作"，到嘉靖时则"商贾亦远出他境"，到后来更"操奇赢，走四方者多矣"[3]。旌德县志也称，"弘治以前，人心甚古，乡里之老有垂白不识县官者。以后渐变渐靡，舍本而务末，于是百工技艺之人，商贩行游之徒，皆衣食于外郡，逐利于绝徼，亦势使然也"[4]。所以嘉靖、万历时人张瀚说，"自安、太至宣、徽，其民多仰机利，舍本逐末，唱棹转毂，以游帝王之所都。而握其奇赢，休、歙尤伙，故贾人几遍天下"[5]。而同时人章潢在其《图书编》中，更称宣、歙之间"其民尽仰机利，行贾四方，唱棹转毂，以游万货之所都而握其奇赢，故其地内啬而外侈"[6]。泾县的丝商，万历年间已在湖州双林镇建了"式好堂"[7]，即是泾县旧会馆；崇祯十一年（1638）在芜湖建了"卉木庵馆"[8]，也即泾县会馆。由这些描述和商人公益性的修建可知，受徽州而

---

① 李华编：《明清以来北京工商会馆碑刻选编》，文物出版社1980年版，前言第3页。
② 嘉庆《宁国府志》卷9《风俗》。
③ 乾隆《泾县志》卷4《风俗》。
④ 嘉庆《宁国府志》卷9《风俗》引。
⑤ 张瀚：《松窗梦语》卷4《商贾纪》。
⑥ 章潢：《图书编》卷36《三吴风俗》，《文渊阁四库全书》本。
⑦ 朱珔：《小万卷斋文稿》卷18《式好堂兴复上坊义渡碑记》。
⑧ 嘉庆《泾县志》卷10《公馆》。

影响，到嘉靖、万历历时期，宁国人结伙外出经商已经蔚成风气，一个地域性商帮初步形成了。

（二）山西商帮的形成

关于山西商帮形成的时代，张正明等认为，晋帮商人在明代前期开中法和商屯实行的过程中崛起于国内商界，而"晋帮正式形成在明代中期"①。而陈学文则认为，足以与徽商相抗衡的是晋（山西）商，"它崛起于明末清初，大有后来居上之势"②。

从晋商兴起的背景和活动的具体情形来看，张正明的论断是能够成立的。万历中期沈思孝在《晋录》中描述道："平阳、泽、潞豪商大贾甲天下，非数十万不称富，其居室之法善也。其人以行止相高。其合伙而商者名曰伙计，一人出本，众伙共而商之，虽不誓而无私藏。祖、父或以子母息丐贷于人而道亡，贷者业舍之数十年矣，子孙生而有知，更焦劳强作以还其贷，则他大有居积者，争欲得斯人以为伙计，谓其不忘死肯背生也，则斯人输小息于前而获大利于后。故有本无本者咸得以为生。且富者蓄藏不于家，而尽散之于伙计。估人产者，但数其大小伙计若干，则数十百万产可屈指矣。盖是富者不能遽贫，贫者可以立富，其居室善而行止胜也。"③一人出本，众夥共商，有本无本，咸得为生，这是典型的商人集团行为。万历时人谢肇淛说："富室之称雄者，江南则推新安，江北则推山右。新安大贾，鱼盐为业，藏镪有至百万者，其他二三十万则中贾耳。山右或盐，或丝，或转贩，或窖粟，其富甚于新安。新安奢而山右俭也。"④

---

① 张海鹏、张海瀛主编：《中国十大商帮》，黄山书社1993年版，第4页。

② 陈学文：《明清时期太湖流域的商品经济与市场网络》，浙江人民出版社2000年版，第126页。

③ 此段文字，又见于王士性《广志绎》，论者均引《广志绎》，笔者以为，王士性撰《广志绎》在万历二十五年，其时沈思孝已逝世，沈又任过陕西巡抚，另外著有《秦录》，熟悉山、陕情形，因此《晋录》在前，《广志绎》在后，很可能后者抄了前者，故引《晋录》。

④ 谢肇淛：《五杂俎》卷4《人部二》。

山西商人富名赫然在徽商之上，集团行为如此突出，当非突然产生于万历年间，而应该由来已久。两淮盐区是商人开边中盐的重要活动场所，在那里，山、陕商人合称，他们与徽商展开激烈竞争，而直到成化中期，山、陕商人的实力一直在徽商之上。到成化十年（1474），山、陕商人的子弟中进士举人者17人，徽商子弟中进士举人者18人，不相上下①。人称"夫淮海诸贾，多三晋关中人"②。可见其时山、陕商人的势力是很大的。正德、嘉靖时人林希元说，其时在南京的山西商人，"挟资大者巨万，少者千百"③。观其语气，山西商人当是一个颇有名气的商人群体。正德、嘉靖时，山西蒲州的张氏、王氏、席氏等商人家族已经崛起。宣大总督王崇古的伯父和父亲王现、王瑶兄弟，弘治、正德年间即已活跃在全国各地④，而且王家与张家结成了儿女亲家。同时同地人席铭，"历吴越，游楚魏，泛江湖，懋迁居积，起家巨万金，而蒲称大家必曰南席云"⑤。嘉靖、万历时人大学士张四维描述其家乡蒲州经商之风道："吾蒲介在河曲，土陿而民夥，田不能以丁授，缘而取给于商。计坊郭之民，分土而耕畲者，百室不能一焉，其挟轻赀牵车牛走四方者，则十室而九。"⑥同时人郭子章也说，蒲州等地"浮食者多，民去本就末"⑦。万历时《山西通志》称，平阳府，"服劳商贾"，属下曲沃县，"重迁徙，服商贾"；汾州府汾阳县，"多商贾，喜华靡"，临县，"勤于商贾"；大同府广昌县，"亦事商贾"⑧。嘉靖、万历时期一地因经商而"十室九空"，则必是经商成帮后的现象。万历时赵南星

---

① 据嘉庆《两淮盐法志·科第表》统计，嘉庆十一年刻本。

② 嘉靖《新安左田黄氏宗谱》卷3《处士黄公崇德行状》，转引自陈学文《徽商与徽学》，方志出版社2003年版。

③ 林希元：《林次崖先生文集》卷2《王政附言疏》，清刻本。

④ 韩邦奇：《苑洛集》卷5《封刑部河南司主事王公墓志铭》，道光八年刻本。

⑤ 韩邦奇：《苑洛集》卷6《席君墓志铭》，道光八年刻本。

⑥ 张四维：《条麓堂集》卷21《海峰王公七十荣归序》，《续修四库全书》第1351册，第599页。

⑦ 郭子章：《郭青螺先生遗书》卷16《圣门人物志序》。

⑧ 万历《山西通志》卷6《风俗》。

说，潞安府长治县，"俗善商贾"①。由兴起的时代、活动的地域以及从事的行业衡量，可以认为明代中期或者说成化弘治时山西商人已经形成商帮。

明后期，山西商人往往创建会馆，以群体的形式活跃在各地的商业领域。山西颜料、桐油商人至迟于明万历年间在北京前门外北芦草园创建会馆，原名平遥会馆，又名集瀛会馆，后改名颜料会馆。明代山西临汾纸张、颜料、干果、烟行、杂货等五行商人在前门外打磨厂创立临汾乡祠（临汾东馆）。明代山西临汾、襄陵两县汾河东部在京油商在前门外晓市大街创立会馆，原名山右会馆，清康熙五十三年（1714）改名临襄会馆。临汾其他商人又在前门外大栅栏创立临汾西馆。山西铜、铁、锡、炭、烟袋诸帮商人在广渠门内炉神庵创建潞安会馆②。

(三)陕西商帮的形成

陕西商帮在明代实际上仅指来自紧相邻接的西安府的三原、泾阳县和属州同州的朝邑、韩城县等地的商人。有关陕西商帮的形成，田培栋认为："明清时期的陕西商帮是依赖盐业，借助于明朝政府的开中法形成和发展起来的。"③李刚也认为："明代是陕西商帮在从事中西部边地贸易中急剧勃兴的时期。明王朝在陕西实行的"食盐开中""茶马交易"等一系列特殊经济政策，刺激陕西商人在食盐贩运、边茶转输和南布北运几个有关国计民生的大宗商品流通领域异军突起，形成纵横全国，声震南北的西部商业集团，并在明代前中期的几百年里，位列各大商帮之首。"④这些看法把握住了陕西商帮形成的社会背景，但称明前期陕西商帮即已形成，则

---

① 赵南星：《味檗斋文集》卷11《明正人兵部职方司郎中张公墓志铭》，《丛书集成初编》本。

② 以上均见李华编《明清以来北京工商会馆碑刻选编》，文物出版社1980年版，前言第2、3、21页。

③ 张海鹏、张海瀛主编：《中国十大商帮》，黄山书社1993年版，第59—60页。

④ 李刚：《陕西商帮史》，西北大学出版社1997年版，第98页。又《淮盐备要》载："明中盐法行，山陕之商麇至，三原之梁……泾阳之张、郭，西安之申，临潼之张，兼籍故土，实皆居扬。往往父子兄弟分居两地。"

未免断时太早。弘治、正德时陕西武功人康海说，泾阳县"民逐末干文者十九"①，可见其时经商已较普遍。韩邦奇在其《苑洛集》中描述其家乡陕西同州朝邑八里庄，"庄虽数百家，俗兢艺黍稷，远服贾，鲜修文学"，又称同县大庆关一带"万余家，皆习商贾"②。韩邦奇为正德、嘉靖时人，可知当时朝邑县人经商已蔚然成风。同时期另一陕西人康海说，陕西泾阳县，"俗美而习敝，民逐末于外者八九"③。嘉靖、万历时期的陕西三原人温纯在他的文集中称，"吾里俗十七服贾"，"吾邑大小贾甚伙"，"三原俗相矜市布"④。这些地方人多外出经商，习为风尚，说明其时三原、泾阳商人早已崛起，而且是在棉布经营中形成群体力量。韩邦奇和温纯记载的陕西商人多活动于弘治、正德年间。如冯翊眭氏，虽眭浩于永乐间即"商于汴"，但其子敖习举子业未就，"乃纯艺黍稷，远服贾，家遂饶裕"，成化时携子行货过临清，到眭敖的三个儿子时眭氏才兴⑤。其时是成化、弘治之际。朝邑权氏，世皆务本食力，到弘治、正德时的权景魁凭借经商而大兴，"八里庄言富族必列权氏"⑥。万历时人李维桢称，陕西泾阳、三原等县，"多盐筴高资贾人"⑦。嘉靖、万历时的三原王一鹤兄弟三人，在家乡和吴越之间合资经营棉布贸易，"赀日起，犹共贾共居。久之，用盐策淮扬，亦无间言，赀益大起。里中人指数兄若弟友爱善起家者，必首曰王某王某云"⑧，成为名闻一地的经商家族。同时人三原王友槐，因家贫，

① 康海：《康对山先生集》卷34《赠吴泾阳序》，《续修四库全书》集部，第1335册，第384页。

② 韩邦奇：《苑洛集》卷6《处士权公暨配党孺人合葬墓志铭》，卷7《国子生西河赵子墓表》，道光八年刻本。

③ 雍正《陕西通志》卷45《风俗》引《康对山集》，而康海《康对山先生集》卷34《赠吴泾阳序》原文谓："泾阳为西安剧县，政繁的道冲，俗美而习敝，民逐末于外者十九。"

④ 温纯：《温恭毅公集》卷11《明寿官峨东王君墓志铭》，《明员伯子墓志铭》，《明寿官师君墓志铭》，《文渊阁四库全书》本。

⑤ 韩邦奇：《苑洛集》卷4《冯翊眭公墓志铭》，道光八年刻本。

⑥ 韩邦奇：《苑洛集》卷6《处士权公暨配党孺人合葬墓志铭》，道光八年刻本。

⑦ 李维桢：《温恭毅公创建龙桥碑记》，载《关中温氏献征集》。

⑧ 温纯：《温恭毅公文集》卷10《明寿官王君暨配墓志铭》。

"于是祖计然猗顿之术，以子钱择人及戚属贫者，使贾吴越燕晋而宽其力，不能偿者厚归，且赙其枢在外者。人以此益德，争尽力贾，伙至数十百人。家大起，子钱巨万，而有施予声"①。"伙至数十百人"，已是一个颇具规模的商人集团了。同时人泾阳师从政，以千钱市布起家，"人以君椎也，争赍子钱贾吴越，往来无宁日，其息倍。已，又出捐子钱贷人，其息亦倍。久之，用盐筴贾淮扬，三十年累数万金"②。这是沈思孝《晋录》中描述的那种一人出资、众商共之的经营方式。张瀚则认为，西北贾多是陕西人，"然皆聚于沂、雍以东至河、华沃野千里间，而三原为最"③。所有这些事例，在反映了陕西三原、泾阳、朝邑等地人商而成帮后的活动情形。前述成化十年（1474）以前在两淮的山陕商人子弟中进士举人者主要是陕商子弟。成化时，咸宁人张铉说，"成化时中淮鹾数千，皆身往营置"，均未误期，经营淮盐开中已经很熟习了④。明代陕西商人在宣武门外保安寺创立了关中会馆。综合考量，陕西商人同山西商人一样，到明代中期或者说成化、弘治之际已然形成了商帮，以群体的力量大规模从事南北商品贸易了。

（四）广东商帮的形成

所谓广东商帮，实际上在明代主要是广州帮与潮州帮，在清代还包括嘉应帮等。关于广东商帮的形成和发展，黄启臣有系统的论述。他原来认为，随着明中叶以后商品经济的发展，"一些商人纷纷组织私人武装船队，冲破海禁，出海贸易，逐步形成了以武力取得对外贸易权利的海商贸易集团，即海商商帮的出现"，"由此可见，广东商帮是在明嘉靖年间逐步形成的。而首先形成的是海商商帮。隆庆开放海禁之后，广东商人集资结帮出海贸易者更是层出不穷"，著名的海商包括澄海的林道干、潮州的诸良宝

---

① 温纯：《温恭毅公文集》卷11《明永寿府辅国中尉友槐公墓志铭》。
② 温纯：《温恭毅公文集》卷11《明寿官师君墓志铭》。
③ 张瀚：《松窗梦语》卷4《商贾纪》。
④ 康海：《康对山先生集》卷43《处士张公配赵氏合葬墓志铭》，《续修四库全书》集部，第1335册。

等,"他们为了保证海外贸易的安全,不仅内部拜结为帮,而且还与其他海商联合起来成为大的海商集团","广东商帮是在明嘉靖中叶以后逐步形成的。而首先形成的海商,与之相适应而形成的是牙商和国内长途贩运批发商","广东商帮主要是由广州帮和潮州帮构成"①。可近来黄启臣等又认为,直到清代康熙开海贸易后,"潮州商人才算是形成了真正独立的商人群体而成'帮'了"②。

明末清初的屈大均说,广州"人多务贾与时逐"③,可见广州人经商之势头。从广东商人的活动情形及其组合形式看,至迟到明后期,以广州商人和潮州商人为主体的广东商帮确已形成了,或者可以说,广州商帮和潮州商帮已经分别形成了。广州商人于万历年间在苏州阊门外山塘建立了岭南会馆④。由广西平乐府城乾隆年间所刻粤东会馆《鼎建戏台碑记》载"平郡会馆之设,创始明万历间"可知,广州商人于万历年间在广西乐平府创建了粤东会馆⑤。万历二十五年(1597)海南岛儋县已有天后宫,至清初改名为广州府会馆⑥。广州府的东莞商人于天启五年(1625)在苏州阊门外半塘建立了东官会馆⑦,后改名宝安会馆。乾隆四十二年(1777),潮州商人说:"我潮州会馆,前代创于金陵,国初始建于苏郡北濠。"⑧可见潮州商人于明代在南京也建立了会馆。南京非广东商人科考地,潮州商人建有会馆,说明他们已经独立成帮。由这些事例可知,认为直到清代开

① 黄启臣:《明清广东商帮的形成及其经营方式》,《十四世纪以来广东社会经济的发展》,广东高等教育出版社1992年版,另参见《中国十大商帮》,黄山书社1993年,第213—214页。

② 黄启臣、庞新平:《明清广东商人》,广东经济出版社2001年版,第145页。

③ 屈大均:《广东新语》卷14《食语》。

④ 顾禄:《桐桥倚棹录》卷6《会馆》;《岭南会馆广业堂碑记》,苏州历史博物馆等编:《明清苏州工商业碑刻集》,江苏人民出版社1981年版,第327页。

⑤ 转引自钟文典主编《广西近代圩镇研究》,广西师范大学出版社1988年版,第372页。

⑥ 民国《儋县志》卷4《建置志五·坛庙》。

⑦ 顾禄:《桐桥倚棹录》卷6《会馆》。

⑧ 《潮州会馆记》,《江苏省明清以来碑刻资料选集》,生活·读书·新知三联书店1959年版,第340页。

海以后"潮州商人才算是形成了真正独立的商人群体而成'帮'了"的看法，对潮州商人成帮的时代则不免估计不足断之太晚。

(五)福建商帮的形成

福建商帮几乎包括全省商人，在明代主要是泉州帮、漳州帮、福州帮和建宁、福宁等府州的商人。在地瘠沿海的泉、漳等地，明中后期就形成了以海商为主体的商帮。曾任福建巡抚的谭纶于嘉靖四十三年（1564）说："闽人滨海而居，非往来海中则不得食。"①明代实行海禁，民间片帆不许下海，但明初即有人"私自下番"，前往海外各国。只是规模不大，也不普遍，直到"成、弘之际，豪门巨室，间有乘巨舰贸易海外者"②。正德、嘉靖之际，福建海商违禁出海贸易渐成风气。所谓沿海居民"素以航海通番为生，其间豪右之家，往往藏匿无赖，私造巨舟，接济器食，相倚为利"③。显然这是群体"通番"贸易活动。以致在走私贸易港口双屿等地，"驯至三尺童子，亦知双屿之为衣食父母，远近同风"④，月港附近的海域，"每岁孟夏以后，大舶数万百艘，乘风挂帆，蔽大洋而下"，"闽漳之人与番舶夷商贸贩番物，往往络绎于海上"，"兴贩之徒纷错于苏杭近地"。人称"十数年来，富商大贾伴利交通番船满海间"⑤。违禁走私贸易的人数越来越多。嘉靖二十一年（1542），福建漳州人陈贵等连年率领26艘船载运货物到琉球贸易⑥。在福建福、兴、漳、泉四府，仅从嘉靖二十三年（1544）十二月到二十六年（1547）三月的三年多时间中，到日本从事走私贸易而为风漂到朝鲜并被解送回国的福建人就达千人以上，其中仅嘉靖二十三年（1544）十二月一次被解送回国的载货通番者漳州人李王乞

---

① 《明世宗实录》卷538，嘉靖四十三年九月丁未。
② 张燮：《东西洋考》卷7《饷税考》。
③ 《明世宗实录》卷189，嘉靖十五年七月壬午。
④ 朱纨：《双屿填港工完事》，《明经世文编》卷205。
⑤ 胡宗宪：《筹海图编》卷11《经略一·叙寇原》。
⑥ 严嵩：《琉球国解送通番人犯疏》，《明经世文编》卷219。

等就有39人①，嘉靖二十六年（1547）三月一次被解送回国的福清人冯淑等更多达341人②。人们所熟知的海商集团，就是在这种经常性、大规模的群体通番活动中形成的。嘉靖年间的著名海商集团，如王直、李光头、许栋、洪迪珍、张琏等集团，其头目虽未必都是福建人，但其成员则大多是福建人，当时人估计，在嘉靖倭患的数万海寇中，漳、泉人就占其大半。这些海商集团，往往以数条船结成船队，推一强有力者为船头，"或五十艘，或百余艘，或群各党，分泊各港"，"纷然往来海上，入日本、暹罗诸国行货"③。规模大，实力厚，组织较为严密。由走私贸易的风气、规模以及走私者的集团行为，可以推定，正德、嘉靖之际福建的泉州商帮、漳州商帮或者说泉、漳商帮已经形成。

在泉、漳等各支商帮中，傅衣凌注意到，泉州的安平商人尤其突出④。安平仅为泉州的一个镇，但在明后期经商蔚为风气。何乔远说："吾郡安平镇之为俗，大类徽州，其地少而人稠，则衣食四方者十家而七，故今两京、临清、苏、杭间，多徽州、安平之人。第徽人以一郡而安平人以一镇，则徽人为多。是皆离其室家，或十余年未返者，返则儿子长育，至不相识，盖有新婚之别聚以数日离者。"⑤是说安平人经商之普遍。何乔远又说："安平一镇在郡东南陬，濒于海上，人户且十余万，诗书冠绅等一大邑。其民啬，力耕织，多服贾两京都、齐、汴、吴、越、岭以外，航海贸诸夷，致其财力，相生泉一郡人。"⑥是说安平商人在泉州商帮中有着十分重要的地位。泉州人李光缙也说："吾温陵里中家弦户诵，人喜儒不矜贾，安平市独矜贾，逐什一趋利。然亦不倚市门，丈夫子生及已弁，往往庆著

① 《明世宗实录》卷293，嘉靖二十三年十二月乙酉。

② 《明世宗实录》卷321，嘉靖二十六年三月乙卯。

③ 胡宗宪：《筹海图编》卷11《经略一》；傅维鳞：《明书》卷162《乱贼传·王直》。

④ 傅衣凌：《明代泉州安平商人史料辑补》，《傅衣凌治史五十年文编》，厦门大学出版社1989年版。

⑤ 何乔远：《镜山全集》卷48《寿颜母序》。

⑥ 何乔远：《镜山全集》卷52《杨郡丞安平镇海汛碑》。

鬻财，贾行遍郡国，北贾燕，南贾吴，东贾粤，西贾巴蜀，或冲风突浪，争利于海岛绝夷之墟。近者岁一归，远者数岁始归，过邑不入门，以异域为家。壶以内之政，妇人秉之。此其俗之大都也。"①是说安平商帮多行商远地，而非坐贾。李光缙又说，"安平之俗好行贾，自吕宋交易之路通，浮大海趋利，十家而九"，"安平人喜贾，贾吴越以锦归，贾大洋以金归"②。李光缙还多次提到，"安平不讳贾"，"安平人多行贾周流四方"③。按照这种说法，明后期的泉州商帮，实际上主要是安平商人。

明代万历年间，以福州商人为主体的福建商人，在苏州万年桥大街兴建了三山会馆④，具体时间据说是万历四十一年（1613）⑤。崇祯年间，在嘉兴府嘉兴县的南十三庄北称字圩，闽商创建了天后宫，兼称福建会馆⑥。在闽、浙、赣、皖四省交界的浙江衢州府的西安县城南三十里，有老天后宫，"相传明末清初建，谓之下会馆"⑦。可见大体上与泉、漳商帮同时，福州商帮也已形成了。

（六）江西商帮的形成

嘉靖、万历时期的张瀚说，江西一省，瑞州、临江、吉安三府，因为经商，尤称富足。稍晚的王士性也在其《广志绎》中说，江西人凡士商工贾，谭天悬地，人人善辩，"又其出也，能不事子母本，徒张空拳以笼百务，虚往实归，如堪舆、星相、医卜、轮舆、梓匠之类，非有盐商、木客、筐丝、聚宝之业也。故作客莫如江右，而江右又莫如抚州"。又说云南全省，"抚人居什之五六"，"所不外游而安家食，俗淳朴而易治者，独

---

① 李光缙：《景璧集》卷4《史母沈孺人寿序》。

② 李光缙：《景璧集》卷14《二烈传》，卷3《赠隐君擢吾陈先生寿序》。

③ 参见傅衣凌《明代泉州安平商人史料辑补》，《傅衣凌治史五十年文编》，厦门大学出版社1989年版。

④ 余正健：《三山会馆天后宫记》，乾隆《吴县志》卷106《艺文》。

⑤ 民国《吴县志》卷33《坛庙祠宇》谓："天后宫，在胥江西岸夏驾桥南，明万历四十一年福建商人建。"

⑥ 光绪《嘉兴府志》卷10《坛庙一》。

⑦ 民国《衢县志》卷4《建置志下·会馆》。

广信耳"，"滇云地旷人稀，非江右商贾侨居之则不成其地"①。王士性还说："山居人尚气，新都健讼，习使之然。……铺金买埒，倾产入关，皆休、歙人所能。至于商贾在外，遇乡里之讼，不啻身尝之，酿金出死力，则又以众帮众，无非亦为己身地也。近江右人出外亦多效之。"②是说休、歙商帮在外经商以众帮众，万历年间江西商人亦仿效其做法，似乎江西商帮形成较晚。其实江西商帮形成相当早。早在成化元年（1465），云南姚安府官员称，云南各边卫府，江西吉安府安福县和浙江龙游商人等，"不下三五万人，在卫府坐（生）理，遍处城市乡村屯堡安歇，生放钱债，利上生利，收债米谷，贱买贵卖，娶妻生子，置奴仆，二三十年不回原籍"③。天顺、成化时大学士李贤称其家乡河南邓州，是四方贾人所归之地，而"西江来者尤众"④。江西商人在那里已有善贾之名。弘治时的大学士丘濬说："荆湖之地田多而人少，江右之地田少而人多。江右之人大半侨寓于荆湖。"这些寓于荆湖的江右之民，"至于贩易佣作者，则曰营生户"⑤。荆湖田多人少，江西人多田少，江西人迁往荆湖，主要是前往垦辟就食的，大多当不是从事商业经营的。但与丘濬同时代的江西吉安人彭华也说，吉安"商贾负贩遍天下"⑥。弘治《南昌府志》称当地"地狭民稠，多食于四方，所居成市"⑦。嘉靖时海瑞说："今吉、抚、昌、广数府之民，虽亦佃田南、赣，然佃田南、赣者十之一，游食他省者十之九。"⑧游食他方，主要当是经商。到后来，地方文献描述称，"无论秦、蜀、齐、楚、闽、粤，视若比邻，浮海居夷，流落忘归者十常四五，故其父子、兄弟、夫妇有自少至白首不相面者，恒散而不聚"⑨。兄弟父子夫妇常散而

① 王士性：《广志绎》卷4《江南诸省》，中华书局1981年版。
② 王士性：《广志绎》卷2《两都》，卷5《西南诸省》，中华书局1981年版。
③ 戴金：《皇明条法事类纂》卷12，日本古典研究会1966年影印本。
④ 李贤：《古穰集》卷9《吾乡说》，《文渊阁四库全书》本。
⑤ 丘濬：《江右民迁荆湖议》，《明经世文编》卷72。
⑥ 同治《吉安府志》卷2《风俗》引。
⑦ 查慎行：《西江志》卷26《风俗》引。
⑧ 海瑞：《兴国八议》，《明经世文编》卷309。
⑨ 万历《新修南昌府志》卷3《风土》。

不聚，可见经商早就成风，成为群体性行动。所以章潢在《图书编》中总结道："弘治以来，赋役渐繁，土著之民日少，壮者多不务稼事，出营四方，至弃妻子不顾。"[1]正是由于人多田少役繁，江西人在大规模的流动中四出经营，商贩成风，所居成市。明后期，江西商人在不少地方建立起会馆类组织。北京的会馆建立于隆庆、万历年间；湖南会同县洪江的万寿宫，也始于明代[2]；湖南醴陵县城的西后街，有豫章会馆，即万寿宫，据说"明代西帮创建"[3]。由江西商人在商业活动中的名气和人数，以及后来会馆类组织的建立，可以推定，到明代成化、弘治时，江西人在外经商已经成帮。至其地域组成，则主要是抚州、吉安、南昌、临江等地商人。

(七)山东商帮的形成

研究山东商帮者，有李华的《山东商帮》，收于《中国十大商帮》一书。这里引录的明代山东地方文献，不少系他首先利用。嘉靖年间，青州府益都县，"农桑之外，逞逐商贩……生齿滋繁，本实变而逐末多也"[4]。万历年间的东昌府，"逐末者多衣冠之族"[5]。经济落后的武定州，其属县海丰县，据说早在成化、弘治年间，即"有种盐淮北者，有市货辽阳、贸易苏杭者，其诸开张市肆及百工技巧，皆盛极一时"[6]。到万历时，该州人"或贩梨枣，买舴艋下江东，争逐什一，农事不讲久矣"[7]。由分散经营到争逐什一、不讲农事，势头甚猛。嘉靖时章丘人李开先称颂其同乡高智："有欠债者，岁终原本亦无之，究其所以，贫不能敷，遂馈之酒肉诸物，以为迎岁之用。新正即收为贾，后遂两得其力。赏厚其出，利薄其

---

① 章潢：《图书编》卷39《江西图叙》，《文渊阁四库全书》本。

② 同治《南昌县志》卷2《建置志》；李鼎镛：《洪江万寿宫记》，《洪江育婴小识》卷4《识宛委》。

③ 民国《醴陵县志·建置志·公所》。

④ 嘉靖《青州府志》卷6《风俗》。

⑤ 万历《东昌府志》卷2《风俗》。

⑥ 康熙《海丰县志》卷3《风土》。

⑦ 万历《武定州志》卷2《地理志上》。

入，毕竟亏折者则焚其券。同济同姓，济异姓各有差等，视其门下作贾及江南北为商者，如其亲友，未尝恃财而轻有所简傲。"①这种利用族人的经营活动，虽不能视为商帮活动，但经商家族的崛起，成为推动商帮形成的重要力量。据说安徽芜湖的山东会馆是在明朝建立的②。由上述经商风习、活动情形，联系清代顺治年间山东商人在上海与关东帮合置了公所、义冢和东齐帮商人于顺治年间在苏州山塘建造了东齐会馆等事例，山东商人特别是东齐或胶东商人至迟在明末当已形成商帮。

（八）河南商帮的形成

所谓河南商帮，在明代大概只能指彰德府的武安商帮。对于明清时代的武安商人，傅衣凌有《明清时代河南武安商人考略》③一文，王兴亚也曾在其专著中作过探讨。王认为，"武安商人兴起于明中叶，活跃于乾隆、嘉庆年间。该县地处山区，土地贫瘠，与山西商人的形成大致相同"④。嘉靖时河南安阳人崔铣说："武、涉皆并山作邑，民性健武喜讼，以财自雄，服室相高。武安最多商贾，厢坊村墟，罔不居货。"⑤这是目前所知有关武安多商贾的最早记载。张瀚说，开封"土地平广，人民富庶，其俗纤俭习事，故东贾齐鲁，南贾梁楚，皆周人也"⑥。所谓周人，从清代武安商人在开封和苏州之间大规模从事丝绸贸易考量，应该也包括武安商人。由此可以获得认识，武安商人在明后期应该是颇有名气了。

① 李开先：《李开先集》中《闲居集·听选官高君墓表》，转引自《傅衣凌治史五十年文编》，厦门大学出版社1989年版，第198页。

② 民国《芜湖县志》卷5《城厢》。

③ 原载《学术论坛》1958年第1期，收入傅衣凌《明清社会经济史论文集》，人民出版社1982年版。

④ 王兴亚：《明清河南集市庙会会馆志》，中州古籍出版社1998年版，第200页。

⑤ 顾炎武辑：《天下郡国利病书》原编第15册，《河南·彰德府部》，《四部丛刊》本。

⑥ 张瀚：《松窗梦语》卷4《商贾纪》。

（九）浙江各支商帮的形成

浙江商帮在明代主要是指以龙游商帮为主体的衢州商帮和宁波、绍兴商帮。

龙游为衢州府所属的一个县。研究龙游商帮者，前有傅衣凌的《明代浙江龙游商人零拾》，后有陈学文的《龙游商帮》和《龙游商帮研究：近世中国著名商帮之一》①，作了开拓性工作，也为后人进一步研究提供了资料途经，笔者主要利用他们的成果。隆庆、万历时任龙游知县的万廷谦说："龙丘之民，往往半糊口于四方，诵读之外，农贾相半。"②王士性说："龙游善贾，其所贾多明珠、翠羽、宝石、猫睛类轻软物。千金之货，只一人自赍京师，败絮、僧鞋、蒙茸、褴缕、假痈、巨疽、膏药内皆宝珠所藏，人无知者。异哉，贾也。"③王士性对龙游商人的经营手法深为惊叹。万历《龙游县志》卷5《风俗》更称龙游人"即秦晋滇蜀，万里视若比舍。谚曰：'遍地龙游'"。天启《衢州府志》卷16载："龙游之民多向天涯海角远行商贾，几空县之半，而居家耕种者，仅当县之半。"其时全县一半人出外经商，早有"遍地龙游"之谚，说明龙游商人早已成帮，名闻江湖了。前述成化元年（1465）就有云南姚安府官员描述其地龙游商人之多。嘉靖时，通倭海商的胁从者，按照海盐人王文禄的说法，"大约多闽广宁绍温台龙游之人"④。嘉靖《衢州府志》载，龙游"乡民务耕稼，其北尚行商"。隆庆时，龙游知县涂杰说："民庶饶，喜商贾。"⑤嘉靖、万历时人归有光和王世贞先后提到龙游书商童子鸣，王世贞还说，"龙游地硗薄无

---

① 前者见于傅衣凌《明清社会经济史论文集》，后者见张海鹏、张海瀛主编《中国十大商帮》和陈学文独著，杭州出版社2004年版。

② 《申明乡约保甲事》，转引自陈学文《明清时期徽商在浙江衢州》，《史林》2008年第4期。

③ 王士性：《广志绎》卷4《江南诸省》。

④ 王文禄：《策枢》卷4，《丛书集成初编》本。

⑤ 涂杰：《建龙游城记》，转引自陈学文《龙游商帮》。

积聚，不能无贾游，然亦善以书贾"①。衢州府另一属县西安，"谷贱民贫，恒产所入，不足以供赋税，而贾人皆重利致富，于是人多驰骛奔走，竞习为商，商日益众"②。另一属县常山，"习尚勤俭，业事医贾"③。综合上述描述和龙游商人的具体活动，可以推定，至迟正德、嘉靖之际以龙游商帮为主体的衢州商帮已经形成了。

宁波、绍兴商帮是明代中后期崛起的另一支重要的浙江商帮。张守广依据鄞县会馆设立的时代，认为"宁波商人集团最初形成大约是在明天启、崇祯前后"，因为这一时期宁波鄞县的药材商人已在北京建立了鄞县会馆，"而鄞县会馆的建立，说明宁波商人在北京已有相当数量，是宁波商人集团初步形成的标志"④。林树坚也同样认为，"宁波人外出经商古已有之，而结成商帮则是明代末年的事。天启、崇祯年间，宁波药材商人在北京设立'鄞县会馆'，这可以看作宁波商帮初始形成的标志"⑤。宁波商人在某地有相当数量，实际上并不要等到明末。如前述嘉靖年间王文禄的说法，其时海商中已多宁、绍等地商人。嘉靖时人陆楫说，宁波、绍兴之民，一半游食于四方⑥。游食于四方，未必全系经商，但商人人数必已相当可观。万历时王士性说，宁波、绍兴人"竞贾贩锥刀之利，人大半食于外"，又说"宁、绍人什七在外"，绍兴府山阴、会稽、余姚三县室庐田土，半不足供，聪巧敏捷者为京衙胥吏，"次者兴贩为商贾，故都门西南一隅，三邑人盖梓而比矣"⑦。可见其时北京绍兴人即已很多。天启四年（1624）的《慈溪县志》论当时情形道："挟高赀者价甚，持衡挟纩，揣其轻重鼻息，以权出入，一毛半菽，视为巨万。此一变也。"⑧经商风习已是

① 王世贞：《弇州山人续稿》卷72《童子鸣传》。
② 雍正《浙江通志》卷100《风俗下》。
③ 康熙《衢州府志》卷25《风俗》。
④ 张守广：《明清时期宁波商人集团的产生和发展》，《南京师大学报》1991年第3期。
⑤ 林树坚：《宁波商帮》，《中国十大商帮》，黄山书社1993年版，第111页。
⑥ 陆楫：《兼葭堂杂著摘钞》，沈节甫辑：《纪录汇编》卷204。
⑦ 王士性：《广志绎》卷4《江南诸省》。
⑧ 天启《慈溪县志》卷1《风俗》。

当地社会"一变"。甚至在南京，天启三年（1623）的衙门志书，已登录了浙江会馆，位于恭字铺①。明代京城会馆多为科举试馆，南京非为浙江举子考试地，南京有浙江会馆，只能是浙江商人或浙江仕商会馆。浙江全省范围的会馆已经建立，经商突出的宁波、绍兴人结成商帮的时间应该更早。金华等八县旅京商人于万历年间在北京广渠门内创立天龙寺会馆，清康熙二年（1663）重修。明代浙东药材商在右安门内郭家井创立会馆，原名鄞县会馆，后改名四明会馆②。据说天启间广州东门外已有宁绍义冢③。

台州商人，明中后期即"或商于广，或商于闽，或商苏杭，或商留都"④，活跃于江浙闽广之地。如黄岩李仲良，嘉靖年间就在南京"居息日赢，齿于上贾"⑤。

综合上述记载，宁波以及绍兴商帮甚至台州商帮至迟在嘉靖年间应该已经初步形成，说明末或天启、崇祯年间成帮，显然估计不足，金华商帮至迟也于万历年间应该形成。

（十）江苏各支商帮的形成

江苏商帮在明代主要指洞庭商帮和句容商帮。

大约与徽州商帮形成的同时，在苏州城西南太湖中的吴县洞庭东山和洞庭西山，也形成了一个地域性商帮。洞庭东、西两山在明代仅为5个区12个都，洞庭商帮可谓地域范围最小的一个商帮。关于洞庭商帮，傅衣凌早在20世纪40年代后期就发表过《明代江苏洞庭商人考》⑥。20世纪80年代中期，吕作燮发表了《明清以来的洞庭商人》⑦。关于洞庭商人形成的

---

① 《南京都察院志》卷21《职掌十四》。
② 均见李华编《明清以来北京工商会馆碑刻选编》，文物出版社1980年版，前言第2页。
③ 同治《番禺县志》卷15《建置略二》。
④ 嘉靖《太平县志》卷3《食货志·民业》。
⑤ 汪道昆：《太函集》卷55《明故处士李仲良墓志铭》。
⑥ 此文最初发表于福建《社会科学》1948年4卷2期，后来收入其《明清时代商人及商业资本》，人民出版社1956年版。
⑦ 《平准学刊》第1辑，中国商业出版社1985年版。

时代，吕作燮提到在明末以前，而前到何时，未下断语。参考文献，考察洞庭商人的具体活动情形，其成帮时代大致可以框定。明代成化六年（1470），刑部主事苏州人周瑄说："洞庭西山货殖者多，不之□□，则之冀北。"①成书于弘治十八年（1505）的《震泽编》卷3《风俗》载："土狭民稠，民生十七八即挟资出商，楚卫齐鲁，靡远不到，有数年不归者。"弘治、正德时的大学士湖广茶陵人李东阳说，洞庭东、西山人"散而商于四方，踪迹所至，殆遍天下"②。既云"货殖者多"，"商于四方"，"靡远不到"，踪迹"殆遍天下"，是则可以视为其时洞庭人已经形成商人集团。到嘉靖时，昆山人归有光甚至说，洞庭人"好为贾，往往天下所至，多有洞庭人"③。天启时，冯梦龙编的《醒世恒言》卷7《钱秀才错占凤凰俦》载："话说两山之人，善于货殖，八方四路，去为商为贾，所以江湖上有个口号，叫做'钻天洞庭'。"从四出经商到江湖上大有名气盛传口号有一个过程。著名商人家族如翁氏、席氏、严氏、叶氏、万氏、秦氏、徐氏等在嘉靖初年均已崛起。只有地域商人形成集团，一个个经商家族才会崛起。明中期，洞庭商人就以群体的形式开展活动。运河沿岸的山东临清，绸布店集中在白云巷，"自明成化二年，苏州、南翔、信义三会合而为行，隆、万间寝盛"④。临清是洞庭东山布商活动的大本营，苏州、南翔、信义三会恐怕基本是或者主要是由洞庭商人组成的，他们联合成会，应该是商而成帮的反映。后来以洞庭商人为主体的苏州商人还与徽商一起在临清合置了两所义阡，均是其群体力量的标志。因此综合考虑，大约到明代中期，具体说也即成化、弘治年间，一支引人注目的地域商人集团洞庭商帮已经形成了。

句容商帮系指南直隶应天府句容县的商人。它兴起于明中期，是一支至今仍未被人重视的地域商帮。弘治县志说，句容因"地窄人稠，于勤农

---

① 周瑄：《秦公祚墓碣铭》，同治《洞庭秦氏宗谱》卷首上。引文中所缺二字，参照洞庭西山商人最为活跃的地方，疑为"南楚"或"荆楚"之类文字。

② 李东阳：《怀麓堂集》卷32《南隐楼记》，《文渊阁四库全书》本。

③ 归有光：《震川先生集》卷21《叶母墓志铭》，《四部丛刊》本。

④ 乾隆《临清直隶州志》卷11《市廛志》。

之外，商贾工艺尤众"①。明代地方文献记载的具体经商事例也不少。地方文献载，句容人"以勤农之外，列肆而居者若鳞次，然其贸易于外者尤众"②。胡景洛则说："句容民好贾，而南乡为尤甚。"③说明句容商人主要来自该县南部。根据相关文献，句容商人主要在江南的苏州、上海、常州等地活动，范围不广，而且以擅长开张店铺闻名。介绍坐商知识的《生意世事初阶》，就是由句容人王秉元于康熙年间编集的。

综上所述，从商帮诞生地大众经商风习的形成，社会上对地域商人的了解熟悉程度，地域商人在各地的活跃程度，地域商人组织或公益性事业的形成等因素综合考量，自明中期起，各地地域商帮先后形成了。具体说来，安徽（时属南直隶）的徽州商帮，山西以平阳、泽州、潞安、汾州等府州为主体的商帮，陕西以西安（同州）府为主体的商帮，江西以抚州、吉安、南昌、临江等府为主体的商帮，江苏（时属南直隶）的洞庭商帮、句容商帮，已于成化、弘治年间形成；福建的泉州商帮、漳州商帮和浙江衢州府的龙游商帮，已于正德、嘉靖年间形成；稍后的嘉靖年间，福建的福州商帮、浙江的宁波、绍兴商帮也已形成；再后的万历到明末，广东的广州商帮、潮州商帮，河南彰德府的武安商帮、山东以东齐或胶东商为主体的商帮也已形成。终明之世，今人所知的知名地域商帮，自明中期起，或先或后崛起于各地，由此而开始了中国商业历史上的商帮时代，商业经营者更多地以群体的力量活跃在商业舞台和社会生活中。

三、明代各地商帮兴起的社会地理背景

自明代中期起，全国各地陆续兴起一支支地域商帮，其原因或前提何在？既有研究或多或少作了探讨，但大多过分强调各地的因素，而殊少兼顾全国与各地的情形，似乎仍然不足以说明问题。今结合各支商帮兴起地

---

① 弘治《句容县》卷1《风俗》。
② 乾隆《句容县志》卷1《风俗》。
③ 光绪《句容县志》卷6《风俗》引。

的情形和全国的情形作些探讨。

先看全国的情形,如何宜于形成商帮。

一是明代中后期交通条件的改观,有利于大规模远距离的商品贩运,从而推动各地商帮的兴起。

明代元而兴,山河一统,幅员之广,"东尽辽左,西极流沙,南越海表,北抵沙漠,四极八荒,无不来庭"①。诚如崇祯时宋应星所感慨的,其时"滇南车马纵贯辽阳,岭徼宦商横游蓟北,为方万里中,何事何物不可见见闻闻"②。全国统一,水陆畅达,为大规模的商品流通提供了极为有利的交通条件。明廷为了利用贯通南北的大运河转输漕粮,先于永乐九年(1411)由工部尚书宋礼、侍郎金纯等重浚会通河,负重载的大船得以通过;又于永乐十三年(1415)由平江伯陈瑄等开凿淮安附近的清江浦,引管家湖水入淮,设闸建坝作涵洞,以时启闭,从此漕船直达通州,大大节省了挽运之劳③。漕粮官物通过运河转输的同时,数量更为可观的民间商品也经由运河南北贩运。为了巩固边防,明廷又特别注意北部并边防路线的修建,尤其在永乐时期,为了对付蒙古势力,便利军队的往来与粮饷辎重的输送,修建的道路更多,北边与内地的交通贯通便捷。由肃州通向西域的道路,经过明初的修筑,也通行无阻。到明中后期,全国各地的水陆交通较前大为发展。依据隆庆四年(1570)成书的徽商黄汴的《天下水陆路程》所记,其时全国水陆路程143条,其中南京至全国各地的长途路程就有11条,通过8个方向,构织成一张四通八达的商道网络。而且在这些交通干线上,除了原有的水马驿路外,还有许多新路。如南北两京之间其路有三,两京至江西南昌之间其路有四,南京至四川成都其路有四,南京至山东济南其路有三④。在这些商道上,商品流通极为频繁。在南北大运河中,嘉靖、隆庆时江西人李鼎说:"燕赵、秦晋、齐梁、江淮之货,

① 《大明一统志》图叙,三秦出版社1990年版,影印天顺原刻本。

② 宋应星:《天工开物》序,上海古籍出版社1993年版。

③ 《明史》卷85《河渠三》。

④ 参见韩大成《明代城市研究》,中国人民大学出版社1991年版,第244页。

日夜商贩而南；蛮海、闽广、豫章、南楚、瓯越、新安之货，日夜商贩而北……舳舻衔尾，日月无淹。"①在华中经由江西度越大庾岭到达广东的商道上，正德时人张弼说："盖北货过南者，悉皆金帛轻细之物；南货过北者，悉皆盐铁粗重之类。"②在福建与江南之间，嘉靖、万历时太仓人王世懋描写其商品流通的盛况道："凡福之绸丝，漳之纱绢，泉之蓝，福、延之铁，福、漳之桔，福、兴之荔枝，泉、漳之糖，顺昌之纸，无日不走分水岭及浦城之小关，下吴越如流水。其航大海而去者，尤不可计。"③伴随着道路交通的畅达，商品流通日益兴盛繁荣，商人需要以群体的力量，集中巨额资金，展开经营活动，以收规模效应，增加实力。可以说，交通条件的改观，大规模的商品流通，推动着商人结成群体。

二是商品生产的发展及其结构有利于商人集团的兴起。

明代商品生产最突出的是棉布和丝绸的生产。

棉花在宋代已在闽广及陕西地区种植。入元以后，植棉技术逐渐由南方传入北方，到元中后期棉花已在全国较大范围内广泛种植。进入明朝，"其种乃遍布于天下，地无南北皆宜之，人无贫富皆赖之，其利视丝枲盖百倍焉"④。所谓"遍布天下"，实际上主要集中在河南、山东、湖广和江南的松江、太仓、嘉定、常熟等地。值得注意的是，当时除了江南，棉花和棉布生产基本是脱节的。江南是全国最大的棉布生产地区，每年向全国各地输出几千万匹棉布。其行销范围，松江布最广，覆盖了华北、西北、东北、华中和华南的广大地域。万历时商人说："至于布匹，真正松江，天下去得。"⑤意思是说只要是松江布，可以畅销于各地。明代嘉定棉布，"商贾贩鬻，近自杭歙清济，远至蓟辽山陕"⑥。明代常熟棉布，"用之邑者有限，而捆载舟输，行贾于齐鲁之境常十六，彼民之衣缕往往为邑工

① 李鼎：《李长卿集》卷19《借箸篇·永利第六》，万历四十年豫章李氏家刻本。
② 张弼：《张东海集》文集二《梅岭均利记》，《四库全书存目丛书》本。
③ 王世懋：《闽部疏》，《丛书集成初编》本。
④ 丘濬：《大学衍义补》卷22《治国平天下之要·制国用·贡赋之常》，明刻本。
⑤ 余象斗：《三台万用正宗》卷21《商旅门》，万历三十七年刻本。
⑥ 万历《嘉定县志》卷6《物产》。

也"①。但由于区域内调剂和向福建等地输出，江南每年要从华北地区输入北花，甚至从湖广地区输入襄花。山东、河南等植棉区，由于不善织布，每年却要从江南大量输入棉布，而向江南等地源输出棉花。万历中期河南巡抚钟化民奏："臣见中州沃壤，半植木棉，乃棉花尽归商贩，民间衣服率从贸易。"②所谓"北土广树艺而昧于织，南土精织纴而寡于艺"③。由于棉布生产集中在江南一隅以及全国棉花和棉布生产的脱节，就形成了"吉贝则泛舟而鬻诸南，布则泛舟而鬻诸北"的商品花、布流通格局④。这样的花、布流通格局，就为徽州商人、洞庭商人、山陕商人、福建商人和广东商人从事大规模、远距离的棉花棉布贸易提供了可能。陕西"三原俗相矜市布"⑤，徽州、洞庭商人以山东临清为中转地大规模经营江南棉布，正是与江南棉布的这种流通格局相适应的。

明代的丝绸生产，仅仅集中在江南、川中、山西潞安、福建泉州和漳州、广东广州等少数区域，而尤以江南的杭州、嘉兴、湖州和苏州部分属县最为兴盛，也即清初唐甄所说的"北不逾淞，南不逾浙，西不逾湖，东不至海，不过方千里"的范围⑥。实际能向外地输出丝原料的只有江南和川中。嘉靖、万历时人郭子章曾描述过这种情形："今天下蚕事疏阔矣。东南之机，三吴、越、闽最夥，取给于湖茧；西北之机潞最工，取给于阆茧。"⑦而能向海内外输出大量丝绸的实际只有江南。这就形成了江南丝绸畅销于海内外的单向商品流程。这就为徽商、洞庭商人、山陕商人、福建商人和广东商人从事大规模、远距离的生丝和丝绸贸易提供了可能。万历

① 嘉靖《常熟县志》卷4《食货志》。

② 《钟忠惠公赈豫纪略》，《荒政丛书》卷5《救荒图说》，道光二十八年刻本。

③ 王象晋：《群芳谱·棉谱》小序，《群芳谱诠释》，农业出版社1985年版，第155页。

④ 徐光启：《农政全书》卷35《蚕桑广类·木棉》，上海古籍出版社1979年版。万历后期人王象晋则在《群芳谱·棉谱》小序中说："棉则方舟而鬻诸南，布则方舟而鬻诸北。"

⑤ 温纯：《温恭毅公集》卷11《明寿官师君墓志铭》。

⑥ 唐甄：《潜书》下篇《教蚕》，中华书局1955年版。

⑦ 徐光启：《农政全书》卷31《蚕桑》引，上海古籍出版社1979年版。

时人张瀚说杭、嘉、湖丝绸之府，"虽秦、晋、燕、周大贾，不远数千里而求罗绮绸币者，必走浙之东也"①。清初人唐甄说："吴丝衣天下，聚于双林，吴越闽番至于海岛，皆来市焉。五月，载银而至，委积如瓦砾。吴南诸乡，岁有百十万之益。"②说的就是这种情形。

三是白银货币化改变了支付手段，提高了结算效率，推动了商品的大规模流通，有利于商帮群体的产生。

在赋税征收方面，明初各地以实物即本色交纳赋税，官员到南京支俸，朝廷虚糜廪禄，官员不得实惠，正统元年（1436），南畿、浙江、江西、湖广、福建、广东、广西米麦共400万石，每石折银2钱5分交纳，共100万两入内承运库，称为"金花银"。"金花银"原来只是指成色好的银，征收地还有局限，但赋税由实物改为交银，适应了经济发展的要求，极大地促进了商品流通，其势不可挡。到成化二十三年（1487）就扩大到全国，"概行于天下"，除了起运兑军粮食，赋税以银解京，"以为永例"③。正统年间金花银的产生，使得白银作为大规模流通量货币有了可能。实际上，大明宝钞发行后不久即壅滞不行，明廷几度努力试图保持宝钞的货币主体地位，但收效甚微。到嘉靖时，铜钱也难行用，民间交易"益专而用银"④。正德、嘉靖年间，各地纷纷实行均徭法。所谓均徭法，"大率以田为定，田多为上户，上户则重，田少则轻，无田又轻，亦不计其资力之如何也"。其宗旨是征发徭役以田产为准。其结果是"故民惟务逐末而不务力田"⑤。嘉靖年间开始，各地更试行财政收支、丁粮征收及官府金募徭役均以银计算的"一条鞭法"，一概计亩征银，到万历九年（1581），普遍实行于全国⑥。一条鞭法将人丁和人户的庸调都转移到了田亩中，加大了田产在赋税中的比重，实际上减轻了人丁的负担，客观结果如户部尚书葛

---

① 张瀚：《松窗梦语》卷4《商贾纪》，上海古籍出版社1986年版。
② 唐甄：《潜书》下篇《教蚕》，中华书局1955年版。
③ 《明史》卷78《食货二》。
④ 《明史》卷81《食货五》。
⑤ 王鏊：《震泽集》卷36《吴中赋税书与巡抚李司空》，《文渊阁四库全书》本。
⑥ 《明史》卷78《食货二》。

守礼所称，"工匠佣力自给，以无田而免差，富商大贾操赀无算，亦以无田而免差"①，以致人称"卖贩之流，握千金之赀无陇亩之田者，征求不及焉。此农病而逐末者利也"②，无地的商人因为一条鞭法的实施免除了力差，实际负担有所减轻。而且一条鞭法的实施，越是经济发达商品流通之地越为方便，赋税一概征收银两，简便了征收程序，从而推进了白银货币经济，有利于商品生产和商品经营活动的展开。

在盐税征收方面，明代盐的运销实行开中法，先是盐商报中，到指定的仓口纳粮，获得盐引，弘治五年（1492），因商人苦于守支盐斤，户部尚书叶淇主持，改为招商在运司纳银，每引三四钱，收贮太仓银库，而后分送各边③。虽较之以前中米价值加倍，但商人免除了纳粮支盐往返奔波和长年守支盐斤之苦，太仓银也累积至百余万两。以盐商为主体的徽商正是在开中制变化的前后迅速发展④。

在工匠服役方面，轮班匠到成化二十一年（1485）则可以银代役，南匠每名每月出银9钱，北匠出银6钱，免于赴京应役。弘治十八年（1505）更定为无论南北班匠，每班征银1两8钱；嘉靖四十一年（1562）厘定为四年一班，每班征银1两8钱，分为4年，每名每年征银4钱5分⑤。工匠以银代役，商品劳动人手增加了，商品总量增加了。

明中期开始的这一系列改革，推动了白银货币化的进程，客观上推进了商品流通的进程，为商人大规模开展经营活动创造了有利的前提。民间

① 《明穆宗实录》卷7，隆庆元年四月戊申。

② 张萱：《西园闻见录》卷32《户部一·赋役前》引于慎行语。1940年哈佛燕京学社铅印本。

③ 《明史》卷80《食货四》，参见王琼《王琼集·双溪杂记》，山西人民出版社1991年版。关于盐商在运司纳银的做法，日本学者藤井宏认为，并非出自叶淇之手，也并不是在弘治五年才突然实行的，而是于成化年间就已逐渐成为一种习惯的做法。参见氏著《明代盐商的一考察——边商、内商、水商的研究》，刘淼辑译《徽州社会经济史研究译文集》。但是藤井宏将偶一为之的事后变通与叶淇变法视为一体，还无充足的说服力，所以笔者仍以弘治五年叶淇变法为运司纳银正式实行之时。

④ 参见氏著《明代徽州盐商盛于两淮的时间与原因》，《安徽史学》2004年第3期。

⑤ 万历《明会典》卷189《工匠二》。

行用白银货币化的时代，正是各地商帮先后产生的时代。

四是明朝商业税率偏轻或相形变轻，降低了商人的商业经营成本，有利于商人实力的增加和商人集团的产生。

明廷征收商税"俱三十税一，不得多收"[①]，较之宋元为轻。明中期，钞法不行，宝钞较之原来的法定价值已相去甚远，而当时地方税课征收仍然"收钞如故"，后来宝钞完全无法流通，地方征税便以时价将钞折合成银，实际支付的税额"视原价不及什之一"，商业经营者的实际负担大为减轻。所以有的文献称颂，"此祖宗宽大之政，固已远过宋元矣"[②]。明代商人法定负担较轻，以致促使经商人多，早在建文时的贵州都司军士高巍就表明了看法："今为商贾者，坐列街市，日登垄断，窥时去取，贱买贵卖，获十分之利，纳分毫之税，何益于国家用度哉？彼则乘坚策肥，冬温夏清，妻孥无劳身之苦，饮食有兼羞之膳，四时有适体之服，终岁优游而无粮草督责之患，是以逐末者多也。"[③]高巍完全看不到商人及其劳动的价值，但是他指出商税偏轻有利于商人势力的兴起却是有参考意义的。明代的税制改革，是不断将负担转移到田亩中，商税部分摊入田亩，摊入里甲，使实际税率变轻。以致嘉靖时人说："国家税课之设，主于抑商贾以厚农民，今以农民之租代纳商贾之利，似非立法之初意"[④]。商税部分转移到了地亩中，到一条鞭法全面实施，更只以地亩人丁为准，以致时人认为"农困而商宽"[⑤]。商税相形减轻，必然会驱使更多的农人转而从事商业活动，并较易形成商人集团。

明后期，各地曾实行过一些实际上减轻商人特别是行商负担的税收措施。嘉靖四年（1525），苏州、松江、常州、镇江等江南商品经济较为发达的地区，在巡按御史朱实昌的奏议下，重新厘定门摊税，即将原来由各

① 万历《明会典》卷35《课程四·商税》。

② 万历《金华府志》卷8《课程》。

③ 宋端仪：《立斋闲录》一《处士高巍上时事》，邓士龙辑《国朝典故》卷39，北京大学出版社1993年版。

④ 嘉靖《浦江志略》卷5《税课局》。

⑤ 于慎行：《穀山笔麈》"条编"条，中华书局1980年版，第137页。

税课司局征收的客货店铺门摊等税更定为门摊税,一律改由城市各行铺户办纳,而不征商货税。这样的改革,着落城镇铺户,依据贫富编审,确定等则,税额一定,相对合理,又简便易行,减少了烦扰,因而为经商者所接受,更重要的是不征商品税,特别有利于行商,促进了商品流通,据说"于是商贾益聚于苏州"等地①。只征铺户的门摊税而不征客货的商品税,显然有利于行商的远程贩运贸易,各地商帮的形成并不断增加实力,在江南最为活跃,当与这一政策有着一定的关系。

五是明中后期的社会观念也有利于商帮的兴起。

随着商品经济的发展,商品流通的发达,社会各阶层对商人的看法也在发生变化。成化、弘治时注重经世之策的大学士丘濬说:"今天下之人不为商者寡矣。士之读书将以商禄,农之力作将以商食,而工而隶而释氏而老子之徒,孰非商乎!吾见天下之人,不商其身,而商其志者,比比而然。"②把当时社会各界的行为比作商人,虽不商其身而已商其志,这是经商已成风气,商人社会地位实际并不低下的反映。全社会行为无异于商人,商人经营自然最是名正言顺、光明正大的了。嘉靖时古文大家昆山人归有光说:"古者四民异业,至于后世而士与农商常相混。"③稍后的文史大家太仓人王世贞对洞庭东山商人翁参以义行贾的行为赞叹道:"呜乎!处士豪迈绝伦若此,所至无不蒙其泽,岂区区章句腐儒所能测哉!"④曾经为泉州商人写过诸多墓铭寿文的李光缙认为,"天下无清士则世风坏,天下无贾人则世业衰,两者并存于天地间,如日之有月,如风之有雨,或振民行,或治民生,缺一不可。"⑤将商人的地位作用完全等同于了士人。通

---

① 关于嘉靖年间的门摊税改革,原来人们将《天下水陆路程》《士商要览》《商程一览》等书所称"嘉靖七年奏定门摊客货不税"理解成不征门摊税,而实际上应理解为厘定门摊税,而不征客税,参见氏著《明代嘉靖年间江南的门摊税问题——关于一条材料的标点理解》,《中国经济史研究》2002年第1期。

② 丘濬:《重编琼台稿》卷10《江湖胜游诗序》。

③ 归有光:《震川先生集》卷13《白庵程翁八十寿序》,《四部丛刊》本。

④ 王世贞:《春山公暨配吴孺人合葬墓志铭》,乾隆《翁氏宗谱》卷11《墓志铭》。

⑤ 李光缙:《景璧集》卷17《处士旋锐吴长公暨配吕氏墓志铭》。

过这些文坛领袖的口，可知其时社会对商人的角色是充分肯定的。明末江西南丰籍学者梁份认为，商贾"劳心力以殖货财，其候时转物，致远穷深，经日月出入地，所经营人不暇给，而处心应事有大过人者。乃以经术经世律之，不亦过乎？世之名儒，守一经以求荣一命，其深沉得丧，咸委之命，况乎其他！吾不知学之负人，人之负学也，可慨也。"①梁份认为商人从事商品经营较之那些守经求荣的所谓名儒大有过人处。话不免偏激，但颇中时弊，清晰地反映了其时社会观念的转变。

以上是就全国大背景而言。现在再看各地商帮兴起地的情形，也有促成商帮兴起的有利或特殊条件。

徽商的家乡徽州。正德时人李东阳说："徽俗以地狭齿繁，非籍庠校，必治生于外。"②嘉靖府志更具体说明："郡之地隘，斗绝在其中。厥土骍刚而不化，高水湍悍少潴蓄，地寡泽而易枯，十日不雨则仰天而呼，一骤雨过，山涨暴出，其粪壤之苗又荡然空矣。大山之所落，多垦为田，层累而上，指至十余级不盈一亩。快牛利刬不得田其间，刀耕火种，其勤用地利矣。自休之西而上，尤称斗入，岁收董不给半饷，多仰取山谷，甚至采薇葛而食。暇日火耕于山，旱种旅谷，早则俱出扳峻壁，呼邪许之歌，一唱一和，庸次比耦而汗种，以防虎狼，夜则俱入持薪樵，轻重相分。"③自然条件之恶劣，人民米食之艰难，可以想见。万历《歙志·货殖》称："谚语'以贾为生意，不贾则无望'，奈何不亟亟也。……人人皆欲有生，人人不可无贾矣。"④经商成了求生存的唯一出路。万历时福建人谢肇淛干脆认为徽州人与福建人经商因为人多田少，他说："吴之新安，闽之福唐，地狭而人众，四民之业无远不届，即遐陬穷发、人迹不到之处往往有之。诚有不可解者，盖地狭则无田以自食，而人众则射利之途愈广故也。"⑤嘉

① 梁份：《怀葛堂集》卷5《王文佐传》。《豫章丛书》本。
② 李东阳：《李东阳续集》文续稿卷8《婺源处士胡君墓志铭》，岳麓书社1997年版。
③ 嘉靖《徽州府志》卷2《风俗志》。
④ 万历《歙志·货殖》。
⑤ 谢肇淛：《五杂俎》卷4《地部二》，上海书店出版社2001年版。

靖时歙县黄氏族谱称当地，"田少无以给耕者，而齿日蕃……非其乐为商也，其势不家食也"①。自然条件恶劣，外出经商已成谋生的必然之势。嘉靖时昆山人归有光认为，歙县多山地狭薄，不敷食用，"以故多贾"②，又说徽州"无平原旷野可为耕田，故虽士大夫之家，皆以畜贾游于四方"。明末歙县知县王佐说，该县"居山麓，地鲜平畴，竭土之毛，不敷日给，故民皆逐末糊口于四方"③。明末休宁人金声，也多次提到其家乡自然条件恶劣，经商是必然之势。或称，"郡邑处万山，如鼠在穴。土瘠田狭，能以生业着于地者，什不获一，苟而家食，则可立而视其死，其势不得不散而求食于四方。于是乎移民而出，非生而善贾也"。又称，"新安土瘠民聚，人浮于地数十倍，居则坐困，其势不得不迫而奔走四方"。又称，"新安不幸土瘠地狭，能以生业着于土者什不获一，其势必不能坐而家食，故其足迹常遍天下"④。金声作为当地人，一再强调休宁、歙县人经商是情势所迫，应该是符合当时实际的。徽州后来以至有"七山半水半分田，两分道路和庄园"的说法。徽商就是在这样的自然环境中兴起的。

宁国商帮的兴起地与徽州比邻，情形一如徽州。宁国地处皖东南丘陵地带，崇山峻岭，可耕地很少，其总体情形是，"宣、歙多山，荦确而少田，商贾于外者什七八"⑤。商人最多的旌德县，顺治时的宁国知府佟赋伟说："惟旌地狭山多，田土确，物产无几，故富者商而贸者工"⑥。另一经商重地泾县，"缘江带河，在万山中"⑦，"万山重迭，绝少平衍，人多

① 嘉靖《新安左田黄氏宗谱》卷4《处士黄公邻夫妇合葬墓志铭》，转引自陈学文《徽商与徽学》，方志出版社2003年版。

② 归有光：《震川先生集》卷18《例授昭勇将军成山指挥使李君墓志铭》，卷13《白庵程翁八十寿序》，《四部丛刊》本。

③ 张国维：《抚吴疏草》不分卷《饶民截商疏》，崇祯刊本。

④ 金声：《金忠节公文集》卷4《与徐按台》，卷7《寿明之黄太翁六秩序》，卷8《建阳令黄侯生祠碑记》，光绪十七年刻本。

⑤ 《上海徽宁思恭堂缘起碑》，《上海碑刻资料选辑》，上海人民出版社1980年版，第232页。

⑥ 嘉庆《旌德县志》卷1《风俗》。

⑦ 嘉庆《宁国府志》卷18《物产》。

田少"①。清中期当地人朱琦说："我邑率山居，土壤硗确，统计岁收仅给三月粮，非贸迁则衣食何由赡，往往离父母，远妻孥，冀获什一于通都大衢，盖有所不得已也。"②同府的南陵县，多平原沃壤，而经商也远不如上述二县突出。由此可见，宁国商人外出经商也是因为家乡自然条件恶劣而选择的谋生之方。

兴起山西商帮的晋南地区，同样地狭人稠。清人康基田认为人多地瘠正是晋南人多外出经商的原因，他说："太原以南多服贾远方，或数年不归，非自有余而逐什一也，盖其土之所有不能给半岁，岁之食不能得，不得不贸迁有无，取给他乡。"③以出大商人著称的蒲州，出身于商贾之家的嘉靖、万历时人张四维描述其家乡蒲州经商之风道："吾蒲介在河曲，土狭而民夥，田不能以丁授，缘而取给于商。计坊郭之民，分土而耕畬者，百室不能一焉，其挟轻赍牵车牛走四方者，则十室而九。"④因为人多，明初朝廷就大规模将山西南部和东南部平阳、泽州、潞安之民移往外省。直到康熙时，平阳知府刘棨描写其辖境道："平之为郡，地似腴而实瘠，民似劲而实柔。环顾境内，四匝皆山，土多硗确，荣、猗、蒲、解间稍平，又苦沮洳斥卤，河汾之水，冲决不常。"⑤可见，人多田少，土地瘠薄，所产不敷食用，是山西商帮兴起的重要原因。

陕西虽土地广袤，"地当九州三分之一，而人众不过什一"，但可耕地并不多，地产尤薄，故"闾阎贫窭，甚于他省"⑥。而兴起商帮的那些地区，人田矛盾尤其突出。如同州，"南阻山，东滨河，中亘沙苑，树而不田，故各属之地，高而碍于耕锄，低者祸于冲崩，穷民苦衣食之不给，富者皆弃本逐末，各以服贾起其家，蜀卓宛孔之流，甲于通省，而朝邑富人

---

① 光绪《泾县乡土志》。
② 朱琦：《小万卷斋全集·文稿》卷18《溧阳新设泾县义冢碑记》，道光六年刻本。
③ 康基田：《晋乘蒐略》卷2，嘉庆十六年刻本。
④ 张四维：《条麓堂集》卷21《海峰王公七十荣归序》，《续修四库全书》本。
⑤ 康熙《平阳府志》刘棨序。
⑥ 张瀚：《松窗梦语》卷4《商贾纪》，上海古籍出版社1986年版。

尤甲一郡焉"①。经商成习的朝邑县，"幅员不及二百里，东有咸滩，西有盐池凹，南有沙苑，皆不可耕，可耕者才十分之二三，亘而又界河渭沮三水者，岁溢而善崩，溢彻没禾稼，崩乃数十年不遏田，以故朝邑民独贫"②。因为耕作条件差，才通过经商起其家。韩城也是"地狭人多"，县北乃多"商贾之利"和"尚服贾者"③。

江西土瘠是出了名的。嘉靖、万历时期的张瀚说，江西一省，"地产窄而生齿繁，人无积聚，质俭勤苦而多贫。多设智巧、挟技艺，以经营四方，至老死不归，故其人内啬而外侈。地饶竹、箭、金、漆、铜、锡，然仅仅物之所有，取之不足更费，独陶人窑缶之器为天下利。九江据上流，人趋市利。南、饶、广信，阜裕胜于建、袁，以多行贾，而瑞、临、吉安尤称富足。南、赣谷林深邃，实商贾入粤之要区也"。④描述了江西人经商的原因和条件。稍晚的王士性也在其《广志绎》中说："江、浙、闽三处，人稠地狭，总之不足以当中原之一省，故身不有技则口不糊，足不出外则技不售，惟江右尤甚。"三省中，江西人稠地狭最为突出。他还说："江右俗力本务啬，其性习勤俭而安简朴，盖为齿繁土瘠，其人皆有愁苦之思焉。"⑤同时期人谢肇淛认为，江西人之所以贫，就在于"其地瘠也"⑥。江西人在明代大规模移往湖广、云南等地，就充分地说明了这一点。所以弘治时丘濬就说："盖江右之地力，所出不足以给其人，必资荆湖之粟以为养也。"⑦地方文献中有关江西吉安、抚州和临江等商贾之地人多地瘠的描述更为常见。

福建也多属人多田瘠之区。杭州人张瀚是这样说的："福州会城及建宁、福宁，以江浙为藩篱，东南抱海，西北联山，山川秀美，土沃人稠。

① 乾隆《同州府志·风俗》。
② 正德《朝邑县志》卷2。
③ 乾隆《韩城县志》卷2《风俗》。
④ 张瀚：《松窗梦语》卷4《商贾纪》，上海古籍出版社1986年版。
⑤ 王士性：《广志绎》卷4《江南诸省》，中华书局1981年版。
⑥ 谢肇淛：《五杂俎》卷4《地部二》，上海书店出版社2001年版。
⑦ 丘濬：《江右民迁荆湖议》，《明经世文编》卷72，中华书局1962年版。

地饶荔、挺、桔、柚，海物惟错，民多仰机利而食，俗杂好事，多贾治生，不待危身取给。……汀、漳人悍嗜利，不若邵、延淳简。而兴、泉地产尤丰，若文物之盛，则甲于海内矣。"①似乎自然条件不差，但万历时的福建晋江人何乔远则说：古田，"田获一岁，地瘠难以蓄众，壮者往往佣四方，鄙朴而勤力。四民之中，工商阙二，坐是无所得金银"。长乐，"滨海，有鱼盐之利。山出果实贩四方，有离支、龙眼、青李之品"。福清，"背山面海，多舄卤，颇有海舶之利。其人刚劲尚气，四方杂处，学不遂则弃之习文法吏事，不则行贾于四方矣，以其财饶他邑"。泉州，"枕山而负海，田再易，围有荔支、龙眼之利，焙而干之，行天下。沿海之民，鱼虾嬴蛤多于羹稻，悬岛绝屿以网罟为耕耘。附山之民，垦辟硗确，植蔗煮糖，黑白之糖行天下。地狭人稠，行贾寡出疆，仰粟于外，上吴越而下东广……行而南，安平一镇尽海头，经商行贾力于徽歙，入海而贸夷，差强资用，而其地俭于田畴"。建阳，"书坊之书盛天下。……其泉氿洌，可以酿，其酿行东南"。崇安，"民少经商为远游"。松溪，"其民庞俭，商贾而有恒业"。延平，"民惮远出为商贾，无他役作而勤耕耨"。将乐，"其民多技而好胜，乡有苎布之利，喜于为商，或流侈靡而无实"。汀州，"士知读书进取，民安稼穑，少营商贾"。永定，"僻壤也……民田作之外辄工贾"。莆田，"吾伊之声，比屋而闻，通有韵之文，十人以三四。故其学书不成者，挟以游四方，亦足糊其口。或以绘画、命卜自寿江湖间。而行贾之人，金陵为盛"。邵武，"于县为附郭，与光、泰三邑皆力田树艺，鲜商贾。他商贾亦鲜至。地狭民众，财源鲜薄"。建宁，"土地膏腴，专有鱼、杉、油漆、苎麻之利，以通商贾"。龙溪，"漳首邑也。闽中之郡，惟漳为悍剽。……族大之家，指或数十，类多入海贸夷"。海澄，"有番舶之饶，行者入海，居者附资。或得婆子弃儿，养如所出，长使通夷，其存亡无所患苦，犀象、玳瑁、胡椒、苏木、沈檀之属，麇然而至"②。何乔远在论及泉州安平商人兴起的背景时说："吾郡安平镇之俗，大类徽州，其地地

----

① 张瀚：《松窗梦语》卷4《商贾纪》，上海古籍出版社1986年版。
② 何乔远：《闽书》卷38《风俗志》，福建人民出版社1994年版。

少而人稠，则衣食四方者，十家而七。故今两京、临清、苏杭间，多徽州、安平之人……是皆背离其室家，或十余年未返者，返则儿子长育，至不相识。"①万历时有官僚指出："闽省土窄人稠，五谷稀少，边海之民皆以船为家，以海为田，以贩番为命。"②崇祯元年（1628），福建巡抚朱一冯题奏："漳泉之民以海为生，缘闽地甚窄，觅利于陆地者无门，而洋利甚大，幸脱于虎口者间有，即使十往一归，犹将侥幸于万分之一。"③清初的蓝鼎元说："闽广人稠地狭，田园不足于耕，望海谋生，十居五六。"④清代嘉庆年间的福建巡抚汪志伊是如此评价他统辖下的"八闽"大地的：闽省负山环海，地狭人稠。延（平）、建（宁）、汀（州）、邵（武）四府，地据上游，山多田少；福（州）、兴（化）、（福）宁、泉（州）、漳（州）五府，地当海滨，土瘠民贫，漳州、泉州尤甚。

合观明后期张瀚、何乔远、陈子贞、朱一冯和清前期蓝鼎元、汪志伊等人所言，我们大致可以了解福建各地的自然概况，各府县人经商的原因、条件以及特点，福建同样人多地瘠，经商成为谋生的最佳选择。

浙江和江苏相对富裕，土地肥沃，但产生商帮的地方恰恰人多地瘠，条件较差。如宁波商帮的家乡镇海县，"滨大海，居斥卤之中，其土瘠而无灌溉之源，故耕者无终岁之给"⑤。又如慈溪县，"人稠地狭，丰穰之岁犹缺民食十之三"⑥。绍兴府山阴、会稽、余姚三县"生齿繁多，室庐田土，半不足供"⑦。天启初年的浙江巡抚王洽称"地狭人稠，唯绍为最，所生不足以供所食，多藉客商航海转输，民多艰食"，"以故人皆游学逐末于四方"⑧。崇祯年间山阴人祁彪佳称其家乡："越中依山阻海，地窄民

---

① 何乔远：《镜山全集》卷4《人寿颜母序》。

② 《明神宗实录》卷262，万历二十一年七月乙亥。

③ 《明清史料》戊编，第1本，《兵部题行"兵科抄出福建巡抚朱题"稿》，中华书局1987年版，第74页。

④ 蓝鼎元：《论南洋事宜书》，《清经世文编》卷83，中华书局1992年版。

⑤ 嘉靖《定海县志》卷5《风俗》。

⑥ 雍正《宁波府志》卷6《风俗》。

⑦ 王士性：《广志绎》卷4《江南诸省》，中华书局1981年版。

⑧ 王洽：《抚浙疏草》卷3《题止绍兴府征漕疏》，第43、50页，明刻本。

稠。即以山阴一县计之，田止六十二万余亩，民庶之稠，何止一百二十四万。以二人食一亩之粟，虽其丰登，亦止供半年之食，是以每藉外贩，方可卒岁。"[1]如靠农田所入，正常年景也有一半人生计无着。洞庭商帮的家乡洞庭东、西两山，明中期已是"山既田少不得耕，又户口多，在水中央，则转粟他境"[2]。明后期，人田矛盾更为突出，所以天启时的大学士苏州人文震孟说洞庭东山人"无耕可藉"，更非施盘、王鏊所处的明中期那个时代，"势不得不商其业而糊其口于四方"[3]。形成鲜明对照的是，凡是兴起商帮的洞庭东西山和句容，龙游和宁波、绍兴，分别在江苏和浙江都是自然条件较为恶劣的，而反观江、浙那些自然条件较为优裕经济富庶的府州，在明代就没有兴起商帮。

有如前述，其他山东、河南等省那些兴起商帮的府州地方，人多地瘠，自然条件恶劣，类皆如此。

考察明代各地商帮的诞生地，几乎都是人多田少或地瘠不足食用、人田矛盾较为突出、自然条件较为恶劣的地区，经商成为当地人民无奈也是必然的选择。明代官场有句谚语谓，"命运低，得三西"[4]，是说山西、江西、陕西三省自然条件太差，官员前往那些地方就任油水不多。这"三西"，正是产生著名商帮的地区。可见自然地理条件相对较差，与商帮产生有着相应的联系。这就是徽州人金声所说的"势也""情也"。这是各地兴起大大小小商帮的一个重要原因。

然而各地商帮的兴起地，大多又多土特产品，或者特色商品生产发达，当地人民可以利用相对有利的地利，通过商品买卖，获得价格优势，摆脱困境，求生求富。

徽州虽然粮产有限，但其他物产却非常丰富，尤多名优特产。徽州处万山之中，府属休宁、祁门、黟县以及歙县南部盛产竹木。休宁山中最宜

---

① 祁彪佳：《祁彪佳集》卷6《节食议》，中华书局1960年版，第116页。

② 王鏊：《震泽集》卷1《洞庭两山赋》，《文渊阁四库全书》本。

③ 文震孟：《郑氏重修谱序》，乾隆《重修东山郑氏世谱》。

④ 谢肇淛：《五杂俎》卷4《地部二》，上海书店出版社2001年版。

种植杉木，居民多以种杉为业，贩到外境取利。南宋时就有"山出美材，岁联为桴，下浙江，往者多取富"的说法[①]。茶叶是徽州的传统名产，松萝、雀舌、莲心、金芽等名品，广销四方。尤其是祁门县，唐代以来农人即以业茶为主业。陶土更是徽州的一大财富。江西景德镇所产瓷器天下闻名，但制瓷原料白土却产于徽州。手工业品纸、墨、笔、砚更为有名，"自首至尾，匀薄如一"的澄心堂纸，"其坚如玉，其纹如犀"的徽墨，一代代制笔高手制成的宣笔，以婺源良石雕琢而成的歙砚，成为徽州源源不断销往四方的大宗名品。其他手工业品如漆器、书籍等，均有美誉，销路广大。徽州的自然地利，丰富的名优特产，也为徽州人走出万山丛、走上商业路提供了有利条件，不少人最初就是从贩运当地土特产品起步的[②]。

洞庭东、西山虽然人田矛盾突出，水田面积不到人均一亩，但其余山林和荡地却十分适宜种植桑树、果树、茶叶和发展养殖业，"有橘柚榛栗茛枭之富，鱼虾芦苇筱荡之利"[③]，"山既田少不得耕，又户口多，在水中央，则转粟他境。橘柚材苇不可胜用，则以易粟。始也，粟少而为之。继也，渔于湖，以泽量。果瓜爨于山，以山量。山泽之利不可胜用，则粟亦以山泽量，而山泽之利弥不可胜用。遂以赡四方，通百物，成一阛府"[④]。最初也只是为解决温饱而交换土特产品的，后来才由于从事经营活动致富而提高了整体经济水平。两山果实种类繁多，有杨梅、杏子、桃子、梨子、枇杷、樱桃、花红、柿子、橘子、金柑、枣子、板栗、银杏、石榴、橙子、葡萄等，四时不绝。最有名的是杨梅、枇杷、银杏、梨和橘五种。尤其是橘树，种植最为普遍，自南宋时起即"兴贩南北，远近鬻售"，所以明中期王鏊说湖中大多以橘柚为产。花果产品之外，经济产品茶和桑也负盛名。两山之地，遍植桑树，湖中人家以蚕桑为务，女子未成年就熟习育蚕，农历三四月是蚕月，家家闭户，不相往来。桑叶常出售到太湖沿岸

① 淳熙《新安志》卷1《风俗》。

② 参见王世华《富甲一方的徽商》，浙江人民出版社1997年版，第5—6页。

③ 聂大年：《西村别业记》，王维德《林屋民风》卷6《名迹》。

④ 康熙《席氏家谱》载记三。

各地。所有这些名特产，都是高度商品化的物产，大多是作为商品出售的。所以康熙时当地文人汪琬说两山，"至于鱼虾之利，橘柚李梅，果实之珍，莲茨芋栗菇莼之富，甲于三吴，为商贾所辐辏，舻衔肩负，络绎不绝"①。毫无疑问，老家富有土特产品，是洞庭商人走上经商之路的极为重要的有利条件。

江西是产粮大省，明中后期南直隶的徽州、苏州、松江和浙江的杭州、嘉兴、湖州等地常有赖江西、湖广米粮的输入。万历时陈继儒说："向吴中不熟，全恃湖广、江西。"②明末吴应箕也说，江南"半仰给于江、楚、庐、安之粟"③。金声的《金忠节公文集》常提到休宁缺米而江西遏籴的尴尬情形。这就为江西商人从事米粮贩运提供了极好的条件。江西出茶，张瀚在《松窗梦语》中说江西"盐茶之利尤巨"。江西景德镇瓷器更是举世闻名。在明代，瓷器成为江西商人向外输出的主要商品。嘉靖《江西省大志》载："其所被自燕云而北，南交趾，东际海，西被蜀，无所不至，皆取于景德镇，而商贾往往以是牟大利。"江西吉安、抚州、广信等府又是著名的产纸地，上等细白纸有连四、毛边、贡川、京川、上关等，普通白纸有毛六、毛八、大则、中则、里尖；上等黄纸有厂黄、南宫，普通黄纸有黄尖、黄表；粗纸有大筐、放西、放帘、九连、帽壳等，统称毛纸，品种甚多。江西还盛产木材、炭、漆器、苎麻、麻布、各种蓝靛等。江西商人就主要经营这些商品。

福建盛产各色水果和木材、蔗糖、苎布、靛青、纸张、书籍等手工业品，由前述张瀚、何乔远、蓝鼎元等人的描述已可详知。福建靛青称福靛，消耗染料最多的江南在明代已严重依赖福靛。泉州产绢，漳州产纱，堪与江南所产比美。连城出纸，建阳出书。这些特产、手工业品就为福建商人提供了独特的有利条件。泉州的许氏，自明正德直到清康熙年间的八世200年间，主要从事丝绸贸易，其活动范围北至包头，南至江浙闽数省。

---

① 翁澍：《具区志》，汪琬序。
② 陈继儒：《晚香堂小品》卷23，《中国文学珍本丛书》第1辑。
③ 吴应箕：《楼山堂集》卷10《兵事策·策十》，光绪六年刻本。

闽西的四堡乡，从明中叶起便以造纸刻书并负贩于全国而闻名于长江以南各地①。

其他产生商帮的省区，情形相同。广东广州、潮州等地，既多果木特产，又有输入"洋货"之便，"以香、糖、果、箱、铁器、藤、蜡、番椒、苏木、蒲葵诸货，北走豫章、吴、浙，西北走长沙、汉口，其黠者走澳门，至于红毛、日本、琉球、暹罗斛、吕宋，帆踔二洋，倏忽数千万里，以中国珍丽之物相贸易，获大赢利"②。浙江宁波、绍兴等地，有鱼盐之利，"以有海利为生不甚穷"。张守广据至正《四明志》统计，该地鱼类多达58种③。沿海各地又有众多的盐场。因此宁、绍之民"民资网罟出没，衣食之源，大于农耕"④。而宁波人更利用丰富的渔业资源，"其民伐山渔海，虽无事于田，而衣食遂足"⑤。山东盛产棉花、梨、枣等物，源源贩于江南。河南产棉花而缺布匹，多药材、染料及杂粮。山西、陕西多红花等染料、动物毛皮等，又缺少棉布丝绸，于是南北贸易，以有易无，陕西商人不少最初就是由经营江南棉布起家的，资本积累到一定程度，才到两淮转营盐业。这些土特产品，说明每个地方都有若干种甚至几十种商品为他地所缺乏，使得当地商人有可能利用地理差异、价格优势而居于有利地位。明中后期各地地域商帮先后崛起，很大程度上与各地的产品特色和商品结构有关联。

不少商帮的兴起地，在明政府的经济外贸政策的实施中，也有着地理上的优势。万历四十六年（1618）以前，明朝实行纳粮边地、支盐运销的开中法，对于地处边地的山西、陕西商人的崛起有利。有明一代，在西北边地实行中茶易马的茶马贸易，同样对山西、陕西商人的兴起有利。明廷

① 陈支平、郑振满：《清代闽西四堡族商研究》，《中国经济史研究》1988年第2期。

② 屈大均：《广东新语》卷14《食语》，中华书局1985年版。

③ 张守广：《明清时期宁波商人集团的产生和发展》，《南京师大学报》1991年第3期。

④ 嘉靖《定海县志》卷5《风俗》。

⑤ 黄宗会：《缩斋文集·怪松记》。

对外交往先实行禁海、隆庆元年（1567）起部分开海，又对沿海的浙江、福建、广东等地商人的兴起有利。

开中制之有利于山西、陕西商人之崛起，张正明、田培栋等人的既有研究已经揭示了这一点①。只是有关开中制的兴废确实关系到山、陕商人活动地点的转移，而相关论述仍嫌不足，故仍有进一步申说的必要。明政府为了确保守边军队的粮食供应，实行开中制。开中法的基本形式是：户部根据边防或所需纳粮地区官员的报告，经向皇帝奏准，榜示纳中米粮的地点和仓口，公布上纳米粮额数及所中盐运司的盐引额数。上纳米粮的商人根据户部榜示的开中则例，自行选择所报中的盐运司，然后到指定的仓口报中，上纳米粮。仓口官给予仓钞，再由管粮郎中填发勘合，商人据此到指定的盐运司比兑，由盐运司指定盐场支取盐货，运至指定的行盐府县发卖②。在这种制度下，纳粮获得盐引是关键，"是故富商大贾悉于三边自出财力，自招游民，自垦边地，自艺菽粟，自筑墩台，自立保伍，岁时屡丰，菽粟屡盈"③。山西、陕西商人或就近籴粮上纳，或就地屯种粮食上纳，有地近和地利之便。因此早期无论是边地还是支盐的淮、浙地区的盐商均以山陕商人特别是陕西商人实力最为雄厚。文献中有关山陕商人活跃于开中制的事例甚多。万历时曾任延绥巡抚的涂宗浚就曾总结以前的开中制说，官方"召集山西商人认淮、浙二盐，输粮于各堡仓给引，前去江南

---

① 张正明《晋商兴衰史》认为，晋商兴起的原因，第一，明政府为北边各边筹集军饷而推行开中制，为晋商的兴起提供了契机；第二，山西地处中原与北方游牧民族地区物资交换的要冲，这是晋商兴起的有利地理条件；第三，明代山西盐铁等手工业商品生产的发展为晋商的兴起提供了物质基础；第四，明代晋省南部地狭人稠，是晋人外出经商谋生的一个原因；第五，晋人勤俭、礼让、诚信的民风是晋商兴起的人文因素。田培栋《明清时代陕西社会经济史》认为，明代实行开中法及茶马法，给陕西商人提供了从事盐业和茶叶业经营的机会，关中地处东南与西北两大地区之间，为两地的交通枢纽，也是两地货物交换的中转地，陕西商人利用这一有利条件大力进行各地货物的贩运。

② 参见刘淼《明代盐业经济研究》，汕头大学出版社1996年版，第224—225页。

③ 霍韬：《哈密疏》，《明经世文编》卷186。

投司，领引发卖"①。其时运粮运茶到边镇换取盐引的陕西商人，大多是三原、泾阳县商人。很明显，山陕商人的兴起与开中制有着密切关系。如果本色开中制正常运行，山陕商人无疑会维持这种优势。弘治五年（1492），户部尚书叶淇改边境纳粮中盐为运司纳银中盐。叶淇变法后，"山、陕富民多为中盐徙居淮、浙，边塞空虚"②。论者通常认为纳粮开中从此结束，山陕商人由此纷纷移居淮、浙。实际上改为在运司纳银后，边储空虚，明廷又于嘉靖八年（1529）恢复纳粮开中制。万历《明会典》卷三四《盐法通例》开中条载："（嘉靖）八年议准，今后各边开中淮、浙等引盐，俱要查照旧例，召商上纳本色粮料草束，不许折纳银两。其商人自出财力，开垦边地，上纳引盐者听。"令典载之凿凿。所以嘉靖年间庞尚鹏说叶淇变法后，朝廷"寻复开中本色……故论者每归咎于淇，谓其废坏成法自改折色始，而不知自淇改废者，今已复其旧矣"③。山陕商人确实有一个内移的过程，但与短时期实行的运司纳银制关系不会太大。明中期起，势豪染指开中，商人纳粮后，坐候守支，获得盐货日益困难，要支盐就先要从势豪之手获得行盐资格的"窝"，或者到盐产地先行占窝。纳米中盐的开中法正常运作，纳粮边地，商人角逐于边地，山陕商人较之徽商有优势；开中法败坏，纳粮凭引，先要资格，商人角逐于上层甚至权力中央，徽商子弟身居要职者多，徽商较之山陕商人有优势，出资占窝，下场支盐，角逐于淮扬地方，徽商有地理之便，徽商也较山陕商人有优势，万历后期实行纲运法，山陕商人的不利地位更加明显。徽商在淮、浙盐场后来居上，更从另一个侧面说明了开中法于山陕商人兴起之重要。

洪武、永乐年间，明廷先后设陕西秦州（后改名西宁）、洮州、河州、甘州以及四川雅州等茶马司，通过中茶法，以内地之茶易换西北少数民族的马。其基本方法是：由陕西巡抚并布政使出榜，召商交纳粮食或茶叶，商人于巡盐御史处登记挂号，获得买茶引凭，到产茶地方按茶引定额收买

① 涂宗浚：《边盐壅滞疏》，《明经世文编》卷447。
② 胡世宁：《备边十策疏》，《明经世文编》卷136。
③ 庞尚鹏：《清理盐法疏》，《明经世文编》卷357。

茶斤，运赴指定的茶马司，按三成或四成比例交茶，其余部分商人自行出售①。宣德时，商人中茶后，到淮、浙地方支盐，到正统后即不再支盐。弘治三年（1490），西宁、河西、洮州三茶马司召商中茶，每引100斤，每商30引，总数约100万斤，其中官收约40万斤，其余商人自卖。弘治十三年（1500），延绥饥，召商交纳粮草，中茶400万斤。以后每年中茶通常为一二百万斤，嘉靖中有多达500万斤的，但只是偶尔为之②。弘治、正德年间，督理马政杨一清改招商中茶法为招商买茶法。弘治十七年（1504），杨一清先是用银1570余两，动用官夫运茶78820斤，后来考虑到官夫动用民力有限，"又经出给告示，招谕陕西等处商人买官茶五十万斤，以备明年招番之用"。作了尝试，便正式奏请朝廷，"自弘治十八年为始，听臣督同布、按二司官，出榜召谕山、陕等处富实商人，收买官茶五六十万斤。其价依原定，每一千斤给银五十两之数。每商所买，不得过一万斤。给与批文，每一千斤给小票一纸，挂号定限。听其自出资本，收买真细茶斤，自行雇脚转运……运至各该茶马司取获实收，赴臣查验明白，听给价银。仍行委廉干官员，分投于西宁、河州二卫，官为发卖，每处七八万斤至十万斤为止。价银官库收候，尽勾给商。如有赢余，下年辏给。"③到正德元年（1506），杨一清又改为"商人不愿领价者，以半与商，令自卖"，后"遂着为例永行焉"④。这种召商买茶法，由商人垫支资本，买茶运茶，交到茶马司，官方出售其中的大约百分之四十，以此给付商人茶款。这是由官方控制茶叶运销利益的方法，形式上与由商人自负盈亏茶叶运销的招商中茶法不同。但是，上述由官方售卖的茶叶数，以及杨一清在另一疏中所说"召商买茶，官贸其三之一，每岁茶五六十万斤，可得马万匹"⑤来看，真正由官方出售的茶叶仅为百分之三四十，后来更改为一半由商人自留，

---

① 万历《明会典》卷37《茶课开中》。

② 《明史》卷80《食货四》。

③ 杨一清：《杨一清集》卷3《为修复茶马旧制以抚驭番夷安靖地方事》。对照《明经世文编》所载，此疏实为《为修复茶马旧制第二疏》。

④ 《明史》卷80《食货四》。

⑤ 杨一清：《为修复茶马旧制以抚驭番夷安靖地方事》，《明经世文编》卷115。

这与召商中茶本质上并无区别。所以《明史》称杨一清的召商买茶仍为开中法。而无论召商买茶还是召商中茶,无论从上述杨一清所采用的办法,还是从杨一清疏中所说的"一人出本,百人为伙"的商人贩运茶叶的实际情形来估量,从事茶叶运销的应该是或者基本上是山陕商人。中茶交茶的地点在陕西境内的茶马司,买茶在产茶的汉中府,运茶更不出陕西境,山陕商人有着其他地域商人所没有的地理、人力、运输等方面的优势。可见,明政府实行的茶马法,特别是弘治年间实行的召商买茶法指定山陕商人为从业对象,也成为山陕商人兴起的一个有利因素。

明廷实行禁海政策,片板不许下海。然而一味严禁,却始终收效不大。沿海商民铤而走险,冲破禁令,违法下海贸易,走私日本者称为"通番",有人形容,所谓"片板不许下海,艨艟巨舰反蔽江而来,寸货不许入番,子女玉帛恒满载而去"①。在明廷的严厉控制下,违禁走私,要熟悉海路航道,要有资财打造通番大船,要就近组织商品货源,要有足够的航海人手,甚至要与官府有一定的关系,能够避开巡海官军的盘查,事发时有能力藏匿货物和通番人员等。这些条件,只有沿海之人特别是那些豪门巨室才能具备。谢肇淛描述道:"海上操舟者,初不过取快捷方式,往来贸易耳,久之渐习,遂之夷国。东则朝鲜,东南则琉球、旅宋,南则安南、占城,西南则满剌迦、暹罗,彼此互市,若比邻然。又久之,遂至日本矣。夏去秋来,率以为常,所得不资,什九起家。于是射利愚民辐辏竞趋,以为奇货。"②以海商为主体的福建商帮,就是在严厉禁海而屡禁不止的正德、嘉靖时期在大规模的通番过程中形成的。隆庆元年(1567),明廷在福建巡抚涂泽民的奏请下准许民间前往东西洋贸易,而对日贸易仍行严禁。其后东西洋贸易只在日本侵略朝鲜时一度再禁。在合法化的东西洋贸易中,"五方之贾,熙熙水国,剡舻艒艒,分市东西路"③,沿海商民大张

---

① 许孚远:《敬和堂集》卷7《公移文》,《文渊阁四库全书》本。又见谢杰《虔台倭纂》卷上,《玄览堂丛书》续集。

② 谢肇淛:《五杂俎》卷4《地部二》,上海书店出版社2001年版。

③ 张燮:《东西洋考》周起元序,中华书局1981年版。

旗鼓地满载丝绸、瓷器、书籍等江浙地区容易购买的商品，通过澳门、马尼拉等地的中转，源源输出到南洋乃至美洲、欧洲各国。福建、广东商帮恐怕就是在隆庆以后与南洋、拉丁美洲的空前规模的商品贸易中发展壮大的。东西洋贸易合法后，虽然对日贸易仍为非法，但走私日本的途径更多，通番的船只往往以前往东西洋的名义下海，等航行到一定水域后，又折向东航，客观上通番容易得多了。其通番的实况是："今吴之苏、松，浙之宁、绍、温、台，闽之福、兴、泉、漳，广之惠、潮、琼、崖，驵狯之徒冒险射利，视海如陆，视日本如邻室耳。"①万历四十三年（1615），浙江按察使说，浙江"年来贩番盛行"，甚至说"杭之人通国而思贩"，杭州知府说当地人"身既不死于波涛，心犹不死于行贩"。杭州以致流行谚语"贩番之人贩到死方休"②。万历三十八年（1610）到四十二年（1614），浙、闽沿海缉获了七起通番案，在已知走私者地域的两起案件中，涉及福建、浙江、南直隶三省域之人，主要是福建漳、泉人和浙江宁、绍、杭之人③。这从一个侧面说明，福建商帮和浙江商帮也在明后期的违禁走私中得到了发展。明廷对外贸易政策上的缺陷，禁海则利于沿海走私，部分开禁则更使合法贸易和非法贸易难以界定，在这种政策下，内地商人始终缺乏与沿海商人平等竞争的条件和机会。这在清代的对外贸易政策上体现得更为明显。可以说，明代的海外贸易制度，一定程度上有利于东南沿海各省商帮的兴起和发展。

各地之兴起商帮，与当地人对待商业和从商的观念、态度等也有关系。同样的自然地理条件，同样的人多田少矛盾，并没有在同样的地区都产生商帮。这就还取决于各地不同的风土人情等因素。检查地方文献和相关记载可以发现，大凡兴起商帮之地，对于从商大多持肯定或赞扬等积极态度。

先看徽州人。嘉靖、万历时的徽州人汪道昆在其《太函集》中曾不厌其烦地表达其家乡人的贾儒观，如说"休歙右贾而左儒，直以九章当六

① 谢肇淛：《五杂俎》卷4《地部二》，上海书店出版社2001年版。
② 刘一焜：《抚浙疏草》卷6《题覆漂海韩江等招疏》，明刻本。
③ 参见氏著《明代万历后期通番案述论》，《南京大学学报》2002年第2期。

籍"，"古者右儒而左贾，吾郡或右贾而左儒"，歙县"居民左农而右儒"，"里俗左儒而右贾"，"吾乡左儒右贾，喜厚利而薄名高"，新安"其俗不儒则贾，相代若践更，要之良贾何负闳儒"；或者以商人之口气充分肯定经商的作用等于业儒，如说"夫养者非贾不饶，学者非饶不给"，"且耕者什一，贾之廉者亦什一，贾何负于耕"，"夫儒为名高，贾为厚利"。徽商自我标榜："士商异术而同志，以雍行之艺，而崇士君子之行，又奚必缝章而后为士也。"①万历时徽州人吴时行在论到其兄长的经商行为时说："丈夫苟得行其志，即什一自可，何必儒冠。"②结合徽商自己对经商的认识，汪、吴等人所言当是现实的反映。明中期在南京一带经营的歙县黄大志说："四民之业虽殊，可通济，商之逐末能损利以济人，孳孳奚为哉！"③嘉靖时人徽州休宁商许文篆之兄慰藉曰："得丧命也，显晦时也。干萤老蠹中，活埋无限英雄，岂必腰青纡紫，乃称丈夫乎！"④万历时在苏州、江淮间经商的徽商程绣与其妻子商量是否应该休学经商时，其妻说："世安有丈夫七尺而墨守蠹鱼，又安有骏马千里而恋恋栈豆为者，且父命也，子决矣。"⑤婺源商人李大圻弃儒从贾时说："丈夫志四方，何者非吾所当为，即不能拾朱紫以显父母，创业立家亦足以垂裕后昆。"⑥明末学者休宁人金声甚至说，"故俗大都以其黠无赖者出贾，而其钝无能者乃坐而读书"⑦。世家大族应该与经营活动保持距离，可徽州歙、休宁两县，"以俗业贾，日筹子母……其大家亦习于筹子母"，甚至士大夫家因"皆筹子计母，不

---

① 《汪氏统宗谱》卷116《弘号南山行状》。

② 吴时行：《两洲集》卷6《仲兄养默传》，《故宫珍本丛刊》本。

③ 嘉靖《新安左田黄氏宗谱》卷3《处士黄君大志行状》，转引自陈学文《徽商与徽学》，方志出版社2003年版。

④ 陈继儒：《陈眉公先生集》卷36《石泂许公元配程孺人行状》，内阁文库范景文序刻本。

⑤ 陈继儒：《陈眉公先生集》卷35《梅轩程翁暨朱孺人合葬墓志铭》，内阁文库范景文序刻本。

⑥ 婺源《三田李氏统宗谱·环田明处士松峰李公行状》。

⑦ 金声：《金忠节公文集》卷7《寿明之黄太翁六秩序》。

脱商贾气习"①，士大夫不脱商贾习气，引致外地人的讥笑。明末小说更形容"徽州风俗，以商贾为第一等生业，科第反在次着"②。说明代徽州人"薄名高"则未必，说他们"喜厚利"却如实。说他们"左儒右贾"，"以商贾为第一等生业"，不免夸张，但在徽州人看来，商业等同于农业，为谋生、为致富、为了子孙能够读书发达，业商甚至可以等同于业儒，业商并不下贱可耻，业儒业商，可以并举，可以相代若践更，迭相为用，可以互利互益，可以互相转换，只是视需要而已。这与江浙那些书香门第世代诗礼传家，科举世家唯以括帖为务，是有着明显不同的价值取向的。清初小说描写："徽州俗例，人到十六岁，就要出门学做生意。"③一到年纪，出门学做生意是已经成为习以为常的俗例，而且出门经商者乃机灵之人，而在家读书攻举业者乃钝拙无能者。在这样的氛围或环境熏陶下，出门经商而且相习成风，也就极为自然。

再看洞庭山人。明天启时苏州人文震孟说，洞庭东西山人是"计然之策行而诗书之道绌"，"右程卓而轻邹鲁"④。清初当地人吴一蜚说明代洞庭人"以商贾为本计，而以读书为末务"⑤。明中期后洞庭商人名声大振，但凭借资财因而科举登第者罕闻，多少与他们不重视科考有关。嘉靖时"名满天下"的东山商人翁参据说读书明大义，但不乐训诂，尝自叹："与而曹一把握操作数，能纵横天下哉！"⑥其弟翁赞也说："男儿志在四方，区区匏系何为乎？"⑦其孙翁启明更说："男子举事，须当世用，宁苦吟学圃，课虚则有乎？"⑧他们似乎意识到读书未必有大出息，而经商更能成就大事业。如果他们坚持走科考之路，兴许也能探杏折桂，走上仕途。而直

① 金声：《金忠节公文集》卷4《与歙令君》。

② 凌濛初：《二刻拍案惊奇》卷37《迭居奇程客得助　三救厄海神显灵》，上海古籍出版社1985年版。

③ 艾纳居士：《豆棚闲话》第3则，《中国文学珍本丛书》第一辑。

④ 文震孟：《郑氏重修谱序》，乾隆《重修东山郑氏世谱》。

⑤ 吴一蜚：《南村公墓志铭》，乾隆《洞庭吴氏家谱》。

⑥ 王世贞：《春山公暨配吴孺人合葬墓志铭》，乾隆《翁氏宗谱》卷11。

⑦ 王毅祥：《梅林公墓志铭》，乾隆《翁氏宗谱》卷11。

⑧ 董其昌：《见源公暨配石孺人墓志铭》，乾隆《翁氏宗谱》卷11。

到清中期，苏州府附郭三县，"读书之家稍自给者，更不以封殖为学殖累"，"市民室鲜盖藏，日逐蝇头为朝夕计，乡民则力田捕鱼佣作操舟而外，罕有携数百金贸迁于外者"①。除了太湖中的洞庭东西山，当地所谓从商者只是那些牙人经纪和开店设铺的坐贾，而少有从事大规模长途贩运的行商。只要有可能，绝"不以封殖为学殖累"，这与洞庭商人的观念是截然相反的。

再看山西人。清雍正二年（1724），山西学政刘于义奏称："山右积习，重利之念甚于重名。子弟俊秀者多入贸易一途，其次宁为胥吏，至中材以下方使之读书应试，以故士风卑靡。"雍正批道："山右大约商贾居首，其次者尤肯力农，再次者谋入营伍，最下者方令读书。朕所悉知，习俗殊属可笑。"②既称积习，当由来已久，明代晋商与徽商齐名，其重商习气更甚于徽商。光绪时山西太谷人刘大鹏说，"近来吾乡风气大坏，视读书甚轻，视为商甚重，才华秀美之子弟，率皆出门为商，而读书者寥寥无几，甚且有既游庠序竞弃儒而贾。亦谓读书之士，多受饥寒，曷若为商之多得银钱，俾家道之丰裕也。当此之时，为商者十八九，读书者十一二。"③又说："凡有子弟者，不令读书，往往俾学商贾，谓读书而多困穷，不若商贾之能致富也。是以应考之童不敷额数之县，晋省居多。"④这种情形，在江南、安徽桐城等地，简直是不可想象的。

陕西人也是如此。隆庆、万历时的郭正域说："秦俗以商贩为业，即士类不讳持筹。"⑤张瀚说其地"自昔多贾"。对照司马迁《史记·货殖列传》，秦地多富商大贾，流风遗韵，看来陕西出商帮，是有其风俗传统根

---

① 乾隆《长洲县志》卷10《风俗》。

② 《雍正朱批谕旨》第47册，雍正二年五月九日山西学政刘于义奏，光绪十三年上海点石斋影印本。

③ 刘大鹏：《退想斋日记》，光绪十八年十一月十五日，山西人民出版社1990年版，第17页。

④ 刘大鹏：《退想斋日记》，光绪二十三年十二月二十五日，山西人民出版社1990年版，第78页。

⑤ 郭正域：《大司马总督陕西三边魏确庵学曾墓志铭》。

基的。

前述福建泉州安平人"庆著鬻财""安平不讳贾",显然以营商为正当光大之生业。

绍兴人也以外出谋生为尚。万历时王士性说:"其儇巧敏捷者入都为胥办,自九卿至闲曹细局无非越人,次者兴贩为商贾,故都门西南一隅,三邑人盖栉而比矣。"①雍正初年,浙江巡抚李卫上奏说,绍兴人"凡有黠才能事之辈,多不肯安居本籍,俱远出在外,其在本地土著,大抵无他技能"②。虽是说的清初情形,然由明人所言观之,其出外风习自明已然,而且细究语意,当地人实以外出为能,其来有自。

正是在特定的时空背景、特定的社会条件下,全国社会经济变迁的大背景,结合各地的实际情形,各地商帮先后兴起了。

综上所述,明代中后期,商品生产的日益发展,商品流通的愈形发达,为各地商人集团的兴起或产生提供了经济发展背景;明代中后期交通条件的改观,有利于大规模远距离的商品贩运,也为单个商人成帮经营提出了现实要求,从而加速各地商帮的兴起;明代中期起白银逐步货币化,从而改变了传统支付手段,提高了结算效率,推进和刺激了商品的大规模流通,为商帮群体的产生创造了极为有利的客观条件;明朝商业税率偏轻或相形变轻,降低了商人的商业经营成本,有利于商人实力的增加和商人集团的产生;随着商品经济的发展,商品流通的发达,商业经济的神奇力量日见功效,社会各阶层对商人的看法也在发生变化,也为商人集团的产生起了推波助澜作用。所有这一切,构成了商帮形成的极为有利的全国大背景。与此同时,各地的商品生产特点,各地的自然地理条件和产品结构,明廷的边防边贸和对外政策,各地的风土人情对待经商的认识等各种因素,使得各地先后形成了大大小小的商帮。具体说来,明代中后期商品生产的发展特别是蚕桑丝绸、棉花棉布生产形成专门化和区域化的特点,

① 王士性:《广志绎》卷4《江南诸省》。

② 《雍正朱批谕旨》第40册,雍正四年十二月初二日浙江巡抚李卫奏,光绪十三年上海点石斋影印本。

为徽州、山陕、洞庭、闽粤等商人从事长途贩运棉布提供了有利条件。不少地区人多田少或地瘠不足食用，人田矛盾较为突出，而大多又多土特产品或者特色商品生产发达，地利优势和谋生的需求推动着地域商人集团的兴起。国家在成化末年以前实行纳粮边地、支盐运销的开中法，对于地处边地的山西、陕西商人的崛起有利，弘治年间由纳粮边地改为纳银运司则有利于徽州盐商势力的坐大；而在西北边地实行中茶易马的茶马贸易，同样对山西、陕西商人的兴起有利；对外先实行禁海后又部分开海的政策，则对沿海的浙江、福建、广东等地商人的兴起有利。各地民众对于商业的不同观念、不同做法，也成为有无商帮兴起的重要因素。明代中后期各地地域商帮的产生，正是其时各地自然条件、商品生产特点、国家的经济和对外政策以及人们的社会观念等各种因素综合影响的结果。商帮的兴起，正是中国近世社会转型的具体标志。

原载日本京都大学《东方学报》第 80 期，2007 年 3 月。又以《商帮探源述流》为题，刊于《浙江学刊》2006 年第 2 期；《明代地域商帮的兴起》刊于《中国经济史研究》2006 年第 3 期；《明代地域商帮兴起的社会背景》刊于《清华大学学报》2006 年第 5 期。此三文分别由报刊复印资料《经济史》2006 年 4 期、《经济史》2007 年第 1 期和《明清史》2006 年第 12 期转载，《明代地域商帮兴起的社会背景》一文英文译载于 *Frontiers of History in China* 2007 年 3 期

贩番贩到死方休

——明代后期（1567—1644年）的通番案

出于海防和限制民间对外交往的目的，明廷原来实行严厉的海禁政策，片板不许下海，民间不得对外贸易。然而在这严禁对外贸易的政治背景下，东南沿海商民前往日本贸易却从未绝迹。隆庆年间（1567—1572），明廷部分开放海禁，准贩东西二洋，民间可往南洋贸易，但对日贸易仍行严禁，沿海商民只能仍以违禁走私的形式赴日贸易。这种被明人称之为"通番"的走私贸易，伴随着东西洋开禁和对日贸易的更形严禁，自隆庆开海，特别是万历后期起反而更为兴盛。既有研究大多集中在嘉靖倭患时期的走私贸易，而对其后时期却注意不够，即使有所涉及，也缺少个案分析①，以至一定程度上形成明代海外贸易史研究上的缺环。事实上，隆庆开海后直至明亡，不独对日"通番"盛于往昔，走私贸易也出现了一些新的变化。本文主要依据未见前人引用的明代地方官员审结案件的奏报和明

---

① 有关明代通番的研究，除了常被提及者外，重要的论著有：［日］佐久间重男：《明代海外私贸易の历史背景—福建省を中心として—》，《史学杂志》第62编第1号，1953年1月，第1—25页；林仁川：《明末清初的私人海上贸易》，华东师范大学出版社1987年版；李金明：《明代海外贸易史》，中国社会科学出版社1990年版；张彬村：《16世纪舟山群岛的走私贸易》，见《中国海洋史论文集》第1辑，"中央研究院"中山人文社会科学研究所，1984年，第71—95页；［日］松浦章：《明代后期の沿海航运》，《社会经济史学》54卷3号，1988年9月，第86—102页；黄启臣：《明中叶至清初的中日私商贸易》，《关西大学东西学术研究所纪要》37，2004年4月；［日］檀上宽：《明代海禁概念の成立とその背景—违禁下海から下海通番へ—》，《东洋史研究》第63卷3号，2004年12月，第421—455页。

实录中少见前人引用的材料,拟对隆庆以后特别是万历后期以至明末东南沿海通番的程度、特征以及屡禁不止的原因和以往从未见人提及的地方官府的审理意见等作些探讨,希望有助于明代海外贸易史和区域社会经济史的研究。

一

明前期实行严厉的海禁,虽然民间时有突破禁令违禁下海之举,但因为违法,遭到官方严厉打击和无情镇压,其规模和实力总属有限,民间航海势力得不到正常和应有的发展。直到隆庆年间,深悉地方民情的漳州知府罗青霄,目睹民间从事海外贸易的实况,吁请开海禁,福建巡抚涂泽民上奏朝廷获得批准,在福建漳州海澄月港开港,"准贩东西二洋",惟前往日本经商仍在禁止之列[①]。从此,实行了整整两百年的海禁政策才作出了调整。隆庆开海后,民间海外贸易,特别是中国到"西洋"各国的贸易出现了前所未有的兴旺景象。曾任应天巡抚的福建人周起元称颂说:"我穆庙时除贩夷之律,于是五方之贾,熙熙水国,刳艅艎,分市东西路。其捆载珍奇,故异物不足述,而所贸金钱,岁无虑数十万,公私并赖,其殆天子之南库也。"[②]很显然,开海以后民间前往南洋各国的贸易活动是极为活跃的。公私利赖,对国家、官府和民生都是极有好处的。

---

① 张燮:《东西洋考》卷7《饷税考》,中华书局1981年版,第131页;又参见许孚远《疏通海禁疏》,《明经世文编》卷400,中华书局1962年版,第4332页。以往论著提到隆庆开海,大多只称是由于涂泽民的奏请,然据李维桢《大泌山房集》卷66《郑少司马家传》载:"郑公名汝璧,字邦章……海澄旧为月港,夷与华市,有器竞,始置邑弹压之。守罗青霄请开海市禁,惟不得通日本。"又据郑汝璧《由庚堂集》卷38《睹记》载:"闽漳海澄,旧为月港,海外诸国利得中华货物,市尝三倍,而苦海禁严,不得交易。漳泉人辄通倭、韩,厚倩一二倭奴市贩,遇官兵奋敌,而地方日多事矣。罗守青霄请开海禁,令民得具大艘载货各国贸易,惟日本风异不许开禁,诸富家出钱置舟市货,雄有力及无赖子驾而往,归倍偿焉。"可知开海禁之议最初出于漳州知府罗青霄。

② 张燮:《东西洋考》,周起元序,序文第17页。

然而开放民间海禁的好景并不长。万历二十年（1592），日本关白丰臣秀吉出兵侵略朝鲜，中国海防吃紧，明廷即于次年下令禁海。万历二十六年（1598）十一月，日本自朝鲜退兵，明廷才于次年二月复开市舶于福建（论者以为此间海禁为时仅一年，不确）[①]，东西两洋贸易方又为合法，而对日贸易仍行禁止。万历末年，明朝海防日益废弛，海道不靖，而葡萄牙人、荷兰人又先后东来，横行海上，劫夺船货。崇祯元年（1628）三月，福建巡按御史赵荫昌请"禁洋舡下海"，令有司定议[②]。明廷出于海防安全考虑，又第三次禁海。天启、崇祯之交，福建晋江人何乔远认为，"今闽人生息益众，非仰通夷无所给衣食。又闽地狭山多，渠渎高陡，雨水不久蓄，岁开口而望吴越东广之粟船，海乌能禁"[③]，并进而上《请开海禁疏》，说"闽地窄狭，田畴不广，又无水道可通舟楫，上吴越间为商贾，止有贩海一路，可以资生"[④]，要求开海禁。崇祯十二年（1639）三月，给事中傅元初代表福建公论上奏，请求朝廷下令福建地方讨论是否应该重行开海征税[⑤]，未有结果。上述明朝海禁和开海的反复过程，从未见人叙述其详。如此算来，明廷自隆庆年间的开海禁，实际上前后不到50年。东南沿海民间合法的海上贸易的兴盛局面只是昙花一现，就在明廷既有海禁政策的控制下和欧人东来的干扰下，海外合法贸易再次步入萧条境地。

---

① 《明神宗实录》卷331，万历二十七年二月戊辰，"中央研究院"历史语言研究所校印本。

② 《崇祯长编》卷7，崇祯元年三月，《明实录附录》。由日后大臣的奏疏，可知此次禁海主张获朝廷批准。又，万历四十三年五月，致仕在家的嘉兴人李日华有客造访，客谓"闽浙弛禁，番舶恣行"，可见其时尚未海禁。傅元初《请开洋禁疏》称，万历末年，"朝廷遂绝开洋之税"。但由上述赵荫昌奏疏，可知其时实际仍未海禁，故将崇祯元年定为再次禁海之年。

③ 何乔远：《镜山全集》卷26《闽书·扞圉志》，日本内阁文库藏深柳读书堂刻本。

④ 何乔远：《镜山全集》卷23《请开海禁疏》，日本内阁文库藏深柳读书堂刻本。

⑤ 傅元初：《请开洋禁疏》，顾炎武：《天下郡国利病书》原编第16册《福建》，《四部丛刊》三编，第33—34页；孙承泽：《山书》卷12"开洋之利"条，浙江古籍出版社1989年版，第308—310页。

　　在这东西洋贸易禁而开，开而复禁，再禁而再开的过程中，与日本的贸易却始终禁而未弛，即所谓"于通之之中，申禁之之法"①，而且由于万历二十年（1592）日本入侵朝鲜，明廷对日防范更严，因而禁海程度较前更严，十年一贡的朝贡贸易事实上也已停顿。在这样的背景下，中国与日本之间的贸易是何状况呢？

　　有关这一点，日本学者木宫泰彦作了开拓性研究。他依据日方一侧资料，在其《日中文化交流史》中表述：丰臣秀吉执政以前，尽管明朝实行海禁，但明朝的商船驶往日本平户等地源源不绝，"大唐和南蛮的珍品年年充斥，因而京都、堺港等各地商人，云集此地"。然而到了织田信长和丰臣秀吉时代，尤其当"丰臣秀吉用兵朝鲜以后，明朝商船似乎一度完全绝迹"，"尽管南蛮船驶来日本的日益增加，而明朝商船驶到日本的却几乎绝迹了"。庆长五年（明万历二十八年，1600）秋季，才有明朝商船开进长崎交易。所以庆长十一年（明万历三十四年，1606）九月，萨摩的岛津义久在致琉球国王的信中说，"中华与日本不通商舶者，三十余年于今矣"。庆长十二年（明万历三十五年，1607），泉州商客许丽寰来到萨摩，经营贸易。两年后，"有明朝商船十艘，舳舻相接开到萨摩，停泊在鹿儿岛和坊津"。庆长十五年（明万历三十八年，1610），有广东商船开到长崎。同年，有应天府商人周性如到达肥前的五岛。其时虽然德川家康试图恢复勘合贸易的努力没有成功，但从南京（当为南直隶——引者）和福建每年开往长崎贸易的商船逐年增多。庆长十六年（明万历三十九年，1611），据主持长崎贸易的官员报告，当年开到长崎的外国船只共有80多艘，其中有不少是明朝商船。次年，"明朝商船和从吕宋返航的日本商船共二十六艘，舳舻相接，同时开进长崎港，载来白丝二十余万斤"。庆长十八年（明万历四十一年，1613），又有漳州商船六艘载运糖等商品开到长崎。元和三年（明万历四十五年，1617）以后到明朝灭亡，"明朝商船

---

　　① 许孚远：《疏通海禁疏》，《明经世文编》卷400，中华书局1962年版，第4333—4334页。

开到长崎的似乎很多"①。依照木宫泰彦的上述研究，万历前中期，特别是丰臣秀吉出兵朝鲜后，明朝民间前往日本贸易一度绝迹，而直到万历三十七年（1609）后，才有较多的明朝商船赴日贸易。据已掌握的中文文献来看，其时中国对日民间贸易的状况，正与木宫泰彦的描述和结论相吻合。只是木宫泰彦未能详细叙述并作进一步探讨。

当时民间赴日贸易的盛况，由中文文献描述可见一斑。万历中期，"人辄违禁私下海"②，人称"海禁虽密，然海舶何尝不往来"③，又谓"今闽越商船贩海，未尝禁绝，皆私行耳，非国家明与开市也"④。万历后期，禁止走私日本程度更烈，万历三十七年（1609）福建巡抚陈子贞上奏海防条议七事，请求加强海禁，获得批准。但因为利润丰厚，"贩日本之利倍于吕宋"，因而商人往往"夤缘所在官司擅给票引，任意开洋，高桅巨舶，络绎倭国"⑤。万历四十年（1612）六月，因闽浙人走私日本，"绳绳往来"，在浙江巡抚高举的奏请下，明廷颁布海禁新例六条，厉行海禁。然而就在颁布新例前后，民间走私日本之风似乎更盛于以往任何时候。时人谢肇淛描述其盛况道："今吴之苏、松，浙之宁、绍、温、台，闽之福、兴、泉、漳，广之惠、潮、琼、崖，驵侩之徒冒险射利，视海如陆，视日本如邻室耳。"⑥万历四十年（1612），福建巡抚丁继嗣说，"闽中奸民视倭为金穴，走死地如鹜"⑦。万历四十年（1612）前后，人称，"愚民蹈利如

① ［日］木宫泰彦著，胡锡年译：《日中文化交流史》，商务印书馆1980年版，第618—627页。

② 张燮：《东西洋考》卷7《饷税考》，中华书局1981年版，第133页。

③ 陈懿典：《驳倭议》，《明经世文编》卷465，中华书局1962年版，第5109页。

④ 张位：《论东倭事情揭帖》，《明经世文编》卷408，中华书局1962年版，第4439页。

⑤ 《明神宗实录》卷476，万历三十八年十月丙戌，"中央研究院"历史语言研究所校印本。

⑥ 谢肇淛：《五杂俎》卷4《地部二》，上海书店出版社2001年版，第80页。

⑦ 《明神宗实录》卷497，万历四十年七月辛未，"中央研究院"历史语言研究所校印本。

鹜，其于凌风破浪，直偃息视之，违禁私通，日益月盛"①。万历四十一年（1613），直隶巡按御史薛贞奏报，"今直隶、浙江势豪之家私造双桅沙船，伺风越贩"②。万历四十三年（1615），浙江按察使说，浙江"年来贩番盛行"，甚至说"杭之人通国而思贩"；杭州知府说当地人"身既不死于波涛，心犹不死于行贩"，杭州以至流行谚语"贩番之人贩到死方休"③。万历四十五年（1617），应天巡抚王应麟称，"沿海民多造沙船，始贾装运之利，继为通夷之谋"④。江浙交界的南洋山一带，是渔船鳞集、盗贼出没之地，每年渔期，浙江台、温并宁波所属各县渔民，纷纷驾船前往捕鱼，然后回船入定海关，各归宁波等港埠领旗输税，听凭牙人召集各处商贩货卖。崇祯十一年（1638）应天巡抚张国维疏奏，"迩年突出，宁、绍、苏、松等处商民藐法嗜利，挟赍带米货，各驾滑、稍、沙、弹等船，千百成群，违禁出海，银货张扬海外，日则帆樯蔽空，夜则灯烛辉映，兜卖鱼鲜，逍遥唱饮，于官兵巡缉不到之地，以苦海为闹市，遂至海寇垂涎"⑤。崇祯十三年（1640）五月，继任应天巡抚黄希宪在禁通番的告示中说："乃吴中奸徒，趋利如饴，走死若鹜，直以通夷接济为生涯，有装载绸段酒米交相贸易以罔厚货者，有私藏铳炮火药潜通线索以资敌国者，有勾引外夷往来内地窥探虚实者。此辈积贿如山，挥金似土，官兵吞其厚饵，复利其多赃，每每知而不拏，拏而不解，间搜一二捕鱼小贩抵搪塞责，而巨窝元恶确有主名者，反听其纵横。"⑥同年八月又说："沿海一带，向有积棍久踞此地，私造双桅船只，勾引洋客，擅将内地违禁货物满载通番，包

① 顾炎武：《天下郡国利病书》原编第16册《福建·洋税考》，《四部丛刊》三编。

② 《明神宗实录》卷513，万历四十一年十月乙酉，"中央研究院"历史语言研究所校印本。

③ 刘一焜：《抚浙疏草》卷2《题覆越贩沈文等招疏》，明刻本。以下凡叙及此案，不再出注。

④ 《明神宗实录》卷557，万历四十五年五月己卯，"中央研究院"历史语言研究所校印本。

⑤ 张国维：《抚吴疏草》疏二《剿除海寇疏》，明崇祯刻本，第609页。又见《四库禁毁书丛刊》史部第39册，北京出版社1997年版，第461—463页。

⑥ 黄希宪：《抚吴檄略》卷1《严禁约束告示》，明刻本。

送堆贮，往来交搠，以致倭夷窥伺，贼盗充斥，实为江南隐忧。本院禁约久申，卒未有密获以报，倘亦沿海官捕有吞其厚饵，而不忍发觉者乎！今巡历海滨，合就访拿重创。"①崇祯十四年（1641），江南沿海"各营捉获盐盗通番船只"，将船只估变价值充饷，"各船变价数已盈千"②，通番广及盐船，船只也多。可见，在明廷开海禁海交叉进行而趋向于禁海的明后期，在始终严禁与日本贸易的明后期，直到明末，江南商民违禁出海前往日本的通番贸易其势丝毫不减于以前，查禁通番，始终是地方政府视为有关海防安全的大事，而收效甚微。

二

上述历代对于通番的概括性描述，可由大量具体事例证实。今查阅史料，辑得若干通番案例，胪列如次。

1. 万历三十八年（1610）欧梓等劫商掠资通番案。海贼欧梓、洪贵等纠合42人，驾船列械，劫夺柴客之船，抢掠泉州商人之货，至福州港口，又抢得浙江商人之货，将绍兴商人黄敬山等捆丢船舱，搬抢糖货，分船回航海澄，其中28人又开洋径向日本。遇风漂至金齿门，与官哨相遇。官船15艘紧袭夹攻，欧梓等14人战败就缚，其余投水。

2. 万历三十八年（1610）严翠梧、方子定纠合浙人通番案。万历三十七年（1609），久居定海的闽人方子定同唐天鲸雇陈助我船，由海澄月港通倭，途中货物被抢，就以船户出名具状，称倭为真主大王，告追货价，获利颇丰。闽人严翠梧、李茂亭闻知，甚为艳羡。有朱明阳者，购买哨船，修葺后转卖给浙人李茂亭。李先期到杭州收货，伙同林义报关出洋。严翠梧与船工薛三阳唤找船匠胡山，打造艚船一只，通过关霸透关下海等候。又买杭州货物，密雇船户马应龙、洪大卿、陆叶的艍艚船三只，诈称进香，乘夜偷偷出关。船至普陀，被哨官陈勋巡海发现，哨兵索得缎绢布

---

① 黄希宪：《抚吴檄略》卷7《督抚地方事》，明刻本。
② 黄希宪：《抚吴檄略》卷3《为清察获船以济漕运事》，明刻本。

匹等物，放纵使行。三只小船货物即移入薛三阳大船。方子定先期往福建收买杉木，到福建交卸，意欲紧随薛三阳等同船贩卖，就将杉木船潜泊于大嵩港，而预先叫杨二往苏杭置买湖丝，引诱郑桥、林禄买得毡毯，同到定海。见薛三阳船已先开，将货物顿放在方子定家，要寻船装货。正值军令严行密访漳、泉奸徒，方子定通番事情遂被知县黎氏侦缉。官府从高茂章园内搜出货物，又在方子定家中搜出其上年通番货物帐簿、朝见倭王等人礼仪单款、叩恩急求便商朱语及告追被夷抢去财物状稿等。

3.万历三十八年（1610）林清、王厚商造大船招徕商贩通番案。福清人林清与长乐船户王厚，商造钓槽大船，雇请郑松、王一为把舵，郑七、林成等为水手，金士山、黄承灿为银匠，习海道的李明为向导，懂倭语的陈华为通事，招徕商贩，购买货物，满载登舟。六月初二日由长乐开船，至五岛而投倭牙五官六官，听其发卖货物。陈华赍送土仪，李明搬运货物。又有久寓于杭的闽人揭才甫，与杭人张玉宇相善，出本贩卖绸绢等货，同义男张明觅得船户施春凡与商伙陈振松等30余人，于七月初一日由宁波开船发行。施春凡、陈振松等仍留在五岛，张玉宇与林清等搭船先归。十月初五日由五岛回航。十二日飘至普陀附近，被官兵哨船发觉。慌忙之中，商船触礁搁浅。商人上岸，负银而逃。官兵各路捉拿，擒获伙犯69人，搜获银3900余两，并倭物、《倭语》及通番帐目。

4.万历三十八年（1610）赵子明等出本借资通番案。杭州人赵子明、沈云凤、王仰桥、王仰泉、何龙洲等，一向织造蛤蜊班缎匹等货。有周学诗者，从赵处赊欠得缎匹，往海澄贸易，搭船开洋往暹罗、吕宋等处发卖。因遭遇风涛，在三茅观延请道士设醮演戏酬神，观者甚众，通番之事败露。案中杭州生员沈云凤，将资本交托仆人沈来祚、来祥往海澄贸易，来祥等径往吕宋等处贩卖货物，包利偿还其主人①。

5.万历四十年（1612）沈文等通番案。绍兴府山阴县人沈文到杭州凑本贩货走洋，从南京户部主事处告请文引，聚集了福建、浙江、南直隶商

① 以上几案皆见王在晋《越镌》卷21《通番》，明万历三十九年刻本，收入《四库禁毁书丛刊》集部第104册。

人93人，收买丝绢杂货，由杭州府仁和县人王秀出名报关。五月十二日开船，据称往福建货卖。二十五日到温州，遇飓风折坏桅舵，随风飘荡。六月十五日漂到朝鲜松浦地方，求救上岸。朝鲜官方将船上82人解送到中国①。明廷令押解至浙江审问。行至通州，王秀等64人逃散，实到浙江的只有褚国臣等18人，后来又有26人投案自首。

6.万历四十一年（1613）陈仰川等通番案。浙江嘉兴县民陈仰川和杭州人萧府、杨志学等百余人潜通日本贸易财利，被刘总练、杨国江所获，巡按御史薛贞审实奏闻②。

7.万历四十二年（1614）韩江等合伙通番案。杭州府仁和县人韩江，纠合同县人蒋昂、钱塘县人李恩等94人，各置丝货、药材，于六月十四日同往奉化，投积窝张道，汇齐诸人。八月初二日下船，初四日遇风，波涛汹涌。初七日开向长崎岛。初八日漂到朝鲜釜山，获救上岸。朝鲜将这些人由陆路解送回国。都司李国楹只派解役宋廷佐、陈一本二人押送。乘解役怠忽，刚入山海关，林溪等65人脱逃，只有29人被押解到浙江。后来实际就审者仅为36人③。

8.崇祯十一年（1638）应天巡抚张国维奏报。两年中共获通番人犯6起，赃物共6990余两。（1）徽州人汪有德、仇尚清二人，驾施玉衡船，崇祯十年（1637）七月初二日出洋，被军营先锋沈升等盘获船货。（2）李明、张四、冯运翼、陆升四人通倭，被军营先锋沈升等盘获。（3）苏州人杨鸣凤、张宇通倭，被游兵营守备吴始蕴捉获。（4）张二、白舵、薛魁、陈子高通倭，被奇兵营把总吴孟璋捉获，起获番货等。（5）吴淞江守备陶

---

① 《抚浙疏草》卷2《题覆越贩沈文等招疏》，称共有93人，具体人名却只有82人，而《明神宗实录》卷502称"朝鲜奏解王秀等八十一人"。通番者应有93人，中途遇风溺水，漂到朝鲜者仅剩82人。故从《抚浙疏草》所载实名，视有82人。

② 《明神宗实录》卷513，万历四十一年十月乙酉，"中央研究院"历史语言研究所校印本。

③ 《抚浙疏草》卷6《题覆漂海韩江等招疏》称通番者有95人，但合计其所载脱逃者和押解就审者却只有94人，且《明神宗实录》卷530（万历四十三年三月丙辰）也记为94人，故以94人为准。以下凡叙此案者，不再出注。

拱极申称，捉获通番人犯陈嗣南、贾南山、汪宇、林之贤，船户盛有恩，水手王二、周一、房思川等，共银685两，古钱38万多，及杂物等。(6)程无违事先送给有关员役银300两，约定包送出洋，后施翘河、王仰耕等驾驶常熟福山字号双桅船三只出关，遇着民魏三省等巡缉时发现，施等声称，是"程无违船，前付银三百两，讲过包送，为何又追"。把总吴士达呈报，"查得哨官王宪不能缉之于早，且护送出洋"，显系"贿纵"①。

与上述事例相类似，自万历三十八年（1610）至四十二年（1614），朝鲜缉获或解送还中国漂民的事例还有不少。如万历三十一年（1603），送还漂流人口29人②。万历三十八年（1610）十一月，送回福建漂海人丁陈成等29人③；三十九年（1611）八月，解还福建莆田仙游漂海人民林润台等32人④；三十九年（1611）十二月，奏获漂海民人张亨兴等17人⑤；四十二年（1614）十一月，奏解航海遭风漂流人民胡敬等42人⑥。万历四十三年（1615）八月，朝鲜全罗左少使状启，"漂流唐船一只，捕捉唐人九十五名，留置釜山，与倭奴混处，不便，请留置内地"⑦。万历四十六（1618）年九月，朝鲜谢恩使管送漂海人民薛万春等41名到京师⑧。天启七

① 张国维：《抚吴疏草》疏三《报获番船疏》。此疏文又见《四库禁毁书丛刊》史部第39册，北京出版社1997年版，第461—463页。

② 《明神宗实录》卷387，万历三十一年八月辛卯，"中央研究院"历史语言研究所校印本。

③ 《明神宗实录》卷477，万历三十八年十一月戊午，"中央研究院"历史语言研究所校印本。

④ 《明神宗实录》卷486，万历三十九年八月甲午，"中央研究院"历史语言研究所校印本。

⑤ 《明神宗实录》卷490，万历三十九年十二月庚寅，"中央研究院"历史语言研究所校印本。

⑥ 《明神宗实录》卷526，万历四十二年十一月辛酉，"中央研究院"历史语言研究所校印本。

⑦ 朝鲜《李朝实录》第32册，《光海君日记》卷81，六年八月辛丑，科学出版社1959年版，第753页。

⑧ 朝鲜《李朝实录》第33册，《光海君日记》卷一三七，十一年二月丁卯，科学出版社1959年版；《明神宗实录》卷573，万历四十六年八月壬午，"中央研究院"历史语言研究所校印本。

年（1627），朝鲜有"漂流唐人十六名"留置①。崇祯五年（1632），朝鲜国王"接见漂流唐人孙得洪、刘光显等，赐礼单酒四行而罢"②。崇祯七年（1634）二月，朝鲜将漂流到济州的汉人李如果等10人送到椵（即皮岛）③。此外，万历四十年（1612），松江人"出海商贩，同舟者一百二十人"④。同年十二月，兵部题覆福建巡抚丁继嗣等奏，擒获通倭蔡钦、陈思兰等⑤。这些事例虽性质难定，但下海私贩迹象明显，联系上述朝鲜解还人犯的通番案，恐怕大多也系违禁走私日本。万历末年，至少还有陆星寰通倭，沈敬、陈时等通番，胡连海合伙买船通番，戴颜鲲通番，辜懋等通番，杨秀违禁通番等被缉获⑥。以上都是通番之被缉获的有名有姓者，不知名姓通番者和通番未被缉获者更不知凡几。短短几十年中，缉获通番人犯就如此众多，既说明当时禁止通番查缉之严，更说明当时违禁走私日本之盛。

三

如果仔细观察上述事例，可以发现，明后期的通番，自万历后期起，地域上具有逐渐北移的特点。即由漳州、泉州而福州，由福建而浙江。万历四十年（1612），吏部员外郎闽县人董应举听乡人说，"向时福郡无敢通倭者，即有之，阴从漳、泉附船不敢使人知，今乃从福海中开洋，不十日

---

① 朝鲜《李朝实录》第34册，《仁祖大王实录》卷15，五年三月戊子，科学出版社1959年版，第384页。

② 朝鲜《李朝实录》第35册，《仁祖大王实录》卷26，十年二月庚辰，科学出版社1959年版，第6页。

③ 朝鲜《李朝实录》第35册，《仁祖大王实录》卷29，十二年二月辛巳，科学出版社1959年版，第82页。

④ 李绍文：《云间杂志》卷中，《奇晋斋丛书》本。

⑤ 《明神宗实录》卷503，万历四十年十二月乙巳，"中央研究院"历史语言研究所校印本。

⑥ 刘一焜：《抚浙行草》卷5、6《批详》，明刻本。

直抵倭之支岛，如履平地。一人得利，踵者相属。岁以夏出，以冬归"①。董又说最初惯通日本者只是漳、泉百姓，"今则福州府属沿海奸民及省城内外奸徒，出海行劫，辇金归而人不敢问"②。万历三十八九年，浙江参政王在晋则说："往时下海通贩，惟闽有之，浙不其然。闽人有海澄入倭之路，未尝假道于浙。今不意闽之奸商，舍其故道而从我之便道，浙人且回应焉"。③万历四十年（1612），兵部也言，"至通倭则南直隶由太仓等处以货相贸易，取道浙路而去，而通倭之人皆闽人也，合福、兴、泉、漳共数万计"④。万历三十八年（1610），朝鲜送还的漂海人丁陈成等29人，称"福建址籍"，次年朝鲜解还的漂海人民林润台等32人，"俱莆田仙游人"。上列通番案件或私自下海事例，正好反映了万历后期东南沿海走私地域逐渐北移的特征。7例8次通番案件，已知出海地点的7次，6次在浙江、1次在福建。此外，前述万历四十六年（1618）九月由朝鲜谢恩使解送到京师的漂海人民薛万春等41人，全部来自福建福州府的福清县、闽县、侯官县、福清县，延平府的南平县和邵武府的建宁县，于万历四十五年（1617）五月从宁波府定海县开船⑤。这些事例说明，其时违禁通番地点已由福建海澄等地转移到了浙江宁波一带。宁波一带在嘉靖倭难前就是江浙人通番的最佳地点⑥。现在通番地点由海澄北移宁波，只是恢复了昔日旧观。宁波旧地，对于通番者来说，最为熟悉方便。

---

① 董应举：《崇相集》第1册《严海禁疏》，1925年铅印本，第3页。

② 董应举：《崇相集》第2册《闽海事宜》，1925年铅印本，第66页。

③ 王在晋：《越镌》卷21《通番》。

④ 《明神宗实录》卷498，万历四十年八月丁卯，"中央研究院"历史语言研究所校印本。

⑤ 朝鲜国史编纂委员会编：《备边司謄录》第1册，光海君九年丁巳九月十九日，东国文化社1969年版，第48—50页。

⑥ 徐学聚：《国朝典汇》卷169《兵部三三·日本》嘉靖二十五年条载："时浙人通番，皆自宁波、定海出洋。"嘉靖时，有人说走私者"泊于双屿列表，滨海之民以小舟装载货物接济交易"；或有人说，"近因海禁渐弛，勾引番船，纷然往来海上。各认所主，承揽货物装载，或五十艘，或百余艘，或群各党，分泊各港……因而海上番船出入，关无盘阻，而兴贩之徒纷错于苏、杭"。

至于通番者，王在晋根据万历三十八年（1610）的三四次通番事例，说他们主要是"闽之奸商"，而浙人只是响应，上述列举的不少事例，也大多为福建人。万历三十八年（1610）的沈文一案，下海者93人，刘一焜疏报"皆福建、南直、浙江之人收买丝绢杂货"。已知具体人名者82人，其中表明地域者29人，来自福建、浙江2省4府7县，来自漳州府龙溪县者14人、漳浦县2人、海澄县2人、南靖县1人，泉州府同安县2人，福建共21人，占了四分之三；绍兴府山阴县1人，杭州府仁和县7人，浙江共8人，占了四分之一。这些通番者看来确实主要是"闽之奸商"，这与嘉靖倭患时期的情形是一样的。嘉靖二十五（1546）、二十六年（1547）两年间，仅由朝鲜遣送回明朝的福建人，尤其是漳、泉地区前往日本的通番之人就有近千人，以至连明廷也非常清楚，"顷年沿海奸民犯禁，福建尤甚"①。这说明直到此时，沿海通番的人员构成并无根本变化。但在沈文通番案中，浙人并不像王在晋所说只是"响应"。涉案各人，纠伙凑本贩货走洋和备有日本程途、倭将名色的沈文，是绍兴府山阴县人，出名报关的王秀，是杭州府仁和县人，策划者、抛头露面者都是浙江人。所以刘一焜疏称，"浙之习为通番者，杭人怯于胆，闻风而景附者也，绍人深于机，设谋而首倡者也"。万历四十二年（1614）的韩江一案，通番者95人，刘一焜疏称"俱系附趁愚民"。可知具体人名者63人，来自浙江、福建、南直隶3省域7府11县，来自浙江宁波府鄞县者13人、慈溪县1人、奉化县25人、绍兴府萧山县2人、新昌县1人、杭州府仁和县7人、钱塘县2人、杭州城1人、台州府宁海县8人，浙江共60人，占了绝大部分；福建漳州府长泰县1人；南直隶苏州府吴县1人，徽州府休宁县1人。其余不知人名的32人，由疏文内容来看，大多数当是杭州府人。当时普遍认为，通番者主要是福建之人②，但由沈文和韩江两件通番案，结合万历四十一年

---

① 《明世宗实录》卷308，嘉靖二十五年二月壬寅，"中央研究院"历史语言研究所校印本；《明世宗实录》卷321，嘉靖二十六年三月乙卯，"中央研究院"历史语言研究所校印本。

② 《明神宗实录》卷498，兵部言："至以通番为固然，习者不怪，禁者无所施，尤莫甚于闽。"

（1613）的嘉兴、杭州百余人潜通日本贸易的案件，可知其时违禁通番之盛，江浙之人，特别是浙江人，丝毫不亚于福建人，由浙江下海的通番者主要是浙江人。既然通番有逐渐北移往浙江的趋势，既然由浙江下海的通番者主要是浙人，可见其时的通番，其成员构成也在发生变化，浙、直之人日益增多，甚至有超过闽人之势。

通番下海地点之所以由福建转向浙江，通番者之所以渐由闽人转向浙直之人，是由于杭州等地因是通番商品的产地，置办贸易货物较之福建便利，价格便宜，宁波等地驶向日本较之海澄距离短一倍，费时少、成本低，所谓通倭"莫便于越"①。明后期，苏州、杭州是全国最为重要的工商业城市，苏州、杭州、嘉兴、湖州及其周围的乡镇，是全国最为重要的丝绸产地，对外贸易中的上等丝绸几乎全是由这些地区生产的。松江府和苏州府嘉定县、常熟县、太仓州等地，又是全国最为集中、最为重要的棉纺织业中心，在欧美、日本等海外市场上享有盛誉的"南京布"，就是由这些地区生产的。苏州、杭州又是书籍刻印中心和药材等商品的集散中心。生丝、丝绸、书籍、药材等商品是日本最为需要和最为紧缺的。姚士麟曾援引中国商人童华的话说："大抵日本所需，皆产自中国，如室必布席，杭之长安织也。妇女须脂粉，扇、漆诸工须金银箔，悉武林造也。他如饶之磁器，湖之丝绵，漳之纱绢，松之棉布，尤为彼国所重。"②由中国输往日本的商品，生丝和丝绸、布匹占十分之七，生丝价格一经确定，其他各色货物价格也就以此为标准③。毫无疑问，通番所需的这些商品，在杭州等地购置最为方便，价格相对便宜。所以王在晋总结说："漳、泉之通番也，其素所有事也，而今乃及福清；闽人之下海也，其素所习闻也，而今乃及宁波。宁海通贩于今创见，又转而及于杭州。杭之置货便于福，而宁之下海便于漳。"④上述列举的通番案，所需商品，绝大多数是在杭州

---

① 《明神宗实录》卷498，万历四十年八月丁卯，"中央研究院"历史语言研究所校印本。

② 姚士麟：《见只编》卷上，《丛书集成初编·史地类》。

③ 参见《日中文化交流史》，商务印书馆1980年版，第664页。

④ 王在晋：《越镌》卷21《通番》。

等地采购的，或者主要是由江南生产的大宗商品。在严翠梧、方子定案中，李茂亭先期到杭州收货，严翠梧、薛三阳在杭城购买异货，方子定让杨二往苏、杭置买湖丝，并诱引郑桥、林禄买得毡毯。在林清、王厚案中，林清、王厚合造大船，招徕各贩，满载登舟，有买纱、罗、绸、绢、布匹者，有买白糖、瓷器、果品者，有买香、扇、篦、毡、袜、针、纸等货者；福建人揭才甫与杭州人张玉宇，都是贩卖绸绢等货者。在赵子明一案中，周学诗是向织造缎匹的赵子明赊欠的货物。这个赵子明，浙江巡抚高举说他是"杭之惯贩日本渠魁"①。在沈文一案中，下海的93人，皆在杭州"收买丝绢杂货"，案发后，官府将所带缎匹绸绢丝绵作为通倭的证据。在韩江一案中，下海的数十人各置丝货，韩江本人为置买缎匹50匹和药材4担，还卖房2间。由日本一方的记载可知，万历三十七年（1609），明朝有10艘商船开到萨摩，其中已知所载货物的船主为薛荣具、陈振宇、何新宇的3艘船，光陈振宇船就装有缎、绸等丝织品603匹，3艘船所载物品除丝绸外，还有糖、瓷器、药材、矾、麻、毛毡、甘草、墨、书册、人参、扇、伞、布等②。可见，流向日本的商品种类，与嘉靖倭患时期是相同的。隆庆、万历以至明末，由于中、日双方形势皆异于前，没有出现嘉靖后期那样的倭患，但民间走私程度之烈是有过之而无不及的。由赵子明的事例可知，通番者与商品生产者有着紧密的关系，有些通番者本身就是商品生产者。苏松杭嘉湖地区商品经济的发展，为万历年间的走私贸易奠定了坚实的物质基础。通番地点的转移与通番者的构成变化也正说明了这一点。

---

① 《明神宗实录》卷496，万历四十年六月戊辰，"中央研究院"历史语言研究所校印本。

② 《异国日记》卷4，转引自《日中文化交流史》，商务印书馆1980年版，第622页。

四

通番之所以屡禁不止，民间商人敢于一再犯禁，履险蹈危，总体而言是其时的整个江南沿海从官府到民间在对外贸易的各个环节上都存在着问题。"通番"之得以成功，从管理来说，需要官府、海防部门、地方基层开放绿灯；从商品采购来说，需要生产、收购、运输、储存、接应等一系列配套衔接；从出海船只来说，从造船到注册、停泊、出口等，都要畅达无阻，任何一个环节出问题，"通番"都不可能成功。通番之屡屡得手，正反映了其时江南沿海的实际社会状况。万历末年浙江巡抚刘一焜在严禁通番的告示中描述：当地"勾引拥护，实繁有徒，以此公然扞禁，一倡群和，恣行无忌。或打造双桅大船，或买卖通番船只，或奸徒转相煽惑，以诳愚民；或奸商公囤洋货，以图厚利；或沿海奸民富豪周垣广厦为之窝留；或海外诸山耕种屯住，希图接引；或把守官军得贿买放；或该管守把通同容隐，种种弊端，不可枚举"①。从地方社会层面全面地罗列了违禁通番的具体情形。打造双桅大船，违犯海禁法律，造这样的出海大船，需要雄厚资金和较长时间，地方邻里不可能不知情；如无沿海住家接引，为之储存货物，客商无法出海通番。如无把守官军放行，通番商品无法出境。把守官军放行，正因为主管官员暗中得了好处，或纳贿有私，甚至有些用于通番的船只，居然是从官军那里辗转购买来的。如严翠梧、方子定纠合浙人通番案，有一只哨船是从官军那里买来的，哨官查缉到出海船只后索贿放行。林清、王厚通番案，预先打造了钓槽大船，大张旗鼓地招徕商贩，各地购买货物，到处有人接应。韩江等合伙通番案，就是由积窝张道接应寄顿货物的。浙江巡抚刘一焜描述的通番情形，在我们分析的事例中都有反映。

通番之所以屡禁不止，民间商人敢于一再犯禁，履险蹈危，最根本的

---

① 刘一焜：《抚浙行草》卷2《牌案·严禁奸民通番》，明刻本。

是由其时中日两国的经济结构决定的，走私日本利润丰厚，而且禁令愈严，违禁风险愈大，商业利润愈厚。嘉靖时郑若曾说，日本的丝织生产依赖中国的生丝，"番舶不通则无丝可织"，中国的生丝在日本，"每百斤值银五六百两，取去者其价十倍"[①]。嘉靖、万历年间徽商许谷"贩缯航海，而贾岛中，赢得百倍"[②]。《天下郡国利病书》称贩货日本，"其去也以一倍而博百倍之息，其来也又以一倍而博百倍之息"[③]。明末人周元暐说："闽广奸商，惯习通番，每一舶，推豪富者为主，中载重货，余各以己资市物往，牟利恒百余倍。"[④]王在晋在记录通番案时说，商人"以数十金之货得数百金而归，以百余金之船卖千金而返"，商利高达十倍。然而所谓十倍、百倍、百余倍之息，大多只是获利可观的形容之辞，并不能信以为实有其事。在林清、王厚案中，林、王二人商造大船，招徕商人通番，向商人抽取商银，除舵工水手分用外，共得银279两，"计各商觅利多至数倍"。丁元荐也概括说："今之通海者十倍于昔矣。浙以西造海船，市丝枲之利于诸岛，子母大约数倍，嗜利者走死如鹜"[⑤]。这所谓"数倍"，由明末中国与日本的生丝比价推算，大约为三倍[⑥]。三倍之利，回报率确实是惊人的。利之所在，吸引得江浙民众"以贩番为命"。怪不得浙江巡抚刘一焜描写为"奸民嗜利，闵不畏死""此辈趋利若鹜，走死如归"。同时的吏部员外郎福建人董应举也说，"利厚故人冒死以往，不能禁也"[⑦]。

　　通番之更具诱惑力还在于较之合法的"东西洋"贸易利润要高得多。万历二十七年（1599）二月重开东西洋禁后，中国与东南亚各国以至通过澳门、马尼拉与欧美的贸易又正常进行，但与日本的贸易仍行严禁。万历三十年（1602）前后，葡萄牙人在澳门与日本进行丝绸贸易，利润率约为

---

① 郑若曾：《郑开阳杂著》卷4《倭好》，1932年陶风楼景印本。
② 汪道昆：《太函集》卷40《许本善传》，明万历十九年刻本。
③ 顾炎武：《天下郡国利病书》原编第16册《福建·洋税考》，《四部丛刊》三编。
④ 周元暐：《泾林续记》，《丛书集成初编》第2954册。
⑤ 丁元荐：《西山日记》卷上《才略》，《涵芬楼秘籍》第七集。
⑥ 参见氏著《明清江南商业的发展》，南京大学出版社1998年版，第104页。
⑦ 董应举：《崇相集》第二册《闽海事宜》，1925年铅印本，第67页。

100%①。如果中国商人从事江南与澳门之间的丝绸贸易，考虑到定例交纳的引税、水饷、陆饷、加增饷，运输费，以及官府的种种需索，船主和商首向散商的各种科索，一般商人的经营利润率应该更低。时人认为，"贩日本之利倍于吕宋"②，"东之利倍蓰于西"③。同样出海贸易，走私通番比南洋合法贸易所得利润成倍，自然诱使商人视通番习以为常，冒险越禁。所以福建地方人士感叹道："顾今东西洋利寝薄，贾人骎骎而阑入倭境。又重设额外之征，横征敛以困辱之。兽穷则逸，鸟穷则攫，况轻悍习乱者，其又曷不至焉！"④趋利避害，走私日本，倍利于合法的东西洋贸易，违禁通番也就盛况空前。

通番之有吸引力，也在于日本一方竭力鼓励中国商人前往贸易。当时明廷严禁民间赴日贸易，但中国江南地区的商品生产日益兴盛，需要日本这一重要销售市场，日本则急需江南的丝绸棉布等大宗日用商品，而嘉靖倭乱和万历"壬辰之役"后明廷对日海禁日益严厉，于是日本幕府和萨摩藩主等迫切希望开展对明贸易，并采取各种措施鼓励这种贸易。一是萨摩藩主岛津氏通过致书琉球国王，希望由其向明廷转达恢复贸易的愿望，"大明与日本商贾，通货财之有无"⑤。后在庆长十四年（明万历三十七年，1609）与朝鲜签订《己酉通商条约》时，要求假道朝鲜向明朝修贡。德川家康更在庆长十八年（明万历四十一年，1613）要琉球国王转达恢复勘合贸易的书函，提出年年派遣船只前往明朝贸易等三个要求，扬言"三者若无许之，令日本西海道九国数万之军进寇于大明，大明数十州之邻于日本者，必有近忧矣"⑥，渴望通商的愿望溢于言表，而且到了明显威胁

① 参见氏著《江南丝绸史研究》，农业出版社1993年版，第270页。

② 《明神宗实录》卷476，万历三十八年十月丙戌，"中央研究院"历史语言研究所校印本。

③ 王沄：《漫游纪略》卷1《闽游·纪物产》，申报馆铅印本。

④ 《天下郡国利病书》原编第16册《福建·洋税考》，《四部丛刊》三编。

⑤ 《异国日记》卷4，转引自《日中文化交流史》，商务印书馆1980年版，第624页。

⑥ 《南浦文集》中，《南聘纪考》八，转引自《日中文化交流史》，商务印书馆1980年版，第625—626页。

的地步。二是指令各地为明代商人展开经营活动提供方便，予以保护。庆长十五年（明万历三十八年，1610年）广东商船开到长崎时，德川家康发给其朱印状，状开："广东府商船来到日本，虽任何郡县岛屿，商主均可随意交易。如奸谋之徒，枉行不义，可据商主控诉，立处斩刑，日本人其各周知勿违。"当年，当应天府商人周性如到达肥前的五岛时，德川家康也发给其朱印状，明示："应天府周性如商船驶来日本时，到处应予保护，迅速开入长崎。其一体周知，若背此旨及行不义，可处罪科。"[①]三是准予中国商人前往各地贸易。当时幕府为了禁止天主教，限制葡萄牙和西班牙商人只准在长崎交易，荷兰和英吉利商人只准在平户交易，唯独明朝商船，可以听由船主前往任何地方贸易，显示出"幕府对于明朝商人的态度颇为宽大"。四是商人可以随便访问亲友，在亲友家里投宿[②]。这种种特殊政策和措施，自然对试图获得厚利的中国商人富有诱惑力。日本幕府对于明朝通番者的种种引诱和鼓励措施，与后来清康熙二十年代开海贸易后不久幕府就不断制定限制唐船贸易的船只和规模等迥然不同。

通番之所以屡禁不止，与地方政府、海防主管部门、税监官员以及巡缉兵丁的劣行也均有关系。如前所引，商人通过各种手段，从官府获得票引，任意开洋，高桅巨舶，驶向日本。严翠梧等通番，是通过关霸打通关节透越关口下海的，在普陀海面遇到巡缉官兵，又是通过贿送缎绢买放的。沈文等通番，是从南京户部主事处告请的文引，由王秀出面到杭州北新关正式纳税的。苏州海防同知许尔忠更串通巡江御史汪有功，"公然批给商船十只执照，令其违禁下海"[③]，执法犯法，胆大妄为。福州税监高寀，纵令官府发引照给贩番商人，以便渔利，以便征税，甚至公行无忌，"私造通倭双桅海舡，置办通倭货物数十万金，一切价值分毫不与小民赔

---

① 《罗山文集》卷12，转引自《日中文化交流史》，商务印书馆1980年版，第623—624页。

② ［日］木宫泰彦：《日中文化交流史》，商务印书馆1980年版，第627—661页。

③ 《明神宗实录》卷538，万历四十三年十月癸丑，"中央研究院"历史语言研究所校印本。

累"①。既征其税,又禁民贩易,稽缉税关的官员更如此妄为,通番之不稍间断,海禁之名存实亡,自不待言。所以万历四十年(1612)八月,兵部进言认为,"通倭船之可以欺公府,不可以欺乡曲",假如巡抚、兵备道等有关部门认真严禁,"设私造之禁,行连坐之法",禁止通番其实并不难②。可以说,官府的乖张,官员的腐败,巡缉者徇私放买,客观上助长了民间违禁贩番之风。

反言之,严禁通番却成了不肖官吏和不法巡缉兵丁牟取利益的借口,他们往往以"通番"罪名,嫁祸正常贸易者,以牟取好处。如徽商程士吉,载运丝绸、药材等在沿海贸易,而巡捕弁役以为奇货可居,"指为通番",主审官员也不敢从轻发落,程士吉被判充军烟瘴之地,后被清查更正③。民间也往往以告发通倭作为骗局获不义之财。浙江巡抚刘一焜总结其情形为:"奸民以通倭为奇货,而刁民复以告通倭为骗局。"④官箴腐败使得是非颠倒,真假难分,违禁通番往往得以蒙混成功。

通番之所以屡禁不止,从制度的层面来考虑,准贩东西二洋而严禁往贩日本的规定,不尽合理,疏于防范,也是重要原因。日本急需中国特别是中国江浙地区的丝棉织品,因为海禁,不能通过对渡从中国民间商人手中直接获得这些商品,但由于明廷开放对东西洋的贸易,却可以通过葡萄牙人在澳门和西班牙人在马尼拉的中转贸易或其他第三者之手获得这些商品,甚至通过在朝鲜釜山的倭馆转输进中国商品⑤。由于中转贸易距离远,

---

① 《明神宗实录》卷520,万历四十二年五月壬戌,"中央研究院"历史语言研究所校印本。

② 《明神宗实录》卷498,万历四十年八月丁卯,"中央研究院"历史语言研究所校印本。

③ 方震孺:《方孩未先生集》卷11《笔记·平反·清理通省各卫所戍犯》,清同治七年刻本。

④ 刘一焜:《抚浙行草》卷6批文,明刻本。

⑤ 朝鲜官员于乾隆二十三年说:"中古则日本不与中国通,所用燕货皆自我国莱府转买入去,故一年倭银之出来者殆近三四十万两。"《各司謄录》英祖三十四年正月五日条,转引自张存武《清韩宗藩贸易》,"中央研究院"近代史研究所专刊(39),1978年初版,1985年再版,第75页。

环节多，成本高，风险大，价格贵，日本当然更希望更欢迎与中国商人直接贸易。中国商人为追求高额商业利润，降低商业成本，冒险犯禁之人，通常采用瞒天过海之术，名义上到闽粤、南洋贸易，先开船向南，到一定水域，即折而向东，前往日本贸易①。王沄就描述说："海舶出海时，先向西洋行，行既远，乃复折而入东洋，嗜利走死，习以为常"②。至人称"往往托引东番，输货日本"③，"径从大洋入倭，无贩番之名，有通倭之实"④。在这种部分开海的情形下，严禁到日本的"通番"之禁反而有名无实，所谓"片板不许下海，艨艟巨舰反蔽江而来，寸货不许入番，子女玉帛恒满载而去"⑤。万历四十年（1612），有人描述当时海上贸易情形，称"诸郡市民逐利者，以普陀进香为名，私带丝绵毡罽等物，游诸岛贸易，往往获厚利而返。因而相逐成风，松江税关，日日有渡者，恬不知禁"⑥。就是采用的这种方法。沈文等通番案，就是由山阴人从南京户部处告请出海文引，仁和人出面报关，堂而皇之地声称前往福建贸易，利用了制度的疏漏。可以想见，明后期东南沿海与日本之间的走私贸易，实际上有不少就是以这种合法的名义近乎公开地进行的。名为合法的南洋贸易，实为非法的通番行为。走私商人这样的做法，就使得界定是否通番相当困难。万历四十年（1612）的沈文通番案和四十二年（1614）的韩江通番案就是典型的例证。同一区宇，一禁一开，明廷对外贸易制度上的内在缺陷，间接地使得民间违禁有隙可寻，走私贸易愈演愈烈。

---

① 徐光启《海防迂说》谓："于是有西洋番舶者，市我湖丝诸物走诸国贸易。若吕宋者，其大都会也，而我闽、浙、直商人，乃皆走吕宋诸国，倭所欲得于我者，悉转市之吕宋诸国矣。"

② 王沄：《漫游纪略》卷1《闽游·纪物产》，申报馆铅印本。

③ 黄承玄：《条议海防事宜疏》，《明经世文编》卷479，中华书局1962年版，第5271页。

④ 许孚远：《疏通海禁疏》，《明经世文编》卷400，中华书局1962年版，第4334页。

⑤ 谢杰：《虔台倭纂》卷上《倭原二》，《玄览堂丛书续集》本。

⑥ 李日华：《味水轩日记》卷4，万历四十年七月十六日，上海远东出版社1996年版，第246页。

五

如上所述，明廷对于东西洋与日本贸易的不同规定和实际操作时的复杂情形，增加了判定走私通番的难度。地方经济利益等因素的影响，更使得地方官府对案件性质的认定有不同认识。在上述万历后期直到崇祯年间的十几起通番案件的审理中，地方各级官府或诸多官员所持立场和对通番的处理明显高下不一。依据掌握的材料，我们特择出二例予以叙述，以观其余。

先看沈文一案。仁和、钱塘知县会审后认为，沈文虽然持有日本程途、倭将名色，但沈文之船原欲入闽，而闽尚未到，不可能到日本，"其无通倭之情，或亦可谅"。言下之意，沈文等无通倭情节。主张沈文依首引例充军，褚国臣等中途未遂的18人，依违禁下海例，各杖一百，逃而复归的王秀等26人，各于本罪上加二等杖徒。杭州知府复审后的批示，虽称"藏倭帐者，显有所据之赃，宁辞边遣；掉空臂者，阴无所挟为利，尚可矜原"，但完全同意仁、钱二县量刑。

案件上报到按察使那里，看法有了差异。该使批："彼操舟者溺矣，乘舟者安得独生；客货漂矣，置货者安得独存？将无船货尽脱，从倭返棹，止以空舱飘泊乎？沈文不往倭，要日本路程何用，倭将名号亦恶乎知之？"而且细查路程内有关防小票，此小票从何得来？沈文为通贩者领袖，很可能是久习于通倭者。基于这种判断，按察使要求杭州府再行复审，鞫得实情。该使显然认为沈文等有通倭情节。

杭州知府复审后作出解释，对沈文等是否到过日本返棹时到了朝鲜，认为前后仅20天，往返一趟，又要交易，时间上来不及；对何以人返而货尚存，认为偷生时见人不见货，为逃命而弃货。至于王秀出面到北新关纳税，以致下海，其罪同沈文，应该一并遣戍。杭州知府虽然仍持原判，但加重了对案犯的惩罚力度。

按察使再予复审，同意杭州府关于沈文船未往日本的看法，但又提出缎匹绸绢丝绵等物，是日本所用之货，不到日本，置办这些货物何用，坚持沈文有通倭情节。对此认定，巡按御史批示："沈文等纠众出洋，的系通倭"，只是中途遇风，未能如愿，因而可以借口往闽。

杭州府因此而第三次提审沈文等，认为浙中通倭必以六月出海，而福建通倭必以二月出海，因此沈文等"的系通倭"，巡按御史所批"洞于观火"，沈文此行，往闽是名，通倭是实，沈文持有日本路程，间关万里而不忍丢弃，足以证明其为通倭领袖。杭州知府在按察使、巡按御史均判定沈文等通倭的情形下，不敢或无法坚持原判，为要证明通倭依据，又增加了时间证据。

至此，经过县、府、按察司三级，杭州府三次复审，按察司、巡按三次驳批，沈文通倭的性质才得以确认。最后，按察司、浙江巡抚衙门会同巡按御史，认定沈文等虽未到日本，但有通倭之情，漂舟沉货，其情也实。王秀为杭州之首贩，沈文又为王秀之先资，但沈文一行并无军器等违禁货物，也非私造海船，因此边戍足以蔽辜。拟罪：沈文、王秀依纠通下海之人接买番货者例，发边卫充军，终身拘金；褚国臣等17人依将缎匹绸绢丝绵私出外国货卖者律杖一百；与王秀一起中途逃跑而又复归的25人，依将缎匹绸绢丝绵私出外国货卖者律罪止加二等律，各杖七十、徒一年半。

再看韩江一案。仁和、钱塘二县会审后主张，韩江等"迹涉犯禁，罪似可诛"，但"货无锱铢，船无寸板"，不能"以莫须有之揣摩，而弃多命于穷戍"。拟将首犯韩江坐以大船下海接买番货者例，遣戍边卫；其余随行下海者一概杖拟；银匠潘贵，惯习下番之蒋昂，实为祸始，但"律条无可加之文，并从末减"。同沈文一案一样，仁、钱二县并不认定韩江等有通番情节，而只是"迹涉犯禁"。

杭州知府经复审，并不完全认同仁、钱二县所拟，认为虽"异域无寸板可据，庭讯无寸丝为证，历历真情如画"，韩江难逃纠众违禁下海之罪。蒋昂、李恩、傅六等，精于番地，银匠潘贵，罪无可恕，均应杖徒，其余诸人案准原拟杖。

按察使覆审后认为，"戍一配七，余皆宽政，似未足以严三尺宪令煌煌国悬大禁"。而且积窝张道，为下海者囤积货物，又倡率下海，其罪不亚于韩江。一轻一重，终遗祸殃。应与韩江一样，发戍边地。

最后又经按察使覆详，浙江巡抚认定：通倭之情真确。韩江、张道遣戍边卫，蒋昂、李恩等连同脱逃罪囚的解官宋廷佐共七人杖徒，其余人赎杖。

对这两个下海案件，在性质的认定上，作为初级司法审判机构的仁和、钱塘二县，均以查无赃证为由，判以并无通倭情节，对沈文一案，杭州府也持同样看法。从下海者的动机，置备的货物，出海的时间，行驶的过程，倡率者及随行者的行为来看，两个案件通倭情节均是相当明显的，但通倭性质经按察司复审才得以确认。而且仁、钱二县乃至杭州府的量刑也偏轻，省级衙门均比县、府衙门量刑重。在沈文案中，王秀系出名报税者，有下海组织者成分，理应与沈文同罪。在韩江案中，张道囤积通番者货物，又组织下海，准之万历四十年（1612）新定条例，"凡歇家窝顿奸商货物装运下海者，比照窃主问罪"①，其罪与倡率下海者同。但县、府两级对王秀与张道均未按相应律例量刑。这就颇耐人寻味。查其时杭州知府为杨联芳，南靖人；仁和知县为乔时敏，上海人；钱塘知县为邹忠先，武进人。以福建、南直隶人出任浙江的地方官，来审问参加者是由闽、直、浙人的通番案件，恐怕难免不带有地域、乡情成分，事态尽量化小，量刑尽量从轻。江南是丝绸、棉布生产中心，日本是重要的海外市场，明廷一味严禁，民间没有合法的对外贸易途径，走私势所难免。王在晋就曾说："杭城之货，专待闽商市井之牙，勾同奸贾捏名报税，私漏出洋"②。地方官也许了解地方实情，量刑畸轻，也在情理之中。按察司以上衙门对两案主犯的拟罪，应该说是适当的。沈文、王秀与韩江、张道依的是万历《问刑条例》兵律三《私出外境及违禁下海条例》，其余人照《大明律》兵

① 王在晋：《皇明海防纂要》卷12《禁下海通番律例》，扬州古旧书店复印万历四十一年刻本。

② 王在晋：《越镌》卷21《通番》，明万历三十九年刻本。

律三《私出外境及违禁下海》条。

值得注意的是，浙江巡抚衙门拟罪的时间分别是万历四十三年（1615）正月和四十五年（1617）七月，而刑部早已于万历四十年（1612）六月颁定新的《问刑条例》。新例较之旧例与《大明律》量刑要严得多。同样的纠通下海之人接买番货者例，旧例为充军，新例为"为首者用一百斤枷枷号二个月，发烟瘴地面永远充军；为从者枷号一个月，俱发边卫充军"[①]。但明廷准予"新定条例与旧例并行"[②]。这两案的量刑，显然用的是旧例。由此可以推定，地方政府在法律许可的范围内，本着"罪疑惟轻之意"的指导思想，量刑时就轻不就重，就旧（松）而不就新（严）。在海禁綦严的万历后期如此拟罪，对民间迫于生计违禁通番，似有着寄予同情、网开一面的意味。

嘉靖末年，倭寇之患过去，明廷虽然顺应地方呼吁，部分开放海禁，但对日贸易在海防和防倭的思维下，仍然严禁，部分开海也因为日本丰臣秀吉侵略朝鲜和日后西方殖民势力的东来而时开时禁，禁多于开，民间对日贸易只能以走私的形式违禁出海。由于利之所在和当时两国经济发展生活消费的需要，这种走私贸易不但不稍逊于倭患严重的嘉靖后期，而且甚于以往任何时候。

具体分析明后期的诸多通番事例，可以发现，其时的通番，较之前此的通番，地域上具有逐渐北移的特点，即由漳州、泉州而福州，由福建而浙江，由福建海澄等地逐渐转移到了浙江宁波一带。而通番的成员构成也在相应发生变化，浙、直之人日益增多，甚至有超过闽人之势。由于中日双方的生产格局和输出入商品大势未变，因此通番的商品与嘉靖倭患时期是相同的。通番下海地点由福建转向浙江，通番者渐由闽人转向浙直之人，通番商品未曾变化，在于江南的杭州等地置办贸易商品更为便利便

---

① 王在晋：《皇明海防纂要》卷12《禁下海通番律例》，扬州古旧书店复印万历四十一年刻本。

② 《明神宗实录》卷496，万历四十年六月戊辰，"中央研究院"历史语言研究所校印本。

宜，甚至通番者与商品生产者有着紧密的关系，有些通番者本身就是商品生产者。通番盛而不衰的现实，一定程度上反映了其时江南商品生产乃至中国对外贸易的状况。

通番之所以屡禁不止，民间商人敢于一再犯禁，总体而言是其时的整个江南沿海从官府到民间在对外贸易的各个环节上都存在着问题，与地方政府、海防主管部门、税监官员以及巡缉兵丁的劣行也均有关系。最根本的则是由于走私日本利润丰厚，而且禁令愈严，违禁风险愈大，商业利润愈厚。通番之更具吸引力既在于较之合法的"东西洋"贸易利润要高得多，也在于日本一方竭力鼓励中国商人前往贸易。从制度的层面来考虑，准贩东西二洋而严禁往贩日本的规定，不尽合理，同一区宇，一禁一开，明廷对外贸易制度上的内在缺陷，间接地使得民间违禁有隙可寻，走私贸易愈演愈烈。

对于通番案件的审理，因为地方官府对案件性质的认定有不同认识，更受地方经济利益等因素的影响，因此不同层级的地方官府其判决是有宽严之别的，基层政府的判决总是轻于上级衙门，量刑时就轻不就重，就旧（松）而不就新（严），体现出量刑较多考虑民间实情的一面。对民间迫于生计违禁通番，似有着寄予同情、网开一面的意味。

明后期，明廷仍然严禁通番赴日贸易的对外政策和海洋政策，全然无视当时商品生产的发展趋势，无视社会经济，特别是东南沿海社会经济的发展要求，也昧于当时中日两国经济生产的基本发展情形，这就产生了严重的社会后果。对于民间贸易来说，横遭摧残，得不到正常发展；对于社会治理来说，反而为有关官府和巡缉兵丁开启了方便之门，在查禁和巡缉名义下，予取予夺；对于朝廷来说，损失了应有的大额税收。可以说，明廷严禁通番的对外贸易政策，客观上限制了正在迅猛发展的社会商品生产，极大地增加了民间航运势力的商业成本，削弱了中国商人在东亚范围内的贸易竞争力，更为严重的是，面对西方殖民势力咄咄逼人的东来势头，明廷不是加强出海贸易管理全面开海，反而由部分开海退缩到此前长期实行的全面禁海，坐视西方航海势力在东西洋海域的不断发展，从长远角度衡量，随着中国民间造船能力的下降和海洋航运势力的得不到正常发展，削弱了中国的海防能力，基于海防的禁海实际上反而于海防有害无益。

原载台湾东吴大学《东吴历史学报》第18期，2007年12月

明代扬州盐商的地域结构及其势力消长

　　关于明代活动于扬州的各地盐商，朱宗宙先生二十多年前撰有《扬州盐商的地域结构》长文，认为扬州盐商非扬州当地人，而是由多个地域性商帮组成的群体，组成扬州盐商的，有陕西、山西、徽州、湖广、江西、浙江、江苏等地商人①。后来汪崇筼先生撰有《明清徽商经营淮盐考略》一书，认为朱宗宙先生的论文曾列举许多材料以考证陕西盐商和山西盐商在扬州的活动情况，但其中只有一条是称明代正统朝进士陕西三原人王恕"他家族中有盐商"，其他史料则基本是涉及明中叶以后，乃至清代的人和事，汪先生实际上诉病朱先生未曾引用相关资料。汪先生提出，有关山西、陕西商人的研究，论述涉及明初的内容很少，且属泛论一类，其中均未列有某个具体西北商人已于明初经营淮盐的史料。汪先生依据材料，进而提出"徽商应是明前叶的淮商主体"②。

　　前人的研究确实未提供明代早期山、陕商人在淮扬地区活动的具体事例，汪崇筼先生的指陈是事实。但汪先生所引材料，于明人文集只涉及汪道昆《太函集》一种，于其他明人著述概未提及，不免过于狭隘。但既有研究未曾具列具体事例，并不说明山、陕商人未曾在淮扬地区从事盐业，不能证明只有徽商才是明前叶的淮商主体。

　　为说明问题，今胪陈明人文集等文献所载事例，考察明代各地域商人

---

①　朱宗宙：《扬州盐商的地域结构》，《盐业史研究》1996年第2、4期。
②　汪崇筼：《明清徽商经营淮盐考略》，巴蜀书社2008年版，第5、7、13页。

在淮扬地区从事盐业之一斑，期能深化相关研究。

一、徽州商人

万历时，官至兵部侍郎的徽商子弟汪道昆说："大司农岁入四百万，取给盐筴者什二三。淮海当转毂之枢，输五之一。诸贾外饷边，内充国，戮力以应度支，顾岁计率三五以为期。"①盐税是明代最为重要的税收，从事盐业的多是"上贾"，资本要厚，两淮盐商尤其如此。而追踪这些盐商的地域来源，同时人锺惺称：淮扬是盐策地，"秦、晋与新安人错处之，狎其土矣"②。徽州商人与山西、陕西商人一起，构成明代淮扬地区盐商的主体。

早在万历后期纲运法之前，徽州商人向两淮集中转向盐业的势力就很明显。汪道昆在其《太函集》中多次提到，"邑中上贾贾盐筴，都淮南"，"上贾栖淮海，治鱼盐"，"淮海为天子外府，上贾居之"③，"今上贾贾淮"④。

淮扬盐业中的"上贾"，徽州歙县商人极为突出。李维桢说："自陪京而北，江南一都会也，贾人煮汇钱紧，赀巨万，仰机利而食，不皆善富。自陪京而东，歙一都会也，其民行贾四方，唱櫂转毂，以游万货之所都而握其奇赢"⑤。如汪道昆所记歙县巨富，即溪南吴氏，棠樾鲍氏，竦塘黄氏，岩镇汪氏，均以经营盐业著称于时，而且往往世相婚姻，将巨额资本汇集在盐业尤其是两淮盐业。

---

① 汪道昆：《太函集》卷66《摄司事裴公德政碑》，黄山书社2004年版，第1368页。

② 锺惺：《隐秀轩集·墓志铭》二《程母眘孺人墓志铭》，《四库禁毁书丛刊》集部第48册，北京出版社1999年版，第478—479页。

③ 汪道昆：《太函集》卷79《率更堂颂》，黄山书社2004年版，第1625页。

④ 汪道昆：《太函集》卷39《世叔十一府君传》，黄山书社2004年版，第848页。

⑤ 李维桢：《大泌山房集》卷94《赠知州李公张宜人墓志铭》，《四库全书存目丛书》集部第152册，齐鲁书社1997年版，第672页。

歙县商人。歙县盐商在两淮经营确实很早。《率东程氏家乘》记,程维宗早在洪武末年,"崇构精舍于率东以居,任委老成数辈,输粮于边,以给军储,请盐于官,以足群费,扩弘土田,以资储积之末,拓集农佃,以备力役之繁"①。

正德时,汪道昆之祖父汪玄仪,"客燕代,遂起盐筴,客东海诸郡中。于是诸昆弟子姓十余曹皆受贾,凡出入,必公(指汪玄仪——引者注)决策然后行。及功既饶,或者且加功数倍,公意甚得,未尝自功。……部使者视盐筴,必召公画便宜,有司籍名,遂以公为盐筴祭酒"②,"橐装客燕代,遂大起盐筴,游贾东海诸郡中,以其筴资诸从昆季,咸沃饶,数推公为盐筴祭酒"③。是经营淮盐崛起而为歙县大商人。汪玄仪后来"由瓯括徙钱塘,业滋厚矣"④,转移到浙江,继续经营盐业。汪道昆的伯祖"贾瓯括,骎骎起",其子"由瓯括徙钱塘,登上贾矣",其孙"受贾,转入淮海,家愈益饶"⑤。汪道昆的叔祖及其三个儿子均经商,长子和三子经营于"东省",或"关中",次子"独就常山为市"⑥。汪道昆的叔父汪良植,"从父贾武林,无苟訾笑。父老以政听公兄弟,公得自便持筹而算,万不失一,所赢得十倍。……盐筴使立为市正,谨修其法而审行之。征发期会,诸贾人禀承恐后"⑦。这个汪良植,卒于嘉靖二十三年(1544),后来李攀龙为其夫妇撰写墓志铭,说他早年"自燕代请盐筴,客东海诸郡中,而昆弟子姓十余辈,亦因受贾从公。公既饶,弟姓亦各数傍,然后报成于

---

① 汪仲鲁:《知还轩记》,《率东程氏家乘》卷5。

② 汪道昆:《太函集》卷43《先大父状》,黄山书社2004年版,第919页。

③ 王世贞:《弇州山人四部稿》卷96《明故赠通议大夫兵部右侍郎汪公神道碑》,《景印文渊阁四库全书》第1280册,台湾商务印书馆1986年版,第552页。

④ 汪道昆:《太函集》卷43《先大母状》,黄山书社2004年版,第922页。

⑤ 汪道昆:《太函集》卷43《从叔母吴孺人状》,黄山书社2004年版,第926、927页。

⑥ 汪道昆:《太函集》卷43《先伯父汪次公行状》,黄山书社2004年版,第923页。

⑦ 李维桢:《大泌山房集》卷72《汪次公家传》,《四库全书存目丛书》集部第152册,齐鲁书社1997年版,第240页。

父也"①。歙县岩镇汪氏是明中后期在淮、浙等地从事盐业的大商人家族。

溪南吴氏。吴继善，"以贾起家"。正德时，其子自宽，"受贾山东淮海间"②。正德、嘉靖时，吴双松者，"尝挟轻赀走燕冀，占盐筴，时废居，为国家实塞下粟而牟其羡，其殖产甚丰矣"③。嘉靖时，吴太公者，"世受贾，倾淮海"，后其仲子"骎骎累巨万"④。吴立卿，名士道，"世受什一，贾广陵"⑤。

竦塘黄氏。正德时，"贾淮扬"⑥。

丛睦坊汪氏。汪宗惠，兄弟三人，"以盐鹾起"，"贾淮南，立信义不侵，为然诺，诸贾人推为祭酒，重其言如九鼎"⑦。

歙县其他地方其他姓氏业盐者也极为繁夥。如程仓，挟遗资，因俗时变，不规规什一之利，"以游江淮，北溯燕代，十余年成中贾，又二十余年成大贾"⑧。程君者，年幼即从其舅"江淮间为下贾，已，进为中贾。属有外难，脱身归，则转赀湘楚，稍稍徙业二广，珠玑犀象香药果布之凑，盖不数年而成大贾。门下受计出子者恒数十人，君为相度土宜，趣物候，人人授计不爽也"⑨。程准，"从广陵治盐筴，究悉利病，所条画，当

---

① 李攀龙：《沧溟先生集》卷22《明汪次公暨吴孺人合葬墓志铭》，上海古籍出版社2014年版，第617、619页。

② 汪道昆：《太函集》卷47《明故处士吴克仁配鲍氏合葬墓志铭》，黄山书社2004年版，第1000页。

③ 张四维：《条麓堂集》卷21《寿双松吴翁七十序》，《续修四库全书》第1351册，上海古籍出版社2003年版，第598页。

④ 汪道昆：《太函集》卷57《吴太公暨太母合葬墓志铭》，黄山书社2004年版，第1191—1192页。

⑤ 李维桢：《大泌山房集》卷73《吴立卿家传》，《四库全书存目丛书》集部第152册，齐鲁书社1997年版，第261页。

⑥ 汪道昆：《太函集》卷42《明故封太孺人黄母吴氏行状》，黄山书社2004年版，第893页。

⑦ 李维桢：《大泌山房集》卷73《汪和叔家传》，《四库全书存目丛书》集部第152册，齐鲁书社1997年版，第261、262页。

⑧ 王世贞：《弇州山人四部稿》卷95《明征仕郎仁斋程君墓表》，《景印文渊阁四库全书》第1280册，台湾商务印书馆1988年版，第539页。

⑨ 王世贞：《弇州山人四部稿》卷61《赠程君五十叙》，《景印文渊阁四库全书》第1280册，台湾商务印书馆1988年版，第92页。

事无不称善，推为祭酒。淮南厄北商于险要倍称之息而哄"，程准平之①。

歙县岩镇人，潘周南，"客金陵、广陵"，死后为诔为挽为铭的东南名人多达数十人②，是在扬州等地经营盐业的巨商。李时昆，其祖"贾江都，以其籍自占，又为江都人"。时昆也"走江南，依从父习贾事"。后"贾愈饶"，入粟为王官，而"贾益大振，更事盐筴"③。嘉靖时，潘汀州，"家世用陶"，而汀州"代贾真州"，"独与时逐，与用盐盬，或用橦布，或用质剂，周游江淮吴越，务协地宜"，成为"上贾"④。其父"贾昌江，居陶器，分道并出，南售浙江，北售銮江"，而其弟潘仕，因天时，乘地利，务转毂，与时逐，"以盐筴贾江淮，质剂贾建康，粟贾越，贾吴"⑤。潘汀州兄弟二人，因时制宜，务协地宜，多种经营，但致富的主业显然是盐业。潘延年，"以下贾罗积高赀……客淮南"⑥。嘉靖、万历时，郑梦圃者，少读书，其母以父兄故业勉励之，"念金陵淮阳往来四通，货物所交易也，乃治产。积居四十年，无何，拥高赀不啻倍蓰，什佰于前矣"⑦。这个郑圃，"以盐筴起家，负长厚声"。当家中落时，其妻吴氏"辄倾囊中装为行资"，而郑梦圃得以肆力积著。其两个儿子，"察长公之精计算也，次公之任读也，其贾荆楚，游辟雍，各以材受职"⑧。显然也是盐运水商。

---

① 李维桢：《大泌山房集》卷72《程君平家传》，《四库全书存目丛书》集部第152册，齐鲁书社1997年版，第253页。

② 李维桢：《大泌山房集》卷72《潘长公家传》，《四库全书存目丛书》集部第152册，齐鲁书社1997年版，第244、247页。

③ 李维桢：《大泌山房集》卷94《赠知州李公张宜人墓志铭》，《四库全书存目丛书》集部第152册，齐鲁书社1997年版，第672—673页。

④ 汪道昆：《太函集》卷34《潘汀州传》，黄山书社2004年版，第739页。

⑤ 汪道昆：《太函集》卷51《明故太学生潘次君暨配王氏合葬墓志铭》，黄山书社2004年版，第1083—1084页。

⑥ 李维桢：《大泌山房集》卷102《潘母张嬺墓志铭》，《四库全书存目丛书》集部第153册，齐鲁书社1997年版，第78页。

⑦ 焦竑：《澹园集》续集卷3《寿郑君梦圃六十序》，中华书局1999年版，第805页。

⑧ 焦竑：《澹园集》续集卷3《郑母吴孺人八十寿序》，中华书局1999年版，第809页。

棠樾鲍氏。正德时，鲍冕之父，"贾淮洛"，冕以童子从[1]。

歙县方氏。方君在者，父客死真州，君在接续在彼经营，"中市一廛以受转毂，与时化居，乃为之画便宜授成。诸弟既息子钱与母等，析而为之三，弟各主六，赢得过当"[2]。方大经，经商"走陈亳、维扬间，以为维扬，江淮绾毂其口，四通贸易所交易也，居五年稍赢"[3]。

嘉靖时人黄锺，其祖"以积著倾邑里"，其父"息故业而倍之"，其本人"乃从仲兄贾婺，贾台，贾瓯，贾括，贾姑孰，贾淮海，贾金陵。卜地利则与地迁，相时宜则与时逐。善心计，操利权如持衡。居数十年，累巨万"[4]。淮盐与浙盐，是其经营重点。

大塘人胡汝顺，"贾和阳、淮海间……三年得倍称之息"[5]。水南里汪道斐，"父贾池阳，以心计佐父，业渐起。已，治维扬盐筴"[6]。曹溪南吴正宸，"从兄贾淮海治盐筴。诸贾人率恃邪赢，即收厚实，亦致博祸。公幅利不冀非望，得廉贾之五，而或过之"[7]。

明人描述徽州盐商，往往首称歙贾，入清后，歙县志书自我标榜"两淮八总商，邑人恒占其四"，是以今人提到两淮徽州盐商必歙贾是称。其实在明代，同府休宁县的商人，虽然以典当商、布商著称，但在淮扬活动的休宁盐商，较之歙贾未必逊色。

---

① 汪道昆：《太函集》卷41《明奉直大夫东津鲍公行状》，黄山书社2004年版，第871页。

② 汪道昆：《太函集》卷35《方君在传》，黄山书社2004年版，第768页。

③ 李维桢：《大泌山房集》卷87《征士方君墓志铭》，《四库全书存目丛书》集部第152册，齐鲁书社1997年版，第528页。

④ 汪道昆：《太函集》卷56《明故新安卫镇抚黄季公配孺人汪氏合葬墓志铭》，黄山书社2004年版，第1180—1181页。

⑤ 李维桢：《大泌山房集》卷73《胡处士家传》，《四库全书存目丛书》集部第152册，齐鲁书社1997年版，第270页。

⑥ 李维桢：《大泌山房集》卷73《汪处士家传》，《四库全书存目丛书》集部第152册，齐鲁书社1997年版，第271页。

⑦ 李维桢：《大泌山房集》卷87《吴处士墓志铭》，《四库全书存目丛书》集部第152册，齐鲁书社1997年版，第557页。

汪道昆说："海阳多上贾"①，"海阳故多大贾"②。"上贾""大贾"，即指盐商。

嘉靖时，休宁泰塘程得鲁，"从父贾淮扬间。淮扬，诸贾人治盐筴，谈知于尺寸，而锐思于毫芒。君得其粗粗，未有加也，而赀是愈饶，诸贾人窃怪之。诸贾人阑出水乡盐缘，其间得所欲，息且十倍。君厉声数之曰：舞知以巧法，蕴利而生孽，不骈首死狱犴不止也。后卒如其言。君业已与千户侯等"③。

何氏，迁休六世何政，"何季公者，名积，字良庆。……再迁休宁，凡五世为兆义。兆义生政，景皇帝时，用盐筴起，应诏输粟塞下。值虏大入，猝获良马以免。顾囊中装百金耳，乃即归而废著以复，是瓦解之术也。何以称少有斗智，即百金不犹当奇胜邪？遂返塞下。居数岁，果再致万金"。到何积时，"兄弟与俱遍游江、淮、吴、楚间，所至雍容为闾里率，相矜以贾，咸谓季公有家约也。……然闾里期功待公举火者十数家，未尝以居常谢客为解也"④。

休宁县内最具富名的商山吴氏。嘉靖时，吴继佐"两世以巨万倾县，出贾江淮吴越，以盐筴刀布倾东南"，在杭州有店铺，在扬州有别业⑤。正德、嘉靖时歙县长原人程季公者，"东吴饶木棉则用布，维扬在天下之中则用盐筴，吾郡瘠薄则用子钱。诸程聚族而从公，惟公所决策。脱不给，公复为之通有无。行之四十年，诸程并以不赀起，而公加故业数倍，甲

---

① 汪道昆：《太函集》卷52《南石孙处士墓志铭》，黄山书社2004年版，第1096页。

② 汪道昆：《太函集》卷52《海阳处士金仲翁配戴氏合葬墓志铭》，黄山书社2004年版，第1099页。

③ 李维桢：《大泌山房集》卷106《处士程得鲁墓表》，《四库全书存目丛书》集部第153册，齐鲁书社1997年版，第156页。

④ 李攀龙：《沧溟先生集》卷20《何季公传》，上海古籍出版社2014年版，第585页。

⑤ 汪道昆：《太函集》卷52《明故太学生吴用良墓志铭》，黄山书社2004年版，第1103—1104页。

长原"①。

榆村程氏。程绣，其父授钱二百千文迫为贾，程绣乃召长子爵，"俱走吴会江淮间，几十年而起家。……以十余年而族贾推为祭酒矣"②。

休宁县其他姓氏在淮扬经营盐业者也极为繁多。如正德、嘉靖时，吴钏，"既长，贾真州……商车结辙于门"③。嘉靖年间，吴宗浩为经营盐业，以重金攀附寿王李祐楷，方获成功："寻为入粟助边，拜迪功郎。……治盐筴维扬……一时祭酒拥以为重。"④西门汪姓，"率用盐盬起"，有人年少时"辄当室，遂贾淮海，坐致不赀"。⑤嘉靖时，金赦，"从父贾淮海，起盂城。父授之成，贾骎骎起。……积二十年，业大起。"⑥盂城在高邮县。金赦随其父两代人在淮扬之地经营盐业。宣仁里人王全，"蒙故业，客燕赵齐楚间。卒入浙，用盐盬起。部使者立承事为贾人祭酒"⑦。中市人金瑭，其父"用盐盬起家，客淮海"。金瑭成人，"从父贾淮海……深中重发，发则皆当于人心。淮海人以为贤"⑧。程惟清，受父命，"遂以盐筴贾荆、扬，以居息贾京邑"⑨。金瑭，从事科举，业将成而

① 汪道昆：《太函集》卷52《明故明威将军新安卫指挥佥事衡山程季公墓志铭》，黄山书社2004年版，第1101—1102页。

② 陈继儒：《陈眉公先生集》卷35《梅轩程翁暨配朱孺人合葬墓志铭》，日本内阁文库影印本。

③ 汪道昆：《太函集》卷47《吴处世配严氏合葬墓志铭》，黄山书社2004年版，第992页。

④ 吴可学：《临溪吴氏本枝墓谱》不分卷，《明处士鉴塘吴长公暨配汪孺人合葬墓志铭》，明万历刻本。

⑤ 汪道昆：《太函集》卷80《汪处士赞》，黄山书社2004年版，第1640页。

⑥ 汪道昆：《太函集》卷52《海阳处士金仲翁配戴氏合葬墓志铭》，黄山书社2004年版，第1099页。

⑦ 汪道昆：《太函集》卷45《明承事郎王君墓志铭》，黄山书社2004年版，第950页。

⑧ 汪道昆：《太函集》卷46《明故太学生金长公墓志铭》，黄山书社2004年版，第969页。

⑨ 汪道昆：《太函集》卷37《海阳长者程惟清传》，黄山书社2004年版，第801页。

弃去，"从其父雪峰公商大江北，盐盬芦石，往来淮扬间"①。黄姓，"起家盐筴、质库，江以北靡不推毂黄次公者"②。苏萝源者，起家什一，"其大者尤在淮楚，淮为东南财数，顷醵使临扬召问机宜，诸商罕有应者，公毅然条对甚悉，使者是公言，率举行焉。楚之役若伐石，祛宿蠹，扁舟济病，涉一切布利除害事宜，俱公为政，诸商无不推公牛耳也"③。此人不但经营盐业，从事运商活动，而且为盐政部门施政出谋划策，颇得官方信任。吴少公者，世业贾，至其出道时，家业益饶。据说，"少公始下贾耳，治产积居，与时逐，贱征贵，贵征贱，以所多易所鲜，若水之趋下，若猛兽鸷鸟之发而后贾乃称豪。铸山煮海，转毂百数，船长千丈，子贷金钱万贯，贩公粜万钟，山居千章之材，带郭千亩，亩钟之田，僮手指千，而后贾乃称侠"④。盐业也是其发财的主要行业。程观所者，"名噪吴、浙间"，"遐迩若大江南北及三吴两浙之区无不慕公芳名厚谊"⑤，"其居乡则乡之人推为祭酒，其流寓则自池阳、桐官、芜阴、姑孰之地，江以北由真州达于神京，闻观所之名，若不胫而走四裔也"⑥。盐业也是主业。吴时行家，其父以贾发家，其叔殁于楚，其仲兄时言，最初多折阅，万历十五年（1587），"挟赀往楚，携二僮与俱，兄身居楚而遣僮转毂淮海间"⑦。吴时行家族显然是经营淮楚之间盐业的运商。方氏，自方立通立道兄弟之曾祖

---

① 王世贞：《弇州山人四部稿》卷100《太学生金君三园行状》，《景印文渊阁四库全书》第1280册，台湾商务印书馆1986年版，第603页。

② 吴时行：《两洲集》卷4《黄母程孺人七十序》，《故宫珍本丛刊》第538册，海南出版社2000年版，第323页。

③ 吴时行：《两洲集》卷4《萝源苏公偕配七十序》，《故宫珍本丛刊》第538册，海南出版社2000年版，第333—334页。

④ 李维桢：《大泌山房集》卷58《松谷草堂记》，《四库全书存目丛书》集部第151册，齐鲁书社1997年版，第757页。

⑤ 吴时行：《两洲集》卷5《祭光禄观所程公文》，《故宫珍本丛刊》第538册，海南出版社2000年版，第364页。

⑥ 吴时行：《两洲集》卷4《光禄程公八十序》，《故宫珍本丛刊》第538册，海南出版社2000年版，第339页。

⑦ 吴时行：《两洲集》卷6《仲兄养默传》，《故宫珍本丛刊》第538册，海南出版社2000年版，第384—385页。

父"以赀雄淮右",至其父毓宇公"昆季益恢遗绪而光大之"。毓宇公则"弱冠从父客淮上,斗智争时,百不失一,诸宿贾靡不心折焉"①。这是休宁的一个世代淮盐家族。嘉靖、万历时人赵宏,其父"故以醝起家"殁后,即自为"家督,不得已乃弃儒董醝事"②。林塘里人范鍌,"以盐筴起家"。生子范濠,因父病,家业中落,乃放弃学业,"之淮阴,因故业而息之"。父母病逝后,"乃发愤挟母钱走淮、扬、吴、越,踵白圭、计然家言,而操其奇赢。适有天幸,可十载而訾大拓"③。汪本湖,其父挟两个养子,"贾江淮间,累数万金",后本身也在真州经营④。金茂,科举不中,"乃用盐筴贾淮海上"⑤。隆阜人吴天敬,"诸兄经营江淮吴越间"⑥。万历时人李维桢记其家乡京山县,说:"吾邑环山为城,民皆窳无积聚,率仰给外贾。贾人什九新安,新安什九海阳,海阳则余氏强半。"⑦又说徽州程姓,"以什一之业冠带衣履天下,而楚最盛。其以籍自占于吾邑者可三百人,而万昌公子孙最贤"。万昌公开始游楚,乐其风土而居之,"治产积居,比于封君。至其子孙息益饶"。李维桢又记京山县邻近的竟陵,嘉靖、万历时程家"维扬有盐筴,竟陵有居货,新安有督亢田,监奴少,其主怀二心,公往来吴楚间,勾稽营综,若不能分身缩地者"⑧。按李维桢的说法,其家乡一带最为活跃的商人是徽州商人,徽商中绝大部分是休宁人,

① 吴时行:《两洲集》卷7《处士毓宇方公状》,《故宫珍本丛刊》第538册,海南出版社2000年版,第424页。

② 焦竑:《澹园集》卷30《赵翁仁卿墓志铭》,中华书局1999年版,第465页。

③ 焦竑:《澹园集》卷30《范长君本禹墓志铭》,中华书局1999年版,第470页。

④ 李维桢:《大泌山房集》卷71《汪元蠢家传》,《四库全书存目丛书》集部第152册,齐鲁书社1997年版,第226页。

⑤ 李维桢:《大泌山房集》卷71《金子实家传》,《四库全书存目丛书》集部第152册,齐鲁书社1997年版,第232页。

⑥ 李维桢:《大泌山房集》卷87《吴翁墓志铭》,《四库全书存目丛书》集部第152册,齐鲁书社1997年版,第538页。

⑦ 李维桢:《大泌山房集》卷4《赠余隐士序》,《四库全书存目丛书》集部第151册,齐鲁书社1997年版,第520页。

⑧ 李维桢:《大泌山房集》卷97《程翁吴媪墓志铭》,《四库全书存目丛书》集部第152册,齐鲁书社1997年版,第742页。

休宁商中半数以上又是余姓，此外程姓也较多。"维扬有盐筴，竟陵有居货"，京山、竟陵一带，均是淮盐销地，休宁余、汪等姓商人显然在经营淮业的销售。

万历时，徽州人程凝之，其父庄所公，"亦以盐策居维扬为祭酒。有边商所为不法，妨内商者，人莫敢问。公辱之市，伏之"。时在同地经营的大同盐商昝思兰，十分欣赏其才干，将女儿嫁之①，徽商与晋商联姻，翁婿同时在扬州经营盐业。

汪道昆说，歙县"贾者首鱼盐，次布帛，贩绸则中贾耳"②。经营盐业需要资本最大，一般需要积累扩大的过程。徽州盐商从业淮扬，其资本来源大要有两种途径。一种是席丰履厚，依赖家资。如歙县黄莹，正德、嘉靖时人，是两淮大盐商，观其先世，"世货鹾两淮，甲于曹耦"③。歙县吴彦先，嘉靖、万历时人，经商淮海，而其家"七世业盐策"④。汪道昆友人方用俊的两个弟弟，"席故资，治盐筴，都广陵"⑤。

另一种是先在他地经营其他商品，积累资本到一定程度后，往往转移至淮扬从事盐业，做大做强。如正德、嘉靖时歙县黄锜，先在苏州积累，"累赀镪骎骎向盛。乃货鹾淮扬间"⑥。汪氏，让三个儿子继承父业，"贾闽、贾吴，业骎骎起。以盐筴贾淮海、江汉，并起不赀"⑦。汪道斐，佐

① 锺惺：《隐秀轩集·墓志铭》二《程母昝孺人墓志铭》，《四库禁毁书丛刊》集部第48册，北京出版社1999年版，第479页。

② 汪道昆：《太函集》卷54《明故处士溪阳吴长公墓志铭》，黄山书社2004年版，第1143页。

③ 歙县《竦塘黄氏宗谱》卷5，转引自张海鹏主编《明清徽商资料选编》，黄山书社1985年版，第112—113页。

④ 民国《丰南志》第5册《明处士彦先吴公行状》。

⑤ 汪道昆：《太函集》卷17《阜成篇》，黄山书社2004年版，第372页。

⑥ 歙县《竦塘黄氏宗谱》卷5，转引自张海鹏主编《明清徽商资料选编》，黄山书社1985年版，第114—115页。

⑦ 汪道昆：《太函集》卷42《明故处士前洲汪季公行状》，黄山书社2004年版，第903页。

父经商池阳，"业渐起，已，治维扬盐筴"①。溪南吴良儒，在松江"以泉布起"，先"收责齐鲁，什一仅存"。后离开松江，"挟千金徙浙，寻为盐筴祭酒"。又与浙江诸大贾约："吾故将以与国盟淮南，挟巨万往"，在淮南经营②。溪南吴汝拙之父，"以贩绸起博平，业既饶"，汝拙长成，则到淮北经营盐业③。汪道昆赞赏的大商人潘次君，原来在南昌贩卖瓷器，后以盐筴贾江淮，开典当于江浙④。休宁人汪昱，"南贾越，北贾燕，不数年而获利既倍"。后来认识到经营铁冶业会伤地脉，主张改业。乃改在仪真经营盐业，"所在推为盐筴祭酒……鼓棹之楚……而业益饶"⑤。既改营盐业，又兼营水商的销盐业务。汪太公者，早年随两兄"受什一，饶心计，狙侩莫能欺，口不二贾，市者麇集，所得过当"，其地在滁阳。后"治盐筴，遂至巨万"⑥。丛睦坊汪琨，其父"既服贾，察三子能修其业，则释业授之。于是贾闽、贾吴，业骎骎起。以盐筴贾淮海江汉，并起不赀。……凡诸出纳，必矜取予，尝贷母钱市盐数万，赢得可数千金"⑦。也是先在他地经营别业，积累资本到一定程度后，转移到淮扬经营盐业。嘉靖、万历时丛睦坊人樊传德，年"十六游中州，至于杞……遂受廛，以其赀行贾。久之益饶。然积而能散，振人之厄，好义声闻四远，归之者嗔

① 李维桢：《大泌山房集》卷73《汪处士家传》，《四库全书存目丛书》集部第152册，齐鲁书社1997年版，第271页。

② 汪道昆：《太函集》卷54《明故处士溪阳吴长公墓志铭》，黄山书社2004年版，第1143—1144页。

③ 汪道昆：《太函集》卷36《吴汝拙传》，黄山书社2004年版，第788页。

④ 汪道昆：《太函集》卷51《明故太学生潘次君暨配王氏合葬墓志铭》，黄山书社2004年版，第1084页。

⑤ 冯时可：《冯元成选集》卷55《明处士启明汪君墓志铭》，《四库禁毁书丛刊补编》第63册，北京出版社2005年版，第356页。

⑥ 李维桢：《大泌山房集》卷33《汪太公寿序》，《四库全书存目丛书》集部第151册，齐鲁书社1997年版，第202页。

⑦ 汪道昆：《太函集》卷42《明故处士前洲汪季公行状》，黄山书社2004年版，第903页。

咽。其门累巨万矣，则徙广陵，治盐筴，其饶复倍杞，而好义滋甚"①。
长龄里郑氏，正德、嘉靖时郑天镇，"少服贾，以铁冶起建安"，去世后，
四个儿子仍业贾，"转毂江淮间，居然拥素封，致巨万矣"②。潜川汪氏，
嘉靖时上林公者，代两兄当家，"息故资，五倍有加。南贾淮海，北贾幽
燕，业隆隆起"③。洪源人洪氏，正德、嘉靖时洪什，母命其商，乃商于
吴越，"递出递困，亡故资"。其母脱簪珥佐助，"乃复举盐筴，入楚……
由是骎骎起矣"④。寒山方勉弟，"父贾中州，折阅不能归"，辍学"从父
贾中州，坐列贩卖，操其奇赢。久之，积贮倍息"。后以中州距家遥远，
"改而受盐筴贾淮南，谈知于尺寸间，窥窬于分毫之际，虽老宿无以踰
也"⑤。篁墩江氏，江才生，"从兄客钱塘，服下贾，复不利。……遂辞其
兄，北贾青齐、梁宋，业日起。归而治盐筴钱塘"，后"阴属二子徙业广
陵"⑥。岩镇人潘轫，先在景德镇经营陶器，采购瓷器皆精良，后转毂百
数，贾梁陈魏赵间。"已，用盐筴贾淮南，致巨万，真州人号上贾矣"⑦。
嘉靖、万历时，大名鼎鼎的书画收藏鉴赏家歙县溪南吴国廷用卿，其兄国
逊，"营什一，始金陵，继广陵，继海陵，继吴门，继武林，遂称中贾"，

① 李维桢：《大泌山房集》卷96《樊季公冯孺人墓志铭》，《四库全书存目丛书》
集部第152册，齐鲁书社1997年版，第720页。

② 汪道昆：《太函集》卷46《明故处士郑次公墓志铭》，黄山书社2004年版，第
975—976页。

③ 汪道昆：《太函集》卷43《潜川汪太孺人唐氏行状》，黄山书社2004年版，第
917页。

④ 汪道昆：《太函集》卷46《明故处士洪君配吴氏合葬墓志铭》，黄山书社2004
年版，第971—972页。

⑤ 李维桢：《大泌山房集》卷72《方仲公家传》，《四库全书存目丛书》集部第152
册，齐鲁书社1997年版，第247—248页。

⑥ 汪道昆：《太函集》卷67《明赠承德郎南京兵部车驾司署员外郎事主事江公暨
安人郑氏合葬墓碑》，黄山书社2004年版，第1358页。

⑦ 李维桢：《大泌山房集》卷87《处士潘君墓志铭》，《四库全书存目丛书》集部
第152册，齐鲁书社1997年版，第533页。

靠了国逊在江浙经营盐业的巨额收入，才能入京大事搜罗书画鼎彝珍物①。

休宁人程善，先是经商嘉定，后"自维扬密携五百金归"②。显然也是经营棉布积累资本，而后再营盐业。嘉靖、万历时人程诠，意识到杭州、苏州是东南都会，"俗雅好事，业多贾，可用吾所长"，遂在两地经营。其经营之方在"观时变，节狙侩，较诸贾为廉，而赢得过当"。后来，"贾淮扬，治盐筴。诸贾人为奸利不可胜原，公独守故常，日计若不足，久之，诸贾人犯禁相坐，惟公不染于辞，而收倍称之息"③。嘉靖时吴文汉，以妻子妆奁之资银20两，走景德镇为陶贾，"得倍称之息"。其舅氏赞赏再行商策略，"出万缗主盐筴淮上，淮上人争赴之"。"先是，河盐盛行，递至递掣，而贾人病。翁白当事者行两季三单之例，贪贾为私捆牟利而官病。翁复请严其禁，上下便之。诸贾人高其识，推翁祭酒。其后作奸犯科者肆行，盐筴大坏，众乃追思，藉令吴翁而在，宁至是。"④祁门善和里人程神保，少年时即从其父贾济南、下邳间，崭露出经商才能。结婚后，其妻以簪珥银30两赞助，贾峡江。后贾闽，"久之，累赀七百金"。贾楚，楚地连续五年灾歉，所放贷款无还，"仅得百金而归"。又"走南海，市海错，往来清源、淮扬间。复如楚，资用复饶"。后来又贾大梁，贾通州"⑤。小本经营积累资财到一定程度后，才在淮扬经营盐业发达。颇有盛名的婺源三田李氏，李世贤者，业儒不成，念父苦治生，弃而"从诸父贾云间、白下，心计过人。已，治盐筴，货荆楚。数为上官陈便宜，上官

① 李维桢：《大泌山房集》卷102《吴节母墓志铭》，《四库全书存目丛书》集部第153册，齐鲁书社1997年版，第77页。

② 王世懋：《王奉常集》卷21《程处士墓表》，《四库全书存目丛书》集部第133册，第420页。

③ 李维桢：《大泌山房集》卷97《程高年吴孺人墓志铭》，《四库全书存目丛书》集部第152册，齐鲁书社1997年版，第747页。

④ 李维桢：《大泌山房集》卷95《吴翁潘孺人墓志铭》，《四库全书存目丛书》集部第152册，齐鲁书社1997年版，第700页。

⑤ 李维桢：《大泌山房集》卷73《程神保传》，《四库全书存目丛书》集部第152册，齐鲁书社1997年版，第265页。

善之，使领袖其曹"。[1]

这类例子可谓不胜枚举。可以想见，明代中后期，徽商将在其他地方其他行业中积累起来的资本转移投向了两淮盐业。这种转移通常是家族、宗族性的，所以万历后期人袁世振称淮北盐商"一窝则父子兄弟相守，一行盐之地则姻娅亲戚相据"[2]。这就使得徽商的力量更为集中，两淮徽商的实力更为雄厚。这也正是其时徽商较之山、陕盐商在两淮势力更大的一个重要原因。

即使改从盐业，也大有讲究。两淮所需资本最巨，市面最大，获利最厚，真正的大商人最终多趋向在那里经营。汪道昆的从父良榕父子的经营，极为典型。良榕"以盐筴贾瓯括"，归老授其子长公道暎才数千金。道暎"酌天时，察物情，量军兴缓急，先事而为之计，得息三倍"。又认为浙偏小，不足其长袖善舞，而淮扬之地舟车四达，可以舒展。乃将资财的三分之一畀季父，让其仍在浙江经营，而以三分之二之财入淮，又有人知其能，将资本附在其名下，"不数年，乃大赢。父大治第宅，费不赀，悉倚办长公。长公亦入赀为郎"[3]。正德、嘉靖时歙县溪南吴尚泽，"故以盐筴贾长芦"，久之业削。其两个儿子吴珽、吴琪从父业，"受贾代行……戮力并起"，而"居积既饶，则又拓而贾淮海。……凡诸利病，面质部使者，画便宜，所部虚己纳之，引为盐筴祭酒"[4]。嘉靖时溪南吴继善之所为，更为典型。吴继善意识到，其乡贾者首鱼盐，次布帛，贩绸则中贾耳，"乃去之吴淞江，以泉布起"。后更明白"世贾以盐筴为桓文，淮茅而浙殿也。吾其伯浙，卒之胥命于淮"。于是"去吴淞江，则挟千金徙浙，

① 李维桢：《大泌山房集》卷73《李长公家传》，《四库全书存目丛书》集部第152册，齐鲁书社1997年版，第271页。

② 袁世振：《两淮盐政稿·盐法议三》，《明经世文编》卷474，中华书局1962年版，第5214页。

③ 李维桢：《大泌山房集》卷97《汪长公吴孺人墓志铭》，《四库全书存目丛书》集部第152册，齐鲁书社1997年版，第748—749页。

④ 汪道昆：《太函集》卷53《处士吴君重墓志铭》，黄山书社2004年版，第1119—1120页。

寻为盐筴祭酒。浙诸大贾，皆列雁行"。到此境界，吴继善又对众商说："吾故将以与国盟淮南，挟巨万往。"①要到淮南去再创宏业。

二、山、陕商人

山西、陕西商人在两淮经营盐业，时代上不会晚于徽州商人。对于明代山西蒲州商人活动的地域与经营的行业，嘉靖、万历时蒲州人张四维总结谓："凡蒲人贾于外者，西则秦陇甘凉瓜鄯诸郡，东南则淮海扬越，西南则蜀，其相沿若此耳。"②观其活动范围，毫无疑问，山、陕商人是以输粟入边、开中行盐为主业的。

康海（1475—1540），陕西武功人。弘治十五年（1502）状元，官修撰。有《康对山集》等传世。韩邦奇（1479—1555），陕西朝邑人，正德三年（1508）进士，官至南京兵部尚书。有《苑洛集》传世。温纯（1539—1607），陕西三原人，嘉靖四十四年（1565）进士，官至左都御史。有《温恭毅集》传世。来俨然，陕西三原人，万历二十三年（1595）进士，官至兵部主事。有《自愉堂集》十卷传世。这些明中期的陕西籍官宦，在他们的文集中，均有陕西商人经营淮扬盐业的传记，而既有研究殊少征引。今结合湖广京山人李维桢的《大泌山房集》等明人载记，撷取相关事例列举如下。

明代后期的陕西商帮，最为出名的是西安府北部的泾阳、三原县人和同州府朝邑县人以及凤翔府人。如凤翔寺前镇人眭浩，"永乐间商于汴"；其子眭敖，"少习举子业未就，乃纯艺黍稷，远服贾，家遂饶裕。成化中，携行货过临清小滩"③。西安府咸宁人张铉，"成化时，中淮鹾数千，皆身往营

---

① 汪道昆：《太函集》卷54《明故处士溪阳吴长公墓志铭》，黄山书社2004年版，第1143—1144页。

② 张四维：《条麓堂集》卷21《海峰王公七十荣归序》，《续修四库全书》第1351册，上海古籍出版社2003年版，第599页。

③ 韩邦奇：《苑洛集》卷4《冯翊眭公墓志铭》，道光八年同里谢氏重刊本。

置，靡有后愆"，并与兰州商人曹佐合伙经营，数年未爽毫发①。而朝邑八里庄，"庄虽数百家，俗竞艺黍稷，远服贾，鲜修文学"②。朝邑大庆关"西河子之乡万金家，皆习商贾"③。张偰，"有嗣子某服贾广陵，赢至数千金，稍不若训，即弗子"④。明后期三原人王经济，家"世多贾"，其本人"尝客姑苏、维扬"⑤。嘉靖时泾阳人许氏，"稍长，修父之业而息之，贾西宁垂二十年，无二贾。……而西宁贾输刍粟，率中盐筴维扬"。其弟朝阳客死维扬⑥。嘉靖、万历时，三原人高尚信，是县中有名的"大贾"。其成人后，"携赀游蜀中，意不自得。乃与诸从子走湟中、西夏，尽以赀易菽粟，入储边帑，而领部檄收盐利于淮、浙。如此数易，赀大归，君与邑中巨富人埒矣"⑦。吏部尚书王恕的后代，嘉靖、万历时人王勋，其舅梁君，"拥重赀淮扬间"，请其主持盐业事务，王勋"一一为画计，诸受计者多叹服。时治鹾使者行疏通法，商随倚以营私，名曰'超掣'。或拉君，即谢弗往。诸商大有获，乃诮君不听吾而失还厚利。君笑应曰：吾弗得鱼，幸有吾荃，若视吾荃在否，不患不得鱼也。有识者以君言为是。"⑧同时代三原人梁炜，先业儒，在扬州多从名公先生游，后来改从商，其铭文称："竟以家人事倚办鱼盐故业，群从中推君为主，于是谢儒为贾。梁故富厚，号巨万，先世主计者为君叔父征仕

① 康海：《康对山先生集》卷43《处士张公配赵氏合葬墓志铭》，《续修四库全书》第1335册，上海古籍出版社2003年版，第469页。

② 韩邦奇：《苑洛集》卷6《处士权公暨配党孺人合葬墓志铭》，道光八年同里谢氏重刊本。

③ 韩邦奇：《苑洛集》卷7《国子生西河赵子墓表》，道光八年同里谢氏重刊本。

④ 焦源溥：《逆旅集》卷18《明处士勉斋张先生墓志铭》，《四库未收书辑刊》第6辑第30册，北京出版社2000年版，第217页。

⑤ 来俨然：《自愉堂集·传》卷1《处士王公传》，《四库全书存目丛书》集部第177册，齐鲁书社1997年版，第346页。

⑥ 李维桢：《大泌山房集》卷90《泾阳南田老人许公墓志铭》，《四库全书存目丛书》集部第152册，齐鲁书社1997年版，第586—587页。

⑦ 来俨然：《自愉堂集·墓志》卷2《明寿官尧山高君墓志铭》，《四库全书存目丛书》集部第177册，齐鲁书社1997年版，第352页。

⑧ 来俨然：《自愉堂集·墓志》卷2《明菊斋王君暨配硕人崔氏合葬墓志铭》，《四库全书存目丛书》集部第177册，齐鲁书社1997年版，第353页。

公。征仕公于贾筴利无遗，衰然魁师，老而授筴君。君筹画征逐，悉守条规，利益归，积用益厚。然所入悉输于公，未尝私一缗箧中，故群从亡不心服爱慕之者。"①此人学儒无成，却学得全部家传贾术。又有同时人梁选橡，不愿绍故业业儒，而"服贾江南北，用盐筴起，后先垂四十年"。其人"智识过人，诸贸迁赢绌，一经筹计，率奇中。又多任人，人受筴公，各大有获，遂居积累万金。人言公所至有天幸，殆非尽然。盐故有制，载令甲，无敢逾越，险狡规利，望外贿，上下为比周，别创为一法，名曰'超掣'。超掣者，压定序而先之也，获利厚寻常以倍。一时乡人争先为超掣，咸来邀公。公不可，曰：善贾者不收近利，善保者不身尝法。以若所为，利即厚，孰与资斧，吾何必舍吾自然而图未必然。且盐与他贾异名，虽两交而实关三尺，吾谨守之。视若曹之败也。谢诸邀者。诸邀者小有获，相与诮不从我而失厚利。未几，首事险狡，以乱制服法，公乃始大笑，不幸吾言中，倘吾不自主，而罹其中，必且推首事，身蒙祸而众厚利，吾不能为若辈愚若此。"②凤翔县人袁某，"用盐筴贾淮南，每归，取金偿母，甘毡费而后及他事。已，输粟甘镇，有令出帑金募更市粟"③。明末，有明中期名臣三原人王恕之族人，"父某，徙白门业盐筴，家富巨万"④。明末三原人申凤鸣，在乡慷慨多义举，"既抵扬州，业盐筴，得廉贾五利之术，家以大昌"⑤。泾阳人张洋，贾朔方，至其子张植而富。植子张巍，"计无如用盐筴便，输粟塞下，而大引鬻于淮南北浙东西，訾数巨万。睨其橐曰：吾倍陶朱公多矣……邗沟大

① 来俨然：《自愉堂集·墓志》卷2《明国子生竹亭梁君墓志铭》，《四库全书存目丛书》集部第177册，齐鲁书社1997年版，第358页。

② 来俨然：《自愉堂集·墓志》卷2《明征仕郎槐轩梁公行状》，《四库全书存目丛书》集部第177册，齐鲁书社1997年版，第370页。

③ 李维桢：《大泌山房集》卷70《袁封公家传》，《四库全书存目丛书》集部第152册，齐鲁书社1997年版，第215页。

④ 魏禧：《魏叔子文集外篇》卷18《姜母王少君墓志铭》，《续修四库全书》第1409册，上海古籍出版社2003年版，第180页。

⑤ 魏禧：《魏叔子文集外篇》卷18《三原申翁墓表》，《续修四库全书》第1409册，上海古籍出版社2003年版，第205页。

涨，荡盐艘几万金，报至，公方与客棋，不答而终局"①。看来泾阳张家在扬州的盐业市面甚大。嘉靖时，泾阳西里人刘文明，其父倦于贾，乃请继父业，"得千金，以盐筴贾塞上广陵间，不数岁赢得过当……暇则阅诸史若阴阳农圃医卜星相诸家，而锐意当世之故，九边要害机宜茶马屯盐利病甚晰。嘉靖末，盐法尼不行，公谓弊在工本，工本汰矣，复不行，公筹之曰：当有伪引阑出入耳。意如所料"②。嘉靖、万历时三原人温朝凤，"稍长，母若兄命之贾，服用无赢副，挟赀甚微，顾独饶心计，不数年息十倍"，经营活动中，"所过蜀楚燕赵吴越齐鲁韩卫"之地③。大约也经营过淮盐。从明初到明末，陕西商人始终活跃在从事两淮盐业的经营。这些商人，大约都是入粟西北边地，赴淮、浙盐场支盐，从事开中制下的盐业贩运的。

陕西盐商的经营路径，与徽州盐商相似，大多先在其他地区从事其他行业，而后向淮扬转移从事盐业。

明代山、陕等西北地区缺少棉布，所需主要靠从江南输入，而结营棉布资本要求较低，从而成为山、陕商人经营活动的起始行业。明后期，人称陕西"三原俗相矜市布"④。三原人温纯的文集中，就有诸多其乡人在苏松经营棉布的事例。如由三原迁往泾阳的嘉靖、万历时人师从政，自少年时起即"操钱千市布崛起"，而其乡人"以君为椎也，争赍子钱贾吴越，往来无宁日，其息倍。已，又出捐子钱贷人，其息亦倍。久之，用盐筴贾淮扬三十年，累数万金。喜曰：'万货之情可得而观也。'遂以盐筴听子若孙，自归宁"⑤。三原另一师氏，号南庄者，随其父"往来姑苏、于越诸

---

① 李维桢：《大泌山房集》卷97《张仲公杨孺人墓志铭》，《四库全书存目丛书》集部第152册，齐鲁书社1997年版，第738页。

② 李维桢：《大泌山房集》卷107《赠户部主事刘公强安人墓表》，《四库全书存目丛书》集部第153册，齐鲁书社1997年版，第169—170页。

③ 李维桢：《大泌山房集》卷70《温太公家传》，《四库全书存目丛书》集部第152册，齐鲁书社1997年版，第197—198页。

④ 温纯：《温恭毅集》卷11《明寿官师君墓志铭》，《景印文渊阁四库全书》第1288册，台湾商务印书馆1988年版，第646页。

⑤ 温纯：《温恭毅集》卷11《明寿官师君墓志铭》，《景印文渊阁四库全书》第1288册，台湾商务印书馆1988年版，第646页。

处，贸迁有无。又以其赢，任人转生息，所收甚厚"，后"客淮扬久，观万货，大约用盐起。二子者，相递为客与家，客与家诸方略一一听公指授。至公老而居积，不啻巨万，人言二子哉。然非非受公擘画，弗克以也"①。同时期三原人员维新，"稍长，小贾邑市。已，贾吴鬻布……家日起。已，贾淮扬治盐筴。……铢累寸积，不数载赀起万"②。同时期三原人王一鹤，与其诸弟，最初出贾，以其名"贷子钱市布邑及吴越无间言，赀日起，犹共贾共居。久之，用盐筴淮扬，亦无间言，赀益大起"③。王一鹤同父异母弟王一鸿，"早年家徒四壁，立意气轩轩若缠十万缗，常佐长君化居吴越间为布贾。已，稍赢，则又转而鬻贩江淮间为盐贾，家遂大起"④。石象，原来经"商三原、会宁间，已，用盐筴起赀淮上"⑤。这里举述的六例，有五例是先在吴地经营布业，有一例是先西北经营他业，而后均转移转两淮经营盐业。布业可赚稳利，成为陕商积累资本从事大规模商业经营的起始行业，但利润不丰，因此当资本积累到一定程度后，陕商又多转营淮盐等厚利行业。从明中后期韩邦奇、温纯等人的描述来看，陕西盐商大多从经营布业开始，资本积累到一定程度，才转而从事盐业，这可以说是明代陕商特别是三原商人经营上的一个特点。

山西蒲州盐商在淮扬的活动情形，万历时官至大学士的山西蒲州人张四维的《条麓堂集》中，有关载记较多，温纯的《温恭毅集》等也有一些。今一并列举如下。

张四维记，山西蒲州地狭人众，"其挟轻赀牵车牛走四方者，则十室

① 来俨然：《自愉堂集·墓志》卷2《明寿官南庄师公墓志铭》，《四库全书存目丛书》集部第177册，齐鲁书社1997年版，第357页。

② 温纯：《温恭毅集》卷11《明员伯子墓志铭》，《景印文渊阁四库全书》第1288册，台湾商务印书馆1988年版，第643页。

③ 温纯：《温恭毅集》卷10《明寿官王君暨配墓志铭》，《景印文渊阁四库全书》第1288册，台湾商务印书馆1988年版，第635页。

④ 温纯：《温恭毅集》卷11《明寿官峨东王君墓志铭》，《景印文渊阁四库全书》第1288册，台湾商务印书馆1988年版，第644页。

⑤ 温纯：《温恭毅集》卷11《明耆宾石君墓志铭》，《景印文渊阁四库全书》第1288册，台湾商务印书馆1988年版，第645页。

而九，商之利倍农”[①]，“蒲俗善贾……蒲人之占贾者，唯淮扬为众，若青沧之盐，占之则自近岁始”[②]。按照张四维的说法，蒲州商人最为活跃的地区和行业，无疑是两淮的盐业。蒲州人王瑶（即官至宣大等地总督的王崇古之父），其父累试不第，家业中衰，乃经商。弘治九年（1496）到河南邓州。王瑶随其父“贸易邓、裕、襄、陕间，而资渐丰”。对照明中期大学士李贤的说法，王瑶经营的大约是河南、湖北的大宗产品小麦、麦曲之类。弘治十八年（1505），其父转移到鲁地经营，“山地产竹木麻漆，公取良产治器用中度，至今士人式之”。正德中，其父归家，资财逐渐耗费，而王瑶“行货张掖、酒泉间，又尝同诸商依酒泉兵宪陈公赴河西”，大约从事中原与西北边地之间的贸易。至此，王瑶“复货盐淮、浙、苏、湖间，往返数年，资乃复丰”，完成了向盐商转换的过程。嘉靖元年（1522）其父逝世，王瑶与弟侄“独取长芦引数千寻赴长芦守支，未获”。晚年，“每念诸兄弟无依，虽在京师，犹以盐引经营以资其用”。嘉靖二十九年（1550）去世，“远近吊者几千人”[③]。看来，王氏家族后来一直从事淮盐和芦盐的贩运。又如正德、嘉靖时人河中人王良器，“奋厉营四方，西走张掖、酒泉，南踰荆襄，下吴越淮泗间，善能逐什一而权其子母。久之，起高赀”[④]。正德、嘉靖时人范逵，当开中法难以维持之时，却认为是觅利的大好时机，“遂历关陇，度皋兰，往来张掖、酒泉、姑藏之境，察道里险易，计储偫蓄散盈缩，以时废居，而低昂其趋舍，每发必奇中，往往牟大利。……久而赀益巨，占良田数百亩，积缗钱以万计”[⑤]。蒲州人席

① 张四维：《条麓堂集》卷21《海峰王公七十荣归序》，《续修四库全书》第1351册，上海古籍出版社2003年版，第599页。

② 张四维：《条麓堂集》卷23《送展玉泉序》，《续修四库全书》第1351册，上海古籍出版社2003年版，第653页。

③ 韩邦奇：《苑洛集》卷5《封刑部河南司主事王公墓志铭》，道光八年同里谢氏重刊本。

④ 张佳胤：《居来先生集》卷47《赠奉政大夫兵部武选司郎中毅庵王公墓表》，《四库全书存目丛书补编》第51册，齐鲁书社2001年版，第523页。

⑤ 张四维：《条麓堂集》卷28《处士东山范公暨配议藏万年孔妥》，《续修四库全书》第1351册，上海古籍出版社2003年版，第740页。

铭，幼习举业不成，又不喜农耕，说："丈夫苟不能立功名于世，抑岂为汗粒之偶，不能树基业于家哉？"于是"历吴越，游楚魏，泛江湖，懋迁居积，起家巨万家，而蒲称大家，必曰'南席'云"。①由其活动范围，对照其乡人王瑶之经营，此席铭大约也曾经营过两淮等地盐业。展玉泉，"游货瀛博之墟，贸市海嵯，以为天子转输于边，而以计赢缩，雅与时逐，甚获什一之利。居无何，其所积遂丰，轻财重施，坦率乐易，凡商于兹土者若干人，罔不祗敬玉泉君者。"②正德、嘉靖时，大通厢人赵进庵，最初业儒，无所成，"遂南浮淮泗，时废居廛井中"③。同时期永丰厢人徐昂，善于治产，"贸迁南北，往来秦豫、吴会之境者……居货四十余年"④。徐昊，家世业商，尝"游金陵，溯吴越，西走陇益，居货岐山、池阳之域雍凉诸郡，稍稍遍历焉，废居通滞，能晌时之高下而牟其赢利"⑤。张四维的叔叔张遐龄，时当嘉靖，"商游吴越，闻于时。年幼气锐，既连不获牟大利，乃南历五岭，抵番禺，往来豫章、建业诸大都会，凡六七年，而赀益耗"⑥。弟弟张教，与经营淮盐的歙县吴珽兄弟一起"居货沧瀛，共朝夕而雅相好也"⑦，也是个大盐商。看来张四维家族，也曾经营过淮盐。

张四维描述当时行盐情形道："令甲榷淮、浙嵯利以佐国计，凡商人占淮、浙盐者，悉令输粟甘肃、宁夏等边，给通关领引，而守支于淮、浙，谓之飞挽。然自开中以及支给旷日延及，且出入戎马间，有烽堠之

① 韩邦奇：《苑洛集》卷6《席君墓志铭》，道光八年同里谢氏重刊本。
② 张四维：《条麓堂集》卷20《题展玉泉金阙承恩图序》，《续修四库全书》第1351册，上海古籍出版社2003年版，第586页。
③ 张四维：《条麓堂集》卷21《进庵赵翁八秩弛恩序》，《续修四库全书》第1351册，上海古籍出版社2003年版，第595页。
④ 张四维：《条麓堂集》卷28《处士东溪徐公暨配张孺人合葬墓志铭》，《续修四库全书》第1351册，上海古籍出版社2003年版，第741页。
⑤ 张四维：《条麓堂集》卷28《处士山泉徐公暨配王孺人合葬墓志铭》，《续修四库全书》第1351册，上海古籍出版社2003年版，第742页。
⑥ 张四维：《条麓堂集》卷28《叔父竹川府君暨配孺人李氏左氏合葬墓志铭》，《续修四库全书》第1351册，上海古籍出版社2003年版，第743页。
⑦ 张四维：《条麓堂集》卷28《寿双松吴翁七十序》，《续修四库全书》第1351册，上海古籍出版社2003年版，第598页。

警，而盐利又时有胱肭，是以商人不乐与官为率。"①由上引事例来看，开中法改革后，将粮食输往边地，而后获得贩运盐引，到淮、浙盐场支盐的主力，仍是山陕商人。

三、其他地域商人

明代在淮扬地区角逐的盐商，以山陕和徽州商人为绝对主角，但其他地区的商人也有一些。朱宗宙先生在其《扬州盐商的地域结构》一文中，列为"其他地区商人"，而所谓其他地区商人，"是指江西、湖广、浙江、江苏等地区的盐商"②。未免遗憾的是，于明代其他地区的盐商，朱先生只举了江西南昌盐商谢昆一例，以致被汪崇筼先生诟病，称"朱先生引用大量史料，分别重点论述陕西、山西、徽州三大盐商群体在扬州的活动情况，而对于湖广、江西、浙江、江苏等地的盐商，则因史料不多，只能将其合为'其他地区'一类，且所论篇幅有限"③。朱先生确因相关材料不多，未曾多举事例，但"其他地区"在淮扬地区活动的商人确实也有一些，值得注意。

如江西商人。万历时湖广京山人李维桢说："竟陵东七十里而远，有聚曰皂角市，故风后国也。市三千家，中具五方之民，商贾十九，而新安为最盛。余所知有郑明甫者，歙中坞人，少贾豫章，壮贾楚，遂家于市。"④又说："竟陵东六十里聚曰皂角市……市可三气家。其人土著十之一，自豫章徙者七之，自新都徙者二之，农十之二，贾十之八，儒百之一。自豫章徙者莫盛于吉之永丰，至以名其闾。而永丰莫著于刘氏。刘

---

① 张四维：《条麓堂集》卷28《处士东山范公暨配议藏万年孔妥》，《续修四库全书》第1351册，上海古籍出版社2003年版，第740页。

② 朱宗宙：《扬州盐商的地域结构》，《盐业史研究》1996年第4期，第44页。

③ 汪崇筼：《明清徽商经营淮盐考略》，巴蜀书社2008年版，第14页。

④ 李维桢：《大泌山房集》卷36《郑翁寿序》，《四库全书存目丛书》集部第151册，齐鲁书社1997年版，第268页。

氏……入明，七代孙纯正贾楚，乐市之土风，因家焉。"①竟陵在承天府潜江县西北，靠近京山县。由按李维桢所记可知，竟陵皂角市是一个移民市镇，从江西永丰迁入者占三分之二以上，这些移民以经商为主，商人则以徽商为主。皂角市迁入这么多江西永丰人，其地又以经商为主，且地属淮盐销地，永丰人自然经营盐业者不少。此是江西群体盐商。此外，有关江西盐商的零星事例也有一些。嘉靖、万历时吉水人罗胜梯，其祖父罗鉴，"以盐筴游楚澧州津市，信义为众所服从者如云，因徙家焉"。罗胜梯以早失父从贾，"计操奇赢，与时化居，业骎骎起"，"有别业在广陵"②。汪道昆记，徽州人程汉阳为南京工部主事，"时江西大贾豪仪真"③。仪真最突出的商人是盐商，此"江西大贾"自然是经营盐业的江西巨商。

如江、浙商人。两淮盐场在南直隶今江苏境内，苏州、松江等府又行浙盐，徽州盐商在江、浙盐场最为活跃，但当地人自然也有从事盐业者。如钱氏，世居杭州，"入明洪、永间，有讳文通者，徙松郡"，遂为松江人。文通死，其妻子冯孺人"抚藐孤，倜傥亢宗，推江淮贾中祭酒，是曰松溪居士，竟以信义起"④。可见明初南直隶松江府人即有经营两淮盐业者。天启初年，官至江西布政司参议的钱塘人黄汝亨记，其南京的弟子鲍良思之父松亭翁，"担囊握算，服牛骈，奔走吴楚扬粤之郊，不十年，富埒封君，身膺王爵"⑤。万历时，冯时可说："海陵人习贾，寝处其大，靡徒业，故素封累累相望然。其人大都效师史曹邴氏取赢。"其地有吴玄㺄者，"挟赀贾燕，贾赵，贾齐，贾梁，节驵会武，切文持变，化有概，居

① 李维桢：《大泌山房集》卷87《刘处士墓志铭》，《四库全书存目丛书》集部第152册，齐鲁书社1997年版，第537页。

② 李维桢：《大泌山房集》卷107《处士罗公萧孺人墓表》，《四库全书存目丛书》集部第153册，齐鲁书社1997年版，第183页。

③ 汪道昆：《太函集》卷30《程汉阳传》，黄山书社2004年版，第641页。

④ 陈继儒：《陈眉公先生集》卷35《孝廉毅庵钱公暨配何孺人墓志铭》，日本内阁文库影印本。

⑤ 黄汝亨：《寓林集》卷6《寿鲍翁八十序》，《四库禁毁书丛刊》集部第42册，北京出版社1999年版，第150页。

久之，业益拓"①。海陵即泰州，显然当地人习于经营盐业。如嘉靖时南直隶和县人方茂，读科目书不就，"去而操巨赀鬻盐淮扬间，赀大起，又督家僮种作城西南田，岁积谷千百斛"②。浙江商人则如嘉靖时宁波人陈武，"溯江淮，入燕代，遍历方国，各以其地之宜，赀用浸然，游道广矣"③。

四、结语

明代开中法始行于洪武年间，其基本形式是：户部根据边方或所需纳粮地区官员的报告，经向皇帝奏准，榜示纳中米粮的地点和仓口，公布上纳米粮额数及所中盐运司的盐引额数。上纳米粮的商人根据户部榜示的开中则例，自行选择所报中的盐运司，然后到指定的仓口报中，上纳米粮。仓口官给予仓钞，再由管粮郎中填发勘合，商人据此到指定的盐运司比兑，由盐运司指定盐场支取盐货，运至指定的行盐府县发卖④。在这种制度下，纳粮获得盐引是关键。陕西商人或就近籴粮上纳，或就地屯种粮食上纳，有地近和地利之便，因而就情理而言，早期淮扬地区的盐商当以山、陕商人特别是陕西商人实力最为雄厚。如果本色开中运行正常，山、陕商人无疑会维持这种优势。

从明人文集所载大量事例考察，明代早中期，确实已有陕西三原、泾阳等县和山西蒲州、大同等地的众多的商人活跃于淮扬盐业中，与徽州盐商展开商业竞争，而且山西蒲州盐商最先活动的地区就是淮扬，由此山、陕盐商在淮扬的时代，较之徽州盐商，很难说孰先孰后，在明代早中期，

---

① 冯时可：《冯元成选集》卷55《明故吴处士宾山季公墓志铭》，《四库禁毁书丛刊补编》第63册，北京出版社1999年版，第341页。

② 焦竑：《澹园集》卷28《方君西野暨配张氏合葬墓志铭》，中华书局1999年版，第415页。

③ 汪道昆：《太函集》卷52《明故处士吴克仁配鲍氏合葬墓志铭》，黄山书社2004年版，第1090页。

④ 参见刘淼《明代盐业经济研究》，汕头大学出版社1996年版，第224—225页。

也看不出他们的势力孰大孰小。其经营方式，无论山、陕商人还是徽州商人，基本相同，均有先在他地他业活动积累资本，而后转移到淮扬地区改营盐业增大商业资本的过程。山、陕和徽州盐商确是淮扬盐商的主体，但其他地区如江西、江浙等地商人也参与其中，如果考虑到盐斤的转运和分销，这些地方商人当有一定实力，不容小觑。

考察明代淮扬地区各地盐商的活动，也可得出这样的认识，即徽州商人并不是在明初就具有优势成为主体的。风云际会，徽州盐商在明末以至清代逐步发展壮大一家独大，则有着深刻的社会背景和盐业经营管理方式的较大改变。其具体内容及其消长过程，请参见前此拙文①。

原载安徽大学徽学研究中心编《徽学》第11辑，社会科学文献出版社，2018年12月

---

① 范金民：《明代徽州盐商盛于两淮的时间与原因》，《安徽史学》2004年第3期。

明清地域商人与江南文化

　　明清时期的江南城市，商品生产持续发展，商品流通蔚为壮观，商人活动十分活跃，是全国极为重要的经济中心。高度发达的经济，必然带来文化的繁荣和社会的进步。江南城市教育发达，黉序崇宏，书院林立，书肆栉比，藏书宏富，文才辈出，文士汇聚，学术流派后先辉映，精英文化繁荣昌盛，大众文化精彩纷呈，地域文化璀璨夺目，又是全国极为重要的文化中心。

　　社会各个阶层共同谱写了灿烂的江南城市文化，构筑了江南城市文化的宏伟大厦，也为江南城市文化的建设作出了相应的贡献。本文仅从商人活动的角度，考察外籍地域商人在江南城市的文化活动，探讨其与江南城市文化的关系，希望有助于丰富和深化明清江南社会经济和城市文化的研究。

一、经营文化商品

　　明清时期的江南，苏州、南京、杭州、常熟、无锡、湖州等地是著名的刻书印书中心，刻印书籍数量之多，类别之众，校勘之精，堪为全国翘楚。万历时浙江兰溪人胡应麟说，当时刻书之地以吴、越、闽三处最为有名，而以吴地刻书最为精好。又说：尤为突出的是，"吴会、金陵擅名文献，刻本至多，巨帙类书咸会萃焉。海内商贾所资，二方十七，闽中十三，燕、越弗与也。然自本方所梓外，他省至者绝寡，虽连楹丽栋，蒐其奇秘，百不二三，盖书之所出，而非所聚也。"①按照这种说法，当时全国书籍集中之地为北京、金陵、苏州和杭州。江南的南京、苏州和杭州三大城市都是著名书城。

南京、苏州汗牛充栋的书籍，虽大多刻自当地，但不少就是由外地商人刻印的。明末徽州休宁人胡正言，弃官后寓居南京，大量收购，在其十竹斋中，雇用了十数名刻工，用五色套印出了《十竹斋画谱》《笺谱》，不论花卉羽虫，色彩逼真，栩栩如生，成为学画的模板，"销于大江南北，时人争购"。光为十竹斋包揽经营的汪姓良工就成了巨富。明时杭州盛行雕版画，据说"殆无不出歙人手，绘制皆精绝"②。清中期南京的状元境，书坊有20余家，大"半皆江右人"③。明末南京开书铺的周用，就是江西东乡县人，被劝诱入天主教，在教堂内印刷经卷，被官府逮捕④。

明代南京有名的书坊，据今人研究，多达近60家，刻印书籍以戏曲、小说、医书、时义为多⑤。这一类书，为社会各界所需要，出版成本低，发行数量大，获利一定丰厚。实际上，明后期江南城市的书坊还刻印商业用书。如坊名为金陵唐氏文林阁的书铺，又名唐锦池（有时或称集贤堂唐锦池），就曾刊印过《新安原版士商类要》，署为文林阁唐锦池梓行。该书作者程春宇，徽州人，"甫成童而服贾，车尘马迹几遍中原"，晚年"取生平观记，总汇成篇"，天启六年（1626），歙县方一桂游览南京鸡鸣山，程与其话旧，请为书作序⑥。看来这个徽商很可能就是寓居南京的书商，利用平生丰富的经商阅历，编写了《士商类要》这一日用手册。而与程春宇

---

① 胡应麟：《少室山房笔丛·甲部·经籍会通四》，中华书局1964年版。

② 《杂记》，转引自张海鹏等主编《明清徽商资料选编》，黄山书社1985年版，第206页。

③ 甘熙：《白下琐言》卷2，1926年金陵甘氏刻本。

④ 张秀民：《明代南京的印书》，《文物》1980年第11期。

⑤ 张秀民：《明代南京的印书》，《文物》1980年第11期。

⑥ 方一桂：《士商类要序》，转引自杨正泰《明代驿站考》附，上海古籍出版社1994年版，第234页。

同时的西陵憺漪子，编有《天下路程图引》一书。这个憺漪子，据柳存仁先生考证，是明末清初的汪淇，又自署汪象旭，钱塘人。而据王振忠先生研究，汪淇，字憺漪，明末人，是侨寓杭州的徽州书商（祖籍休宁）[1]。在程、汪二位徽商编书之前的50余年，另一徽商黄汴，就编成了目前所知明代第一部商业类用书8卷本的《天下水陆路程》一书。黄汴弱冠即随父兄外出经商，"后侨居吴会，与二京十三省暨边方商贾贸易，得程图数家，于是穷其闻见，考其异同，反复校勘，积二十七年始成帙"[2]。黄汴这个徽商，穷27年之功，精心编纂可资实用、影响后世、被多所转引的商业书，很可能本身就是个书商。黄、程、汪三位徽商，都侨居在江南，都编写了商业书，其书或编于苏州，或刊刻、作序于南京。以经商的亲身经历写成，在商品市场发达、刻书印书的中心江南刊印的这些商业书，销路一定不错。若果真如此，则这些商人编写这类商业书，既有裨商人经商实用，同时也为的是谋取丰厚的商业利润。试观憺漪子《天下路程图引叙》所言，"凡疆理山川之缪辐，关津驿舍之次第，皆可以按程计里，纵横贯穿，回环往复，分率参合，无一抵牾，如躔度交会而辰宿次舍不失分寸，如营卫周布而经络节穴不差毫发。后之览者，必各随其所至，合符其所见而始信其工也，则行者箧之，以为针车之宝可也"，简直就是一段自我吹嘘的广告词。可以设想，商人自己编写商业书，绝不仅是简单的文献流布之事，而更是有意识的商业文化经营活动。

　　苏、杭、宁三大城市的书坊，大多分布在商业闹市或交通要道处。明后期南京书坊主要分布在三山街及国子监前，苏州书坊主要分布在阊门内外及吴县县学前，这些地段都是商业闹市。杭州书铺大多在镇海楼之外及涌金门之内、弼教坊和清河坊等地，都是通达之衢，乡试时有时也会移至贡院前，二月十二花朝后数日因大士诞辰则会移至天竺，四月上旬后因游

---

① 王振忠：《稀见清代徽州商业文书抄本十种》，《华南研究资料中心通讯》第20期。

② 黄汴：《天下水陆路程序》，北京图书馆《古籍珍本丛刊》本。

人渐多则会移至岳坟①，完全随商业销售的需要而转移地点。

上述刻书中心耗用的不计其数的纸张，以及江南市场上的部分书籍，更是由江西商人、福建商人、安徽商人和浙南商人等地域商人直接贩运到江南的。清前期，经过浒墅关的外地纸至少有光古、灰屏、黄倜、连史、元连、白鹿、毛长、对方、毛边、江连、川连、黄表、桑皮、碑色、东坦纸等名品②。外地纸商是贩运这些纸的主力。康熙五十七年（1718），在苏州的上杭六串纸帮商人建立了汀州会馆，"其实为上杭纸业之一部分也"③。区区一县纸商就独力建立了会馆，这在会馆林立的江南也是不多见的，而且仅为该县"纸业之一部分"，可见福建纸商在江南的实力。在上海的建宁、汀州商人建立会馆，纸商是捐厘主要对象④。在江南的福建纸商也是很有名的。张应俞《杜骗新书》第六类《牙行骗》就描写，福建纸商施守训，"家资殷富，常造纸卖客。一日，自装千余篓，价值八百余两，往苏州卖……家中又发纸五百余篓到苏州……次年，复载纸到苏州"。看来这是个专门以苏州为市场的福建纸商。据今人调查，连成县的四堡乡从明中叶起便以造纸刻书并负贩于天下而闻名于长江以南各地。这些书商活跃于江南的南京、无锡、湖州、苏州和杭州等地。如邹氏和马氏宗族的不少人曾将家乡的书籍纸张贩运到江南⑤。清代南京的江西商人，以瓷器、竹、纸为主要经营商品。嘉庆元年（1796），苏州重修江西会馆，捐银的江西纸商至少有南昌府纸货众商，捐银700两；山塘花笺众商，捐银300两；德兴县纸货众商，捐银105两；桐城县纸商，捐银80两，共捐银1185

---

① 参见胡应麟《少室山房笔丛·甲部·经籍会通四》，中华书局1964年版。

② 道光《浒墅关志》卷5《小贩则例》。有关明清江南纸张的来源，请参见拙著《明清江南商业的发展》，南京大学出版社1998年版，第89—91页。

③ 江苏省博物馆编：《江苏省明清以来碑刻资料选集》，生活·读书·新知三联书店1959年版，第358页。

④ 上海博物馆编：《上海碑刻资料选辑》，上海人民出版社1980年版，第280页。

⑤ 陈支平、郑振满：《清代闽西四堡族商研究》，《中国经济史研究》1998年第2期。

两，仅次于捐银1200两的麻货众商[1]。徽州纸商在江南也较活跃。乾隆三十八年（1773），苏州修建徽郡会馆时，皮纸帮是参与发起的三大帮之一[2]。浙东特别是龙游书商在江南颇有名气。明代归有光说："越中人多往来吾吴中，以鬻书为业。"[3]他提到的童子鸣，即世为龙游人。清初，"龙游余氏开书肆于娄，刊读本四书字画无伪，远近购买"[4]。其时龙游书商在苏州似乎人数更众。康熙十年（1671），浙江书商在苏州阊门以北的尚义桥建立了崇德公所，"为同业订正书籍讨论删原之所"[5]。道光二十五年（1845）复立行规以约束同行。专门经营粗纸箬叶一业的浙南商人则在南濠建成浙南公所，"为同帮议公宴会之区"，咸丰时毁于兵燹，同治十一年（1872）重建时仍有商号44家[6]。

江南是文献之邦，文化艺术品市场极为发达，而这一市场的兴盛与地域商人的活动大有关系。外地商人特别是徽商利用地利之便，凭借雄厚的财力尽情收购积蓄书画册籍。如经商南京的陈姓徽商，"凡金石古文、名家法帖，手摹指画，务得其真，无所不习，绘事则自皇唐以迄胡元，名品则自宗器以迄玩物，无论百金之价，什袭之珍，无所不购"[7]。再如休宁商吴用良，"其出入吴会，游诸名家，购古图画尊彝，一当意而贾什倍"[8]。清初休宁商江五声在苏州，"喜购古鼎彝罍洗，次至官、哥窑以下瓷器，若前代朱黑髹具之属，罗列便坐左右"[9]。乾隆时歙县人汪启淑，

---

① 江苏省博物馆编：《江苏省明清以来碑刻资料选集》，生活·读书·新知三联书店1959年版，第362页。

② 江苏省博物馆编：《江苏省明清以来碑刻资料选集》，生活·读书·新知三联书店1959年版，第377页。

③ 归有光：《震川先生集》卷9《送童子鸣序》，上海古籍出版社1981年版。

④ 民国《太仓州志》卷25《杂记》。

⑤ 江苏省博物馆编：《江苏省明清以来碑刻资料选集》，生活·读书·新知三联书店1959年版，第74页。

⑥ 苏州历史博物馆等编：《明清苏州工商业碑刻集》，江苏人民出版社1981年版，第363页。

⑦ 汪道昆：《太函集》卷59《明封征士郎莆田陈长者墓志铭》，明万历刻本。

⑧ 汪道昆：《太函集》卷52《明故太学生吴用良墓志铭》，明万历刻本。

⑨ 汪琬：《尧峰文钞》卷15《江太一墓志铭》，《文渊阁四库全书》本。

业盐于浙，侨寓钱塘，工诗好古，收藏甚富，尤嗜印章，自称印癖先生，搜罗古玺以及历代印章数万方，辑有《集古印存》《汉铜印原》《汉铜印丛》和《静乐斋印娱》等印谱20余种①。

万历时的袁宏道对徽商的总体看法是："徽人近益斌斌，算缗料筹者竞习为诗歌，不能者亦喜蓄图书及诸玩好，画苑书家多有可观。独矜习未除，乐道讼而愧言穷，是为余结耳。"②明代商人吴其贞在其《书画记》中则说："昔我徽之盛，莫如休、歙二县。而雅俗之分，在于古玩之有无，故不惜重值争而收之。时四方货玩者，闻风奔至。行商于外者，搜寻而归，因此时得甚多。其风开于汪司马兄弟，行于濮南吴氏，丛睦坊汪氏继之。余乡商山吴氏、休邑朱氏、居安黄氏、榆林程氏以得，皆为海内名器。"以有无古玩衡量是否雅俗，所以徽商收藏之风最盛。这类事例可谓不胜枚举。以往论者多将商人的这种行为认定为附庸风雅，装装门面。这未免小看了商人特有的眼力，低估了商人的商品意识和经营能力。商人购买书画文物，自有假充风雅者，但保值增值，作为文化投资者恐不乏其人。明后期歙商吴用卿，与兄"俱之京师，悉出金钱筐筐易书画鼎彝之属，鉴裁明审，无能以赝售者，好事家见之，不惜重购，所入视所出，什佰千万"③。经营书画文物，具眼力者，利润极为丰厚。此法用于京城，江南当也常用。又有徽人郭次父者，住焦山，"所蓄器玩书画甚精宝，不啻拱璧，欲待价而沽，以射高利"④。看来，经营书画以射高利者大有人在。嘉兴秀水人李日华，官至太仆寺少卿，致政家居20余年，擅书画，精鉴赏，常与书画、古玩商人打交道，由其日记所记可知，徽州等地商人经常性向他兜售书画。万历三十七年（1609）五月九日，有徽商二人到李家，以元画家李《久雨竹》一幅见示，李称"枝叶堆堕，颇尽失重之态"。同年十月十六日，李从歙商处购得明画家陈淳的《云山》长卷，"备极雄

① 参见翟屯建《徽派篆刻的兴起与发展》，《徽学》第2卷，黄山书社2002年版。
② 袁宏道：《新安江行记》，《袁中郎随笔·游记卷》。
③ 李维桢：《大泌山房集》卷102《吴节母墓志铭》，明刻本。
④ 谢肇淛：《麈余》卷1。

快"。十一月初二，又从王姓歙商处购得洒落秀韵的王孟端《竹石枯木》一帧。三十八年（1610）六月二十六日，又从徽商处购得曾为王世贞旧物的倪瓒《小景》一幅①。徽商等地域商人造访李府出示书画珍玩者更不间断。尽管李日华说浮慕名家书画的歙贾常受作伪者欺，求售于李府的书画也多赝品或假托者，但经李日华的鉴定，其中不乏货真价实的名作和宝物。以歙贾为中心的各地商人收藏书画，显然是以之作为殖生的行业经营的。咸丰、同治时期歙人黄崇惺说："休、歙名族乃程氏铜鼓斋、鲍氏安素轩、汪氏涵星研斋、程氏寻乐草堂，皆百年巨室，多蓄宋元书籍、法帖、名墨、佳砚、奇香、珍药与夫尊彝、圭璧、盆盎之属，每出一物，皆历来赏鉴家所津津称道者"②。百年之物，历久弥贵，这就绝不是附庸风雅的结果，徽商之法眼看来不能以等闲视之。

明后期起，各地域商人兔驰鸟骛，十分活跃，书画市场也极为红火。本身极喜收藏的太仓人王世贞感慨道："书当重宋，而三十年来忽重元人，乃至倪元镇以逮明沈周，价骤增十倍。窑器当重哥、汝，而十五年来忽重宣德以至永乐、成化，价亦骤增十倍。大抵吴人滥觞，而徽人导之，俱可怪也。今吾吴中陆子刚之治玉，鲍天成之治犀，朱碧山之治银，赵良璧之治锡，马勋治扇，周治治商嵌，及歙吕爱山治金，王小溪治玛瑙，蒋抱云治铜，皆比常价再倍，而其人至有与缙绅坐者"③。艺术品价格飙升，推原其故，由吴人滥觞而徽人导引。徽人导引，其实并不可怪，他们看好的是赏鉴之风兴起后的潜在市场。王世贞身后，江南艺术品市场更为红火。万历中期的袁宏道就指出，当时以小技著名者都是吴人，龚春、时大彬瓦瓶，胡四铜炉，何得之扇面，赵良璧锡器，货精价昂，"一时好事家争购之，如恐不及。其事皆始于吴中，猾子转相售受，以欺富人公子，动至重资。浸淫至士大夫间，遂以成风"④。只要官僚士大夫赏玩成风，工艺品

---

① 李日华：《味水轩日记》卷1、卷2，上海远东出版社1996年版。
② 黄崇惺：《草心楼读画集》，见《美术丛书》第1集。
③ 王世贞：《觚不觚录》，《文渊阁四库全书》本。
④ 袁宏道：《瓶花斋杂录》，《学海类编·集余四》，中华书局1980年版。

市场就必然狼烟四起。万历后期的沈德符说："玩好之物，以古为贵，惟本朝则不然。永乐之剔红，宣德之铜，成化之窑，其价遂与古敌。盖北宋以雕漆擅名，今已不可多得；而三代尊彝法物，又日少一日；五代迄宋所谓柴汝官哥定诸窑，尤脆薄易损，故以近出者当之。始于一二雅人，赏识摩挲，滥觞于江南好事缙绅，波靡于新安耳食。诸大估曰千曰百，动辄倾橐相酬，真赝不可复辨。以至沈、唐之画，上等荆、关，文、祝之书，进参苏、米，其敝不知何极。"①赏鉴工艺品，本是雅事，江南缙绅群相效仿，附弄风雅，新安大估看准市场，开辟投资新途径，在收购贩卖工艺品过程中，与生产者特别是鼓吹者江南缙绅一起，哄抬价格，多方炒作，操纵控制着艺术品市场。江南工艺品市场的形成，工艺品行情的不断看涨，江南缙绅与新安大贾都是有力的推动者。以致沈德符深有感慨地说："吴门、新都诸市骨董者，如幻人之化黄龙，如板桥三娘子之变驴，又如宜君县夷民改换人肢体面目。其称贵公子大富人者，日饮蒙汗药，而甘之若饴矣。"②耐人寻味的是，吴人滥觞而徽商导引，在工艺品行市中，最为活跃的是徽州商人，奔走于好收藏的江南士夫之门，获利最丰的可能也正是徽州商人。

二、推进戏曲文化

明清时期的江南是极为著名的戏曲中心，康熙时苏州人沈朝初《忆江南》词所谓"苏州好，戏曲协宫商"。其时的江南，先是海盐腔、昆山腔、弋阳腔三曲流行，后是昆曲一枝独秀，清中期后各种地方戏争奇斗艳。李伶、马伶等著名演员群星璀璨，魏良辅、梁辰鱼、沈璟等剧作大家辈出。嘉靖时，南京的著名戏剧演员多达数十人。万历年间，苏州的职业昆曲戏班有"瑞霞班"和"吴徽州班"。而各地官僚的家庭昆班所在多有。自昆山人魏良辅改革昆剧创为曼声，梁辰鱼制为艳曲新声，明清之际，苏州城

① 沈德符：《万历野获编》卷26《玩具·时玩》，中华书局2004年版。
② 沈德符：《万历野获编》卷26《玩具·好事家》，中华书局2004年版。

中,"古调不作,竞为新声,竹肉相间,音若丝发"。①康熙时,据说仅苏州一地戏班就多达千计,其中以寒香、凝碧、妙观、雅存四大戏班最为有名。雍正、乾隆时期,苏州"城内城外,遍开戏园",戏剧演出,"昼夜不绝"②。乾隆中期,苏州的集秀、合秀、撷秀诸班是最负盛名的昆曲戏班③。乾隆中后期,苏州集中了70多个戏班,来自各地的戏班有湖广小班局、杭州瑞宁班、浙江宝华班、河南局、清江浦松秀班、山东局、上海局、台湾局、无锡聚华班、湖广局、镇江松秀班、王蕴山湖州府班、胶州局、张秀芳山西局、维扬老江班、维扬大安店老张班、维扬院宪内班、维扬小洪班、维扬广德太平班、维扬老江班、京局、仪征张府班、南京庆丰班、上林池州局、邳州署内、天津卫、朱耀章福建局、朱耀章小班济南局、天津小班等30个左右④,地域广达10多个省。

这些戏班活跃在江南,很大程度上得力于商人的召请、赞助或捧场。商人为了洽谈商务,招待客户,奉承官府,交好士民,或者为了博取声誉,扩大名声,聘请戏班演戏是其重要手段。作为一个社会阶层,商人可能是聘请戏班最为突出的。嘉靖时,南京戏班数十个,最著名的是"兴化部"和"华林部"。徽商"合两部为大会",遍征金陵之贵客文人,与夫妖姬静女,莫不毕集。将"兴化部"与"华林部"东西分列,同时演奏《鸣凤》剧。实际是动用重金,聘用两个戏班,让它们互相竞争,分别高下。结果"兴化部"技不如人,"华林部"独着。"兴化部"主角马伶不甘失败,为了演好相国严嵩这一角色,特意进京投身可与严嵩相比的另一相国家,察言观色,熟悉言语。三年后回到南京,请求徽商再开戏宴,召集前次大会的宾客,与"华林部"再奏《鸣凤》剧,终于以惟妙惟肖和精湛的技艺胜过了"华林部"⑤。两大戏班的前后两次竞争性演出都是由徽商策

---

① 乾隆《苏州府志》卷21《风俗》。

② 乾隆《长洲县志》卷11《风俗》。

③ 钱泳:《履园丛话》丛话十"演戏"条,中华书局1979年版。

④ 江苏省博物馆编:《江苏省明清以来碑刻资料选集》,生活·读书·新知三联书店1959年版,第284—294页。

⑤ 侯方域:《马伶传》,《虞初新志》卷3,河北人民出版社1985年版。

划和赞助的。嘉靖时经营江南的歙商潘周南、召南兄弟，笃好戏曲，好丝竹高会，召南之子之恒，挟父辈之高资，江南重要的戏曲活动均亲与其事，"从秦淮联曲宴之会凡六七举"①。著名文学家冯梦祯在其《快雪堂日记》中就记录了苏州、松江的徽商聘请吴徽州班演出《义侠记》的情节。毫无疑问，商人的策划和赞助是戏班提高著名度的重要条件，也促使着演员不断提高表演水平。清代，商人资请戏班演出更为常事。乾隆时，苏州的大商人召集集秀班宴客。这个集秀班，是乾隆帝60大寿时苏州织造与两淮盐使听从苏州名角金德辉建议，从苏、杭、扬三府数百个戏班中精选出来的名演员组合而成的，原名集成班，因演员出类拔萃，又名集秀班②。乾隆年间扬州"七大内班"中的老徐班、老张班、大洪班、德音班等都是由商人组建的，演员大多是来自苏州等地的名角。这些戏班，每一个都身价不低。清中期人李斗描写其花费，仅戏班行头，"自老徐班全本《琵琶记》请郎花烛，则用红全堂，风木余恨则用白全堂，备极其盛。他如大张班《长生殿》用黄全堂，小程班《三国志》用绿虫全堂。小张班十二月花神衣，价至万金；百福班一出北钱，十一条通天犀玉带；小洪班灯戏，点三层牌楼，二十四灯，戏箱各极其盛，若今之大洪、春台两班，则聚众而大备矣。"③光戏班行头就如许花费，能够上台演出，其花费不赀更可想见。一般戏班自然没有这么阔气，但升斗小民肯定无力延请。可见，商人在著名戏班的组成、存在中起了不可或缺的作用。至于江南各地迎神赛会活动时商人出资演戏更为活跃在江南城乡的大小戏班提供了谋生和发展的机会。

江南戏曲班子还应商人之聘到外地演出。昆曲自明后期改革一新后，流行全国各地，形成南昆、北昆两大支派，而又出现"四方歌者必宗吴

① 钱谦益：《列朝诗集小传》丁集下"潘太学之恒"条，上海古籍出版社1983年版。

② 龚自珍：《龚定庵全集类编》卷11《书金伶》，中国书店1991年版。

③ 李斗：《扬州画舫录》卷5《新城北录下》，江苏广陵古籍刻印社1984年版，第129—130页。

门"①的局面，这与各地商人的种种活动大有关系。苏州名优有端午后歇夏的习惯，清江浦大典商汪己山"则以重赀迓之来，留至八月始归"②。可见，江南昆曲在全国各地演出，商人是出了大力的。据张雨林查证，"江南鸿福班"和"全福班"还曾多次远赴山西，促进了"晋昆"的发展。山西洪洞县上张村的戏台上，就有"道光七年天下驰名江南全福班在此"的题壁文字③。如果没有山西商人的推介或资助，苏州昆曲戏班不远千里到晋中演出，实在是不可思议的事。

据说苏州的戏园，也是因为商家会馆利用来宴客才产生的。人称"苏州戏园，明末尚无，而酬神宴客，侑以优人，辄于虎丘山塘河演之，其船名卷梢。观者别雇沙飞、牛舌等小舟，环伺其旁"。因为水上观戏有覆溺之险，"雍正时，有郭姓者，始架屋为之，人皆称便，生涯甚盛。自此踵而为之者，至三十余家，卷梢船遂废"④。演出场所由摇摆晃荡的水上卷梢船转移到岸上固定宽敞的戏园，正是因了商人的需要。乾隆《长洲县志》卷十《风俗》称，"苏州戏园，向所未有，间或有之，不过商家会馆藉以宴客耳，今不论城内城外，遍开戏园"。倡设戏园演戏者，看来正是商人。乾隆三十二年（1767），江苏布政使胡文伯禁戏园，"商贾乃假会馆以演剧"⑤。说明戏园平常演戏的出资者是商人。乾隆、嘉庆之际，"盖金、阊戏园，不下十余处，居人有宴会，皆入戏园，为待客之便，击牲烹鲜，宾朋满座"⑥。"金、阊商贾云集，宴会无时，戏馆数十处，每日演戏"⑦。金、阊一带是苏州最为繁华的商业区，"鹄舫笙歌载翠娥，楼台随处沸笙歌"⑧，各地商人云集在那里，戏馆也集中在那里，清楚地表明戏

① 徐树丕：《识小录》，《涵芬楼秘籍》第1集。

② 徐珂：《清稗类钞·豪侈类》"典商汪己山之侈"条，中华书局1984年版。

③ 张雨林：《晋昆考》，中国电影出版社1997年版，第14页。

④ 徐珂：《清稗类钞·戏剧类》"郭某始创戏园于苏州"条，中华书局1984年版。

⑤ 徐珂：《清稗类钞·戏剧类》"郭某始创戏园于苏州"条，中华书局1984年版。

⑥ 顾禄：《清嘉录》卷7"青龙戏"条，江苏古籍出版社1986年版。

⑦ 顾公燮：《消夏闲记摘抄》卷上，《涵芬楼秘籍》第2集。

⑧ 袁学澜：《虎阜杂事诗》，苏州市文化局编《姑苏竹枝词》，百家出版社2002年版，第370页。

馆是因商人的需要开设的，利用者也主要是商人，戏馆因为商人的需要而产生，而增加，而兴盛。江南戏曲表演，明末清初限于家班，清前期演变扩充为戏馆戏园，商人是这一转移过程的重要推动力量。

商人不但聘请、资助剧团演出，而且各地商人大多在会馆内筑有戏台，上演各种地方戏。苏州的潮州会馆，据说雍正四年（1726）就建立了楼阁戏台①，乾隆二十二年（1757）增设戏台灯彩②。江西会馆于雍正十二年（1734）落成，"中门阈内，则设演戏台"③。始建于乾隆初年的金华会馆，也有歌台④。创建于雍正年间的高宝会馆，中有戏台⑤。吴江盛泽镇上的济宁会馆，康熙二十七年（1688）建造了戏楼⑥。上海的商船会馆大殿戏台，始建于康熙五十四年（1715）会馆成立之日，乾隆二十九年（1764）重加修葺⑦。他如浙绍公所、徽宁会馆、泉漳会馆、潮州会馆、四明公所、建汀会馆、江西会馆、浙宁会馆、揭普丰会馆、潮惠会馆、三山会馆等，均建有戏台⑧，山陕商人也建有戏园⑨。上海的闽粤商人所建的天妃宫，"海船抵沪，例必折牲演戏"⑩。在江南的这些外地商人会馆建立的戏台，以苏州的潮州会馆戏台最为气派。戏楼坐北朝南，呈歇山顶二层重楼。屋脊嵌彩瓷片双龙夺珠，额枋是雕刻精美的龙头，漆色艳丽。整座戏

---

① 周昭京：《潮州会馆史话》，上海古籍出版社1995年版，第8页。

② 江苏省博物馆编：《江苏省明清以来碑刻资料选集》，生活·读书·新知三联书店1959年版，第340页。

③ 江苏省博物馆编：《江苏省明清以来碑刻资料选集》，生活·读书·新知三联书店1959年版，第359页。

④ 江苏省博物馆编：《江苏省明清以来碑刻资料选集》，生活·读书·新知三联书店1959年版，第367页。

⑤ 江苏省博物馆编：《江苏省明清以来碑刻资料选集》，生活·读书·新知三联书店1959年版，第409页。

⑥ 江苏省博物馆编：《江苏省明清以来碑刻资料选集》，生活·读书·新知三联书店1959年版，第444页。

⑦ 上海博物馆编：《上海碑刻资料选辑》，上海人民出版社1980年版，第196页。

⑧ 参见《中国戏曲志·上海卷》，中国ISBN中心出版1996年版，第653—656页。

⑨ 徐珂：《清稗类钞·戏剧类》"上海戏园"条，中华书局1984年版。

⑩ 王韬：《瀛壖杂志》卷2，《笔记小说大观》第3辑。

台没有一根柱子，左右两旁却悬吊两根雕刻精美的半截圆柱。戏台楔部为伞形悬吊式，用几千根变形斗拱构成，按榫子组合成凹凸面，结构奇特，花纹多变，涂金漆绿①。光绪五年（1879）重建于苏州相门内中张家巷的全晋会馆，其两层戏楼，楼上戏台呈凸字形向北伸出，三面临空。台顶是穹隆状的藻井，四周以630个木构件嵌拼榫合，盘旋18圈，突出的"阳马"雕刻成324只黑色的蝙蝠和306朵金色的云头，两两相间，衬以大红底色，显得金碧辉煌，富贵华美。台后是宽敞的戏房，至今仍存的衣箱上赫然醒目地写有"姑苏全福班"字样。戏房两翼各延伸出七间看楼。戏台正中高悬"普天同庆"匾额。两边抱柱对联"看我非我我看我我也非我，妆谁像谁谁妆谁谁就像谁"，与大殿门联"曲是曲也曲尽人情愈曲愈妙，戏其戏乎戏推物理越戏越真"遥相呼应，充满哲理，令人久久遐思。始建于宣统元年（1909）的上海三山会馆，与正殿相对的是一座木构戏台，戏台秀丽挺拔，雕饰精美。台前石柱上镌刻对联："集古今大观时事虽异，得管弦乐趣情文相生。"春秋良辰，岁时令节，商人在地域会馆的戏台上演家乡戏，祝厘祷神，畅叙情谊，聊慰乡愁乡思，从而增加凝聚力和向心力。乾隆时人陈宗炎说佛山"会馆演剧，在在皆然，演剧而千百人聚观，亦时时皆然"②。这种情形用来描述江南城市当也完全适用。外地商人在会馆中演家乡戏，江南市人千百聚观，撇开对于江南市民的生活文化影响，单是各地戏剧文化对江南戏曲的冲击影响就值得探究。

自昆曲流行到清乾隆中期，整整二百年间，江南文化市场上的上演戏曲，几乎清一色是昆曲，而且影响及于全国，"四方歌曲必宗吴门"。但是昆曲布景简单，陈设冷清，一桌一椅，笛子清音，文字佶屈聱牙，吐词吴侬软语，曲调舒齐宛转，故事多谈忠说孝，情节半才子佳人，公子落难后花园，金榜题名大团圆的老套路，对文化水平大多不高的商人来说，听不懂，学不会，其思想意趣艺术表演又与社会大众日益脱节。较之于昆曲这种雅部，秦腔、弋阳腔、梆子腔、罗罗腔、二簧调、弦索这些称为乱弹的

---

① 周昭京：《潮州会馆史话》，上海古籍出版社1995年版，第8页。

② 道光《佛山忠义乡志》卷12《金石下》。

花部，广泛流行演唱于华北、华中、江淮大地，其音调大多激越高亢，以梆子按节拍，节奏鲜明，唱句整齐，行头艳丽花哨，场景繁多恢宏，音乐一板一眼，铿锵唱腔辅之以打斗动作，大锣大鼓，五音杂奏，气氛喧闹热烈，情节又大多反映了普通百姓的日常生活，自然日益受到人们特别是社会大众的欢迎。嘉庆、道光时人钱泳说，其幼时号为昆腔中第一部的集秀、合秀、撷芳诸班，其时绝响已久，民间"视《金钗》《琵琶》诸本为老戏，以乱弹、滩王、小调为新腔，多搭小旦，杂以插科，多置行头，再添面具，方称新奇，而观者益众。如老戏一上场，人人星散矣"①，就反映了这种情形。其时的京师更甚，"唱昆曲时，观者辄出外小遗"，昆曲被讥为"车前子"②。外地戏曲抢占了传统昆曲戏的市场，引得在昆曲市场日益萧条的情形下，苏州的19个昆曲戏班，居然于嘉庆三年（1798）禀请朝廷颁发了一道谕旨，旨称：乱弹等腔调，"虽起自秦、皖，而各处辗转流传，竞相仿效。即苏州、扬州，向习昆腔，近有厌旧喜新，皆以乱弹等腔为新奇可喜，转将素习昆腔抛弃。流风日下，不可不严行禁止。嗣后除昆、弋两腔，仍照旧准其演唱，其外乱弹梆子、弦索、秦腔等戏，概不准再行唱演"。苏州织造府闻风而动，查禁后认为，苏州流行的乱弹等戏，"俱系外来之班所演"③。禁令中提到的这些外地地方戏，开始流行在明末清初，很难设想，没有各地商人的赞助推介，它们能够在交流范围并不广的吴语区内站稳脚跟，并日益兴盛，与传统的昆曲争夺演出市场。可以毫不夸张地说，江南城市戏班林立，各种剧本精彩纷呈，各地戏曲交流会演，争奇斗艳，戏曲文化光彩夺目，正是由外地商人在会馆内外大力赞助持久演出推动的。

①　钱泳：《履园丛话》丛话十二"演戏"条，中华书局1979年版。
②　徐珂：《清稗类钞·戏剧类》"昆曲戏"条，中华书局1984年版。
③　江苏省博物馆编：《江苏省明清以来碑刻资料选集》，生活·读书·新知三联书店1959年版，第295—297页。

三、营造地域文化

明清时期，各地商人在江南纷纷建立会馆，前代所无。这些会馆，结构考究，形式精美，所谓"其各省大贾，自为居停，亦曰'会馆'，极壮丽之观"①。会馆本身就是有形的文化，也从不同程度上反映了各不相同的地域建筑文化。南京评事街的江西会馆，"大门外花门楼一座，皆以瓷砌成，尤为壮丽"②。吴江盛泽镇上济宁商人的会馆金龙四大王庙更能反映地域商人的文化特色。该庙建于康熙六十年（1721），吴江人陈王谟留意到其建筑形式是北方格局，感慨地说："其庙制也，一仿北地祠宇，凡斧斤垩墁以及雕绘诸匠，悉用乎北，故其规模迥别，眼界聿新，有非寻常诸庙所得而伦比者。"③为了建造典型的家乡风格的馆宇，济宁商人连泥水木匠雕漆匠都用家乡人。如果各地地域商人都像济宁商人一样，会馆是富有家乡特色的建筑，那么，有清一代江南各地外地商人建筑的大大小小220余所会馆，镶嵌在江南建筑群中，一定极为醒目，又融为一体。可以说，清代江南的建筑文化，已受到了全国各地的影响，又吸收包容了林林总总的各地建筑特色，徽派造型、浙东风格、闽粤式样，在江南城市中都有所展示。

各地商帮在江南的会馆，也充分利用了江南的自然条件，吸取了江南人的选址构筑理念。清代江南建筑，较之明代，园林化的趋势更为突出。各地商人的会馆，可以说就是一处处景致宜人、造型独特、可资游览的园林佳构。如苏州的漳州天后宫，中为大殿，前辟大门，后置两堂，堂上为楼，凭眺轩豁，楼之后院及东偏，都有亭榭陂池之胜，供游人游览④。苏州的三山会馆天后宫，"中有陂池亭馆之美，岩洞花木之奇，为吴中名

① 纳兰常安：《宦游笔记》卷18，台北广文书局影印本。

② 甘熙：《白下琐言》卷2，1926年金陵甘氏刻本。

③ 江苏省博物馆编：《江苏省明清以来碑刻资料选集》，生活·读书·新知三联书店1959年版，第442页。

④ 蔡世远：《漳州天后宫记》，乾隆《吴县志》卷106《艺文》。

胜"①。苏州的邵武会馆天后宫，"殿前构立观台，分翼回廊，殿后辅以楼，楼之下为乡人讲礼燕集之所，亭轩树石，映带左右……结构精严，规模壮丽"②。苏州的延建会馆天后宫，"宫殿崇宏，垣庑周卫，金碧绚烂，傍及斋房别馆，罗致花石，器用具备"③。盛泽镇的济宁会馆大王庙，"前辟三门，又旁开甲门，筑石径以达焉，取便也。若夫崇乎其中者有台，峙乎其左右者有楼，敞乎其前者有轩。其卤偏为堂五楹，为轩三楹，疏池叠石，有亭翼然，岩洞幽邃。其东偏则起高楼，楼极闳敞壮丽，庭中列植嘉木。每春秋佳日，花卉映发，升高楼，望远山，白云缭绕，湖波淡沲，飞鸿灭没，渔歌款乃，皆庙中胜概也"④。中张家巷的全晋会馆，大殿右侧就是陂池假山兼具的花园。似这样的佳构胜境，使得江南的园林更加精巧别致，令人流连忘返，江南园林的数量更加繁夥，指不胜屈，也使得江南园林文化更加大放异彩，意蕴无穷。商人会馆在江南园林史中应当占有一席之地。

各地地域商帮的会馆，大多坐落在江南城市的繁华市肆区。苏州会馆最多，主要集中在胥门至阊门之间的商业黄金地段南濠街和七里山塘街上。嘉庆、道光时人顾禄说："吴城五方杂处，人烟稠密，贸易之盛，甲于天下。他省商贾各建关帝祠于城西，为主客公议规条之所，栋宇壮丽，号为会馆。"⑤阊门外南濠街有漳州商人的漳州会馆（又名霞漳会馆）、邵武商人的邵武会馆、兴化商人的兴安会馆、金华商人的金华会馆、宁波商人的浙宁会馆、浙东纸商的浙南公所（浙右公所），山塘桥一带有广州商人的岭南会馆、东莞商人的东官会馆（后改名宝安会馆）、新会商人的冈州会馆（又名扇子会馆）、广州商人的仙城会馆、山西商人的全晋会馆（又名白石会馆，光绪间移往中张家巷）、陕西商人的陕西会馆（又名全秦

① 余正健：《三山会馆天后宫记》，乾隆《吴县志》卷106《艺文》。
② 谢钟龄：《邵武会馆天后宫记》，乾隆《吴县志》卷106《艺文》。
③ 林鸿：《延建会馆天后宫记》，乾隆《吴县志》卷106《艺文》。
④ 江苏省博物馆编：《江苏省明清以来碑刻资料选集》，生活·读书·新知三联书店1959年版，第442—443页。
⑤ 顾禄：《清嘉录》卷5"关帝生日"条，江苏古籍出版社1986年版。

会馆)、山东登青胶等商人的东齐会馆、常州猪商的毗陵会馆，上塘街有潮州商人的潮州会馆、汀州商人的汀州会馆、徽州商人的新安会馆，上津桥下塘有镇江、扬州二府商人的镇扬公所，张家花园南有泉州会馆，三六湾有绍兴蜡烛商人的东越会馆，南城下有宣州商人的宛陵会馆，杨安弄有浙江兰溪腌腊业的兰溪公所，潭子里有海州等地商人的高宝会馆（又名江淮会馆)，十一都有江苏苏北商的江鲁会馆，鸭蛋桥有苏直鲁枣商的枣商会馆。阊门内尚义桥街有南京铜锡业的宁吴会馆，下塘官宰弄有南京皮业商人的元宁公所。万年桥大街有福州商人的三山会馆。胥门外枣市街有嘉应商人的嘉应会馆。胥门内的侍其巷有两广会馆。胥门、盘门之间的新桥巷有绍兴商人的浙绍会馆。留园五福路有江西会馆。枫桥镇有洞庭东山商人的洞庭会馆。娄门外东汇有以徽州木商为主体的大兴会馆。桃花坞大街有杭州绸缎商人的钱江会馆。南京外地商人的会馆主要分布在西起水西门、北至内桥、南至聚宝门的南京城西南角，这里是商业最为繁盛之区，江东门外是上江货物集中处，会馆也有一些。水西门内评事街有江西会馆、安徽宁国府旌德县商人的旌德会馆（另外二所在党家巷和油市大街），陡门桥有山东会馆、洞庭东山商人的洞庭会馆，水西门大街有全闽会馆（福建会馆）。评事街南明瓦廊有陕西会馆。颜料坊有山西会馆。牛市有浙江会馆、湖州会馆（吴兴会馆）。糯米巷有河南商人的中州会馆。中华门外窑湾北有庐江三河会馆。栏杆桥有徽州会馆。江东门外上新河有江西临江商人的临江会馆，木材商人的江汉会馆，以婺源商人为主体的木业公所。杭州的外地商人会馆主要分布在西湖西吴山周围商业中心。吴山有山陕甘会馆、常州会馆、扬州会馆。木场巷有江宁会馆。柴垛桥有安徽会馆。西大街有江西会馆。羊市街有福建会馆。方谷园有四明会馆。上海的外地商人会馆主要分布在十六铺大小东门和老城内外的洋行街咸瓜弄、棋盘街、董家渡、斜桥以及城隍庙一带，以致形成了会馆密布的会馆街，东、南、西三面的城墙外也有所分布。东面的大关南有潮州府潮阳、惠来二县商人的潮惠会馆。东南角的马家厂有商船会馆。南面的洋行街有潮州会馆。东南角的妙莲桥塊有江西会馆（后移潮州会馆以西），翠微庵西南有建宁、汀州二府商人的建汀会馆（原设于董家渡）。西南角斜桥南有徽州、宁国二府商人的徽宁会馆，常州八邑会馆，洞庭东山会馆（原在复善街）、湖南会馆。西门外南首有徽州会馆。西北有宁波商人的四明公所。城内福州路有福州商人的三山会馆，卢家湾有嘉兴商人的嘉郡会馆等①。江南城市的这些外地商人会馆，地处繁华市口或交通要道，在便利各地商人活动的同时，烘托出了江南城市浓重喧闹的商业文化气息。

明清地域商帮的神灵崇拜经历了由单一神到众神兼祀的发展演变，关圣天妃，财神土神，乡贤名宦，释祖先达，都作为了崇祀对象，反映出各地域商帮的多方面企求②。盛泽镇上的徽宁会馆，正殿三间，中供威显仁勇协天大帝，东供忠烈王汪公大帝，西供东平王张公大帝。殿东有行宫，供奉紫阳徽国朱文公③。苏州的潮州会馆，敬祀关圣帝君、天后圣母、观音大士，后来又购东西旁屋，别祀昌黎韩愈④。上海的豫章会馆，正殿供奉许真君，旁殿供奉五路财神，厅楼供奉文昌帝君诸多神像⑤。上海的潮惠会馆，前祀天妃，后堂楼上祀关帝，其左右祀财星和双忠⑥。上海的商船会馆原来仅祀天妃，乾隆二十九年（1764）重加修葺添造南北二厅，北厅祀福山太尉褚大神，南厅祀成山骠骑将军⑦。各地商帮崇祀的主神和附神各种神灵，本身就是地域文化的体现，代表了各地的民俗文化，也使得江南地方神形象更为众多，或对某些神灵的崇拜更为普遍。天妃，福建莆田人林默娘，广东、福建以及海远商人崇信。许真君，晋旌阳令许逊，江西商人崇奉；金龙四大王，是宋末殉节，传说能庇佑河运的诸生谢绪，直

---

① 参见拙著《明清江南商业的发展》所附《江南会馆公所地区分布表》，南京大学出版社1998年版，第286—297页。

② 参见拙著《明清江南商业的发展》，南京大学出版社1998年版，第258页。

③ 苏州历史博物馆等编：《明清苏州工商业碑刻集》，江苏人民出版社1981年版，第355页。

④ 苏州历史博物馆等编：《明清苏州工商业碑刻集》，江苏人民出版社1981年版，第340页。

⑤ 上海博物馆编：《上海碑刻资料选辑》，上海人民出版社1980年版，第336页。

⑥ 上海博物馆编：《上海碑刻资料选辑》，上海人民出版社1980年版，第326页。

⑦ 上海博物馆编：《上海碑刻资料选辑》，上海人民出版社1980年版，第196页。

到康熙末年只有山东济宁商人崇祀；韩愈这位唐代文豪，本为广东的潮州商人崇祀；列王大帝，隋季保有歙、宣、杭、睦、婺、饶六州的汪华，称吴王，又称越国公，原系徽商崇祀；南宋大儒朱熹，原来主要由徽商崇祀。这些乡土神，在现今的江南，均有不同程度的信仰崇拜。推原其故，皆与各地商人的崇奉有关，潜移默化，流风所及，波及江南各地，浸淫至于一般百姓。各地的地方神，形象不同，寓意不一，但在江南社会都有不同程度的展示，江南的神祇崇拜，兼容并蓄，全国各地的地方神均有相应的位置，商人的活动无疑是重要因素。

各地商帮在江南还直接从事各种民俗活动，弘扬民俗文化。在南京，每年正月有举办灯会的习俗，徽商特别是徽州木商承办的灯会最有气派，"矜奇斗胜，每周游城市，观者咸盛称徽州灯"①。同治、光绪之际，经济萧条，但江西商帮举办的正月灯会仍然灯火辉煌。每年四月上旬，徽商主持都天会灯会，赛会三天，展览的花灯，"旗帜、伞盖、人物、花卉、鳞花之属，剪纸为之，五色十光，备极奇巧，合城士庶往观，车马填阗，灯火达旦"②。江南内容丰富的民俗文化有不少就是有赖各地商帮的活动得以传承发扬的。

江南各地，凡节令时序，神灵诞辰，民间庆典，迎神赛会不断，成为大众文化的重要内容。迎神赛会之风到清中期尤盛。如整个江南，乾隆时每当神诞，"灯彩演剧……技巧百戏，清歌十番，轮流叠进……抬阁杂剧，极力装扮。今日某神出游，明日某庙胜会，男女奔赴。数十百里之内，人人若狂"③。如苏州各地，"好为迎神赛会，春时搭台演戏，遍及乡城"④。如松江各地，每当春月，"遍处架木为台演剧，名曰神戏"⑤。如常州府，五月二十八日郡城隍生日，"演戏设祭"⑥。如杭州，清中期，"城中每日

---

① 程先甲：《金陵赋》，《金陵丛刻》本。
② 甘熙：《白下琐言》卷4，1926年金陵甘氏刻本。
③ 陈宏谋：《培远堂文檄》卷45《风俗条约》，光绪六年刻本。
④ 康熙《苏州府志》卷21《风俗》。
⑤ 康熙《松江府志》卷54《遗事下》。
⑥ 康熙《常州府志》卷9《风俗》。

不是台戏，即是堂戏。每年中各庙之神圣诞无有间断，迎神赛会无奇不出"①。如嘉定县，"春秋二季，迎神赛会，演戏出灯，几无虚日"②。迎神赛会，必定演戏。演戏所需，除了地方社会募集分摊，多半出于商人赞助。如江浙交界的枫泾镇，是著名的棉布加工地，"商贾丛积。每上巳，赛神最盛，筑高台，邀梨园数部，歌舞达旦。曰：神非是不乐也"③。无锡的城隍诞神赛会，热闹非凡，盖"由北塘商贾所集，出钱易也"④。原来江南迎神赛会演戏活动之所以如此兴盛，与商贾丛集，资金易措大有关系。

迎神赛会，本是社区居民春秋祈报的祷神禳灾活动，商人热衷于此，又最盛于商品经济发达之区，就使得功利色彩更为浓厚。每一次迎神赛会，活动本身耗费的商品，赴会者消费的物品，购买的商品，以及所需交通工具等，价值十分可观，商人自然会充分利用这些机会促销商品。因此，每一次迎神赛会，实际也是一次有利可图的商业机会。甚至可以设想，迎神赛会，规模日甚，次数日增，历时日长，恐怕就是商人千方百计不断创造出来的商机。所谓"神非是不乐"，很可能就是谋利的商人寻求生意使出的手段；所谓"好事者有所利而岁时牵率"⑤，道出了迎神赛会活动举办者的真实用意；所谓迎神赛会时"市肆之贸易较盛，乡间之盖藏渐绌"⑥，正是商人企求的结果。乾隆时广州人陈宗炎说当地"商贾媚神以希利，迎赛无虚日"⑦，江南情形完全是相似的。很显然，商人是迎神赛会的积极策划者和大力支持者。商人迎合了江南迎神赛会的大众习俗，日甚一日的迎神赛会又为商人创造出日益众多的商业机会和可观的商业利

---

① 《太平军两次攻占杭州亲历记》，载王庆成《稀见清世史料并考释》，武汉出版社1998年版，第372页。

② 光绪《嘉定县志》卷8《风俗》。

③ 《莼乡赘笔》，参见光绪《枫泾小志》卷10《拾遗》。

④ 黄印：《锡金识小录》卷1《备参上》，光绪二十二年刻本。

⑤ 郑光祖：《一斑录》杂述三，中国书店1990年影印《海王邨古籍丛刊》本。

⑥ 光绪《嘉定县志》卷8《风俗》。

⑦ 乾隆《佛山忠义乡志》卷3《乡事志》。

润。诚然，迎神赛会由于商人的参与，次数更频，形式更多，声势规模更为宏大，内容更加丰富多彩，对于地域社会和民众日常生活影响也更为深远。

商人以儒家的仁义为标榜，企图树立良贾义贾的形象，因此凡是地方庙宇寺观等宗教文化设施，每多外地商人的身影，不少寺观的建造、修葺乃至香火维持，就是由商人出资或赞助的。万历年间，嘉定南翔镇重修白鹤寺，所需费用二千余两银，由歙县商人任良佑独力捐资，任又捐资建玉皇阁藏经楼①。万历初年，乌青镇上重建的广福教院寿圣塔，捐助厚资的是徽商吴文明、吴文昭、程宪钦、孙懋忠、许仁辅、朱四德、汪湘等人，乡绅李乐为此还向官府呈文请求表彰②。上海有名的静安寺，乾隆初由歙人孙思望"醵钱重修"。经过一百数十年后的光绪初年，又主要由宁波商人集资重修，大名鼎鼎的徽籍丝、茶商胡雪岩捐款最多，为银500两，南北众钱业捐银200两③。康熙三十六年（1697）上海重修城隍庙，捐款的宁波商人、宣州商人以及布商、沙船商、洋货商人不少④。雍正十年（1732），上海县捐输乐人工食，盐业众商捐款最多⑤。道光二十六年（1846）上海建造城隍庙三圣阁，福建兴泉漳永众商，广东揭普丰、潮阳县众商，山东胶西帮、莱帮、乳帮、潍阳帮、胶帽、泊帮、两帮众商，苏北青口众商，山东商等，都纷纷捐了款⑥。盛泽镇上南京商人信奉的三义殿，"即山右诸商，亦无不树圖拈香，岁时瞻仰也"，康熙四十五年

① 张承先：《重建杨柳桥碑记》，嘉定《南翔镇志》卷2《桥梁》，上海古籍出版社2003年版，第25页。

② 李乐：《寿圣塔院呈稿》，万历《乌青镇志》卷4《艺文志》。

③ 上海博物馆编：《上海碑刻资料选辑》，上海人民出版社1980年版，第1—3页。

④ 上海博物馆编：《上海碑刻资料选辑》，上海人民出版社1980年版，第10—18页。

⑤ 上海博物馆编：《上海碑刻资料选辑》，上海人民出版社1980年版，第19页。

⑥ 上海博物馆编：《上海碑刻资料选辑》，上海人民出版社1980年版，第32—36页。

（1706）重修，"合镇士商与金陵诸护法，各捐资乐助"①。

　　江南的地方慈善公益设施，很多是由外地商人捐款或赞助而建立的。歙县人罗采，刚移居南翔镇，即置漏泽园，埋无主尸骨。雍正时岁饥，设粥厂煮赈长达三个月，又焚毁踹匠债务契券，前后多达万金②。乾隆中期，徽州人程虔五，在南翔镇上，施棺掩埋无主遗尸，又置义田，设义塾，造义冢，出粟助赈，捐产育婴，前后修杨柳桥等50余座③。乾隆十三年（1748），苏州重修阊门外的渡僧桥，倡议并捐款的是程玮等8个布商，其中安徽休宁商人6人，江宁上元商人1人，山东章丘商人1人，董理工料的2个商人也是休宁人④。嘉庆二年（1797），苏州重浚城河，"郡中绅士商民，输金麇至，畚锸继兴"⑤，商人也是出力的主要力量。乾隆末年，杭州绅士试图依照苏州彭氏成立恤嫠会，苦于经费，没有成功。过了二年，由盐政出面，按盐一引捐银四厘的比例上交，才如愿以偿。杭州城内其他慈善设施普济堂、清节堂、育婴局、瘗局等也主要是由商人捐助的，所以人称"所有一切经费，大半皆出商捐"。以后直到光绪年间，无论直接间接，自愿还是强行摊派⑥，这些慈善公益设施的维持也要靠商人的资助。

　　上述各地地域商人建造会馆、祀神祈福、推动迎神赛会、襄助地方公益善举等种种营造地域文化的活动，既使得江南城市的地域文化更加丰富多彩，江南城市的文化内涵更加意韵深刻，也使得各地的地域文化在互相交融互相砥砺中不断增强着再生机制，在江南城市中流布繁荣。地域商人的活动，是地域文化得以传承发展的一个重要途径。

---

①　江苏省博物馆编：《江苏省明清以来碑刻资料选集》，生活·读书·新知书店1959年版，第441页。

②　嘉定《南翔镇志》卷7《人物》。

③　张承先：《重建杨柳桥碑记》，嘉定《南翔镇志》卷2《桥梁》。

④　苏州历史博物馆等编：《明清苏州工商业碑刻集》，江苏人民出版社1981年版，第302页。

⑤　苏州历史博物馆等编：《明清苏州工商业碑刻集》，江苏人民出版社1981年版，第306页。

⑥　杭州知府张等《为济贫积谷以垂久远事》，《善举盐捐案》，未刊清稿本，转引自夫马进《中国善会善堂史研究》第608页，同朋舍出版1997年版。

四、交结文化名士

繁华的明清江南城市，是当时极为重要的文化中心，更是江南文士活动的重要场所。在这些文化中心，商人与江南名士，各展其长各有所好。文士是舆论的重要制造者和传播媒介，毁誉之间，较一般民众具有更大的影响力。商人因其地位，风雅之外，也多攀附，有些商人本身雅有儒风，具有一定的文化素养，更易与文士诗文酬唱；文人因商人多金，利之所在，故趋之若鹜。歙县黄明芳，以资雄懋迁，"一时人望如沈石田、王太宰、唐子畏、文徵明、祝允明辈皆纳交无间"①。歙商许铁之季父经商江南，"好与某士大夫游"②。休宁商人程锁，"乃喜折节交当世贤豪巨儒"③。歙县鲍简锡，经商杭州，"结纳四方名流，缟纻往还，几无虚日"④。歙县潘君南经商苏州，"以文名交天下士"，文坛领袖、"后七子"之一的太仓人王世贞为其夫妻撰写墓志⑤。婺源李贤，"乐与贤大夫亲，故随所在吴士大夫咸愿与之游"⑥。歙县方迁曦，"商于吴梁间。所至交纳豪杰，为江湖望，家业益以不振"⑦。婺源李廷芳，"与留都诸缙绅游，皆以行谊相推重"⑧。名士笔下的诸如此类商人传，动辄称某商"乐与士大夫"游，"乐与士人游"。这是站在文人、士人角度，羞羞答答，硬撑面子。站在商人角度，由商人看来，又何尝不是"士人乐与之游"呢？正德、嘉靖时徽商程楷兄弟，长者大度，东贾吴，北贾鲁，"乃吴、鲁人皆乐与少君

---

① 张海鹏、王廷元主编：《明清徽商资料选编》，黄山书社1985年版，第86页。

② 归有光：《震川先生集》卷23《敕赠翰林院检讨许府君墓表》，上海古籍出版社1981年版。

③ 屠隆：《白榆集》卷19《程处士传》，《四库全书存目丛书》本。

④ 张海鹏、王廷元主编：《明清徽商资料选编》，黄山书社1985年版，第144页。

⑤ 汤显祖：《汤显祖诗文集》卷40《有明处士潘仲公暨吴孺人合葬志铭》，上海古籍出版社1982年版。

⑥ 张海鹏、王廷元主编：《明清徽商资料选编》，黄山书社1985年版，第168页。

⑦ 张海鹏、王廷元主编：《明清徽商资料选编》，黄山书社1985年版，第439页。

⑧ 张海鹏、王廷元主编：《明清徽商资料选编》，黄山书社1985年版，第139页。

兄弟游"①。明后期徽商汪姓经营杭州，侨居其地，"浙以西若嘉、莒、虎林诸郡靡不知公者，其为缨绅名流自政府以迄乡大夫士慕公谊，靡不愿交一臂者"②。同时期程姓徽商，"若大江南北及三吴两浙之区，无不慕公芳毛名厚谊，愿当一臂也"③。清初经商苏州的休宁人江太一，"遍交四方贤士大夫，凡士大夫至吴者无不造门投谒。公必盛供张，酒肴筐筐，具迎送之礼。公由是得好客声"④。清前期经商江南的歙人金公着，"贤士大夫习见其内行无失，外应有余，皆乐与之交游"⑤。歙人梅仲和，服贾苏州，"重交游，乐与贤大夫款洽。姑苏为冠盖往来地，慕公名者恒造庐以访"⑥。歙县黄存芳，"虽为贾人，而言论风旨雅有士人标格，故缙绅辈乐与之交"⑦。此类事例，不胜枚举。

商人遍交四方大夫、江南名士，动机复杂。附弄风雅者自不待言，一旦得贵人名士片言只语，珍若拱璧，以抬身价。不少人则企图借名士这些人望之口广播舆论，博取美好声誉，造成良贾廉贾义贾形象。最为普遍的也许旨在培养子弟。嘉靖、万历时歙商赵宏就曾袭用汉代人的口气，对独生子说，"黄金满籝，不如一经"⑧；深知徽商脾性的汪道昆就认为，"及为子孙计，宁弛贾而张儒"⑨。经商谋利是为了打下攻读诗文科举应试的经济基础。大夫名士，饱读诗书，门生故吏遍天下，商人就在礼请馆师之外，再让子弟日游其门，成为通向科考成功之路的常见途径。当然，商人与大夫名士诗酒往还，也有的是为了获得奥援靠山，无论竞争商务还是涉

---

① 唐顺之：《荆川先生文集补遗》卷5《程少君行状》，光绪三十年刻本。

② 吴时行：《两洲集》卷4《穆溟汪公七十序》，《故宫珍本丛刊》本。

③ 吴时行：《两洲集》卷5《祭光禄观所程公文》，《故宫珍本丛刊》本。

④ 汪琬：《尧峰文钞》卷15《江太一墓志铭》，康熙三十年刻本。

⑤ 刘大櫆：《刘大櫆集》卷7《金府君墓表》，上海古籍出版社1990年版。

⑥ 歙县《济阳江氏族谱》卷9，转引自张海鹏等主编《徽商研究》，黄山书社1985年版，第315页。

⑦ 歙县《竦塘黄氏宗谱》卷5，转引自张海鹏等主编《徽商研究》，黄山书社1985年版，第315页。

⑧ 焦竑：《澹园集》卷30《赵翁仁卿墓志铭》，中华书局1999年版。

⑨ 汪道昆：《太函集》卷52《海阳处士金仲翁配戴氏合葬墓志铭》，明万历刻本。

讼公庭，都能获胜。徽商雅有儒风者多，培养子弟科举入仕最为成功，与人诉讼常操胜券，与其擅长交结当道结纳广大名士不无关系。

如前述赞助戏曲表演一样，明清时期江南的不少文化活动是由商人资助举办的。"苏浙盐商以海宁范西屏、施定庵两国手并臻妙境，莫决后先，爰具重币，延至西湖，对弈十局，以测其轩轾，局终谱之"，名"当湖十局"①。这样重大的围棋赛事，就是由苏浙盐商出资安排而得以隆重举办的。

文士因商人多金，利之所在，视商人为衣食父母、居停主人、赞助对象。嘉靖、隆庆时人归有光说："今为学者，其好则贾而已矣"②。而稍晚的汪道昆辩证地表述两者关系是："夫养者非贾不饶，学者非饶不给"③。明末李维桢说："挽近世有以贾人为词人者"④，讽刺当时人受了商人钱财后之媚态。乾隆、嘉庆时人钱大昕说当世士夫"所诵者礼义，所好者名利"⑤。稍早于钱的康熙、乾隆时人刘大櫆甚至更激烈地说："士大夫名在仕籍，而所为皆贾竖事也"⑥。若如其所言，则士大夫一个个只是贾儒。清前期人董含论江南风尚说："曩昔士大夫以清望为重，乡里富人羞与为伍，有攀附者必峻绝之。今人崇尚财货，见有拥厚资者，反屈体降志，或订忘形之交，或结婚姻之雅"⑦。《天籁集》中所收江南民谣的注释也认为，"乃今之为士者，见商人之多财而己之无所取资也，往往屈抑卑下之，而商遂俨然自置其身于士之上"⑧。其说不无言过其实，但所指出的士人主动交好商人的现象则是极为普遍的。试观三例。

一例是明无锡人秦泓所历所记：嘉靖、万历时徽商程公台，经商无

① 汪二邱：《周鼎传》，转引自董玉书《芜城怀旧录》卷1，江苏古籍出版社2002年版，第4页。

② 归有光：《震川先生集》卷19《詹仰之墓志铭》，上海古籍出版社1981年版。

③ 汪道昆：《太函集》卷42《明故程母汪孺人行状》，明万历刻本。

④ 李维桢：《大泌山房集》卷48《赠余隐士序》，明刻本。

⑤ 钱大昕：《潜研堂文集》卷49《布衣陈君墓碣》，清刊本。

⑥ 刘大櫆：《刘大櫆集》卷5《乡饮大宾金君传》，上海古籍出版社1990年版。

⑦ 董含：《三冈识略》卷6《三吴风俗》，《申报馆丛书续集》本。

⑧ 《天籁集》，转引自王振忠：《"徽州朝奉"的俗语学考证》，《中国社会经济史研究》1996年第4期。

锡，"闻公台之廛，当夫四方来集，与为往来应答者，皆肆中人代其事。诸贾皆频欲见，公台迄不能频接见，诸贾窃怪之。予四十年间习闻北市有程公台而未识其面。一日，过凝庵钱先生之席，客彬然弦然，钱先生严且敬，仪文翔济，席上皆知名士。中一人与客酬对，言发，举座率多就而听者。予问之，则曰：'此所称北里公台也。'予惊疑焉。既而历经诸先生之席，往往遇公台……自后凡诸门高宴，座上无公台则宾客将无以为欢。然而北里程氏之门大贾踵武，货贿之业襁至辐凑，日益以富也……今日者，群公于公台争欲屈致门下，亦恐士心有不归者乎？"①徽商程公台，并不直接操理商务，四方商贾常欲见他而常不能见。他则日与知名士酬对，每发一言，举座就听，凡诸门高宴，座上无他则举座不欢。诸名士争欲屈致门下，而其业务与财富却与日俱增。富商在名士圈中的地位，名士与富商觥筹交错须臾不能或离的情形，商人虽应酬无虚日而财富日益增的关系，于此反映得极为典型。

另一例是扬州盐商与名士："乾隆间，扬州盐商方盛，名士多往依之。有好客之商数家，曰方笠亭，曰汪剑潭。值梁昭明太子生日，会于文选楼。时诸名士方馆于方，而汪于席间邀诸名士过其家，群诺言明日移榻。因相与联句，成一词曰：'笠亭虽好，怎好天天扰？明日初三，打点饥肠吃剑潭。昭明太子，保佑我们休饿死。太子开言，尔与家君大有缘。'"②名士依盐商，今日在甲宅，明日在乙府，到处打秋风，酒足饭饱，还酸溜溜地诌上几句。名士需要富商居停，于此可见。

再一例是著名思想家洪亮吉所亲见："岁甲午，余馆扬州权署，以贫故，肄业书院中。一日薄晚……忽见一商人，三品章服者，肩舆访山长。甫下舆，适院中一肄业生趋出，足恭揖商人曰：'昨日、前日并曾至府中叩歇安否，知之乎？'商人甚傲，微额之，不答也。"③书生连日到商人府上请安，面也未见到，撞见时又特意拜揖，有着三品虚衔的商人居然不理

① 秦沔：《自问稿·程公台传》。
② 徐珂：《清稗类钞·诙谐类》"打点饥肠吃剑潭"条，中华书局1984年版。
③ 洪亮吉：《更生斋语言甲集》卷4《又书三友遗事》。

不睬，商人高傲，贱视劣生，于此可见。以上后二例，皆在扬州，但类似情形江南当也存在。

在商人看来，商人凭才智经营谋利，文士凭文化文字谋生，其途虽异，其旨相同，因此，"良贾何负宏儒"。商人出资，从文人处获得应景诗作、谀墓文字，夸耀闾里，见重同行；文人以应酬篇什，涂鸦画作，或以为结纳资本，或直接收取润笔费，卖得越多，名声越大，价格越高，收入越丰。清初湖州商人濮淙，所交"皆拔俗名流，清风高节，皎皎出群之彦，咸藉诗篇为结纳资"①。"咸藉诗篇为结纳资"，说明文人交好商人，有着具体实在的利益。各地商人在江南长袖善舞，江南城市集中了大批知识精英，浸淫于金钱世界，以货利为急的江南名流，很容易形成对商人较为客观的看法，视与商人往来为平常事，从而与商人频繁往来，收取润笔，置酒高会，文思泉涌而钱财日进。对此，文人也偶尔供认一二。古文大家昆山人归有光就承认，三吴士大夫都喜欢与徽商来往。歙县商人江一鹤寓居杭州，大名鼎鼎的董其昌、陈继儒等是其莫逆交，董曾被江迎至新安，馆课其子，陈每次到新安，大多以江为居停主人②。

觥筹交错，览胜赏景之外，撰写寿文志铭，成为另一非常普遍的文士与商人往来的重要内容。万历时公安人袁中道描写其情形道："自新安多素封之家，而文藻亦附焉。黄金赍而白璧酬，以乞垗于世之文人。世之文人，征其懿美不得，顾指染而颖且为屈，相与貌之曰：'某某能为义侠处士之行者也'"③这类情形，江南名士最为典型，由其文集可知，钱谦益、归庄等人均有亲身经历，颇为苦恼。但形似苦恼，而仍乐此不疲。在白花花的银子面前，江南文士可以说少有不欣然命笔者。明后期，江阴人李诩记载："嘉定沈练塘龄闲论文士无不重财者。常熟桑思玄曾有人求文，托以亲昵，无润笔。思玄谓曰：'平生未尝白作文字，最败兴，你可暂将银一锭四五两置吾前，

---

① 释本黄：《濮澹轩先生集》，乾隆《濮镇纪闻》卷3《记传》。

② 许承尧：《歙事闲谭》卷18《江村人所着之书》《沈周董其昌陈继儒赵宦光皆曾至江村》，黄山书社2001年版。

③ 袁中道：《珂雪斋集》卷18《新安吴长公墓表》。

发兴后待作完，仍还汝可也。'唐子畏曾在孙思和家有巨本，录记所作，簿面题二字曰'利市'。都南濠至不苟取，尝有疾，以帕裹头强起，人请其休息者，答曰：'若不如此，则无人来求文字矣。'马怀德言，曾为人求文字于祝枝山，问曰：'是见精神否？'（原注：俗以取人钱为精神）曰：'然。'又曰：'吾不与他计较，清物也好。'问何清物，则曰：'青羊绒罢。'"①桑思玄即桑悦，唐子畏即唐寅，都南濠即都穆，三人都是江南大名士，人品也为时誉所重，却无一不看重稿酬，而且公开声称平生从不白白为人写作，甚至惟恐无人去求文。可见，江南文士与各地商人的热络关系，完全是出自双方的自觉自愿。在将为商人作文作为重要的经济来源的动机下，作为江南文史大家或达官名流如归有光、唐顺之、王世贞世懋兄弟、徐阶、茅坤、焦竑、冯梦祯、董其昌、申时行、陈子龙、陈继儒、李日华、张溥、张采、顾炎武、归庄、钱谦益、吴伟业、汪琬、刘大櫆、徐乾学、钱大昕、赵翼等，或为徽商，或为洞庭商，或为宁波商，或为福建商人及其家属等撰写过充斥褒美之辞的寿文、墓表墓志、传赞类文字。

归有光，有友吴秀甫，与在昆山经营的休宁商詹高有交往。吴死后数年，詹见归，意欲有求而未言。詹死，其子料理丧事时，归写下盛赞詹好学的墓志铭②。

大学士徐阶，与南京户部主事歙人汪渊为乡试会试同年，汪之父曾在金陵等地经商，死后23年改葬，徐阶连丧主名字也不知道，就写下了表扬丧主大行仁义的墓志铭③。

领袖文坛20年的太仓人王世贞及其弟世懋，与昆山诸生俞仲蔚相善，俞又与经商嘉定的休宁人程善定熟悉，曾为其父母铭。程又通过俞之推介，见谒王氏兄弟，故程之父母及前后妻子之碑碣传赞多出自俞仲蔚及王世贞之手。俞死后，其子虽盲，还为程善定子起家请末善定，王世懋洋洋

① 李诩：《戒庵老人漫笔》卷1"文士润笔"条，中华书局1982年版。
② 归有光：《震川先生集》卷19《詹仰之墓志铭》，上海古籍出版社1981年版。
③ 徐阶：《世经堂集》卷15《赠承德郎南京户部主事汪公墓志铭》，《四库全书存目丛书》本。

洒洒，写下了上述过程。徽商程善定通过俞仲蔚，两代人与王氏兄弟有了往来，三代人的传赞出自名人之手，"程氏家内行座以此闻天下，本所事俞先生游扬力也"①。

古文家湖州人茅坤，有屋在杭州，出租给经商湖州的歙商程瑞，从而与之共游。程瑞病逝，其子绍明抱钱进士所撰行状见茅，乞为墓铭，茅坤操觚褒扬一番②。茅坤之甥顾尔行，与在杭州经营的歙商程钟美之子云鹏为同年，常往程家，茅坤因而与程认识。程钟美"好宾客，辄时时携樽以从"，其妻"数脱簪珥供甘脆，极水陆之珍以欢客也，故程君之客倾浙，诸缙绅家亦数为口画母不置"③。茅坤家居，歙县吴万化兄弟通过进士李某介绍见茅坤，出示他人所写传状，请求为其父原泉公写墓志。茅三辞不允，乃翻阅传状，觉得"事稍稍属幻"，仍草草撰铭一通④。茅坤门生张稚通，居停徽商程次公家，受托嘱茅坤写70岁寿文。张口画寿主本末，茅依言撰写，大体司马迁《史记·货殖列传》所言君子富而好行其德一类。程抱所赠文望重于江湖。到80岁时，又托茅之友人周叟乞赠寿文。当时茅坤83岁，颇不情愿，勉强之下，只写了前后两次写文的经过⑤。

万历十七年（1589）状元、古文大家南京人焦竑，至少为徽商及其父母写了10余篇寿文志传。如应从其游的国子监生方守仁之请，为其经商的父亲方茂撰墓铭。又因举人赵时用的关系，为其父亲盐商赵宏作铭。更为同年歙县范涞之父范濠撰铭，作铭时连其人生卒年都不清楚⑥。

诗文大家常熟人钱谦益，应进士歙人曹广之请，为其经商嘉兴的父亲曹以成撰铭⑦。又于崇祯十四年（1641），应墓主儿子之请为在杭州行商的

① 王世懋：《王奉常集》卷21《程处士墓表》，《四库全书存目丛书》本。

② 茅坤：《茅坤集》卷23《歙州处士程次公墓志铭》，浙江古籍出版社1993年版。

③ 茅坤：《茅坤集》卷23《程母墓志铭》，浙江古籍出版社1993年版。

④ 茅坤：《茅坤集》卷24《明故例授儒学训导吴原泉公墓志铭》，浙江古籍出版社1993年版。

⑤ 茅坤：《茅坤集·耄年录》卷1《再寿程次公八十序》，浙江古籍出版社1993年版。

⑥ 以上见焦竑《澹园集》卷25至卷30，浙江古籍出版社1993年版。

⑦ 钱谦益：《牧斋初学集》卷53《曹府君墓志铭》，上海古籍出版社1985年版。

歙商吴某之妻撰铭①。

另一诗文大家太仓人吴伟业，因国子监生定海人谢泰交之请，为其经商江南的父亲谢翰撰传②。

学问博洽的嘉定钱大昕，"备位侍从，为人作铭志多矣"③，其中不乏为商人立传者。

这些达官名士为商人及其家属贺寿作传作铭，无论什么关系，不管认识、熟习与否，也不管其事迹是否彰显，有无价值，几乎来者不拒，依人所言，胡写一气。这样作谀墓文字，名副其实是在卖文，其目的全在润笔费而已④。金钱驱使着这些声名显赫的高人大家保持着与商贾水乳交融的关系。

更有甚者，文士干脆直接为商人捉刀，因金钱而放弃著作权。试举一例。休宁人汪廷讷，万历二十五年（1597）应南京乡试落第，出赀捐了个国子监生。又金钱开路，南京国子监祭酒冯梦祯给他改字"昌朝"，南京礼部尚书杨起元给他起号"无无居士"。他又捐赀当上了从七品的盐课副提举。就这样，短时期中完成了从富商到朝廷命官的身份转变。跻身士林后，他在休宁县城郊松萝山麓大动土木，兴建了"坐隐园"和"环翠堂"，凿池垒石，布置景点百余处，戏楼舞榭，富丽堂皇，延致四方文人墨客，与诸多大名士如汤显祖、王伯谷、朱之蕃等往还。汤显祖撰写《坐隐乩笔记》，全文不足四百字，称汪廷讷为先生，或径称先生而不名者多达12处。南京名流朱之蕃的《题坐隐园景诗》有110首，顾起元有《坐隐园百二十二咏》。汪廷讷本人则著作等身，《坐隐先生集》《环翠堂集》和《人镜阳秋》等集子外，所作传奇总称《环翠堂乐府》，现可考的有17种，另有杂剧9种，其中《狮吼记》《种玉记》《彩舟记》和《天书记》等7种仍有刻

---

① 钱谦益：《牧斋初学集》卷59《汤孺人墓志铭》，上海古籍出版社1985年版。

② 吴伟业：《吴梅村全集》卷52《谢封翁传》，上海古籍出版社1990年版。

③ 钱大昕：《潜研堂文集》卷49《盛泾先茔之碣》，清刊本。

④ 赵翼《后园居诗》可为写照："有客忽叩门，来送润笔需。乞我作墓志，要我工为谀。言政必龚黄，言学必程朱。吾聊以为戏，如其意所须。补缀成一篇，居然君子徒。核诸其素行，十钧无一铢。"

本传世①。有意思的是，曾以长篇吟咏过坐隐园的南京人顾起元透露信息道，其友人陈所闻，工于度曲，可与前辈名家徐霖、陈大声相上下，"而穷愁不称其意气，所著多冒它人姓氏，甘为床头捉刀人以死，可叹也"②。度曲高手陈所闻的作品居然用的就是汪廷讷的名。另一万历时南京人周晖说："陈所闻工乐府，《濠上斋乐府》外，尚有八种传奇：《狮吼》《长生》《青梅》《威凤》《同升》《飞鱼》《彩舟》《种玉》，今书坊汪廷讷皆刻为己作。余怜陈之苦心，特为拈出。"③现在传世的署名汪廷讷的最有名的传奇《狮吼记》等，原来出自陈所闻之手。周晖的四卷本《金陵琐事》第三卷就是由陈所闻校对的，周晖笃念友情，"怜陈之苦心"，揭露出此宗交易。然而由顾起元所记，陈所闻是因穷愁难以聊生，自愿出让著作权，甘为汪廷讷作枪手。想必此类出自双方的自愿交易，在其时当屡见不鲜。

周晖在《二续金陵琐事》中记了这样一则轶闻："凤州公同詹东图在瓦官寺中。凤州公偶云：'新安贾人见苏州文人如蝇聚一膻。'东图曰：'苏州文人见新安贾人亦如蝇聚一膻'。凤州公笑而不语。"凤州公即王世贞，詹东图即詹景凤。江南文人蝇聚商人，才名之大、官位之崇、资产之厚如太仓王世贞也难避其嫌，为人诟言。而商人蝇聚文人，则"家业益以丕振"。名士以商人为经济后盾，可以照样风雅，照样赋诗度曲；商人由名士捧场，奸贪说成义廉，俗物成为雅士，生意越做越大，与民众的矛盾也得以缓和。一文一商，相得益彰。王世贞与詹景凤的对话堪为商人与文人关系的写照。可见这商人与文士，原是相互攀结、相互利用、各有所需、各得其所的关系。

日文译文原载日本大阪市立大学《都市文化研究》第3号，2004年3月，其中主要内容刊于《江海学刊》2002年第1期

---

① 汪廷讷行状参见方任飞《汪廷讷传奇人生与汤显祖的徽州行》（上），《黄山日报》2003年8月11日。

② 顾起元：《客座赘语》卷6"髯仙秋碧联句"条，中华书局1987年版。

③ 周晖：《续金陵琐事》下卷"八种传奇"条，文学古籍刊印社1955年版。

老树春深更著花

——评《徽商研究》

　　张海鹏教授主持下的安徽师范大学徽商研究中心，十数年来集中研究徽州商人。近年安徽人民出版社推出了张海鹏、王廷元先生主编的《徽商研究》（以下简称《徽商》）。全书11章，54万余言，既是徽商研究的集大成之作，也是迄今为止国内传统商人研究篇幅最为宏大之作，在林林总总的商人研究中，恰如根深叶茂的老树，又当融融春日开出了绚丽的花朵。今将其主要特色略述于次。

一、《徽商》一书系统地论述了徽商的兴衰历史

　　徽商是明清以来全国著名的商帮，称雄商界三百余年，系统揭示它的盛衰历史，绝非易事，此前未有专书。《徽商》开宗明义，首先探讨徽州商帮的形成与发展，认为以乡族关系为纽带所结成的徽州商人群体开始于明中叶，从成弘之际到万历中叶的一百余年是徽州商帮的发展阶段，从万历后期到康熙初年的近百年间是徽商发展遭受挫折的阶段，从康熙中叶到嘉道之际的一百数十年是徽商的兴盛阶段，从道光中叶至清末的近百年间是徽州商帮的衰落与解体阶段。这样的阶段划分，是在全书深入考察的基础上得出的，也是符合徽商的兴衰实际的。值得注意的是，《徽商》认为徽州商帮兴起的标志表现为：徽人从商风习的形成，徽人结伙经商的现象已很普遍，"徽""商"二字已经相联成词，成为特定概念被时人广泛应

用，作为徽商骨干力量的徽州盐商已在两淮盐业中取得优势地位。这是今人关于商帮的完备表述，既适用于徽商，也可准之以衡量其他商帮。

《徽商》既从纵向厘清了徽商的发展线索，又从活动地域、行业范围以及各业的变化等横向探讨徽商的经营状况。如果饾饤罗列、巨细毕述，则远非几十万字所能囊括。《徽商》不求面面俱到，而是高屋建瓴，抓住关键，活动地域以长江流域，又以上海、苏州、芜湖、武汉、两淮地区为主干，经营行业则以盐、茶、典、木、粮、布为重点。长江流域是徽商最为活跃、势力最大的地区，上述各业是徽商的龙头或支柱行业。因此，这样的安排是颇具匠心和眼力的。而在具体考察徽商的活动时，论一个地区必兼及与其他地区的联系，注意对当地社会经济发展和明清全国商品流通的影响；论一个行业必时时与其他行业相比较，以把握该行业在徽商全部经营行业中的地位。就这样，纵横捭阖，瞻前顾后，既对徽商的活动作了细致考索，又对徽商的影响作了全面客观的评价。尤其是"徽商与两淮盐业"一章，更写得有声有色，将徽商进入两淮及其活动与各个时期社会政治环境和盐法改革结合起来，不但指出开中折色和实行纲运制是导致明代中叶徽商涌入两淮的主要原因，清代恤商裕课政策的实施吸引了徽商再次云集两淮，而且认为徽商称雄两淮有着地缘的、文化的、政治的和宗族的种种优势。这样的论述，既与徽商在两淮的活动轨迹相吻合，也有令人耳目一新之感。

二、《徽商》一书准确地揭示了徽商的发展特征

明清时代各大商帮称雄逞能，既有共性，又有个性。目前的研究，既需全面总结其共性，更需揭示出一个商帮的特性。《徽商》在展示徽商活动全貌的同时，始终立足于勾勒徽商的主要特征。

徽商的一个重要特征是与封建政权的关系特别紧密。《徽商》讨论这一点的篇幅约占全书五分之一。《徽商》认为，低下的社会地位，动摇的经济地位，懦弱的政治品格，使商人难以形成一支独立的政治力量，更难

以把握自己的命运，为了寻求政治保护，获取垄断经营的特权，借势行私，或者为了扩大影响，提高声望有利竞争，徽商通过交友联谊、联姻攀附、行媚巴结、跻身士林、报效朝廷等手段以达到目的。徽商与封建政权既有矛盾，又紧密结合，既受抑勒盘剥之苦，又获垄断经营之权，既大受其益，又深受其害。《徽商》以大量生动形象的事例，将徽商交结官吏名士的良苦用心，得到朝廷和地方政权庇护时的得意神态和遭受各种势力揩勒刁难时的窘境，尽情地展示了出来。

徽商的另一个重要特征是"贾而好儒"。徽商业儒出身者居多，多以儒道经商，大多雅好诗书，文化素养较高，徽商之家多延师课子，热心儒学教育，资助文化事业，徽商子弟以业儒成立而位居高位者漠不关心商贾利益。徽商的这种特色，促使其得以直接攀缘封建政治势力，也促使其与封建宗法势力黏合得更紧密，虽一定程度上有助于商业的发展，却也加强了其封建性。指出这一点是重要的，这是徽商异乎其他商帮之处，也是徽商迅速发展的一个重要原因。

徽商的经营之道也颇具特色。《徽商》将其总结为：讲求商业道德，争取广大顾客。主要表现为崇尚信义，诚信服人，薄利竞争，甘当廉贾，宁可失利，不愿失义，注重质量，提高信誉；把握市场信息，争取灵活的经营策略；广结各方良缘，创造良好的外部环境；善于用人尽材，建立和谐的内部环境；热心公益事业，提高知名度和美誉度，并认为这样的经营之道有利于开拓市场在竞争中立于不败之地，有利于克服商务发展中的障碍。我们知道，留存至今的明清商业书，绝大部分是由徽商编著的，内容极为丰富，反映出来的经营之道，是我国传统商业经营的瑰宝，既有进行学术总结的必要，也有现实挖掘发扬光大的意义。《徽商》不仅将徽州商帮的经营之道的特色全面而又确切地勾勒出来，而且提出了以往论者多忽视的商人经营的内外环境问题，富有新意。

热心文化事业，文化品位较高，是徽商的又一重要特征。徽学博大精深，在地域文化中独树一帜，而其成就与徽商大有关系。《徽商》着重在徽商与徽州教育、徽州建筑、徽州园林、徽州刻书、新安画派、新安医学、扬州园林等方面探讨了这种关系。《徽商》指出，由于徽商的作用，徽州教育兴旺发达，造就了一大批缙绅官僚，也造就了大量具有相当文化基础的商业人才以及其他各种人才，从而提高了徽商集团的文化品位和徽州人的整体素质。书中列举的大量徽商及其后代与徽州文化、明清学人关系的事例，更为我们进一步研究经济与文化、商人与士人的关系提供了极为难得的实证。

此外，《徽商》对徽商的资本来源、资本构成、资本出路、消费心理、经营内容、活动地域等方面的特点，也作了深层度的剖析，条理清晰，大多允当。

正是在对徽商的各方面的特征作了深入考察后，《徽商》得出了徽商是封建性商帮这一基本特征的结论。细心人可以意识到，这既是对徽商精心研究后得出的结论，也对其他商帮的研究具有参考价值。笔者以为，目前对商人的研究随着当前市场经济建设的步伐已全面展开，正逐步深入，但个别研究对传统商人有过于拔高美化之嫌，有夸大其作用的倾向。《徽商》的结论，不啻是一帖清醒剂。

三、《徽商》精心挖掘了大量第一手资料，深入探讨了有关问题

《徽商》作者长期以来积累了丰富的相关资料，如徽商既然长期称雄商界，执南方商界牛耳，其经营方式自然十分重要，垂意者也多，遗憾的是过去所引材料似乎还不足以说明问题。《徽商》关于徽商经营方式一节，是根据从几千份徽州契约文书中爬梳出来的《万历四十一年奇峰郑氏清单合同》《康熙五十七年吴隆九包揽承管议墨》《康熙六十一年汪乾初汪全五立议合同》和《光绪十一年祁门郑丽光等合租碓房合同》等徽商合同整理研究写成的；以新的材料、新的思路探讨了尚未有过系统研究的徽商的独资式、股份式和承揽式的经营方式及其相互之间的转化。所论使我们得以一窥徽商经营方式的底蕴，也为揭示其他商帮的经营方式提供了参考。而依据徽商的原始记录及认识得出的合伙股份式经营是徽州商人，特别是中

小商人经商时乐用的经营方式的结论，则无疑促使人们必须重新考虑已有的认识，其重要意义在日后的研究中将更为明显。

徽商的资本出路，自明清以来即有不同看法，也关系到对传统商人的总体评价。《徽商》用了不少笔墨辨析原有的各种说法，更以万历《汪氏阄书》和第一次公开面世的嘉庆、道光年间的胡开文分家阄书来考察徽商的财产继承原则、资本出路及其对徽商经营的影响等。可以说，要准确、详尽地表明徽商资本出路没有比阄书更有用的材料了，其资料价值已远远超出了徽商研究这个范围。作者更敏锐地注意到胡氏分家不分店，而凭商品质量和经营管理，使胡开文墨店能持续经营170年，分店遍布几达半个中国，当代的商品经营者也可从此获取有益的启迪。

可见，资料不但宏富齐备，而且新颖珍贵，构成《徽商》的又一基本特色。《徽商》之所以论述深入，既与作者对徽商把握之准之透有关，也与作者掌握的资料之多之新大有关系。

毋庸讳言，《徽商》是集体之作，讨论问题多，存在这样那样的不足或缺失也就在所难免。笔者以为，《徽商》一书也有不尽如人意处，一是或许因体例所限，既要以行业论，又要以地域论，同一材料重复引用也就较为突出，个别材料至有三用四用者。二是苛求点说，对徽州海商的论述不够，相对薄弱。三是个别论点还值得商榷，如认为徽商只抗倭而无通倭者，但海盗与海商是否能截然分清？汪直等海盗是否就完全不是海商，似乎还需要缜密论证；再如认为徽人左儒有之，但未曾右贾，笔者觉得这或许是相对他地而言的，如较之江南，徽州则明显倾向于"右贾"，商人地位较高，若就事论事，恐难界定。

原载《中国社会科学》1997年第2期

商海树高樯

——评《商人与中国近世社会》

马克思说过，商人是这个世界发生变革的起点。智退秦兵的"弦高犒师""乐观时变""人弃我取，人取我予"的计然之策，不仅驱使了历代商人长袖善舞、乘坚策肥，在中国这个古老世界的艰难历程中发挥举足轻重的作用，也吸引了广大学者潜心研究，孜孜探求商人如何不断完善创新其经营牟利之道，如何千方百计在各方面发挥作用。就笔者所经见，论述中国近世商人的著作，探讨明清商人和商业资本的，有傅衣凌的《明清时代商人及商业资本》，探讨商人组织的，有日本根岸佶《上海のギルド》、全汉昇的《中国行会制度史》、何炳棣的《中国会馆史论》、邱澎生的《十八十九世纪苏州城的新兴工商业团体》；探讨地域商人的，有日本寺田隆信的《山西商人研究》、张正明和葛贤惠的《明清山西商人研究》、美国曼苏恩的《地方商人和资产阶级1750—1950》等。这些著作或有所侧重，或立意相近，专论商人的某一方面，或以地域为限，专论某地的商人，可以说还没有一本是全面论述近世中国商人的，有之，则自唐力行《商人与中国近世社会》始。唐著（以下简称《商人》）正是第一部全面论述16世纪前叶中国商人的煌煌新编，把握了商人的发展脉络，揭示了商人的发展特色，探讨了商人在中国社会现代化过程中的重要作用，从而填补了中国商人史乃至中国经济史的空白。

现就《商人》的主要特色和需要更深入研究的若干问题略作评述。

一

在体系结构上，《商人》一书始终贯穿着一条主线，即近世商人发展的基本面貌和艰难历程。全书8章23万余字，篇幅不算宏大，结构并不复杂，但涉及的内容却相当广泛，举凡传统社会的商人、商帮的兴起、商人的组织、商人的生活、商人的文化、商人在近世社会演进中的作用等都包罗在内，而又围绕上述主线，纵横兼顾，着重对近世商人发展中的一些重要问题作了系统而有益的探讨。

关于商人的处境问题，这是探讨商人发展轨迹所难以回避的问题。《商人》作者纵观上下两千年，注意到中国封建社会在大一统王朝时商品流通条件极为有利，但又必然重农抑商，限制商人的活动，干预商业的发展；在分裂割据时期政府往往采取有利商业的政策，却又因关卡林立、商税繁杂、币制不一、通货不足以及战争本身等严重妨碍商品流通。作者将这一现象称为"两难境地"，认为中国商人所面临的要么是专制的大一统政权，要么是军阀割据，似乎别无选择，两者必居其一。又由于传统社会的结构决定了商人末等的下贱地位，因此又使商人陷于财产和地位的两难境地。这种观察，是鸟瞰式的，从宏观立论，大致符合传统社会中商人的实际境遇。由于没有政治地位，商人或捐纳出身虚衔，或交结公卿权贵，或捐输报效皇帝，以抬高身阶；由于社会地位低下，商人或附庸风雅，或兴办善举，以博取名誉。为了保守财富，他们必须谋求地位，"以末致财，以本守之"，或转入地主阶层，或培养子弟读书，转入仕的层次。商人的这种可悲际遇，令人扼腕痛惜。对于商人的这种困境，《商人》不但揭诸标题，而且反复阐述。仅此一点，就会令读者虽掩卷而长思的。正因为商人的这种矛盾心态和本质上的软弱性，使得他们在近代人民革命斗争中作出了错误的选择。《商人》得出这样的结论，也就显得十分自然，极为中肯。

关于商人的价值观念。近世商人虽然处境艰难，但仍然风餐露宿，奋力拼搏，推动着商品经济的不断向前发展。伴随着商品经济的发展，商人对其自身价值和社会各界对商人价值的认识也在不断提高。以往论著虽有商人价值观念方面的论述，但大多一鳞半爪，既不系统，又不深入。《商人》用了整整两章的篇幅，纵横捭阖，对这种价值观作了较为系统的总结。作者将近世商人的价值观以鸦片战争为限分为前后两个时期，指出，近世前期商人的四民观已将传统的士、农、工、商改列为居于上层的士与商和属于下层的农与工，甚至还有士不如商的说法，随着资本主义萌芽的诞生，商帮的形成，社会上的士商合流，商人们提出了士商平等、农商皆本的新价值观；近世后期，在民族危机深重的背景下，商人对其自身价值有了进一步认识，把商放到了四民的首位，放到了国本的重要地位，这种价值观在清末甚至得到了政府的认同。这个结论，是分析商人的大量言论、士大夫的呼声、政府和社会的看法后得出的，论据充分，具有极强的说服力。更令人信服的是，作者不但将近世前后期商人的价值观作了比较，而且还把它与同时期西欧的商人价值观作了比较，既揭示了中国近世商人价值观的进步性和重要意义，又指出了其局限和落后的一面，显示了《商人》作者真正地把握了评判这一问题的尺度。

关于商人组织的演变问题。随着商品经济的发展，近世社会商人的组织也日趋完善。对明清时期的会馆公所和清末民初的商会，研究者代不乏人，但专论虽多，通论者尚少。《商人》一书则用了一章多篇幅系统作了论述。认为它经历从亲缘到地域到业缘的发展，与此相对应则是从宗族到会馆到行会公所，再加上作为资产阶级结集场所的清末的商会。这就将商人组织的发展变迁一以贯之地清晰勾勒了出来。宗族是血缘和亲缘地域的共同体，现有研究从没有将它视为商人的亲缘组织，《商人》这么划分是否准确，可以另当别论，但作者注意到近世各地域商人与宗族的普遍结合，宗族势力在商业经营中发挥了不可或缺的作用，则是十分可喜的，反映了作者在这一问题上的敏锐洞察力。

关于商人与封建政府的关系问题。商人既反对各级封建政府的重税苛征，痛恨无端掠夺等超经济搜刮，又希望获得封建政府的庇护，谋取经营特权，对付地方势力，镇压雇佣劳动者的反抗斗争；封建政府既在政治上歧视商人，又在某些商品的经营中赋予商人种种特权，并从商人那里得到经济上的回报，甚至让商人源源生息。这就决定了近世商人与封建政权之间的不解之缘。《商人》一书以徽州商人为典型，着重在商人一方对此作了探讨。作者指出，商人通过培养子弟业儒、联姻结亲、攀缘政治势力、不惜巨资捐输报效、捐衔捐监等手段投靠封建政权，以达到"借资贵人倾下贾"的目的，以增强经济上的竞争力，他们同封建政治势力的结合，在经营盐业等专榷商品时表现得尤为突出。书中举了身为两淮八大盐商之一妻子的汪太太的例子，该氏为迎接乾隆圣驾，独出数万两银子，连夜造成三仙池，大得乾隆赏赐。汪太太之举，十分典型地代表了徽商攀附封建政权的行径。徽商既然如此自觉和不自觉地附到封建政权的皮上，随着封建政权的垮台，他们也必然迅速瓦解消亡。作者叙述了大量事例后，精辟地指出，"徽商和晋商都成为腐朽清帝国的殉葬品"。《商人》对这个问题的有关论述和所举事例，都是富有说服力和极具典型意义的，准确地揭示了商人与封建政权盛衰与共的紧密关系。

二

在内容安排上，《商人》一书转换视角，另辟蹊径，不乏发前人所未发者。

如商人与资本主义萌芽及在资本主义发展过程中的作用问题。资本主义萌芽是一个讨论比较深入的课题，尽管学界对有无萌芽、何时出现萌芽等存有不同看法，但认为明后期已经有了萌芽则是多数学者的共识。《商人》探讨的是近世商人及其在经济发展过程中的作用，就不可避免地涉及这个问题。以往探讨资本主义萌芽的产生前提，多从自然历史进程，即生产力的发展、社会分工的扩大、商品经济的发展及其对自然经济结构的破坏、白银的广泛流通等角度论证。《商人》认为探讨萌芽不能纳入西欧历史的模式而过分强调其完全是自然历史进程的产物。作者从世界市场这一全新的角度探求，认为16世纪后世界市场对中国商品的需求，刺激了商品生产的发展，江南市镇的兴起、充当货币贵金属白银的广泛流通、商业资本向产业资本的转化等社会经济新因素的综合发展，使资本主义萌芽得以发生，而从生产与流通作为一个整体角度出发，考虑到世界市场下需求量最大的商品生产部门最先产生了资本主义生产关系，因此海商，特别是徽州海商的经营活动直接促进了资本主义萌芽的诞生，而且本身就具有资本主义萌芽的性质。这个结论是否能够成立，是否符合历史实际，还有待缜密的论证和进一步讨论，但作者另辟蹊径、不袭陈说的探索精神，将生产与流通视为整体、国内生产与海外市场联系起来的开阔思路和视野，却是令人钦佩和值得充分肯定的。

再如商人与社区的关系问题。人们论述商帮的兴起、商人的经营活动，大多只探讨商人兴起前的当地的社会背景和自然环境，而很少探讨商人对家乡变化所起的作用；大多只论商人本身，而几乎从未触及商人的家庭。很明显，这些涉及人类学、地理学的问题，既十分重要，又具有相当的难度。《商人》作者在对徽商及徽州社会长期研究的基础上，力聚功专，开辟《商人与社区生活》一章，从商人与妇女、商人与家庭、宗族结构、商人与社区生存空间的开拓、商人与社区的相互作用等方面，对商人与社区相互作用的有关问题作了细致入微、探幽寻隐式的考察。在论徽州商人妇女时，作者指出其作用为：为徽商提供原始资本姻戚互助，组成商业网络，攀缘封建政治势力，主持家政使商人无内顾之忧，直接参与商人经营等。这样具体的论述，使得我们对商人妇作用的轮廓认识变得清晰明白起来。作者论述徽州商人妇女的命运时，指出是"妒妇比屋可封"与"新安节烈最多"的杂糅，商人的肉欲横流与理学的道貌岸然相结合。当我们不禁为商人妇的这种命运或歌或叹时，作者又以沉重的笔调写道，商品经济的钟摆刚刚向着有利于妇女解放的角度倾斜时，历史的重力又迫使它向着相反的方向摆去，从而造成一种新的平衡。从作者的论述，我们不禁思忖，商人妇的这种悲惨命运，难道不是封建社会各个妇女阶层的缩影吗？作者在对大量的族谱量化分析后，又深入考察了徽州家庭内部的年龄、婚龄、育龄和世代组合的情况，指出徽州家庭——宗族结构在近世初期发生了较大变化，形成了小家庭和大宗族的格局，徽商在这一变化中起了关键作用。这种结论虽自徽州一地得出，难道不也适用于其他商帮兴起地吗？在探论商人与社区生存空间的开拓时，作者更以都为单位，对徽州所属的歙县、休宁和绩溪三县的所有村庄一一详加考释，利用现代统计手段，计算出了各都的人口密度。这样小范围的地域人口复原，恐怕在相关研究中还是很少见到的，其工作的难度是不言而喻的。而从人口密度的前后、各地变迁来寻找商人经商的外在动力，无疑是具有开拓意义，富有启迪作用的。

再如商人文化问题。国内学者近年来更倡为"商人文化"，但对"商人文化"的内涵、特征作用等加以系统论述的，《商人》可以说是较为成功的。作者指出，伴随着经济上异己成分的滋生，在文化上也出现了与传统相叛离的因素——商人文化。作者进而论述其内容时说，一方面商人文化树起了早期启蒙的旗帜，把批判的矛头对准封建专制制度和宋明理学，鼓吹情欲私利，主张工商皆本，讲究经世致用，追求社会变革；另一方面，商人文化又有着浓厚的封建色彩和伦理色彩。从文化形态上来说，商人文化并不是对传统文化的扬弃，而是对传统文化的熔铸和改造。作者这一创新之举及其精彩而允当的论述，赋予了商人文化的充实内涵。正是在这内涵的基础上，作者又通过大量的主张和事例，又赋予了商人文化的特征，认为它具有早期启蒙性、科学性与实用性，封建性和伦理性，通俗性，强调商人道德的系统性等。这一倡说而后的深入探讨，使得商人文化更为有血有肉，丰富饱满。可以说，《商人》之价值所在，角度新颖，思虑深远，新论迭出而又言之成理，是其重要体现。

三

在内容论述上，《商人》一书大多允当周详，善于揭示特征。

在商人的伦理道德观念方面，以往论著总结商人的成功之道，大多只强调商人讲究商业道德，树立信誉的一面，而很少注意商人不择手段奸诈欺骗的一面。殊不知，我们今天所能见到的商人经营记录，大多出自褒善隐恶的地方志和一味奉承的墓志铭，自然不是良贾便是廉贾。实际上，贪贾奸商不但比例绝不会低于廉贾良贾，而且不讲商业道德、毫无信誉可言而振振有词者也大有人在。探论商人的伦理观念，不能不注意到这一点。《商人》一书绝不畸轻畸重，既讲良贾廉贾及其追求商业道德完善的一面，又讲奸贾贪贾及其处心积虑不义牟利的一面。认为商人既有视儒家文化为其道德信条的，也有否定儒家文化为其道德信条的，而在实际操作中，则往往是两种道德标准的杂糅。这种看法，真正地揭示了商人人格的本质特征，商人的伦理观念才完整地呈现在读者面前。

在徽商资本和宗族势力的作用方面，作者虽然十分强调商人资本促进商业发展和解体徽州封建社会的一面，也不忽略其加固徽州社区的封建性的一面。对宗族势力，作者既充分肯定它有利于徽商经营活动的一面，认为它与徽商结合，互为奥援，增强了徽商的竞争力，使徽商在贱卖贵买的营运中积累了巨额资金，势力几半宇内；又在深入分析了徽州宗族制度的特点后毫不含糊地指出其消极的一面，认为宗族势力又使徽商因袭了沉重的历史包袱，限制了徽商的进一步发展。

在商人价值观方面，作者在系统阐述的基础上，还将其前后期作了比较，认为近世前期商人心理的整合是与资本主义萌芽的生长同步的，近世后期商人心理的整合则是贯穿于商人投资新式企业，实现自身转型的全过程。

凡此种种，都显示了作者左右兼顾、瞻前顾后、适当把握评判尺度的胸臆。

在商人的分类和分层方面，作者按商人经营活动方式，商人经营的商品种类，商人行业内部的分工，商人的活动区域，商人的资产，商人的组织形态，商人与政治权力的关系，商人的伦理道德，商人受教育的程度等十种标准，对商人进行了逐步分类。作者又不满以往学术界对商人分层仅以资产为标准的做法，而提出了一个经济、社会和政治的综合标准，将商人分为财产、声誉、权力皆备的商人，财产、声誉兼得的富商巨贾，仅仅拥有财产的商人，权力、声誉、财产俱无的小商小贩四个层次。

在商帮兴起的条件方面，作者综观各地商帮，认为除了商品经济发展、商业竞争这一共同的历史背景外，主要取决于政府的政策、各地地理环境、交通条件和文化背景四个方面。

在会馆的功能方面，作者认为它具备岁时节令祭祀本乡尊奉的神祇以联络乡情，为同乡办理善举，联合众商摆脱牙人控制，举办有利商业的大型工程，代表众商与官府交涉商务的五大功能。

上述概括，虽疏不漏，显示了作者高屋建瓴、考虑全面的综合之功。

近世商人的活动，内容宏富，头绪纷繁，涉及面广，如果饾饤罗列，则根本不是一部二十几万字的著作所能容纳得了的。作者没有平铺直叙，不作泛泛而论，而是以尽量简练的语言揭示出事物的本质特征。如论述各地域商帮的经营活动特征，说晋商谨慎、精密、朴实；粤商急进、敏捷、豪放；宁波商具有晋商的特征且不保守，不及粤商果敢决断，但稳健而踏实；徽商贾而好儒，善于结好权贵；洞庭商被称为"钻天洞庭"，极善钻营；江苏商好智术；江右商精推算。再如，说清朝北京的银号、成衣业、药材业多由浙东商人经营；香料业、珠宝玉器业则主要掌握在广东商人手中；估衣业、饭庄、绸缎庄多为胶东商人经营；票号、钱庄、典当、杂货店则为山西商人所把持。这些描述言简意赅，入木三分地刻画出了各地商帮的特点，也是完全符合历史实际的。如果不对他们的活动作深入研究，反复比较，可以说是难以臻此境界的。其他如各商帮在区域活动方面的特征，经营商品种类上的特征，经营体制上的特征，商人组织的特点，商人文化的特征等，类皆如此。《商人》一书之所以成功，作者善于揭示商人各方面的特征，是其又一重要的方面。

诚然，《商人》一书既要探讨商人的各个方面及在近世社会发展中的作用，所跨时段长，牵涉面广，所论又关乎封建国家的方针大政、社会经济发展，存在这样那样的不足或缺失也就在所难免。笔者以为，《商人》一书也有明显不足：一是论述徽商过多而探讨其他商帮不够；二是若干解释不当；三是注释引文间有小误，个别注释不够详核，若干地方校对欠精。对一些问题的论述，如抑商和闭关政策的作用问题，走私与封建政权的关系问题、行头问题等，还值得商榷。

原载《中国社会经济史研究》1994年第4期

碧海青天　翰墨清香映儒雅

——张海鹏先生忆记

　　著名的明清史专家、徽学研究的奠基者和带头人、安徽师范大学张海鹏先生，以博学、谦和、儒雅闻名国际学坛。余生既晚，又无缘忝列先生门墙，于先生之学问，不能稍窥门径，然蒙先生不弃，自1983年拜谒后（当年11月初，南京大学明清史研究室协同中国社会科学院历史研究所明史研究室和南开大学历史研究所在无锡召开明代经济史讨论会，会间得以见到至今多负盛名而当年风头正健的学者，其中就有早已仰闻其名的张海鹏先生），18年间，垂爱有加，时予奖勉教导，或可自诩为私淑弟子，谅也不算过分。先生身高峻拔，面庞清秀，略带桐城口音，浑身透出一股儒雅之气，至今已记不起最初如何向他请教，但其光辉形象一直深留在我的记忆中。

　　近日整理书信，居然理出先生来札18封，一律"同志"相称，一笔行楷，书写在安徽大学信笺用纸上，封装在安徽师范大学信封中，不禁让我串联起一条长达近十年的记忆之路，鼓舞着我今后的学术生涯。如今文化快餐，通信业已与时俱进，绝大部分均已电邮，要想保留只字片言，已属奢求，先生的这些书翰，在我看来，不啻是天壤间难得之重物，理当沐浴焚香，宝之珍之拱璧之。今选择其中部分，用以缅怀先生的恩德，兼以与先生的学生与同仁分享先生留给我们的遗产。

一、《中国十大商帮》出书琐忆

1988年10月，秋高气爽，稻香蟹肥，身为安徽师范大学校长的张先生在校内主持中国商业史讨论会。会议之前的18—19日，先举行小范围的明清商帮编写会，由张先生和山西社会科学院张海瀛先生主持。整整讨论了两天，确定了商帮一书的内容、分工、写作要求和文字表达形式。会上，大家畅所欲言，着重就商帮的内涵和地域范围展开了充分的讨论。我对山西、陕西、广东、福建、江西、山东等省以省域为范围称为一个"商帮"，同时将宁波、龙游、洞庭等地较小地域范围的商人各称为一个商帮，而并称为"十大商帮"杂糅于一书持有不同看法，而且年少气盛，倡言这样安排似不科学。先生耐心地听取每个人的意见，极有风度，不以我之放言无忌为忤，只说金民同志所说有道理，但大家先按讨论设想写作，有具体问题再商量。最后先生作总结性部署，希望大家集中精力，按时交稿。此次商帮编写会，我初次体会到了先生的大度和学术带头人的水平与气魄。

会后先生安排在专家楼招待大家，知道我喜欢吃鱼，一定要我将大半条鳜鱼吃掉，并说吃了鱼后有任务。原来次日的中国商业史讨论会，先生要致开幕词，大概因为忙于会议和校务，无暇亲自撰稿，要我起草。我仗着酒力和鳜鱼的营养，连夜赶稿。次日先生会上所作致辞，改动较多，但先生在此前后多次表示感谢，一再鼓励晚生努力学业。

说起《中国十大商帮》的编写，回顾先生与我的"交往"，感慨难免多了。至今保存的先生的亲笔信，年头早的就是1990年10月25日关于书稿的那一封。先生说："书稿早已收到，因杂事冗繁，未暇及时函复，请原谅。"先生这封信，主要是给我发来该年11月初在芜湖召开的徽学讨论会的邀请，不知何故我没有应邀忝列会议。如果出席会议，或许我就能从此进入徽学研究之门，实在遗憾。

次年6月，又收到先生于6月8日寄出的两封信，其中的一封打印件，是告知《中国十大商帮》一书出版事宜的，寄给全体作者。信中具体说明道："目前，书稿已全部交至黄山书社，责任编辑正在审稿。五月末，我因事去合肥，约责任编辑作一次面叙……对于这部书稿的出路，我想你们一定很关心，故在付梓之前，特先函告。"

到了1992年4月末，又收到先生告知《中国十大商帮》一书出版进展的打印信，信中称："《中国十大商帮》原拟去秋付梓，因责任编辑临时派往它任，故发稿计划推迟。但安徽出版总社仍将这部书稿列为1992年重点出书计划中，黄山书社已于4月初将稿件发至芜湖新华印刷厂。经联系，印刷厂拟于5月初发排（民按：此句为先生手书）……这部书稿拖至现在才发排，深表歉意！"

次年5月上旬，收到先生整整两页的手书，主要告诉《中国十大商帮》一书的出版和署名问题，信谓："上月中，我和徐力同志合作校对了《中国十大商帮》的三校，由于有几章改动的较多，所以，最后的'对红'，到昨天才将清校送到我手里。估计6月份可望出书。我在和徐力同志通校三校中，共同的看法是：'洞庭商帮'一章属上乘之作。无论材料的征引，结构的安排，文字的表述，都是令我们钦佩的。这绝非故意的恭维，我们的共同评价就是如此。为此，我和出版社都应向你和罗老师表示谢意！……关于这本书的署名，我和出版社遵照中山大学黄启臣教授来函的意见，一律放在前面的扉页上，以姓氏笔画为序。另外，我在'前言'里，又按章分别提出了作者姓名。这样，整体的作者、分章的作者姓名都有了。因为事先未能普遍征求作者的意见，我想，大家是会同意的。并请转告罗老师。"读罢先生的来信，深感先生考虑周全，决不掠人之美，而奖掖后进晚辈，不遗余力。

在当时，书正式出版不易，销路更是大问题，出版社为转让负担，一般是由作者包销，《中国十大商帮》最为典型。1993年11月9日，先生来信，不厌其烦地交代出书销书的曲折过程。信中说："《中国十大商帮》已赶在扬州会议前印出发行，我带去一百本，无疑等于席上添了'一碗菜'。吴慧会长高兴不已，称它是拿出来的'拳头产品'，并颁发了'荣誉证书'。我想，这也是对这本书的作者们的一点精神鼓励。这本书的问世，黄山书社出了大力。一个多月前，编辑室和发行科告知收回来的征订单，数字很小，大概只有500本左右。为了给他们分担困难，我即答应推销1000册。经联系，已落实并发出的有：张海瀛先生处100册，方志远同志处800册（他是出了大力的）、黄启臣、陈支平、林树建三位先生处各55册（每包11本，5包55本）。也想请你代销55册。另有李华先生、田培栋先生处我不好意思请他们来帮助销售了，陈学文同志（民按：先生所提各位，均是《中国十大商帮》的作者）已出国，就算免了这次做'书贾'交易了。我已销掉了三百余册，估计压在我身上的一千本销售任务可以完成。说实在的话，我当书商这还是第一回，但学术已走向低谷，又有什么法子呢？前天，一份报纸上刊载了一幅漫画，是反映撰书的作者背了一大摞书抵作稿费，看后，不禁感慨系之。我之所以这样做，也是想让出版社把稿费能付出来。出版社也有这个意思。不过，我已和他们讲清楚了，到时桥归桥，路归路。即应付作者稿费多少？书价多少？算清后多退少补。《洞庭商帮》的稿酬也是按规定开出后，不足数再补寄来（由黄山寄或由我寄，但他们要开出通知单）。我与黄山交涉，他们还给我们一些发行费，扣除搬运、邮寄费用（还有其他杂费），可给推销的同志，发行费每本2元，这样，你处55册书，原价计687.5元，除去110元发行费，实际为577.5元。你推出后，书款不必寄来，以后，在稿费里冲掉。……在销售时，还可请维中同志帮一下忙。无论是卖给谁，不能减价卖，但可以给经办人一点好处。新书一开始就减价，有失它的声誉的。你说可是？"

过些时日，出版社计算稿费了。1994年1月20日，先生给各位作者发打印了的信，并附上了出版社的稿费结算单，信谓："《中国十大商帮》已于去年10月出版，黄山书社虽然亏本，仍付给作者较为优厚的稿酬（在该社是如此）。您撰写的洞庭（民按：'洞庭'二字为先生手书）商帮，稿酬是662元，扣除您代售的书55本计577元，应付给您85元，现邮寄上（附黄山书社稿酬通知复印件）。收到款后，务请回函，以免释念。"先生另在打印件上手书："金民同志：近好！现将《中国十大商帮》稿酬寄来，请查收。我实在无奈，请你代销55册书，实际上是减少了你的稿酬收入，于心深感不安。今后，如有机会，我还愿意与你和罗先生合作，未审以为然否？"揣度先生意思，该书费尽周折，终于如愿以偿，正式出版，也如约结算清稿酬，确保了作者的利益，作为主编的他对得起各位作者了。

如今读先生的来信，免不了一阵阵心酸。在那年头，一个堂堂的专家型大学校长，以其学术地位和声望，组织了全国研究商帮的专家，撰写出第一部商帮研究著作，却还要通过人脉，凭了人情，延时两年多才出书，出得书来，还要费尽心思，包销印数，以至交代每位作者如何销书，如何计费。此事要是放在今日，书稿恐怕首先是个项目，作者有研究经费不说，出版社要出这样的书，或许还得先付部分稿费，出书后自然还得按印数计酬，断不至于后来该书一再重印却对作者连个招呼也从来不打。后来个别书稿作者提起此事，免不了愤愤不平，先生却往往一笑了之。

《中国十大商帮》后来市场看好，中华书局香港公司和台湾什么出版社都买了版权，要原作者改写，以一套书系列分出小册子。先生在作者和原出版社之间反复协调，使作者从出版社获得了据说是一半的版权转让费。

二、撰写《徽商研究》书评琐忆

20世纪80年代起，先生即组织安徽师范大学的同仁，倾力于搜集和编集《明清徽商资料选编》，并在资料积累的基础上，着手研究徽商并撰写《徽商研究》，安徽师范大学徽商研究团队花了十来年的努力，终于撰著了《徽商研究》一书。1995年11月29日，先生来信，正式嘱咐我为该书草写书评。先生在信中说："《徽商研究》下月可以发行，兹将三校稿托我校张传开副教授带来，请以您的生花之笔为它写一篇书评，不能拔高，重平实，反而好些。劳神之处，至为感谢！文稿写成后，可托人或由邮寄给我，我设法找一家有影响的刊物采用。"

不知何故，我似乎迟迟未能动笔，或许是相关知识的汲取，需要时间。次年3月10日，先生再次来信，专提书评之事，信中云："金民同志：

春节后寄来一本《徽商研究》，想已收到，那是商业史学会购买的。现寄赠两本，因为你要送人，所以没有落款。烦请你写的书评，脱手后即寄给我。这是一项苦任务，待见面时再为感谢!"说实话，我专业学习和研究的重点，局限在江南的手工业，于徽商研究殊少关注，完全外行，要对先生主持并亲自撰写相当篇幅的《徽商研究》发表看法是有难度的。承他厚爱与信任，考虑到此前一年曾为唐力行老师的《商人与中国近世社会》写过书评，似有一些基础，是以愿意试一试，借此也可以获取关于徽商的知识，因此领受任务后一直在努力。

3月19日，先生第三次寄来有关书评的手札。札谓:"金民同志:今天下午收到您寄来的《徽商研究》书评，至为高兴!其时，由于夕阳快西下，来不及拜读。晚饭后，我细心地通读了全文，觉得这篇书评出自您这位行家手里，真是味醇如酒。书稿写得平平，书评却写得火花四溅。我既感到欣然，又感到赧然!倒是出版社就希望书评能够拔高评述，他们想以此这本书来申报国家图书奖，如能在刊物上发出来，他们那是高兴无比的。……对于您煞费苦心写成这篇书评，我谨代表同人们向您致以由衷的谢意!"

后来书评在《中国社会科学》上发表，我松了口气，先生也甚感满意。1997年4月8日，先生来信(民按:这是手头保留的先生的最后一封来信)说:"《徽商研究》书评已在《中国社会科学》今年第二期刊出，经过您的神来之笔作了渲染，这本书和它的作者均为之增辉，出版社更为之欢欣鼓舞。上周，我寄了一份复印件给责任编辑曹文益，他来电话云:'他又再次复印多份，分送社里和局里领导，足见其快慰之忱。'"

《徽商研究》是安徽师范大学徽商研究团队的集成之作，融入了集体的研究成果，更倾注了先生的心血，我在拜读之时，常常因其深入的探讨、涉及的层面和流畅的文笔而感叹，因而撰写书评时，自然地流淌出这样的文字:"《徽商研究》……既是徽商研究的集大成之作，也是迄今为止国内传统商人研究篇幅最为宏大之作，在林林总总的商人研究成果中，恰如根深叶茂的老树，又当融融春日开出了绚丽的花朵。"这是我的真实感受，我至今以为，这样的表述绝非溢美之词，是经得起时间检验的。此书后来据说获得安徽省哲学社会科学优秀成果一等奖、教育部人文社会科学研究成果二等奖和首届国家社科基金项目优秀成果三等奖，"竖起了徽商研究史上的第二座丰碑"①文章如精金美玉，市有定价，非人徒以口舌定贵贱，《徽商研究》连续获得殊荣，正是学界共同看法的反映。

三、出席台湾明史会琐忆

自1994年起，本人有幸每年利用参加学术会议的机会拜见先生。1996年7月，由吕士朋、张哲郎、徐泓先生等主持，举办第一届两岸明史学术研讨会，邀请大陆明史研究同行25人赴台与会，先生、我与师弟夏维中等在列，从此三人往返均同行。先生时年66岁，腿脚不便，眼睛又刚动小手术，似乎对赴会有畏难情绪，我和师弟维中不时敦促他，恳请他与我们同行。因而确定行程前，先生两次来信，相约与我们同行。3月19日来信说："台大徐泓教授又寄来新邀请函，也许就是您提出要求的缘故。我的赴台手续正在办，到时，我一定和您、维中同志同机赴港，这样，我在旅途中有你们两位照顾，我的胆子也大些。"7月3日来信说："前天，接到徐泓先生的电话，云及廿二号我们聚首香港，想你亦已知道。你和维中同志是坐飞机去还是坐火车去？反正我是离不开你们的，你们怎么走我就怎么走。买飞机票要身份证，买火车票要工作证，我将两证各复印一份放在信里寄来，请在购票时使用。票价款请设法先垫一下，待我们见面时再为归付。"

21日7时许，先生由芜湖小车来宁，在机场汇齐，我们开始了较为艰难的旅程。飞机降落广州，由广州坐火车去深圳。在广州火车站楼上楼下往返两趟，三人手提行李箱，大汗淋漓，手酸脚颤，终于登上火车。先生跟着我们上下奔波，十分吃力。次日一早由罗湖入九龙，手续繁，人又多，直到下午一点半左右才上了去九龙的火车。又要到地处金钟的旅行社

① 余同元：《醍醐海阔　德性山高——张海鹏教授与明清史研究侧记》，《明代史研究》第30号，2002年4月，第6页。

取入台通行证正本，前后近两个小时，近五点才登机飞台湾桃园机场。

大陆明史学者绝大部分为第一次赴台，处事出言格外谨慎小心。研讨会整整两天，按部就班，先发言，后点评，然后自由发言。大陆学者发言大多拘谨，较为内敛，而台湾同行却大多言辞激烈，不留情面。有人评先生的会议论文，好像措辞过甚，我看先生不动声色，未予回应。事后我问先生何以不反驳，先生莞尔一笑，说小唐（民按：唐力行教授）不是回应了吗？老辈忠厚，一至于此！后来南下考察旅游，张哲郎、徐泓、刘石吉先生等精心安排，随车领队。无如天公不作美，葛乐礼台风无礼，车抵高雄，豪雨如注，一夜未停。

回程时自然仍然取道香港，线路不熟，先生与我等三人，加上郑克晟、杜婉言先生五人往深圳。后来我们三人在深圳过夜，到赵洪保（安徽师范大学本科毕业，南京大学硕士毕业，于先生有师生之谊）家吃晚饭，次日飞返南京。

此番赴台，先生是大陆一行学者中年纪最长者，又时值炎夏，台风肆虐，日程安排又紧，出入境手续烦琐，一路可谓颠簸。先生一定吃了不少苦头，但始终乐观开朗，一路上给我们讲史林掌故，讲老人家安徽大学校名题写对象之误，讲他如何忙中偷闲抓紧徽商研究，语气沧桑而不乏幽默。在台期间，先生还不时买些小件礼物，回程在深圳时一一整理，说这个给孙女，那个给同事，每人都有了，我回去可以交代了。先生真周到心细，我和师弟直感到惭愧。更有意思的是，一路乘车吃饭时，先生总是争着付钱，而早在广州机场，他争着买票，一把钱被三只眼光顾，以后就不见了。先生执意向我"借"钱，付款时仍然抢先。

回宁后，还在我担心先生的身体时，8月6日先生即来函称："金民同志：这次台湾之行，多蒙你和维中同志的细心照顾，故能往来顺利，旅游便捷，在记忆里将是难忘的。一日晚我们在机场分手后，即和校办主任、日本高知女子大学教授市村金次郎先生一道前往江苏教育学院休息并用晚餐。十时许离宁，当晚十二时抵家。归来几日，于疲困中还要接待一些今年高考期待录取的考生家长，以致旅途之累至今尚未恢复。从你处拿的

680元，正好，我校政经系臧宏教授因事来南大，便托他带来，这样，就免得我跑邮局了。见到维中同志请代致候！"

如今再读先生的这些手札，摩挲着我们在台湾的旅游影片，时刻感受着亲切温暖的同时，赴台场景历历在目，前后整整10天，与其说是我和师弟维中俩人照顾先生，还不如说是先生在待人接物、治学授业方面时时指导、开导和熏染我们。能够与先生这样的饱学老辈朝夕相处10日，实在是我等后生的福气，这样的机会，既从来未曾有过，今后恐怕也不会再有，敢不珍念！

四、出席研究生答辩琐忆

先生谦和，待人礼数周到，即使与我等晚辈往来，也绝无半点架子，而总是倍加鼓励。1996年6月上旬，我应先生之命往芜湖主持安徽师范大学历史系的硕士生论文答辩。一个多月前的4月30日，先生即由其学生陈欢带来手书，书谓："我的两位研究生今年毕业，系里决定请您为主持答辩的老师，因此，我让他们将论文先送来，请你审阅，答辩大约在6月上旬举行。烦神处至为感谢！"至今我每读到此信，总感觉惭愧。我辈如今每年举行研究生论文答辩，人多往往提前若干天，一个电话，即要人家出席答辩，甚者连招呼都不打，经由研究生"通知"一声而已。回想老辈做同样的事，何其慎重，何其认真！张海鹏先生如此，许大龄先生等无不如此。

也就是那次答辩前后，先生托研究生陈欢送来他的字。先生的字，娟秀俊逸，一如其人，作为文人字，别有一番韵味，人见人爱。我也很想得到先生的墨宝，但是从不敢开口。不知何时先生知道了我的愿望，不待求索，即慷慨挥毫。1996年2月，先生将条幅写好，3月19日即来信告知："给您和维中同志写的条幅已送去装裱，裱成后再托人带来。"我即恳请先生不必装裱，应由我自己去裱。先生却说："芜湖有一家裱店，我常在那里裱，裱得很好，你在南京裱，恐怕裱不好。"4月30日，先生的研究生陈欢为论文答辩事来宁，带来先生手札和条幅。条幅纵64.5厘米，宽31厘米，录唐代诗人李白七绝《早发白帝城》："朝辞白帝彩云间，千里江陵一日还。两岸猿声啼不住，轻舟已过万重山。"左书"金民同志雅正 张海鹏 九六二月"。尺幅笔力刚健，而又飘逸，墨色浓重，疏朗有致，已用绢纸裱成立轴。挂在我斗室的书房中，顿时映出光辉。当时我激动得说不出话来，陈欢又出示先生为维中写的尺幅，录南宋朱熹《观书有感》："半亩方塘一鉴开，天光云影共徘徊；问渠那得清如许，为有源头活水来。"先生手札则云："遵嘱给你和维中同志各写了一张条幅并已裱好，现让陈欢带来，祈笑纳，维中同志的请代转交。"我无以为报，又不能送"润笔"，后来赴芜湖答辩时买了些宣纸以示感谢。7月3日先生来信却说："金民同志：近好！上次你来芜湖时，还给我带来了宣纸，真不应该！何必花这笔钱呢！但既已收下来，还当表示感谢！"先生如此厚爱，真令我等晚辈感念不已。

我自1995年起，1996、1998、1999年数次出席安徽师范大学历史系的硕士生论文答辩，多次随先生行走在美丽的师大校园。其时先生已从校长岗位上退下来，但路遇同事或曾经的下属，对方都远远与先生亲热地打招呼。一次饭后，眼见校纪委的几位同事，他们见到当年的校长，招呼过后，转身驻足，目送着先生渐渐走远。可见先生不当校长已数年，而安徽师范大学的同事仍然在心中记念着他，崇敬着他！如今先生虽然已辞世十个年头，其儒雅形象却树立在我们的心中。

原载《明史研究》第12辑，2012年5月，又载《"纪念张海鹏先生诞辰八十周年暨徽学学术讨论会"文集》，安徽师范大学出版社，2013年6月

后 记

　　1988年稻花飘香时节，安徽师范大学张海鹏先生和山西社会科学院张海瀛先生邀约相关专家到芜湖商讨《中国十大商帮》撰作事宜，承他厚爱，资历和学养最低如我者，也忝列其中。按照张先生的安排，罗仑老师和我撰写洞庭商帮一章。会后，紧接着召开由张先生主持的中国商业史讨论会，我在会上作了发言。此后，我先后申请承担了国家教委社科基金、国家社科基金有关明清商帮和商业诉讼的两个课题，江苏省有关部门也对我从事江苏商人研究予以了资助，持续考察明清商帮。如此说来，张先生鼓励我协助罗老师写作洞庭商帮，实际上成为我长年从事明清商帮研究的契机，是张先生将我引入了明清商帮研究之门。三十多年后，又蒙张先生的高足王世华老师的信任，鼓励我将以徽商为主体内容的论文汇集成书，定名为《长袖善舞：徽商活动与明清社会经济》，或许可算是对张先生长期奖掖关爱我的回报。

　　收入本集的文章，《明清时期徽商在江南的活动》发表于1990年，《明代徽州木商经营活动述略》发表于2020年，前后跨度整整三十年。这个时段，中国学界学术规范变化极大，本集也可明显反映出来。因成文和发表时段间隔较长，各个刊物版面形式和注释要求不一，若按现行注释体例改动，就有违历史主义的原则，既不可行，也不应该。历史最为公正，也最为无情，一旦公之于世，就成为历史，不可磨灭。现仅从全书体例统一的要求出发，大体上按《历史研究》现行的注释体例稍作调整，只改正资料征引、文字输录排印中的明显错讹，文末加注原载刊物名称及刊文时间，至于行文中的不当论断和错误之处，尽量一仍其旧，以保持原貌，也借以觇知世风变迁，反映了在学术逐步规范化过程中个人学史作文的足迹。

日月如梭，造化弄人。二十世纪八十年代中，我参加学术会议，大体上是最年轻的一拨人，人多称"小范"，现在出没于学术会议场合，却是最年老的一拨人，早被人归入"老先生"行列。这令人无奈，却正显示了"历史"的无穷力量。李商隐《晚晴》诗有言，"天意怜幽草，人间重晚晴"，汇编本集，又诱发我愿，期望在商帮研究领域添砖加瓦，以不负时代，不负张海鹏先生等先辈的厚爱。

范金民

二〇二一年十二月十日

于南大和园自在斋